X.systems.press

T0255257

Weitere Bände in dieser Reihe
http://www.springer.com/series/5189

X.systems.press ist eine praxisorientierte Reihe
zur Entwicklung und Administration von
Betriebssystemen, Netzwerken und Datenbanken.

Peter Monadjemi

PowerShell für die Windows-Administration

Ein kompakter und praxisnaher Überblick

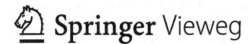

Peter Monadjemi
ActiveTraining
Esslingen
Deutschland

ISSN 1611-8618
ISBN 978-3-658-02963-0   ISBN 978-3-658-02964-7 (eBook)
DOI 10.1007/978-3-658-02964-7

Die Deutsche Nationalbibliothek verzeichnet diese Publikation in der Deutschen Nationalbibliografie; detaillierte bibliografische Daten sind im Internet über http://dnb.d-nb.de abrufbar.

Springer Vieweg
© Springer Fachmedien Wiesbaden 2014

Springer Vieweg ist eine Marke von Springer DE. Springer DE ist Teil der Fachverlagsgruppe Springer
Science+Business Media
www.springer-vieweg.de

Vorwort

Die Windows PowerShell ist Microsofts Antwort auf den Umstand, dass die Befehlszeilenshell Cmd.exe seit ihrer Einführung im Jahre 1993 mit der ersten Version von Windows 3.1 nur minimal überarbeitet wurde, und damit was Komfort und Befehlsumfang betrifft, nicht mehr den Anforderungen im administrativen Alltag gerecht werden kann. Doch die Windows PowerShell ist (natürlich) sehr viel mehr als der moderne Nachfolger von Cmd. exe, der auf dem.NET Framework basiert, und dessen Befehle Objekte anstelle von Text über die Pipeline weiterreichen. Die PowerShell ist ein Automatisierungswerkzeug, das sich in einer Vielzahl von Szenarien im modernen Windows Server-Umfeld einsetzen lässt. Umfasst ihr Netzwerk nur wenige Server und eine überschaubare Anzahl an Clients, lassen sich alle Einstellungen komfortabel in der GUI erledigen. Das Bild ändert sich schlagartig, wenn auf einmal mehrere Hundert oder mehrere Tausend (virtuelle) Server in einem Rechenzentrum konfiguriert werden müssen. In diesen Situationen präsentiert sich die PowerShell als ein Werkzeug, das schnell unverzichtbar werden dürfte. Es muss aber nicht unbedingt die große IT mit ihren Rechenzentren, die zunehmend in die Cloud verlagert werden, sein, auch in den kleinen Dingen spielt die PowerShell ihre Stärken aus. Möchten Sie ein Dutzend Pdf- oder Html-Dateien, die über einen Webbrowser heruntergeladen wurden, „entsperren", geht dies noch per Maus. Sobald aber mehrere Hundert oder gar Tausende von Dateien im Spiel sind, geht es nicht mehr ohne ein Automatisierungswerkzeug. Auch für diese eher profanen Tätigkeiten ist die PowerShell ideal geeignet. Stichwort Cloud-Computing. Wer in diesem Bereich als Administrator bereits unterwegs ist, erhält mit der PowerShell ein Werkzeug, mit dem sich nahezu alle Dienstleistungen, die Microsoft über ihre Azure-Plattform anbietet, konfigurieren lassen. Das Bereitstellen vorkonfigurierter VMs („Virtuelle Maschinen") wird damit sehr einfach möglich. Ob dabei 10 oder 10.000 VMs bereitgestellt werden, spielt keine Rolle. Übrigens ist der Zugriff auf die PowerShell nicht mehr auf Windows Clients beschränkt. Wurde auf einem Windows Server 2012 das Feature PowerShell Web Access hinzugefügt und konfiguriert, kann eine PowerShell-Session im Browser von jedem Endgerät aus gestartet werden.

In diesem Buch lernen Sie sowohl die Grundlagen der PowerShell als auch die verschiedenen Themengebiete, die im modernen „Admin-Alltag" eine Rolle spielen, praxisnah und leicht verständlich beschrieben kennen. Mit der Desired State Configuration (DSC) wird in diesem Buch ein Thema vorgestellt, das in Zukunft im Microsoft-Umfeld für die Server-Konfiguration eine sehr wichtige Rolle spielen wird. DSC soll nach den Plänen von Microsoft der künftige Standard für die Server-Konfiguration in einem Rechenzentrum sein.

Ich wünsche Ihnen viel Freude beim Lesen und Lernen,

Peter Monadjemi

Inhaltsverzeichnis

Einleitung

1

Die PowerShell ist ein universelles Werkzeug, das sich im Alltag eines Windows-Administrators an vielen Stellen sinnvoll einsetzen lässt. Für Ad hoc-Abfragen, für Konfigurationsänderung, für das Zusammenfassen kleiner Befehlsfolgen zu einem Skript und für die Umsetzung komplexerer Automatisierungen, die z. B. über einen längeren Zeitraum ausführen und eine große Anzahl an Servern betreffen. Die PowerShell ist ein wahres Allround-Werkzeug, das sich sowohl an den Gelegenheitsanwender als auch an „Scripting-Profis" richtet, die ein leistungsfähiges und robustes Werkzeug benötigen. Als im Herbst 2006 die Version 1.0 offiziell freigegeben wurde, war eine der Fragen, die mit ihrer Einführung einhergingen, an welche Zielgruppe sie sich richten soll und welche Aufgaben mit ihr gelöst werden sollten. Immerhin gab es zu diesem Zeitpunkt bereits eine breite Palette an Skriptsprachen und Automatisierungstools. Alleine von Microsoft gab es mit den Stapeldateien und dem Windows Scripting Host, die auch bei der aktuellen Windows Server-Version dabei sind, zwei Alternativen.

Heute muss diese Frage nicht mehr gestellt werden. Im Zeitalter der Virtualisierung und der „IT-Dienstleistung aus der Steckdose", die von den großen Herstellern und ihren gigantischen Rechenzentren aus der „Cloud" angeboten wird, ergibt sich die Notwendigkeit für ein Werkzeug, mit dem sich administrative Abläufe automatisieren lassen, von ganz alleine. Die Stärken der PowerShell liegen aber weniger darin, dass sie neu ist (bzw. war) oder durch die .NET-Laufzeit, auf der sie aufsetzt, von Anfang an eine reichhaltige Funktionalität zu bieten hat. Ihre Stärken liegen in Bereichen, die zunächst nicht besonders attraktiv erscheinen mögen: Konsistenz, Einfachheit in der Bedienung, Vollständigkeit und Erweiterbarkeit. Anforderungen, die in der Theorie zwar jedes Tool erfüllen sollte, doch wie jeder Administrator sicher bestätigen kann, dies in der Praxis nur selten tut. Microsoft hat nach der Einführung von Windows NT im Jahr 1993 relativ lange gebraucht, bis es ein

© Springer Fachmedien Wiesbaden 2014
P. Monadjemi, *PowerShell für die Windows-Administration,* X.systems.press,
DOI 10.1007/978-3-658-02964-7_1

solches Werkzeug den Administratoren zur Verfügung stellen konnte. Inzwischen hat sich die PowerShell mit der Version 4.0 im Windows Server-Umfeld nicht nur etabliert, sie ist fester Bestandteil jeder Windows-Installation, sondern hat sich zu einem ausgereiften Werkzeug entwickelt, das sich vielseitig einsetzen lässt und daher jedem Administrator empfohlen werden kann.

1.1 Und was geht es in diesem Buch?

In diesem Buch geht es um die Grundlagen, die im Praxisalltag mit der PowerShell erfahrungsgemäß zu kurz kommen. Es beginnt mit einem Überblick über die Grundlagen, die man für den gelegentlichen Einsatz der PowerShell im administrativen Alltag kennen muss und stellt in den Folgekapiteln die wichtigsten Bereiche vor, in denen die PowerShell eingesetzt wird. Ab Kap. 18 wird es etwas spezieller. Ab diesem Kapitel kommen die fortgeschritteneren Themen, wie Workflows, der Zugriff auf Datenbanken und die in Zukunft vermutlich sehr wichtig werdende Desired State Configuration (DSC) an die Reihe. Abgerundet wird das Buch mit einem Kapitel, das sich an Software-Entwickler richtet, die die PowerShell erweitern oder als Werkzeug für die Software-Entwicklung, etwa im Rahmen einer Build-Automatisierung, benutzen möchten. Auch der Spaß kommt nicht zu kurz, denn wie jede Skript- und Programmiersprache lässt sich auch die PowerShell für Aufgaben einsetzen, die mit dem Thema Server-Administration nur indirekt etwas zu tun haben.

Das Buch richtet sich daher sowohl an den klassischen Einsteiger als auch an erfahrene PowerShell-Anwender, die ihr Wissen vertiefen möchten.

Benötigt man überhaupt noch ein Buch, um den Umgang mit der PowerShell zu lernen, man findet doch alles im Internet? Und es gibt bei der PowerShell ja noch eine ausführliche Hilfe (die „Man Pages"), die dem PowerShell-Neuling alle Fragen beantwortet. Die kurze Antwort ist Ja. Auch wenn sich für nahezu jedes denkbare „PowerShell-Problem" eine funktionierende Lösung im Internet finden lässt und viele PowerShell-Experten ihr Wissen in Blogs ausführlich ausbreiten, das Thema Grundlagen kommt naturgemäß dabei zu kurz. Natürlich kann ein Buch nicht alle Fragen beantworten. Vor allem dann nicht, wenn es nicht den Umfang einer mittleren Enzyklopädie annehmen soll. Das Buch, das Sie in den Händen halten, hat daher ein klar definiertes Anliegen: Es soll Ihnen die Grundlagen der PowerShell praxisnah und leicht verständlich erläutern und darüber hinaus die wichtigsten Einsatzgebiete für die PowerShell vorstellen. Ergänzende und vertiefende Informationen, spezielles Know-how und „jede Menge" PowerShell-Skripte finden Sie natürlich an vielen Stellen im Internet. Zum Beispiel im Blog des PowerShell-Teams bei Microsoft, in der von Microsoft-Mitarbeiter *Ed Wilson* betreuten „Hey, Scripting Guy"-Kolumne oder im Portal der deutschsprachigen PowerShell-Community unter http://www.powershell-group.eu.

1.2   Welche Version wird verwendet?

Dieses Buch basiert auf der PowerShell 4.0, die zu dem Zeitpunkt der Drucklegung dieses
Buches die aktuelle Version war. Seit Mai 2014 gibt es eine Vorabversion der Version 5.0
als Teil des „Windows Management Framework 5.0 Preview". Diese Version wird (Stand:
August 2014) lediglich zwei Neuerungen mitbringen: Verbesserungen bei der *Desired
State Configuration* (DSC) und ein universeller Paketmanager (*OneGet*) für das Installieren von (beliebigen) Anwendungen als auch, als separates Modul (*PowerShellGet*), für
das Hinzufügen von PowerShell-Modulen. Das PowerShell-Team bei Microsoft hat in
diesem Zusammenhang in Aussicht gestellt, dass es in Zukunft neue Releases in kürzeren
Abständen „out of band" geben soll, die dann in die nächste Windows Server-Version eingefügt werden. Neu ist auch ein DSC-Client für Linux, so dass sich auch Linux basierende
Server per PowerShell-Skript (das allerdings auf einem Windows Server gestartet wird)
konfigurieren lassen. Für PowerShell-User gibt es daher in den kommenden Jahren viel
zu tun, um mit den zu erwartenden Neuerungen Schritt zu halten. Dieses Buch soll Sie
dabei unterstützen.

1.3   Ist die PowerShell schwer zu lernen?

Ja und Nein. Nein, weil man sich nur ein paar einfache Regeln und eine gewisse Ver-
trautheit im Umgang mit der Befehlszeile aneignen muss, um damit PowerShell-Befehle
ausführen zu können. Ja, weil einige Konzepte aus dem Bereich der Programmierung
stammen, und sich Administratoren ohne jegliche Vorkenntnisse in diesem Bereich erfahrungsgemäß mit abstrakten Begriffen wie Objekten, Members, Typen oder Hashtable
etwas schwer tun.

   Im Vergleich zu Stapeldateien, dem Windows Scripting Host (WSH) oder auch einer
Unix-Shell wie *Bash* ist die PowerShell aber (deutlich) einfacher zu erlernen, denn eine
ihrer positiven Eigenschaften ist, dass sie eine Reihe von „Komforteinrichtungen" bietet,
die das Erlernen erleichtern. Dazu gehören eine einheitliche Namensgebung, der Umstand, dass die Hilfe (sofern sie einmalig vom Microsoft-Server heruntergeladen wurde)
immer zugänglich, verständlich formuliert und mit vielen Beispielen ausgestattet ist, und
die Kleinigkeit, dass sich Befehlsnamen per [Tab]-Taste vervollständigen und in der PowerShell ISE aus Auswahllisten auswählen lassen. Alleine in diesem Punkt ist die PowerS-
hell ein großer Fortschritt, der auch die Einarbeitung deutlich vereinfacht.

   Dass sich in der PowerShell auch kryptische Befehlsfolgen eingeben lassen, macht das
folgende kleine Beispiel deutlich:

```
for($j=67;gdr($d=[char]++$j)2>0){}$d
```

Das ist ein gültiger und vollständiger PowerShell-Befehl. Selbst viele erfahrene PowerS-
hell-Anwender dürften nicht auf Anhieb erkennen, was dieser Befehl bewirkt: Er gibt den

nächsten freien Laufwerksbuchstaben aus (der Befehl stammt aus einem kleinen Wettbe-
werb, der vor einiger Zeit vom PowerShell Magazine – http://www.powershellmagazine.
com – veranstaltet wurde). Wenn Sie das Buch gewissenhaft lesen und alle Beispiele ausprobieren, werden Sie den Befehl in kurzer Zeit nicht nur verstehen, sondern sich selber
solche Konstruktionen ausdenken können.

1.4   Wenn ein Thema in diesem Buch nicht vorkommt

- Sie arbeiten beruflich mit *Citrix Xen Desktop, VMWare, NetApp* oder *Exchange Server* und möchten mehr über die „PowerShell-Anbindung" bei diesen Produkten lernen,
  doch diese Themen werden in diesem Buch nicht behandelt. Ist das Buch daher trotzdem etwas für Sie? Ja, denn wenn Sie das allgemeine Konzept der Befehlsausführung
  verstanden haben, können Sie dieses Wissen auf alle Bereiche übertragen, in denen die
  PowerShell eingesetzt wird. Ob Sie sich per *Get-Process* die Details zu allen laufenden Prozessen oder per Get-Mailbox die Details zu allen Mailboxen eines Exchange
  Servers ausgeben lassen, ist nur eine Frage der Schreibweise, nicht der generellen Vorgehensweise. Die Konsistenz der PowerShell gilt auch für alle Erweiterungen und ist
  eine der Stärken der PowerShell.

1.5   Ein Wort zu den Schreibkonventionen für Beispiele

Sie finden in diesem Buch viele Beispiele. Die meisten Beispiele bestehen aus Befehlen,
die Sie direkt in die PowerShell-Befehlszeile eingeben können. In den ersten Kapiteln
geht vielen Befehlen ein „PS C:\PSKurs>" voraus. Dies ist der PowerShell-Prompt, der in
dem (fiktiven) PowerShell-Host, in dem die Befehle ausgeführt werden, angezeigt wird.
Das „PS" steht für PowerShell, „C:\PSKurs" ist das aktuell eingestellte Verzeichnis und
„>" ist lediglich ein weiterer Teil des Eingabeprompts. Den Eingabeprompt, er wird auf
Ihrem Computer eventuell etwas anders aussehen, geben Sie nicht mit ein, sondern nur
den Befehl, der auf den Prompt folgt. Befehle, denen kein Prompt vorausgeht, können Sie
in der Regel ebenfalls in die Befehlszeile eingegeben. Der Umstand, dass kein Prompt vo-
rangeht, soll in erster Linie andeuten, dass der Befehl primär in einem Skript eingegeben
wird. PowerShell-Befehle werden in diesem Buch in einer eigenen Schriftart abgebildet:

```
Get-Process | Where-Object WS -gt 50MB
```

Alle Befehle sind, bis auf wenige Ausnahmen, so aufgebaut, dass sie direkt in die PowerS-
hell-Konsole eingegeben werden können.

1.6 Wo gibt es die Beispielskripte?

Größere Skripte müssen Sie nicht eintippen. Sie finden sie auf der Webseite des Verlages, können Sie aber auch vom Autor per E-Mail erhalten bzw. über dessen Blog herunterladen (http://www.powershell-knowhow.de).

1.7 Kontakt zum Autor

Ich freue mich stets, von meinen Lesern zu hören. Sie erreichen mich über meinen Blog (http://www.powershell-knowhow.de) oder per E-Mail unter pm@activetraining.de. Falls Sie an einem PowerShell-Training interessiert sind, auch zu speziellen Themen wie dem Einsatz der PowerShell in der Software-Entwicklung, können Sie mich gerne kontaktieren.

1.8 Danksagungen

Ein Buch ist immer das Ergebnis vieler Monate (teilweise intensiver) Arbeit, an der mehrere Menschen beteiligt sind. Ich möchte mich beim Verlag für die gute und angenehme Zusammenarbeit bedanken und für die Möglichkeit, dieses Buches im Rahmen der Reihe X.systems.press schreiben zu können. Das Buch widme ich meiner Frau Andrea – ohne ihre liebevolle Unterstützung und ihre Inspiration wäre es vermutlich nur bei dem Wunsch ein weiteres PowerShell-Buch zu schreiben geblieben.

Ich wünsche Ihnen viel Spaß beim Lesen, Lernen und Ausprobieren der zahlreichen Beispiele.

Peter Monadjemi, Esslingen am Neckar, August 2014

Ein erster Überblick

In diesem Kapitel lernen Sie die Windows PowerShell von Microsoft (im Folgenden einfach nur „PowerShell" genannt) als eine moderne Alternative zur klassischen Windows-Befehlszeile, den Stapeldateien und dem Windows Scripting Host (WSH) kennen. Es wird deutlich werden, dass die PowerShell sehr viel mehr ist als eine klassische „Command-Shell" und Administratoren durch sie Möglichkeiten erhalten, die über das Eingeben von Befehlen und Ausführen von Skripten hinausgehen. Diese Möglichkeiten bestehen z. B. in dem Einbeziehen unterschiedlicher Datenquellen als Teil einer Befehlskette (etwa Daten, die das Betriebssystem liefert, die Ergebnisse von Datenbankabfragen, Rückgabewerte von Webservice-Aufrufen usw.), dem Verknüpfen der abgerufenen Daten und dem Umwandeln in Standardformate (CSV, HTML, XML oder JSON), die eine Weiterarbeitung und Darstellung der abgerufenen Daten in anderen Anwendungen erlauben. Die PowerShell ist zudem weniger eine klassische Konsolenanwendung, sondern eher ein „Funktionsbaustein", der in unterschiedliche Host-Anwendungen eingebaut wird. Die PowerShell ist daher ein „polymorphes Werkzeug", das sich in unterschiedlichen Situationen und Umgebungen einsetzen lässt. Als klassische Command-Shell genauso wie als Teil einer Windows- oder Webanwendung oder als ein Windows-Workflow, der über einen längeren Zeitraum eine festgelegte Folge von Anweisungen ausführt. Über PowerShell-Remoting besteht die Möglichkeit, einen PowerShell-Prozess auf anderen Computern im Netzwerk zu starten und damit Befehle und Skripte auf diesen Computern auszuführen. Dank PowerShell-Remoting wird die Reichweite einer administrativen Lösung daher auf das gesamte Netzwerk erweitert. Anders als die klassische Command-Shell Cmd.exe, die seit ihrer Einführung mit Windows NT im Jahr 1993 lediglich ein Zubehörprogramm unter vielen ist, besitzt die PowerShell bei Microsoft auch eine strategische Bedeutung. Es ist ein erklärtes Ziel des Konzerns, dass ein Großteil der Funktionalität von Windows Server per PowerShell ansprechbar sein soll. Damit lassen sich Automatisierungsszenarien auch auf jene Bereiche ausweiten, wie z. B. das Bereitstellen von Windows-Installationen im

© Springer Fachmedien Wiesbaden 2014
P. Monadjemi, *PowerShell für die Windows-Administration,* X.systems.press,
DOI 10.1007/978-3-658-02964-7_2

Unternehmensnetzwerk, die bislang nur mit speziellen Befehlszeilentools oder über die GUI abbildbar waren. Es spricht daher vieles dafür, dass die PowerShell schnell zu einem Werkzeug werden wird, dass Sie viele Jahre begleiten wird.

2.1   Wie alles anfing – ein kurzer Blick zurück

Am Anfang stand eine Vision. *Jeffrey Snover*, ein Entwicklungsingenieur bei Microsoft in Redmond, hatte eine klare Vorstellung davon, wie ein Verwaltungswerkzeug aussehen müsste, das auch in Zukunft allen Ansprüchen der modernen Windows Server-Administration gerecht werden würde. Motiviert wurde er vermutlich durch die in diesem Jahr erschienene Anwendungsplattform.NET Framework[1] und den Umstand, dass Microsoft diesen wichtigen Bereich viele Jahre vernachlässigt hatte und die Konkurrenz, vor allem in Gestalt von Linux, in diesem Punkt einiges mehr zu bieten hatte.

Die fünf Forderungen, die *Mr. Snover* bereits im Jahre 2002 formuliert hatte, hat er in seinem *Monad-Manifesto* zusammengefasst („Monad" war der erste Codename der späteren PowerShell[2]), das unter http://www.jsnover.com/blog/2011/10/01/monad-manifesto als PDF-Datei zur Verfügung steht. In seinem Papier beschreibt *Mr. Snover* fünf Punkte, die eine künftige „Universal-Shell" als Eigenschaften besitzen sollte:

1. Ein Automatisierungsmodell (das auf dem.NET Framework basiert).
2. Eine Command Shell (die ebenfalls auf dem.NET Framework basiert).
3. Ein Managementmodell, das Klassen zur Verfügung stellt, mit deren Hilfe sich im Alltag häufig auftretende Anforderungen (z .B. Authentifizierung bei einem Remote-Zugriff) umsetzen lassen.
4. Remote-Scripting auf der Basis von Webservice-Aufrufen.
5. Eine (natürlich auf dem.NET Framework) basierende Managementkonsole als Nachfolger der mit Windows 2000 eingeführten Computermanagementkonsole.

Von den fünf Punkten sind vier in der aktuellen Version der PowerShell bereits umgesetzt. Lediglich ein Nachfolger der betagten Computermanagementkonsole (MMC) wurde bis heute nicht realisiert[3]. Da *Mr. Snover* inzwischen als „Lead Architect" die Windows Server-Gruppe bei Microsoft leitet, könnte aus einer neuen Managementkonsole auf der Basis von PowerShell-Befehlen vielleicht noch etwas werden.

Die erste Version der PowerShell erschien im November 2006. Auch wenn sich am Kern bis heute nichts grundsätzlich geändert hat, dürfte damals noch nicht abzusehen gewesen sein, welchen Funktionsumfang die PowerShell ein paar Jahre später besitzen

---

[1] Microsofts Antwort auf Java.

[2] Namensähnlichkeiten zum Namen des Autors dieses Buches sind rein zufällig.

[3] Zeitweise war ein solcher Nachfolger unter dem Codenamen „Aspek" in Arbeit, doch das Projekt wurde offenbar wieder eingestellt.

würde. Umfasste die Version 1.0 bescheidene 129 interne Befehle (Cmdlets), stehen bei Windows Server 2012 R2 und Windows 8.1 aktuell ca. 2500 PowerShell-Befehle als Teil des Betriebssystems zur Verfügung (wenn alle Features des Betriebssystems installiert wurden). Auch wenn Quantität nicht automatisch Qualität bedeuten muss, macht die Zahl eindrucksvoll deutlich, wie funktional reichhaltig die PowerShell als Werkzeug für Administratoren in der aktuellen Windows-Version geworden ist. Dabei muss berücksichtigt werden, dass jeder PowerShell-Befehl eine einheitliche Syntax besitzt, die Hilfe zu jedem Befehl Beispiele umfasst und automatisch zur Verfügung steht, sobald das entsprechende Windows Feature hinzugefügt wurde. Der Einarbeitungsaufwand ist damit deutlich geringer als es die große Zahl an Befehlen eventuell suggeriert Tab. 2.1.

2.2   Die Stärken der PowerShell

Als die Version 1.0 der PowerShell im Herbst 2006 auf der Bildfläche erschien, war es nicht so, dass es bis dahin ein Mangel an Administrationswerkzeugen gegeben hätte. Mit *Cmd.exe*, den darauf aufbauenden Stapeldateien und dem *Windows Scripting Host* (WSH) waren zwei Automatisierungswerkzeuge bei Windows bereits fest eingebaut. Durch populäre Tools wie *AutoIt* und *Kixtart*, und verschiedene proprietäre Tools wurde das Angebot abgerundet. Wem das nicht genügte, der konnte *PerlScript*, *ooREXX* oder die Unix-Tools

Tab. 2.1 Die Versionsgeschichte der Windows PowerShell

Version	Erscheinungstermin	Besonderheiten
1.0	November 2006	Die erste Version besaß noch wenige Cmdlets, so dass sie nicht viel mehr als eine moderne Form der Eingabeaufforderung war
2.0	November 2009	Mit dieser Version kamen wichtige Eigenschaften dazu, vor allem PowerShell-Remoting
3.0	Mai 2012	Mit dieser Version kam die Workflow-Unterstützung hinzu, Verbesserungen bei WMI und zahlreichen Cmdlets und eine vereinfachte Abfragesyntax bei Where-Object
4.0	Oktober 2013	Mit dieser Version setzt die PowerShell mit der „Desired State Configuration" (DSC) einen weiteren Schwerpunkt, der die Art und Weise, wie in Zukunft Server in großer Zahl in einem Netzwerk konfiguriert werden, stark verändern könnte
5.0	Mai 2014 als Vorabversion	Mit dieser Version führt Microsoft erstmalig eine Paketverwaltung (OneGet) ein und verbessert DSC. Diese Version soll, wie auch künftige Versionen, unabhängig von einer Windows Server-Version veröffentlicht werden[a]

[a] Wenn Sie diese Zeilen lesen, könnte die Version bereits offiziell verfügbar sein

im Rahmen von *CygWin* benutzen. Eine weitere Alternative zu den etablierten Werkzeugen musste daher ein paar innovative Eigenschaften besitzen.

Es sind genau drei Stärken, die die PowerShell attraktiv machen:

1. Die Entwickler der PowerShell haben sich einfache, aber wirksame Konventionen ausgedacht, z. B. für die Namensvergabe von Befehlen, die das Einarbeiten in die PowerShell deutlich erleichtern. Diese tragen zur Konsistenz bei der Befehlssyntax bei, die wiederum die Einarbeitung erleichtert.
2. Viele Funktionen sind „selbst entdeckbar" (im Original heißt dieses Merkmal „Auto Discovery"). Darunter fallen Kleinigkeiten wie der Umstand, dass die Namen von Befehlen, deren Parameter und teilweise auch deren mögliche Werte per [Tab]-Taste abgefragt werden können. Dazu zählt der Umstand, dass Befehle durch Metadaten ergänzt werden, über die sich z. B. Informationen über ihre Parameter abrufen lassen.
3. Anders als die vielen kleinen Befehlszeilentools, die es bei Windows Server seit vielen Versionen gibt, besitzt die PowerShell auch eine strategische Bedeutung. Das bedeutet unter anderem, dass die PowerShell Bestandteil aller Windows Server-Produkte ist und kontinuierlich weiterentwickelt wird.

Ein weiterer Aspekt, der inzwischen für die PowerShell spricht, ist der Umstand, dass es sehr viel Know-how im Internet gibt. Um es einmal überspitzt zu formulieren: Es dürfte schwer sein auf eine Problemstellung zu kommen, für die nicht irgendjemand aus der weltweiten PowerShell-Community, die aber eher ein loser Verbund als ein organisiertes Gebilde ist, bereits eine Lösung gefunden und im Rahmen seines Blogs oder auf den bekannten PowerShell-Skriptportalen veröffentlicht hat.

▶   **Tipp**   Eine sehr gute Informationsquelle ist das englischsprachige *PowerShell-Magazine* (http://www.powershellmagazine.com).

2.2.1   Beispiele für die Konsistenz der PowerShell-Befehle

Wie vorteilhaft sich die Konsistenz der PowerShell-Befehlssyntax auswirkt, in dem sie die Eingabe von Befehlen und das Erlernen der Befehlssyntax erleichtert, sollen die folgenden Beispiele für Systemabfragen deutlich machen. Im Folgenden werden eine Reihe von Abfragen vorgestellt, die sich auf unterschiedliche Themenbereiche beziehen. Dabei geht es nur um den allgemeinen Aufbau eines Befehls. Die Details werden in den folgenden Kapiteln vorgestellt.

Der erste Befehl gibt die Eckdaten zu allen Prozessen zurück, die aktuell mehr als 50 MB Arbeitsspeicher belegen:

```
Get-Process | Where-Object WS -gt 50MB
```

Der nächste Befehl gibt die Eckdaten zu allen Systemdiensten zurück, die aktuell nicht laufen:

```
Get-Service | Where-Object Status -ne "Running"
```

Der folgende Befehl listet alle Hyper-VMs auf, die aktuell ausführen:

```
Get-VM | Where-Object Status -eq "Running"
```

Der folgende Befehl listet ebenfalls virtuelle Maschinen auf, dieses Mal aber basierend auf einer VMWare-Virtualisierung:

```
Get-VM | Where-Object Status -eq "Running"
```

Wenn die vier vorgestellten Befehle eines gemeinsam haben, dann dass sie sich bezüglich ihrer Schreibweise sehr ähnlich sind.

Der folgende Befehl entspricht dem ersten Befehl, nur dass dieses Mal die erweiterte Abfragesyntax verwendet wird, die bei der PowerShell 2.0 die einzige Option war:

```
Get-Process | Where-Object { $_.WS -gt 50MB }
```

Ab der Version 3.0 steht bei *Where-Object* alternativ die bereits vorgestellte vereinfachte Schreibweise zur Auswahl.

Auch wenn die Details zu den einzelnen Befehlen an dieser Stelle noch keine Rolle spielen sollen, haben die Beispiele eines deutlich gemacht: Die Schreibweise ist in allen Fällen ähnlich bis sogar identisch, da es für PowerShell-Commands eine Reihe von Konventionen gibt. Dazu gehört vor allem die Namensregel, nach der sich der Name jedes Cmdlets aus zwei Bestandteilen zusammensetzt, die immer mit einem Bindestrich getrennt werden: Einem Verb bzw. verbähnlichen Wort, das eine Aktion bezeichnet, und einem Hauptwort, das den Gegenstand der Aktion benennt. Einfach und effektiv. Mehr zu den Konventionen erfahren Sie in Kap. 4, in dem die PowerShell-Commands vorgestellt werden.

2.3   Ein technischer Überblick über die PowerShell

Für reine Anwender (Administratoren, IT-Pros und alle, die die PowerShell in erster Linie als Anwendungswerkzeug sehen) ist die PowerShell eine Host-Anwendung (z. B. PowerShell-Konsole oder PowerShell ISE), die sie als klassische Blackbox verwenden. Man gibt Befehle ein, führt Skripte aus, das Innenleben spielt keine Rolle. Aus der Perspektive

eines Software-Entwicklers besteht die PowerShell aus mehreren.NET Framework-As-
semblies (Dateien mit der Erweiterung.*Dll*, die sog. „Managed Code" enthalten, der von
der. NET-Laufzeit ausgeführt wird), die von einem Host-Programm geladen werden. Microsoft stellt mit *Powershell.exe* (Konsole) und *Powershell_ISE.exe* (eine Windows-Anwendung) gleich zwei Hosts als Teil von Windows zur Verfügung. Auch andere Hersteller,
kleine Softwarefirmen, Administratoren mit Entwicklerkenntnissen und theoretisch auch
jeder „Hobby-Programmierer" kann die PowerShell-Assemblies mit wenig Aufwand in
seine C#- oder Visual Basic-Programme einbauen und damit die PowerShell-Befehle als
Teil seiner Anwendung ausführen. Dieses „Hosting" der PowerShell-Engine wird in Kap.
25 („PowerShell für Entwickler") an einem kleinen Beispiel vorgestellt.

2.3.1   Die Rolle des.NET Frameworks (.NET-Laufzeit)

Das.NET Framework, auch mit.NET-Laufzeit oder einfach nur.NET bezeichnet (wobei
der unscheinbare Punkt wie „dot" ausgesprochen wird), ist der Unterbau der PowerShell.
Das.NET Framework ist eine Laufzeitumgebung, die von Microsoft als Antwort auf die
Bedrohung des Windows-Monopols durch *Java* entwickelt und im Jahr 2002, begleitet
von einer großen Marketingkampagne, veröffentlicht wurde[4].. Heute verfolgt der Kon-
zern bekanntlich andere Interessen (Stichwort: „Mobile and Cloud first") und setzt auf
andere Techniken, das.NET Framework gibt es als festen Bestandteil jeder Windows-Version aber nach wie vor. Es besteht im Kern aus einer virtuellen Maschine, der *Common
Language Runtime* (CLR), die „Managed Code" ausführt. Managed Code besteht aus Befehlen der Microsoft-Programmiersprache IL (*Intermediate Language*) und ist in einer
Assembly-Datei enthalten. Die PowerShell basiert auf einer Reihe solcher Assemblies
(u. a. *System.Management.Automation.dll*), womit sich der Kreis schließt. Die Entwickler
der PowerShell haben sich damals für das.NET Framework als Unterbau entschieden,
da mit der.NET-Laufzeit von Anfang an eine reichhaltige Anwendungsfunktionalität zur
Verfügung steht, die sowohl von der PowerShell als auch von PowerShell-Skripten genutzt werden kann. Außerdem ist das direkte Einbetten von z. B. Programmbefehlen der
Programmiersprachen C# oder Visual Basic in einem PowerShell-Skript möglich. Dies erweitert zum einen die Möglichkeiten von PowerShell-Anwendern und macht die PowerS-
hell zum anderen auch für Entwickler attraktiv. Die Abhängigkeit der PowerShell zur.
NET-Laufzeit war in der Anfangszeit insofern ein Problem, da die.NET-Laufzeit damals
noch separat verteilt werden musste und nicht als gegeben vorausgesetzt werden konnte.

---

[4] Java ist eine Kombination von Programmiersprache und Laufzeitumgebung, die Mitte der 90er
Jahre von der Firma Sun veröffentlicht wurde und heute zu Oracle gehört. Java versprach damals,
dass eine Anwendung nur einmal entwickelt werden musste und danach auf allen Plattformen und
im Browser ausführen konnte. Wären alle Anwender auf Java umgestiegen, wäre Windows überflüssig geworden. Wie wir heute wissen, hat Java am „Windows-Monopol" nicht allzu viel geändert.

Spätestens seit Windows Server 2008 R2 und Windows 7 ist sie ein fester Bestandteil des Betriebssystems und steht damit immer zur Verfügung.

Tabelle 2.2 stellt die PowerShell-Versionen der Version des.NET Framework gegenüber, auf der die jeweilige Version aufsetzt. Diese Abhängigkeit muss bei der Installation der PowerShell berücksichtigt werden.

2.3.2 PowerShell als Interpreter

PowerShell-Skripte werden grundsätzlich interpretiert ausgeführt. Das bedeutet konkret, dass ein PowerShell-Skript Befehl für Befehl abgearbeitet wird. Es gibt keinen Compiler, der aus PowerShell-Befehlen vor der Ausführung IL-Code oder gar Maschinencode macht (auch nicht von anderen Firmen). Allerdings ist die PowerShell seit der Version 3.0 kein klassischer Interpreter mehr. Jeder Befehl wird bereits während der Eingabe in einen sog. „Abstrakten Syntaxbaum" (engl. „Abstract Syntax Tree", kurz AST) zerlegt, der die Bestandteile des Befehls als Tokens (Symbole) enthält und bei der Ausführung Token für Token abgearbeitet wird. Bei der PowerShell ISE macht sich dieser Aspekt u. a. dadurch bemerkbar, dass Befehle bereits unmittelbar nach der Eingabe angezeigt und z. B. auch fehlende geschweifte Klammern in einem Skript als Fehler angezeigt werden.

2.3.3 PowerShell für andere Plattformen?

Die PowerShell gibt es für Windows ab Version XP SP3 und Windows Server 2003 in der Version 2.0 bzw. ab Windows 7 und Windows Server 2008 R2 für alle übrigen Versionen. Es gibt sie außerdem für Windows RT. Andere Plattformen werden nicht unterstützt. Ein vor vielen Jahren begonnenes Open Source-Projekt mit dem Namen „Pash", das das Ziel hatte, die PowerShell (auf der Basis des zum.NET Framework kompatiblen Open Source Frameworks *Mono*) nach Linux zu portieren, kam über erste Ansätze nicht hinaus[5]. Von

Tab. 2.2 Die PowerShell-Versionen und die erforderlichen. NET Framework-Versionen

PowerShell	.NET Framework-Version
1.0	2.0
2.0	2.0
3.0	4.0
4.0	4.5
5.0	4.5

---

[5] Inzwischen hat das von *Igor Moochnik* ursprünglich gestartete Projekt einen neuen Besitzer und unter *GitHub* ein neues zu Hause gefunden und wird offenbar weiterentwickelt – https://github.com/Pash-Project/Pash.

Microsoft gibt es zur Zeit (Stand: Mai 2014) keinerlei Bestrebungen, die PowerShell auf andere Plattformen zu portieren[6]. Eine Ausnahme ist das Thema „Desired State Configuration" (DSC).

Im Zusammenhang mit der *Open Management Infrastructure-Initiative* (OMI) hat Microsoft bereits vor einigen Jahren den Quellcode für einen CIM-Manager freigegeben, mit dem sich (WMI-) Abfragen und Befehle gegen alle Geräte ausführen lassen, auf denen dieser CIM-Manager implementiert wurde. Auf der Grundlage eines solchen OMI-CIM-Server hat Microsoft im Mai 2014 „Windows PowerShell Desired State Configuration for Linux" angekündigt. Damit lassen sich im Rahmen der mit PowerShell 4.0 eingeführten Desired State Configuration (Kap. 20) Konfigurationseinstellungen auch auf Linux-Server übertragen.

2.3.4   Die Rolle des PowerShell-Hosts

Der (PowerShell-) Host ist die Anwendung, die die einzelnen PowerShell-Bibliotheken (Assemblies) unter einem Dach zusammenfasst und damit für den Anwender zugänglich macht. Abbildung 2.1 stellt den Zusammenhang zwischen dem PowerShell-Host und dem Unterbau in einer Übersicht dar. Microsoft stellt mit *Powershell.exe* (Konsole) und *PowerShell_ISE.exe* (Windows) zwei Hosts zur Verfügung. Es gibt eine Reihe weiterer Hosts, bei denen es sich in erster Linie um Alternativen zur PowerShell ISE handelt, wie *Power GUI, PowerGUI Script Editor*, *PowerShell Plus* und *PowerShell Studio*.

Jede Host bietet dieselbe PowerShell-Funktionalität an, implementiert aber unter Umständen nicht denselben Funktionsumfang, was z. B. die Möglichkeiten der Ausgabe betrifft.

2.4   Download und Installation

Microsoft stellt die Versionen 2.0 bis (aktuell) 4.0 als Updates zur Verfügung, die aber nicht automatisch verteilt, sondern von der Microsoft-Webseite heruntergeladen werden müssen. Der Download heißt aber nicht „PowerShell", sondern „Windows Management Framework" (WMF), das neben der PowerShell weitere Komponenten, wie Windows Remoting (WinRM), umfasst(Abb 2.2). Tabelle 2.3 stellt die einzelnen Downloads mit ihren KB-Nummern zusammen.

Der Umstand, dass man zwischen mehreren Versionen der PowerShell (in erster Linie 3.0 und 4.0) wählen kann und daher auf mehreren Arbeitsplätzen im Unternehmen unterschiedliche Versionen installiert sein können, wirft natürlich zahlreiche Fragen auf. Diese werden im Folgenden im Stile eines FAQ beantwortet. Soviel bereits vorab: „Probleme"

---

[6] Wenngleich PowerShell-Erfinder *Jeffrey Snover* auf einer Community-Konferenz im Mai 2014 angedeutet hat, dass die PowerShell eines Tages Open Source werden könnte.

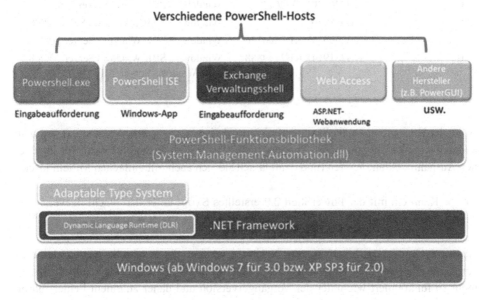

Abb. 2.1 Das Zusammenspiel zwischen Host und PowerShell-Funktionalität

Bestandteile des Windows Management Frameworks 3.0

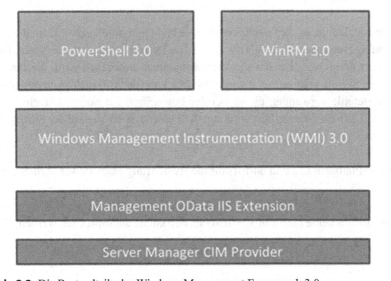

Abb. 2.2 Die Bestandteile des Windows Management Framework 3.0

Tab. 2.3 PowerShell-Downloads im Überblick

PowerShell-Version	KB-Nummer	Voraussetzungen
1.0	KB926140/KB926139	Windows XP, Windows Server 2003
2.0	KB968930	Windows XP SP3, Windows Server 2008
3.0	KB2506143/KB2506146	Windows 7 SP1, Windows Server 2008
4.0	KB2819745/KB2799888	Windows 7 SP1, Windows Server 2008 R2 SP1, Windows Server 2012

sollte der Umstand, dass ein Skript auf einem Arbeitsplatz von einer Version 2.0, auf dem anderen Arbeitsplatz von einer Version 4.0 der PowerShell ausgeführt wird, nur in seltenen Ausnahmefällen bereiten (und dann lassen sie sich auch mit einfachen Mitteln lösen).

Frage Kann ein mit der PowerShell 2.0 erstelltes Skript unter den Nachfolgeversionen ausgeführt werden?

Antwort Grundsätzlich ja. Mit jeder Nachfolgeversion gibt es eine Reihe von kleineren „breaking changes" (also Änderungen, die dazu führen können, dass ein Skriptbefehl nicht mehr so funktioniert wie unter der Vorgängerversion und daher zu einem Fehler führen kann), doch sind dies Spezialfälle, die im Praxisalltag nur selten auftreten. Die „breaking changes" werden von Microsoft in einer Begleitdatei der aktuellen Version dokumentiert.

Frage Kann ein mit der PowerShell 4.0 erstelltes Skript von der PowerShell 2.0 ausgeführt werden?

Antwort Grundsätzlich ja, es darf nur keine Befehle und Operatoren verwenden, die erst mit einer Nachfolgeversionen eingeführt wurden. Die PowerShell bietet für diesen Fall das Schlüsselwort *#requires*, über das die Versionsnummer angegeben wird, die für die Ausführung eines Skripts vorausgesetzt wird. Dadurch kann der Fall nicht auftreten, dass ein Skript, das Befehle verwendet, die es bei der PowerShell 2.0 noch nicht gibt, von einem PowerShell 2.0-Host ausgeführt wird und die Fehler erst im Verlauf der Skriptausführung auftreten.

Frage Spielt die Plattform (32 und 64 Bit) für die Ausführung eines PowerShell-Skripts eine Rolle?

Antwort Nein, sofern keine plattformspezifischen Merkmale angesprochen werden.

2.5   Zielgruppe und Anwendungsbereiche

Wer ist die anvisierte Zielgruppe der PowerShell? Die PowerShell versteht sich als universelles Werkzeug, das für jeden Windows-Anwender gedacht ist, der Befehle über die Tastatur eingegeben und/oder beliebige Abläufe mit Hilfe von Skripten automatisieren möchte. Die Zielgruppe sind daher nicht nur die klassischen Windows-Administratoren (wenngleich sich dieses Buch auf genau jene Zielgruppe fokussiert), sondern auch „IT-Pros", die eine Alternative zur GUI oder zum Remote Desktop für eine Fernwartung suchen und theoretisch auch Studenten und Hobby-Programmierer, die am Beispiel der ab Windows 7 fest eingebauten „Skriptsprache" das Programmieren erlernen möchten[7]. Dieser Hinweis ist dem Autor wichtig: Die PowerShell ist kein Entwicklerwerkzeug. Wer die PowerShell effektiv für „alles Mögliche" einsetzen möchte, benötigt daher keine Programmierkenntnisse, denn es gibt nichts zu programmieren. Natürlich sind Vorkenntnisse in der Programmierung hilfreich, um bestimmte Zusammenhänge und Fachbegriffe zu verstehen, erforderlich sind sie nicht. Und natürlich gibt es einen fließenden Übergang zwischen einem PowerShell-Skript, das ein paar (Dutzend) Befehlszeilen enthält, und einem großen PowerShell-Skript mit mehreren Tausend Zeilen, das bereits die Aufgaben einer klassischen Anwendung übernimmt. Die primäre Zielgruppe der PowerShell sind Administratoren und IT-Pros, keine Entwickler.

Es ist daher wichtig zu verstehen, dass Microsoft die PowerShell für eine breite Palette an Anwenderprofilen konzipiert hat. Diese reicht vom Gelegenheitsanwender, der die PowerShell nur gelegentlich aufruft, bis zum „Power-User", der sie jeden Tag verwendet und damit komplexere Automatisierungsanforderungen umsetzt. Auch für Software-Entwickler kommt die PowerShell natürlich in Frage. Zum einen ist sie seit Visual Studio 2012 in Gestalt des Paket-Managers ein fester Bestandteil von Visual Studio, zum anderen gibt es eine Projektvorlage für Visual Studio 2013 von PowerShell-Experte *Adam Driscoll*, so dass sich PowerShell-Skripte auch in Visual Studio eingeben und ausführen lassen (weitere Infos erhalten Sie unter http://csharpening.net/?p=1697 und in Kap. 25)[8].

Es ist wichtig zu verstehen, dass die PowerShell trotz ihres Potentials kein Spezialwerkzeug ist, das hohe Anforderungen an die Fähigkeiten seiner Anwender stellt. Dass Microsoft mit der PowerShell auch Administratoren ansprechen möchte, die die PowerShell nur gelegentlich benötigen und keine Zeit oder Interesse haben, sich in die Details einzuarbeiten, machen verschiedene Vereinfachungen deutlich, die bereits mit der Version 3.0 eingeführt wurden.

---

[7] In einem gewissen Sinne ist die PowerShell damit der „Nachfolger" von GW-Basic und QBasic, die beim PC-Betriebssystem MS-DOS aus den Anfangsjahren des PCs als Programmiersprachen ein fester Bestandteil des Lieferumfangs eines PCs waren.

[8] Seit Update 2 für Visual Studio 2013 gibt es ein einfachen Skripteditor auch als offiziellen Bestandteil von Visual Sudio.

Auch wenn es aufgrund der universell angelegten Natur der PowerShell keine Anwendungsgebiete gibt, für die sie hauptsächlich geschaffen wurde, gibt es natürlich Einsatzgebiete, für die sie aufgrund ihrer Eigenschaften sehr gut geeignet ist.

Die folgende Aufzählung erhebt keinen Anspruch auf Vollständigkeit:

- Ad hoc-Administration, z. B. Abfragen des Status von Diensten, lokal wie im Netzwerk.
- Automatisieren von Abläufen durch Skripte. Dieser Bereich wird ab Windows Server 2012 durch den Umstand erleichtert, dass ein Großteil der Server-Funktionalität über PowerShell-Commands angesprochen werden kann.
- Auswerten von Daten, die z. B. im CSV- oder XML-Format vorliegen.
- Konfigurations- und Login-Skripte.
- Alle Aktivitäten, die etwas mit dem Active Directory zu tun haben.
- Implementieren länger laufender Abläufe über Workflows.

Eine Frage, die man als Administrator gleich zu Beginn klären sollte, ist: Brauche ich die PowerShell überhaupt? Zwar ist es relativ einfach mit der PowerShell zu beginnen und ein paar Abfragen auszuführen. Wer die PowerShell für komplexere Abläufe einsetzen möchte, muss sich darüber im Klaren sein, dass sowohl die Einarbeitung als auch die Umsetzung eines solchen Ablaufs eine (relativ) zeitintensive Angelegenheit ist.

Es gibt (mindestens) drei Situationen, in denen die PowerShell als Werkzeug im administrativen Alltag wirklich benötigt wird:

1. Wenn ein flexibles Abfragetool (auf der Basis einer Befehlszeile) benötigt wird.
2. Wenn die Notwendigkeit für eine Automatisierung von Abläufen gegeben ist (oft als Ablöse für Stapeldateien oder WSH-Skripte).
3. Wenn ein spezielles „Admintool" umgesetzt werden soll (auch mit GUI-Oberfläche).

Ist mindestens eine der drei Voraussetzungen erfüllt, ist die PowerShell im Allgemeinen die beste Wahl.

Die Entscheidung für die PowerShell bedeutet nicht eine Entscheidung gegen andere Tools. Befehlszeilentools, die *Sysinternals*-Tools, WSH-Skripte, JavaScript-Skripts, Stapeldateien usw. können alle innerhalb eines PowerShell-Befehls oder -Skripts hervorragend aufgerufen werden.

2.6 PowerShell lernen

Es gibt mehrere Wege, die PowerShell zu lernen und zu einem PowerShell-Experten zu werden. Es gibt die umfangreichen Hilfedateien, die Teil der PowerShell sind (und vor dem ersten Aufrufen per *Update-Help*-Befehl aktualisiert werden müssen), es gibt unzählige Webseiten mit PowerShell-Know-how. Auch dieses Buch soll dazu beitragen, dass

Sie die PowerShell anwenden und die Hintergründe verstehen. Eine Empfehlung des Autors ist das Online-Schulungsangebot, das Microsoft unter dem Namen *Microsoft Virtual Academy* (MVA) seit einigen Jahren betreibt, und dessen Angebot stetig erweitert wird. Hier finden Sie auch Kurse zur PowerShell, mit deren Hilfe Sie sich zusätzliches Wissen aneignen und Ihr erworbenes Wissen mit Hilfe von Quiz-Fragen überprüfen können. Die Adresse ist http://www.microsoftvirtualacademy.com.

Der offizielle MOC-Kurs (Microsoft Official Curriculum) für die PowerShell ist 10961A „Windows PowerShell 3.0 für Administratoren".

2.6.1   RT(F)M

RTM („Read the Manual") ist eine in der IT-Szene bekannte Abkürzung. Bei der PowerShell bedeutet sie „Lies einfach einmal die Hilfe". RTFM ist eine moderne Abwandlung des bekannten Akronyms[9]. Damit ist zum einen natürlich die Beschreibung zu den wichtigsten Befehlen gemeint, vor allem aber die allgemeinen Hilfethemen, in denen die Grundlagenthemen der PowerShell anschaulich beschrieben werden. Zu den Pflichtthemen gehören:

- About_Window_PowerShell_4.0
- About_Command_Syntax
- About_Pipelines
- About_PowerShell.exe
- About_Objects
- About_Modules

und

- About_Parsing

2.6.2   Die Neuerungen der Version 4.0

Mit der Version kamen eine Reihe interessanter Neuerungen hinzu:

- Die wichtigste Neuerung ist die *Desired State Configuration* (DSC). Sie wird in Kap. 20 vorgestellt.
- Bei Windows Server 2012 R2 ist die Voreinstellung für die Ausführungsrichtlinie „RemoteSigned" und nicht mehr „Restricted" und damit etwas gelockert worden.

---

[9] Deren ursprüngliche Bedeutung vermutlich verloren gegangen ist. Der Autor konnte trotz umfangreicher Recherchen keine Erklärung dieses Akronyms finden. Das ist der Foobar-Effekt.

- Beim Cmdlet *Get-Process* gibt es den Parameter *IncludeUserName*, der in einer als Administrator gestarteten PowerShell den Besitzer des Prozesses anzeigt.
- Die praktische neue Function *Get-FileHash* berechnet für eine Datei den Hashwert aus den Byte-Werten des Inhalts.
- In der Manifestdatei eines Moduls kann über die Einstellung *DefaultCommandPrefix* ein Präfix festgelegt werden, der automatisch jedem importierten Command vorangestellt wird.
- Im Rahmen eines Workflows wurde der Befehl *foreach* um den Parameter *ThrottleLimit* erweitert, über den sich im Zusammenspiel mit dem *Parallel*-Parameter die Anzahl der gleichzeitig ausführenden Threads festlegen lässt (bislang wurden nicht mehr als 5 Threads gleichzeitig ausgeführt).
- Mit *PipelineVariable* gibt es einen neuen allgemeinen Parameter, über den der aktuelle Inhalt der Pipeline einer Variablen zugewiesen werden kann, damit er im weiteren Verlauf der Pipeline-Verarbeitung der Befehlskette zur Verfügung steht.
- Über die Direktive *#requires –runasadministrator* kann in einem Skript angegeben werden, dass ein Skript nur ausführt, wenn es mit Administratorberechtigungen gestartet wurde.
- Das *Import-CSV*-Cmdlet lässt Leerzeilen aus (und macht daraus keine leeren Objekte).
- Das *Get-Job*-Cmdlet listet auch beendete terminierte Jobs in einer Remoting-Session auf.
- Beim *Remove-Item*-Cmdlet funktioniert der *Recurse*-Parameter richtig, indem auch die Elemente in den Unterverzeichnissen entfernt werden.
- Das *Get-Module*-Cmdlet zeigt die Versionsnummer eines (Manifest-) Moduls an. Über die Parameter *MinimumVersion* und *RequiredVersion* kann eine bestimmte Version eines Moduls angefordert werden. Damit lässt sich erreichen, dass eine Abhängigkeit zu einer bestimmten Version eines Moduls hergestellt wird. Ist diese Version nicht vorhanden, ist beim Laden eine Fehlermeldung die Folge.

2.7   Zusammenfassung

Die Windows PowerShell wurde im Herbst 2006 von Microsoft in der Version 1.0 freigegeben. Seit Windows Server 2008 R2 und Windows 7 ist sie sowohl ein fester Bestandteil des Betriebssystems als auch ein freier Download für alle Windows-Versionen, die die Anforderungen der jeweiligen Version erfüllen.

Die PowerShell in einem Satz erklärt: „Die PowerShell ist eine Anwendung zur Ausführung von Befehlen, bei denen Objekte und eine Objekt-Pipeline im Mittelpunkt stehen".

Die ersten Schritte mit der PowerShell

3

In diesem Kapitel lernen Sie die PowerShell in der Praxis kennen und führen die ersten Befehle aus. Die Objektpipeline, die die Grundlage für viele Befehle ist, kommt in Kap. 5 zum Einsatz. Bevor es mit dem Eingeben der Befehle losgehen kann, werden im Konsolenfenster ein paar Einstellungen geändert.

3.1 Die PowerShell starten

Die PowerShell kann auf verschiedene Weisen gestartet werden. Bei Windows Server 2008 R2 und Windows 7 über das Startmenü (unter *Alle Programme|Zubehör|Windows PowerShell*), ab Windows 8 und Windows Server 2012 entsprechend über die Startfläche oder über den *Ausführen*-Befehl und die Eingabe von *Powershell.exe* für die Konsole und *Powershell_ise.exe* für die PowerShell ISE. Unter einem 64-Bit-Windows gibt es eine 32- und eine 64-Bit-Version der beiden PowerShell-Hosts. Welche Version Sie starten, spielt grundsätzlich keine Rolle. Eine Ausnahme sind PowerShell-Erweiterungen (Module und Snapins), die für jede Plattform einzeln vorhanden sein müssen. Sollten sich bestimmte Module oder Snapins in einer PowerShell-Sitzung nicht finden lassen, kann es daran liegen, dass sie nur für die 32- oder 64-Bit-Version installiert wurden und daher in der jeweils anderen Plattformversion nicht zur Verfügung stehen.

▶ **Tipp** Der einfachste Weg, um herauszufinden, ob eine PowerShell ein 32- oder 64-Bit-Prozess ist, ist die Eingabe von *[IntPtr]::Size*, welche die Anzahl der Bytes eines Integer-Zeigers ausgibt. Bei einem 32-Bit-Prozess wird die Zahl 4, bei einem 64-Bit-Prozess entsprechend die Zahl 8 ausgegeben.

© Springer Fachmedien Wiesbaden 2014
P. Monadjemi, *PowerShell für die Windows-Administration*, X.systems.press,
DOI 10.1007/978-3-658-02964-7_3

Tab. 3.1 Die wichtigsten Schalter für den Aufruf von PowerShell.exe

Schalter	Bedeutung
Command	Es wird die angegebene Befehlsfolge ausgeführt, die entweder als Zeichenkette oder als Scriptblock mit einem vorangestellten & ausgeführt wird. Je nach Typ werden Zeichenfolge oder Objekte zurückgegeben
EncodedCommand	Übergibt die auszuführenden Befehle als Zeichenkette im Base64-Format. Ist immer dann praktisch, wenn die Zeichenkette Apostrophe und Anführungszeichen enthält (z. B. bei einer WMI-Abfrage mit WMI-Filter)
ExecutionPolicy	Legt die Ausführungsrichtlinie für den Prozess fest
File	Gibt den Pfad der Ps1-Datei an, die ausgeführt werden soll
NoExit	Der Konsolenhost wird nach Ausführen des Skripts oder der Befehlsfolge nicht beendet
NoProfile	Es werden keine Profilskripte ausgeführt
Version	Legt die Version der zu startenden PowerShell fest (z. B. 2.0)

3.1.1 Schalter für Powershell.exe

Das Konsolenprogramm *Powershell.exe* kann mit einer Reihe von Schaltern gestartet werden. Sie werden beim Aufruf der Exe-Datei mit dem Schalter -? angezeigt. Die wichtigsten Schalter sind in Tab. 3.1 zusammengestellt. Der wichtigste Schalter ist *File*, denn er gibt den Pfad einer Ps1-Skriptdatei an, die durch die PowerShell ausgeführt werden soll. In diesem Zusammenhang ist der Schalter *NoProfile* erwähnenswert, denn er bewirkt, dass keine Profilskripte ausgeführt werden. Beachten Sie, dass die Reihenfolge, in der die Schalter aufgeführt werden, eine Rolle spielt. Der Schalter *Command* muss immer als Letztes angegeben werden.

3.1.2 Befehlsübergabe im Base64-Format

In seltenen Fällen soll *Powershell.exe* über den *Command*-Schalter ein PowerShell-Befehl übergeben werden, der Anführungszeichen und einfache Apostrophe enthält. In diesem Fall muss die Zeichenfolge in das Base64-Format konvertiert und anstelle dem *Command*-dem *EncodedCommand*-Schalter übergeben werden. Das folgende Beispiel nimmt eine WMI-Abfrage aus Kap. 11 vorweg:

```
$CmdLine = "Get-CIMInstance -Class Win32_Service -Filter `"State =
'Running'`""
```

Da ein WMI-Filter den Filterausdruck in Anführungszeichen und den Vergleichswert in einfachen Apostrophen erwartet, müssen die Anführungszeichen innerhalb des durch

Anführungszeichen eingerahmten Befehls durch „Backtick"-Zeichen „escaped" werden. Dass der Befehl grundsätzlich ausführbar ist, macht ein Aufruf per *Invoke-Expression*-Cmdlet deutlich:

```
Invoke-Expression -Command $CmdLine
```

Der folgende Aufruf funktioniert dagegen nicht:

```
PowerShell -NoProfile -NoExit -Command $CmdLine
```

Der PowerShell-Befehlszeilenparser kommt mit der Befehlszeile nicht richtig klar. Soll der Befehl unbedingt in dieser Form übergeben werden, muss er im Base64-Format übergeben und dazu im ersten Schritt in ein Byte-Array konvertiert werden:

```
$CmdLineBytes = [System.Text.Encoding]::Unicode.GetBytes($CmdLine)
```

Aus diesem Byte-Array wird im nächsten Schritt eine Zeichenfolge im Base64-Format:

```
$CmdlineEncoded = [System.Convert]::ToBase64String($CmdLineBytes)
```

Die neue Befehlszeichenkette wird dem *EncodedCommand*-Schalter von *Powershell.exe* übergeben:

```
PowerShell -Noprofile -NoExit -EncodedCommand $CmdLineEncoded
```

Dieser Ablauf wird in der Hilfe zu *Powershell.exe* ausführlich beschrieben.

3.2 Einrichten des Konsolenfensters

Das Konsolenfenster bietet verschiedene Einstellungen, die dazu beitragen können, dass es sich etwas komfortabler benutzen lässt (Abb. 3.1. Die Einstellungen werden über den Eintrag *Eigenschaften* im Systemmenü des Fensters aufgerufen, der sich auch durch Anklicken des Fenstertitels mit der rechten Maustaste öffnen lässt.

3.2.1 Einstellen von Vorder- und Hintergrundfarbe

Voreingestellt verwendet die PowerShell-Konsole eine weiße Schrift auf einem blauen Hintergrund. Für einen angenehmeren Kontrast stehen im Register *Farben* zum einen die Standardfarben zur Auswahl, zum anderen können Sie, wenn Sie der Konsole eine indivi-

Abb. 3.1 Der Dialog mit
den Einstellungen des
Konsolenfensters

duelle Note verleihen möchten, die Farbe über die Angabe ihrer RGB-Werte (Rot, Grün,
Blau) einstellen.

3.2.2 Copy und Paste in der Befehlszeile

Soll in der Befehlszeile ein Einfügen von Textinhalten aus der Zwischenablage und ein
Kopieren des markierten Textes in die Zwischenablage möglich sein, müssen im Register
Optionen die Einstellungen *Quick-Edit-Modus* und *Einfügemodus* aktiviert sein. Beide
Einstellungen sind im Allgemeinen voreingestellt.

3.2.3 Auswahl von Consolas als Schriftart

Die voreingestellte Rasterschriftart ist für die Darstellung von Befehlszeilen nicht gerade
optimal. Wählen Sie im Register *Schriftart* daher „Consolas" oder „Lucida Consolas", da
beide Schriftarten eine deutlich bessere Darstellung bieten.

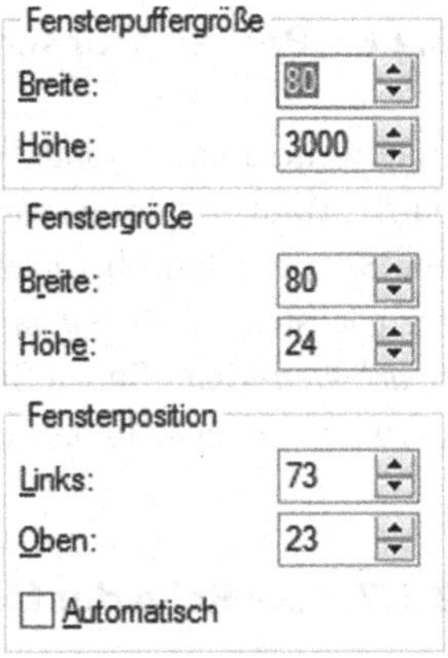

Abb. 3.2 Fensterpuffer und
Fenster sollten gleich breit sein

Fensterpuffergröße

Breite:	80
Höhe:	3000

Fenstergröße

Breite:	80
Höhe:	24

Fensterposition

Links:	73
Oben:	23

☐ Automatisch

3.2.4 Einstellen des Fensterpuffers

Der Fensterpuffer enthält die bereits eingegebenen Befehlszeilen. Sein Inhalt wird über
die [F7]-Taste abgerufen (das Fenster lässt sich nicht in seiner Breite verändern). Die
Breite und Höhe des Fensterpuffers wird im Register *Layout* eingestellt. Optimal ist eine
Höhe von 3000 Zeilen, da sich auch umfangreichere Ausgaben durch Scrollen des Fens-
terinhalts erneut abrufen lassen. Wer häufiger umfangreiche Ausgaben produziert und in
den Ausgaben scrollen möchte, stellt den Maximalwert 9999 ein. Bei der Breite kommt
es darauf an, dass der Fensterpuffer nicht breiter als das Fenster ist, da ansonsten ein ho-
rizontaler Scrollbalken resultiert. Dies ist insofern ungünstig, da eine Befehlszeile nicht
vollständig sichtbar ist, wenn sie über den rechten Rand hinausgeht. Achten Sie daher
darauf, dass die Breite des Fensterpuffers nicht größer ist als die Breite des Fensters. Dies
ist die einzige etwas „kritischere" Einstellung in den Eigenschaften des Konsolenfensters
(Abb. 3.2).

3.2.5 Festlegen der Befehlspuffergröße

Per Voreinstellung speichert ein Konsolenfenster bis zu 50 Befehle im Befehlspuffer. Diese Zahl kann im Register *Optionen* auf 999 hochgesetzt werden (per Programmbefehl
sogar auf 32.767). Einen Grund, die Voreinstellung zu ändern gibt es im Allgemeinen
nicht. Der Befehlspuffer wird entweder über die Pfeiltasten durchlaufen oder per [F7]-
Taste in einem Auswahlfenster angezeigt (dessen Größe sich leider nicht verändern lässt).
Ein Befehl wird über die [Pfeil rechts]-Taste in die Befehlszeile übernommen oder per
[Eingabe]-Taste ausgeführt.

Die spezielle Einstellung „Anzahl der Puffer" bezieht sich auf die Anzahl der Puffer,
die sich mehrere Konsolenfenster teilen. Sollten Sie regelmäßig mehr als vier PowerShell-
Konsolenfenster geöffnet haben und dabei den Befehlspuffer intensiv nutzen, ist es sicher
sinnvoll, diesen Wert entsprechend zu erhöhen.

3.2.6 Per Tastatur scrollen

Eine weitere interessante Einstellung entdeckt man oft nur per Zufall: Es ist der Menü-
punkt „Bildlauf" im Systemmenü unter „Bearbeiten". Wird dieser Eintrag selektiert, können Sie per [Bild oben]- und [Bild unten]-Taste im Fenster scrollen. Allerdings nur bis
zur nächsten Befehlseingabe. Dann scrollen beide Tasten wieder den Befehlspuffer. Im
Bearbeiten-Menü finden Sie zwei weitere interessante Einträge: *Alles markieren* und *Suchen* für die Suche im gesamten Konsolenfenster.

3.2.7 Die Rolle der Maus im Konsolenfenster

Im Konsolenfenster spielt der Mauszeiger nur für das Markieren von Text und das Einfügen von Text aus der Zwischenablage eine Rolle. Letzteres wird über die rechte Maustaste
durchgeführt. Ein markierter Text wird über die [Eingabe]-Taste in die Zwischenablage
übernommen. Das Positionieren des Cursors ist per Maus nicht möglich.

▶   **Tipp** Sollte nach dem Ändern einer Einstellung des Konsolenfensters eine Feh-
    lermeldung („Verknüpfung konnte nicht geändert werden") die Folge sein, kann
    es daran liegen, dass die PowerShell nicht als Administrator gestartet wurde.

3.2.8 Alternativen zum Konsolenfenster

Es ist bemerkenswert und ein wenig kurios zugleich, dass Microsoft das Konsolenfenster
seit seinem Debüt bei Windows NT Anfang der 90er Jahre nicht mit etwas mehr Komfort
ausgestattet hat. Zum Glück gibt es Alternativen. Eine davon heißt schlicht und einfach
Console bzw. *Console2* und steht unter http://sourceforge.net/projects/console zum Download bereit. Eine weitere Alternative ist *ConEnum* („Console Emulator"), (Abb. 3.3). Die
Downloadadresse ist https://code.google.com/p/conemu-maximus5. Beide Anwendungen
sind grafische Anwendungen, in denen sich mehrere Konsolenfenster über Tabs (Register) anlegen lassen. Zu dem vorhandenen *Cmd*-Tag werden weitere Tabs, z. B. für die
PowerShell oder andere befehlszeilenorientierte Programme wie *Putty* hinzugefügt. Bei
ConEmu werden weitere Konsolenfenster über das +-Zeichen hinzugefügt, wobei bereits
auf dem System installierte Shells (z. B. *Git-Bash*, sofern die Versionskontrollsoftware
Git installiert wurde) in einer Auswahlliste angeboten werden. Für jedes Konsolenfenster
können individuelle Einstellungen vorgenommen werden (u. a. lässt sich ein transparenter
Fensterhintergrund einstellen). Bei *Console* wird ein neu angelegtes Register über *New*
ausgewählt. *ConEmu* kann portabel betrieben werden, z. B. auf einem USB-Stick. In diesem Fall werden Konfigurationsdaten nicht in der Registry, sondern in einer Konfigurationsdatei gespeichert.

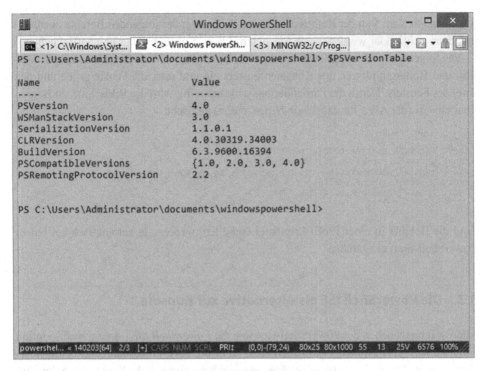

Abb. 3.3 ConEnum vereinigt mehrere Command-Shells in einem Fenster

▶ **Tipp** Dies ist ein allgemeiner Tipp, der für eine Vielzahl von Anwendungen gilt.
Über ein relativ neues Tool mit dem Namen *Chocolatey* (Download unter http://
chocolatey.org), das auf einem PowerShell-Skript basiert, das den Microsoft
Paketmanager *Nuget* anspricht, wird die Installation von im Grunde beliebigen
Anwendungen sehr einfach. Für die Installation von *ConEnum* genügt danach
die Eingabe von „cinst conemu".

3.2.9 Konsoleneinstellungen per PowerShell-Skript vornehmen

Einige der vorgestellten Einstellungen des Konsolenfensters, aber nicht alle, lassen sich
auch per PowerShell-Befehle durchführen. Damit ist es z. B. möglich, die Vorder- und
Hintergrundfarbe oder die Größe des Konsolenfensters als Teil des Profilskripts (Kap. 5)
bei jedem PowerShell-Start automatisch einzustellen. Im Mittelpunkt steht die Variable
$Host, die für ein Objekt (der Begriff wird in Kap. 5 definiert) steht, das den gesamten
PowerShell-Host repräsentiert. Dieses besitzt u. a. die Eigenschaft *UI*, über die eine Reihe
von Einstellungen getroffen werden, die das Konsolenfenster betreffen. Für die „opti-
schen" Einstellungen ist die Untereigenschaft *RawUI* zuständig. Da der Umgang mit Ob-

jekten erst in Kap. 5 an der Reihe ist, wird die Bedeutung der folgenden Befehle eventuell erst dann richtig klar werden, wenn Sie sich mit Kap. 5 ausführlicher beschäftigt haben.

Die folgende Befehlsfolge bestehend aus mehreren PowerShell-Befehlen stellt die Vorder- und Hintergrundfarbe des Konsolenfensters ein und setzt die Fenstergröße und den Titel des Fensters. Damit die Farbänderung wirksam wird, wird der Bildschirm zu Beginn über ein *Cls* (der Alias für das *Clear-Host*-Cmdlet) gelöscht:

```
Cls
$Host.UI.RawUI.BackgroundColor = "White"
$Host.UI.RawUI.ForegroundColor = "Blue"
$Host.UI.RawUI.WindowTitle = "Meine persönliche PS-Konsole"
$Host.UI.RawUI.WindowSize.Height = 800
$Host.UI.RawUI.WindowSize.Width = 600
```

Sind die Befehle in einer Profilskriptdatei enthalten, werden sie automatisch bei jedem PowerShell-Start ausgeführt.

3.3   Die PowerShell ISE als Alternative zur Konsole

Microsoft bietet neben der PowerShell-Konsole die *PowerShell ISE* („Integrated Scripting Environment") als zweiten PowerShell-Host an (Abb. 3.4). Funktional sind beide Hosts gleichwertig. Die ISE bietet als Windows-Anwendung etwas mehr Komfort bei der Eingabe und eignet sich daher besonders zur Eingabe von PowerShell-Skripten. Ein weiterer

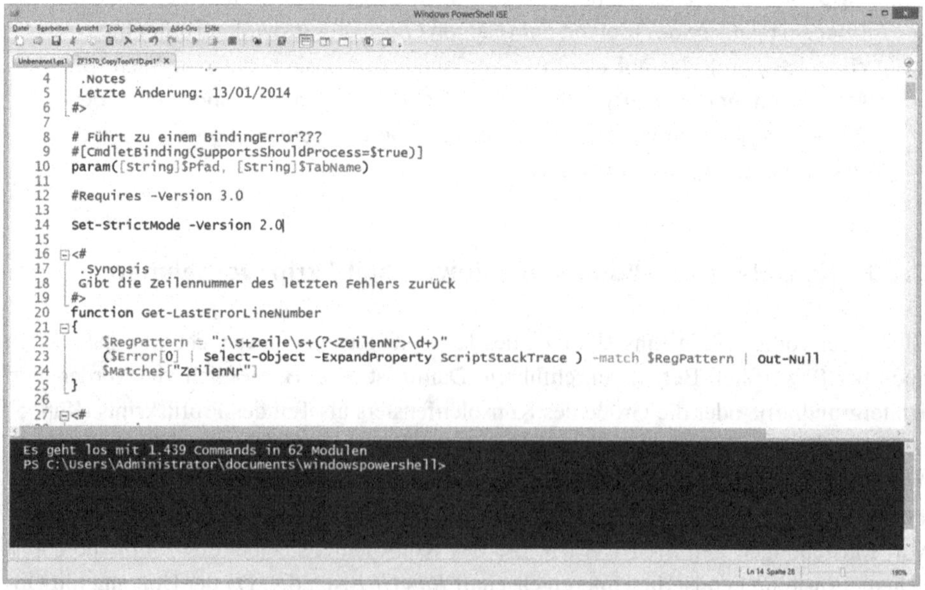

Abb. 3.4 Die PowerShell ISE ist eine Alternative zur PowerShell-Konsole

Komfortgewinn bei der ISE ist die Integration des Debuggers, der das schrittweise Ausführen eines Skriptes erleichtert.

Die PowerShell ISE wird in Kap. 8 vorgestellt.

3.4 Regeln für die Eingabe von Befehlen

In diesem Absatz werden ein paar einfache Regeln für die Eingabe von PowerShell-Befehlen vorgestellt, die für alle PowerShell-Konsolen gelten:

- Die Groß- und Kleinschreibung spielt für die Ausführung eines Befehls keine Rolle (dies ist sicherlich die wichtigste Regel).
- Jede Eingabe wird mit der [Eingabe]-Taste abgeschlossen.
- Leerzeichen spielen für die Ausführung eines Befehls in der Regel keine Rolle. Eine Ausnahme bildet natürlich der Umstand, dass ein Befehlsname keine Leerzeichen enthalten darf, da er ansonsten nicht mehr als Befehl erkannt wird.
- Enthält ein Verzeichnispfad oder allgemein ein Parameterwert ein Leerzeichen, muss dieser in Anführungszeichen gesetzt werden.
- Soll eine Befehlszeile bei der Eingabe in der PowerShell-Konsole unterbrochen und die Eingabe in der nächsten Zeile fortgesetzt werden, muss die Zeile mit dem Zeilenfortführungszeichen ` (dies ist der Apostroph links von der [Backspace]-Taste, der zusammen mit der [Umschalt]-Taste eingegeben werden muss) beendet werden. Die PowerShell-Konsole ändert den Prompt in „>>". Dies ist generell ein Indikator dafür, dass die Eingabe einer Befehlszeile noch nicht beendet ist. Die Eingabe muss entweder vervollständigt und durch zweimaliges Drücken der [Eingabe]-Taste abgeschlossen oder per Tastenkombination [Strg]+[C] abgebrochen werden.

3.4.1 Berechnungen in der Befehlszeile

Die PowerShell-Befehlszeile kennt neben einem Befehlsmodus als zweiten Eingabemodi den Ausdrucksmodus, in dem ein eingegebener Ausdruck ausgewertet wird. Ein Ausdruck besteht aus Zahlen, Variablen, Operatoren und anderen Elementen, die zusammen einen eindeutigen Wert ergeben. Damit lassen sich mehr oder weniger komplexe Berechnungen direkt in der Befehlszeile durchführen. Ein

```
22 / 7
```

führt eine einfache Division durch. Der folgende Ausdruck eine „komplizierte" mathematische Berechnung mit Hilfe verschiedener Funktionalitäten der.NET-Laufzeit:

```
[Math]::Cos(100) * 2 * [Math]::PI
```

3.4.2 Formatierte Ausgabe per f-Operator

In beiden Fällen ergibt sich durch die Berechnung eine recht „krumme" Zahl mit vielen Nachkommastellen. Für die formatierte Ausgabe von Zahlen und Datums-/Zeitangaben bietet die PowerShell den universellen *f*-Operator, der beim ersten Kennenlernen etwas speziell wirken mag, der aber wie fast alles bei der PowerShell eine einfache Bedeutung besitzt. Der *f*-Operator ist ein binärer Operator, der daher mit zwei Operanden arbeitet:

```
"Das Ergebnis: {0}" -f $Ergebnis
```

Auf der linken Seite steht eine Zeichenkette, in die an beliebigen Positionen (optionale) Platzhalter eingesetzt werden. Ein Platzhalter ist eine Zahl von 0 bis 9, die in geschweifte Klammern gesetzt wird. Auf der rechten Seite des Operators folgt eine per Komma getrennte Liste von Werten, die anhand ihrer Position für die entsprechenden Platzhalter eingesetzt werden. Das Einsetzen alleine bewirkt aber noch keine Formatierung. Diese kommt ins Spiel, in dem bei dem jeweiligen Platzhalter ein Formatbezeichner per Doppelpunkt getrennt folgt. Dieser legt fest, auf welche Weise (also mit welcher Formatierung) der entsprechende Wert rechts vom *f*-Operator für den Platzhalter eingesetzt wird. Möchte man erreichen, dass eine Zahl mit nur zwei Nachkommastellen eingesetzt wird, lautet der Formatbezeichner „n2" und der Befehl entsprechend:

```
"Das Ergebnis: {0:n2}" -f $Ergebnis
```

Tabelle 3.2 stellt einige Formatbezeichner, bei denen es auf die Groß- und Kleinschreibung ankommt, zusammen.

Tab. 3.2 Einige Formatbezeichner für den f-Operator

Formatbezeichner	Steht für…
d	Das Datum in der Kurzschreibweise
D	Das Datum in der langen Schreibweise
dddd	Der Tagesanteil als Wochentagsname
fff	Die Millisekunden eines DateTime-Wertes
HH	Den Stundenanteil im 12-Stunden-Format
hh	Den Stundenanteil im 24-Stunden-Format
M	Tag und Monat in der Kurzschreibweise
MMMM	Der Monatsanteil als Monatsname
n	Eine Zahl
p	Eine Prozentangabe
t	Die Uhrzeit in der Kurzschreibweise
x	Eine Zahl im Hexadezimal- (Sedezimal-) Format
yyyy	Der vierstellige Jahresanteil

Sehr praktisch ist der Umstand, dass die Speichergrößen von KB über MB, GB und TB bis PB (Petabyte) zur Verfügung stehen. Damit lassen sich Berechnungen mit Speichereinheiten und Umrechnungen sehr einfach durchführen. Der folgende Befehl gibt die Anzahl der CD-Inhalte aus, die auf eine reguläre DVD passen:

```
4.7GB / 700MB
```

Einen Echo-Befehl gibt es bei der PowerShell nicht, da jedes Ergebnis einer Berechnung automatisch in die Pipeline gelegt und danach (über ein „unsichtbares" *Write-Output*-Cmdlet) ausgegeben wird. Trotzdem kann der letzte Befehl auch wie folgt geschrieben werden:

```
Echo (4.7GB / 700MB)
```

Was wie ein gewisser Widerspruch erscheinen mag, hat eine einfache Erklärung: *Echo* ist in diesem Fall lediglich der Alias für das *Write-Output*-Cmdlet, das in diesem Befehl zur Abwechslung einmal explizit angegeben wurde. Tabelle 3.2 stellt ein paar häufig benutzte Formatbezeichner zusammen.

3.5   Die Rolle des Prompts

Die PowerShell-Konsole zeigt in der Eingabezeile stets einen Prompt an. Dieser besteht zu Beginn aus einem „PS", dem aktuellen Verzeichnispfad gefolgt von einem „>"-Zeichen. Das „PS" ist, neben der Hintergrundfarbe, die einfachste Möglichkeit, um die PowerShell-Konsole von der Eingabeaufforderung unterscheiden zu können. Der Prompt wird durch die gleichnamige Function definiert. Sie enthält alle Befehle, die ausgeführt werden, wenn der Prompt dargestellt wird. Um den Standardprompt durch einen individuellen Prompt zu ersetzen, muss die *Prompt*-Function lediglich erneut definiert werden.

Der folgende Prompt zeigt, wie unter Linux üblich, den Benutzernamen und den Namen des Computers als Teil des Prompts an.

```
<#
 .Synopsis
 Ein einfacher Bash-Prompt
#>
function Prompt
{
    "[$Env:Username@$(Hostname) $(Get-Location)]$"
}
```

Mit <# und #> kommt ein mehrzeiliger Kommentar ins Spiel (Kap. 9), der zwar nicht zwingend erforderlich ist, der aber die Lesbarkeit einer Befehlsfolge verbessert, in dem er

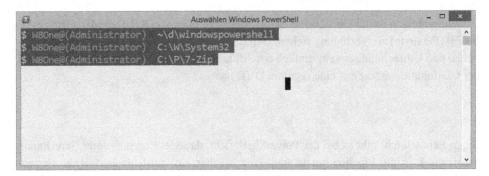

Abb. 3.5 Ein farbiger Prompt mit abgekürzten Verzeichnispfaden

diese mit einer kurzen Erklärung ausstattet. Es ist bemerkenswert, dass bereits die Eingabe dieser Definition genügt, damit der neue Prompt wirksam wird.

Der nächste Prompt (Abb. 3.5) bringt etwas Farbe ins Spiel, in dem der aktuelle Verzeichnispfad in einer anderen Farbe ausgegeben wird (die natürlich zur eingestellten Hintergrundfarbe passen muss – theoretisch ließe sich eine entsprechende Abfrage in die *Prompt*-Function einbauen). Außerdem wird geprüft, ob die PowerShell als Administrator gestartet wurde und entsprechend die Farbe des Prompts eingestellt. Diese Abfrage wurde in eine separate Function ausgelagert, die an einer anderen Stelle in diesem Buch vorgestellt wird.

```
<#
 .Synopsis
 Farbiger Adminprompt
#>

function Test-Admin
{
  ([System.Security.Principal.WindowsIdentity]::GetCurrent() -as

[System.Security.Principal.WindowsPrincipal]).IsInRole("Administratoren")
}

function Prompt()
{
    if (Test-Admin ) {
        Write-Host -NoNewLine -ForegroundColor Red "Admin "
    }
    Write-Host -NoNewLine -ForegroundColor Green $(Get-Location)
    Write-Host -NoNewLine -ForegroundColor Green ">"
    " "
}
```

Der folgende Prompt ist bereits etwas ausgefallener und damit auch umfangreicher, in dem zum einen die verschiedenen Elemente des Prompts in verschiedenen Farben angezeigt werden. Zum anderen wird der Verzeichnispfad (mit Hilfe der benutzerdefinierten Function *Shorten-Path*) automatisch verkürzt, so dass ein langer Verzeichnispfad nicht den größten Teil der Befehlszeile einnimmt.

```
<#
 .Synopsis
 Short Color Path
#>

function Prompt
{
    $cDelim = [ConsoleColor]::DarkCyan
    $cHost = [ConsoleColor]::Green
    $cLoc = [ConsoleColor]::Cyan
    # Alternative: 0x0A7
    Write-Host "$([Char]0x024) " -n -f $cLoc
    Write-Host "$(HostName)@($env:UserName)" -n -f $cHost
    Write-Host ' {' -n -f $cDelim
    Write-Host (Shorten-Path (Pwd).Path) -n -f $cLoc
    Write-Host '}' -n -f $cDelim
    ' '
}

function Shorten-Path
{
  param([string]$Path)
    $Loc = $Path.Replace($HOME, '~')
    # remove prefix for UNC paths
    $Loc = $Loc -replace '^[^:]+::', ''
    # handle paths starting with \\ and . correctly
    ($Loc -replace '\\(\.?)([^\\])[^\\]*(?=\\)','\$1$2')
}
```

Ein neuer Prompt gilt nur für die aktuelle PowerShell-Sitzung. Wird die PowerShell neu gestartet, wird der Originalprompt wiederhergestellt. Soll der Prompt dauerhaft gültig sein, muss die *Prompt*-Function in eine Profilskriptdatei aufgenommen werden.

▶   **Tipp** Sie finden im Internet in vielen Blogs teilweise recht ausgefallene Prompts, die weitere Informationen beinhalten. Wer mit einer Versionskontrollsoftware wie *Git*, *Mercurial* oder *SVN* arbeitet, findet zahlreiche Beispiele für Prompts, die die Eckdaten eines unter einer Versionskontrolle stehenden Verzeichnisses, wie z. B. die Anzahl der noch nicht „eingecheckten" Dateien, anzeigen.

▶   **Tipp** Die folgende *Prompt*-Definition setzt den Prompt auf eine Minimalversion zurück, die nur aus einem „PS" besteht:

```
function prompt { "PS> " }
```

3.6   Die ersten Schritte mit der Konsole

Für das Kennenlernen der PowerShell im Allgemeinen und der Befehlseingabe im Speziellen eignen sich am besten Systemabfragen, etwa bezüglich der laufenden Prozesse, der registrierten Systemdienste oder der Einträge in einem der verschiedenen Ereignisprotokolle. Allen Abfragen ist gemeinsam, dass sie mit einem Cmdlet durchgeführt werden, das mit einem „Get" (Verb) beginnt.

Der folgende Befehl listet die Eckdaten aller aktuell ausführenden Prozesse auf:

```
PS C:\PsKurs> Get-Process

Handles  NPM(K)     PM(K)      WS(K) VM(M)   CPU(s)     Id ProcessName
-------  ------     -----      ----- -----   ------     -- -----------
   1815      77     44420       2840   279            1408 AvastSvc
    401      41     15024      13400   202     1,20   2748 AvastUI
    189      30     64924      70296   246    11,03   1380 chrome
usw.
```

Wird die Eingabe mit der [Eingabe]-Taste abgeschlossen, hat dies eine Ausgabe zur Folge, die aus einer Überschrift mit mehreren Spalten und vielen weiteren Zeilen besteht, wobei jede weitere Zeile einen Prozess repräsentiert. Die Bedeutung einiger Spaltenüberschriften erschließt sich nicht unbedingt von alleine. Dass ein „Id" für die ID des Prozesses und „ProcessName" für den Namen des Prozesses steht, ergibt sich durch den Namen der Spalte. Bei Spaltenüberschriften wie „NPM" (NonpagedSystemMemorysize), „VM" (VirtualMemorysize) oder „WS" (Workingset) ist dies nicht unbedingt der Fall. Eine Erklärung zu den einzelnen Spaltenüberschriften, bei denen es sich um die Namen einzelner Eigenschaften jenes Objekts handelt, die einen Prozess repräsentieren, finden Sie nicht in der PowerShell-Hilfe. Die Bedeutung dieser Namen muss man entweder kennen oder über eine (in der Regel genauso kurze wie einfache) Internet-Abfrage herausbekommen.

Welche Rolle Objekte und Eigenschaften spielen, wird in Kap. 5 erläutert.

Der folgende Befehl listet die Eckdaten aller registrierten Systemdienste auf:

```
PS C:\PsKurs> Get-Service

Status   Name               DisplayName
------   ----               -----------
Stopped  AdobeARMservice    Adobe Acrobat Update Service
Stopped  AeLookupSvc        Anwendungserfahrung
Stopped  ALG                Gatewaydienst auf Anwendungsebene
usw.
```

Der folgende Befehl listet die letzten 20 Einträge des System-Ereignisprotokolls auf, die entweder vom Typ „Warning" oder „Error" sind:

```
PS C:\PsKurs> Get-EventLog -LogName Application -EntryType Error, Warning
-Newest 10

Index    Time           EntryType   Source       InstanceID Message
-----    ----           ---------   ------       ---------- -------
127051 Mrz 15 22:06     Warning     TFSShellExt  3          Die Beschreibung…
127050 Mrz 15 22:02     Warning     TFSShellExt  3          Die Beschreibung…
127049 Mrz 15 22:01     Warning     TFSShellExt  3          Die Beschreibung…
```

Bei diesem Befehl kommen mit *LogName*, *EntryType* und *Newest* zusätzliche Parameter ins Spiel. Die Rolle der Parameter wird in Kap. 4 vorgestellt.

Abb. 3.6 Show-Command
bietet alle zur Auswahl stehenden Commands an

3.7 Befehlsauswahl per Show-Command

Mit der Version 1.0 waren es nur 129 eingebaute Cmdlets, inzwischen stehen bei Windows Server 2012 und Windows 8.1 weit über 2000 Cmdlets und Functions zur Auswahl. Um nicht komplett den Überblick zu verlieren, vor allem aber, um ein Cmdlet bzw.
eine Function gezielt nach einer gewünschten Funktionalität auswählen zu können, gibt es
das *Show-Command*-Cmdlet (Abb. 3.6). Seine Aufgabe ist es, sowohl in der Konsole als
auch in der PowerShell ISE, hier steht es über den Menübefehl *Ansicht|Befehls-Add-On
anzeigen* zur Verfügung, die Suche nach einem passenden Command durch Vorauswahl
was Modulnamen und Command-Namen angeht zu erleichtern. Nach der Eingabe eines
Namens wird ein Auswahlfenster angezeigt, in dem alle zur Verfügung stehenden Commands in einer Auswahlliste angeboten werden. Der Komfortbeginn besteht darin, dass
die Eingabe eines „Suchbegriffs" nur noch jene Commands anzeigt, in deren Namen der
Suchbegriff enthalten ist. Der Komfort geht nach der Auswahl eines Commands weiter,
denn es besteht die Möglichkeit, sich über den Button *Details anzeigen* die Parameter des
Commands anzeigen zu lassen. Wurden für einzelne Parameter Werte eingetragen bzw.
ausgewählt, kann der dadurch entstandene Befehl entweder in die Zwischenablage kopiert
oder gleich ausgeführt werden. Insbesondere für PowerShell-Anfänger und Gelegenheits-

anwender ist das *Show-Command*-Cmdlet eine praktische Angelegenheit und eine echte Hilfestellung.

3.8   Der Umgang mit der Hilfe

Die PowerShell verfügt ab der Version 3.0 am Anfang nur über eine Minimalhilfe, die lediglich aus einer Syntaxbeschreibung der einzelnen Commands besteht. Die vollständige Hilfe muss über das *Update-Help*-Cmdlet vom Microsoft-Server abgerufen werden.

Der folgende Befehl muss in einer PowerShell-Konsole ausgeführt werden, die als Administrator gestartet wurde:

```
Update-Help -Force
```

Es dauert einige Minuten, bis alle Hilfethemen vom Microsoft-Server heruntergeladen bzw. aktualisiert wurden. Die Hilfedateien liegen als Xml-Dateien im MAML-Format (*Microsoft Assistance Markup Language*) vor, die in Cab-Dateien komprimiert abgelegt sind. Sie werden von HelpInfo-Dateien begleitet, in denen lediglich der Name der Kultur und die Versionsnummer der Hilfedatei enthalten ist.

Sollte der Abruf wider Erwarten nicht funktionieren, probieren Sie die folgende Variante aus:

```
Update-Help –UICulture en-US –Force
```

Der *UICulture*-Parameter bewirkt, dass gezielt die englischsprachige Hilfe abgerufen wird („en-US" steht für die Kulturinformation gemäß RFC 4646 – *Request For Comment*, bei dem das erste Buchstabenpaar die Sprache, in diesem Fall „en" für „Englisch", und das zweite Buchstabenpaar das Land oder die Region, in diesem Fall „US" für „USA", angibt)[1].

▶   **Tipp** Sollte der Internet-Zugang über einen Proxy gehen, wird Update-Help nicht funktionieren. Eine Lösung besteht darin, über ein *WebClient*-Objekt, das per PowerShell-Befehl *New-Object* angelegt wird, die Proxy-Einstellung mit den für die Windows-Anmeldung verwendeten Credentials zu belegen. Das erledigt die folgende Befehlsfolge:

```
$WC = New-Object -TypeName System.Net.WebClient
$WC.Proxy.Credentials =
[System.Net.CredentialCache]::DefaultNetworkCredentials
```

---

[1] Microsoft hat eine deutschsprachige Hilfe für „irgendwann" in Aussicht gestellt, bis zum Zeitpunkt als dieses Buch in den Druck ging, lag sie jedoch noch nicht vor.

Wird sie einmalig ausgeführt, sollte danach *Update-Help* auch mit einem Webproxy funktionieren.

3.8.1 Die PowerShell-Hilfe offline speichern

Möchte man die PowerShell-Hilfedateien so speichern, dass sie nach dem Download auf verschiedene Computer im Netzwerk verteilt werden können, erledigt dies das *Save-Help*-Cmdlet, das unabhängig vom *Update-Help*-Cmdlet ausgeführt wird.

Der folgende Befehl lädt die Hilfedateien für alle Module vom Microsoft-Server und speichert die bereits geladenen PowerShell-Hilfedateien in der Freigabe*Server1\Ps1Hilfe* ab:

```
SaveHelp -DestinationPath \\Server1\Ps1Hilfe -UICulture en-US
```

Auch bei diesem Aufruf wird die „Kultur" (sprich Länderangabe) explizit über den *UI-Culture*-Parameter gesetzt, um die englischsprachige Hilfe abzurufen. Vergewissern Sie sich nach dem Beenden des Befehls, ob das angegebene Verzeichnis einen Inhalt besitzt.

Das „Installieren" der PowerShell-Hilfe aus diesem Verzeichnis von einem anderen Computer aus übernimmt der *SourcePath*-Parameter des *Update-Help*-Cmdlets:

```
UpdateHelp -SourcePath \\Server1\Ps1Hilfe
```

Dieses Mal wird die Hilfe nicht vom Microsoft-Server, sondern aus der angegebenen Freigabe geladen.

3.9 Die Rolle der Ausführungsrichtlinie

Bei der PowerShell bestimmt eine eigene Ausführungsrichtlinie, ob PowerShell-Skripte ausgeführt werden dürfen. Standardmäßig ist die Richtlinie auf „Restricted" gesetzt, das heißt, es dürfen keine Skripte ausgeführt werden. Eine Ausnahme ist Windows Server 2012 R2, hier ist die Voreinstellung „RemoteSigned". Damit können Skripte nicht ausgeführt werden, wenn diese aus dem Internet geladen wurden (und die Datei einen „Zone. Identifier"-Stream besitzt) und die nicht signiert sind. Der PowerShell-Befehl *Get-ExecutionPolicy* gibt die aktuelle Einstellung aus. Der Befehl *Set-ExecutionPolicy* setzt die Einstellung auf einen neuen Wert. Da diese Einstellung in der Registry im Zweig *HKey_Local_Machine* gespeichert wird, muss die PowerShell dazu als Administrator gestartet werden. Der folgende Befehl setzt die Einstellung auf „Unrestricted", so dass Skripte ausgeführt werden können:

```
PS C:\PsKurs> Set-ExecutionPolicy -ExecutionPolicy Unrestricted -Force
```

Der Parameter *Force* sorgt dafür, dass die Änderung nicht explizit bestätigt werden muss.

Muss die Richtlinie auf jedem Computer im Unternehmen, auf dem irgendwann PowerShell-Skripte ausgeführt werden, gesetzt werden? Gilt dies auch für Skripte, die per PowerShell-Remoting (Kap. 13) auf andere Computer übertragen und dort ausgeführt werden? Die Antwort ist zweimal nein. Nein, weil die Richtlinie in der Regel über eine Gruppenrichtlinie verteilt wird. Nein, weil die Ausführungsrichtlinie nur für PowerShell-Skripte gilt, die lokal ausgeführt werden. Bei PowerShell-Remoting muss die Ausführung von Skripten lediglich auf dem Computer möglich sein, von dem aus das Skript auf anderen Computern übertragen wird.

Die Ausführungsrichtlinie muss nur einmal gesetzt werden. Die Einstellung betrifft alle PowerShell-Hosts derselben Plattform (32 oder 64 Bit). Konkret: Wird die Richtlinie in einer 64-Bit-PowerShell-Konsole gesetzt, betrifft die Einstellung alle 64-Bit-PowerShell-Hosts. Für einen 32-Bit-PowerShell-Host muss sie erneut gesetzt werden.

3.9.1 Auflisten aller Richtlinienebenen

Der Parameter *List* von *Get-ExecutionPolicy* gibt die Einstellungen auf allen fünf Ebenen („Scope") aus (Tab. 3.3):

```
Get-ExecutionPolicy -List
```

Auf einem Computer, der nicht Mitglied einer Domäne ist, oder bei dem die Gruppenrichtlinie nicht gesetzt ist, ist die Einstellung auf dieser Ebene „Undefined".

3.9.2 Die Rolle der Einstellung RemoteSigned

Die Einstellung *RemoteSigned* ist erklärungsbedürftig. Der Hintergrund ist, dass Windows Dateien, die per Webbrowser auf die lokale Festplatte gelangen, mit einem „Zone Identifier"-Stream markiert werden. Dies ist ein *Alternate Data Stream* (ADS) mit dem Namen „Zone.Identifier" und einer Zahl (3) als Inhalt, die für die Zone „Internet" steht. Dadurch wird die Datei als potentiell weniger vertrauenswürdig markiert. Dies gilt generell für alle Dateien, nicht nur für PowerShell-Skripte. Dieses Verhalten kann über eine Grup-

Tab. 3.3 Die verschiedenen Einstellungen für die Ausführungsrichtlinie

Einstellung	Bedeutung
AllSigned	Es werden nur digital signierte Skripte ausgeführt
ByPass	Es findet keine Überprüfung statt
Restricted	Es werden keine Skripte ausgeführt
Unrestricted	Alle Skripte werden ausgeführt

Abb. 3.7 Dateien, die aus dem Web geladen wurden, müssen in der Regel „zugelassen" werden

Attribute:	☐ Schreibgeschützt	Erweitert...
	☐ Versteckt	
Sicherheit:	Die Datei stammt von einem anderen Computer. Der Zugriff wurde aus Sicherheitsgründen eventuell blockiert.	Zulassen

penrichtlinie konfiguriert werden. PowerShell-Skript-Dateien (Ps1-Dateien), vor allem aber PowerShell-Module, die als Zip-Datei geladen werden, sollten bzw. müssen vor ihrer Ausführung „entsperrt" werden. Das geschieht entweder in den Eigenschaften der Ps1-oder Zip-Datei über den Button *Zulassen* oder über den Befehl *Unblock-File* (Abb. 3.7). Geschieht dies nicht, kann die Ausführung des Skripts Warnungen zur Folge haben oder einzelne Befehle werden nicht ausgeführt. Bei einem Modul kann es passieren, dass es nicht geladen werden kann. Ist die Einstellung *RemoteSigned* aktiv, müssen Ps1-Dateien, die den Zone.Identifier-Stream enthalten, digital signiert sein, damit sie ausgeführt werden. Ps1-Dateien, die lokal entstanden sind oder bei denen der Zone.Identifier-Eintrag entfernt wurde, werden ausgeführt. Wie ein Skript signiert wird, wird in Kap. 18 gezeigt (Abb. 3.7).

3.10 PowerShell-Skripte aus dem Internet laden

Im Internet gibt es (sehr) viele PowerShell-Skripte zum Download. Entweder im Microsoft Script Center als Teil des TechNet-Portals, im PowerShell-Portal www.poshcode.org oder auf unzähligen Blogs. Ein PowerShell-Skript wird entweder als Ps1-Datei oder als Zip-Archiv angeboten, das entweder eine oder mehrere Ps1-Dateien oder ein Modulverzeichnis enthält, in dem u. a. eine Ps1-Datei enthalten ist. Grundsätzlich sind Ps1-Dateien harmlos, da es lediglich Textdateien sind. „Gefährlich" (sofern dieser Begriff überhaupt in diesem Zusammenhang passt) können sie erst dann werden, wenn sie ausgeführt werden.

Beim Download einer Ps1-Datei gilt es ein paar Besonderheiten zu beachten:

- Die Ps1-Datei muss (sollte) vor ihrer Ausführung „entsperrt" werden (sofern dies erforderlich ist).
- Kopieren Sie die Ps1-Datei in ein Verzeichnis, indem sich alle Ps1-Dateien befinden (z. B. in das Verzeichnis *WindowsPowerShell* im *Dokumente*-Verzeichnis, das dazu gegebenenfalls erst angelegt werden muss).
- Ps1-Datei können nicht per Doppelklick ausgeführt werden, in der Regel befindet sich in ihrem Kontextmenü der Eintrag „Mit PowerShell ausführen", der die Ps1-Datei ausführt.
- Um eine Ps1-Datei auszuführen, gibt es mehrere Methoden, die in Kap. 9 vorgestellt werden. Am einfachsten ist es, die Ps1-Datei in die PowerShell ISE zu laden und dort auszuführen.

In der Regel ist es am einfachsten, den Text eines Skriptes per Copy&Paste in die ISE oder die Konsole zu übernehmen und dort einzufügen. Sie kopieren das auf der Webseite gezeigte PowerShell-Skript von der Webseite, fügen es z. B. in ein leeres Skriptfenster der PowerShell ISE ein und speichern es als Ps1-Datei ab. In diesem Fall gibt es keinen Dateidownload und der Zone.Identifier-Stream spielt keine Rolle.

3.11 Die Rolle der Profilskripte

Ein Profilskript ist ein (reguläres) PowerShell-Skript, das nach dem Start eines PowerShell-Hosts (Konsole, ISE usw.) automatisch ausgeführt wird. Damit eine Ps1-Datei als Profilskript erkannt wird, muss sie einen bestimmten Namen tragen und sich in einem bestimmten Verzeichnis befinden. Die Profilskriptdatei, die für den aktuellen Benutzer für alle PowerShell-Hosts ausgeführt wird, heißt *Profile.ps1* und muss sich im *WindowsPowerShell*-Verzeichnis (das am Anfang angelegt werden muss) befinden. Die Profilskriptdatei für alle Benutzer und alle Hosts heißt ebenfalls *Profile.ps1*, befindet sich aber im Power-Shell-Installationsverzeichnis unter *C:\Windows\System32\WindowsPowerShell\ v1.0*. Die Profilskriptdatei für einen bestimmten Host trägt den Namen des Hosts gefolgt von einem „_profile.ps1". Die Datei heißt für den Konsolenhost *Microsoft.PowerShell_profile.ps1*, für die ISE *Microsoft.PowerShellISE_profile.ps1*. Tabelle 3.4 enthält die Namen und Pfade der insgesamt vier Profilskriptdateien, die es für einen Host gibt. Die Pfade der Profilskriptdateien befinden sich in der Variablen *$Profile*. Beachten Sie aber, dass diese Variable nicht einfach nur eine Zeichenkette, sondern ein Objekt mit mehreren Eigenschaften umfasst. Ein *$Profile* gibt nur den Verzeichnispfad der Profilskriptdatei für den aktuellen Host und den aktuellen Benutzer zurück. Ein *$Profile.CurrentUserAllHosts* (achten Sie auf den unscheinbaren Punkt) gibt entsprechend den Pfad der Profilskriptdatei für den aktuellen Benutzer und alle Hosts aus. Der Befehl

```
$Profile | Select-Object -Property *Host* | Format-List
```

Tab. 3.4 Die verschiedenen Profilskriptdateien für einen PowerShell-Host

Bedeutung	Pfad
Für den aktuellen Benutzer und den aktuellen Host	$env:userprofile\documents\windowspowershell\ microsoft.powershell_profile.ps1 (Konsolenhost)
Für den aktuellen Benutzer und für alle Hosts	$env:userprofile\documents\windowspowershell\ profile.ps1
Für alle Benutzer und den aktuellen Host	c:\windows\system32\windowspowershell\v1.0\mic- rosoft.powershell_profile.ps1
Für alle Benutzer und alle Hosts	c:\windows\system32\windowspowershell\v1.0\ profile.s1

gibt alle vier Eigenschaften mit ihren Pfaden aus.

Eine Profilskriptdatei enthält Befehle, die nach jedem Start eines Hosts ausgeführt werden sollen. Dazu gehört z. B. das Einstellen eines Verzeichnispfades, das Einstellen von Farben, z. B. für Fehlermeldungen oder das Neudefinieren des Prompts. Auch Functions, die von Anfang an zur Verfügung stehen sollen, werden in einer Profilskriptdatei untergebracht.

▶   **Hinweis** Auch das Ausführen eines Profilskripts muss durch die Ausführungs-
    richtlinie zugelassen werden.

Das folgende Profilskript enthält eine Reihe von Befehlen, die in Profilskripten häufiger eine Rolle spielen:

- Die Hintergrundfarbe für Fehlermeldungen wird auf weiß gesetzt (dies verbessert die Lesbarkeit).
- Die Anzahl der zur Auswahl stehenden Cmdlets und Functions wird in einer Zeile ausgegeben.
- Das WindowsPowerShell-Verzeichnis wird zum aktuellen Verzeichnis der PowerShell-Sitzung gemacht.

```
# Profilskript für alle Hosts und den aktuellen Benutzer

# Hintergrundfarbe für Fehlermeldungen ändern
$Host.PrivateData.ErrorBackgroundColor = "White"

# Aktuelles Verzeichnis setzen
if (Test-Path -Path $env:userprofile\documents\windowspowershell)
{
   cd $env:userprofile\documents\windowspowershell
}

# Anzahl der zur Verfügung stehenden Commands ausgeben
"Es stehen {0} Cmdlets und {1} Functions in {2} Modulen zur Verfügung." -
f (Get-Command -CommandType Cmdlet).Count, (Get-Command -CommandType
Function).Count, (Get-Module -ListAvailable).Count
```

3.11.1   Ein Profilskript laden

Es kann eine Weile dauern, bis einem angehenden PowerShell-Anwender die Namen und Verzeichnispfade der verschiedenen Profilskripte geläufig sind. Dabei gibt es grundsätzlich nur zwei Verzeichnisse, die für Profilskripte in Frage kommen: Das Benutzerprofilverzeichnis und das PowerShell-Installationsverzeichnis. Letzteres kann über die Variable *$PsHome* abgerufen werden. Die Dateipfade der einzelnen Profilskriptdateien sind in der Variablen *$PsProfile* enthalten. Dieser Umstand erspart beim Laden einer Profilskriptdatei in den Editor die Angabe des Pfades. Der Befehl

```
Notepad $Profile
```

lädt die Profilskriptdatei für den aktuellen Host und den aktuellen Benutzer in den Editor.
Möchte man die Profilskriptdatei für alle Hosts und den aktuellen Benutzer laden, muss an
die Variable, durch einen Punkt getrennt, der Name der Eigenschaft angehängt werden, die
für dieses Profilskript steht. Der folgende Befehl lädt diese Profilskriptdatei:

```
Notepad $Profile.CurrentUserAllHosts
```

Sollte die Datei noch nicht existieren, bietet Notepad die Gelegenheit sie anzulegen. Sollte
das Verzeichnis *WindowsPowerShell* im *Dokumente*-Verzeichnis nicht existieren, resultiert eine Fehlermeldung. In diesem Fall muss das Verzeichnis zuvor angelegt werden:

```
Md -Path $env:userprofile\documents\windowspowershell
```

Möchte man ein Profilskript in der PowerShell ISE bearbeiten, was im Allgemeinen die
komfortablere Alternative ist, ist das nicht so einfach, wie es sein könnte. Zwar kann der
Programmdatei *Powershell_Ise.exe* beim Start über ihren *File*-Parameter der Name einer
(oder mehrerer) Ps1-Dateien übergeben werden, diese werden jedoch auch ausgeführt,
was bei der Profilskriptdatei nicht unbedingt erwünscht ist. Außerdem ist die PowerS-
hell ISE in der Regel bereits gestartet und im Datei öffnen-Dialogfeld lassen sich keine
PowerShell-Variablen zur Auswahl des Dateipfades eingeben. Möchte man aus der PowerShell ISE-Konsole eine Datei starten und für den Dateipfad eine PowerShell-Variable
angeben, geht dies über die Variable *$PSISE*, welche die ISE als Ganzes verkörpert, und
ihre Eigenschaften, über die sich unter anderem eine Datei in das aktuelle Register hinzufügen lässt. Der folgende Befehl muss in die Konsole der ISE eingegeben werden. Er lädt
die Profilskriptdatei für den aktuellen Benutzer und alle Hosts:

```
$PSISE.CurrentPowerShellTab.Files.Add($Profile.CurrentUserAllHosts)
```

Möchte man die Eckdaten der hinzugefügten Datei, die automatisch ausgegeben werden,
nicht sehen, muss lediglich ein *Out-Null*-Cmdlet per Pipe-Operator angehängt werden:

```
$PSISE.CurrentPowerShellTab.Files.Add($Profile.CurrentUserAllHosts)
Out-Null
```

Natürlich wäre es schön, wenn man diesen langen Befehl nicht jedes Mal vollständig eingeben müsste. Wie sich dieser Befehl als weiterer Eintrag zum *Add-Ons*-Menü der ISE
hinzufügen lässt, wird in Kap. 8 gezeigt.

3.12   Wichtige Begriffe

Zur PowerShell gehören eine Reihe von Begriffen, die in diesem Buch an vielen Stellen
vorkommen, und die in diesem Abschnitt vorgestellt werden.

3.12.1 Cmdlet

Die Cmdlets (ausgeprochen wie „Commandlet") sind die eingebauten Befehle der PowerShell. Sie sind in Modulverzeichnissen enthalten und liegen dort (oder in einem anderen Verzeichnis) als Teil einer Assembly-Datei (Erweiterung.*Dll*) vor.

3.12.2 Function

Eine Function hat bei der PowerShell nichts mit Mathematik zu tun, sondern ist lediglich ein Name für einen Skriptblock, der einen oder mehrere Befehle umfasst, die nach Eingabe des Function-Namens der Reihe nach ausgeführt werden. Mit Hilfe von Functions werden Befehlsfolgen unter einem Namen zusammengefasst. Functions können genau wie Cmdlets mit Parametern ausgestattet werden. Der Umgang mit Functions ist in Kap. 10 an der Reihe.

3.12.3 Parameter

Ein Parameter ist ein Name, der beim Aufruf eines Cmdlets oder einer Function angegeben wird, um dadurch die Arbeitsweise des Cmdlets oder der Function zu beeinflussen. Auf einen Parameter kann ein Wert (Argument genannt) folgen. Parameter ohne Argumente heißen *Switch-Parameter*. Ob der Name eines Parameters angegeben werden muss, hängt davon ab, ob es ein Positionsparameter oder ein Namensparameter ist. Ein Positionsparameter holt sich seinen Wert anhand der Position eines Wertes, dem selber kein Parameter vorausgeht. Ein Namensparameter erhält seinen Wert nur, in dem der Name des Parameters angegeben wird. Die Reihenfolge, in die Parameter angegeben werden, spielt keine Rolle.

3.12.4 Alias

Ein Alias ist lediglich ein Zweitname für ein Cmdlet, eine Function oder einen Parameter. Die PowerShell umfasst von Anfang an eine Reihe von Alias, durch die vertraute Namen wie *Dir*, *Copy*, *Ls* oder *Kill* zur Verfügung stehen. Eine Liste aller Alias liefert das Cmdlet *Get-Alias*. Ein neuer Alias wird über das Cmdlet *Set-Alias* festgelegt.

3.12.5 Command

Dies ist kein offizieller Begriff. Ein Command ist ein Name, der für die PowerShell eine Bedeutung besitzt, und der als Teil einer Befehlszeile mit einer Aktion verknüpft ist. Beispiele für Commands sind Cmdlets, Functions, Alias oder ausführbare Programmdateien.

3.12.6   Pipeline

Die Pipeline ermöglicht, dass ein Command seine Ausgabe an das folgende Command
weiterreicht. Beide Commands werden dazu mit dem Pipe-Operator verknüpft, der durch
einen senkrechten Strich repräsentiert wird. Die Pipeline ist Bestandteil aller Command-
Shells. Das Besondere bei der PowerShell ist, dass über die Pipeline immer Objekte und
kein Text wie bei den anderen Command-Shells weitergegeben werden. Das erlaubt eine
flexiblere Weiterverarbeitung der übergebenen Daten.

3.12.7   Objekt

Ein Objekt ist bei der PowerShell das zentrale Element, um das sich bei der Weiterverarbeitung der Daten, die ein (Get-) Cmdlet liefert alles dreht. Ein Objekt fasst alle Daten, die
einen „Gegenstand" (Prozess, Systemdienst, Benutzerkonto, Freigabe usw.) beschreiben
zusammen und stellt die Detaildaten über Namen, die Eigenschaften, zur Verfügung. Das
vereinfacht den Zugriff auf diese Detaildaten enorm. Der Umgang mit Objekten ist in
Kap. 5 an der Reihe.

3.13   Zusammenfassung

Mit der PowerShell zu arbeiten bedeutet in der Praxis, eine PowerShell-Host-Anwendung
wie die PowerShell-Konsole oder die PowerShell ISE zu starten. Die Konsole bietet weniger Komfort als die fensterbasierte ISE. Allerdings gibt es Alternativen zur Windows-
Konsole, wie *ConEmu*, die etwas mehr Komfort bieten und das Ausführen mehrerer Command-Shells in einem Fenster erlauben. Ob Konsole oder ISE, es gelten immer dieselben
Regeln für die Eingabe von PowerShell-Befehlen. Nach dem Start eines PowerShell-Hosts
werden, sofern vorhanden, Profilskripte ausgeführt. Ob überhaupt Skripte ausgeführt werden, wird über eine Richtlinie festgelegt, die entweder individuell pro Host oder über eine
Gruppenrichtlinie gesetzt wird.

PowerShell-Commands

4

In diesem Kapitel werden mit den Cmdlets (ausgesprochen wie „Commandlets") die „eingebauten" Befehle der PowerShell vorgestellt. Sie unterscheiden sich von den üblichen
Windows-Befehlszeilentools, die als eigenständige Exe-Dateien vorliegen, vor allem
durch den Umstand, dass sie Bestandteil der PowerShell-Hostanwendung sind, und dass
ihre Namen einem einheitlichen Schema folgen. Diese Namensregel, der Umstand, dass
alle Parameternamen mit einem Bindestrich beginnen, und sich die Namen der Cmdlets,
ihrer Parameter und ihrer Werte (sofern sie auf Konstanten basieren) per [Tab]-Taste vervollständigen lassen und zu jedem Cmdlet eine umfangreiche und einheitlich aufgebaute
Hilfe zur Verfügung steht, erleichtern das Kennenlernen und den Umgang mit Cmdlets.

4.1 Umgang mit Cmdlets

Der Umgang mit Cmdlets ist grundsätzlich unkompliziert. Dazu tragen u. a. eine einfache
und sinnvolle Namensregel, das *Show-Command*-Cmdlet zur Auswahl eines Cmdlets und
der Umstand bei, dass sich die Namen von Cmdlets nach Eingabe der ersten Buchstaben
per [Tab]-Taste vervollständigen lassen.

© Springer Fachmedien Wiesbaden 2014
P. Monadjemi, *PowerShell für die Windows-Administration,* X.systems.press,
DOI 10.1007/978-3-658-02964-7_4

4.1.1   Überblick über die zur Auswahl stehenden Cmdlets

Es gibt drei Möglichkeiten, einen Überblick über die zur Verfügung stehenden Cmdlets zu erhalten:

1. Per *Get-Command*-Cmdlet
2. Per *Show-Command*-Cmdlet
3. Per *Get-Help*-Command, auf das ein „Thema" folgt (z. B. „Disk")

Das *Get-Command*-Cmdlet holt alle vorhandenen Commands und gibt ihren Typ, den Namen und den Namen des Moduls, zu dem sie gehören, aus. Der Begriff „Command" fasst bei der PowerShell alle ausführbaren Namen zusammen, dazu gehören auch die Cmdlets. Über die Parameter *CommandType* holt das *Get-Command*-Cmdlet nur Commands eines bestimmten Typs, über den Parameter *Name* entsprechend nur jene, deren Name ein bestimmtes Wort enthält. Der folgende Befehl gibt nur Commands zurück, in deren Namen das Wort „Computer" enthalten ist:

```
Get-Command -Name *Computer*
```

Der Platzhalter * steht bei der PowerShell allgemein für eine beliebige Zeichenfolge. Die Platzhalter bewirken, dass „Computer" im Namen optional ist. Wird ein Name ohne Platzhalter angegeben und existiert kein Command mit diesem Namen, ist eine Fehlermeldung die Folge.

Dass das Cmdlet *Get-Command* nicht „Get-Cmdlet" heißt, hat einen einfachen Grund. In die Kategorie „Command" fallen bei der PowerShell auch Functions, Alias, Workflows, Skripte und ausführbare Programmdateien. Sollen nur bestimmte Commands ausgegeben werden, kommt der *CommandType*-Parameter ins Spiel. Der folgende Befehl gibt nur Commands vom Typ Cmdlet aus:

```
Get-Command -CommandType Cmdlet
```

Der folgende Befehl gibt alle Commands aus:

```
Get-Command -Type All
```

Die Ausgabe ist entsprechend umfangreich, da dieses Mal auch die Namen ausführbarer Programmdateien ausgegeben werden. Die Exe-Dateien befinden sich in jenen Verzeichnissen, die in der Umgebungsvariable *Path* enthalten sind.

Get-Command ist auch sehr praktisch, um herauszufinden, welche Sorte von Command hinter einem ausführbaren Namen steckt. Der Befehl

```
Get-Command -Name Whoami
```

verrät, dass es sich bei „Whoami" um eine Anwendung (Application) handelt. Möchte man auch den Verzeichnispfad sehen, muss die Eigenschaft *Path* jenes Objekts angesprochen werden, das von *Get-Command* geholt wird:

```
PS C:\PsKurs> (Get-Command -Name Whoami).Path
C:\Windows\system32\whoami.exe
```

Das Thema Objekte ist ausführlich in Kap. 5 an der Reihe.

Das *Show-Command*-Cmdlet wurde bereits in Kap. 3 vorgestellt.

4.1.2 Die vier wichtigsten Cmdlets

Am Anfang kommt es beim Lernen der PowerShell vor allem darauf an, nicht den Überblick zu verlieren. Es gibt (sehr) viele Cmdlets, aber davon sind nur die folgenden vier am Anfang wirklich wichtig:

1. *Get-Command*
2. *Get-Help*
3. *Get-Member*

und

4. *Get-PSDrive*

Der Grund für ihre Wichtigkeit ist, dass sich mit Hilfe dieser Cmdlets alles Wissenswerte über den Umgang mit der PowerShell abfragen lässt. Zusammen mit den Pipeline-Cmdlets *Select-Object*, *Where-Object*, *Sort-Object* und *ForEach-Object*, die in Kap. 5 an die Reihe kommen, dem Cmdlet *Get-ChildItem*, dem Ausgabe-Cmdlet *Format-Table* und dem Cmdlet für WMI-Abfragen, *Get-CIMInstance*, ergibt sich ein „harter Kern" von knapp einem Dutzend Cmdlets, die immer wieder vorkommen. Fokussieren Sie sich beim Lernen der PowerShell daher auf diese Cmdlets.

4.2 Cmdlets und ihre Parameter

Jedes Cmdlet besitzt Parameter. Ein Parameter ist dazu da, die Arbeitsweise des Cmdlets festzulegen. Die Anzahl der Parameter sind von Cmdlet zu Cmdlet verschieden. Die meisten Parameter sind optional. Nur wenige Cmdlets besitzen Pflichtparameter, für die ein Wert angegeben werden muss. Ein Parameter ist ein Name, der immer mit einem Bindestrich eingeleitet wird. Es heißt daher niemals z. B. „Get-Process/Name Powershell", wie es bei den Windows-Befehlszeilentools der Fall ist, sondern

```
Get-Process -Name Powershell
```

Auf den Parameternamen kann ein Wert folgen, der durch mind. ein Leerzeichen getrennt wird. Es gibt Parameter, auf die kein Wert folgt – dies sind die *Switch*-Parameter. Bezogen auf das obige Beispiel ist „Name" der Name des Parameters und „Powershell" der Wert, der dem Parameter zugeordnet ist.

Expertentipp Eine praktische Abkürzung kennen auch viele erfahrene PowerShell-Anwender nicht. Um nicht bei jedem Aufruf mehrere Parameter mit Werten aufführen zu müssen, können die Parameter mit ihren Werten zuvor einer Hashtable zugeordnet werden:

```
$Props = @{ClassName="Win32_Service";Filter="State<>'Running'"}
```

Die Hashtable-Variable wird mit einem @-Zeichen anstelle des $-Zeichens dem Cmdlet übergeben:

```
Get-CIMInstance @Props
```

Dieser Aufruf entspricht einem

```
Get-CIMinstance -ClassName Win32_Service -Filter "State<>'Running'"
```

Diese Technik ist vor allem dann interessant, wenn mehrere Parameter mehrfach nacheinander übergeben werden sollen. Das @ wird in diesem Zusammenhang *Splat*-Operator genannt, die gesamte Technik daher „Parameter-Splating" (was sich vermutlich nicht auf Deutsch übersetzen lässt). Das Thema Hashtable ist in Kap. 9 an der Reihe.

4.2.1 Die Common Parameters

Jedes Cmdlet besitzt einen Satz von allgemeinen Parametern, die es bei nahezu jedem Cmdlet gibt. Tabelle 4.1 fasst diese „Common Parameters" zusammen.

In der Hilfe sind die „Common Parameters" unter „about_CommonParameters" beschrieben.

Die Wirkung der Parameter *Debug*, *Warning*, *Error* und *Verbose* kann über die automatischen Variablen *$DebugPreference*, *$WarningPreference*, *$ErrorPreference* und *$VerbosePreference* überschrieben werden.

Tab. 4.1 Die Common Parameters im Überblick

Parameter	Bedeutung
Confirm	Legt fest, ob für die Aktion eine Bestätigungsanforderung angezeigt wird
Debug	Legt fest, dass das Cmdlet eine interne „Debug-Meldung" ausgibt (sofern vorhanden)
ErrorAction	Legt fest, wie das Cmdlet auf Fehler reagiert
ErrorVariable	Gibt den Namen einer Variablen (ohne $-Zeichen) an, in die die Fehlermeldung eingetragen wird
OutBuffer	Über diesen Parameter wird die Anzahl der Objekte angegeben, die in einem Puffer aufsummiert werden, bevor sie über die Pipeline weitergegeben werden
OutVariable	Gibt den Namen einer Variablen (ohne $-Zeichen) an, in die die Ausgabe eingetragen wird. Über ein vorangestelltes +-Zeichen werden die Ausgaben „aufsummiert"
PipelineVariable	Speichert den aktuellen Inhalt der Pipeline in der angegebenen Variablen, so dass er zu einem späteren Zeitpunkt im Rahmen der Pipeline-Verarbeitung zur Verfügung steht (der Name der Variablen wird ohne ein $ angegeben)
Verbose	Legt fest, dass das Cmdlet seine Aktivität ausführlicher kommentiert (sofern vorhanden)
WarningAction	Legt fest, ob das Cmdlet bei seiner Ausführung Warnungen (sofern vorhanden) ausgibt
WarningVariable	Gibt den Namen einer Variablen (ohne $-Zeichen) an, in die die Warnungen eingetragen werden. Über ein vorangestelltes +-Zeichen werden die Meldungen „aufsummiert"
WhatIf	Legt fest, dass eine Meldung ausgegeben wird, die die Wirkung des Befehls nur beschreibt, die Aktion aber nicht ausgeführt wird

4.2.2 Positionsparameter

Ein Positionsparameter ist ein Parameter, der seinen Wert auch dann erhält, wenn dem Wert der Parametername nicht vorangestellt wird. In diesem Fall entscheidet der Positionswert des Parameters, welchen der Werte, denen kein Parametername vorausgeht, er erhält. Nahezu jedes Cmdlet besitzt Parameter, die Positionsparameter sind.

Angenommen, der Windows-Rechner (*Calc.exe*) wurde gestartet. Der folgende Befehl funktioniert nicht:

```
Stop-Process Calc
```

Die Fehlermeldung besagt, dass der Parameter *Id* nicht gebunden werden kann. Er erwartet einen *Int32*-Wert (eine Zahl), doch er hat mit „Calc" eine Zeichenkette erhalten. Was ist hier schief gelaufen?

Die Hilfe zum *Id*-Parameter gibt an:

```
-Id <Int32[]>
Erforderlich?              True
Position?                  1
```

Der Parameter Id ist einer der Pflichtparameter (für einen der Pflichtparameter des Cmdlets muss ein Wert übergeben werden, damit das Cmdlet ausführen kann).

Wie die Hilfe auch anzeigt, besitzt das Positionsattribut des Parameters den Wert 1. Das bedeutet, dass diesem Parameter der erste Wert zugeordnet wird, der auf das Cmdlet folgt, und dem kein Parametername vorausgeht. In diesem Fall ist dieser Wert das Wort „Calc". Da es aber nicht in einen *Int32*-Wert umgewandelt werden kann (es ist keine Zahl), kommt es zu der Fehlermeldung. Die Lösung ist ganz einfach, dass der Parametername angegeben werden muss:

```
Stop-Process -Name Calc
```

4.2.3 Benannte Parameter

Das Gegenstück zu einem Positionsparameter ist ein Parameter, der über seinen Namen angegeben wird – die Angabe bei Position ist „Named". Benannte Parameter sind Parameter, deren Wert nur über den Namen des Parameters zugewiesen werden kann.

Ein Beispiel ist der *Name*-Parameter von *Stop-Process*. Er muss namentlich aufgeführt werden, sonst kann dem Cmdlet der Prozessname nicht übergeben werden.

4.2.4 Parametersets

Die verschiedenen Parameter eines Cmdlets werden bei den meisten Cmdlets auf Parametersets (Parametersätze) verteilt. Die Idee dahinter ist, dass ein Cmdlet in unterschiedlichen „Betriebsmodi" aufgerufen werden kann. Jedem Modus ist ein eigener Satz an Parametern zugeordnet. Ein Beispiel ist das *Get-EventLog*-Cmdlet, das zwei Parametersets umfasst, wie es der folgende Aufruf des *Get-Command*-Cmdlets zeigt. Sein *Syntax*-Parameter bewirkt, dass alle Parameter eines Cmdlets und damit auch dessen Parametersets ausgegeben werden:

```
PS C:\PsKurs> Get-Command -Name Get-Eventlog -Syntax

Get-EventLog [-LogName] <string> [[-InstanceId] <long[]>] [-ComputerName
<string[]>] [-Newest <int>] [-After <datetime>] [-Before <datetime>] [-
UserName <string[]>] [-Index <int[]>] [-EntryType <string[]>] [-Source
<string[]>] [-Message <string>] [-AsBaseObject] [<CommonParameters>]

Get-EventLog [-ComputerName <string[]>] [-List] [-AsString]
[<CommonParameters>]
```

Die Ausgabe macht deutlich, dass es zwei Parametersets gibt (das Cmdlet *Get-Event-log* kommt zweimal vor). Der erste Parametersatz umfasst die Parameter für die Abfrage eines Ereignisprotokolls. Der zweite Parametersatz umfasst lediglich den *List*-Parameter (die übrigen Parameter spielen nur eine Nebenrolle), durch den die Namen aller vorhandenen Ereignisprotokolle aufgelistet werden. Das Cmdlet kann daher entweder in der Form

```
Get-EventLog -LogName Application
```

oder in der Form

```
Get-EventLog -List
```

aufgerufen werden. Im ersten Aufruf wird ein Parameter aus dem ersten Parametersatz, im zweiten Aufruf ein Parameter aus dem zweiten Parametersatz verwendet. Der Aufruf

```
Get-Command -LogName Application -List
```

ist nicht möglich, da es keinen Parametersatz gibt, in dem beide Parameter enthalten sind. Es kommt daher zu einem Fehler vom Typ „Der Parametersatz kann mit den angegebenen benannten Parametern nicht aufgelöst werden." In der Regel ergibt sich bereits durch Betrachten des Befehls, dass eine bestimmte Parameterkombination keinen Sinn ergibt.

Expertentipp Der folgende Befehl listet die Namen aller Parameter auf, die einen Parameter „Computername" besitzen.

```
Get-Command -CommandType Cmdlet | Where-Object { $_.ParameterSets -match
"ComputerName" }
```

4.3 Hilfe zu Commands

Zu allen Cmdlets und Functions steht eine umfangreiche Hilfe zur Verfügung, die auf verschiedene Weise aufgerufen wird. Ist man lediglich an einer kurzen Beschreibung interessiert, erhält man diese über den Parameter *-?*, der auf den Namen des Commands folgt.

Der folgende Befehl gibt eine Zusammenfassung der Hilfe des Cmdlets *Restart-Computer* aus:

```
Restart-Computer -?
```

Tab. 4.2 Interessante Parameter beim Get-Help-Cmdlet

Parameter	Bedeutung
Examples	Zeigt nur die Beispiele zu einem Cmdlet an
Full	Zeigt die vollständige Hilfe zu einem Cmdlet an
Online	Zeigt die aktuelle Version des Hilfethemas im Browser an
ShowWindow	Zeigt die Hilfe in einem eigenen Fenster an

Die Minimalhilfe wird aus dem vollständigen Hilfetext zusammengestellt und umfasst eine Kurzbeschreibung, die Syntax, eine ausführlichere Beschreibung und eine Zusammenstellung weiterführender Links. Dieselbe Hilfe wird über das *Get-Help*-Cmdlet ausgegeben:

```
Get-Help -Name Restart-Computer
```

Das *Get-Help-Cmdlet* besitzt eine Reihe von Parametern, von denen die wichtigsten in Tab. 4.2 zusammengestellt sind. Hervorzuheben sind die Parameter *Full* (Abrufen des vollständigen Hilfetextes), *Examples* (es werden nur die Beispiele angezeigt, was oft die beste Übersicht darstellt) und *ShowWindow* (die Hilfe wird in einem eigenen Fenster angezeigt, das sich auch durchsuchen lässt, siehe Abb. 4.1).

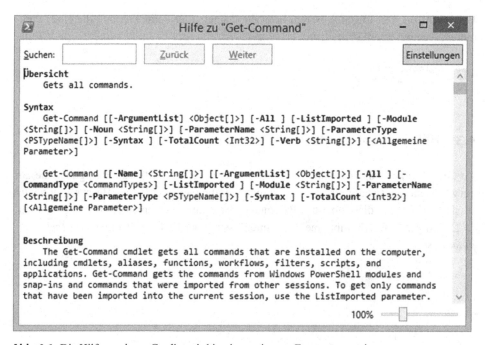

Abb. 4.1 Die Hilfe zu einem Cmdlet wird in einem eigenen Fenster angezeigt

▶   **Tipp** Eine praktische Eigenschaft der PowerShell-Hilfe kann leicht übersehen
werden. Folgt auf *Get-Help* ein Begriff, werden alle Cmdlets aufgelistet, in deren
Name der Begriff enthalten ist. Ein „Get-Help Website" listet alle Cmdlets- (und
Functions) auf, in deren Name das Wort „Website" enthalten ist, und die daher
etwas mit dem Thema Website-Verwaltung zu tun haben.

4.3.1   Wenn sich die Hilfe-Ausgabe nicht beenden lässt

Im Zusammenhang mit der PowerShell-Erweiterung „PowerShell Community Exten-
sion" kann es passieren, dass sich eine per *Help*-Function angezeigte seitenweise Ausgabe scheinbar nicht mehr beenden lässt und am unteren Bildschirmrand ein „(END")
erscheint. Dieser Modus wird durch die Q-Taste wieder beendet.[1]

4.4   Cmdlets und Module

Alle Cmdlets befinden sich in einem Modul. Ein Modul ist ein Verzeichnis, das eine oder
mehrere Dateien enthält, die mit dem Laden des Moduls in die aktuelle PowerShell-Sitzung geladen werden. Die Dateien sind u. a. Assembly-Dateien mit Cmdlet- und Provider-
Definitionen, Typen- und Formatierungsdateien sowie Skriptdateien. Auch die Cmdlets,
die von Anfang an Teil der PowerShell sind, gehören (seit der Version 3.0) zu verschiedenen Modulen. Eine Liste der Modulnamen liefert der folgende Befehl, der die aktuell
geladenen Cmdlets nach dem Namen ihres Moduls gruppiert:

```
Get-Command -CommandType Cmdlet | Group-Object -Property ModuleName
Sort-Object -Property Count -Descending
```

Wer den Umfang mit der PowerShell systematisch lernen möchte, könnte sich am Anfang
ein wenig an dem Umstand stören, dass es offenbar keine klare Abgrenzung zwischen den
„fest eingebauten" Cmdlets und jenen gibt, die über Module hinzukommen, die nicht bei
jeder Windows-Version dabei sind. Wer noch mit Windows 7 arbeitet, dem steht nur ein
Minimum an Cmdlets zur Verfügung. Die Frage, welche Cmdlets immer zur Verfügung
stehen ist vor allem dann interessant, wenn ein PowerShell-Skript nur Cmdlets verwenden
soll, die bei jeder Windows-Version vorhanden sind.

Eine offizielle Unterscheidung zwischen jenen Cmdlets, die bei der PowerShell fest
dazu gehören und jenen, die über ein „externes" Modul geladen wurden, ist nicht ganz
einfach, da ein *Get-Command*-Cmdlet immer alle Modulverzeichnisse durchsucht. Ein

---

[1] Dass habe ich irgendwann per Zufall auf einer Webseite gefunden, die nichts mit der PowerShell
zu tun hatte, nachdem ich mir jahrelang nicht anders zu behelfen wusste als die PowerShell-Konsole
zu schließen. So viel zum Thema „PowerShell-Experte".

Unterscheidungsmerkmal ist der Umstand, dass in dem Modulnamen der fest eingebauten Cmdlets das Wort „Microsoft.PowerShell" enthalten ist (mit *Microsoft.WSMan.Management* gibt es eine Ausnahme von dieser Regel).

Der folgende Befehl gibt daher nur jene Cmdlets aus, die aus einem dieser Module stammen. Dazu wird das *Where-Object*-Cmdlet im Zusammenspiel mit dem *Match*-Operator verwendet, das in Kap. 5 an die Reihe kommt:

```
Get-Command -CommandType Cmdlet | Where-Object ModuleName -match
"Microsoft.PowerShell|Microsoft.Wsman.Management" | Measure-Object
```

Das angehängte *Measure-Object*-Cmdlet (Kap. 5) zählt die zurückgegebenen Cmdlets. Unter Windows Server 2012 bzw. Windows 8.1 ergibt sich die Zahl von 259 „fest eingebauten" Cmdlets.

4.5 Alias

Ein Alias ist ein weiterer Name für ein Cmdlet (oder eine Function). Die Idee ist, dass die teilweise recht langen Cmdlet-Namen durch kürzere Namen abgekürzt werden können. Die PowerShell definiert von Anfang an eine Reihe von Alias für gängige Cmdlets. Das *Get-Alias*-Cmdlet listet alle vorhandenen Alias auf. Da alle Alias auf dem *Alias*-Laufwerk zusammengefasst werden, hat ein „dir alias:" die gleiche Wirkung. Über das *Set-Alias*-Cmdlet werden neue Alias definiert. Der folgende Befehl definiert einen Alias mit dem Namen „Gd" für das *Get-Date*-Cmdlet:

```
Set-Alias -Name Gd -Value Get-Date
```

Gibt es den Alias bereits, kommt es darauf an, ob dieser schreibgeschützt ist. Sollte dies der Fall sein, muss der Alias auf dem *Alias*-Laufwerk mit dem *Set-Item*-Cmdlet und dem *Force*-Parameter überschrieben werden.

Der folgende Befehl überschreibt den schreibgeschützten Alias „gp":

```
Set-Item -Path Alias:Gp -Value Get-Date -Force
```

Der *Force*-Parameter ist erforderlich, damit der Schreibschutz aufgehoben wird.

▶   **Hinweis** Die Verwendung von eigenen Alias wird offiziell nicht empfohlen, da
       sie die Lesbarkeit und damit die Nachvollziehbarkeit eines Skriptes für andere
       verschlechtern.

4.6   Zusammenfassung

Bei der PowerShell heißen die eingebauten Befehle Cmdlets, ausgesprochen wie „Commandlets". Es sind keine eigenständigen Programme, sondern nur im Rahmen eines PowerShell-Hosts ausführbar. Cmdlets arbeiten immer pipelineorientiert. Sie legen ihre Ausgaben als Objekte in die Objektpipeline, die im nächsten Kapitel vorgestellt wird, so dass
das folgende Cmdlet sie weiterverarbeiten kann. Ein wichtiges Merkmal von Cmdlets ist
eine einheitliche Namensregel, sowohl was die Namen der Cmdlets als auch die Namen
ihrer Parameter angeht. Beim Lernen der PowerShell ist es wichtig, von Anfang an mit
der Hilfe zu arbeiten. Diese muss vor dem ersten Aufruf vom Microsoft-Server über das
Update-Help-Cmdlet abgerufen werden.

Die Objektpipeline

5

In diesem Kapitel wird mit der Objektpipeline das zentrale Element bei der PowerShell vorgestellt. Außerdem lernen Sie jene Cmdlets kennen, die speziell für die Abarbeitung des Pipeline-Inhalts zur Auswahl stehen. Ein weiteres zentrales Thema bei der PowerShell sind die Objekte, da jedes Cmdlet seine Ausgaben nicht als Text, sondern als Objekte weitergibt.

5.1 Objekte

Der Begriff *Objekt* steht bei der PowerShell im Mittelpunkt. Immer dann, wenn Cmdlets etwas zurückgeben, sind auch Objekte im Spiel. Es ist eine der markanten Unterschiede zwischen der PowerShell und anderen Command-Shells und den Windows-Konsolenprogrammen, dass Cmdlets keinen Text, sondern Objekte zurückgeben. Das führt zwangsläufig zur Frage: Was genau ist ein Objekt?

Leider gibt es keine exakte Definition für den allgemeinen Begriff Objekt, der heutzutage im Alltag in vielen unterschiedlichen Zusammenhängen verwendet wird[1]. Zumindest gibt es keine Definition, die einen typischen IT-Administrator, der nicht gleichzeitig auch als Software-Entwickler tätig ist, auf Anhieb zufrieden stellen könnte. In der Software-Entwicklung ist ein Objekt ganz einfach eine Instanz einer Klasse. Eine Klasse definiert eine Datenstruktur bestehend aus Eigenschaften und Methoden (aufrufbare Funktionen). Da Begriffe wie Typ und Instanz bei der PowerShell keine direkte Rolle spielen, wird der Begriff im Folgenden daher nicht exakt definiert, sondern lediglich umschrieben.

Die folgende Definition ist technisch, aber nicht zu speziell: Ein Objekt ist eine Datenstruktur, die alle Merkmale eines einzelnen Gegenstandes durch Members beschreibt. Ein

---

[1] ein „Objekt der Begierde" ist ein PowerShell-Objekt z. B. nicht.

© Springer Fachmedien Wiesbaden 2014
P. Monadjemi, *PowerShell für die Windows-Administration,* X.systems.press,
DOI 10.1007/978-3-658-02964-7_5

Member ist ein Name, der zu einem Objekt gehört, und über den entweder ein Merkmal des Gegenstandes abgefragt oder gesetzt oder eine Aktion mit dem Gegenstand ausgeführt wird.

Es geht aber auch etwas einfacher: Ein Objekt ist bei der PowerShell ein Name, der für einen bestimmten Gegenstand steht, und die Daten und Befehle des Gegenstands über weitere Namen zur Verfügung stellt. Gegenstände sind Prozesse, Dienste, Verzeichnisse, Dateien, Benutzerkonten in einer Domäne, kurz alles das, was per PowerShell-Befehl ansprechbar sein soll. Objektname und die weiteren (Member-) Namen werden immer durch einen Punkt voneinander getrennt. Objekte sind immer passiv. Sie werden nicht ausgeführt, sondern entstehen als Ergebnis einer Abfrage oder werden per *New-Object*-Cmdlet direkt angelegt.

Sehr viel einfacher als die Definition ist der Umgang mit Objekten. Bei fast allen bereits vorgestellten PowerShell-Befehlen kamen Objekte vor. Jedes Get-Cmdlet (also ein Cmdlet, das mit einem „Get" beginnt) liefert seine Rückgabe als Objekte. Es ist daher eine Kleinigkeit ein Objekt zu holen und es z. B. einer Variablen zuzuweisen, damit der Zugriff auf die Members des Objekts etwas einfacher möglich ist.

Der folgende Befehl holt den laufenden Prozess des PowerShell-Hosts anhand seiner Prozess-ID:

```
$P = Get-Process -ID $PID
```

$PID ist eine automatische PowerShell-Variable, die immer die Prozess-ID des PowerShell-Host-Prozesses enthält. Das *Get-Process*-Cmdlet holt den Prozess mit dieser ID als Prozessobjekt (der ominöse „Gegenstand" ist in diesem Fall ein Prozess) und weist ihn der Variable *$P* zu (*P* ist ein willkürlich gewählter Name und das *$*-Zeichen geht generell jedem Variablennamen voraus). Da ist es also, das Objekt. Wie es weiter geht, hängt davon ab, was mit dem Prozess geschehen soll, der in der Variablen *$P* enthalten ist. Möchten Sie vielleicht wissen, wann der Prozess gestartet wurde? Die Antwort liefert die *Start-Time*-Eigenschaft des Prozesses. Um an den Wert dieser Eigenschaft heranzukommen, müssen sie den (Member-) Namen *StartTime* auf den Namen der Variablen (in diesem Fall *$P*) folgen lassen. Dabei gilt es eine Kleinigkeit zu beachten: Der Name des Objekts (in diesem Fall der Name der Variablen) und der Name des Members müssen immer durch einen Punkt getrennt werden. Dies ist die goldene Regel, die immer und ausnahmslos zur Anwendung kommt, wenn es darum geht ein Member eines Objekts anzusprechen[2]. Der vollständige Befehl lautet daher:

```
$P.StartTime
```

---

[2] Und die Sie bereits kennen, wenn Sie mit dem Windows Scripting Host und VBScript, JavaScript oder einer anderen objektorientierten Programmiersprache, die diese Syntax verwendet, zu tun hatten.

Wird für diese Ausgabe kein Ausgabebefehl wie Echo oder Write-Host benötigt? Nein, denn bei der Befehlsausführung gilt die einfache und naheliegende Regel, dass wenn am Ende einer Befehlskette (die in diesem Fall nur aus einem Ausdruck besteht) kein Befehl für die Ausgabe folgt, der Inhalt automatisch ausgegeben wird (in dem intern ein *Write-Output*-Cmdlet angehängt wird).

Gibt es bei einem Prozessobjekt noch weitere Members außer *StartTime*? Die gibt es natürlich. Ein Prozessobjekt besitzt insgesamt 90 Members, davon alleine 51 Eigenschaften. Wie die Members eines Objekts ausgegeben werden und welche Sorten von Members es gibt, darum geht es in den folgenden Abschnitten.

5.2 Typen

Alle Objekte basieren auf Typen, jedes einzelne Objekt basiert auf einem bestimmten Typ. Dies gilt nicht nur für die PowerShell, sondern grundsätzlich für jede objektorientierte Programmiersprache. Auch der allgemeine Begriff *Typ* dürfte am Anfang wenig greifbar wirken, zumindest, wenn Sie nicht bereits als Software-Entwickler damit zu tun hatten. Ein Typ ist die Definition für ein Objekt. Sie legt fest, welche Members der Typ besitzt und damit auch alle Objekte, die auf diesem Typ basieren. Eine spezielle Sorte von Typen sind die Klassen, wobei der Begriff „Klasse" im Sinne von „Klassifizierung" zu verstehen ist.

5.2.1 Wo kommen die Typen her?

Objekte basieren auf Typen, soviel wurde bereits deutlich. Auch diese Typen müssen irgendwo definiert sein. Es ist wichtig zu verstehen, dass es bei der PowerShell keinen festen Satz an Typen gibt. Theoretisch gibt es unendlich viele Typen, aus denen sich Objekte machen lassen. Typendefinitionen stammen u. a. aus

- den Programmdateien (Assemblies), in denen die Funktionalität der PowerShell enthalten ist (in erster Linie *System.Management.Automation.dll*).
- der .NET-Laufzeit und ihrer Assemblies.
- aus Modulen, wenn diese Assemblies laden.
- aus Assemblies, die Entwickler, z. B. über das Internet, zur Verfügung stellen.

Und da sich jeder PowerShell-Anwender per *Add-Type*-Cmdlet auch eigene Typen definieren kann (deren Definition Teil eines Skriptes ist), gibt es eine theoretisch unendlich große Auswahl an Typen, aus denen sich mit Hilfe des Cmdlets *New-Object* Objekte machen lassen.

5.2.2   Mehr über Typen erfahren

Ein Typ ist zwar eine abstrakte Angelegenheit, er spielt trotzdem im PowerShell-Praxisalltag eine wichtige Rolle. Der Typ eines Objekts kommt immer dann ins Spiel, wenn ein neues Objekt mit dem Cmdlet *New-Object* angelegt werden soll. In diesem Fall muss ein Typenname angegeben werden. Doch welchen Typ soll man aus der Auswahl von theoretisch unendlich vielen Objekttypen verwenden? In der Regel ist es der PowerShell-Objekttyp *PSObject*, der den allgemeinsten Typen darstellt, den die PowerShell zu bieten hat (er ist Teil des Namespace *System.Management.Automation*). Er besitzt keine Members (mit Ausnahme jener, die jeder Typ vom allgemeinen Typ *Object* erbt, d. h. übernimmt), so dass er ideal dafür geeignet ist neue Objekte zu definieren, deren Eigenschaften (und andere Membertypen) nachträglich hinzugefügt werden. Das *New-Object*-Cmdlet wird zusammen mit dem *PSObject*-Typ bei zahlreichen Beispielen in diesem Buch verwendet, da es oft Situationen gibt, in denen es praktisch ist ein neues Objekt zu definieren.

5.2.3   Umgang mit Typen

Der Typ ist bei Objekten zwar allgegenwärtig, im PowerShell-Alltag tritt er höchstens indirekt in Erscheinung. In wenigen Situationen muss er direkt angesprochen werden. Eine solche Ausnahme ist die Abfrage, die angibt, ob der aktuelle PowerShell-Prozess als Administrator gestartet wurde. Der Befehl, der diese Abfrage durchführt, lautet wie folgt:

```
([System.Security.Principal.WindowsIdentity]::GetCurrent() -as
[System.Security.Principal.WindowsPrincipal]).IsInRole("Administratoren")
True
```

Lassen sich von dem langen Namen nicht abschrecken, es ist alles ganz einfach. Auch das ist ein PowerShell-Befehl, wenngleich kein Cmdlet involviert ist. Es wird zwei Mal ein bestimmter Typ angesprochen. Zum einen der Typ mit dem (langen) Namen „System. Security.Principal.WindowsIdentity", zum anderen der Typ mit dem (bezüglich seiner Länge ebenfalls nicht weniger eindrucksvollen) Namen „System.Security.Principal.WindowsPrincipal". Daraus ergeben sich sofort zwei wichtige Merksätze: 1.) Die Namen von Typen werden immer in eckige Klammern gesetzt. 2.) Typennamen sind im Allgemeinen leider relativ lang. Der Grund für die Länge ist der Umstand, dass jeder Typenname aus zwei Bestandteilen besteht: Dem eigentlichen Typennamen und dem Namespacenamen, der dem Typennamen, durch einen Punkt getrennt, vorausgeht. Beim Typ „System.Security.Principal.WindowsPrincipal" ist „WindowsPrincipal" der Typenname und „System. Security.Principal" der Namespacename, den Sie sich als ein einfaches Mittel zur Einteilung der Typennamen in verschiedene Kategorien vorstellen können. Die Punkte im Namespacenamen symbolisieren den hierarchischen Aufbau des gesamten Namensraumes. Ein Hinweis bereits vorweg: Um nicht jedes Mal einen langen Typnamen schreiben zu müssen, kennt die PowerShell zahlreiche „Typenabkürzungen", den „Type Accelators", von denen noch die Rede sein wird.

Muss das alles so kompliziert sein? Gegenfrage: Wer sagt denn, dass dies kompliziert ist? Typennamen wirken am Anfang eventuell aufgrund ihrer langen Namen etwas ehrfurchtseinflößend, dahinter steckt aber wie sooft ein einfaches Konzept, an das Sie sich schnell gewöhnen werden. Kompliziert ist der Umgang mit Typen daher nicht. Höchstens etwas ungewöhnlich. Dank der erwähnten Typenabkürzungen wird es für die wichtigsten Typ Abkürzungen. Statt „System.Management.Automation.PSCredential" schreibt man lediglich „[PSCredential]", statt „System.DirectoryServices.DirectoryEntry" lediglich „[ADSI]".

Sollte es Sie interessieren, auf welchem Typ ein Objekt basiert, erfahren Sie dies über das *Get-Member*-Cmdlet. Die Ausgabe ist aber nicht optimal, da die Typenbezeichnung in der obersten Zeile steht, die in der Regel nicht mehr sichtbar ist, wenn die Ausgabe beendet ist.

5.3 Members

Objekte sind nüchtern betrachtet nur Hüllen, die für die Befehlsausführung keine direkte Rolle spielen. Wie bei einem Schuhkarton (Objekt) kommt es auf den Inhalt an. Bei einem Objekt geht es in erster Linie um die Members, die das Objekt zur Verfügung stellt. Das Objekt, das bei der PowerShell einen einzelnen Systemdienst repräsentiert, besitzt insgesamt 32 Members (von denen aber nicht alle gleich wichtig sind). Ein wichtiges Member ist *Status*, denn es steht für den aktuellen Zustand des Dienstes. *Status* ist damit ein Member vom Typ Eigenschaft. Die Eigenschaften eines Objekts sind jene Namen, die auf Cmdlets wie *Select-Object*, *Sort-Object* oder *Where-Object* folgen, und die bei diesen Cmdlets festlegen, nach welcher Eigenschaft die Objektpipeline ausgegeben, sortiert oder gefiltert wird.

5.3.1 Membertypen

Es gibt mehrere Membertypen (Tab. 5.2). Der wichtigste Membertyp ist die Eigenschaft (engl. „Property"). Es ist wichtig zu verstehen, dass es immer vom Objekttyp abhängt, welche Members und damit Membertypen zur Auswahl stehen. Ein Prozessobjekt bietet andere Members als ein Systemdienstobjekt, da beide auf unterschiedlichen Typen basieren. Die Bedeutung der verschiedenen Membertypen eines Objekts lässt sich am Beispiel jenes Objektes (vom Typ *ServiceController*), das einen einzelnen Systemdienst repräsentiert, gut veranschaulichen. Das Objekt besitzt insgesamt 32 Members. Tabelle 5.1 beschreibt, wie sich die Membertypen bei diesem Objekt verteilen.

Tab. 5.1 Die Anzahl der Membertypen beim ServiceController-Objekt

Membertyp	Anzahl
AliasPropert	2
Event	1
Method	15
Property	13
ScriptProperty	1

Tab. 5.2 Die Membertypen eines Objekts im Überblick

Membertyp	Bedeutung
AliasProperty	Auch Eigenschaften können einen Alias besitzen. Auf diese Weise wird ein langer Name durch einen kurzen Namen angesprochen
Event	Führt dazu, dass eine intern erzeugte Benachrichtigung zum Aufruf eines Scriptblocks führt. Spielt vor allem im Zusammenhang mit grafischen Oberflächen (Windows Forms und WPF) eine Rolle
Method	Steht für eine „Aktion", die mit dem Objekt ausgeführt werden kann. Der etwas ungewöhnliche Name hat eine historische Bedeutung
NoteProperty	Diese Sorte von Eigenschaften werden von der PowerShell an Objekte anhängt, die auf Typen der .NET-Laufzeit basieren
Property	Steht für eine einzelne Eigenschaft
PropertySet	Dies ist kein eigener Membertyp, sondern eher ein „Pseudo-Membertyp", der lediglich mehrere Properties unter einem Namen zusammenfasst, so dass sich diese z. B. leichter im Rahmen von Format-Table ausgeben lassen
ScriptMethod	Dieser Membertyp kommt relativ selten vor. Er steht für einen ScriptBlock, der als Methoden-Member aufgerufen wird und, anders als eine ScriptProperty, keinen Wert zurückgibt
ScriptProperty	Steht für einen Scriptblock, der bei jedem Abrufen des Eigenschaftenwertes ausgeführt wird

▶   **Tipp**   Möchten Sie die Verteilung der Membertypen für ein bestimmtes Objekt sehen, hängen Sie an das *Get-Member*-Cmdlet ein *Group-Object*-Cmdlet an und gruppieren Sie die Ausgabe nach der Eigenschaft *MemberType*:

```
Get-Service -Name WSearch | Get-Member | Group-Object -Property
MemberType
```

Diese Aufstellung macht deutlich, dass bei den PowerShell-Objekten Members vom Typ *Property* und *Method* am wichtigsten sind und knapp 90 % der Members stellen. Zu den Eigenschaften eines Objekts, das einen Systemdienst repräsentiert, gehören u. a. *Name*, *DisplayName* und *Status*. Der ungewöhnlich hohe Anteil an Methoden-Members erklärt sich dadurch, dass mit einem Dienst zahlreiche Aktionen (u. a. *Start*, *Stop* und *Pause*) möglich sind, die über den Aufruf von Methoden-Members durchgeführt werden können. Bei der PowerShell gibt es für diese Aktionen aber entsprechende Cmdlets (z. B. *Start-Service*), so dass diese Methoden-Members nicht wirklich benötigt werden[3]. Außerdem besitzt jedes Objekt von Anfang an bereits vier Methoden-Members (*Equals*, *GetHash-Code*, *GetType* und *ToString*), die es von dem Basistyp *Object* übernimmt, auf dem alle Objekte basieren. Diese Methoden-Members gibt es daher von Anfang an.

5.3.2 Aufruf von Methoden-Members

Eigenschaften (Property-Members) sind immer Teil eines Cmdlets wie *Where-Object* oder *Select-Object*. Methoden-Members werden direkt mit dem Objekt verwendet. Der folgende Befehl addiert über das Methoden-Member *AddDays* 90 Tage zum aktuellen Datum hinzu:

```
(Get-Date).AddDays(90)

Sonntag, 8. Juni 2014 08:04:43
```

Da *AddDays* nicht nur eine Anzahl an Tagen zu einem Datumszeitwert addiert (oder substrahiert, wenn eine negative Zahl übergeben wird), sondern den neuen Wert zurückgibt, wird diese dadurch ausgegeben.

Methoden-Member werden immer mit einem runden Klammerpaar, das auf den Namen folgt, aufgerufen. In die runden Klammern werden die Aufrufwerte (Argumente), sofern vorhanden, eingetragen. Anders als bei einem Cmdlet-Aufruf werden mehrere Werte per Komma getrennt. Lassen Sie die runden Klammern weg, zeigt die PowerShell lediglich die verschiedenen Aufrufvarianten für das Methoden-Member an, was auch praktisch ist. Geben Sie z. B. "".split ein, werden die verschiedenen Aufrufvarianten (die „Overload-Definitions") für das *Split*-Methoden-Member eines String-Objekts (also einer Zeichenkette) ausgegeben:

---

[3] Der Grund, dass sie trotzdem dabei sind ist, dass der zugrundeliegende Objekttyp aus der .NET-Laufzeit stammt und es technisch keine Möglichkeit gibt, diese Members nachträglich zu entfernen, zumal überflüssige Members keinen Nachteil darstellen.

```
"".split

OverloadDefinitions
-------------------
string[] Split(Params char[] separator)
string[] Split(char[] separator, int count)
string[] Split(char[] separator, System.StringSplitOptions options)
string[] Split(char[] separator, int count, System.StringSplitOptions
options)
string[] Split(string[] separator, System.StringSplitOptions options)
string[] Split(string[] separator, int count, System.StringSplitOptions
options)
```

5.4   Das Get-Member-Cmdlet

Objekte besitzen Members. Das ist die Zusammenfassung des letzten Absatzes. Welche Members ein Objekt (genauer gesagt, der zugrundeliegende Typ) besitzt, erfahren Sie über das Cmdlet *Get-Member*. Die einzige Aufgabe dieses Cmdlets besteht darin, die Members eines oder mehrerer Objekte, die ihm über den Pipe-Operator zugeführt werden, zu holen und anschließend auszugeben.

Das folgende Beispiel gibt die Members eines Prozessobjektes aus:

```
Get-Process | Get-Member
```

Auch wenn *Get-Process* viele Objekte holt, werden die Members der Objekte nur einmal ausgegeben. Der Hintergrund ist, dass *Get-Member* vor der Ausgabe die Typen der Objekte in der Pipeline sortiert und die Members für jeden Typ, der vertreten ist, nur einmal ausgibt. Da alle von *Get-Process* gelieferten Objekte denselben Typ besitzen, erfolgt nur eine Ausgabe. Etwas anders sieht es bei dem folgenden Befehl aus:

```
Get-ChildItem -Path C:\Windows | Get-Member
```

Da das Windows-Verzeichnis sowohl Dateien als auch Verzeichnisse enthält, resultieren zwei unterschiedliche Objekttypen (*FileInfo* und *DirectoryInfo*) und es werden daher zwei Membersätze ausgegeben. Tabelle 5.3 stellt die Parameter des Cmdlets *Get-Member* zusammen. Wichtig ist der *MemberType*-Parameter, denn über ihn wird festgelegt, welche Sorte von Members ausgegeben wird. Wird nichts angegeben, werden alle Membertypen ausgegeben. Über den *Name*-Parameter wird gezielt ein Member angesprochen.

Der folgende Befehl gibt nur das *StartTime*-Member eines Prozessobjekts zurück:

```
PS C:\PSKurs> Get-Process | Get-Member -Name Starttime
   TypeName: System.Diagnostics.Process

Name      MemberType Definition
----      ---------- ----------
StartTime Property   datetime StartTime {get;}
```

Sie erfahren daraus, dass *StartTime* immer einen Wert vom Typ *Datetime* liefert, der bei der PowerShell einen Datumszeitwert repräsentiert. Wer ganz genau hinschaut erfährt auch, dass die *StartTime*-Eigenschaft nur gelesen werden kann, denn in den runden Klammern steht nur ein „get" und kein „set". Außerdem wird die Typenbezeichnung des Objekts (in diesem Fall lautet sie *System.Diagnostics.Process*) angezeigt. Diese Information wirkt am Anfang vermutlich genau speziell wie trocken (sprich uninteressant), sie ist aber immer dann wichtig, wenn man wissen möchte, mit welcher Sorte von Objekt man es zu tun hat.

▶   **Tipp**   Viele Objekte besitzen „versteckte" Members, die zu speziell sind, um sie bei jedem Aufruf von *Get-Member* auszugeben. Über den *Force*-Parameter werden auch diese Members angezeigt.

Tab. 5.3 Die Parameter des Get-Member-Cmdlets und ihre Bedeutung

Parameter	Bedeutung
MemberType	Legt den oder die Membertypen fest, die zurückgegeben werden sollen
Name	Wählt einen oder mehrere Members anhand des Namens aus
Static	Legt fest, dass die statischen Members des Typs angezeigt ausgegeben werden
View	Legt die Auswahl der Members bezugnehmend auf den Umstand fest, dass die PowerShell an Typen, die aus der .NET-Laufzeit übernommen werden, Members anhängt, so dass es unterschiedliche Ansichten gibt: „Adapted" (diese Members resultieren aus einer Typanpassung durch das *Adaptable Type System*, „Extended" (diese Members wurden nachträglich angehängt), „Base" (die Members des Basistyps) und „All" (es werden alle Membertypen angezeigt)

5.4.1   Abfragen statischer Members

Ein statisches Member ist ein Member, das direkt über den Typ (Klasse) aufgerufen wird, auf dem ein Objekt basiert, und nicht über das Objekt selber. Die Unterscheidung dürfte beim ersten Lesen etwas speziell erscheinen, wie sooft verbirgt sich auch dahinter ein einfacher Hintergrund. Ausgangspunkt für das nächste Beispiel ist das *Get-Date*-Cmdlet, das eine einfache Aufgabe übernimmt: Es gibt das aktuelle Datum und die aktuelle Uhrzeit zurück:

```
PS C:\PSKurs> Get-Date

Montag, 3. Februar 2014 18:50:38
```

Was als Zeichenfolge in der Konsole ausgegeben wird, basiert (natürlich) auf einem Objekt. Das Objekt ist vom Typ *DateTime*. Ein

```
Get-Date | Get-Member -MemberType Property
```

zeigt alle Eigenschaften dieses Objekts an. Dazu gehören Eigenschaften, durch die sich die Bestandteile des Datums und der Uhrzeit einzeln abfragen lassen. Es gibt aber auch statische Member. Diese werden angezeigt, wenn der *Static*-Parameter von *Get-Member* zum Einsatz kommt:

```
Get-Date | Get-Member -Static
```

Auf einmal werden andere Namen angezeigt. Unter anderem gibt es ein Member mit dem Namen *IsLeapYear*. Es gibt an, ob das angegebene Jahr ein Schaltjahr ist. Für statische Members gilt eine andere Aufrufsyntax. Hier kommt der ::-Operator ins Spiel, der auf den Typennamen folgt, der immer in eckige Klammern gesetzt wird.

Der folgende Befehl prüft, ob das Jahr 2014 ein Schaltjahr ist:

```
[DateTime]::IsLeapYear(2014)
False
```

IsLeapYear ist nicht nur ein statisches Member, es ist auch ein Methoden-Member. Das bedeutet, dass das Argument, in diesem Fall die Jahreszahl, in runde Klammern gesetzt wird. Außerdem darf zwischen dem Methodennamen und der ersten runden Klammer kein Leerzeichen folgen.

Wie sich per *Get-Member* und seinem *Static*-Parameter die statischen Members eines Typs auflisten lassen, soll an einem halbwegs praxisnahen Beispiel demonstriert werden. Ausgangspunkt ist die Eigenschaft *Status* eines Systemdienstes. Wie ein *Get-Member*-Aufruf verrät, ist die Eigenschaft vom Typ *System.ServiceProcess.ServiceControllerStatus*:

```
Get-Service -Name WSearch | Get-Member -Name Status

   TypeName: System.ServiceProcess.ServiceController
Name       MemberType Definition
----       ---------- ----------
Status     Property   System.ServiceProcess.ServiceControllerStatus Status
{get;}
```

System.ServiceProcess.ServiceControllerStatus ist selber ein Typ, konkret eine Konstan-
tenliste (auch „Enum" genannt). Die Mitglieder eines *Enum*-Typs sind statische Eigenschaften. Der folgende Befehl listet diese Members auf:

```
[System.ServiceProcess.ServiceControllerStatus] | Get-Member -Static
Select-Object -Property Name
Name
----
ContinuePending
Paused
PausePending
Running
StartPending
Stopped
StopPending
```

Damit die Ausgabe übersichtlich bleibt, wurde sie über das Select-Object-Cmdlet
(Kap. 5.6.11) auf den Namen des Members beschränkt und alle „überflüssigen" Members
wurden aus der Ausgabe entfernt.

Es ist typisch für die PowerShell, dass es in der Regel mehrere Wege gibt, um ein Ziel
zu erreichen. Es wird in Kap. 18 deutlich werden, dass alles, was bei der PowerShell in
eckige Klammern gesetzt wird, für ein Typobjekt (*RuntimeType*) steht, das den Typ als
Ganzes repräsentiert. Auch der folgende Befehl gibt die Namen der Mitglieder der Kons-
tantenliste (Enum) aus:

```
[System.ServiceProcess.ServiceControllerStatus].GetEnumNames()
```

5.5   Die Objektpipeline

Die Objektpipeline verbindet zwei Cmdlets und ermöglicht, dass die Ausgabe des einen
Cmdlets dem folgenden Cmdlet als Eingabe übergeben wird. Die Pipeline wird durch
den Pipe-Operator hergestellt. Es ist der senkrechte Strich auf der Tastatur. Sie finden ihn
auf der Größer-/Kleiner-Taste. Er wird zusammen mit der [AltGr]-Taste eingegeben. Der
ASCII-Code ist 124. Der Begriff „Objektpipeline" rührt von dem Umstand her, dass über
die Pipeline Objekte und kein Text übertragen werden. Dies ist ein wichtiger Unterschied
zu anderen Shells, bei denen grundsätzlich Text über die Pipeline übertragen wird. Objek-

te bieten gegenüber Text den entscheidenden Vorteil, dass ein Objekt strukturierte Informationen umfasst, bei denen die Details über Eigenschaftennamen angesprochen werden.

Mit Hilfe der Pipeline lassen sich beliebig lange Befehlsketten aufbauen. Der folgende Befehl verknüpft mehrere Cmdlets mit Hilfe des Pipe-Operators zu einem Befehl. Es werden nur jene Prozesse ausgegeben, deren Arbeitsspeicher aktuell mehr als 50 Mbyte Arbeitsspeicher belegt. Pro Prozess werden nur die Members *Name*, *ID*, *WS* und *StartTime* ausgegeben. Außerdem wird die Ausgabe nach dem Wert der *StartTime*-Eigenschaft absteigend sortiert:

```
Get-Process | Where-Object WS -gt 50MB | Sort-Object -Property WS -
Descending | Select-Object -Property Name, ID, StartTime, WS

Name         Id    StartTime            WS
----         --    ---------            ---
chrome       3228  03.02.2014 09:33:43  134201344
WINWORD      4328  03.02.2014 18:07:35  127205376
svchost      920                        125546496
chrome       3252  03.02.2014 09:33:43  97419264
chrome       4468  03.02.2014 11:56:36  94130176
powershell   4104  03.02.2014 18:25:16  81428480
```

5.5.1 Die Pipeline sichtbar machen

Wer im Begriff ist, den Umgang mit der PowerShell zu erlernen und dabei versucht das Konzept der Pipeline zu verstehen, wünscht sich oft eine Möglichkeit, das Innenleben der Pipeline sichtbar zu machen. Das ist grundsätzlich nicht möglich, da die Pipeline kein „Ort" ist, sondern das Konzept beschreibt, nach dem Cmdlet B ein Objekt „bindet", das Cmdlet A zuvor in die Pipeline „gelegt" hat. Wie die Pipeline angesprochen wird, wird in Kap. 10 am Beispiel von Functions (und Skripten) gezeigt, die die Pipeline abarbeiten. Wenn es etwas gibt, dass bei der PowerShell die Pipeline als Ganzes repräsentiert, dann ist es die Variable *$Input*, über die alle Elemente der Pipeline nacheinander angesprochen werden können.

Das folgende Beispiel nimmt das Thema Functions vorweg, das in Kap. 10 an der Reihe ist. Es definiert eine kleine Function, welche die über die Pipeline übergebenen Zahlen aufaddiert:

```
function Get-Summe
{
  foreach($i in $Input)
  { $Summe += $i}
  $Summe
}
```

Die Eingabe von

```
1..10 | Get-Summe
```

hat 55 als Ausgabe zur Folge, da durch den *foreach*-Befehl die Inhalte der Pipeline in einer Schleife aufaddiert werden.

Der Wert *$Input* ist aber kein Array, sondern ein sog. „Enumerator", der die einzelne Elemente der Pipeline nur einzeln zur Verfügung stellt. Vergessen Sie diese Variable bitte gleich wieder, denn sie spielt bei der PowerShell offiziell keine Rolle und sollte auch nicht verwendet werden.

5.6 Pipeline-Operationen

In dem folgenden Abschnitt werden insgesamt sieben Cmdlets vorgestellt, deren Aufgabe es ist, den Inhalt der Pipeline zu verarbeiten.

5.6.1 Sortieren mit Sort-Object (Sort)

Das *Sort-Object*-Cmdlet sortiert den Inhalt der Pipeline nach dem Wert einer oder mehrerer Eigenschaften, deren Namen auf den *Property*-Parameter (der als Positionsparameter nicht angegeben werden muss) folgen. Der Alias lautet *Sort*.

Der folgende Befehl sortiert alle laufenden Prozesse nach dem Wert ihrer *WS*-Eigenschaft, die für die aktuelle Speicherbelegung steht:

```
Get-Process | Sort-Object -PropertyWS
```

Wird nichts anderes festgelegt, wird aufsteigend sortiert. Ist eine absteigende Sortierung gewünscht, kommt der Parameter *Descending* ins Spiel:

```
Get-Process | Sort-Object -Property WS -Descending
```

Auch das Sortieren nach mehreren Eigenschaften ist möglich. Der folgende Befehl sortiert die Dateien im *Windows*-Verzeichnis zuerst nach ihrer Erweiterung und danach nach ihrer Größe:

```
Get-ChildItem -Path C:\Windows -File | Sort-Object -Property Extension,
Length
```

Auch wenn es nur nach einer Nebensächlichkeit aussieht. Der Umstand, dass es so einfach möglich ist nach den Eigenschaften der Dateien zu sortieren, ist eine der Vorteile der Objekte. Wäre die Ausgabe von *Get-ChildItem* lediglich Text, so wie es bei *dir*-Kommando von *Cmd.exe* der Fall ist, wäre es relativ aufwändig, aus der Ausgabe die Dateierweiterungen zu extrahieren und nur nach diesen zu sortieren (im Rahmen einer Stapeldatei stehen zwar Variablen zur Verfügung, über die sich die wichtigsten Merkmale einer Datei abgreifen lassen, es bliebe aber trotzdem ein etwas umständliches Unterfangen).

5.6.2   Filtern mit Where-Object (Where bzw. ?)

Eines der wichtigsten Cmdlets für die Pipeline-Verarbeitung ist *Where-Object* (mit *Where* und dem *?* gibt es zwei Alias), da es aus viel wenig macht, in dem es die Objekte der Pipeline nach beliebigen Filterkriterien filtert, so dass nur jene Objekte übrig bleiben, die das Filterkriterium erfüllen.

Der folgende Befehl gibt nur die aktuell laufenden Systemdienste aus:

```
Get-Service | Where-Object Status -eq "Running"
```

Status ist eine der Eigenschaften des Objekts, das einen Systemdienst repräsentiert. *eq* ist der Vergleichsoperator und „Running" ist der Wert, mit dem der Vergleich durchgeführt wird. Stellen Sie sich die Abarbeitung des Befehls so vor, dass *Get-Service* als erstes alle Systemdienste holt und für jeden Systemdienst nacheinander ein Objekt in die Pipeline legt. Durch eine Technik, die Pipeline-Parameterbindung heißt, wird dieses Objekt an den *InputObject*-Parameter des *Where-Object*-Cmdlets gebunden, so dass der auf *Where-Object* folgende Filter angewendet wird. Dieser funktioniert wie eine Schranke: Liefert die Filterbedingung den Wert *$true*, wird die Schranke geöffnet und das Objekt weitergegeben (und damit ausgegeben, da in diesem Beispiel kein weiterer Befehl folgt). Liefert die Filterbedingung dagegen ein *$false*, bleibt die Schranke zu und das Objekt wird nicht weitergegeben.

Warum liefert der folgende Befehl keine Ausgabe?

```
Get-Process | Where-Object 3 -eq 4
```

Ganz einfach, weil die Bedingung „3 –eq 4" nie erfüllt ist. Dass die Bedingung nichts mit dem Gegenstand der Abfrage zu tun hat, spielt für die Ausführung keine Rolle. Das *Where-Object*-Cmdlet interessiert sich nicht für die Hintergründe, sondern geht streng nach Schema F vor. Ist die Bedingung erfüllt, öffnet sich die Schublade und das Objekt fällt heraus. Ansonsten bleibt die Schublade verschlossen und das Objekt wird verschluckt.

5.6.3   Verknüpfte Bedingungen

Natürlich lassen sich auch mehrere Bedingungen über Operatoren wie *And* und *Or* verknüpfen, dabei kommt allerdings eine andere und leider etwas anspruchsvollere Syntax zum Einsatz. Der folgende Befehl unternimmt einen kleinen Ausflug in die Welt von WMI (Kap. 11), in dem die Systemdienste dieses Mal per *Get-CIMInstance*-Cmdlet abgefragt werden. Der kleine Vorteil ist, dass diese Abfrage ein paar zusätzliche Informationen liefert als *Get-Service*. Dazu gehört z. B. die Eigenschaft *StartMode*, die für den Startmodus des Dienstes steht. Damit lassen sich jene Dienste auflisten, die automatisch starten sollen, aus irgendeinem Grund aber aktuell nicht laufen.

Der folgende Befehl holt per *Get-CIMInstance*-Cmdlet alle Systemdienste und verknüpft die Eigenschaften *StartMode* und *State* in einer verknüpften Bedingung, die über den *And*-Operator (logische UND-Verknüpfung) verknüpft wird:

```
Get-CIMInstance -ClassName Win32_Service | Where-Object { $_.StartMode -
eq "Auto" -and $_.State -ne "Running" }

ProcessId   Name          StartMode   State     Status    ExitCode
---------   ----          ---------   -----     ------    --------
0           clr_optimizat... Auto      Stopped   OK        0
0           clr_optimizat... Auto      Stopped   OK        0
0           gupdate       Auto        Stopped   OK        0
```

Mit *$_* kommt in diesem Beispiel eine Variable ins Spiel, die PowerShell-Anfängern erfahrungsgemäß gewisse Verständnisschwierigkeiten bereitet. Dabei hat die Variable eine einfache Bedeutung. Sie repräsentiert den aktuellen Inhalt der Pipeline. Ein *$_.StartMode* liefert den Startmodus des Dienstes, dessen Objekt sich aktuell in der Pipeline befindet, ein *$_.State* entsprechend den Status dieses Dienstes. Der *And*-Operator verknüpft beide Bedingungen. Die Gesamtbedingung ist nur erfüllt, wenn beide Teilbedingungen erfüllt sind: Der Dienst muss automatisch starten und sein Status darf nicht „Running" sein.

▶ **Hinweis** Mit der Version 3.0 bietet die PowerShell die Variable *$PSItem* als Alternative zu $_ an.

5.6.4 Objekte und Eigenschaften auswählen mit Select-Object (Select)

Das *Select-Object*-Cmdlet ist ein universelles Cmdlet für die Pipeline-Verarbeitung, das immer dann erforderlich ist, wenn entweder Objekte mit weniger oder zusätzlichen Eigenschaften oder weniger Objekte weitergegeben werden sollen.

Vielleicht möchten Sie bei *Get-Process* nicht alle Prozesse, sondern nur 10 Prozesse sehen? *Get-Process* bietet dafür keinen Parameter, denn es gibt *Select-Object* mit seinem *First*-Parameter. Der folgende Befehl gibt nur 10 Prozessobjekte aus:

```
Get-Process | Select-Object -First 10
```

Dieser Befehl ergibt nüchtern betrachtet keinen Sinn, denn was sollen die ersten 10 Prozesse bedeuten? Interessant wird es, wenn eine Sortierung per *Sort-Object* eingeschoben wird. Der folgende Befehl gibt die 10 Prozesse aus, die aktuell am meisten Arbeitsspeicher belegen:

```
Get-Process | Sort-Object -Property WS -Descending | Select-Object -First
10
```

In dem die Prozesse zuerst nach dem Wert ihrer *WS*-Eigenschaft absteigend sortiert werden, repräsentieren die ersten 10 Objekte jene Prozesse, die den meisten Arbeitsspeicher belegen.

Die zweite Daseinsberechtigung von *Select-Object* besteht darin, bei einem Objekt in der Pipeline Eigenschaften wegzunehmen oder hinzuzufügen. Damit lassen sich z. B. die Anzahl an Spalten bei der Ausgabe reduzieren (was grundsätzlich mit dem *Format-Table*-Cmdlet auch möglich ist).

Der folgende Befehl führt dazu, dass von einem Prozessobjekt nur die Eigenschaften *Name*, *ID*, *WS* und *StartTime* ausgegeben werden:

```
Get-Process | Select-Object -Property Name, ID, WS, StartTime
```

Der folgende Befehl ist etwas spezieller. Er zeigt, dass es grundsätzlich kein Problem ist, einem Objekt weitere Eigenschaften hinzuzufügen, die sie vorher nicht besaßen. Die Grundlage dafür ist der Umstand, dass auf den *Property*-Parameter entweder der Name einer bereits vorhandenen Eigenschaft folgen kann oder die Definition einer neuen Eigenschaft mit einem beliebigenNamen und einem beliebigen Wert. Grundlage für die Definition ist eine sog. Hashtable, die aus einer Liste von Schlüssel=Wert-Paaren besteht (und in Kap. 9 offiziell vorgestellt wird).

Das folgende Beispiel erweitert das Objekt, das vom Cmdlet *Get-ChildItem* zurückgegeben wird, wenn auf den *Path*-Parameter ein Dateisystemverzeichnispfad folgt. Die hinzugefügte Eigenschaft steht für den Wochentag, an dem die Datei erstellt wurde.

```
Get-ChildItem -Path C:\Windows -File | Select-Object -Property Name,
@{Name="Wochentag";Expression={"{0:dddd}" -f $_.CreationTime}}

Name                                                    Wochentag
----                                                    ---------
avastSS.scr                                             Freitag
bfsvc.exe                                               Freitag
bootstat.dat                                            Dienstag
```

Machen Sie sich bitte keine Gedanken, wenn das zu diesem frühen Zeitpunkt in diesem Buch noch etwas sehr speziell erscheinen mag. Mit ein wenig Übung werden Techniken wie diese schnell selbstverständlich werden.

Es ist wichtig zu verstehen, dass es hier nicht darum geht, die Ausgabe um eine weitere Spalte mit dem Namen „Wochentag" zu erweitern. Das ist nur ein Nebeneffekt, der sich auch per *Format-Table*-Cmdlet erreichen ließe. Die besondere Bedeutung der Erweiterung liegt darin, dass es sich bei „Wochentag" um eine vollwertige Eigenschaft handelt, nach der sich sortieren lässt oder die per *Where-Object*-Cmdlet gefiltert werden kann.

Der folgende Befehl sortiert die Ausgabe nach dem Wochentag, so dass die Dienstagsdateien zuerst und die Sonntagsdateien (sofern vorhanden) zuletzt ausgegeben werden:

```
Get-ChildItem -Path C:\Windows -File | Select-Object -Property Name,
@{Name="Wochentag";Expression={"{0:dddd}" -f $_.CreationTime}} | Sort-
Object -Property Wochentag
```

Möchten Sie wissen, welche Dateien an einem Sonntag erstellt wurden? Die folgende Abfrage liefert nur diese Dateien:

```
Get-ChildItem -Path C:\Windows -File | Select-Object -Property Name,
@{Name="Wochentag";Expression={"{0:dddd}" -f $_.CreationTime}} | Where-
Object Wochentag -eq "Sonntag"

Name                                              Wochentag
----                                              ---------
IE10_main.log                                     Sonntag
```

Wenn keine Dateien ausgegeben werden, gibt es keine Datei, die die gestellte Bedingung erfüllt.

In Kap. 5.8 wird gezeigt, wie Sie diese Ausgabe und jede andere in eine Datei übertragen oder sie zuvor oder alternativ in ein anderes Format exportieren.

5.6.5 Gruppieren mit Group-Object (Group)

Gruppieren bedeutet, die Objekte der Pipeline nach dem Wert einer gemeinsamen Eigenschaft (oder einem anderen Kriterium) zu Gruppen zusammenzufassen. Dies übernimmt das *Group-Object*-Cmdlet.

Das folgende Beispiel gruppiert alle lokalen Systemdienste nach dem Wert ihrer *Status*-Eigenschaft:

```
Get-Service | Group-Object -Property Status

Count Name                  Group
----- ----                  -----
   68 Running               {ADAM_LDAPAdressbuch,
ADAM_LDAPAdressbuchV2, erAppHostSvc, AudioEn...
  109 Stopped               {AeLookupSvc, ALG, AppIDSvc, Appinfo...}
```

Je nach Anzahl der unterschiedlichen Statuswerte resultiert eine unterschiedliche Anzahl an Gruppen. Die Ausgabe ergibt, dass 68 Dienste laufen und 109 Dienste aus irgendeinem Grund nicht laufen. Jede Gruppe wird durch ein Objekt vom Typ *GroupInfo* repräsentiert, das über eine *Count-*, *Name-* und *Group*-Eigenschaft verfügt. Die *Name*-Eigenschaft enthält den Wert, den alle Mitglieder als Wert für jene Eigenschaft besitzen, nach der gruppiert wurde. Die *Count*-Eigenschaft gibt die Anzahl der Mitglieder einer Gruppe an. Die *Group*-Eigenschaft enthält alle Mitglieder der Gruppe. Es ist normal, dass von der Gruppe nur die ersten zwei oder drei Mitglieder mit dem Wert ihrer Standardeigenschaft (in diesem Fall der Dienstname) angezeigt und die restlichen Objekte lediglich durch drei Punkte angedeutet werden. Möchte man alle Mitglieder sehen, muss die Gruppe über das *Select-Object*-Cmdlet und dessen *ExpandProperty*-Parameter expandiert werden.

Der folgende Befehl gibt die Mitglieder der Gruppen einzeln aus:

```
Get-Service | Group-Object -Property Status | Select-Object -
ExpandProperty Group
```

Ein Nachteil dieser Ausgabeform ist, dass nur die Gruppenmitglieder ausgegeben werden und die Zuordnung zur Gruppe nicht mehr zu erkennen ist. Es ist manchmal nicht so einfach, die PowerShell dazu zu bringen, eine Ausgabe auf eine bestimmte Art und Weise auszugeben. Wer eine individuelle Ausgabe wünscht, muss dafür deutlich mehr Aufwand betreiben als es sein müsste.

Der folgende Befehl durchläuft die Gruppen über das *ForEach-Object*-Cmdlet und gibt bei jedem Durchlauf alle Mitglieder einer Gruppe einzeln aus:

```
Get-Service | Group-Object -Property Status | ForEach-Object {
  "`nDienste mit dem Status: $($_.Name)`n"; ($_.Group | Select-Object -
ExpandProperty Name) -Join "," }
```

Dieser Befehl verwendet das *ForEach-Object*-Cmdlet, das im nächsten Abschnitt vorgestellt wird, und das einen Scriptblock sooft wiederholt, wie Objekte in die Pipeline gelegt werden. In diesem Fall für jede Gruppe. Als nächstes wird der Wert der Eigenschaft, nach der gruppiert wurde, für diese Gruppe ausgegeben. Im dritten Befehl wird die Gruppe per *Select-Object*-Cmdlet so expandiert, dass der Wert der *Name*-Eigenschaft aller Dienste zurückgegeben wird. Dieser wird mit dem leistungsfähigen *Join*-Operator, der Ihnen noch in vielen „Lebensumständen" helfen wird, mit Kommas versehen und zu einer Zeichenkette zusammengefasst. Das unscheinbare `n führt in der Zeichenkette einen Zeilenumbruch durch.

5.6.6 Wiederholungen mit ForEach-Object (%)

Soll für jedes Objekt in der Pipeline eine Folge von Befehlen wiederholt ausgeführt werden, kommt das vielseitige *ForEach-Object*-Cmdlet ins Spiel (der Name „Für jedes

Objekt" wurde gut gewählt). Es ist eine von mehreren Alternativen, um im Rahmen der Befehlsausführung eine Wiederholung durchzuführen. Die allgemeine Schreibweise des *ForEach-Object*-Cmdlets sieht wie folgt aus:

```
<Objekte> | ForEach-Object {

}
```

Ein beliebter Anfängerfehler besteht darin, bei der Eingabe in der PowerShell ISE unmittelbar nach dem *ForEach-Object* die [Eingabe]-Taste zu drücken und die öffnende geschweifte Klammer in die nächste Zeile einzugeben. Das führt zu der Situation, dass die PowerShell nicht erkennt, dass die Klammer in der nächsten Zeile zu dem *ForEach-Object*-Cmdlet gehört, das Cmdlet für den Pflichtparameter *Process* (dessen Name so gut wie nie angegeben wird) keinen Wert erhält und diesen abfragt. Eine Meldung wie

```
„Cmdlet ForEach-Objectan der Befehlspipelineposition 1
Geben Sie Werte für die folgenden Parameter an:
Process[0]:"
```

wirkt zwar am Anfang etwas irritierend, sie besitzt aber einen einfachen Hintergrund: Das *ForEach-Object*-Cmdlet hat für seinen *Process*-Parameter keinen Wert erhalten und fragt diesen ab, da es sich um einen Pflichtparameter handelt. Da für den Parameter aber beliebig viele Werte übergeben werden können, werden diese der Reihe nach abgefragt, so dass die Eingabe eines Wertes und das Drücken der [Eingabe]-Taste nicht weiterführen. Sie müssen den Befehl abbrechen, den Fehler korrigieren und den Befehl erneut ausführen.

Das folgende Beispiel ist mit Absicht sehr einfach gehalten, da es lediglich die Arbeitsweise des *ForEach*-Object-Cmdlets veranschaulichen soll. Es gibt die Quadratwurzeln der Zahlen von 1 bis 10 aus:

```
1..10 | ForEach-Object {
   [System.Math]::Sqrt($_)
}
```

An diesem kleinen Beispiel sind zwei Details bemerkenswert: Der Bereichsoperator .., der einen Zahlenbereich in die Pipeline legt, in diesem Fall die Zahlen von 1 bis 10, und die Variable *$_*, die wie immer den Inhalt der Pipeline repräsentiert. Bei *[System.Math]::Sqrt()* handelt es sich um den Aufruf der statischen Methode *Sqrt* der Klasse *Math* im Namespace *System* der .NET-Laufzeit. Einen kürzeren Weg die Quadratwurzel zu berechnen bzw. allgemein einfache mathematische Berechnungen durchzuführen gibt es nicht. Sollten Sie eine solche Funktion öfter benötigen, definieren Sie sich eine Function (Kap. 10) und geben ihr einen kurzen Alias:

```
function Get-Sqrt
{
 param($z)
 [System.Math]::Sqrt($z)
}


Set-Alias -Name Sqrt -Value Get-Sqrt
```

Damit wird der Aufruf etwas einfacher:

```
Sqrt(10)
3,16227766016838
```

Der kleine Umweg über das Definieren eines Alias per *Set-Alias*-Cmdlet wäre nicht erforderlich, doch da auch für selbstdefinierte Functions die Verb-Haupt-Namensregeln gelten sollte, trägt der kleine Mehraufwand zu einerbesseren Lesbarkeit Ihrer späteren PowerShell-Skripte bei.

Doch zurück zum *ForEach-Object*-Cmdlet und einem etwas praxisnäheren Beispiel. Der folgende Befehl gibt zu allen Systemdiensten die Namen der abhängigen Dienste aus:

```
Get-Service | Select-Object -Property Name, DependentServices
```

Die Ausgabe ist noch etwas unübersichtlich. Außerdem sollten nur jene Dienste berücksichtigt werden, die überhaupt abhängige Dienste besitzen. Das wird durch ein vorgeschaltetes *Where-Object*-Cmdlet erreicht:

```
Get-Service | Select-Object -Property Name, DependentServices
```

5.6.7 Vereinfachte Syntax ab der Version 3.0

Mit der Version 3.0 wurde für die Cmdlets *Where-Object* und *ForEach-Object* eine vereinfachte Syntax eingeführt, bei der die auszuführenden Befehle nicht mehr in geschweifte Klammern gesetzt werden müssen und vor allem die Variable *$_* entfällt. Anders als bei *Where-Object* spielt diese Vereinfachung beim *ForEach-Object*-Cmdlet keine große Rolle, da sie nur auf eine einzelne Eigenschaft und die Aufrufe von einfachen Methoden-Members beschränkt ist[4].

Der folgende Befehl gibt nur die Namen aller laufenden Prozesse aus:

```
Get-Process | ForEach-Object Name
```

---

[4] Der Autor hält sie für überflüssig bzw. sogar für ein wenig „gefährlich" (sozusagen „harmful").

Im Unterschied zu einem

```
Get-Process | Select-Object -Property Name
```

besteht die Rückgabe nur aus den Namen und nicht aus Objekten, bei denen der Name der Wert einer Eigenschaft ist. Bei *Select-Object* muss anstelle des *Property-* der *ExpandProperty*-Parameter verwendet werden:

```
Get-Process | Select-Object -ExpandProperty Name
```

Der folgende Befehl zeigt den Aufruf eines Methoden-Members am Beispiel des Methoden-Members *Kill*, das einen Prozess beendet. Damit der Befehl keinen Schaden anrichten kann, wird der *WhatIf*-Parameter gesetzt:

```
Get-Process | ForEach-Object Kill -WhatIf
```

Allerdings ist die vereinfachte Schreibweise auf einen Member-Namen beschränkt. Wird ein Methoden-Member aufgerufen, werden benötigte Parameterwerte über den *Argument-List*-Parameter übergeben. Leider steht eine per *PipelineVariable*-Parameter festgelegte Variable in der vereinfachten Schreibweise nicht zur Verfügung, was die Verwendbarkeit weiter einschränkt. Die Empfehlung des Autors ist es daher, die vereinfachte Schreibweise bei *ForEach-Object* nicht zu verwenden.

5.6.8 ForEach-Object für etwas Fortgeschrittene

Das *ForEach-Object*-Cmdlet macht noch etwas mehr als nur einen Scriptblock wiederholt auszuführen. Es führt eine Standard-Pipeline-Verarbeitung durch, die immer aus drei Schritten besteht:

1. Einem *Begin*-Teil, der vor der Abarbeitung einmal ausgeführt wird.
2. Einem *End*-Teil, der am Ende der Abarbeitung einmal ausgeführt wird.
3. Einem *Process*-Teil, der pro Objekt in der Pipeline einmal ausgeführt wird.

Der Scriptblock, der auf *ForEach-Object* folgt, wird damit, sofern es nicht durch einen Parameter festgelegt wird, automatisch dem *Process*-Parameter zugeordnet. Tabelle 5.4 stellt die Parameter des *ForEach-Object*-Cmdlets zusammen.

Tab. 5.4 Die Parameter des ForEach-Object-Cmdlets

Parameter	Bedeutung
Begin	Auf diesen Parameter folgt ein Scriptblock, der zu Beginn der Pipeline-Verarbeitung einmal ausgeführt wird
End	Das Pendant zum *Begin*-Parameter. Es folgt ein Scriptblock, der am Ende der Pipeline-Verarbeitung einmal ausgeführt wird
Process	Auf diesen Parameter folgt der Scriptblock, der pro Objekt in der Pipeline einmal ausgeführt wird
RemainingScripts	Dieser etwas „ominöse" (weil in der Hilfe nur sehr kurz beschriebene) Parameter nimmt alle weiteren Scriptblock-Werte aus, die keinem der anderen drei Parameter zugeordnet werden können (wurde mit der Version 3.0 eingeführt)

5.6.9 ForEach-Object abbrechen

Soll eine per *ForEach-Object* durchgeführte Wiederholung vorzeitig abgebrochen werden, ist dies nicht ganz so einfach, wie es sein könnte. Am einfachsten ist die Verwendung des *break*-Befehls, wenngleich dadurch die gesamte Abarbeitung (das Skript) beendet wird. Soll nur die Abarbeitung des Scriptblocks beendet werden, geht dies nur durch Auslösen eines terminierenden Fehlers per *throw*-Befehl (Kap. 12). Dabei muss der gesamte *ForEach-Object*-Block in einen *try/catch*-Befehl eingerahmt werden (ebenfalls Kap. 12).

5.6.10 „Messungen" mit Measure-Object

Sollen die Objekte in der Pipeline gezählt werden, geht dies auf zwei Arten und Weisen: Durch in runde Klammern Setzen des gesamten Befehls und Anhängen der *Count*-Eigenschaft (getrennt durch einen Punkt) oder durch das *Measure-Object*-Cmdlet.

Der folgende Befehl zählt die Dienste, die aktuell nicht laufen:

```
Get-Service | Where-Object Status -ne "Running" | Measure-Object
```

Die Rückgabe ist nicht einfach nur eine Zahl, sondern (natürlich) ein Objekt. Die gezählte Anzahl ist daher der Wert der Property *Count*. Soll lediglich die Nummer zurückgegeben werden, muss der ganze Befehl in Klammern gesetzt und die *Count*-Eigenschaft angehängt werden:

```
(Get-Service | Where-Object Status -ne "Running" | Measure-Object).Count
```

Das *Measure-Object*-Cmdlet kann noch einiges mehr als nur zu zählen. Über die Parameter *Sum*, *Average*, *Maximum* und *Minimum* lassen sich die Summe, der Durchschnittswert, der größte und der kleinste Wert einer numerischen Eigenschaft aller Objekte der Pipeline berechnen. Über den *Property*-Parameter des *Measure-Object*-Cmdlet wird die zu berechnende Eigenschaft ausgewählt. Der folgende Befehl gibt u. a. den Speicherbedarf aller laufenden Prozesse aus:

```
Get-Process | Measure-Object -Property WS -Sum -Average -Maximum -Minimum
```

Ein weiterer Einsatzbereich von *Measure-Object* ist das Zählen von Textzeilen und Worten einer Textdatei:

```
Get-Content -Path C:\Windows\Win.ini | Measure-Object -Word -Line -
Characters
```

5.6.11 Aufsplitten der Pipeline mit Tee-Object

Zum Abschluss des Themenblocks „Cmdlets, die mit der Pipeline arbeiten" wird ein praktisches Cmdlet vorgestellt, das zwar relativ selten zum Einsatz kommt, wenn es einmal gebraucht wird, sehr nützlich ist. Das *Tee-Object*-Cmdlet teilt die Ausgabe im Stile eines T-Verteilers in zwei Kanäle auf. Kanal 1 ist die Pipeline. Kanal 2 ist entweder eine Datei oder eine Variable. Damit besteht die Möglichkeit, die Zwischenausgabe bei einer Pipeline-Verkettung mehrerer Cmdlets abzuzweigen, so dass die Ausgabe in einer Datei oder Variablen gespeichert wird.

Der folgende Befehl beendet eine Reihe von Prozessen (in diesem Fall zuvor gestartete Windows-Rechner) und legt die Objekte, die die beendeten Prozesse repräsentieren, in einer Variablen mit dem Namen *$CalcProz* ab.

```
Set-Process -Name Calc | Tee-Object -Variable CalcProz | Stop-Process
```

5.6.12 Der (neue) PipelineVariable-Parameter

Dieser Abschnitt ist für die etwas erfahreneren PowerShell-Anwender und jene Leser gedacht, die möglichst schnell das Potential der PowerShell in Bezug auf die Pipeline-Verarbeitung ausnutzen wollen. Zu den Neuerungen der Version 4.0 gehört, neben der *Desired State Configuration* (DSC), ein unscheinbarer weiterer allgemeiner Parameter mit dem Namen „PipelineVariable". Sinn und Zweck dieses Parameters ist es, den aktuellen Inhalt der Pipeline in einer Variablen ablegen zu können, so dass der Inhalt zu einem späteren Zeitpunkt im Rahmen der Pipeline-Verarbeitung erneut zur Verfügung steht. Der Parameter macht damit in vielen Fällen, das unter erfahrenen PowerShell-Anwendern wenig beliebte, weil oft überflüssige, *ForEach-Object*-Cmdlet, im Rahmen einer Pipeline-Verarbeitung überflüssig.

Das folgende Beispiel dient lediglich der Veranschaulichung. Es holt über das universelle *Get-ChildItem*-Cmdlet alle Dateien aus dem *System32*-Verzeichnis und gibt von allen Dateien, die nach dem 1.1.2014 erstellt wurden, die Eigenschaften *Name* und *Length* aus. Da zu dem Zeitpunkt, an dem die *CreationTime*-Eigenschaft per *Where-Object* abgefragt wird, das Objekt in der Pipeline nur noch die Eigenschaften *Name* und *Length* besitzt, steht die *CreationTime* Eigenschaft offiziell nicht mehr zur Verfügung. Daher wird das von *Get-ChildItem* gelieferte Objekt bei jedem Durchlauf per *PipelineVariable*-Parameter in der Variablen *$F* abgelegt, damit es beim *Where-Object*-Cmdlet abgefragt werden kann:

```
Get-ChildItem -Path C:\Windows\System32 -PipelineVariable F | Select-
Object -Property Name, Length | Where-Object { $F.CreationTime -gt (Get-
Date -Date "1.2.2014") }
```

Sie müssen sich lediglich merken, dass auf den *PipelineVariable*-Parameter der Name der Variablen ohne ein vorangestelltes $ folgen muss[5].

5.7 Die Objektpipeline ausgeben

Wenn eines aus den bisherigen Beispielen deutlich wurde, dann dass bei der PowerShell ein Ausgabebefehl offensichtlich nicht erforderlich ist. Am Ende einer Befehlskette steht automatisch eine Ausgabe. Grundsätzlich stehen gleich vier Ausgabevarianten zur Auswahl:

- Als Tabelle (per *Format-Table*-Cmdlet)
- Als Liste (per *Format-List*-Cmdlet)
- In einer Übersicht, in der nur der Wert einer einzelnen Eigenschaft ausgegeben wird (per *Format-Wide*-Cmdlet)
- In einem benutzerdefinierten Format was den Aufbau der Ausgabe angeht (per *Format-Custom*-Cmdlet)

Im Folgenden werden alle vier Varianten kurz vorgestellt.

---

[5] Wenn Sie das Gefühl haben sollten, dass sich derselbe Effekt ohne PipelineVariable-Parameter erreichen ließe, in dem einfach die Reihenfolge der Cmdlets Where-Object und Select-Object vertauscht wird, haben Sie natürlich grundsätzlich Recht.

Der Umstand, dass viele Ausgaben tabellarisch, einige wenige als Liste ausgegeben werden, wird durch zwei Faktoren beeinflusst. Durch den Typ des Objekts und durch die Anzahl der auszugebenden Members. Die PowerShell ordnet vielen Typen auf der Grundlage verschiedener Typendefinitionsdateien ein bestimmtes Format zu (diese Dateien mit der Erweiterung *.Ps1xml* befinden sich im PowerShell-Installationsverzeichnis und sind u. a. dafür verantwortlich, dass bei *Get-Process* acht und bei *Get-Service* lediglich drei Eigenschaften tabellarisch ausgegeben werden). In diesem Sinne gilt bei der PowerShell der einprägsame Merksatz „Format follows type". Der zweite Faktor ist die Anzahl der Members. Sollen mehr Eigenschaften-Members ausgegeben werden als es die Breite des Konsolenfensters zulässt, schaltet die PowerShell automatisch von der Tabellen- auf die Listenformatierung um. Sie können diese wieder aufheben, in dem Sie ein *Format-Table* anhängen und dabei den Parameter *AutoSize* verwenden, der für eine bessere Anpassung der Spaltenbreiten sorgt.

▶   **Hinweis**   Wie sich eigene Formate für die Ausgabe durch Erweitern der internen Typendefinitionsdatei für die Ausgabe definieren lassen, wird in Kap. 18 gezeigt.

5.7.1   Tabellarische Ausgaben per Format-Table (Alias Ft)

Das *Format-Table*-Cmdlet ist das Standardausgabe-Cmdlet für die meisten PowerShell-Cmdlets. Da es automatisch angehängt wird, muss es nur dann angegeben werden, wenn z. B. die Spaltenbreite angepasst, ein Zeilenumbruch in einer Spalte durchgeführt oder andere Spalten oder Spalten mit anderen oder neuen Inhalten ausgegeben werden sollen. Das *Format-Table*-Cmdlet besitzt eine Reihe interessanter Parameter (Tab. 5.5), mit denen Sie sich beschäftigen sollten, da sich unter ihrer Mitwirkung die Ausgabe so verändern lässt, dass das gewünschte Ergebnis resultiert.

Der folgende Befehl gibt die letzten 10 Einträge des *Application*-Ereignisprotokolls zurück, die entweder vom Typ „Error" oder „Warning" sind. Dank *Format-Table* wird die Ausgabe auf die Eigenschaften *Source*, *EntryType*, *TimeWritten* und *Message* beschränkt. Über den *AutoSize*-Parameter wird eine optimale Spaltenbreite erreicht.

```
Get-Eventlog -LogName Application | Format-Table -Property EntryType,
Source, TimeWritten, Message -AutoSize
```

Der folgende Befehl gibt die Systemdienste gruppiert nach dem Wert ihrer Status-Eigenschaft in unterschiedlichen Tabellen aus:

```
Get-Service | Sort-Object -PropertyStatus | Format-Table -GroupBy Status
```

Tab. 5.5 Die Parameter des Format-Table-Cmdlets

Parameter	Wirkung
AutoSize	Die Spaltenbreite wird optimal angepasst
Expand	Betrifft die Darstellung von Collections (also einer Zusammenfassung mehrerer Objekte), die über eigene Eigenschaften verfügt. Mit dem Parameter wird festgelegt, ob die Eigenschaft der Collection, ihrer Objekte oder beide ausgegeben werden
GroupBy	Es wird eine Gruppierung nach dem Wert einer Spalte durchgeführt. Die Gruppierung wird aber nicht innerhalb der Tabelle durchgeführt, sondern es wird für jede Gruppierung eine eigene Tabelle ausgegeben. Voraussetzung ist, dass die Ausgabe bereits nach der zu gruppierenden Eigenschaften sortiert wurde
HideTableHeaders	Ausgabe ohne Überschriften
Property	Wählt die Eigenschaften und damit die Spalten aus. Ohne diese Angabe verwendet die PowerShell die durch die Typenformatdatei vorgegebene Auswahl
View	Wählt den Namen einer vorhandenen oder zuvor angelegten View aus, die die Formatierung definiert
Wrap	Ist ein Spalteninhalt länger als die Spaltenbreite, wird der Inhalt umgebrochen und nicht abgekürzt

5.7.2 Eigene Spalten definieren

Optimal ist die Ausgabe aus dem letzten Beispiel noch immer nicht. Zum einen erscheint in der Spalte *Message* nur der Anfang einer Meldung, zum anderen wird in der Spalte *TimeWritten* immer das Datum zusammen mit der Uhrzeit angezeigt. Diese Angabe ist überflüssig, wenn nur die Einträge eines Tages interessant sind. Auch der Umstand, dass der Inhalt der *Source*-Spalte immer vollausgeschrieben und der Inhalt der *Message*-Spalte immer mit drei Punkten endet, ist nicht ganz optimal. Es wäre daher schön, wenn sich die Formatierung einzelner Spalten anpassen ließe. Gibt es bei *Format-Table* einen Format-Parameter? Einen solchen Parameter gibt es nicht, aber natürlich ist es möglich, die Formatierung einzelner Spalten zu ändern. Es gibt zwei Alternativen:

1. Die Formatierung einzelner Spalten über eine Hashtable
2. Das Anlegen einer aus mehreren Spalten bestehenden „View" über eine Typenformatierungsdatei.

Variante 2 wird in der Hilfe im Zusammenhang mit dem *Update-FormatData*-Cmdlet beschrieben, Variante 1 im Folgenden vorgestellt, wenngleich die verwendete Hashtable-Technik erst in Kap. 9 an die Reihe kommt. Eine Hashtable ist eine Liste von Schlüssel=Wert-Paaren, die per Semikolon getrennt und in geschweifte Klammern gesetzt werden und denen ein @-Zeichen vorausgeht. In diesem Kapitel kam die Hashtable bereits beim Definieren einer zusätzlichen Eigenschaft beim *Select-Object*-Cmdlet zum Einsatz. Auch bei *Format-Table* gibt es einen festen Satz an Schlüsselnamen, die für die Spalte, deren Zusammensetzung festgelegt werden soll, eine feste Bedeutung besitzt:

- *Label* – dieser Schlüssel legt die Überschrift der Spalte fest.
- *Expression* – dieser Schlüssel legt den Inhalt der Spalte als Scriptblock fest.
- *Format* – dieser Schlüssel legt über einen Formatbezeichner, die Art der Formatierung einer Zahl oder einer Datums-/Zeitangabe fest.

Es gibt noch weitere Schlüssel, die für das folgende Beispiel aber keine Rolle spielen, und die in der Hilfe zum *Format-Table*-Cmdlet beschrieben sind.

Damit sieht die Hashtable für die Formatierung einer Spalte wie folgt aus:

```
@{Label="Zeitpunkt"; Expression={$_.TimeWritten}; Format="t"}
```

Was hat das *$_* in den geschweiften Klammern beim Wert des *Expression*-Schlüssels zu suchen? Wie immer wird damit der Inhalt der Pipeline angesprochen und damit jenes Objekt, das per *Format-Table* ausgegeben werden soll. *TimeWritten* ist der Name der Eigenschaft jenes Objekts, das einen einzelnen Eintrag im Ereignisprotokoll repräsentiert. Das kleine t ist ein Formatbezeichner, der für die Darstellung eines Datumszeitwerts im kurzen Format steht.

Der folgende Befehl verwendet *Format-Table* mit einer „Custom"-Spalte:

```
Get-Eventlog -LogName Application -Newest 10 -EntryType Error, Warning
Format-Table -Property EntryType, Source,
@{Label="Zeitpunkt";Expression={$_.TimeWritten};Format="t"}, Message

EntryType    Source                    Zeitpunkt   Message
---------    ------                    ---------   -------
Warning      Microsoft-Windows-Use...  19:47       Es wurde
festgestellt...
Error        Microsoft-Windows-CAPI2   12:28       Fehler beim
Kryptogra...
Error        Microsoft-Windows-CAPI2   12:28       Fehler beim
Kryptogra...
```

Eine weitere, kleinere Verbesserung kann darin bestehen, dass von der Message nur die ersten und die letzten 20 Zeichen (als willkürliche Festlegung) ausgegeben werden, getrennt durch drei Punkte. Damit werden sehr lange Nachrichtentexte gekürzt, ohne dass ihre Bedeutung dabei vollkommen verloren geht. Dazu muss auch für die *Message*-Spalte eine eigene Spalte mit Hilfe einer Hashtable definiert und innerhalb des Scriptblocks, der dem *Expression*-Schlüssel zugeordnet wird, ein wenig String-Verarbeitung betrieben werden:

```
Get-Eventlog -LogName Application -Newest 10 -EntryType Error, Warning
Format-Table -Property EntryType, Source,
@{Label="Zeitpunkt";Expression={$_.TimeWritten};Format="t"},
@{Label="Meldung";Expression={$_.Message.Substring(0,20) + "..." +
$_.Message.Substring($_.Message.Length -20)}}

EntryType    Source                   Zeitpunkt     Meldung
---------    ------                   ---------     -------
Warning      Microsoft-Windows-Use... 19:47         Es wurde
festgestell....
Error        Microsoft-Windows-CAPI2  12:28         Fehler beim
Kryptogr....
```

Die String-Verarbeitung besteht in diesem Fall in der Verwendung des *SubString*-Methoden-Members, das die ersten Zeichen aus einer Zeichenkette abtrennt.

Leiten Sie die Ausgabe in eine Textdatei um, bleibt die Formatierung erhalten.

5.7.3   Listenausgabe per Format-List (Alias Fl)

Die Listenformatierung ist die etwas weniger attraktive Ausgabeform im Vergleich zur Tabellenformatierung, da alle Eigenschaften untereinander ausgegeben werden. Sie ist immer dann praktisch bzw. erforderlich, wenn ein Objekt viele Eigenschaften besitzt, die alle ausgegeben werden sollen. Möchten Sie z. B. alle Eigenschaften eines Objekts mit ihren aktuellen Werten sehen, erledigt dies ein Befehl wie

```
(Get-Process)[0] | Format-List -Property *
```

Der * ist bei der PowerShell ein Platzhalterzeichen, das für alle Zeichen steht (ob ein Parameter Platzhalter akzeptiert, erfahren Sie aus der Beschreibung des Parameters in der Hilfe zu dem jeweiligen Cmdlet). Der Zusatz [0] bewirkt, dass nur das erste Prozessobjekt zurückgegeben wird. Damit dieser Array-Index angewendet werden kann, muss der Cmdlet-Aufruf in runde Klammern gesetzt werden.

Auch bei *Format-List* gibt es Parameter wie *Property*, *GroupBy* und *View*.

5.7.4   Eine stark reduzierte Ausgabe per Format-Wide

Geht es lediglich um den Wert einer einzelnen Eigenschaft, ist die Ausgabe per *Format-Wide* eine Option. In diesem Modus wird lediglich der Wert einer einzelnen Eigenschaft mehrspaltig ausgegeben. Diese Ausgabe ist optisch nicht besonders attraktiv, aber zweckmäßig, wenn es nur um diesen einen Wert geht. Welche eine Eigenschaft ausgegeben wird, wird über den *Property*-Parameter festgelegt. Wird der Parameter weggelassen, wird der Name verwendet. Über den *AutoSize*-Parameter wird die Spaltenbreite angepasst, alternativ kann über den *Column*-Parameter die Anzahl an Spalten festgelegt werden.

Der folgende Befehl gibt die Namen aller laufenden Prozesse aus:

```
Get-Process | Format-Wide -AutoSize
```

Auch bei *Format-Wide* (genau wie bei den anderen Format-Cmdlets) kann wie bei *Select-Object* für den *Property*-Parameter ein Scriptblock übergeben werden. Damit kann der Inhalt der Ausgabe individuell festgelegt werden. Um innerhalb des Scriptblocks an den aktuellen Pipeline-Inhalt heranzukommen, wird wieder die Variable *$_* verwendet.

Der folgende Befehl gibt die Namen aller Prozesse als Großbuchstaben aus.

```
Get-Process | Format-Wide -AutoSize -Property { $_.Name.ToUpper() }
```

Die Umwandlung in Großbuchstaben wird über das Methoden-Member *ToUpper()* der *String*-Klasse durchgeführt.

5.7.5 Individuelle Formatierung per Format-Custom-Cmdlet (Alias Fc)

Das vierte Format-Cmdlet im Bunde, das Cmdlet *Format-Custom*, wird selten (bzw. nie) eingesetzt. Natürlich besitzt es seine Berechtigung, ansonsten wäre es nicht vorhanden. Die Idee ist, dass sich der Anwender über eine XML-Typendefinition sein eigenes Ausgabeformat stricken kann. Grundlage ist eine Formatdefinitionsdatei (Anschauungsbeispiele liefern einige Dateien im PowerShell-Installationsverzeichnis mit der Erweiterung *.Format.ps1xml*).

5.7.6 Direkte Ausgaben in den Host

Auch wenn die Pipeline-Ausgabe bei der PowerShell der Standard ist, ist dies nicht die einzige Form der Ausgabe. Die Alternative zur Pipeline-Ausgabe ist das direkte Schreiben der Ausgabe in das Host-Fenster. Die PowerShell bietet dazu eine Reihe von Write-Cmdlets, die in unterschiedlichen Situationen eingesetzt werden. Sie unterscheiden sich durch die bei der Ausgabe verwendeten Farben und durch den Kanal, in den die Ausgabe geschrieben wird. Tabelle 5.6 stellt alle Write-Cmdlets zusammen.

Der folgende Befehl gibt eine Ausgabe per *Write-Host* mit roter Hintergrundfarbe und weißer Schrift aus:

```
Write-Host -ForegroundColor White -BackgroundColor Red  "Alles klar,
oder?"
```

Tab. 5.6 Die verschiedenen Write-Cmdlets für die direkte Ausgabe in den Host

Cmdlet	Welche Ausgabe?	Kanalnummer
Write-Debug	Schreibt eine Meldung in den Debug-Kanal, der für Testmeldungen vorgesehen ist. Diese Meldung wird nur geschrieben, wenn entweder der *Debug*-Parameter gesetzt ist (in diesem Fall muss die Ausführung des folgenden Befehls explizit bestätigt werden) oder die automatische Variable *$DebugPreference* den Wert „Continue" enthält. Debug-Meldungen beginnen mit „DEBUG: und besitzen ihre eigene Farbe	5
Write-Error	Schreibt eine Meldung in den Fehlerkanal, so dass diese als Fehlermeldung ausgegeben wird	2
Write-Host	Schreibt eine Meldung direkt in das Konsolenfenster. Dabei kann die Vorder- und Hintergrundfarbe festgelegt werden	-
Write-Verbose	Schreibt eine Meldung in den Verbose-Kanal, der für ausführliche Meldungen vorgesehen ist. Diese Meldung wird nur geschrieben, wenn entweder der Verbose-Parameter gesetzt oder die automatische Variable *$VerbosePreference* den Wert „Continue" enthält. Verbose-Meldungen beginnen mit „AUSFÜHRLICH:" und besitzen ihre eigene Farbe	3
Write-Warning	Schreibt eine Meldung in den Warning-Kanal, der für besondere Hinweise vorgesehen ist. Diese Meldung wird nur geschrieben, wenn die automatische Variable $WarningPreference den Wert „Continue" enthält was von Anfang an der Fall ist. Warning-Meldungen beginnen mit „WARNUNG: und besitzen ihre eigene Farbe	3

Da die beiden Parameter trotz Autovervollständigung per [Tab]-Taste etwas lang sind, können sie abgekürzt werden. Z. B. durch die Buchstaben f und b:

```
Write-Host -f White -b Red  "Alles klar, oder?"
```

Dies ist aber kein Spezialfall des *Write-Host*-Cmdlets. Hier kommt lediglich die allgemeine Regel zur Anwendung, dass die Namen von Parametern so stark verkürzt werden können, solange sie eindeutig in Bezug zu den anderen Parametern des Cmdlets bleiben. „Fo", „Fore" oder „Back" sind daher ebenfalls gültige Abkürzungen.

► **Tipp**   Mit Hilfe der angegebenen Kanalnummern kann die Ausgabe über ein Write-Cmdlet in eine Datei umgeleitet werden. Das ist sehr praktisch, da sich z. B. alle Warnungen, die ein PowerShell-Skript ausgibt, in derselben Datei sammeln und später auswerten lassen.

Der folgende Befehl leitet alle Warnungsmeldungen in eine Datei mit dem Namen Warnungen.txt um:

```
Write-Warning "Das ist die letzte Warnung" 3>> Warnungen.txt
```

Der >>-Operator bewirkt, dass die Ausgabe die Datei nicht überschreibt, sondern die Ausgabe an den bereits vorhandenen Inhalt angehängt wird. Bei Write-Debug funktioniert die Umleitung nur, wenn die PowerShell-Variable $DebugPreference nicht den Wert „SilentlyContinue" besitzt.

5.8   Die Objektpipeline in andere Formate konvertieren

Soll der Inhalt der Objektpipeline in andere Formate als Text konvertiert werden, kommen die ConvertTo-Cmdlets ins Spiel, die in Tab. 5.7 zusammengestellt sind. Die kleine Übersicht macht deutlich, dass mit CSV, HTML, XML und JSON alle wichtigen allgemeinen Textformate unterstützt werden.

Sollten Sie per „Get-Command –Verb ConvertTo" weitere Cmdlets entdecken, die Objekte in andere Formate konvertieren, stammen diese nicht von Microsoft, sondern aus Modulen anderer Hersteller (z. B. den PowerShell Community Extensions).

► **Tipp**   Wenn ein Cmdlet- oder Function-Name mehrfach vorkommt, muss der Modulname vorangestellt werden, um den Cmdletnamen vollständig zu qualifizieren. Die Schreibweise ist „Modulname\Cmdletname" bzw. „Modulname\ Functionname" (z. B. „WPK\ConvertTo-Xaml").

Tab. 5.7 Die ConvertTo-Cmdlets im Überblick

Cmdlet	Ausgabeformat
ConvertTo-CSV	*Comma Separated Value*. Wichtig für den Import in Microsoft Excel (mit einem Semikolon als Trennzeichen)
ConvertTo-Html	HTML (*Hyper Text Markup Language*). Der Inhalt kann danach in einem Browser angezeigt werden
ConvertTo-JSON	JSON (*JavaScript Object Notation*). Der Inhalt kann danach über einen Webservice-Aufruf übertragen werden (mit *ConvertFrom-JSON* gibt es ein Pendant für das Konvertieren von JSON-Daten in Objekte)
ConvertTo-XML	XML (*Extensible Markup Language*)

5.8.1 Export in das CSV-Format

Das *Comma Separated Value* (CSV)-Format ist vor allem für den Import nach Microsoft Excel wichtig. Mit dem Cmdlet *Export-CSV* gibt es eine Alternative zu *ConvertTo-CSV* für den Export. Dieses Cmdlet speichert den CSV-Inhalt direkt in eine Textdatei, so dass das Anhängen des Umleitungsoperators am Ende der Befehlskette nicht erforderlich ist.

5.8.2 Export in das HTML-Format

Soll die Ausgabe eines PowerShell-Befehls im Browser angezeigt werden (Abb. 5.1), muss sie mit dem *ConvertTo-HTML*-Cmdlet in das HTML-Format konvertiert werden.

Der folgende Befehl durchsucht das Laufwerk C: nach Dateien, die größer als 100 MB groß sind, und gibt den Pfad und die Größe einer Datei im HTML-Format aus. Der HTML-Inhalt wird in eine Datei umgeleitet und anschließend angezeigt:

```
$Limit = 100MB
Get-ChildItem -Path C:\ -File -Recurse -ErrorAction Ignore | Where-Object
Length -gt $Limit | ConvertTo-Html -Property FullName, Length -Title
"Große Dateien" `
 > GrosseDateienReport.html

.\GrosseDateienReport.html
```

Das *ConvertTo-HTML*-Cmdlet kann noch einiges mehr. Wie sich aus PowerShell-Abfragen kleine HTML-Reports erstellen lassen, wird in Kap. 7 gezeigt.

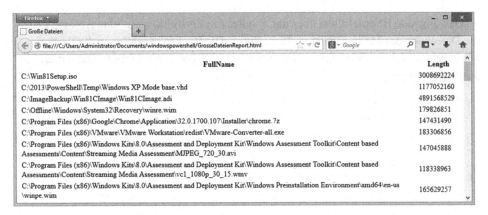

Abb. 5.1 Die HTML-Ausgabe wird im Browser angezeigt

5.8.3 Export in das XML-Format

Das XML-Format gilt zwar seit vielen Jahren als das Standardformat für den Datenaustausch im Internet, im administrativen Bereich spielt es eher eine Nischenrolle. Das Konvertieren der Objektpipeline bzw. allgemein von Objekten nach XML übernimmt das *ConvertTo-XML*-Cmdlet. Über den unscheinbaren Parameter *As* wird das Ausgabeformat festgelegt. Ohne diesen Parameter wirkt die Ausgabe etwas nüchtern, denn sie besteht lediglich aus einem Objekt vom Typ *XmlDocument*. Die XML-Ausgabe wird in Gestalt eines weiteren Objekts zurückgegeben. Möchte man XML-Text sehen, muss auf den *As*-Parameter der Wert „String" oder „Stream" folgen. Während „String" eine große Zeichenkette liefert, erhält man bei „Stream" ein String-Array zurück, über das Xml-Deklaration, das Stammelement und der Inhalt getrennt angesprochen werden können.

Der folgende Befehl gibt die Namen und den Status aller Systemdienste im XML-Format als eine große Zeichenkette aus:

```
Get-Service | Select-Object -Property Name, Status -First 1| ConvertTo-
Xml -As String
```

5.8.4 Export in das JSON-Format

Das JSON-Format (*Java Script Object Notation*) ist ein relativ junges Format. Es findet fast ausschließlich als Datenaustauschformat im Internet Anwendung. Mit seiner Hilfe werden Rückgabewerte eines Webservice-Aufrufs (bei denen es sich in der Regel ebenfalls um Objekte, also strukturierte Informationen handelt) zurückgegeben. Gegenüber XML bietet JSON den Vorteil, dass es deutlich kompakter und damit platzsparender bei der Übertragung ist.

Das folgende Beispiel führt über das Cmdlet *Invoke-WebRequest* eine Abfrage gegen die Datenbank des Mediendienstes *iTunes* durch. Die Rückgabe erfolgt im JSON-Format. Über das Cmdlet *ConvertFrom-JSON* wird das JSON-Format in Objekte konvertiert, die ausgegeben werden:

```
$Suchbegriff = "Beatles"
$Url = http://itunes.apple.com/search?term=$SuchBegriff

Invoke-WebRequest -Uri $Url | Select-Object -ExpandProperty Content
ConvertFrom-Json | Select-Object -ExpandProperty Results | Where-Object
WrapperType -eq "track" | Select-Object -Property ArtistName,
CollectionName, TrackName, ReleaseDate, TrackPrice
```

Soll die Ausgabe in einem eigenen Fenster angezeigt werden, muss lediglich das *Out-GridView*-Cmdlet angehängt werden.

5.9 Die Objektpipeline exportieren

Soll die Ausgabe eines Befehls in eine Datei umgeleitet werden, gibt es bei klassischen Command-Shells dafür lediglich die Umleitungsoperatoren > und >>. Diese Operatoren gibt es auch bei der PowerShell, doch hat diese natürlich noch etwas mehr zu bieten. Der offizielle Weg, um eine Ausgabe in eine Datei umzulenken, geht über das *Out-File*-Cmdlet. Der kleine Komfortgewinn gegenüber dem >-Operator besteht darin, dass über den *Encoding*-Parameter ein Zeichensatz ausgewählt werden kann.

Der folgende Befehl leitet die Namen aller aktuell nicht ausführenden Dienste per Umleitungsoperator in eine Textdatei mit dem Namen „Dienststatus.txt":

```
Get-Service | Where-Object Status -ne "Running" | Select-Object -Property
Name > Dienststatus.txt
```

Der folgende Befehl führt die gleiche Aktion mit dem *Out-File*-Cmdlet aus:

```
Get-Service | Where-Object Status -ne "Running" | Select-Object -Property
Name | Out-File -FilePath Dienststatus.txt
```

Erwähnenswert sind die Parameter *Append* (Anhängen an den Dateiinhalt) und *Width* (Festlegen der Anzahl an Zeichen pro Zeile).

5.10   Die Schattenseite der Pipeline

Die Pipeline besitzt einen Nachteil, sie ist relativ langsam und verbraucht relativ viel Arbeitsspeicher. Bei „normalen" Abfragen wird dies im Allgemeinen nicht auffallen. Sobald eine größere Anzahl an Objekten im Spiel ist, wird die Abarbeitung der Pipeline sehr langsam. Das wirksamste Gegenmittel besteht darin, die Pipeline zu vermeiden und Befehlsfolgen ohne die Pipeline aufzubauen, indem das Ergebnis eines Cmdlets in einer Variablen abgelegt wird und diese dem nächsten Cmdlet per *InputObject*-Parameter übergeben wird (das muss aber nicht immer funktionieren). Besonders deutlich wird der Nachteil beim Einlesen großer Dateien per Get-Content-Cmdlet[6]. Hier wäre das Einlesen des Dateiinhalts über einen Stream die deutlich schnellere Alternative. Da dieses Thema sehr speziell ist und zudem nur selten in Erscheinung tritt, bleibt es an dieser Stelle bei dem allgemeinen Hinweis.

5.11   Objekte in 10 min

War Ihnen die Definitionen zu Typen und Objekten in diesem Kapitel etwas zu abstrakt oder gar unverständlich? Dann unternimmt der Autor in diesem Abschnitt einen Versuch, das etwas schwer zu greifende Thema Objekte und Typen so anschaulich wie möglich zu erklären. An einem Beispiel aus dem IT-Alltag.

Dazu hat sich der Autor ein kleines Szenario überlegt, in dem Sie, lieber Leser, eine zentrale Rolle spielen. Ihre Aufgabe ist es, eine Kosten-/Nutzenanalyse für ein Rechenzentrum aufzustellen. Es geht darum, den Betrieb von Servern zu simulieren und dabei die Kosten für den Vertrieb den Einnahmen durch den Verkauf der Nutzung der Server an die Kunden des Rechenzentrums gegenüberzustellen.

Die Ausgangssituation ist damit ein Rechenzentrum, das eine bestimmte Anzahl (virtueller) Server vermietet. Ein Server besitzt einen Namen, ein Betriebssystem, einen CPU-Typ (sowie weitere Hardwaredetails, die für das Beispiel aber keine Rolle spielen sollen), eine Kundennummer, um den Server einem Abrechnungskonto zuordnen zu können, und einen Zeitpunkt, an dem der Server hochgefahren wurde, und an dem die Abrechnung damit beginnt. Neben Merkmalen besitzt der Server auch eine Reihe von Aktionen, die mit jedem Server durchgeführt werden können: Start, Stop, Pause und Reset. Alle diese Attribute (Eigenschaften wie Aktionen) sollen über Members ansprechbar sein. Für diesen Server wird daher ein Typ benötigt, mit dem sich Objekte bilden lassen, die diese Members besitzen.

Es gibt bei der PowerShell zwei Möglichkeiten, um an diesen Typ zu kommen: Sie verwenden einen speziellen Typ, der zuvor in einer Assembly oder durch C#-Programmcode als Teil des PowerShell-Skripts definiert wird, und der über das Cmdlet *Add-Type* zur ak-

---

[6] Eine Zeitmessung per Measure-Command ergibt für das Einlesen einer 1 GByte großen Datei per Get-Content eine Dauer von knapp 3 min, per Stream dauert es weniger als 1 s.

tuellen PowerShell-Sitzung hinzugefügt wird (dieses Cmdlet wird in Kap. 25 vorgestellt). Oder Sie verwenden den allgemeinen Typ *PSObject*. Dadurch entsteht ein allgemeines Objekt, zu dem die benötigten Members nachträglich angehängt werden. Für das Beispiel wird Variante 1 verwendet. Die folgenden Beispiele gehen von dem Typ *Ps4Buch.Server* aus, der folgende Members besitzt:

- Eine *Start*-Methode
- Eine *Stop*-Methode
- Eine *KundenNr*-Eigenschaft
- Eine *Laufzeit*-Eigenschaft
- Eine *Name*-Eigenschaft
- Eine *Startzeit*-Eigenschaft
- Eine *Status*-Eigenschaft

Damit Sie das Beispiel nachvollziehen können, müssen Sie die Beispielprogramme für dieses Buch hinzugefügt haben (wie das im Detail geht, wird in der Einleitung beschrieben).

Starten Sie die PowerShell (ob Konsole oder ISE spielt keine Rolle) und geben Sie den folgenden Befehl ein:

```
Import-Module -Name PS4Buch
```

Dieser Befehl lädt das Modul mit den Beispielprogrammen für dieses Buch. Damit steht auch ein neuer Typ mit der Bezeichnung „PS4Buch.Server" („PS4Buch" ist der Namespacename) zur Verfügung und die kleine Rechenzentrum-Simulation kann beginnen.

Der erste Befehl legt ein neues Objekt an, das für einen einzelnen Server steht:

```
$S1 = New-Object -TypeName PS4Buch.Server -Property @{Name="Server1";
KundenNr=1001}
```

Über den Parameter *Property* erhalten die Eigenschaften *Name* und *KundenNr* des neuen Objekts ihre Anfangswerte. Der Server heißt „Server1", die Kundennummer ist 1001.

Der nächste Befehl gibt das Objekt mit den Werten seiner Eigenschaften aus:

```
PS C:\PsKurs> $S1
Name      : Server1
Startzeit : 05.02.2014 10:50:20
Laufzeit  : 00:00:00
Status    : Stopped
KundenNr  : 1001
```

Wie die Ausgabe zeigt, ist der Status des Servers aktuell „Stopped". Mit dem nächsten Befehl wird der Server gestartet. Dazu kommt das Methoden-Member *Start()* zum Einsatz. Der folgende Befehl startet den Server:

```
$S1.Start()
```

Damit erhöht sich intern kontinuierlich der Wert der Eigenschaft *Laufzeit*, so dass bei der Ausgabe der Eigenschaften nach einer kurzen Warteperiode ein anderer Wert ausgegeben wird:

```
PS C:\PsKurs> $S1
Name       : Server1
Startzeit  : 05.02.2014 10:55:43
Laufzeit   : 00:00:05
Status     : Running
KundenNr   : 1001
```

Die folgenden beiden Befehle definieren drei weitere Objekte vom Typ *PS4Buch.Server*:

```
$S2 = New-Object -TypeName PS4Buch.Server -Property @{Name="Server2";
KundenNr=1002}
$S3 = New-Object -TypeName PS4Buch.Server -Property @{Name="Server3";
KundenNr=1003}
$S4 = New-Object -TypeName PS4Buch.Server -Property @{Name="Server4";
KundenNr=1001}
```

Damit liegen insgesamt vier Objekte vor, die auf demselben Typ basieren (und damit dieselben Members besitzen) und sich lediglich im Wert ihrer Eigenschaften *Name* und *KundenNr* unterscheiden. Damit eine Abfrage mit allen Objekten möglich ist, müssen diese in einer weiteren Variablen zusammengefasst werden. Für diesen Zweck bietet die PowerShell das Array, das in Kap. 9 vorgestellt wird. Der folgende Befehl fasst alle Objekte zu einem Array zusammen, das über die Variable *$Rechenzentrum* angesprochen wird:

```
$Rechenzentrum = $S1, $S2, $S3, $S4
```

Mit den Objekten des Arrays können alle Pipeline-Operationen durchgeführt werden, die in diesem Kapitel bereits vorgestellt wurden. Die folgenden Befehle bieten dafür lediglich eine Kostprobe. Der folgende Befehl sortiert die Server nach dem Wert ihrer *Laufzeit*-Eigenschaft:

```
$Rechenzentrum | Sort-Object -Property Laufzeit
```

Der nächste Befehl gruppiert die Server-Objekte nach dem Wert der *KundenNr*-Eigen-
schaft und erlaubt damit einen Überblick über die Server, die jeder Kunde aktuell gemietet
hat:

```
$Rechenzentrum | Group-Object -Property KundenNr
```

Welche Server laufen aktuell? Bei vier Servern benötigt man dazu keine Abfrage, umfasst
das Rechenzentrum einige Tausend Server, lässt sich die Frage nicht ohne eine solche Abfrage beantworten. Der folgende Befehl gibt die Eckdaten zu allen Servern aus, die aktuell
ausführen:

```
$Rechenzentrum | Where-Object Status -eq "Running"
```

Damit auch die Methodennummern zum Einsatz kommen, beendet der folgende Befehl
alle Server eines bestimmten Kunden mit Hilfe des Cmdlets *ForEach-Object*:

```
$Rechenzentrum | Where-Object KundenNr = 1001 | Foreach-Object {
$_.Stop() }
```

Das *ForEach-Object*-Cmdlet ist erforderlich, damit die Methode *Stop()* für jedes Objekt,
das durch das *Where-Object*-Cmdlet in die Objektpipeline gelegt wird, einzeln aufgerufen
werden kann.

Der letzte Befehl stellt einen kleinen Report über die aktuelle „Verbrauchsstatistik"
zusammen:

```
$Rechenzentrum | Group-Object -Property KundenNr | `
 Select-Object @{Name="Kunde";Expression={$_.Name}},
               @{Name="Gesamtnutzung Min";Expression={ "{0:n2}" -f
($_.Group.Laufzeit.TotalMinutes | Measure-Object -Sum).Sum}}
               Format-Table -AutoSize

Kunde Gesamtnutzung Min
----- -----------------
1001  1,42
1002  0,92
1003  0,50
```

Der Befehl verwendet erneut jene Technik, mit der sich über eine Hashtable (Kap. 9) beim
Select-Object-Cmdlet benutzerdefinierte Eigenschaften anlegen lassen. Da jede einzelne
Laufzeit-Eigenschaft der beteiligten Objekte die seit dem Start verstrichene Zeit als *Time-
Span*-Objekt enthält, summiert das *Measure-Object*-Cmdlet den Wert der *TotalMinutes*-
Eigenschaft (Zeitspanne in Minuten) auf und trägt diese Summe als Wert der Eigenschaft
Gesamtnutzung Min ein.

Damit ist die kleine Übung für den Umgang mit Objekten beendet. Probieren Sie unbedingt weitere Cmdlets und Abfragen aus. Sie bekommen damit den bei der PowerShell sehr wichtigen Umgang mit Objekten schnell in den Griff.

5.12   Zusammenfassung

Bei der PowerShell steht die Objektpipeline im Mittelpunkt, die, anders als bei allen anderen Command-Shells, keinen Text, sondern Objekte weitergibt. Objekte sind immer dann von Vorteil, wenn die Rückgabe eines Cmdlets weiterverarbeitet werden soll. Ein Objekt ist eine Datenstruktur, die alle Daten und Aktionen eines Gegenstandes, wie z. B. einen Prozess, zusammenfasst und diese über Members zur Verfügung stellt. Die Namen der Members liefert das *Get-Member*-Cmdlet.

Provider, Laufwerke und die Registry

6

Konsistenz ist eines der wesentlichen Merkmale der PowerShell und gleichzeitig einer der kleinen Komfortverbesserungen, die die PowerShell gegenüber der Command-Shell *Cmd* und den Windows-Konsolenprogrammen bietet. Dazu gehört eine einheitliche Schreibweise von Cmdlets und ihren Parametern, dazu gehören die Objekte und dazu gehört das Provider-Konzept, das in diesem Kapitel vorgestellt wird. Dank der Provider werden unterschiedliche „Ablagen" (Dateisystem, Registry, Zertifikate, Datenbanken, Active Directory, SharePoint-Listen usw.) mit einem einheitlichen Satz an Cmdlets angesprochen.

6.1 Provider

Ein Provider stellt allgemein etwas zur Verfügung. Bei der PowerShell stellt ein Provider (in der deutschsprachigen PowerShell-Hilfe wird der Begriff „Anbieter" verwendet) Laufwerke zur Verfügung. Ein Laufwerk ist wiederum ein Name, über den eine (logische) Ablage mit einem einheitlichen Satz an Cmdlets angesprochen wird. Ein Beispiel ist der *FileSystem*-Provider, der alle physikalischen Laufwerke des Computers zur Verfügung stellt. Der Laufwerksname ist dabei der klassische Laufwerksbuchstabe, gefolgt von einem Doppelpunkt, so dass die PowerShell dieselbe Art von Laufwerkszugriff bietet wie *Cmd* und andere Command-Shells. Die PowerShell verfügt von Anfang an über einen Satz an Providern, die über das Cmdlet *Get-PSProvider* aufgelistet werden:

```
Get-PSProvider
```

Die Provider sind, wie die Cmdlets, in den PowerShell-Modulen (die meisten in *Microsoft.PowerShell.Core*) enthalten. Wird ein Provider nicht angezeigt, wurde entweder das

© Springer Fachmedien Wiesbaden 2014
P. Monadjemi, *PowerShell für die Windows-Administration*, X.systems.press,
DOI 10.1007/978-3-658-02964-7_6

Modul, in dem er enthalten ist, noch nicht geladen oder die Anwendung, die ihn enthält, wurde noch nicht installiert. Es gibt keine Möglichkeit einen Provider direkt zu laden.

Sie können das sprichwörtliche Pferd auch von der anderen Seite aufzäumen und sich über das Cmdlet *Get-PSDrive* die Laufwerke ausgeben lassen, die von den einzelnen Providern zur Verfügung gestellt werden:

```
Get-PSDrive
```

Genau wie Cmdlets und Functions ist auch die Liste der PowerShell-Provider erweiterbar. Provider werden durch das Laden eines Moduls hinzugefügt. Ein Beispiel ist das *Active-Directory*-Modul. Wird dieses Modul explizit geladen oder das erste Cmdlet aus dem Modul ausgeführt, wird auch ein Provider geladen, der ein Laufwerk mit dem Namen „AD:" hinzufügt, über das sich das Active Directory, an das Sie sich anmelden oder angemeldet haben, wie ein Laufwerk ansprechbar macht. Zwingend erforderlich ist ein solches Laufwerk nicht, es stellt aber einen gewissen Komfortgewinn dar, wenn sich ein Verzeichnisdienst mit demselben Satz an Cmdlets ansprechen lässt, die auch für den Zugriff auf das Dateisystem verwendet werden. Der Befehl

```
Get-ChildItem -Path "ad:CN=Users,DC=pskurs,DC=local" | Where-Object
ObjectClass -eq "User"
```

gibt alle Benutzerkonten im *Users*-Container zurück und mit ihren Eckdaten aus.

▶   **Hinweis** Sicherheitsbewusste IT-Administratoren, und wer fühlt sich dabei nicht angesprochen, werden eventuell leichte Bauchschmerzen bei den Vorstellungen bekommen, dass AD-Abfragen und andere Aktivitäten rund um das Active Directory so einfach für jedermann möglich werden. Doch die Sorge ist (natürlich) unbegründet. Auch bei der PowerShell greifen dieselben Sicherheitsmechanismen wie bei allen Windows-Anwendungen. Es stehen bei der PowerShell nur jene Möglichkeiten zur Verfügung, die sich aus den Berechtigungen und Privilegien des Benutzerkontos ergeben, mit dem die PowerShell gestartet wurde. Mehr zum Thema Active Directory in Kap. 14.

Ein weiteres Beispiel für einen nachträglich hinzugefügten Provider ist der *SqlServer*-Provider, der auf allen Systemen mit einem Microsoft SQL Server (ab Version 2008) zur Verfügung steht (sofern die Microsoft Windows PowerShell Extensions for SQL Server 2012 installiert wurden). Er ermöglicht die Server und deren Datenbanken einer SQL Server-Instanz wie Laufwerke anzusprechen. Der folgende *Get-ChildItem*-Befehl listet alle Datenbanken in dem angegebenen Server („Server1") auf:

```
Get-ChildItem -Path SQLSERVER:\SQL\Server1\SQLEXPRESS\Databases
```

Um den Befehl ausführen zu können, muss das Modul, das diesen Provider umfasst, mit dem Befehl

```
Import-Module -Name SQLPS
```

zuvor geladen werden (mehr zu dem Umgang mit Modulen in Kap. 15).

▶ **Tipp** Nach dem Wechsel auf ein Provider-Laufwerk stellt sich unweigerlich die Frage, wie gelange ich wieder auf das „normale" Laufwerk, also auf das vorein-gestellte Laufwerk *C:*, zurück? Ganz einfach über den *Cd*-Alias (dahinter steckt das *Set-Location*-Cmdlet), z. B. über ein „cd c:".

Die Ähnlichkeit der letzten beiden *Get-ChildItem*-Befehle aus zwei sehr unterschiedlichen Anwendungsdomänen deutet die Vorteile der Provider-Laufwerke bereits an. Das Thema Datenbankzugriff ist in Kap. 21 an der Reihe.

Tabelle 6.1 stellt die Provider zusammen, die von Anfang an zur Verfügung stehen. Es ist bemerkenswert, dass die PowerShell auch einen Teil ihres „Innenlebens" (z. B. Alias, Functions und Variablen) über Laufwerke zur Verfügung stellt.

▶ **Tipp** Das gute, alte *Tree*-Kommando funktioniert auch in der PowerShell und gibt eine Verzeichnisstruktur „grafisch" aus. Probieren Sie „Tree $PSHome" aus, um die Struktur des PowerShell-Installationsverzeichnisses sichtbar zu machen.

6.1.1 Provider hinzufügen

Ein Provider wird nicht explizit, sondern stets implizit über ein Modul hinzugefügt (Kap. 15). Microsoft stellt Provider für das Active Directory, für den IIS-Webserver und den SQL Server-Datenbankserver zur Verfügung. Im Internet steht eine Reihe von Pro-

Tab. 6.1 Überblick über die PowerShell-Provider

Provider	Bedeutung
Alias	Fasst alle PowerShell Alias zusammen
Cert	Ermöglicht den Zugriff auf die lokal installierten Zertifikate (wurde mit der Version 3.0 deutlich erweitert)
Environment	Ermöglicht einen Zugriff auf die Windows-Umgebungsvariablen
FileSystem	Stellt alle physikalischen Laufwerke zur Verfügung
Function	Fasst die PowerShell-Functions zusammen
Registry	Ermöglicht einen Zugriff auf die Registry
Variable	Fasst die PowerShell-Variablen zusammen
WsMan	Bietet einen Zugriff auf die Ws-Mananagement-Konfiguration, die u. a. für PowerShell-Remoting eine Rolle spielt

vidern zur Verfügung, die „exotische" Datenquellen wie SharePoint-Listen ansprechen (http://pssharepoint.codeplex.com, die letzte Überarbeitung ist aber bereits einige Jahre alt). Weitere Provider (u. a. für RSS-Feeds) erhalten Sie über die *PowerShell Community Extensions* (PSCX, Download unter http://pscx.codeplex.com). Ein offizielles Verzeichnis aller zur Verfügung stehenden Provider gibt es nicht. Wenn Sie einen Provider für eine spezielle Datenquelle benötigen sollten, kommt auch eine Eigenentwicklung in Frage. Der Entwicklungsaufwand für einen eigenen Provider ist überschaubar. Microsoft stellt im Rahmen des *PowerShell 3.0 Sample Packs* eine Reihe von Visual Studio-Beispielprojekten zur Verfügung (Kap. 25). Zwingend erforderlich ist ein solcher Provider nicht, denn ob eine spezielle Datenquelle über die Item-Cmdlets oder über speziellere Cmdlets angesprochen wird, bedeutet in der Praxis keinen so großen Unterschied, als dass sich eine Eigenentwicklung eines Providers lohnen würde.

6.1.2   Provider und ihre Fähigkeiten

Provider besitzen unterschiedliche Fähigkeiten, die über die *Capabilities*-Eigenschaft eines Providers angegeben werden. Die Spannbreite der Fähigkeiten ist allerdings eher gering. Insgesamt stehen die Fähigkeiten *Credentials*, *Exclude*, *ExpandWildcards*, *Filter*, *Include*, *ShouldProcess* und *Transactions* zur Verfügung, die kombiniert werden können. Alle Provider unterstützen die Fähigkeit *ShouldProcess*. Das bedeutet konkret, dass die Item-Cmdlets, die auf die Elemente („Items") eines Laufwerks zugreifen, das von diesem Provider zur Verfügung gestellt wird, die Parameter *Confirm* und *WhatIf* enthalten, durch die eine Aktion wie das Löschen eines Elements nur nach Bestätigen eines Prompts ausgeführt oder nur angezeigt wird. Die Fähigkeiten *Filter* (Verwenden des *Filter*-Parameters und damit Anwenden eines Filters auf Providerebene) und *Credentials* werden nur vom *FileSystem*-Provider unterstützt, die Fähigkeit *Transactions* bei der Version 4.0 nur vom *Registry*-Provider.

6.2   PowerShell-Laufwerke

Ein PowerShell-Laufwerk hat mit einem Festplattenlaufwerk zunächst nichts zu tun. Ein Laufwerk ist bei der PowerShell ein allgemeines Konzept, durch das sich beliebige Ablagen, flach wie hierarchisch, einheitlich ansprechen lassen. Alle aktuell zur Auswahl stehenden Laufwerke werden über das *Get-PSDrive*-Cmdlet aufgelistet. Hinter einem Laufwerk steht ein Objekt vom Typ *PSDriveInfo*, das für Laufwerke vom Typ *FileSystem* die Eigenschaften *Free* und *Used* zur Verfügung stellt, mit deren Hilfe sich der freie und belegte Platz auf dem Laufwerk abfragen lässt.

Der folgende Befehl beschränkt die Ausgabe der Drives auf jene vom Typ *FileSystem* und gibt neben dem Namen auch den freien und belegten Speicherplatz aus:

```
Get-PSDrive | Where-Object { $_.Provider.Name -eq "FileSystem" }
```

Die Abfrage ist etwas umständlich, da der Name des Providers explizit über die *Name*-Eigenschaft des *ProviderInfo*-Objekts angesprochen werden muss. Dieses Objekt repräsentiert einen einzelnen Provider und wird vom *Get-PSDrive*-Cmdlet in die Pipeline gelegt. Daher muss bei *Where-Object* die Schreibweise mit den geschweiften Klammern verwendet werden.

▶ **Hinweis** Der Grund, warum die Eingabe des Laufwerksbuchstabens dazu führt, dass auf das Laufwerk umgeschaltet wird ist, dass hinter jedem Laufwerksbuchstaben eine Function steckt, in der das *Set-Location*-Cmdlet mit dem Laufwerksbuchstaben als Parameterwert ausgeführt wird. Durch ein „Get-Item function:C: | Select Definition" wird z. B. der Inhalt der Function *C:* ausgegeben.

6.3   Die Rolle des Pfades

Das Konzept der Provider und Laufwerke führt dazu, dass eine relativ profane Angelegenheit wie ein Pfad eine besondere Bedeutung erhält. Über den *Path*-Parameter der Item-Cmdlets wird festgelegt, welches Laufwerk und damit welche „Datenablage" angesprochen wird.

▶ **Tipp** Hinter einer Pfadbezeichnung steckt etwas mehr als eine Zeichenkette. Es kommt auf den Aufbau an. Eine gute Beschreibung liefert die Hilfe unter „get-help about_path_syntax". Das Thema „Aktuelles Verzeichnis" wird unter dem Thema „about_locations" beschrieben.

Bei Pfaden wird zwischen absoluten und relativen Pfaden unterschieden. Ein absoluter Pfad beginnt an der Spitze der Laufwerkshierarchie, eventuell mit dem Laufwerksnamen, ein relativer Pfad beginnt irgendwo innerhalb der Hierarchie und setzt auf das aktuelle Verzeichnis des Laufwerks auf.
     Der folgende Befehl greift mit einem absoluten Pfad auf eine Datei zu:

```
Get-Item -Path C:\Windows\System.ini
```

Der folgende Befehl wechselt über das *Get-Location*-Cmdlet (Alias *Cd*) zuerst in das Windows-Verzeichnis und greift anschließend auf dieselbe Datei über einen relativen Pfad zu:

```
PS PsKurs>cd C:\Windows
PS C:\Windows> Get-Item -Path System.ini
```

In vielen Beispielen in diesem Buch werden für Pfade Umgebungsvariablen verwendet, z. B. „Profile". Der folgende Befehl greift direkt auf die Profilskriptdatei (sofern vorhanden) zu:

```
Notepad $env:userprofile\documents\windowspowershell\profile.s1
```

$env: ist das Pendant zu den %-Zeichen, über die unter *Cmd* Umgebungsvariablen angesprochen werden. Enthält ein Verzeichnispfad Leerzeichen, muss er in Anführungszeichen gesetzt werden.

Die PowerShell fügt zu den absoluten und relativen Pfaden eine dritte Variante hinzu, in dem einer Pfadangabe der Providername vorausgehen kann, gefolgt von einem doppelten Doppelpunkt. Der folgende Befehl listet über das *Get-ChildItem*-Cmdlet die Namen der Hauptschlüssel im Registry-Schlüssel *HKey_Local_Machine* auf:

```
Get-ChildItem -Path Registry::HKey_Local_Machine\Software
```

Vorteile bringt diese Schreibweise nicht – es gibt allerdings einige (wenige) Situationen, in denen eine absolute Pfadangabe erforderlich ist (z. B. beim direkten Zugriff auf die Registry mit Hilfe der.NET-Klassen im Namespace *Microsoft.Win32*).

6.3.1 Der LiteralPath-Parameter

Alle Cmdlets, die einen *Path*-Parameter besitzen, besitzen auch einen *LiteralPath*-Parameter. Bei diesem Parameter werden alle Zeichen im Pfad „wörtlich" (als sog. Literale) genommen und z. B. nicht als Platzhalter oder andere Zeichen interpretiert. Trägt ein Pfadname eckige Klammern im Namen, kann dieser nicht auf den *Path*-Parameter folgen, da die eckigen Klammern als Platzhalter interpretiert werden (alternativ müssten die Sonderzeichen per `-Apostroph „escaped" werden):

```
Get-item -LiteralPath C:\Test[123]
```

6.3.2 Platzhalter für Pfade

Wer Windows bereits vor der PowerShell aus der Perspektive der Befehlszeile kennt oder gar den Vorgänger MS-DOS kennenlernen durfte, kennt die Platzhalterzeichen * und?. Bei der PowerShell besitzen beide Platzhalter dieselbe Bedeutung. Mit den eckigen Klammern kommt ein dritter Platzhalter hinzu. Es ist wichtig zu verstehen, dass alle drei Platzhalter nicht nur beim *Path*-Parameter, sondern bei allen Parametern verwendet werden können, die generell Platzhalter akzeptieren (ob dies der Fall ist, erfahren Sie aus der Hilfe). Tabelle 6.2 stellt die drei Platzhalter gegenüber.

Tab. 6.2 Die PowerShell-Platzhalter im Überblick

Platzhalter	Steht für…
?	Genau ein Zeichen
*	Beliebig viele Zeichen
[]	Eine Gruppe von Zeichen, von denen an der angegebenen Position eines enthalten sein muss. Über das –Zeichen kann ein Zeichenbereich angegeben werden (z. B. *Get-ChildItem –Path C:\Windows\[A-N]**, um alle Dateien im Windows-Verzeichnis zu erhalten, deren Name mit einem Buchstaben von A bis N beginnt)

Wie sieht es mit regulären Ausdrücken aus? Gut. Nächste Frage? Kann man für einen Parameterwert reguläre Ausdrücke als Platzhalter verwenden? Das geht leider nicht, aber dank dem universellen *Match*-Operator ist es kein Problem, reguläre Ausdrücke in eine Abfrage einzubeziehen.

Der folgende Befehl gibt mit Hilfe des *Match*-Operators die Daten aller Dateien aus, in deren Name eine Ziffernfolge bestehend aus 2 oder 3 Ziffern vorkommt, der ein Unterstrich vorausgeht.

```
Get-ChildItem -Path C:\Windows | Where-Object Name -match "_\d{2,3}"
```

Damit lassen sich reguläre Ausdrücke in alle Sorten von Abfragen einbauen.

6.4   Die Item-Cmdlets

Bislang wurden die Vorteile des Provider-Konzepts nur allgemein deutlich. Der Hauptvorteil ist die in der Einleitung erwähnte Vereinheitlichung. Diese wird dadurch hergestellt, dass alle Laufwerke mit demselben Satz an Cmdlets angesprochen werden. Tabelle 6.3 stellt diese Item-Cmdlets zusammen. Es ist wichtig zu verstehen, dass sich diese nicht ausschließlich auf Dateien und Verzeichnisse beziehen, sondern grundsätzlich für alle Laufwerkselemente verwendet werden.

Der folgende Befehl legt auf dem *Env*-Laufwerk per *New-Item*-Cmdlet eine neue Umgebungsvariable mit dem Namen „PSMode" an.

```
New-Item -Path Env:PsMode -Value 1
```

Die Umgebungsvariable ist aber nur auf die aktuelle PowerShell-Sitzung beschränkt (mehr zu Umgebungsvariablen in Kap. 6.11.18).

An dem letzten Beispiel wird eine wichtige Eigenschaft von Cmdlets deutlich, die man beim Lernen der PowerShell im Allgemeinen nicht wahrnehmen dürfte. Schreiben Sie den Befehl geringfügig anders, funktioniert er nicht mehr:

```
New-Item -NameEnv:PsMode -Value 1
```

Tab. 6.3 Die Cmdlets für den Umgang mit Laufwerk-Items

Cmdlet	Bedeutung
Clear-Item	Löscht den Inhalt eines Elements (wird nicht von allen Providern unterstützt)
Copy-Item	Kopiert ein Element von einem Quellverzeichnis an sein Zielverzeichnis
Get-ChildItem	Holt den Inhalt eines Verzeichnisses. Über den *Recurse*-Parameter werden auch die Unterverzeichnisse durchsucht
Get-Item	Holt ein Element, wie eine Datei oder ein Verzeichnis. Da der *Path*-Parameter Platzhalter erlaubt, kann damit auch ein Verzeichnis aufgelistet werden
Invoke-Item	Ruft ein „Item" auf, sofern diese Aktion vom Provider unterstützt wird. Bei einer Datei hat diese Aktion zur Folge, dass die Anwendung gestartet wird, die mit der Dateierweiterung verknüpft ist. Bei einem Dateipfad wird das Verzeichnis im Explorer geöffnet (z. B. Invoke-Item –Path)
Move-Item	Verschiebt ein Element von einem Quellverzeichnis in ein anderes Verzeichnis
New-Item	Legt ein neues Element (z. B. eine Datei oder ein Verzeichnis) an
Remove-Item	Entfernt (löscht) ein Element
Rename-Item	Benennt ein Element um
Set-Item	Ändert eine oder mehrere Eigenschaften eines Elements

Auch wenn es naheliegend ist, anstelle des *Path*-Parameters den *Name*-Parameter zu verwenden, auf diese Weise kann der Befehl nicht ausgeführt werden, denn die PowerShell erkennt an der Laufwerksangabe, welcher Provider für das Anlegen des neuen Elements zuständig ist und verzichtet in diesem Fall auf den *Type*-Parameter, der bei Verwendung des *Name*-Parameters obligatorisch ist. Diese dynamische Parameterzuordnung ist eine der kleinen „Geheimnisse" der PowerShell, durch die der Umgang mit den Cmdlets noch etwas flexibler wird.

6.5   Die ItemProperty-Cmdlets

Da ein Item allgemein „Gegenstände" wie ein Verzeichnis, eine Datei oder einen Registry-Schlüssel (mehr dazu in Kap. 6.12) repräsentiert, muss es möglich sein, die Eigenschaften dieser Elemente abzufragen und zu setzen. Für diesen Zweck gibt es offiziell eine Reihe von ItemProperty-Cmdlets, wie *Get-ItemProperty*.

Die meisten der in Tab. 6.4 zusammengestellten Cmdlets ergeben nur bei bestimmten Laufwerken (in der erster Linie Registry-Schlüsseln) einen Sinn bzw. lassen sich mit dem *FileSystem*-Provider und seinen Laufwerken nicht anwenden.

Der folgende Befehl setzt den Zeitpunkt des letzten Schreibzugriffs für eine Datei per *Set-ItemProperty*-Cmdlet:

Tab. 6.4 Die ItemProperty-Cmdlets im Überblick

Cmdlet	Bedeutung
Clear-ItemProperty	Löscht den Wert einer Eigenschaft
Copy-ItemProperty	Kopiert den Wert einer Eigenschaft
Get-ItemProperty	Holt den Wert einer Eigenschaft
Move-ItemProperty	Verschiebt den Wert einer Eigenschaft (z. B. in einen anderen Registry-Schlüssel)
New-ItemProperty	Legt eine neue Eigenschaft an (z. B. einen Registry-Eintrag)
Remove-ItemProperty	Entfernt eine Eigenschaft (z. B. einen Registry-Eintrag)
Rename-ItemProperty	Gibt einer Eigenschaft einen neuen Namen (z. B. einem Registry-Eintrag)
Set-ItemProperty	Gibt einer Eigenschaft einen Wert

```
Set-ItemProperty -Path Datei1.txt -Name LastWriteTime -Value 1.1.2014
```

Der folgende Befehl geht (natürlich) nicht, da er im Zusammenhang mit dem Dateisystem keinen Sinn ergibt:

```
Clear-ItemProperty -Path Datei1.txt -Name LastWriteTime
```

Möglich ist dagegen ein

```
Clear-ItemProperty -Path Datei1.txt -Name Attributes
```

um gesetzte Dateiattribute, wie *ReadOnly* oder *Hidden*, zurückzusetzen.
   Diese Attribute werden wie folgt gesetzt:

```
Set-ItemProperty -Path Datei1.txt -Name Attributes -Value
"ReadOnly,System,Hidden"
```

Damit eine versteckte Datei per *Get-Item* oder *Get-ChildItem* geholt werden kann, muss der *Force*-Parameter zum Einsatz kommen, ansonsten resultiert eine Fehlermeldung:

```
Get-Item -Path Datei1.txt -Force
```

6.6   Verzeichnisse (Container) durchlaufen per Get-ChildItem-Cmdlet

Das zentrale Cmdlet für den Zugriff auf Ablagen, wie ein Verzeichnis, ist das *Get-Chil-dItem*-Cmdlet. Es holt alle „Kindelemente" eines Containers. Es ist das Pendant zum *dir*-Kommando bei *Cmd*, wenngleich *Get-ChildItem* nicht auf das Dateisystem beschränkt ist, sondern generell mit jeder Sorte von Ablage funktioniert.

Der folgende Befehl listet Dateien im Windows-Verzeichnis mit der Erweiterung.*Ps1*
auf. Der *Recurse*-Parameter sorgt dafür, dass auch alle Unterverzeichnisse und deren
Unterverzeichnisse usw. durchsucht werden:

```
Get-ChildItem -Path C:\Windows\*.ps1 -Recurse -File
```

Der *File*-Parameter schränkt die Suche auf Dateien ein. Es ist bemerkenswert, dass auf
den *Path*-Parameter kein gültiger Pfad, sondern eine Suchangabe folgt. In diesem Punkt
ist *Get-ChildItem* relativ flexibel. Dafür bietet das Cmdlet keine Parameter, um spezielle
Kriterien wie eine bestimmte Dateigröße oder ein Datum festzulegen. Für das Abfragen
von Dateiattributen gibt es die Parameter *Hidden*, *System*, *ReadOnly* und generell *Attri-*
butes.

Der *Filter*-Parameter, der den Anschein erweckt, als ließe sich durch ihn ein beliebiges
Kriterium festlegen, bezieht sich nur auf den Dateipfad. Im Unterschied zum *Path*-Para-
meter wird das Filtern durch den Provider durchgeführt, was schneller gehen sollte – der
FileSystem-Provider ist aktuell der einzige Provider, der Filter unterstützt. Auch der folgende Befehl gibt alle Ps1-Dateien als (*FileInfo*-) Objekte zurück:

```
Get-ChildItem -Path C:\Windows -Filter *.ps1 -Recurse -File
```

Vermutlich sind Sie auch überrascht, wie viele PowerShell-Skripte sich im Windows-Verzeichnis aufhalten. Doch wie viele sind es genau? Diese Zahl erhalten Sie entweder über
ein angehängtes *Measure-Object*-Cmdlet (Kap. 5) oder, in dem Sie den gesamten Befehl
in runde Klammern setzen und, getrennt durch einen Punkt, die *Count*-Eigenschaft anhängen:

```
(Get-ChildItem -Path C:\Windows -Filter *.ps1 -Recurse -File).Count
```

Jetzt erfolgt keine Ausgabe mehr (eventuell erhalten Sie eine Reihe von Fehlermeldungen,
da auch ein Administratorkonto nicht auf alle Verzeichnisse eine Zugriffsberechtigung besitzt). Am Ende wird die Zahl der gefundenen Ps1-Dateien ausgegeben.

Auch wenn in diesem Buch bei den Cmdlets stets der offizielle Name und nicht der Alias verwendet wird, *Get-ChildItem* gehört zu jenen Cmdlets, das die meisten Leser unter
seinem Aliasnamen *dir* kennen. Der folgende Befehl verwendet den Alias und listet alle
versteckten Dateien im Stammverzeichnis von Laufwerk C: auf:

```
dir C:\Windows -Hidden
```

Da der *Path*-Parameter ein Positionsparameter mit dem Wert 1 ist (er erhält den ersten
Wert, dem kein eigener Parametername vorausgeht, und damit den Pfad), muss er nicht
namentlich angegeben werden.

6.6.1 Große Dateien finden

Wie im letzten Abschnitt erwähnt, besitzt das *Get-ChildItem*-Cmdlet keine Parameter, um z. B. auf die Größe einer Datei Bezug nehmen zu können. Diese Aufgabe übernimmt bei der PowerShell das *Where-Object*-Cmdlet (Kap. 5), das einfach nur an *Get-ChildItem* angehängt werden muss. Doch welche Eigenschaft steht bei einer Datei für deren Größe? FileSize, Size, Bigness, Greatness oder was? Diese eine Frage lässt sich bei der PowerShell leider nicht so einfach beantworten. In solchen Fällen kommen Sie mit dem universellen *Get-Member*-Cmdlet einen Schritt weiter, in dem Sie sich alle Eigenschaften auflisten lassen:

```
dir C:\Windows | Get-Member -MemberType Property
```

Machen Sie sich keine Gedanken darüber, dass *dir* eventuell sehr viele Dateien im aktuellen Verzeichnis holt. *Get-Member* gibt die Eigenschaften trotzdem nur einmal aus. Von den 28 Eigenschaften kommt nüchtern betrachtet nur eine in Frage: Die *Lenght*-Eigenschaft. Sie steht für die Größe einer Datei. Sie ist vom Datentyp *Long*, was konkret bedeutet, dass sie sehr lang und die Zahl, die sie repräsentiert, entsprechend groß werden kann – genauer gesagt, 2 hoch 64 Bytes.

Der folgende Befehl gibt auf Laufwerk *C:* die Pfade aller Dateien aus, die größer als 100 Mbyte sind:

```
Get-ChildItem -Path C:\ -ErrorAction Ignore -Recurse | Where-Object
Length -gt 100MB| Select-Object -Property FullName, Length
```

Der *ErrorAction*-Parameter bei *Get-ChildItem* (Kap. 12) sorgt dafür, dass Fehler, die aufgrund fehlender Zugriffsberechtigungen resultieren, ignoriert und damit nicht angezeigt werden. Wie lässt sich die zweite Spalte so formatieren, dass anstelle von Bytes z. B. MB ausgegeben werden? Über eine benutzerdefinierte Spalte bei *Format-Table* (Kap. 5).

6.6.2 Dateien mit einem „Zone.Identifier"-Eintrag finden

Bis zur PowerShell 3.0 war der Umgang mit Dateien, die in einen *Alternate Data Stream* (ADS) der Datei mit dem Namen „Zone.Identifier" besitzen, etwas schwierig, denn es war schlicht und ergreifend nicht möglich, diesen mit den Mitteln der PowerShell abzufragen. Seit der Version 3.0 besitzt das *Get-Content*-Cmdlet den *Stream*-Parameter, über den der Name eines ADS angegeben wird, der gelesen werden soll.

Der folgende Befehl gibt den Wert des ADS „Zone.Identifier" von einer Datei aus, deren Pfad angegeben wird:

```
Get-Content -Path $env:userprofile \Downloads\PowerShellLanguage.zip -
Stream Zone.Identifier
[ZoneTransfer]
ZoneId=3
```

Vergessen Sie nicht den *Stream*-Parameter, denn ansonsten wird die ganze Datei eingelesen.

Soweit, so gut. Doch wie wird der Befehl mit *Get-ChildItem* so kombiniert, dass alle Dateien im *Downloads*-Verzeichnis ausgegeben werden, die einen ADS mit dem Namen „Zone.Identifier" besitzen? Eine Möglichkeit besteht darin, den letzten Befehl im Rahmen des *Where-Object*-Cmdlets auszuführen, dass auf *Get-ChildItem* folgt, so dass nur jene Dateien ausgegeben werden, die diesen ADS besitzen:

```
Get-ChildItem -Path $Env:userprofile\downloads | Where-Object { ($_ |
Get-Content -Stream Zone.Identifier -ErrorAction Ignore) -match "Zone" }
```

Auch wenn der Befehl nicht kompliziert ist, darauf kommt man als PowerShell-Anfänger im Allgemeinen nicht (oder zu mindestens nicht sofort). Das Beispiel soll deutlich machen, dass kleine Anforderungen schnell etwas anspruchsvoller werden und es beim Lernen der PowerShell vor allem darauf ankommt, das Prinzip und Wesen der Pipeline zu verstehen, da sich damit Befehlsfolgen effektiv umsetzen lassen.

6.7   Verzeichnisnavigation

Jedes hierarchische Laufwerk besitzt ein aktuelles Verzeichnis. Es bleibt auch beim Wechsel auf ein anderes Laufwerk bestehen und wird beim erneuten Wechsel auf dieses Laufwerk wiederhergestellt. Das aktuelle Verzeichnis wird über das *Get-Location*-Cmdlet abgefragt und über das *Set-Location*-Cmdlet bzw. den vertrauten Alias *Cd* gesetzt. Die von Windows (und seinem Vorläufer MS-DOS) bekannten Abkürzungen. (aktuelles Verzeichnis) und.. (die höhere Verzeichnisebene) gelten auch bei der PowerShell. Der Befehl

```
cd ..\Skripte
```

wechselt eine Verzeichnisebene nach oben und von dort in das Unterverzeichnis *Skripte*.

6.7.1   Das aktuelle Verzeichnis merken – die Cmdlets Push-Location und Pop-Location

Das *Push-Locaction*-Cmdlet wechselt auf das angegebene Verzeichnis und merkt sich das aktuelle Verzeichnis, so dass es zu einem späteren Zeitpunkt per *Pop-Location* wieder

zum aktuellen Verzeichnis gemacht wird. Diese einfache Funktionalität bietet auch die
Command-Shell *Cmd*, was durch die Alias *Pushd* und *Popd* angedeutet wird.

6.7.2 UNC-Pfade

Über UNC-Pfade („Unified Naming Convention") werden bei Windows Freigaben, also
auf einem anderen Computer im Netzwerk freigegebene Verzeichnisse, angesprochen. Bei
den PowerShell-Cmdlets kann für den *Path*-Parameter grundsätzlich auch ein UNC-Pfad
angegeben werden.

Der folgende Befehl listet den Inhalt der Freigabe *Server1\Ps1Kurs* auf:

```
Get-ChildItem -Path \\Server1\Ps1Kurs
```

Erfordert der Zugriff auf eine Freigabe eine Anmeldung, ist etwas mehr Aufwand erforderlich, denn das *Get-ChildItem*-Cmdlet besitzt keine Möglichkeit zur Benutzeranmeldung.
Unter Windows 7 muss für die Freigabe mit ihrem UNC-Pfad mit dem *New-PSDrive*-
Cmdlet ein Laufwerk angelegt und dabei über den *Credential*-Parameter der Benutzername angegeben werden. Auch wenn dieser Parameter offiziell ein Objekt vom Typ *PSCredential* erwartet und es keine Möglichkeit gibt, das Kennwort direkt zu übergeben, kann
ihm auch ein Benutzername übergeben werden. Das erforderliche Kennwort wird in einer
kleinen Anmeldedialogbox eingegeben (mehr zum Umgang mit Credentials in Kap. 13),
die automatisch angezeigt wird.

Das folgende Beispiel legt mit dem *New-PSDrive*-Cmdlet für eine Freigabe ein neues
Laufwerk mit dem Namen „Projekte" an und verwendet eine Benutzeranmeldung.

```
$Drive = New-PSDrive -Root \\Server1\Projekte -PSProvider FileSystem -
Credential Administrator -Name Projekte
```

Das Ergebnis ist ein neues Laufwerk mit dem Namen „Projekte". Bei Windows Server
2012 und Windows 8 gibt es die Function *New-SmbMapping* für das „Mappen" einer Freigabe mit einem Laufwerksbuchstaben. Bei diesem Command gibt es auch das vertraute
Paar aus *UserName*- und *Password*-Parameter.

6.8 Cmdlets für den Umgang mit Pfaden

Die PowerShell bietet eine reichhaltige Auswahl an Cmdlets, die speziell für den Umgang
mit Pfaden zuständig sind Tab. 6.5).

Tab. 6.5 Cmdlets für den Umgang mit Pfaden

Cmdlet	Bedeutung
Convert-Path	Konvertiert einen Verzeichnispfad bzw. eine Abkürzung für einen Verzeichnispfad (., .. und ~) in einen offiziellen PowerShell-Pfad. Dies spielt vor allem für Registry-Pfade eine Rolle
Join-Path	Kombiniert einen Dateipfad und einen anderen Pfad bzw. einen Dateinamen zu einem Gesamtpfad
Resolve-Path	Löst Platzhalter in einem Verzeichnispfad so auf, dass alle Verzeichnispfade, die mit dem Platzhalter möglich sind, zurückgegeben werden
Split-Path	Zerlegt seinen Pfad in seine beiden Bestandteile Pfad und Dateiname. Über den *Leaf*-Parameter wird nur der Dateiname geliefert (die Erweiterung muss über die *Path*-Klasse im Namespace *System.IO* und deren *GetExtension()*-Methode geholt werden)
Test-Path	Gibt ab, ob ein Verzeichnis- oder Dateipfad gültig ist bzw. existiert

6.9 Kopieren von Dateien und Verzeichnissen

Das Kopieren von Dateien und Verzeichnissen per Befehlszeile oder Skript ist natürlich nicht erst seit der PowerShell möglich. Windows bietet dafür von Anfang an den leistungsfähigen *XCopy*-Befehl, der erstaunlich vielseitig ist, und seit vielen Versionen das Konsolenprogramm *Robocopy*. Die PowerShell bietet lediglich das *Copy-Item*-Cmdlet, mit dem sich sowohl Dateien als auch ganze Verzeichnisse kopieren lassen. Soll ein Verzeichnis mit Unterverzeichnissen kopiert werden, muss lediglich der *Recurse*-Parameter gesetzt werden.

Das folgende Beispiel kopiert den Inhalt des PowerShell-Installationsverzeichnisses in ein zweites Verzeichnis, das zuvor mit dem *Md*-Alias angelegt wird. Der *ErrorAction*-Parameter mit dem Wert *Ignore* sorgt dafür, dass für den Fall, dass das Verzeichnis bereits existiert, keine Fehlermeldung ausgegeben wird:

```
Md -Path C:\PsHomeBackup -Force -ErrorAction Ignore
Copy-Item -Path $PSHome -Destination C:\PsHomeBackup -Recurse -Force
```

Der Parameter *Force* bei *Copy-Item* ist für den Fall erforderlich, dass eine Datei am Zielort bereits existiert. Er sorgt dafür, dass die Datei überschrieben wird.

6.9.1 Allgemeine „Elemente" kopieren

Es ist wichtig zu verstehen, dass *Copy-Item* lediglich ein allgemeiner Befehl ist, der „Elemente" innerhalb eines PowerShell-Laufwerks kopiert (sofern der Provider dies unterstützt). Der folgende Befehl kopiert die Function *f1* in eine neue Function mit dem Namen *f2*:

```
Copy-Item -Path Function:f1 -Destination function:f2
```

Viele Anwender (vermutlich sogar die allermeisten) werden sich nicht die Mühe machen und die Parameter bei *Copy-Item* angeben und den Befehl etwas verkürzen:

```
Copy-Item Function:f1 function:f2
```

Da sowohl der *Path*- als auch der *Destination*-Parameter Positionsparameter sind, erhalten diese ihren Wert aufgrund ihrer Position. Noch ein wenig kürzer wird der Befehl durch die Verwendung des *Copy*-Alias:

```
Copy Function:f1 function:f2
```

Allerdings muss eine solche Operation durch den Provider unterstützt werden. Das Kopieren von Zertifikaten innerhalb des *Cert*-Laufwerks ist z. B. bei der PowerShell 4.0 per *Copy-Item* nicht möglich.

6.9.2 Die Anzahl der kopierten Dateien erhalten

Das *Copy-Item*-Cmdlet ist absichtlich einfach gestrickt, da es eine Überfunktionalität im Stile von *Robocopy* nicht im Sinne der PowerShell-Philosophie wäre, nach der Befehle einfach gehalten und leistungsfähigere Befehle durch Kombination dieser einfachen Bausteine entstehen. Das bedeutet aber auch, dass manche einfache Anforderung nicht so einfach umgesetzt werden kann, wie es gewünscht wird. Ein Beispiel ist der *Copy-Item*-Befehl aus dem vorletzten Absatz, der ein Verzeichnis kopiert:

```
Copy-Item -Path $PSHome -Destination C:\PsHomeBackup -Recurse -Force
```

Wie lässt sich die Anzahl der kopierten Dateien erhalten? Einen direkten Weg, wie einen Parameter, gibt es scheinbar nicht. Aber es gibt bei einigen Cmdlets einen indirekten Weg in Gestalt des *PassThru*-Parameters, der die Elemente, die von dem Cmdlet bearbeitet werden, weiterreicht, so dass sie einer Variablen zugewiesen werden können.

Der folgende Befehl kopiert ebenfalls alle Dateien, nur dass die Dateien dank dem *PassThru*-Parameter einer Variablen zugewiesen werden:

```
$Dateien = Copy-Item -Path $PSHome -Destination C:\PsHomeBackup -Recurse
-Force -PassThru
```

Ein

```
$Dateien.Count
```

liefert die Anzahl der kopierten Dateien.

Diese Technik ist eine Alternative zur Umleitung der Ausgabe in eine Textdatei, die dank dem *PassThru*-Parameter ebenfalls möglich ist:

```
Copy-Item -Path $PSHome -Destination C:\PsHomeBackup -Recurse -Force -
PassThru
```

Soll die Ausgabe sowohl umgeleitet als auch in einer Datei gespeichert werden, gibt es dafür zwei Alternativen: Das *Tee-Object*-Cmdlet (Kap. 5) oder den Parameter *OutVariable*, der bewirkt, dass die Ausgabe zusätzlich in der angegebenen Variablen (ohne $-Zeichen) abgelegt wird:

```
Copy-Item -Path $PSHome -Destination C:\PsHomeBackup -Recurse -Force -
PassThru -OutVariable Dateien
```

6.9.3   Dateien kopieren per Robocopy

Geht es darum, dass große Dateien schnell und robust kopiert werden sollen, ist das Konsolenprogramm *Robocopy* („Robust Copy"), das seit Windows XP dabei ist, die etwas bessere Wahl. Auch wenn *Robocopy* kein PowerShell-Command ist, wird es genauso aufgerufen. Auch der folgende Befehl

```
Robocopy $PSHome C:\PsHomeBackup /NP
```

kopiert das PowerShell-Installationsverzeichnis. Der Parameter*/NP* sorgt dafür, dass nicht zu jeder Kopieraktion eine Ausgabe erfolgt. *Robocopy* besitzt zahlreiche Parameter, die über ein*/?* ausgegeben werden.

6.9.4   Kopieren von Programmdateien von der Produktversion abhängig machen – die VersionInfo-Eigenschaft

Programmdateien besitzen eine Produkt- und eine Dateiversionsnummer, die bei Erstellen der Programmdatei vom „Autor" (meistens dem Entwickler der Anwendung) vergeben wird. Beide Versionsnummern werden bei der PowerShell durch eine einzelne Eigenschaft zusammengefasst. Die Eigenschaft heißt *VersionInfo* und ist vom Typ *ScriptProperty*,

d. h. ihr Wert wird durch die Befehle eines Scriptblocks gebildet. Mit anderen Worten: Die Eigenschaft *VersionInfo* liefert einen Wert, der bei jedem Abrufen durch Ausführen einer Befehlsfolge gebildet wird. Welche Befehle dies sind, ist kein Betriebsgeheimnis. Sie können sie sich per *Get-Member*-Cmdlet und dem Anzeigen der *Definition*-Eigenschaft des ausgewählten *ScriptProperty*-Members ausgeben lassen:

```
C:\PSKurs > Get-Item -Path C:\Windows\System32\Calc.exe | Get-Member -
Name Versioninfo | Select-Object -ExpandProperty Definition

System.Object VersionInfo
{get=[System.Diagnostics.FileVersionInfo]::GetVersionInfo($this.FullName)
;}
```

Die Ausgabe macht deutlich, dass im Rahmen des Scriptblocks die statische Methode *GetVersionInfo* der Klasse *FileVersionInfo* im Namespace *System.Diagnostics* der.NET-Laufzeit aufgerufen wird. Sie erwartet den Pfad einer Datei und gibt eine Fülle von Detailinformationen zurück. Sie können sich diese Details über den folgenden Befehl für die Datei *Calc.exe* anzeigen lassen:

```
PS C:\PSKurs> Get-Item -Path C:\Windows\System32\Calc.exe | Select-Object
-ExpandProperty VersionInfo | Select-Object -Property *

CompanyName       : Microsoft Corporation
FileBuildPart     : 7600
FileDescription   : Windows-Rechner
FileMajorPart     : 6
FileMinorPart     : 1
FileName          : C:\Windows\System32\Calc.exe
FileVersion       : 6.1.7600.16385 (win7_rtm.090713-1255)
Language          : Deutsch (Deutschland)
ProductBuildPart  : 7600
ProductMajorPart  : 6
ProductMinorPart  : 1
ProductVersion    : 6.1.7600.16385
```

Da nicht alle Eigenschaften wichtig sind, wurde die Ausgabe etwas gekürzt. Zur Erklärung: Der *ExpandProperty*-Parameter beim ersten *Select-Object* sorgt dafür, dass das von *VersionInfo* gelieferte *FileVersionInfo*-Objekt „expandiert" wird, so dass das zweite *Select-Object* alle Eigenschaften dieses Objekts mit ihren Werten ausgeben kann. Von den vielen Eigenschaften gibt es z. B. die Eigenschaft *ProductMajorPart*, die für die Hauptversionsnummer steht.

Wenn Sie bisher noch folgen konnten, sind Sie jetzt bereit für das „kleine" Finale und die Frage: Wie muss eine Abfrage per *Get-ChildItem* lauten, die nur jene Exe-Dateien im *System32*-Verzeichnis liefert, deren Hauptversionsnummer größer ist als 10? Die Antwort ist einfach, vorausgesetzt, Sie sind bereits mit dem Objektprinzip vertraut. Um an die Eigenschaft *ProductMajorPart* von jenem Objekt heranzukommen, das die *VersionInfo*-Eigenschaft liefert, müssen in den geschweiften Klammern von *Where-Object* nur die

einzelnen (Eigenschaften-) Namen per Punkt getrennt aneinander gehängt werden, z. B.
wie folgt:

```
Get-ChildItem -Path C:\Windows\System32\*.exe | Where-Object {
$_.VersionInfo.ProductMajorPart -gt 10 }
```

Der Befehl gibt eine Reihe von Exe-Dateien zurück. Da die Versionsnummer nicht automatisch angezeigt wird, muss dies per *Select-Object* nachgeholt werden:

```
Get-ChildItem -Path C:\Windows\System32\*.exe | Where-Object {
$_.VersionInfo.ProductMajorPart -gt 10 } | Select-Object -Property Name,
VersionInfo
```

Das war leider nichts, denn die PowerShell gibt die *VersionInfo*-Eigenschaft in der Tabellenformatierung etwas ungünstig aus. Eine Möglichkeit ist es, per *Format-List* auf
eine Listenformatierung umzuschalten. Eine andere, die Eigenschaft über eine Hashtable
(Kap. 9) zusammenzubauen, so dass der „ProductMajorPart" mit ausgegeben wird:

```
PS C:\PSKurs> Get-ChildItem -Path C:\Windows\System32\*.exe | Where-
Object{ $_.VersionInfo.ProductMajorPart -gt 10 } | Select-Object -
Property Name, @{Name="Hauptversion";Expression={
$_.VersionInfo.ProductMajorPart }}

Name                                              Hauptversion
----                                              ------------
ie4uinit.exe                                          11
ieetwcollector.exe                                    11
IEUDINIT.EXE                                          11
usw.
```

Alles was noch fehlt, ist die Abfrage mit dem *Copy-Item*-Befehl zu kombinieren, so dass
z. B. nur jene Exe-Dateien kopiert werden, deren Versionsnummer größer oder kleiner
als ein vorgegebener Wert ist. Das erledigt der folgende Befehl, der alle Exe-Dateien aus
System32, deren Hauptproduktversionsnummer größer als 10 ist, in das Verzeichnis *C:\
NeueVersionen* kopiert:

```
Get-ChildItem -Path C:\Windows\System32\*.exe | Where-Object {
$_.VersionInfo.ProductMajorPart -gt 10 } | Copy-Item -Destination
C:\NeueVersionen
```

Der *Path*-Parameter (Quelle) erhält seinen Wert aus der Pipeline, der Wert für den *Destination*-Parameter wird direkt angegeben. Der Lerneffekt aus diesem Abschnitt soll sein:
Auf den ersten Blick wirkt manche Technik bei der PowerShell unnötig kompliziert und
speziell. Bei näherer Betrachtung stellt sich allerdings heraus, dass immer wieder diesel-

ben Regeln angewendet werden. Die in der Einleitung zu diesem Buch gelobte Konsistenz, gibt es daher auch in diesem Bereich.

6.10   Datei- und Verzeichnissicherheit

Windows-Objekte wie Dateien, Verzeichnisse, Registry-Schlüssel usw. besitzen einen *Security Descriptor* (SD). Dies ist eine Datenstruktur, die neben einer *SID* (*Security Identifier*), einer langen „Nummer", die den „Trustee", dem der SD zugeordnet ist, eindeutig identifiziert, eine Liste von Zugriffsberechtigungen (in Gestalt einer „Discretionary Access Control List", kurz DACL bzw. einfach nur ACL) umfasst. Diese ACL-Liste enthält für jedes Benutzerkonto einen Eintrag (den „Access Control List Entry", kurz ACE), der die Art des Zugriffs festlegt. Greift ein Benutzer (-Konto) auf eine Ressource wie ein Verzeichnis zu, prüft Windows jedes Mal anhand der ACL, ob und auf welche Weise der Zugriff erlaubt ist. Für den Umgang mit „ACLs" bietet Windows von Anfang an Befehlszeilentools wie *Cacls.exe* oder *ICalcs.exe*, die natürlich auch bei der PowerShell eine Option sind. Die PowerShell bietet für das Abfragen von ACLs das *Get-ACL*-Cmdlet und für das Ändern einer ACL entsprechend das *Set-ACL*-Cmdlet.

6.10.1   Berechtigungen für ein Verzeichnis abfragen

Die ACL für ein Verzeichnis und eine Datei wird über das *Get-ACL*-Cmdlet geholt.
    Der folgende Befehl gibt die Berechtigungen für das Windows-Verzeichnis aus:

```
Get-Acl -Path C:\Windows | Format-List
```

Das *Format-List*-Cmdlet ist erforderlich, damit die Ausgabe übersichtlich bleibt.

```
Path    : Microsoft.PowerShell.Core\FileSystem::C:\Windows
Owner   : NT SERVICE\TrustedInstaller
Group   : NT SERVICE\TrustedInstaller
Access  : ERSTELLER-BESITZER Allow  268435456
          NT-AUTORITÄT\SYSTEM Allow  268435456
          NT-AUTORITÄT\SYSTEM Allow  Modify, Synchronize
          VORDEFINIERT\Administratoren Allow  268435456
          VORDEFINIERT\Administratoren Allow  Modify, Synchronize
          VORDEFINIERT\Benutzer Allow  -1610612736
          VORDEFINIERT\Benutzer Allow  ReadAndExecute, Synchronize
          NT SERVICE\TrustedInstaller Allow  268435456
          NT SERVICE\TrustedInstaller Allow  FullControl
```

6.10.2   Gezielt Zugriffsregeln für ein Benutzerkonto abfragen

Die Leichtigkeit, mit der *Get-ACL* spannende Details über die Zugriffsicherheitseinstellungen einer Datei oder eines Verzeichnisses liefert, darf nicht darüber hinwegtäuschen, dass dies nur die sprichwörtlich halbe Miete ist. Möchte man z. B. gezielt nur Verzeichnisse sehen, für die ein bestimmtes Benutzerkonto etwa eine Vollzugriffsberechtigung besitzt, wird es etwas komplizierter. Für den typischen IT-Administrator vermutlich zu kompliziert.[1] Der Grund ist, dass *Get-ACL* ein „Rohobjekt", je nachdem, ob eine Datei oder ein Verzeichnis vorliegt, vom Typ *FileSecurity* oder *DirectorySecurity* zurückgibt und die gesuchten Eigenschaften über Objekte zur Verfügung gestellt werden, die etwas „sperrig" sind. Hinzu kommt, dass *Get-ACL* keinen *Recurse*-Parameter besitzt und daher für das Abfragen aller Unterverzeichnisse im Zusammenspiel mit einem *ForEach-Object*-Cmdlet eingesetzt werden muss.

Grundsätzlich ist die Vorgehensweise einfach. Der folgende Befehl listet mit Hilfe von *Get-ChildItem* und *Get-ACL* die Eckdaten zu den Zugriffsberechtigungen des Windows-Verzeichnisses und seinen Unterverzeichnissen aus:

```
$Pfad = "C:\Windows"
Get-ChildItem -Path $Pfad -Directory -Recurse | Get-ACL
```

Das „Problem" besteht aus zwei Teilen. Teil 1 ist die Kleinigkeit, dass Zugriffsberechtigungen im Jargon der .NET-Laufzeit „Zugriffsregeln" („Access Rules") heißen. Teil 2 ist der Umstand, dass die Rückgabe aus *DirectorySecurity*-Objekten besteht, die selber eine Fülle von Members besitzen. Das Methoden-Member *GetAccessRules* des zurückgegebenen Objekts gibt alle Zugriffsregeln als *FileSystemAccessRule*-Objekte zurück, ihr müssen aber gleich drei Parameter übergeben werden:

1. Sollen die explizit vergebenen Zugriffsregeln einbezogen werden (*$true* oder *$false*)?
2. Sollen die geerbten Zugriffsregeln einbezogen werden (*$true* oder *$false*)?
3. Der Typ des Security Identifiers, für den die Berechtigungen abgefragt werden soll. Hier wird die allgemeine Typbezeichnung eines Benutzerkontos, in eckige Klammern gesetzt, eingetragen.

Damit sieht ein Aufruf, der nur die Zugriffsberechtigungen (Zugriffsregeln) für das aktuelle Verzeichnis abfragt, wie folgt aus:

[1] Wie schwierig es für jemanden ist, auf eine vermeintlich einfache Frage eine einfache Antwort zu erhalten, die es in diesem Fall aber nicht gibt, macht ein lesenswerter Diskussionsfaden im Microsoft-Technet-Forum deutlich: http://social.technet.microsoft.com/Forums/scriptcenter/en-US/4a91e196-9cbb-4be9-8894-60a73d017ee9/powershell-script-to-manipulate-acls?forum=ITCG. Geben Sie nicht die komplette URL ein, sondern suchen Sie nur nach dem letzten Fragment.

```
PS C:\PSKurs> (Get-Acl -Path .).GetAccessRules($true, $true,
[System.Security.Principal.NTAccount])

FileSystemRights   : FullControl
AccessControlType  : Allow
IdentityReference  : NT-AUTORITÄT\SYSTEM
IsInherited        : True
InheritanceFlags   : ContainerInherit, ObjectInherit
PropagationFlags   : None
FileSystemRights   : FullControl
AccessControlType  : Allow
IdentityReference  : VORDEFINIERT\Administratoren
IsInherited        : True
InheritanceFlags   : ContainerInherit, ObjectInherit
PropagationFlags   : None
```

Eine Zugriffsregel besteht aus vier Bestandteilen:

1. Die Zugriffsberechtigung (FileSystemRights, z. B. „FullControl").
2. Die Art der Berechtigung (Allow oder Deny).
3. Die Identität des „Prinzipals", die Identity Reference (der Name des Benutzerkontos).
4. Weiteren Angaben wie die Festlegung, dass die Zugriffsberechtigungen vererbt wurden und auf welche Weise sie an Unterverzeichnisse und Dateien des Verzeichnisses weitergegeben werden.

Möchte man die Zugriffsregeln eines bestimmten Benutzerkontos sehen, muss daher lediglich der Wert der Eigenschaft „Identity Reference" per *Match*-Operator abgefragt werden:

```
PS C:\PsKurs> (Get-Acl-Path .).GetAccessRules($true, $true,
[System.Security.Principal.NTAccount]) | Where IdentityReference -match
"Admin"

FileSystemRights   : FullControl
AccessControlType  : Allow
IdentityReference  : VORDEFINIERT\Administratoren
IsInherited        : True
InheritanceFlags   : None
PropagationFlags   : None

FileSystemRights   : 268435456
AccessControlType  : Allow
IdentityReference  : VORDEFINIERT\Administratoren
IsInherited        : True
InheritanceFlags   : ContainerInherit, ObjectInherit
PropagationFlags   : InheritOnly
```

Entsprechend gibt der folgende Befehl alle Zugriffsregeln mit einer „FullControl"-Berechtigung aus:

```
(Get-Acl -Path .).GetAccessRules($true, $true,
[System.Security.Principal.NTAccount]) | Where FileSystemRights -match
"Full"

FileSystemRights    : FullControl
AccessControlType   : Allow
IdentityReference   : VORDEFINIERT\Administratoren
IsInherited         : True
InheritanceFlags    : None
PropagationFlags    : None

FileSystemRights    : FullControl
AccessControlType   : Allow
IdentityReference   : NT-AUTORITÄT\SYSTEM
IsInherited         : True
InheritanceFlags    : None
PropagationFlags    : None
```

Bislang steigerte sich der Schwierigkeitsgrad zwar von Befehl zu Befehl ein wenig, es blieb aber (hoffentlich) nachvollziehbar. Die große Herausforderung besteht für einen PowerShell-Neuling darin, den nächsten Schritt umsetzen. Wie muss der Befehl erweitert werden, dass er für viele Verzeichnisse funktioniert? Ein *Get-ChildItem*-Cmdlet voranzustellen ist eine gute Idee, doch muss der gesamte Befehl in ein Paar runder Klammern gesetzt werden, um die Zugriffsregeln zu erhalten. Und wie kommt der *Path*-Parameter von *Get-ACL*-Cmdlet an den Pfad? Dies sind typische Fragen, die sich PowerShell-Neulinge stellen, und auf die es am Anfang keine einfachen Antworten gibt. Die beste Strategie ist, sich die Standard-Cmdlets mit passenden Beispielen in der Hilfe anzuschauen und einiges auszuprobieren.

Wer die Hilfe zu *Get-ACL* aufmerksam liest, stellt fest, dass für den *Path*-Parameter auch ein Array, also mehrere Pfade auf einmal, übergeben werden können. Ein solches Array von Pfaden liefert auch das *Get-ChildItem*-Cmdlet, so dass es möglich ist, die Rückgabe von *Get-ChildItem* als Argument für den *Path*-Parameter von *Get-ACL* einzusetzen:

```
(Get-ACL -Path ((Get-ChildItem -Path $Pfad -Recurse).FullName))
```

Aber auch hier gilt, wer die PowerShell gerade im Begriff ist zu lernen, wird oft gar nicht auf die Idee kommen, dass eine solche Kombination überhaupt erlaubt ist.

Der bessere Ansatz ist in solchen Fällen die umzusetzende Anforderung auf mehrere Teilschritte aufzuteilen und mit dem *ForEach-Object*-Cmdlet zu arbeiten:

Schritt 1

Hole alle Verzeichnisse per *Get-ChildItem* und dem Parameter *Directory*.

Schritt 2

Hole durch *ForEach-Object* zu jedem Verzeichnis in der Pipeline den Security Descriptor per *Get-ACL*.

Schritt 3
Durchsuche die Zugriffsregeln jedes Security Descriptors nach dem gesuchten Benutzerkonto und gegebenenfalls auch nach der Zugriffsberechtigung.

Der folgende Befehl setzt diese Schrittfolge um und gibt die Namen aller Verzeichnisse, auf die ein Benutzerkonto „FullControl"-Berechtigungen besitzt, zusammen mit dem
Namen des Benutzerkontos aus:

```
PS C:\PSKurs> Get-ChildItem -Path C:\Windows -Directory -PipelineVariable
Dir | ForEach-Object {$_ | Get-ACL | Select-Object -ExpandProperty
Access | Where-Object FileSystemRights -eq "FullControl"} | Select-Object
-Property @{Name="Verzeichnis";Expression={ $Dir.Name }},
IdentityReference

Verzeichnis                               IdentityReference
-----------                               -----------------
ADAM                                      NT SERVICE\TrustedInstaller
addins                                    NT SERVICE\TrustedInstaller
AppCompat                                 NT SERVICE\TrustedInstaller
usw.
```

6.10.3 Berechtigungen für ein Verzeichnis per Set-ACL setzen

Das Setzen einer ACL ist etwas aufwändiger, wenn die *Access Control List* (ACL) mit
Berechtigungen und anderen Angaben neu zusammengesetzt werden soll. Am einfachsten
ist es, die Berechtigungen für ein Verzeichnis oder eine Datei im Explorer einzustellen
und dann per *Get-ACL* und *Set-ACL* auf neue Verzeichnisse oder Dateien zu übertragen.

Das folgende Beispiel holt die Zugriffsberechtigungen von einer Datei und überträgt
sie auf eine andere Datei:

```
$ACL = Get-ACL -Path C:\Test1.dat
Set-ACL -Path C:\Test2.dat -AclObject $ACL
```

Das war einfach. Etwas komplizierter wird es, wenn die Zugriffsberechtigung für ein Verzeichnis oder eine Datei neu zusammengesetzt wird. Dafür bietet die PowerShell kein
Cmdlet. Vielmehr müssen die „Zutaten" einer Zugriffsberechtigung zusammengesetzt
werden:

• Der Name des Benutzerkontos, das die Berechtigung erhält.
• Die Art der Zugriffsberechtigung („Allow" oder „Deny")
• Die Zugriffsberechtigung (z. B. „FullControl").

Mit diesen Zutaten wird per *New-Object*-Cmdlet eine neue Zugriffsregel als ein Objekt vom Typ *FileSystemAccessRule* angelegt, was auf einem Typ (Klasse) der.NET-Laufzeit basiert.

Die folgenden beiden Befehle bauen eine Zugriffsregel zusammen und legen sie in der Variablen *$NewAccessRule* ab:

```
$Perm = "PMServer\PSUser", "FullControl", "Allow"
$NewAccessRule = New-Object -TypeName
System.Security.AccessControl.FileSystemAccessRule -ArgumentList $Perm
```

Die Variable *$NewAccessRule* erhält damit die neue Zugriffsregel. Damit sie zu den Zugriffsberechtigungen eines Verzeichnisses hinzugefügt werden kann, müssen diese zuerst per *Get-ACL*-Cmdlet geholt werden:

```
$ACL = Get-ACL -Path C:\Test
```

Damit kann die neue anlegte Zugriffsregel hinzugefügt werden:

```
$ACL.AddAccessRule($NewAccessRule)
```

Damit der neue Regelsatz auch wirksam wird, muss er per *Set-ACL* erneut dem Verzeichnis zugeordnet werden:

```
$ACL | Set-ACL -Path C:\Test
```

Damit wurde dem Verzeichnis *C:\Test* eine neue Berechtigung hinzugefügt.

Das folgende Beispiel ist zwangsläufig etwas umfangreicher, da es alle Teilschritte umfasst, die im letzten Absatz beschrieben wurden:

• Die Zugriffsberechtigung für ein Verzeichnis (in diesem Fall C:\ACLTest) wird per *Get-ACL* geholt.
• Es wird eine neue Zugriffsregel für den (fiktiven) Benutzer „PSUser" angelegt.
• Die neue Regel wird zu den Zugriffsregeln des Verzeichnisses hinzugefügt.
• Alle Zugriffsregeln werden per *Set-ACL* dem Verzeichnis zugeordnet.

```
<#
 .Synopsis
 Zugriffsberechtigung zu einem Verzeichnis hinzufügen
#>

$ServerName = (Hostname)
$Perm = "$ServerName\PSUser", "Read", "Allow"
$NewAccessRule = New-Object -TypeName
System.Security.AccessControl.FileSystemAccessRule -ArgumentList $Perm

# Test-Verzeichnis anlagen
md -Path C:\ACLTEst -ErrorAction Ignore

$ACL = Get-ACL -Path C:\ACLTest

# Zugriffsregel hinzufügen
$ACL.AddAccessRule($NewAccessRule)

# ACL aktualisieren
Set-ACL -Path C:\ACLTest -AclObject $ACL

# Alle ACls zur Kontrolle ausgeben
Get-ACL -Path C:\ACLTest | Format-List
```

6.10.4   Das PowerShellAccessControl-Modul als Alternative zu Get-ACL und Set-ACL

Falls Ihnen die Theorie des letzten Abschnittes, sofern Sie ihn überhaupt zu Ende gelesen haben, schwierig und die Befehle unnötig lang vorkamen, stehen Sie damit nicht alleine da. Das Schöne an der PowerShell-Community ist, dass wenn mehrere Anwender ein Problem haben, sich einer eine Lösung überlegt und sie allen als Modul zur Verfügung stellt. Die Lösung besteht in diesem Fall aus einem Modul mit dem (langen) Namen *PowerShell AccessControl,* das Sie unter der folgenden Adresse herunterladen können.

```
http://gallery.technet.microsoft.com/scriptcenter/PowerShellAccessControl
-d3be7b83
```

Damit lassen sich Aufgaben rund um das Thema Zugriffsberechtigungen etwas einfacher umsetzen als mit den Hausmitteln der PowerShell.

Gehen Sie wie folgt vor, um aus der heruntergeladenen Datei ein PowerShell-Modul zu machen:

1. Laden Sie die Datei (z. B. PowerShellAccessControl_2_0.zip) herunter.
2. Öffnen Sie den Eigenschaftendialog der Datei und klicken Sie auf Zulassen. Dieser Schritt gilt generell für alle Zip-Dateien, die ein PowerShell-Modul enthalten. Gibt es den Button nicht, ist die Datei bereits in Ordnung. Vergessen Sie diesen Schritt, erhal-

ten Sie vor dem Laden des Moduls eine Sicherheitswarnung und müssen entscheiden, ob Sie das Modul laden möchten.

3. Öffnen Sie das Archiv und kopieren Sie den Ordner PowerShellAccessControl in das PowerShell-Modulverzeichnis unter $env:userprofile\documents\windowspowershell\ modules. Sollte es das letzte Verzeichnis oder gar beide Verzeichnisse noch nicht geben, müssen sie zuvor angelegt werden.

Das war alles. Über Befehl

```
Get-Command -Module PowerShellAccessControl
```

können Sie sich die Commands in diesem Modul anschauen. Insgesamt enthält es 12 Functions, die den Umgang mit Access Control List-Einträgen, den Zugriffsregeln, vereinfachen sollen. Der Befehl

```
Get-SecurityDescriptor -Path C:\Windows
```

gibt den Security Descriptor für ein Verzeichnis in einer etwas besser lesbaren Form zurück als *Get-ACL*.

Das „Highlight" des Moduls ist die Function *Get-AccessControlEntry*, da sie den Zugriff auf die Zugriffsregeln stark vereinfacht und mit ihren Parametern das Abrufen bestimmter Regeln erlaubt.

Der folgende Befehl gibt mit Hilfe der Function *Get-AccessControlEntry* alle Zugriffsregeln für ein Verzeichnis zurück, die nicht vom Elternverzeichnis geerbt wurden:

```
Get-Item C:\Windows | Get-AccessControlEntry -NotInherited
```

Der folgende Befehl gibt per *Get-AccessControlEntry* nur die Zugriffsregeln eines bestimmten Sicherheitsprinzipals zurück:

```
PS C:\PSKurs> Get-Item C:\Windows | Get-AccessControlEntry -Principal "NT
Service\\TrustedInstaller"

    DisplayName: C:\Windows

AceType          IdentityReference          AccessMask  IsInherited
-------          -----------------          ----------  -----------
AccessAllowed    NT SERVICE\TrustedInstaller FullControl    False
AccessAllowed    NT SERVICE\TrustedInstaller GenericAll     False
```

Die folgende Befehlsfolge fügt mit Hilfe der Function *Set-SecurityDescriptor* einem Verzeichnis eine weitere Lese-Zugriffsberechtigung für den Benutzer „PSUser" hinzu:

```
$NewACE = New-AccessControlEntry -AceType AccessAllowed -Principal
"PMServer\PSUser" -FileRights Read
Add-AccessControlEntry -SDObject $SID -AceObject $NewACE
Set-SecurityDescriptor -Path $Pfad -SDObject $SID -Confirm:$False
```

Erwähnenswert ist die Function *Disable-AclInheritance,* die für ein Verzeichnis oder eine Datei die Übernahme der Zugriffsregeln des Elternverzeichnisses deaktiviert, die vorhandenen Zugriffsregeln aber beibehält. Fazit: Dank der Functions des *PowerShellAccessControl*-Moduls wird der Umgang mit Zugriffsregeln etwas einfacher und vor allem „natürlicher".

▶   **Tipp** Alle Functions des Moduls sind vorbildlich dokumentiert, die Hilfe umfasst auch zahlreiche Beispiele.

6.11   Weitere Themen für den Umgang mit PowerShell-Laufwerken

Das Thema Laufwerke gibt noch einiges her, das in einem Einführungskapitel nur angedeutet werden kann.

6.11.1   Neue Laufwerke anlegen

Warum sollte man ein neues (PowerShell-) Laufwerk anlegen? Um lange Pfade durch einen kurzen Namen zu ersetzen. Ist das schwierig? Nein, ein Aufruf des *New-PSDrive*-Cmdlets genügt.

Der folgende Befehl legt für eine Freigabe, die über ihren UNC-Pfad angesprochen wird, ein neues Laufwerk an:

```
New-PSDrive -Name Skripts -PSProvider FileSystem -Root
\\Server1\Daten\PowerShellSkripte
```

Das Laufwerk existiert nur solange, wie die PowerShell-Sitzung ausführt. Der Befehl entspricht dem *Subst*-Kommando ganz alter Windows- und MS-DOS-Versionen. Soll das Laufwerk bei jedem PowerShell-Start automatisch zur Verfügung stehen, muss der Befehl Teil eines Profilskripts sein. Das Pendant zum *New-PSDrive*-Cmdlet ist das *Remove-PSDrive*-Cmdlet.

Über den *Persist*-Parameter von *New-PSdrive* kann das Laufwerk dauerhaft angelegt werden, in diesem Fall erscheint es auch im Explorer. Das geht aber nur mit Dateisystemlaufwerken. Als Laufwerksname muss ein noch nicht vergebener Buchstabe verwendet werden.

6.11.2   Umgang mit Umgebungsvariablen

Eine Umgebungsvariable ist eine Variable des Betriebssystems, die Einstellungen enthält, die von außen abfragbar sein sollen. Stapeldateien verwenden Umgebungsvariablen auch als reguläre Variablen, in denen Werte abgelegt werden, die für die Dauer der Ausführung eine Rolle spielen. Bei der PowerShell werden die Windows-Umgebungsvariablen über das *Env*-Laufwerk angesprochen. Ein

```
Get-ChildItem -Path env:
```

listet alle Umgebungsvariablen mit ihren Werten aus.

Über das *New-Item*-Cmdlet wird auf dem *Env*-Laufwerk ein neues „Item" angelegt:

```
New-Item -Path PSAnzahl -Value 10
```

Für das Ansprechen des Wertes von Umgebungsvariablen gibt es eine Abkürzung in Gestalt der Variablen *$Env*. Anstatt über ein

```
(Get-Item -Path Env:PSAnzahl).Value
```

den Wert der Umgebungsvariablen *PSAnzahl* zu erhalten, genügt ein

```
$Env:PSAnzahl
```

Ein $Env:Path gibt den Wert der Umgebungsvariablen *Path* aus. Ein

```
$Env:Path -split ";"
```

zerlegt den Wert in seine Bestandteile und gibt alle Verzeichnispfade einzeln aus. Ein

```
Get-ChildItem -Path ($Env:Path -split ";") -Filter *.exe | Select-Object
-ExpandProperty FullName
```

gibt die Pfade aller Exe-Dateien aus, die sich in diesen Verzeichnissen befinden.

Auch der folgende Befehl ist interessant und effektiv. Unter einem 64-Bit-Windows gibt es mit *C:\Program Files* und *C:\Program Files (x86)* zwei Verzeichnisse, in denen Anwendungen installiert werden. Da auf den *Path*-Parameter von *Get-ChildItem* mehrere Pfade folgen können, durchsucht der folgende Befehl beide Verzeichnisse:

```
Get-ChildItem -Path 'C:\Program Files', 'C:\Program Files (x86) '
```

Da beide Pfade ein Leerzeichen enthalten, muss dieser jeweils in Apostrophe oder Anführungszeichen gesetzt werden. Etwas eleganter wäre es, wenn die Pfade aus den Umgebungsvariablen geholt werden würden, da dann der absolute Pfad keine Rolle spielt
(wenngleich es sehr unwahrscheinlich ist, dass dieser jemals anders lauten könnte). Das
erledigt der folgende Befehl

```
Get-ChildItem -Path $env:Programfiles, $env:Programfiles(x86)
```

Doch einfache Dinge kommen bei der PowerShell nicht immer gut an. Sie bevorzugt
es manchmal etwas komplizierter. Der obige Befehl führt zu einem Fehler, da sich die
PowerShell an den runden Klammern beim zweiten Variablennamen stört. Die Lösung
besteht darin, den gesamten Variablenamen in geschweifte Klammern zu setzen (wenn
Sie den Namen der Umgebungsvariablen per [Tab]-Taste autovervollständigen, wird diese
Variante automatisch eingefügt):

```
Get-ChildItem -Path $env:ProgramFiles,${env:ProgramFiles(x86)}
```

Doch auch diese Variante ist nicht ganz optimal. Da das Wort „ProgramFiles" in den Namen beider Variablen vorkommt, müsste es auch hier eine kleine Abkürzung geben. Die
gibt es auch, aber sie ist nicht gerade naheliegend. Auch der folgende Befehl gibt die
Inhalte der beiden Programmverzeichnisse aus, nur dass dieses Mal die Variablennamen
nicht direkt angegeben werden. Es werden vom *Env*-Laufwerk einfach alle Namen geholt,
die mit „ProgramFiles" beginnen. Das innere *Get-ChildItem* holt die Einträge als „Wörter-
bucheinträge" (Typ *DictionaryEntry*), deren *Value*-Eigenschaft den Wert und damit den
Pfad repräsentiert:

```
Get-ChildItem -Path (Get-ChildItem -Path env:ProgramFiles*).Value
```

6.11.3   Den Wert der Path-Variablen ergänzen

Soll an die *Path*-Umgebungsvariable ein weiterer Pfad gehängt werden, erledigt dies der
PowerShell-Operator +=, der sowohl für Zeichenketten als auch für Arrays definiert ist:

```
$env:path += ";C:\Tools"
```

Auch diese Änderung gilt nur für die aktuelle PowerShell-Sitzung.

6.11.4   Dauerhafte Umgebungsvariablen anlegen

Soll eine Umgebungsvariable dauerhaft gesetzt werden, ist ein kurzer Ausflug in die.NET-Laufzeit erforderlich. Hier gibt es die Klasse *Environment*, deren Methoden-Member *SetEnvironmentVariable()* eine Umgebungsvariable auf Wunsch auch für den Benutzer oder den gesamten Computer setzt.

Der folgende Befehl setzt eine Umgebungsvariable für den aktuellen Benutzer, die auch von anderen PowerShell-Sitzungen abgefragt werden kann, die danach gestartet werden:

```
[System.Environment]::SetEnvironmentVariable("PSAnzahl", 10, "User")
```

Das Abfragen der Umgebungsvariablen geschieht über ein *$Env:PSAnzahl*. Benutzer- bzw. maschinenweite Umgebungsvariablen sind ein einfaches Mittel, mit dem mehrere PowerShell-Prozesse Daten austauschen können.

6.12   Der Zugriff auf die Registry

Die Registry ist die Konfigurationsdatenbank von Windows. Sie besteht aus Zweigen, die Schlüssel enthalten. Jeder Schlüssel kann beliebig viele Unterschlüssel besitzen, so dass eine hierarchische Struktur vorliegt. Ein Schlüssel kann eine beliebige Anzahl an Einträgen enthalten, einer davon ist der Standardeintrag (*Default*). Jeder Eintrag besitzt genau einen Wert. Ein Wert besitzt einen Typ (z. B. *String*), der angibt, ob der Wert für eine Zeichenkette, eine Zahl (*DWORD*) oder eine Bytefolge (*Binary*) steht.

Es gibt mehrere Alternativen, um per Befehlszeile die Registry anzusprechen:

- über das Konsolenprogramm *Reg.exe*
- über die Item-Cmdlets
- über die Klassen der.NET-Laufzeit
- per WMI

6.12.1   Registry-Zugriffe per Item-Cmdlets

Grundlage für den Registry-Zugriff über die Item-Cmdlets ist, dass es den Registry-Provider gibt und zwei Laufwerke bereits vordefiniert sind:

HKLM – steht für den Zweig *HKey_Local_Machine*

HKCU – steht für den Zweig *HKey_Current_User*

Der Umstand, dass nur zwei Laufwerke existieren, bedeutet natürlich nicht, dass die übrigen Registry-Zweige nicht angesprochen werden können. Es muss lediglich über das *New-PSDrive*-Cmdlet ein entsprechendes Laufwerk angelegt werden.

Beim Registry-Zugriff muss zwischen dem Zugriff auf einen Schlüssel über die Cmdlets *Get-Item* und *Get-ChildItem* und den Zugriff auf die Einträge eines Schlüssels und deren Werte unterschieden werden. Dafür sind die *ItemProperty*-Cmdlets wie *GetItemProperty* zuständig (Abb. 6.1).

▶ **Tipp** Auch bei der Eingabe von Registry-Pfaden steht eine Autovervollständigung per [Tab]-Taste zur Verfügung.

Der folgende Befehl gibt die Namen der Unterschlüssel im Schlüssel *HKLM:\Software\ Microsoft\.NETFramework* aus:

```
Get-ChildItem -Path HKLM:\SOFTWARE\Microsoft\.NETFramework
```

Sollen nur die Versionsnummern der installierten.NET-Laufzeiten ausgegeben werden, muss lediglich ein Filter angehängt werden:

```
Get-ChildItem -Path HKLM:\SOFTWARE\Microsoft\.NETFramework\v*
```

Der folgende Befehl gibt ein paar Eckdaten zur installierten Windows-Version aus:

```
Get-ChildItem -Path "HKCU:\Software\Microsoft\Windows NT\CurrentVersion"
```

Der Umstand, dass die Ausgabe tabellarisch erfolgt, darf nicht darüber hinwegtäuschen, dass durch die interne Typenformatierung lediglich die Ausgabe etwas zusammengefasst

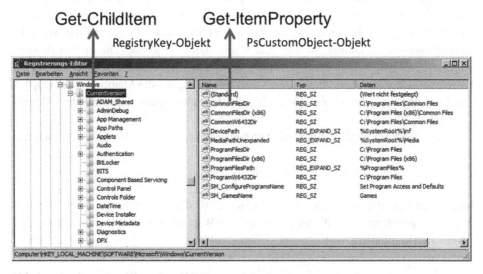

Abb. 6.1 Registry-Zugriff per Get-ChildItem und Get-ItemProperty-Cmdlet

wurde. Anders als beim Zugriff auf das Dateisystem, bei dem ein *Get-ChildItem* Dateiobjekte (*FileInfo*) und Verzeichnisobjekte (*DirectoryInfo*) zurückgibt, sind es bei einem Registry-Schlüssel Objekte vom Typ *RegistryKey*. Dieses Objekt besitzt viele Members. Ein Member, das die Namen und Werte aller Einträge des Schlüssels mit einem Aufruf zurückgibt, gehört nicht dazu. Es gibt zwei Alternativen, um an die Einträge heranzukommen:

1. Über das Methoden-Member *GetValue()*, dem der Name des Eintrags übergeben werden muss. Eine Liste (Array) mit allen Eintragsnamen liefert das *GetValueNames()*-Member.
2. Über das *Get-ItemProperty*-Cmdlet.

Die folgenden beiden Beispiele führen zum selben Ergebnis: Der Ausgabe aller Namen und Werte aller Einträge eines Registry-Schlüssels am Beispiel von *HKCU:\Software\ Microsoft\Windows NT\CurrentVersion*. Eine kleine Warnung gleich Vorweg: Die erste Variante ist unnötig kompliziert. Sie dient lediglich der Veranschaulichung und ist ein weiteres Beispiel für die Anwendung von PowerShell-Standardtechniken (von denen Umgang mit Arrays erst in Kap. 9 an der Reihe ist). Variante 2 ist die deutlich praxisnähere Variante:

Variante 1 geht von dem Umstand dass, dass ein Registry-Schlüssel wie ein regulärer Pfad geschrieben werden kann:

```
$RegKeyPfad = "HKLM:\Software\Microsoft\Windows\CurrentVersion"
Get-ItemProperty -Path $RegKeyPfad -Name *
```

Get-ItemProperty holt die Namen der Einträge des angegebenen Schlüssels und deren Werte (anders als es in der Hilfe angegeben ist erlaubt der *Name*-Parameter Platzhalter). Das kleine Problem dabei ist, dass dabei ein Objekt resultiert, bei dem die Einträge des Schlüssels mit ihren Werten als Eigenschaften angehängt wurden. Für die Ausgabe ist das in Ordnung, möchte man aber an die einzelnen Eigenschaften heran, um sie z. B. einzeln ausgeben zu können, ist dies eine kleine Herausforderung. Die in dem Beispiel vorgestellte Lösung besteht darin, über die unscheinbare Eigenschaft *PsObject*, die bei der PowerShell jedes (!) Objekt besitzt, ein Objekt zu holen, das die Members jenes Objekts zur Verfügung stellt, auf das *PsObject* folgt, und dann alle Eigenschaften mit ihren Werten auszugeben.

Im ersten Schritt wird die Rückgabe von *GetItemProperty* einer Variablen zugewiesen:

```
$Key = Get-ItemProperty -Path $RegKeyPfad -Name *
```

Im zweiten Schritt werden per *PsObject*-Eigenschaft die Namen der Eigenschaften und ihre Werte geholt und jeweils der Name und der Wert per *Select-Object* zu einer neuen Eigenschaft kombiniert:

```
PS C:\PSKurs> $Key.psobject.Properties | Select-Object -Property
@{Name="Name";Expression={$_.Name}}, @{Name="Wert";Expression={$_.Value
}}

Name                                    Wert
----                                    ----
ProgramFilesDir                         C:\Program Files
CommonFilesDir                          C:\Program Files\Common Files
ProgramFilesDir (x86)                   C:\Program Files (x86)
CommonFilesDir (x86)                    C:\Program Files (x86)\Common
Files
usw.
```

Variante B geht von dem Umstand aus, dass das von *Get-Item* gelieferte Objekt ein Methoden-Member *GetValueNames()* besitzt, das die Namen aller Einträge als Array liefert (Kap. 9). Dieses Array wird mit dem *Foreach*-Befehl (ebenfalls Kap. 9) durchlaufen und bei jedem Durchlauf wird der Name dazu benutzt, den Wert über das Methoden-Member *GetValue()* abzufragen. Damit die Ausgabe schön tabellarisch erfolgt, wird über das *New-Object*-Cmdlet ein neues Objekt vom Typ *PSObejct* gebildet mit zwei Eigenschaften „Name" und „Wert", die über eine Hashtable (Kap. 9) dem *Property*-Parameter von *New-Object* übergeben werden. Der Vorteil ist, wie bei Variante A, nicht nur die tabellarische Ausgabe, sondern dass jeder Eintrag des Schlüssels ein eigenes Objekt ist und daher mit den Pipeline-Cmdlets bei Bedarf weiterverarbeitet werden kann. Merke: Kleinigkeiten können bei der PowerShell etwas umständlich sein.

```
Write-Host -Fore White -Back Magenta "Die Einträge und Werte von
$RegKeyPfad`:"
$RegKey = Get-Item -Path $RegKeyPfad
foreach($Name in $RegKey.GetValueNames())
{
    New-Object -TypeName PSObject -Property
@{Name=$Name;Wert=$RegKey.GetValue($Name)}
}
```

6.12.2   Auflisten der Run-Einträge

Windows speichert die Pfade aller automatisch startenden Programme in den Schlüsseln *HKey_Current_User\Software\Microsoft\Windows\CurrentVersion\Run* und *HKey_Local_Machine\Software\Microsoft\Windows\CurrentVersion\Run*. Soweit ist alles noch einfach. Der Befehl

```
dir HKCU:\Software\Microsoft\Windows\CurrentVersion\Run
```

sollte daher etwas ausgeben, tut er aber nicht. Der Grund wurde bereits im letzten Abschnitt erwähnt. Um die Autostart-Einträge zu sehen, müssen nicht die Unterschlüssel, sondern die Eigenschaften des Schlüssels per *Get-ItemProperty*-Cmdlet abgerufen werden.

Der folgende Befehl gibt die Einträge des Run-Schlüssels aus:

```
Get-ItemProperty -Path
HKCU:\Software\Microsoft\Windows\CurrentVersion\Run
```

bzw.

```
Get-ItemProperty -Path
HKCU:\Software\Microsoft\Windows\CurrentVersion\Run -Name *
```

Leider ist die Ausgabe nicht ganz optimal. Vor allem die verschiedenen „PS-Eigenschaften", wie *PSPath* oder *PSProvider*, sind etwas störend. Lassen sich diese nicht einfach mit einem angehängten „Where-Object Name –notlike "PS*"" ausfiltern? Nein, so einfach geht es leider nicht. Der Umstand, dass der Befehl

```
Get-ItemProperty -Path
HKCU:\Software\Microsoft\Windows\CurrentVersion\Run -Name * | Where-
Object Name -notlike "PS*"
```

keine Wirkung zeigt ist für angehende PowerShell-Experten, die bis vor der Ausführung des Befehls noch das Gefühl hatten, das Ganze halbwegs verstanden zu haben, eventuell etwas frustrierend. Dabei gibt es eine einfache Erklärung. *Get-ItemProperty* gibt ein einzelnes Objekt (vom Typ *PSCustomObject*) zurück, bei dem die Einträge des Registry-Schlüssels mit ihren Werten als Eigenschaften angehängt wurden. Es gibt daher zunächst nichts zum Filtern. Auch hier ist die unscheinbare Eigenschaft *psobject* die Lösung, da sie die Eigenschaften einzeln zur Verfügung stellt.

Der folgende Befehl gibt die Einträge des Run-Schlüssels mit ihren Werten schön tabellarisch aus:

```
PS C:\PSKurs> Get-ItemProperty -Path
HKCU:\Software\Microsoft\Windows\CurrentVersion\Run -Name
*).psobject.Properties | Where-Object Name -notlike "PS*" | Select-Object
-Property
@{Name="Name";Expression={$_.Name}},@{Name="Pfad";Expression={$_.Value}}

Name                    Pfad
----                    ----
Boxcryptor.exe          "C:\Program Files (x86)\Boxcryptor\Boxcryptor.exe"
usw.
```

6.13   Laufwerksabfragen per WMI

Cmdlets wie *Get-PSdrive* liefern nur einen Teil der Informationen, die über ein Laufwerk zur Verfügung stehen. Hier kommt WMI (*Windows Management Instrumentation*), das offiziell in Kap. 11 vorgestellt wird, mit seinen Klassen ins Spiel, über die sich alle Details über Laufwerke abfragen und teilweise auch setzen lassen. Tabelle 6.6 stellt die Namen einiger WMI-Klassen zusammen, die für Laufwerksabfragen mit Hilfe des Cmdlets *Get-CIMInstance* verwendet werden können.

Der folgende Befehl gibt nur Wechsellaufwerke wie CD-ROM-Laufwerke aus.

```
Get-CimInstance -ClassName Win32_LogicalDisk -Filter "DriveType=5"
```

Die Verwendung des *Filter*-Parameters, der bewirkt, dass die Auswahl bereits durch WMI getroffen wird, ist optional. Alternativ geht es natürlich auch mit dem *Where-Object*-Cmdlet:

```
Get-CimInstance -ClassName Win32_LogicalDisk | Where-Object DriveType -eq
5
```

6.14   Virtuelle Laufwerke und ISO-Dateien

Bei Windows spielen seit einigen Versionen auch virtuelle Laufwerke und ISO-Dateien, die als Laufwerke angesprochen werden können, eine Rolle. Ein virtuelles Laufwerk ist ein reguläres Dateisystem-Laufwerk, das in einer Datei (Erweiterung.*Vhd* oder.*Vhdx*) enthalten ist. Eine ISO-Datei enthält ebenfalls das Abbild eines kompletten Laufwerks in einem eigenen Format. Virtuelle Laufwerke spielen bei virtuellen Computern eine Rolle, ISO-Dateien immer dann, wenn der Inhalt einer CD/DVD gespeichert werden soll. Die PowerShell selber besitzt keine Cmdlets für den Umgang mit virtuellen Laufwerken und ISO-Dateien. Das bedeutet natürlich nicht, dass es diese Cmdlets nicht gibt. Sie sind Teil von Windows Server ab Version 2012 bzw. Windows ab Version 8. Das bedeutet konkret, dass sie bei Windows 7 auch bei der PowerShell 4.0 nicht zur Verfügung stehen (und auch

Tab. 6.6 WMI-Klassen für Laufwerksabfragen

WMI-Klasse	Bedeutung
Win32_LogicalDisk	Gibt die Laufwerke mit einigen technischen Details (Dateisystem, Blockgröße usw.) zurück, die auch von der Laufwerksverwaltung und im Explorer angezeigt werden
Win32_DiskDrive	Gibt die Eckdaten der physikalischen Laufwerke zurück, die am Computer angeschlossen sind
Win32_CDROMDrive	Gibt die Eckdaten der angeschlossenen Wechsellaufwerke (DVD-Laufwerk usw.) zurück

nicht nachgeladen werden können). Die folgenden Beispiele funktionieren daher nicht
unter Windows Server 2008 R2 oder Windows 7.

Der folgende Befehl „mounted" die angegebene ISO-Datei als Laufwerk:

```
Mount-DiskImage -ImagePath C:\ISO\de_office_2003_pro.iso
```

Das Pendant ist das *Dismount-DiskImage*-Cmdlet.

Auch eine Vhd- bzw. Vhdx-Datei wird auf diese Weise gemounted. Alternativ gibt es
dafür das Cmdlet *Mount-Vhd* im Hyper-V-Modul (es muss separat als Feature hinzugefügt
werden, per PowerShell durch ein „Add-WindowsFeature -Name Hyper-V-PowerShell").

6.15   Transaktionen

Eine Transaktion fasst mehrere Operationen in einer „Klammer" zusammen. Am Ende
werden alle Operationen entweder durchgeführt oder komplett rückgängig gemacht. Eine
Transaktion wird über das *Start-Transaction*-Cmdlet eingeleitet. Anschließend wird bei
jedem Cmdlet, das an der Transaktion teilnehmen soll, der *UseTransaction*-Parameter gesetzt. Am Ende werden alle Operationen entweder über das *Complete-Transaction*-Cmd-
let durchgeführt oder über das *Undo-Transation*-Cmdlet rückgängig gemacht. Was sich in
der Theorie nach einer vielseitig einsetzbaren Technik anhört, besitzt bei der PowerShell
eine kleine Einschränkung. Transaktionen werden aktuell leider nur vom Registry-Provider unterstützt. Die folgenden Beispiele beziehen sich daher ausschließlich auf Registry-
Zugriffe.

Das folgende Beispiel ist bereits ein kleines PowerShell-Skript, das den Umgang mit
Transaktionen beim Zugriff auf die Registry veranschaulichen soll. Es verwendet mit dem
If-Befehl und den Kommentarzeilen zwei Befehle, die erst in Kap. 9 offiziell vorgestellt
werden.

```
<#
 .Synopsis
 Transaktionen beim Registry-Zugriff
#>

# Registry-Key löschen, wenn vorhanden

Remove-Item -Path HKCU:\Software\PsBuch -Recurse -ErrorAction Ignore

# Schritt 1: Anlegen eines neuen Schlüssels

$Tr = Start-Transaction

New-Item -Path HKCU:\Software\PsBuch -UseTransaction

# Schritt 2: Anlegen eines Unterschlüssels

New-Item -Path HKCU:\Software\PsBuch\Version1 -UseTransaction

# Schritt 3: Anlegen eines Eintrags
New-ItemProperty -Path HKCU:\Software\PsBuch\Version1 -Name Anzahl -Value
1 -UseTransaction

if ($true, $false | Get-Random)
{
  Write-Verbose "Alles ok  - Transaktion wird ausgeführt." -Verbose
  Complete-Transaction
}
else
{
  Write-Verbose "Fehler - Transaktion wird rückgängig gemacht." -Verbose
  Undo-Transaction
}

if (Test-Path -Path HKCU:\Software\PsBuch)
{
  "Registry-Keys wurden angelegt."
}
else
{
  Write-Warning "Registry-Keys wurden nicht angelegt."
}
```

6.16   Zusammenfassung

Die PowerShell verwendet für den Zugriff auf Ablagen ein einheitliches Konzept. Dieses besteht darin, dass Provider Laufwerke (*PSDrive*-Objekte) zur Verfügung stellen, über die beliebige Ablagen (Dateisystem, Umgebungsvariablen, Registry, Zertifikate, Ws-Man-Konfiguration usw. mit demselben Satz an Item-Cmdlets angesprochen werden.

Systemabfragen mit der PowerShell

7

In diesem Kapitel geht es ausschließlich um die Praxis mit der PowerShell im Zusammenhang mit Systemabfragen. Sie lernen keine neuen Grundlagenthemen kennen, sondern eine Reihe von Cmdlets, die sich für die tägliche PowerShell-Praxis im Rahmen einer „Ad hoc-Administration" eignen. Einige der Cmdlets, wie z. B. *Get-Process*, wurden in den vorangegangenen Kapiteln bereits an einfachen Beispielen vorgestellt.

7.1 Prozesse abfragen per Get-Process

Das *Get-Process*-Cmdlet holt eine „Liste" aller laufenden Prozesse. Für jeden Prozess wird ein Prozessobjekt (Typ *System.Diagnostics.Process*) in die Pipeline gelegt. Sollen nur Prozesse mit einem bestimmten Namen zurückgegeben werden, gibt es dafür den *Name*-Parameter, der die üblichen Platzhalter (*,? und []) akzeptiert. Der Befehl

```
Get-Process -Name S*
```

gibt alle Prozesse zurück, die mit einem „S" beginnen. Der Befehl

```
Get-Process -Name [STR]*
```

alle Prozesse, die mit den Buchstaben „S", „T" oder „R" beginnen. Für jeden Prozess werden acht Merkmale (Eigenschaften) ausgegeben:

- Handles
- NPM(K)
- PM(K)

© Springer Fachmedien Wiesbaden 2014
P. Monadjemi, *PowerShell für die Windows-Administration*, X.systems.press,
DOI 10.1007/978-3-658-02964-7_7

- WS (K)
- VM(M)
- CPU(s)
- Id
- ProcessName

Bis auf die letzten beiden Merkmale dürften die ersten sechs nur intimen Windows-Kennern oder Freunde des *Process Explorer* (aus der *Sysinternals*-Toolsammlung) etwas sagen. Alle Merkmale sind Kenngrößen eines Prozesses. „WS(K)" steht für „Workingset" und bezeichnet die aktuelle Arbeitsspeicherauslastung des Prozesses. Die Frage, die sich an dieser Stelle zwangsläufig stellt: Wie findet man heraus, was die Namen zu bedeuten haben? Die Antwort lautet in diesem Fall immer „Nimm Get-Member". Das *Get-Member*-Cmdlet verrät zwar nicht, was die einzelnen Eigenschaften zu bedeuten haben, es zeigt aber zuverlässig alle Eigenschaften an, die insgesamt vorhanden sind, und gibt zu jeder Eigenschaft an, um welche „Sorte" von Eigenschaft es sich handelt (die meisten der aufgeführten Eigenschaften sind *Alias*-Eigenschaften und damit Zweitnamen für Eigenschaften mit einem deutlich längeren Namen). Da nur die Eigenschaften angezeigt werden sollen, wird *Get-Member* mit dem *MemberType*-Parameter und dem Wert „Properties" aufgerufen:

```
Get-Process | Get-Member -MemberType Properties
```

Wenn Sie die Ausgabe nach oben scrollen, stellen Sie fest, dass *Handles, Name, NPM, PM, VM* und *WS* lediglich Zweitnamen für die „wahren" Eigenschaften eines Prozessobjekts sind. Damit soll der Umgang mit diesen Eigenschaften etwas vereinfacht werden. Doch streng genommen ist „NMP" nicht mit „NPM(K)" und „WS" nicht mit „WS(K)" identisch. Die jeweils zweitgenannten Namen sind keine Eigenschaften, sondern lediglich die Überschriften, die bei der Tabellenausgabe automatisch verwendet werden (die Grundlage ist eine Typenformatdatei im Installationsverzeichnis der PowerShell).

7.1.1 Die Rolle der PropertySets

Die PropertySets waren in Kap. 5 bereits an der Reihe. Ein *PropertySet*-Member fasst mehrere Eigenschaften unter einem Namen zusammen. Das ist praktisch, da sich durch Angabe eines *PropertySet*-Members mehrere Eigenschaften ausgeben lassen, ohne dass diese einzeln namentlich aufgeführt werden müssen. Ist man in erster Linie an den Ressourcen interessiert, die ein Prozess belegt, erhält man diese über das *PropertySet*-Member „PSResources":

```
Get-Process | Select-Object -Property PSResource
```

7.1.2   Den Besitzer eines Prozesses anzeigen

Bis zur Version 3.0 lieferte *Get-Process* eine Menge Details, der Name des Besitzers des Prozesses war nicht dabei und musste per WMI abgefragt werden. Mit der Version 4.0 besitzt *Get-Process* den Parameter *IncludeUserName*, der auch den Namen des Besitzers zurückgibt. Möchte man die Namen der Besitzer aller Prozesse erhalten, muss die PowerShell als Administrator gestartet werden.

7.1.3   Prozesse und Module

Ein Prozess lädt immer eines oder mehrere „Module". Das sind weitere (Programm-) Dateien, in der Regel Funktionsbibliotheken des Betriebssystems, die der Prozess zur Ausführung benötigt. Die Informationen zu allen geladenen Modulen eines Prozesses werden über den Parameter *Module* angezeigt. Der folgende Befehl gibt die Größe in KB, den Namen und den Verzeichnispfad aller Moduldateien aus, die vom PowerShell-Prozess geladen wurden:

```
Get-Process -ID $PID -Module
```

7.1.4   Prozesse und Fenster

Nicht jeder Prozess zeigt ein Fenster an, steht also für eine Windows-Anwendung. Möchte man nur jene Prozesse sehen, die ein Fenster besitzen, muss die Eigenschaft *MainWindowTitle* mit einer leeren Zeichenfolge verglichen werden. Der folgende Befehl gibt alle Prozesse aus, die ein Fenster anzeigt:

```
Get-Process | Where-Object MainWindowTitle -ne ""
```

oder etwas kürzer

```
Get-Process | Where-Object MainWindowTitle
```

Diese Variante setzt darauf, dass jeder Wert von *MainWindowTitle*, der nicht „leer" ist, einen Wert ungleich *$null* liefert und damit die *$true*-Bedingung erfüllt ist.

7.1.5   Datei- und Programmversionsnummern

Jede Programmdatei besitzt eine Programm- und eine Dateiversionsnummer, die nicht identisch sein müssen. Dank des *FileVersion*-Parameters von *Get-Process* lassen sich beide Angaben sehr einfach abfragen. Der folgende Befehl berücksichtigt nur jene Prozesse, die überhaupt einen Wert für die *FileVersion*-Eigenschaft besitzen und unterdrückt Fehlermeldungen durch den *ErrorAction*-Parameter:

```
Get-Process -FileVersionInfo -ErrorAction Ignore | Where-Object
ProductVersion -ne $null
```

Wird die Abfrage mit dem *Name*-Parameter ergänzt, werden nur die Versionsnummern der Prozesse mit diesem Namen aufgelistet. Der folgende Befehl gibt die Versionsnummern aller laufenden Browser aus, sofern diese laufen:

```
Get-Process -FileVersionInfo -Name Chrome, IExplore, Firefox
```

Da ein Browser in der Regel nach dem Start weitere Prozesse startet, kommen einige Namen mehrfach vor. Das selten benutzte Cmdlet *Get-Unique* sorgt dafür, dass in einer sortierten Ausgabe die mehrfach kommenden Namen ausgefiltert werden:

```
Get-Process -FileVersionInfo -Name Chrome, IExplore, Firefox | Get-Unique
```

Eine etwas bessere Alternative ist der *Unique*-Parameter von *Sort-Object*, da damit gleich die erforderliche Sortierung durchgeführt wird:

```
Get-Process -FileVersionInfo -Name Chrome, IExplore,Firefox | Sort-
Object -Unique-Property Name
```

7.1.6   Nicht reagierende Prozesse „abschießen"

In diesem Abschnitt wird geschossen, aber höchstens mit virtuellen Platzpatronen, denn es geht lediglich darum, jene Prozesse zu beenden, die von Windows als nicht mehr reagierend eingestuft werden (Sie kennen das, ein Fenster „friert" ein und die Sanduhr dreht sich und dreht sich). Bei einem solchen Prozess besitzt die Eigenschaft *Responding* den Wert *$true*. Wie heißt daher der Befehl, der alle Prozesse beendet, bei denen diese Eigenschaft *$true* ist. Etwa

Get-Process Responding = $true?

oder vielleicht

Where Responding = $true of Get-Process?

Nein, nicht ganz. *Get-Process* liefert nur Prozesse, bietet aber keine Möglichkeit zum Filtern. Hier kommt (natürlich) wieder das *Where-Object*-Cmdlet ins Spiel:

```
Get-Process | Where-Object Responding -eq $true
```

oder etwas kürzer

```
Get-Process | Where-Object Responding
```

Der Vergleich mit dem *eq*-Operator ist überflüssig, da bereits die *Responding*-Eigenschaft den Wert *$true* liefert.

7.2   Dienste abfragen per Get-Service

Das Cmdlet *Get-Service* gibt alle registrierten Systemdienste zurück. Entweder lokal oder auf dem angegebenen Computer. Anders als ein Prozessobjekt besitzt ein Dienstobjekt nur wenige Merkmale. Die wichtigsten sind:

- Name
- Displayname
- Status
- DependentServices

Der folgende Befehl gibt die Eckdaten aller Dienste aus, die aktuell nicht laufen:

```
Get-Service | Where-Object Status -ne "Running"
```

Der folgende Befehl soll feststellen, ob auf dem lokalen Computer ein SQL Server Express-Dienst installiert ist, der den Namen „MSSQL$SQLEXPRESS" trägt. Während der Befehl

```
Get-Service -Name *SQL*

Status    Name            DisplayName
------    ----            -----------
Running   MSSQL$SQLEXPRESS SQL Server (SQLEXPRESS)
Stopped   SQLAgent$SQLEXP... SQL Server-Agent (SQLEXPRESS)
Running   SQLBrowser      SQL Server-Browser
Running   SQLWriter       SQL Server VSS Writer
```

den Dienst zusammen mit anderen anzeigt, liefert der Befehl

```
Get-Service -Name MSSQL$SQLEXPRESS
```

eine Fehlermeldung. Die Erklärung ist simpel, doch man muss erst einmal darauf kommen. Da das *$*-Zeichen das Variablenzeichen ist, werden die folgenden Zeichen als Name einer nicht vorhandenen Variablen interpretiert. Der übergebene Name war daher „MSSQL". Die Lösung besteht darin, das *$*-Zeichen durch den „schiefen" Apostroph (links von der

[Backspace]-Taste, der zusammen mit der [Umschalt]-Taste eingegeben wird), zu maskieren:

```
Get-Service -Name MSSQL`$SQLEXPRESS
```

7.2.1 Den Startmodus eines Dienstes abfragen

Von den Angaben, die *Get-Service* in Gestalt eines Objekts vom Typ *ServiceController* liefert, ist der Startmodus eines Dienstes nicht dabei und muss per WMI mit Hilfe der Klasse *Win32_Service* über das *Get-CIMInstance*-Cmdlet abgefragt werden[1]. Der folgende Befehl gruppiert alle Dienste nach dem Wert ihrer *StartMode*-Eigenschaft:

```
Get-CIMInstance -ClassName Win32_Service | Group-Object -Property
StartMode
```

Es ist bemerkenswert, dass bei der Version 4.0 weder per WMI noch über das Cmdlet *Set-Service* der Startmodus „Automatisch (Verzögerter Start)" nicht zur Verfügung steht. Wer einen Dienst auf diesen Startmodus setzen möchte, muss dies entweder in der Dienstekonsole (*Services.msc*) oder über einen Aufruf des Konsolenprogramms *Sc.exe* durchführen:

```
sc.exe config ADWS start= delayed-auto
```

Der Umstand, dass diese Änderung nicht per *Set-Service* möglich ist, ist daher kein Nachteil.

7.3 Ereignisprotokolle abfragen per Get-EventLog und Get-WinEvent

Die Windows-Ereignisprotokolle werden über die Cmdlets *Get-Eventlog* und *Get-WinEvent* abgefragt. Während sich *Get-Eventlog* im Wesentlichen auf die klassischen Ereignisprotokolle *System*, *Application* und *Security* beschränkt, kann *Get-WinEvent* auch die mit Windows Vista eingeführten erweiterten Ereignisprotokolle abfragen.

 Der folgende Befehl gibt alle Einträge aus dem *System*-Ereignisprotokoll vom Typ *Warning* oder *Error* zurück, die seit Mitternacht geschrieben wurden:

```
Get-EventLog -LogName System -EntryType Warning, Error -After (Get-Date -
Date 0:0)
```

---

[1] Diese Eigenschaft hatten die Entwickler der .NET-Laufzeit, dessen Klasse die PowerShell verwendet, offenbar vergessen.

Der „Trick" besteht darin, auf den *After*-Parameter das heutige Datum zum Zeitpunkt Mitternacht folgen zu lassen, das von einem „Get-Date –Date 0:0" geliefert wird.

▶   **Tipp** Über das *Show-EventLog*-Cmdlet wird die Ereignisanzeige sichtbar
    gemacht. Das erspart den kleinen Umweg über den Server-Manager bzw. die
    Verwaltungsgruppe der Systemsteuerung. Über den Parameter *ComputerName*
    kann ein Remote-Computer angegeben werden, dessen Einträge lokal ange-
    zeigt werden.

7.4 Updates abfragen per Get-Hotfix

Gestern war wieder einmal „Patchday" bei Microsoft (in der Regel der zweite Dienstag in jedem Monat). Daher ist es sicher interessant zu erfahren, welche Updates installiert wurden. Diese Frage beantwortet das *Get-Hotfix*-Cmdlet (das intern auf der WMI-Klasse *Win32_QuickfixEngenineering* basiert). Sollen nur die Updates ab einem bestimmten Datum ausgegeben werden, muss die Eigenschaft *InstalledOn* abgefragt werden.

Der folgende Befehl gibt nur die Updates zurück, die in den letzten 7 Tagen installiert wurden:

```
PS C:\PSKurs> Get-Hotfix | Where-Object {$_.InstalledOn -ne $null -and
[DateTime]$_.InstalledOn.ToString() -gt ((Get-Date) - (New-TimeSpan -Days
7))}

Source       Description       HotFixID      InstalledBy          InstalledOn
------       -----------       --------      -----------          -----------
W8ONE        Security Update KB2929961       NT-AUTORITÄT\SYSTEM   03.12.2014
00:00:00
W8ONE        Update            KB2938527     NT-AUTORITÄT\SYSTEM   03.12.2014
00:00:00
```

Nicht nur, dass die Abfrage unnötig kompliziert ist, da *InstalledOn* das Datum im US-Format (Tag/Monat/Jahr) liefert und daher über eine Typenkonvertierung per *[DateTime]* und eine anschließende Konvertierung in einen String „normalisiert" werden muss, auch der Umstand, dass das Datum im US-Format ausgegeben wird, ist etwas störend (KB2929961 ist ein Sicherheitsupdate, das am 10.3.2014 veröffentlicht wurde). Dieser Aspekt wurde vom Entwicklerteam offenbar etwas schlampig getestet[2].

▶   **Hinweis** Es ist ein bekannter Bug beim *Get-Hotfix*-Cmdlet, dass auf einem Win-
    dows, auf dem kein englisches Sprachpaket aktiv ist, Datumsangaben, die in
    einer Schreibweise Monat-Tag nicht gültig sind, nicht angezeigt werden[3].

---

[2] Zumal die ScriptProperty *InstalledOn* bereits einen Workaround enthält, der einen anderen Fehler korrigiert.

[3] Einen Workaround habe ich in einem Blog unter http://powershell-knowhow.de/powershell/?p=621 beschrieben.

Tab. 7.1 Einige Konsolenprogramme aus dem System32-Verzeichnis

Konsolenprogramm	Welche Daten liefert es?
Netstat.exe	TCP/IP-Verbindungen.
Reg.exe	Registry-Einträge (z. B. reg Query HKLM\Software\Microsoft\Windows\CurrentVersion\Run)
Sc.exe	Systemdienste (z. B. „sc query")
Tasklist.exe	Laufende Prozesse
Wevtutil.exe	Einträge von Ereignisprotokollen
Whoami.exe	Informationen zum aktuellen Benutzer

7.5 Weitere Abfragen per WMI

Die bisher vorgestellten Get-Cmdlets decken natürlich nur einen kleinen Teil der möglichen Konfigurationsabfragen ab. Für weitere Konfigurationsdaten muss entweder auf WMI (Kap. 11) oder auf die Windows-Konsolenprogramme wie z. B. *Netstat.exe* zurückgegriffen werden, die sich in der Regel (sofern sie keine interaktive Shell darstellen) 1:1 in der PowerShell-Konsole ausführen lassen.

7.5.1 Konsolenprogramme als Alternative

Es müssen nicht immer PowerShell-Cmdlets sein, die Konfigurationsdaten liefern. Windows bietet im *System32*-Verzeichnis mehrere Dutzend Konsolenprogramme, die ebenfalls Konfigurationsdaten liefern, und die auf die gleiche Weise aufgerufen werden wie in der klassischen Konsole. Tabelle 7.1 stellt einige der nützlichsten Kommandozeilenprogramme zusammen, die im System32-Verzeichnis zu finden sind. Im Vergleich zu einem Konsolenprogramm besitzt ein Cmdlet einen Vorteil: Die Ausgabe sind immer Objekte. Dieser Vorteil spielt sich immer dann aus, wenn die Ausgabe auf irgendeine Weise weiterverarbeitet, z. B. in ein anderes Format exportiert, werden soll. Was mit den Konsolenprogrammen sehr viel Aufwand bedeutet, sofern kein geeignetes Tool zur Verfügung steht, ist mit den Cmdlets eine Kleinigkeit.

7.6 Ausgaben in einem Fenster per Out-GridView

Bislang wurde eine Ausgabe ausschließlich in der Konsole ausgegeben. Dank dem *Out-GridView*-Cmdlet ist auch eine Ausgabe in einem eigenen Fenster möglich (Abb. 7.1). Der folgende Befehl gibt alle Prozesse, die aktuell mehr als 100 MB Arbeitsspeicher belegen, in einem eigenen Fenster aus:

```
Get-Process | Where-Object WS -gt 100MB | Out-GridView
```

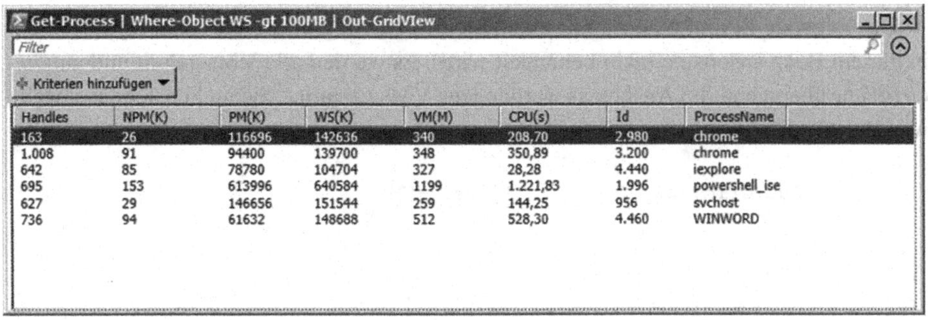

Handles	NPM(K)	PM(K)	WS(K)	VM(M)	CPU(s)	Id	ProcessName
163	26	116696	142636	340	208,70	2.980	chrome
1.008	91	94400	139700	348	350,89	3.200	chrome
642	85	78780	104704	327	28,28	4.440	iexplore
695	153	613996	640584	1199	1.221,83	1.996	powershell_ise
627	29	146656	151544	259	144,25	956	svchost
736	94	61632	148688	512	528,30	4.460	WINWORD

Abb. 7.1 Cmdlet-Ausgabe in einem eigenen Fenster

Das Fenster besitzt ein paar interessante Möglichkeiten:

- Eine eingebaute Sortierung über den Spaltenkopf
- Die Möglichkeit weitere Filter hinzuzufügen
- Es lassen sich angezeigte Spalten ausblenden

Was nicht passiert ist, dass die angezeigten Daten automatisch aktualisiert werden. Auch ein Export der Daten ist aus dem Fenster heraus nicht möglich. Dieser ist aber auch nicht erforderlich, denn dank dem *PassThru*-Parameter werden die angezeigten Objekte wieder in die Pipeline gelegt, so dass sie sich beliebig weiterverarbeiten lassen.

Die wichtigste Eigenschaft von *Out-GridView* kann leicht übersehen werden. Wird der *PassThru*-Parameter gesetzt, erscheinen am rechten unteren Rand des Fensters eine *OK*- und eine *Abbrechen*-Schaltfläche. Die *OK*-Schaltfläche bewirkt, dass die selektierten Objekte in die Pipeline gelegt werden. In diesem Modus fungiert das Fenster als eine komfortable Vorauswahl für Objekte, mit denen im Anschluss eine Aktion ausgeführt werden soll (Abb. 7.2).

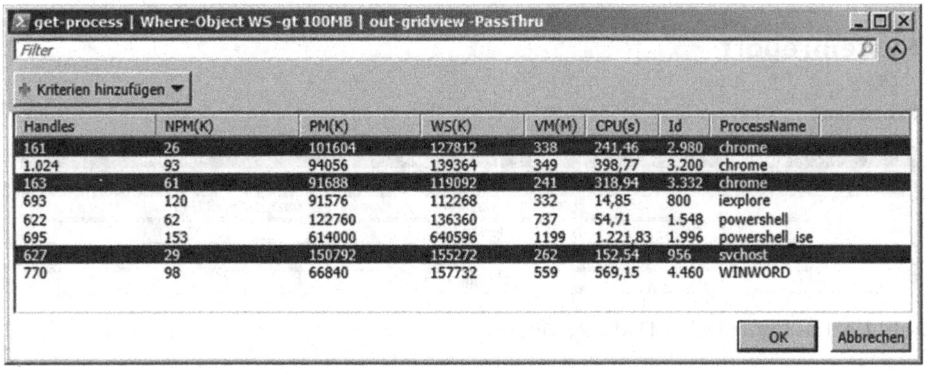

Handles	NPM(K)	PM(K)	WS(K)	VM(M)	CPU(s)	Id	ProcessName
161	26	101604	127812	338	241,46	2.980	chrome
1.024	93	94056	139364	349	398,77	3.200	chrome
163	61	91688	119092	241	318,94	3.332	chrome
693	120	91576	112268	332	14,85	800	iexplore
622	62	122760	136360	737	54,71	1.548	powershell
695	153	614000	640596	1199	1.221,83	1.996	powershell_ise
627	29	150792	155272	262	152,54	956	svchost
770	98	66840	157732	559	569,15	4.460	WINWORD

Abb. 7.2 Das OutGridView-Cmdlet bietet auch die Möglichkeit einer Vorauswahl

Der folgende Befehl unternimmt einen kleinen Ausflug in die Welt von Hyper-V (das
in diesem Buch ansonsten nicht behandelt wird). Es werden alle VMs geholt und an *Out-
GridView* übergeben. Im Anschluss werden jene VMs gestartet, die im Fenster ausgewählt
wurden:

```
Get-VM | Out-GridView -PassThru | Start-VM
```

7.7 HTML-Reports

Das *ConvertTo-HTML*-Cmdlet wurde bereits in Kap. 5 vorgestellt. In diesem Abschnitt
soll, in der gebotenen Kürze, gezeigt werden, dass sich mit diesem Cmdlet auch „HTML-
Reports" erstellen lassen, die das Ergebnis mehrerer Abfragen in einer HTML-Seite zusammenfassen. Diese Seite kann per CSS (*Cascading Style Sheets*) hübsch formatiert
werden. Das „Geheimnis" für einen solchen Report sind drei unauffällige Parameter
beim *ConvertTo-HTML*-Cmdlet: *Fragment*, *PreContent* und *PostContent*. Der *Fragment*-Parameter sorgt dafür, dass kein vollständiges HTML-Grundgerüst, sondern nur ein
<Table>-Element entsteht. Die Parameter *PreContent* und *PostContent* erlauben es, diese
<Table>-Elemente vor oder nach dem Hauptteil des HTML-Grundgerüsts einzufügen.
Abgerundet wird das Ganze über den *CssUri*-Parameter, der auf eine zuvor angelegte
CSS-Datei mit Formatierungsdetails verweist.

Das folgende Beispiel ist etwas umfangreicher, doch der Aufwand es nachzuvollziehen
lohnt sich, denn das Ergebnis ist ein optisch attraktiv gestalteter HTML-Report, der die
Eckdaten der laufenden Prozesse und der Systemdienste zusammenfasst (Abb. 7.3).

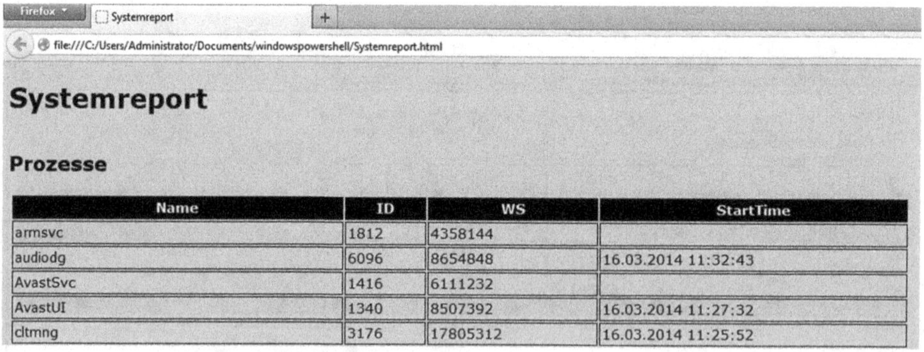

Abb. 7.3 Das Ergebnis des HTML-Reports

```
<#
 .Synopis
 HTML-Report mit mehreren Quellen
#>

$CSS = @'
        Body { Font-Family:Verdana;
               Font-Size:11pt;
               Background-Color:#dddddd;
             }
        Table { Width:50% }
        Table, Tr, Td, Th { padding: 2px; margin: 0px }
        Td, Th { border:1px solid black;
               border-collapse:collapse; }
        Th      { color:white;
                  background-color:black;
                }
      }
'@

$CSSPfad = Join-Path -Path $Env:Temp -ChildPath "PSStyle.css"

$CSS > $CSSPfad

$HTML1 = Get-Process | ConvertTo-Html -Property Name, ID, WS, StartTime -
Fragment -PreContent "<H2>Prozesse</H2>" | Out-String
$HTML2 = Get-Service | ConvertTo-Html -Property Name, Status -Fragment -
PreContent "<H2>Systemdienste</H2>" | Out-String
ConvertTo-Html -PreContent "<H1>Systemreport</H1>" -Title Systemreport -
PostContent $HTML1, $HTML2 -CssUri $CSSPfad > Systemreport.html

.\Systemreport.html
```

7.8   Zusammenfassung

Neben dem Automatisieren von Schrittfolgen über Skripte, ist die „Adhoc-Administration", das „mal eben abfragen" von Konfigurationsdaten, der zweite Schwerpunkt beim Einsatz der PowerShell im modernen administrativen Alltag. Die PowerShell bietet eine Reihe von Get-Cmdlets für die Abfrage von Standardkonfigurationsdaten. Für speziellere Abfragen stehen WMI (Kap. 11) oder die klassischen Konsolenprogramme zur Verfügung.

Die PowerShell ISE

Die *PowerShell ISE* („Integrated Scripting Environment") ist der zweite PowerShell-Host von Microsoft (Abb. 8.1). Er wird mit der PowerShell installiert bzw. ist von Anfang an dabei. Eine Ausnahme ist Windows Server 2008 R2. Hier muss die ISE als Feature nachträglich hinzugefügt werden. Die aktuelle Version der PowerShell ISE ist 4.0. Als grafische Anwendung bietet die ISE mehr Komfort bei der Eingabe von Befehlen durch Auswahllisten und die Anzeige von Syntaxfehlern unmittelbar nach der Eingabe eines Befehls. Die ISE ist für die Eingabe, das Testen mit Hilfe des integrierten Debuggers und das Ausführen von Skripten gedacht. Als PowerShell-Host bietet die ISE dieselbe PowerShell-Funktionalität wie die PowerShell-Konsole. Am Ende des Kapitels werden Alternativen zur PowerShell ISE vorgestellt.

8.1   Ein erster Überblick

Die ISE ermöglicht das Editieren, Ausführen und Debuggen von PowerShell-Skripten. Bei der ISE gibt es zwei getrennte Fensterbereiche:

1. Der Skriptbereich für die Eingabe von Befehlen und Skripten.
2. Der Konsolenbereich für die Ausgabe und die direkte Eingabe von Befehlen.

Jeder Registerkartenbereich stellt einen eigenen Ausführungsbereich („Runspace") dar. Variablen gelten immer im gesamten Runspace. Über das *Datei*-Menü und den Befehl *Neue Remote-Registerkarte* lassen sich auch Remote-Runspaces auf anderen Computern anlegen. Die in eine Registerkarte eingegebenen Befehle werden dadurch auf diesem Computer ausgeführt.

© Springer Fachmedien Wiesbaden 2014   147
P. Monadjemi, *PowerShell für die Windows-Administration*, X.systems.press,
DOI 10.1007/978-3-658-02964-7_8

```
Windows PowerShell ISE                                                                        _|8|x|
Datei  Bearbeiten  Ansicht  Tools  Debuggen  Add-Ons  Hilfe
 [] _ [] | [] 🔍 [] 🔎 | 🔶 ▷ | ▷ _ ■ | 🔆 | 🔳 🗐 🔳 🗗 | 🔳 🔳 🔒
 profile.ps1 x
    1    # Profilskript für alle Hosts
    2
    3    $Host.PrivateData.ErrorBackgroundColor = "White"
    4
    5  ⊟<#
    6    .Synopsis
    7    Holt den Typ des Pipeline-Objekts
    8    #>
    9    function Get-Type
   10  ⊟{
   11  ⊟   param(
   12        [Parameter(Mandatory=$true,ValueFromPipeline=$true)][Object]$InputObject,
   13        [Switch]$Name
   14      )
   15      process
   16  ⊟    {
   17        if ($PSBoundParameters.Name)
   18  ⊟      {
   19          $InputObject.GetType().FullName
   20        }
   21        else
   22        {

PS C:\2013\PsKurs> $Host


Name            : Windows PowerShell ISE Host
Version         : 4.0
InstanceId      : 3042d2ac-fe0e-469d-95b2-adf46c98fdf4
UI              : System.Management.Automation.Internal.Host.InternalHostUserInterface
CurrentCulture  : de-DE
CurrentUICulture: de-DE
PrivateData     : Microsoft.PowerShell.Host.ISE.ISEOptions


                                                                              Ln 17  Spalte 20 |————|————| 149%
```

Abb. 8.1 Die PowerShell ISE im Überblick

Abb. 8.2 Die PowerShell   1
ISE bietet Auswahllisten für   2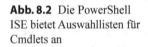
Cmdlets an
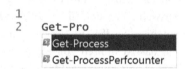

Im Vergleich zur PowerShell-Konsole bietet die ISE mehr Komfort bei der Eingabe von Befehlen:

- Für die Eingabe von Cmdlets, deren Parameter und teilweise auch für die Werte von Parametern gibt es Auswahllisten.
- Eingabefehler werden unmittelbar nach der Eingabe angezeigt.
- Scriptblöcke bilden automatisch einen ein-/ausklappbaren Bereich.
- Über die Tastenkombination [Strg] + [J] werden vorbereitete Befehlsfolgen (Ausschnitte) eingefügt.

Besonders attraktiv sind die Auswahllisten, die sich während der Eingabe eines Befehls entweder automatisch öffnen oder über die Tastenkombination [Strg] + [Leertaste] geöffnet werden. Sie zeigen entweder in Frage kommende Cmdlets und Functions, die Members eines Objekts oder die Namen von Klassen der.NET-Laufzeit an (Abb. 8.2). Auch die Werte von Parametern, sofern diese auf einer Liste von Werten basieren, werden in einer Auswahlliste angezeigt.

Die Schriftgröße wird am rechten unteren Rand über einen Regler eingestellt (Abb. 8.3).

Abb. 8.3 Die Schriftgröße
wird über einen Regler in der
Statusleiste eingestellt

Wird der Skriptbereich komplett ausgeblendet (z. B. über [Strg]+[R]), wird die PowerShell ISE zu einer komfortablen Konsole, die sich aber in einigen Details von der
PowerShell-Konsole unterscheidet. Die wichtigste Kleinigkeit ist der Umstand, dass ein
markierter Bereich über die vertraute Tastenkombination [Strg]+[C] in die Zwischenablage kopiert wird.

Über den unscheinbaren Button „Powershell.exe starten" in der Symbolleiste wird
die PowerShell-Konsole gestartet. Leider lässt sich nicht festlegen, dass sie mit Administratorberechtigungen gestartet wird, wenn die ISE nicht als Administrator gestartet
wurde.[1]

8.2   PowerShell-Skripte in der ISE ausführen

Eine Befehlsfolge im Skriptbereich wird zu einem Skript, in dem sie als Ps1-Datei gespeichert wird. Erst dann wirkt die Ausführungsrichtlinie. Es gibt mehrere Möglichkeiten, die
im Skriptbereich enthaltenen Befehle auszuführen:

- Über die [F5]-Taste oder den grünen „Skript ausführen"-Button in der Symbolleiste.
- Über die [F8]-Taste oder den Button „Auswahl ausführen" in der Symbolleiste. In diesem Fall wird nur der aktuell markierte Bereich oder der Befehl ausgeführt, in dem sich
  die Textmarke aktuell befindet.
- Über die entsprechenden Einträge im *Debuggen*-Menü.

Ob ein PowerShell-Skript ausführt, erkennt man an dem „roten Knopf", über den die Ausführung abgebrochen wird. Sind weder der grüne noch der rote Knopf aktiv, befindet sich
die ISE in einem instabilen Zustand und muss gegebenenfalls beendet und neu gestartet
werden (Abb. 8.4).

8.2.1   Unterschiede zwischen ISE und PowerShell-Konsole

Die PowerShell ISE ist ein eigener Host, der sich in einigen Details vom Konsolenhost
unterscheidet:

---

[1] Diese Kleinigkeit steht, zusammen mit einem Druckbefehl und der Möglichkeit, Parameter für ein
Skript eingeben zu können, ganz oben auf meiner Wunschliste für die nächste Version.

Abb. 8.4 Die Ausführungsleiste
für das Starten und Beenden von
PowerShell-Skripten

- Das *Start-Transcript*-Cmdlet zum Anfertigen einer „Mitschrift" der aktuellen PowerS-hell-Sitzung kann nicht ausgeführt werden (es gibt aber „Workarounds", so dass ein Aufzeichnen der eingegebenen Befehle möglich ist)[2].
- Die Konsole ist kein „echtes" Konsolenfenster. Es gibt z. B. keine [F7]-Taste, um den (nicht vorhandenen) Befehlspuffer anzuzeigen.
- Es ist keine seitenweise Ausgabe über | more möglich.
- Eine Reihe interaktiver Konsolenbefehle wie z. B. *Netsh.exe* können nicht ausgeführt werden. Auch der Start von *Powershell.exe* ist nicht möglich (dafür besitzt die ISE den Button „Powershell.exe starten", durch den die PowerShell-Konsole in einem eigenen Fenster angezeigt wird).
- Die ISE verwendet eine andere Profilskriptdatei (*Microsoft.PowerShellISE_profile. ps1*).
- Die Variable *$PSISE*, die den ISE-Host als Ganzes repräsentiert, gibt es nur in der ISE.

Ein Unterschied, der bei der ersten Version der ISE noch bestand, spielt keine Rolle mehr. Die ISE läuft, wie der Konsolenhost, im STA-Modus und nicht mehr im MTA-Modus (mehr dazu im nächsten Absatz).

8.2.2   STA oder MTA?

Diese beiden Abkürzungen werden Ihnen begegnen, sobald Sie aus einem PowerShell-Skript heraus Fenster (WinForms oder WPF) anzeigen. STA steht für „Single Threaded Ap-partment", MTA entsprechend für „Multi Threaded Appartment"). Beide bezeichnen einen speziellen internen Modus, der bei vielen modernen Windows-Anwendungen eine Rolle spielt. Sowohl die PowerShell-Konsole als auch die ISE starten im STA-Modus (bis zur Version 2.0 startete die PowerShell-Konsole im MTA-Modus). Der aktuelle Modus wird über *$Host.Runspace.ApartmentState* abgefragt (für MTA ist die Angabe „Unknown"). Über die Schalter *Mta* und *Sta* kann die PowerShell-Konsole in einem bestimmten Modus gestartet werden. Der Sta-Modus ist immer dann Voraussetzung, wenn aus einem PowerS-hell-Skript.NET-Klassen angesprochen werden, die intern auf „Interop" für den Zugriff auf COM-Schnittstellen basieren. Ein Beispiel ist der Zugriff auf die Zwischenablage über

```
[System.Windows.Forms.Clipboard]::SetText("Bla")
```

Dieser Befehl kann nicht in einem PowerShell-Runspace ausgeführt werden, der im MTA-Modus gestartet wurde.

---

[2] Zum Beispiel unter http://www.powertheshell.com/transcript.

8.2.3   Interaktive Konsolenprogramme in der ISE-Konsole ausführen

Interaktive Konsolenprogramme, also solche, die einen eigenen Eingabeinterpreter verwenden, können nicht in der ISE-Konsole ausgeführt werden. Beispiele sind *Netsh* und *Ftp*. Nach der Eingabe eines solchen Programms „hängt" sich die Konsole leider auf, da sie auf eine Eingabe wartet, die nicht durchgeführt werden kann (das gestartete Programm kann über den roten Button in der Symbolleiste oder per [Strg] + [C] wieder beendet werden). Damit das nicht bei den Standardprogrammen wie *Cmd* oder *Netsh* passiert, gibt es die Variable *$PSUnsupportedConsoleApplications*, die die Namen dieser Programme umfasst und dazu führt, dass nach Eingabe eines Programmnamens eine Fehlermeldung erscheint. Diese Variable kann um weitere Programmnamen erweitert werden, z. B. Ftp:

```
$PSUnsupportedConsoleApplications.Add("ftp")
```

Möchte man die Programme unbedingt in der ISE-Konsole starten, geht dies über das *Start-Process*-Cmdlet bzw. dessen *Start*-Alias. Ein

```
Start ftp
```

startet die Ftp-Konsole in einem eigenen Fenster.

8.3   Der PowerShell-Debugger

Der PowerShell-Debugger ermöglicht das Setzen von Haltepunkten in einer Ps1-Datei und die Ausführung Befehl für Befehl, wenn der Haltepunkt erreicht wird. Auf diese Weise lassen sich logische Fehler im Skript aufspüren. Der Debugger ist eine Eigenschaft der PowerShell, der grundsätzlich in jedem Host zur Verfügung steht. Während der in der Konsole über Cmdlets angesprochen wird, ist er bei der ISE gut in den Host integriert, so dass seine Funktionalität über Funktionstasten, die Symbolleiste und Menüs zur Verfügung steht. Der folgende Absatz bezieht sich daher auch auf die PowerShell-Konsole.

8.3.1   Wozu ist ein Debugger gut?

Der Begriff „Debugger" kommt aus der Welt der Software-Entwicklung und ist dort bereits „ein paar Jahre" alt. In den Anfängen der Computertechnik sorgten angeblich Motten bzw. kleine Käfer dafür, dass die empfindliche Röhrentechnik ihren Geist aufgab. Die verantwortlichen Lebewesen prägten den Begriff „Bug", der auch heute noch stellvertretend für den Fehler in einem Programm steht. Ein Debugger ist ein Programm zum Aufspüren und Entfernen von Fehlern. Oder besser ein Hilfsmittel, denn der Debugger bietet im Allgemeinen nur eine sehr einfache Funktionalität, in dem er das schrittweise Ausführen eines Programms mit allen seinen Befehlen ermöglicht. Den Fehler tatsächlich finden und beheben muss der Mensch. Ein Debugger macht es nur leichter, den Fehler einzugrenzen. Genau diese Aufgabe erfüllt der Debugger auch bei der PowerShell.

8.3.2   Der PowerShell-Debugger im Überblick

Bei der PowerShell ist ein Debugger seit der Version 1.0 von Anfang an dabei. Es handelt sich also nicht um eine zusätzliche Funktionalität, die etwa als Modul jedes Mal nachträglich geladen werden müsste. Die Debugger-Funktionalität besteht darin, dass sich in einem Skript Haltepunkte setzen lassen, an denen die Skriptausführung später automatisch angehalten wird. Des Weiteren stellt der Debugger während dieser aktiv ist, eine Reihe von Kommandos zur Verfügung, mit deren Hilfe sich das Skript z. B. Befehl für Befehl ausführen lässt. Der Debugger muss in jedem PowerShell-Host implementiert werden. Er steht sowohl in der PowerShell als auch in der PowerShell ISE zur Verfügung. Hosts wie der Power GUI Script Editor gehen sogar noch einen kleinen Schritt weiter, indem sie während des Debuggens die Werte der aktuell vorhandenen Variablen anzeigen. Diesen Komfort bietet die PowerShell ISE auch in ihrer aktuellen Version nur durch Hinzufügen eines Add-Ons.

8.3.3   Die Rolle der Haltepunkte

Die Haltepunkte (engl. „break points") spielen beim Debuggen eine zentrale Rolle. Ohne, dass ein Skript nicht wenigstens einen aktiven Haltepunkt besitzt, kann der Debugger nicht in Aktion treten. Ein Haltepunkt bewirkt entweder, dass das Skript immer oder nur dann anhält, wenn eine zuvor festgelegte Bedingung erfüllt ist.

8.3.4   Setzen von Haltepunkten

Ein Haltepunkt wird in der PowerShell ISE über die [F9]-Taste gesetzt bzw. entfernt. Voraussetzung ist, dass das Skript bereits gespeichert wurde (ansonsten wäre es auch kein PowerShell-Skript). Per Befehlszeile über das *Set-PSBreakPoint*-Cmdlet mit Angabe des Ps1-Pfades und der Zeilennummer. Wird ein Haltepunkt nach dem Start des Skriptes erreicht, können die Debugger-Kommandos ausgeführt werden. In der PowerShell ISE über die Funktionstasten [F10] und [F11] oder per Befehlszeile über Buchstaben:

Tab. 8.1 Die Breakpoint-Cmdlets im Überblick

Cmdlet	Bedeutung
Disable-PSBreakpoint	Deaktiviert einen oder mehrere Haltepunkte, so dass diese keinen Einfluss auf die Skriptausführung mehr haben. Der Haltepunkt wird aber nicht entfernt
Enable-PSBreakpoint	Aktiviert einen oder mehrere Haltepunkte
Get-PSBreakpoint	Holt die Eigenschaften eines oder mehrerer Haltepunkte
Remove-PSBreakpoint	Entfernt die angegebenen Haltepunkte
Set-PSBreakpoint	Setzt einen Haltepunkt in einer Skriptdatei

s	Step into
v	Step over
o	Step out
c	Continue
k	Aufrufstapel anzeigen
l	Skriptbefehle auflisten
?,h	Hilfe anzeigen

In der ISE wird der Debugger über die Funktionstasten gesteuert. Der Debugmodus wird über den Zusatz „[Dbg]" im Prompt angezeigt.

▶ **Hinweis** Während des Debuggens sind keine Änderungen am Skript möglich. Das Skript muss dazu erst beendet werden.

Nach jedem Befehl kann man die Werte der Variablen in der Konsole inspizieren, um die Auswirkung eines Befehls nachvollziehen zu können. Anders als beim *PowerGUI Scripteditor* gibt es kein separates Fenster, in dem die aktuellen Werte aller Variablen zu sehen sind.

8.3.5   Die Breakpoint-Cmdlets im Überblick

Die PowerShell bietet für den Umgang mit Haltepunkten seit der ersten Version einen Satz von Cmdlets, der in Tab. 8.1 zusammengestellt ist.

Der folgende Befehl setzt einen Haltepunkt in den Zeilen 7 und 9 des angegebenen Skripts:

```
Set-PSBreakpoint -Script Debug.ps1 -Line 7, 9
```

Hinter einem Haltepunkt steht ein Objekt vom Typ *LineBreakpoint*, das die Eigenschaften *Action*, *Column*, *Enabled*, *Hitcount*, *Id*, *Line* und *Script* besitzt. Jeder Haltepunkt besitzt eine Id, über die er im Rahmen einer PowerShell-Sitzung unabhängig von einem bestimmten Skript angesprochen werden kann.

Das *Get-PSBreakpoint*-Cmdlet listet alle Haltepunkte, unabhängig von der Skriptdatei, in der sie sich befinden, auf.

8.3.6   Haltepunkte für Variablen und Commands

Ein Haltepunkt kann sich nicht nur auf eine Zeilennummer beziehen, sondern auch auf eine Variable und einem Command. Enthält eine Zeile mehrere Befehle, kann zusätzlich zur Zeilennummer eine Spaltennummer angegeben werden.

Der folgende Befehl setzt einen Haltepunkt, der immer dann aktiv wird, wenn sich der Wert der Variablen *$Anzahl* ändert, z. B. wenn dieser Variablen ein Wert zugewiesen wird.

```
Set-PSBreakpoint -Script .\DebugTest.ps1 -Variable Anzahl
```

Der Haltepunkt wirkt sich natürlich auch auf das Ausführen des Skripts in der ISE aus.

Die zweite Bedingung für einen Haltepunkt kann ein bestimmtes Cmdlet oder eine Function ein.

Der folgende Befehl setzt einen Haltepunkt, der immer dann aktiv wird, wenn ein *Get-Item*-Cmdlet ausgeführt werden soll.

```
Set-PSBreakpoint -Script .\DebugTest.ps1 -Command Get-Item
```

Als Command kommen neben Cmdlet-Namen auch die Namen von Functions in Frage. Da der Parameter einen String erwartet, kann kein Scriptblock übergeben werden (dafür gibt es den *Action*-Parameter). Dafür sind Platzhalter erlaubt.

Der folgende Befehl setzt einen Haltepunkt, der immer dann aktiv wird, wenn eine Function aufgerufen wird, deren Name mit einem „Test" beginnt.

```
Set-PSBreakpoint -Script .\DebugTest.ps1 -Command Test*
```

Insgesamt sind diese Haltepunkte eine praktische Angelegenheit, da sich Haltepunkte in einem großen Skript sehr viel flexibler setzen lassen.

8.3.7   Haltepunkte über eine Aktion steuern

Die flexibelste „Sorte" von Haltepunkten sind jene, die von einem Scriptblock abhängig sind, deren Wert entscheidet, ob der Haltepunkt aktiv wird oder nicht. Das *Set-PS-*

BreakPoint-Cmdlet besitzt dafür den *Action*-Parameter, dem ein beliebiger Scriptblock übergeben werden kann. Dieser Parameter muss aber entweder mit dem *Line*- oder dem *Variable*-Parameter eingesetzt werden und bezieht sich damit auf eine bestimmte Zeile oder eine Variable im Skript.

Der folgende Befehl setzt einen Haltepunkt, der aktiv wird, wenn der Wert der Variablen größer als 5 wird. Das Anhalten geschieht aber nicht automatisch, sondern über den *break*-Befehl:

```
Set-PSBreakpoint -Script .\DebugTest2.ps1 -Action { if ($Anzahl -gt 5) {
break } } -Variable Anzahl
```

8.3.8 Haltepunkte entfernen

Haltepunkte werden über das *Remove-PSBreakpoint*-Cmdlet wieder entfernt. Das Cmdelt erwartet die ID des Haltepunktes oder ein *LineBreakpoint*-Objekt, das zuvor per *Get-PS-BreakPoint*-Cmdlet geholt wurde.

Der folgende Befehl entfernt drei Haltepunkte über ihre Id.

```
Remove-PSBreakpoint -Id 15, 16, 17
```

8.3.9 Automatische Variablen beim Debuggen

Nicht alle automatischen Variablen sind beim Debuggen sichtbar. Die folgenden Variablen können während einer Skriptunterbrechung nicht direkt abgefragt werden:

- *$_*
- *$Args*
- *$Input*
- *$MyInvocation*
- *$PsBoundParameters*

Um die Werte abfragen zu können, muss der Wert der Variablen einer andren Variablen zugewiesen werden. Der Wert dieser Variablen kann dann abgefragt werden. Mehr in der Hilfe gibt es unter dem Thema „about_debuggers".

8.3.10 Remote-Debugging

Seit der Version 4.0 ist es in der PowerShell-Konsole (also nicht in der ISE) möglich, in einem Skript, das im Rahmen einer Remoting-Session gestartet wird, Haltepunkte zu

setzen und das Skript damit auf dem Remote-Computer zu debuggen. Die Ps1-Datei befindet sich dabei physikalisch auf dem Remote-Computer. Ein Haltepunkt wird über das
Set-PSBreakPoint-Cmdlet gesetzt. Voraussetzung ist, dass auf dem Remote-Computer die
PowerShell 4.0 installiert ist. Ein Beitrag in der beliebten „Hey, Scripting Guy"-Serie beschreibt das neue Feature ausführlich: http://blogs.technet.com/b/heyscriptingguy/archi-
ve/2013/11/17/remote-script-debugging-in-windows-powershell.aspx.

8.4   Erweiterungen für die ISE (Add-Ons)

Eine der Stärken der ISE ist ihre Erweiterbarkeit. Die ISE kann um Add-Ons erweitert
werden, die z. B. einen Menüeintrag zum *Add-Ons*-Menü hinzufügen oder gleich ein
Fenster am rechten Rand anzeigen. Ein Add-On ist im einfachsten Fall ein Befehl, der
im Rahmen des Profilskripts ausgeführt wird. In der Regel basiert ein Add-On auf einem
Modul, das über das Profilskript explizit geladen wird, so dass es das *Add-Ons*-Menü erweitert oder ein Fenster anzeigt. Der Mittel zum Zweck ist die Variable *$PSISE* und ihre
Members, über die ein Befehl auf einzelne Bereiche der ISE zugreift.

Der Menüeintrag *Website mit Add-On-Tools öffnen* zeigt eine Webseite des Microsoft
TechNet-Portals im Browser an, auf der die wichtigsten ISE-Erweiterungen zusammengefasst werden. Ein „Muss" sind der *Variable Explorer* und der *Function Explorer* von
Raimund Andree, die beide Fenster hinzufügen, in dem alle Variablen mit ihren Werten
bzw. alle Functions des Skripts angezeigt werden. Eine andere interessante Erweiterung
ist *PSharp* von *Doug Finke* (http://github.com/dfinke/PSharp), mit der sich die in einem
Skript verwendeten Variablen und Functions leicht lokalisieren lassen, was vor allem bei
größeren Skripten sehr praktisch ist. Es gibt mehrere Möglichkeiten das *PSharp*-Modul zu
laden. Am einfachsten über den Befehl

```
iex (new-object
System.Net.WebClient).DownloadString('https://raw.github.com/dfinke/PShar
p/master/Install.ps1')
```

direkt aus der Quellcodeverwaltung (*GitHub*). Dieser Befehl lädt ein Skript als Zeichenfolge auf den lokalen Computer (ignorieren Sie eine Warnung, die eventuell angezeigt
wird), die danach ausgeführt wird und das Modul anlegt, das anschließend per „Import-
Module –Name PSharp" geladen wird.

8.4.1   Ein Beispiel für ein ISE-Add-On

Wie einfach sich Erweiterungen zur ISE hinzufügen lassen, macht das folgende Beispiel
deutlich. Es fügt einen Eintrag zum *Add-Ons*-Menü hinzu, über den die Profilskriptdatei
Profile.ps1 im Benutzerprofilverzeichnis geladen wird, sofern sie vorhanden ist.

```
<#
 .Synopsis
 ISE-Erweiterung - Profilskript laden
#>

$SB = {
  if (Test-Path -Path $Profile.CurrentUserAllHosts)
  {
    $PSISE.CurrentPowerShellTab.Files.Add($Profile.CurrentUserAllHosts)
  }
}

$PSISE.CurrentPowerShellTab.AddOnsMenu.Submenus.Add("Profilskript laden",
$SB, "Alt+P")
```

Wichtig ist die letzte Zeile, die zum *Add-Ons*-Menü einen Eintrag hinzufügt. Damit die Befehle mit jedem Start der ISE ausgeführt werden, müssen sie lediglich in ein Profil-skript eingefügt werden, das von der ISE ausgeführt wird.

8.4.2   ISE-Ausschnitte

Ein Ausschnitt ist ein „Textschnipsel" mit PowerShell-Befehlen, das über eine Auswahl-liste ausgewählt wird, die per [Strg] + {J} geöffnet wird. Eigene Ausschnitte werden über das *New-ISESnippet*-Cmdlet aus dem *ISE*-Modul hinzugefügt. Der folgende Befehl legt einen Ausschnitt für das Anlegen eines *PSCredential*-Objekts mit Benutzernamen und Kennwort an (für die Namen in spitzen Klammern müssen später die Werte eingesetzt werden):

```
New-IseSnippet -Title "Credential" -Description "Legt ein PSCredential-
Objekt an" `
 -Text @"
`$UserName="<Username>"
`$PwSec="<Kennwort>" | ConvertTo-SecureString -AsPlainText -Force
`$Cred = New-Object -TypeName PSCredential -ArgumentList `$UserName,
`$PwSec
"@ -Author "<Autor>" -Force
```

Ein Ausschnitt wird als Xml-Datei mit der Erweiterung.*Ps1xml* im Verzeichnis *$env:user-profile\documents\windowspowershell\snippets* gespeichert.

8.5   Alternativen zur PowerShell ISE

Die PowerShell ISE ist natürlich nicht der einzige Editor für PowerShell-Skripte. Neben einer Reihe von Alternativen unterstützen inzwischen auch viele Editoren (u. a. *Notepad2, Ultraedit, Sublime Text* oder *Vim*) die PowerShell-Syntax und bieten einfache Eingabe-hilfen an. Diese Editoren sind jedoch nur für das Editieren von Skripten geeignet. Sie sind

Tab. 8.2 Alternativen zur PowerShell ISE

Name	Besonderheiten	URL
PowerGUI Script Editor	Etwas mehr Komfort wie die PowerShell ISE	http://www.powergui.org
PowerShell Plus	Bietet viele Hilfestellungen für PowerShell-Anfänger	http://www.idera.com/pro-ductssolutions/freetools/powershellplus
PowerShell SE	Moderne Optik und interessante Funktionen, u. a. Haltepunkte mit Bedingungen und die direkte Integration der MSDN-Dokumentation	http://www.powershelltools.com/
PowerShell Studio	Komfortable Entwicklungsumgebung, die u. a. einen Forms Designer umfasst. Nicht kostenlos	http://www.sapien.com/software/powershell_studio
PrimalScript	Ein reiner Editor für PowerShell-Skripte. In der Community Edition kostenlos	http://www.sapien.com/software/communitytools

kein eigener PowerShell-Host. Tabelle 8.2 stellt die bekannten Alternativen zur PowerShell ISE zusammen. Eine beliebte Alternative ist der *PowerGUI Script Editor*, der in einigen Bereichen etwas mehr Komfort bietet als die PowerShell ISE (u. a. beim Anzeigen der aktuellen Variablenwerte während des Debuggens und der Möglichkeit, die Befehlszeilenargumente für ein Skript eingegeben zu können). Die Entwicklung des *PowerGUI Script Editor* wurde vor Jahren von der Firma *Quest* gesponsert und als kostenloses Produkt angeboten. Mit der Übernahme von *Quest* durch den Hardwarehersteller *Dell* wurde diese Unterstützung beendet. Es steht seitdem als eigenständiges Produkt unter http://www.powergui.org zur Verfügung. Bei der Installation muss ausgewählt werden, ob nach dem Start der Editor oder die der Computermanagementkonsole nachempfundene Konsole angezeigt werden soll (entscheiden Sie sich für den Editor).

PowerGUI Script Editor ist ein attraktiver PowerShell-Skripteditor und PowerShell-Host (Abb. 8.6). Er besitzt gegenüber der ISE ein paar kleinere Vorteile:

- Variablenwerte werden in einem eigenen Fenster angezeigt[3].
- Skripte können mit Parameterwerten gestartet werden (in der ISE muss das Skript dazu im Konsolenbereich aufgerufen werden).
- Der Debugger bietet etwas mehr Komfort. Dazu gehört die Möglichkeit, die Ausführung bis zur aktuellen Cursorposition fortzusetzen.
- Skripte können direkt ausgedruckt werden (diese nicht ganz unwichtige Funktion hat Microsoft bei der ISE wohl vergessen).

---

[3] Für die ISE gibt es eine nette Erweiterung im Rahmen der Technet Gallery unter http://gallery.technet.microsoft.com/PowerShell-ISE-VariableExpl-fef9ff01.

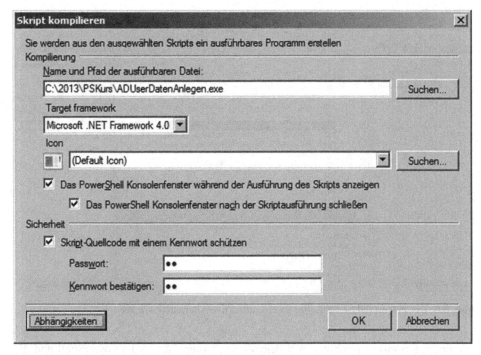

Abb. 8.5 Dank PowerGUI Script Editor wird das Verpacken einer Ps1-Datei in eine Exe-Datei sehr einfach

- Es lassen sich VBScript-Funktionen in Gestalt des korrespondierenden PowerShell-Befehls einfügen.
- Das Zusammenspiel mit einer Quellcodeverwaltung (z. B. SVN oder Git) ist direkt möglich.
- Das Programm wird in kürzeren Intervallen weiterentwickelt und ist nicht vom Produktzyklus von Windows Server abhängig.

8.5.1   Aus Ps1-Dateien Exe-Dateien machen

Das absolute „Highlight" bei *PowerGUI Script Editor* ist die Möglichkeit, ein PowerShell-Skript in eine Exe-Datei zu „kompilieren", so dass anstelle einer Ps1-Datei die Exe-Datei weitergegeben werden kann (Abb. 8.5). Dabei wird das Skript aber nicht in Maschinencode oder IL-Code übersetzt, sondern lediglich als Ressource in eine Exe-Datei eingebettet. Das Verpacken einer Ps1-Datei in eine Exe-Datei ist grundsätzlich auf mehrere Art und Weisen möglich[4], beim *PowerGUI Script Edito*r ist die Funktion über das *Extras*-Menü oder [Strg]+[F9] nahtlos in den Editor integriert. Auf Wunsch wird die Exe-Datei

---

[4] Auch der Autor bietet in seinem Blog ein solches Tool an.

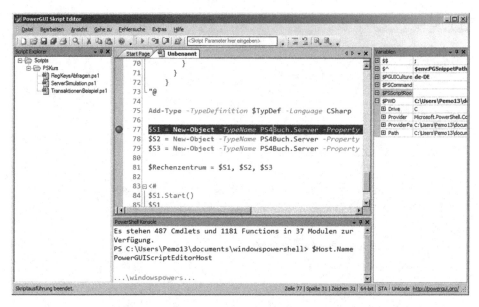

Abb. 8.6 Der PowerGUI Script Editor ist eine attraktive Alternative zur ISE

mit einem Kennwort geschützt. Auf dem Zielcomputer müssen die PowerShell und die
beim Kompilieren ausgewählte Version der.NET-Laufzeit installiert sein.

Insgesamt ist der *PowerGUI Script Editor* eine tolle Sache, wenngleich PowerShell-
Anfänger mit der etwas übersichtlicheren PowerShell ISE etwas besser klar kommen
dürften. Ein kleiner Nachteil des Editors ist, dass er sich nach der Installation mit dem
Dateityp.*Ps1* verknüpft und jeder Doppelklick auf eine Ps1-Datei von da an den Start des,
im Vergleich zur ISE, vor allem aber zu einem Editor, deutlich langsameren *PowerGUI
Script Editor* führt.

Tabelle 8.2 fasst populäre PowerShell-Editoren zusammen (die Liste erhebt keinen Anspruch auf Vollständigkeit, wenngleich sie relativ vollständig sein dürfte).

8.5.2   PowerGUI Konsole

Eine interessante Alternative zu einem Editor ist die *PowerGUI*-Konsole, die Teil des
PowerGUI-Downloads ist. Dieser PowerShell-Host ist der Computermanagementkon-
sole nachempfunden (Abb. 8.7). Hinter jedem Knoten in der linken Fensterhälfte steht
ein PowerShell-Befehl oder –Skript, das durch Auswahl des Knotens ausgeführt wird.
Die Ergebnisse werden im Mittelteil angezeigt. Im rechten Bereich stehen Aktionen zur
Auswahl, die mit dem selektierten Element ausgeführt werden können. Die *PowerGUI-
Konsole* ist über PowerPacks erweiterbar, z. B. für Active Directory-Abfragen über die
Quest-Cmdlets oder für die Administration einer VMWare-Installation.

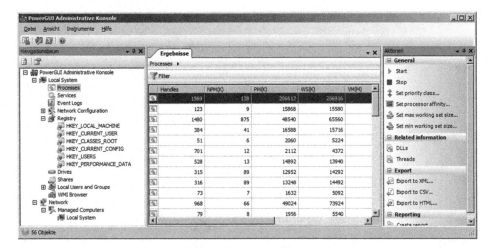

Abb. 8.7 Die PowerGUI-Konsole wurde der Computermanagementkonsole nachempfunden

8.6   Zusammenfassung

Mit der PowerShell ISE macht der Umgang mit der PowerShell dank verschiedener Eingabehilfen im Allgemeinen deutlich mehr Spaß als mit der Konsole. Vor allem für PowerShell-Anfänger ist die ISE dank ihrer Hilfestellungen etwas besser geeignet. Mit dem Power GUI Script Editor gibt es eine Alternative zur ISE, die etwas mehr Funktionalitäten bietet und Anwender anspricht, die bereits viel Erfahrung im Bereich Skripte und Programmierung besitzen.

PowerShell-Skripte 9

In diesem Kapitel lernen Sie die PowerShell-Skriptsprache kennen, die aus einem Satz von (relativ einfachen) Befehlen besteht. Außerdem geht es mit Arrays und Hashtables um zwei Themen, die auch außerhalb eines Skripts eine Rolle spielen.

9.1 Skripte als eine moderne Variante der Stapeldateien

Ein Skript ist eine Textdatei, die einen oder mehrere Befehle enthält, die von einem Skript-interpreter der Reihe nach ausgeführt werden. Dieses Konzept ist in der IT-Welt bereits einige Jahrzehnte alt. Ein Skript ist damit ein Programm mit dem Unterschied, dass ein Skript nicht in Maschinensprache kompiliert wird und sich der Befehlsumfang einer Skriptsprache oft nicht mit jenem einer richtigen Programmiersprache vergleichen lässt. Skripte sind bei Windows ebenfalls so alt wie das Betriebssystem. Sie heißen Stapeldateien (engl. „batch files") und sind Textdateien mit der Erweiterung.*Cmd* (oder.*Bat*), deren Inhalt von der Command-Shell *Cmd.exe* ausgeführt wird.

PoweShell-Skripte unterscheiden sich von Stapeldateien weniger durch ihre grundsätzlichen Möglichkeiten, sondern in erster Linie durch ihre Syntax und dem Umstand, dass Cmdlet generell gegenüber Stapelbefehlen und Konsolenprogrammen die etwas flexiblere Alternative darstellen. Der wichtigste Unterschied ist ein formaler Aspekt, der darin besteht, dass sich die Ausführung von PowerShell-Skriptdateien über eine Ausführungs-richtlinie verhindern lässt.

© Springer Fachmedien Wiesbaden 2014   163
P. Monadjemi, *PowerShell für die Windows-Administration*, X.systems.press,
DOI 10.1007/978-3-658-02964-7_9

9.2   PowerShell-Skripte

PowerShell-Skriptdateien sind Textdateien mi der Erweiterung.*Ps1*. Sie enthalten einen oder mehrere PowerShell-Befehle, die mit dem Ausführen des Skripts der Reihe nach ausgeführt werden. Ein PowerShell-Skript kann mit jedem Editor eingegeben werden. Etwas besser geeignet ist ein spezieller Editor wie die PowerShell ISE von Microsoft oder der PowerGUI Script Editor, der am Ende des Kapitels kurz vorgestellt wird. Ausgeführt wird ein fertiges PowerShell-Skript, in dem der Dateipfad der Ps1-Datei beim Aufruf von *Powershell.exe* auf den *File*-Parameter folgt. Befindet sich ein PowerShell-Skript noch in der Entwicklung oder ist der Autor des Skripts gleichzeitig der einzige Anwender, ist die PowerShell ISE die komfortablere Alternative. Der Ablauf beim Erstellen eines PowerShell-Skripts mit der ISE besteht darin, dass die Skriptbefehle nach dem Start der ISE in ein Fenster eingegeben werden. Die Befehle werden in einer Ps1-Datei gespeichert und per [F5]-Taste ausgeführt. Die Ausgaben des Skripts werden im Konsolenbereich der ISE ausgegeben.

9.2.1   Die Ausführungsrichtlinie

Die Ausführung von PowerShell-Skripten wird über eine Ausführungsrichtlinie (Kap. 3) gesteuert. Die Voreinstellung ist (mit Ausnahme von Windows Sever 2012 R2) „Restricted", so dass keine Skripte ausgeführt werden. Bei Windows Server 2012 R2 ist die Einstellung „RemoteSigned". Damit Skripte ausgeführt werden können, muss die Richtlinie auf „Unrestricted" gesetzt werden. Dafür gibt es zwei Alternativen:

1. Über eine Gruppenrichtlinie.
2. Über das Cmdlet *Set-Execution-Policy* (die PowerShell muss dazu als Administrator gestartet werden).

Der folgende Befehl setzt die Ausführungsrichtlinie für den aktuellen Benutzer auf „Unrestricted":

```
Set-ExecutionPolicy -ExecutionPolicy Unrestricted -Force
```

Der *Force*-Parameter bewirkt, dass die Änderung nicht bestätigt werden muss. Diese Änderung muss nur einmal durchgeführt werden.

Die Ausführungsrichtlinie kann pro Benutzer, pro Maschine und über Gruppenrichtlinien eingestellt werden. Der Parameter *List* zeigt alle Einstellungen an. Eine fünfte Ebene bezieht sich auf den auszuführenden Prozess und wird bei *Powershell.exe* über den Parameter *ExecutionPolicy* gesetzt.

9.2.2 PowerShell-Skripte ausführen

PowerShell-Skripte werden innerhalb eines PowerShell-Hosts durch Eingabe ihres Pfades ausgeführt:

```
PS C:\PsKurs> .\Test.ps1
```

Der unscheinbare Punkt vor dem Schrägstrich steht für das aktuelle Verzeichnis und ist erforderlich (sofern der Punkt nicht in die *Path*-Umgebungsvariable aufgenommen wird), wenn sich die Ps1-Datei im aktuellen Verzeichnis befindet. Befindet sich die Datei nicht im aktuellen Verzeichnis, muss der Pfad vorangestellt werden:

```
PS C:\PsKurs> C:\PsKurs\Test.ps1
```

9.2.3 Powershell.exe aus einem Skript heraus starten

Es gibt zwei Gründe, die PowerShell aus einem Skript heraus zu starten:

1. Um die PowerShell mit einem anderen Benutzerkonto zu starten.
2. Um explizit einen 32- oder 64-Prozess zu starten.

Einen subtilen Unterschied muss man beim *Command*-Schalter kennen. Folgt auf diesen eine Zeichenkette, wird die Ausgabe als Zeichenkette zurückgegeben. Folgt auf diesen ein Scriptblock (eine Befehlsfolge in geschweiften Klammern), besteht die Rückgabe aus Objekten. Dieser Umstand spielt immer dann eine Rolle, wenn die Ausgabe des PowerShell-Aufrufs in dem Skript weiterverarbeitet werden soll.

9.2.4 Der dotsourced-Aufruf eines Skripts

Sollen die Funktionen und Variablen eines Skriptes auch nach dessen Beendigung im aktuellen Ausführungsbereich erhalten bleiben, muss das Skript „dotsourced" aufgerufen werden – dazu wird ein (weiterer) Punkt gefolgt von einem Leerzeichen vorangestellt. Der folgende Aufruf ruft das Skript *TestSkript.ps1* mit zwei Parametern dotsourced auf:

```
PS C:\PsKurs> . \TestSkript.ps1 –CSVPfad C:\Tesdaten.csv –Anzahl 10
```

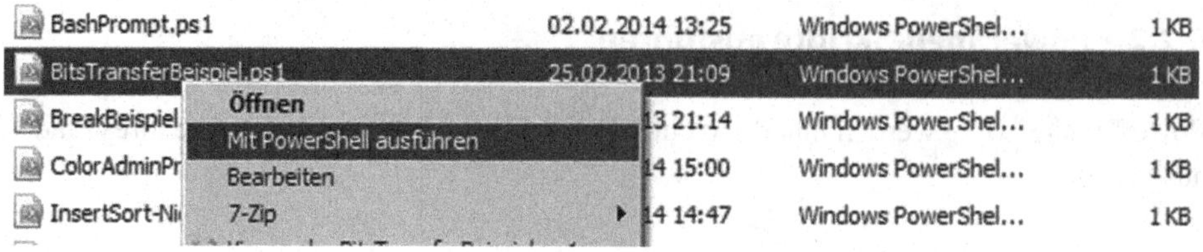

BashPrompt.ps1	02.02.2014 13:25	Windows PowerShel...	1 KB
BitsTransferBeispiel.ps1	25.02.2013 21:09	Windows PowerShel...	1 KB
BreakBeispiel	Öffnen	3 21:14	Windows PowerShel...	1 KB
ColorAdminPr	Mit PowerShell ausführen	4 15:00	Windows PowerShel...	1 KB
	Bearbeiten			
InsertSort-Ni	7-Zip ▶	4 14:47	Windows PowerShel...	1 KB

Abb. 9.1 Das Kontextmenü einer Ps1-Datei besitzt einen Eintrag „Mit PowerShell ausführen"

9.2.5 Skripte über eine Verknüpfung aufrufen

Ein Doppelklick auf eine Ps1-Datei hat keine Wirkung bzw. öffnet lediglich die Ps1-Datei im Editor oder in der PowerShell ISE. Der Umstand, dass Ps1-Dateien nicht mit der *Powershell.exe* verknüpft sind, hat etwas mit Sicherheit zu tun. Es soll verhindert werden, dass ein unbedachter Doppelklick Schaden anrichten kann, wenn sich hinter der Ps1-Datei ein „bösartiges" Skript verbirgt. Dass, was dem Doppelklick am nächsten kommt, ist der Eintrag „Mit PowerShell ausführen" im Kontextmenü einer Ps1-Datei (Abb. 9.1).

Möchte der Autor eines PowerShell-Skripts seinen Anwendern die Möglichkeit geben, Ps1-Dateien per Doppelklick starten zu können, geht dies über seine Verknüpfung auf *Powershell.exe* und Verwendung des *File*-Parameters, über den der Pfad der auszuführenden Ps1-Datei festgelegt wird. Der folgende Aufruf von *Powershell.exe* bewirkt zwei Dinge:

1. Es wird kein Profilskript ausgeführt.
2. Es wird das auf den *File*-Parameter folgende Skript ausgeführt.

Außerdem werden dem ausführenden Skript zwei Parameterwerte übergeben.

```
Powershell -NoProfile -File C:\TestSkript.ps1 "-CSVPfad C:\Tesdaten.csv -
Anzahl 10"
```

Wird auf diese Befehlszeile eine Verknüpfung (z. B. auf dem Desktop) angelegt, kann das Skript per Doppelklick gestartet werden.

9.2.6 PowerShell-Skripte von einer Netzwerkfreigabe ausführen

Soll ein Skript von einer Netzwerkfreigabe ausgeführt werden, muss der UNC-Pfad im Internet Explorer zur Intranet-Zone hinzugefügt werden. Ansonsten erscheint vor jeder Ausführung ein Warnhinweis und die Ausführung muss explizit bestätigt werden. Der Aufruf erfolgt in der Form

```
.\\Server\Freigabe\Skriptdatei.ps1
```

Tab. 9.1 Die PowerShell-Skriptbefehle im Überblick

Befehl	Bedeutung
Break	Verlässt eine Wiederholung, die mit dem *for-*, *foreach-*, *do-* oder *while*-Befehl durchgeführt wird. Außerhalb eines Schleifen-Scriptblocks wird die Ausführung (des Skripts) beendet
Catch	Leitet den Scriptblock ein, der im Fehlerfall ausgeführt wird
Continue	Bricht die aktuelle Wiederholung ab und leitet die nächste Wiederholung ein
Do	Schleife mit Abbruchbedingung am Ende
Else	Alternativzweig für den if-Befehl
Elseif	Alternativzweig mit eigener Bedingung
Exit	Bricht die Ausführung des Skripts ab
Finally	Leitet den Scriptblock ein, der immer ausgeführt wird
For	Einfache Wiederholungsanweisung (Schleife)
Foreach	Wiederholt sooft ein Array/Collection Elemente enthält. Startet aber anders als das Foreach-Object-Cmdlet keine Pipeline, so dass sich die Ausgaben innerhalb des Scriptblocks nicht weiterverarbeiten lassen
Function	Leitet die Definition einer Function ein
If	Führt eine Entscheidung auf der Basis einer True/False-Bedingung durch
Param	Leitet eine Parameterdeklaration ein
Return	Beendet eine Function vorzeitig mit einem optionalen Rückgabewert
Switch	Prüft einen Wert/Ausdruck und führt einen zum Wert passenden Scriptblock aus
Throw	Reicht einen Fehler innerhalb einer Function an die nächst höhere Ebene weiter
Trap	Abfangen von terminierenden Fehler (Version1.0)
Try	Leitet einen Scriptblock mit Fehlerbehandlung ein
While	Schleife mit Abbruchbedingung am Anfang

9.3   Die PowerShell-Skriptbefehle im Überblick

Die PowerShell-Skriptsprache ist relativ einfach gestrickt, wenngleich sie ein paar interessante Merkmale besitzt, die auch richtige Software-Entwickler beeindrucken können (dazu gehört der flexible Umgang mit Typen und die Möglichkeiten, Befehle in Gestalt von Scriptblock-Werten als Daten behandeln zu können). Die Skriptsprache umfasst knapp 30 Befehle, die in der PowerShell-Hilfe beschrieben sind. Tabelle 9.1 stellt alle PowerShell-Befehle in einer kurzen Zusammenfassung vor. Es ist wichtig zu verstehen, dass es bei der PowerShell keinen „Skriptmodus" gibt. Jeder der in der Tabelle enthaltenen Befehle kann auch direkt in der Befehlszeile ausgeführt werden. Einen Sinn ergeben Befehle wie *switch*, *do* oder *try* aber nur im Rahmen eines Skripts.

▶   **Hinweis** Für die Skriptbefehle hat das PowerShell-Team bei Microsoft eine Sprachspezifikation veröffentlicht, die unter http://www.microsoft.com/en-us/ download/details.aspx?id=36389 auf Englisch zum Download bereit steht.

9.3.1 Kommentare

Ein Kommentar ist ein Textbereich innerhalb eines Skripts, der bei der Ausführung ignoriert wird. Kommentarzeilen werden mit einem #-Zeichen eingeleitet. Der Rest der Zeile
wird bei der Ausführung ignoriert. Ein Kommentar kann sich auch über mehrere Zeilen
erstrecken. Ein solcher mehrzeiliger Kommentar wird über ein <# eingeleitet und über ein
#> wieder beendet.

```
<#
 .Synopsis
  Legt AD-Benutzerkonten aus einer CSV-Datei an
>#
```

Bei.*Synopsis* handelt es sich um eines jener Schlüsselwörter, die die PowerShell anbietet,
damit der folgende Inhalt als Teil der Hilfe zu einem Skript oder einer Function per *Get-
Help*-Cmdlet abgefragt werden kann. *Synopsis* steht in diesem Fall für die Kurzbeschreibung (Übersicht) des Cmdlets oder der Function. Weitere Kommentar-Schlüsselwörter
sind *Description*, *Notes*, *Parameter* und *Example*. Eine vollständige Aufstellung erhalten
Sie über „about_Comment_Based_Help“.

9.3.2 Variablen

Eine Variable ist ein Name, der mit einem $-Zeichen beginnt, und der einen beliebigen
Wert aufnimmt. Variablen müssen bei der PowerShell nicht deklariert werden (es gibt
daher kein Pendant zum Dim-Befehl von VBScript).

Für Variablennamen gelten einfache Regeln. Zum Beispiel darf ein Name kein Leerzeichen enthalten.

Weitere Besonderheiten sind:

- Eine Variable, die keinen Wert besitzt, besitzt den Spezialwert *$null*, der mit dem *eq*-
  Operator abgefragt werden kann.
- Eine Variable ist nur solange gültig, wie die PowerShell-Sitzung aktiv ist.
- Variablen werden auf dem *Variable*-Laufwerk abgelegt.
- Über das *New-Variable*-Cmdlet stehen weitere Optionen zur Verfügung, z. B. ReadOn-
  ly.

9.3.3 Automatische Variablen

Die PowerShell arbeitet mit einer Reihe von Variablen, die von Anfang an zur Verfügung
stehen und Werte besitzen, die etwas mit der Umgebung, in der die PowerShell ausführt
und der PowerShell selber zu tun haben. Diese Variablen heißen automatische Variablen.

Ein Beispiel ist die Variable *$PSVersionTable*, die eine Reihe von Versionsinformationen enthält. Ein anderes Beispiel ist die Variable *$Profile*, die die Pfade der möglichen Profilskriptdateien enthält. Eine Übersicht über die automatischen Variablen finden Sie in der Hilfe. Das zuständige Hilfethema heißt „about_automatic-variables" und wird wie folgt aufgerufen:

```
help about_automatic_variables
```

▶   **Tipp** Diesen „Trick" kennen auch viele erfahrene PowerShell-Anwender nicht. Über die Eigenschaften *Description* erhält man eine Beschreibung einer automatischen Variablen. Der folgende Befehl gibt den Namen und die Beschreibung aller automatischen Variablen aus, die per *Get-Variable*-Cmdlet abgerufen werden:

```
Get-Variable | Select-Object -Property Name, Description
```

Tabelle 9.2 stellt einige der automatischen Variablen der PowerShell zusammen.

9.3.4   Variablen und ihre Datentypen

Die PowerShell-Skriptsprache ist eine „Programmiersprache", die mit dynamischen Typen arbeitet. Das bedeutet konkret, dass eine Variable mit ihrer Zuweisung zwar einen (Daten-) Typ erhält, dieser aber nicht in „Stein gemeißelt" ist. Der Befehl

```
$Zahl = 1000
```

Tab. 9.2 Einige automatische Variablen der PowerShell

Variable	Bedeutung
?	True/False-Wert, der angibt, ob der letzte Befehl fehlerfrei ausgeführt wurde
LastExitCode	Der Return-Code der zuletzt gestarteten externen Anwendung
PID	Die Prozess-ID des PowerShell-Hosts
PsHome	Das Installationsverzeichnis des PowerShell-Hosts
PsVersionTable	Enthält Versionsinformationen zur PowerShell, des WinRM-Dienstes, der. NET-Laufzeit und von Windows
PWD	Das aktuelle Verzeichnis

führt dazu, dass eine Variable vom Typ *Int32* (ganze Zahl, 32 Bit) angelegt wird. Die nächste Zuweisung bewirkt, dass der Variablen eine Zahl mit Nachkommaanteil zugewiesen wird:

```
$Zahl = 22 / 7
```

Der Typ der Variablen ändert sich dadurch von *Int32* auf *Double*. Die Abfrage des aktuellen Typs geht über das *GetType()*-Methoden-Member. Es gibt ein *RuntimeType*-Objekt zurück, dessen *Name*- bzw. *FullName*-Eigenschaft den Namen des Typs angibt:

```
PS C:\PsKurs> $Zahl.GetType().Name
Double
```

Soll eine Variable von Anfang an einen bestimmten Datentyp besitzen, muss dieser, wie alle Typangaben, in eckige Klammern dem Variablennamen vorausgehen. Der folgende Befehl legt explizit eine *Int32*-Variable an:

```
[Int32]$Zahl = 1234
```

In diesem Fall ist die PowerShell nicht mehr ganz so großzügig was die Zuweisung unpassender Werte angeht. Die folgende Zuweisung wird zwar ausgeführt, aber der Nachkommaanteil wird abgeschnitten:

```
PS C:\ PsKurs> $Zahl = 22 / 7
PS C:\ PsKurs>$Zahl
3
```

Wird der Variablen dagegen ein Wert zugewiesen, der sich nicht in eine Zahl konvertieren lässt, ist eine Fehlermeldung die Folge:

```
PS C:\PsKurs $Zahl = "Geht nicht"

Der Wert "Geht nicht" kann nicht in den Typ "System.Int32" konvertiert
werden. Fehler: "DieEingabezeichenfolge hat das falsche Format."
```

Soll diese Variable aus irgendeinem Grund eine Zeichenkette als Wert erhalten, muss die Variable neu deklariert werden:

```
[String]$Zahl = "Geht doch"
```

Der Typ einer Variablen ist zwar immer vorhanden, er spielt für den Praxisalltag aber nur selten eine Rolle, so dass Sie sich gerade beim Lernen der PowerShell und ihrer Skriptsprache mit diesem Aspekt nicht beschäftigen müssen.

9.3.5   Mehr zu den Datentypen

Der Begriff *Datentyp* hört sich gleich nach höherer Informatik an, er besitzt aber eine einfache Bedeutung: Er steht für die „Sorte" von Wert, den eine Variable besitzt. Die zur Auswahl stehenden Datentypen werden nicht durch die PowerShell, sondern durch die. NET-Laufzeit vorgegeben. Es gibt daher entsprechend viele Datentypen, von denen bei der PowerShell aber nur wenige eine Rolle spielen:

- *String* für Zeichenketten
- *Int* für ganze Zahlen (bzw. *Int64* für 64-Bit-Zahlen)
- *Double* für Zahlen mit einem Nachkommanteil
- *DateTime* für einen Datumszeitwert
- *Object* für die allgemeinste Sorte von Daten, die für alles steht, was sich in einer Variablen ablegen lässt.

Die PowerShell steuert die Datentypen *PSObject* und *PSCustomObject* bei.

Für Fortgeschrittene:

Eine Liste aller Datentypen erhalten Sie z. B. durch Ausgabe aller Typenabkürzungen („Type Accelerators"), die es auch für jeden Standard-Datentyp gibt:

```
[PsObject].Assembly.GetType("System.Management.Automation.TypeAccelerator
s")::Get | Select-Object -ExpandProperty Values | Where-Object BaseType -
match "System.ValueType"
```

Diese Abfrage geht die interne Klasse *System.Management.Automation.TypeAccelerators* der PowerShell-Assembly durch, die alle Type Accelerators als Eigenschaften umfasst. Die Ausgabe beschränkt sich auf jene Datentypen vom Typ „ValueTyp" (Werttyp), zu denen auch alle Standarddatentypen gehören. Zugegeben, es gibt sicher einfachere Wege, um an die Namen der zur Auswahl stehenden Datentypen zu gelangen, aber durch den Befehl werden die Standarddatentypen schön untereinander ausgegeben.

9.3.6   Variablenverwendung erzwingen

In größeren Skripten ist der Umstand, dass eine Variable nicht formal deklariert werden muss, ein Nachteil, da sich Fehler, die aus einer falschen Schreibweise eines Variablennamens resultieren, nur schwer lokalisieren lassen. Weist ein Skript einer Variablen *$Anzahl-Durchlaufe* den Wert 1 zu und wird später die Variable *$AnzahlDuchlauefe* (also ohne das „r") abgefragt, gibt die Abfrage den Wert *$null* zurück, da es diese Variable nicht gibt und sie folglich auch keinen Wert besitzt. Um zu verhindern, dass Variablen angesprochen werden können, die keinen Wert besitzen, gibt es das *Set-StrictMode*-Cmdlet. Es bewirkt, dass immer dann ein Fehler entsteht, wenn eine Variable angesprochen wird, die noch keinen Wert erhalten hat. Sie ist das Pendant zum Befehl Option Explicit bei VBScript.

```
Set-StrictMode -Version 2.0

$AnzahlDurchlauefe = 1

"Anzahl Durchläufe: $AnzahlDuchlauefe"
```

Dank *Set-StrictMode* hat das Verwenden der falsch geschriebenen Variablen ohne Wert eine Fehlermeldung zur Folge (das Skript wird aber fortgesetzt). Der *Version*-Parameter legt fest, wie „streng" *Set-StrictMode* ist. Wird für den *Version*-Parameter „1.0" angegeben, hat das Verwenden einer Variablen, die keinen Wert besitzt, in einer Zeichenkette keine Folge, da die PowerShell 1.0 in diesem Punkt nicht so streng war.

9.3.7   Der Variablen-Scope

Variablen besitzt neben einem Namen, einem Wert und einem Datentyp immer auch einen Gültigkeitsbereich (engl. „scope"). Dieser legt fest, in welchem Bereich des Skriptes bzw. der PowerShell-Sitzung die Variable gültig ist und gelesen und geändert werden kann.
    Es gibt drei (Haupt-) Ebenen:

1. Global
2. Innerhalb eines Skripts
3. Innerhalb einer Function (lokal)

Der Gültigkeitsbereich wird durch den Ort bestimmt, an dem die Variable dadurch deklariert wird, dass sie zum ersten Mal einen Wert erhält. Eine Variable, die in einem Skript außerhalb einer Function (Kap. 10) deklariert wird, gilt automatisch im gesamten Skript. Soll sie auch nach Beendigung des Skripts innerhalb der PowerShell-Sitzung zur Verfügung stehen, muss sie als global deklariert werden:

```
$Global:Anzahl = 1
```

„Global" ist ein sog. Gültigkeitsbereichsmodifizierer, der den Gültigkeitsbereich der Variablen *Anzahl* verändert. Variablen, die auch in anderen PowerShell-Sitzungen angesprochen werden können, gibt es bei der PowerShell nicht. Wer einen Datenaustausch zwischen zwei PowerShell-Prozessen durchführen möchte, verwendet dafür z. B. Umgebungsvariablen, Dateien oder Named Pipes.

Wird eine Variable über das *New-Variable*-Cmdlet angelegt, kann ihr Scope explizit festgelegt werden:

```
New-Variable -Name Anzahl -Value 1 -Scope Global
```

Für den *Scope*-Parameter kann auch eine Zahl angegeben werden, die den Gültigkeitsbereich relativ zur aktuellen Aufrufebene festlegt, was bei verschachtelten Functions eine Rolle spielt (Kap. 10).

▶   **Tipp** In der Hilfe wird das umfangreiche Thema „Scope" unter „About_Scopes" ausführlich beschrieben.

9.3.8 Zuweisungen

Eine Zuweisung ist ein Befehl, der einer Variablen einen Wert zuweist. Über Operatoren wie += und −= kann mit der Zuweisung eine Operation durchgeführt werden, z. B. eine Addition bei +=. Die PowerShell ist auch in diesem Punkt etwas flexibler als andere Skriptsprachen. Der folgende Befehl weist den drei Variablen *a*, *b* und *c* denselben Wert zu:

```
$a = $b = $c = 1
```

Es wurde bereits in der Einleitung angedeutet, dass die PowerShell ein paar „Tricks" auf Lager hat. Große Quizfrage: Wenn die Variable *$a* den Wert 1 besitzt, welchen Wert besitzt die Variable *$b* nach der folgenden Zuweisung?

```
$b = $a++
```

Der Wert der Variablen *$b* ist ebenfalls 1, da der Inkrement-Operator ++ erst nach der Zuweisung ausgeführt wird. Der folgende Befehl gibt der Variablen *$b* den Wert 2:

```
$b = ++$a
```

Doch besitzt *$b* wirklich den Wert 2? Sie besitzt den Wert 3, da *$a* (bezogen auf das letzte Beispiel) inzwischen den Wert 2 besaß.

9.3.9 Umgang mit Datum und Zeit

Das *Get-Date*-Cmdlet liefert das aktuelle Datum und die Uhrzeit, das *Set-Date*-Cmdlet setzt die Systemzeit auf den angegebenen Wert. Doch was ist, wenn ich nur die Uhrzeit möchte, eine Zeitangabe im Unix-Format vorliegt oder eine Zeitspanne berechnet werden soll? Wird das alles per *Get-Date* erledigt? Ja und Nein. Nein, weil *Get-Date* ein relativ einfach gestricktes Cmdlet ist. Ja, weil *Get-Date* immer ein *DateTime*-Objekt liefert, das eine Reihe interessanter Members besitzt, mit deren Hilfe sich u. a. angeben lässt, ob ein Jahr ein Schaltjahr ist und wie viele Tage ein Monat besitzt.

Der folgende Befehl gibt an, ob ein Jahr ein Schaltjahr ist:

```
[DateTime]::IsLeapYear(2014)
```

Der folgende Befehl gibt die Jahrestageszahl des aktuellen Datums aus:

```
(Get-Date).DayOfYear
```

Das folgende Beispiel ist für vielbeschäftigte Administratoren eine kleine Entlastung. Es gibt aus, seit wie vielen Tagen der offizielle Support für Windows XP durch Microsoft bereits geendet hat[1].

```
<#
 .Synopsis
 Das Ende des XP-Supports in Tagen ausgeben
#>

function Get-XPSupportEnd
{
  $Tage = (New-TimeSpan  -Start (Get-Date)  -End (Get-Date -Year 2014 -
Month 4 -Day 8)).Days
  # Vorzeichen entfernen
  $Tage = [Math]::Abs($Tage)
  "Der Support für Windows XP ist seit {0} Tagen zu Ende" -f $Tage
}
```

9.3.10 Formatierte Ausgabe von DateTime-Werten

Es gibt zwei Alternativen, um einen *DateTime*-Wert formatiert auszugeben:

1. Über die Parameter *Format* und *UFormat* bei *Get-Date*
2. Über den universellen *f*-Operator
3. Über das Methoden-Member *ToString()*

---

[1] Stichtag war bekanntlich der 8. April 2014.

Auf den Parameter *Format* folgen eine oder mehrere Typenbezeichner, die für einzelne Elemente des *DateTime*-Wertes stehen. Der folgende Befehl gibt vom aktuellen Datum nur die Uhrzeit in der Kurzschreibweise aus:

```
Get-Date -Format t
```

Der folgende Befehl gibt auch den Sekunden- und Millisekunden-Anteil aus:

```
Get-Date -Format HH:mm:s:fff
```

Auch Unix-Formatbezeichner sind über den *UFormat*-Parameter möglich. Der folgende Befehl gibt den aktuellen Datumszeitwert im Format „Tag/Monat-Stunde:Minute" aus:

```
Get-Date -UFormat %d/%m-%H:%M
```

Dieselben Formatbezeichner können auch dem Methoden-Member *ToString()* übergeben werden, über das jedes Objekt verfügt, das aber nur beim *DateTime*-Objekt einen Formatbezeichner akzeptiert:

```
(Get-Date).ToString("HH:mm")
```

Neben einem Formatbezeichner kann bei *ToString()* auch ein *CultureInfo*-Objekt übergeben werden, das die Ausgabe in einer anderen Landessprache erlaubt. Der folgende Befehl gibt das aktuelle Datum auf Französisch aus:

```
PS C:\PSKurs> (Get-Date).ToString("D", [CultureInfo]"fr-FR")
vendredi 14 mars 2014
```

9.3.11   Die Rolle der Scriptblöcke

Entscheidungs- und Wiederholungsbefehle führen bei der PowerShell immer einen Scriptblock aus. Ein Scriptblock umfasst einen oder mehrere Befehle und wird immer in geschweifte Klammern gesetzt. Ein Scriptblock ist ein eigener Datentyp, so dass ein Scriptblock einer Variablen zugewiesen werden kann.

Der folgende Befehl weist einen Scriptblock, der aus drei Befehlen besteht, einer Variablen zu:

```
$SB = {
  Get-Service
  Get-Process
  Get-Date
}
```

Ausgeführt wird der Scriptblock entweder über das Methoden-Member *Invoke()* des Scriptblock-Typs oder den *&*-Operator:

```
$SB.Invoke()
```

oder etwas kürzer

```
& $SB
```

Über den *param*-Befehl werden für einen Scriptblock Parameter definiert, so dass beim Aufruf des Scriptblocks Werte (Argumente) übergeben werden können. Mehr dazu in Kap. 10, wenn es um die Functions geht.

9.3.12   Einfache Entscheidungen mit dem if-Befehl

Eine Entscheidung basiert auf einem Ausdruck, der nur die Werte *True* oder *False* annehmen kann. Bei *True* wird der folgende Scriptblock ausgeführt, bei *False* nicht. Für Entscheidungen gibt es die Befehle *if, else, else if* und *switch*.

Das folgende Beispiel gibt über den *if*-Befehl eine Meldung aus, wenn das angegebene Verzeichnis nicht existiert. Das wird mit dem *Test-Path*-Cmdlet geprüft. Das unscheinbare Ausrufezeichen*!* ist der *Not*-Operator der PowerShell, der den vom *Test-Path*-Cmdlet gelieferten Wert umdreht. Liefert *Test-Path* einen *False*-Wert, existiert das Verzeichnis nicht. Da in diesem Fall der Scriptblock ausgeführt werden soll, macht der!-Operator aus dem *False* ein *True*:

```
if (!(Test-Path -Path C:\TestVerzeichnis))
{
  Write-Host "Das Verzeichnis gibt es nicht"
  exit -1
}
```

Der *exit*-Befehl beendet das Skript mit dem (willkürlichen) Returncode-1.

9.3.13   Entscheidungen mit dem else-Befehl

Der *else*-Befehl legt den Scriptblock fest, der ausgeführt wird, wenn die auf *if* folgende Bedingung nicht erfüllt ist.

Das folgende Beispiel holt per *Get-AdUser*-Cmdlet (Kap. 14) ein Benutzerkonto aus dem Active Directory und prüft, ob es Mitglied der Administratorengruppe ist. In Abhängigkeit des Resultats dieses Vergleichs, erhält die Variable *ProfileVerzeichnis* einen entsprechenden Verzeichnispfad zugewiesen.

```
$UserCN = "CN=TestUser"
$ADUser = Get-AdUser -Identity $UserCN -Properties MemberOf
if ($ADUser.MemberOf -match "Administratoren")
{
   $ProfileVerzeichnis = "C:\Users\Administrator"
}
else
{
   $ProfileVerzeichnis = "C:\Users\Public"
}
```

9.3.14   Entscheidungen mit dem elseif-Befehl

Der *elseif*-Befehl hängt an einen *if*-Zweig eine weitere Entscheidung an.

Das folgende Beispiel geht davon aus, dass sich in der Variablen *$Pfad* der Verzeichnispfad einer Bilddatei befindet. Anschließend wird geprüft, ob die Erweiterung.*Jpeg*,.*Tiff* oder.*Bmp* ist oder die ob Datei eine andere Erweiterung besitzt.

```
$Pfad = "C:\Users\Pemo13\Pictures\AktenViewer31_Screenshot1.bmp"

$Datei = Get-Item -Path $Pfad
if ($Datei.Extension -eq ".jpg")
{
 "Jpeg-Datei"
}
elseif ($Datei.Extension -eq ".tiff")
{
 "Tiff-Datei"
}
elseif ($Datei.Extension -eq ".bmp")
{
 "Bmp-Datei"
}
else
{
 "Unbekannter Dateityp"
}
```

9.3.15   Mehrfachentscheidungen mit dem switch-Befehl

Soll eine Entscheidung mehrere Werte prüfen, wäre das Aneinanderreihen von *if*- und *elseif*-Befehlen etwas umständlich. Der *switch*-Befehl ist dafür besser geeignet. Per *switch* wird geprüft, ob eine Variable oder ein Ausdruck bestimmte Werte besitzt – jedem Wert wird dabei ein eigener Scriptblock zugeordnet.

Das folgende Beispiel geht von einer Variablen *$Note* aus, die einen Wert zwischen 1 und 6 enthält. Dem Zahlenwert soll per *switch*-Befehl eine Bewertung zugeordnet werden.

```
$Note = Read-Host -Prompt "Note? (1-6)"
switch ($Note)
{
 1 { "Das war sehr gut!"}
 2 { "Das war ziemlich gut!" }
 3 { "Nicht schlecht" }a
 4 { "Das ist noch verbesserungsfähig" }
 5 { "Schade, das könnte besser sein" }
 6 { "Leider nicht so gut - woran liegt's?" }
 default { "Bitte nur eine Zahl zwischen 1 und 6 eingeben." }
}
```

Der *switch*-Befehl kann noch einiges mehr. Er besitzt mit *CaseSensitive*, *Exact*, *Regex* und *Wildcard* mehrere optionale Parameter. Das folgende Beispiel zählt mit Hilfe des *Wildcard*-Parameters die Anzahl von Dateien mit einer bestimmten Erweiterung.

```
$PicPfad = "C:\Users\Administrator\Pictures"
switch -Wildcard (Get-Childitem -Path $PicPfad)
{
  "*.jpg" { $AnzahlJpeg++ }
  "*.bmp" { $AnzahlBitmap++ }
  "*.tif" { $AnzahlTiff++ }
  default { $AnzahlAndere++ }
}
```

Eine weitere Spezialität des *switch*-Befehls sind Bereichsvergleiche. Der Vergleichswert wird als Scriptblock aufgeführt – der Wert steht innerhalb des Scriptblocks wie üblich über *$_* zur Verfügung.

Das folgende Beispiel teilt den Arbeitsspeicher, den die laufenden Prozesse belegen, in die drei Kategorien „Wenig", „Normal" und „Viel".

```
switch (Get-Process)
{
    { $_.WS -lt 1MB } { "$($_.Name) - Arbeitsspeicher: Wenig" }
    { $_.WS -lt 10MB } { "$($_.Name) - Arbeitsspeicher: Normal" }
    default {"$($_.Name) - Arbeitsspeicher: Viel" }
}
```

Zum Abschluss wird gezeigt, dass der *switch*-Befehl seine Vergleiche auch unter Einbeziehung regulärer Ausdrücke (Kap. 18) durchführen kann.

Das folgende Beispiel zählt die Anzahl der Top-Level-Domänen in einer Liste von E-Mail-Adressen, die als Array vorliegen.

```
$EMailAdressen =
"admin1@dom.org","admin2@dom.org","user1@dom.de","user2@dom.de","user1@do
m.com", admin@localhost.local
Remove-Item -Path variable:Anzahl*
switch -Regex ($EMailAdressen)
{
   "\w+\d@\w+.org" { $AnzahlOrgDomains++ }
   "\w+\d@\w+.de" { $AnzahlDeDomains++ }
   "\w+\d@\w+.com" { $AnzahlComDomains++ }
   default { $AnzahlAndereDomains++ }
}
Get-ChildItem -Path variable:Anzahl*
```

Das *Remove-Item*-Cmdlet entfernt zu Beginn alle Variablen, die mit dem Wort „Anzahl"
beginnen.

9.3.16   Wiederholungen

Eine Wiederholung führt einen Scriptblock eine bestimmte Anzahl oft aus. Die PowerS-
hell kennt insgesamt vier „klassische" Wiederholungsbefehle:

1. Den *for*-Befehl für eine Wiederholung mit einer festen Anzahl.
2. Die Befehle *do* und *while* für Wiederholungen mit einer Abbruchbedingung.
3. Den *foreach*-Befehl für Wiederholungen auf der Grundlage eines Array (oder einer
   Collection).

9.3.17   Der for-Befehl

Der *for*-Befehl kommt immer zum Einsatz, wenn die Anzahl der Durchläufe feststeht. Auf
den *for*-Befehl folgen in Klammern maximal drei Angaben:

1. Ein Initialisierungsbefehl. Durch ihn erhält eine Variable einen Anfangswert.
2. Ein Abbruchvergleich.
3. Ein Inkrement-/Dekrementbefehl. Durch ihn wird die Schleifenvariable erhöht oder
   erniedrigt, so dass die Abbruchbedingung irgendwann erfüllt ist.

Das folgende Beispiel gibt die zwölf Monatsnamen aus.

```
for($i=1;$i -le 12;$i++)
{
    Get-Date -Date 1.$i.2014 -Format MMMM
}
```

Der „Trick" besteht darin, dass pro Durchlauf ein neues *DateTime*-Objekt mit einer beliebigen Jahreszahl, dem Tag 1 und der Nummer des Monats gebildet wird, die über die Variable *$i* bei jedem Durchlauf um eins erhöht wird. Der Formatbezeichner „MMMM" sorgt dafür, dass von dem Datumszeitwert nur der Monatsname zurückgegeben wird[2].

Für die folgende Variante der *for*-Schleife benötigen Sie gute Augen:

```
for($i = 5;$i---gt1)
{
   $i
}
```

Was ist hier los? Warum ist der Strich zwischen *$i* und *gt* so lang und fehlt hier nicht der dritte Teil? Nein, dies ist lediglich einer typischer „Spezialfall", auf den man oft nur per Zufall kommt[3]. Diese Variante verzichtet auf ein *$i–*, da die Variable *$i* bereits mit dem Vergleich um eins erniedrigt wird. Der Vergleich lautet „$i– -gt 1". Der aus zwei Minuszeichen bestehende Operator erniedrigt eine Variable um eins und führt danach den Vergleich durch.

9.3.18 Die Befehle do und while

Hängt die Anzahl der Durchläufe von einer Bedingung ab, wird diese entweder am Schleifenbeginn mit dem *while* oder am Schleifenende mit den Befehlen *while* oder *until* geprüft, wenn die Schleife mit dem *do*-Befehl eingeleitet wird.

Das folgende Beispiel berechnet ein lineares Wachstum (am Beispiel der Kapazität eines Laufwerks). Die Wiederholung bricht ab, wenn ein festgelegter Grenzwert überschritten wurde. Dazu wird am Schleifenende mit dem *while*-Befehl eine Bedingung geprüft, die entweder *True* oder *False* ist.

```
$Zuwachs = 7.5
$FestplatteMaxKap = 50MB
$StartBelegung = 25MB
$FestplatteCurKap = $StartBelegung
$Jahre = 0
do
{
   $FestplatteCurKap *= 1 + $Zuwachs/100
   $Jahre++
   Write-Host -Fore yellow "Kapazität nach $Jahre Jahren: $('{0:n2} MB,
    -f $FestplatteCurKap)"
} while ($FestplatteCurKap -lt $FestplatteMaxKap)
Write-Host -Fore Green "In $Jahre Jahren ist die Festplatte voll"
```

---

[2] Möchten Sie dagegen die Namen der zwölf Apostel ausgeben, ist dies nicht in einer Schleife möglich, da zwischen den einzelnen Namen keine Beziehung besteht.

[3] Oder wenn man die offizielle Sprachspezifikation liest.

9.3.19   Der while-Befehl

Der *while*-Befehl unterscheidet sich vom *do*-Befehl dadurch, dass die Abbruchbedingung zu Beginn geprüft wird. Dadurch kann es passieren, dass kein Durchlauf stattfindet.

Das folgende Beispiel ist eine kleine Zählschleife, bei der die Anzahl der Durchläufe zuvor über das *Read-Host*-Cmdlet von der Tastatur abgefragt wird.

```
$Anzahl = 0
$Anzahl = try { [Int32](Read-Host -Prompt "Anzahl?") } catch { 1}
$n = 0
while ($n -le $Anzahl)
{
  $n++
  $n
}
```

Das folgende Beispiel zeigt, dass die Schleifenbefehle auch in etwas ungewöhnlicheren Situationen eingesetzt werden können. Das Beispiel gibt alle 2 s eine Ausgabe in der Konsole aus. Das Besondere an der Ausgabe ist, dass über den *Foreground*-Parameter von *Write-Host* jedes Mal eine andere Farbe verwendet wird. Dafür sorgt eine *do*-Schleife, die solange wiederholt bis die per *Get-Random*-Cmdlet gezogene Zufallszahl nicht mit der beim letzten Durchlauf gezogenen Zahl übereinstimmt. Das Ganze wird in einen Scriptblock eingebettet, dessen Rückgabewert der Variablen *$Farbe* zugewiesen wird.

```
while ($true)
{
    $Farbe = & { do { $f = 8..15 | Get-Random } until ( $f -ne $Farbe);
$f }
    Write-Host -Foreground $Farbe  "I am waiting for a sunny day..."
    Start-Sleep -Seconds 2
}
```

9.3.20   Der foreach-Befehl

Der *foreach*-Befehl wiederholt einen Befehlsblock sooft, wie ein Array oder eine Collection Objekte enthält. Eine Collection ist ein Objekt, das mehrere andere Objekte desselben Typs umfasst. Bei jeder Wiederholung steht der aktuelle Wert des Arrays oder der Collection über die Variable zur Verfügung, die auf *foreach* folgt. Der allgemeine Aufbau des Befehls ist

```
foreach($Variable in <Sammlung>)
{
< Befehle>
}
```

Foreach ist einer der wichtigsten PowerShell-Befehle, da sich mit seiner Hilfe mit jedem Objekt einer Sammlung eine Aktion ausführen lässt.

▶ **Hinweis** Eine Verwechslungsgefahr besteht durch den Umstand, dass der Alias des *Foreach-Object*-Cmdlets ebenfalls „foreach" lautet.

Trotz der Namensgleichheit zum *Foreach-Object*-Alias gibt es einen wichtigen Unterschied: Der *foreach*-Befehl beginnt keine Pipeline, so dass die Ausgaben innerhalb des Scriptblocks nicht in die Pipeline gelegt werden. Es ist daher nicht möglich, einen Pipe-Operator an den Scriptblock zu hängen, der auf *foreach* folgt (die PowerShell ISE zeigt das bereits als Fehler an).

▶ **Hinweis** Im Vergleich zur PowerShell 2.0 hat das PowerShell-Team bereits mit der Version 3.0 einen kleinen „Bug" behoben. Dieser bestand darin, dass *foreach* auch bei einer leeren Menge immer einen Durchlauf durchführte.

Das folgende Beispiel liest die Namen von Computern im Netzwerk aus einer Textdatei ein und testet die Erreichbarkeit jedes Computers über das *Test-Connection*-Cmdlet.

```
foreach ($Computer in (Get-Content -Path C:\ComputerNamen.txt))
{
  Test-Connection -ComputerName $Computer -Count 1 -Quiet
}
```

Achten Sie bei diesem Beispiel darauf, wie das *Get-Content*-Cmdlet in den *foreach*-Befehl eingebaut wird. Die runden Klammern sorgen dafür, dass die von dem Cmdlet zurückgegebenen Zeilen der angegebenen Textdatei zu einer Sammlung (Array) werden, die von *foreach* Zeile für Zeile durchlaufen wird. Bei jedem Durchlauf ist *$Computer* die Variable, die für die aktuelle Zeile steht.

9.3.21 Der continue-Befehl sorgt für einen Abbruch des Schleifendurchlaufs

Der *continue*-Befehl „springt" an das Ende des Scriptblocks des Wiederholungsbefehls und leitet damit einen weiteren Durchlauf ein.

Das folgende Beispiel ist wenig praxisnah. Es zeigt von den Zahlen von 1 bis 10 nur die geraden Zahlen an, da die Ausgabe der ungeraden Zahlen über einen *if*-Befehl und einen *continue*-Befehl ausgelassen wird.

```
for ($n=0; $n-lt10; $n++)
{
  if ($n % 2 -eq 1) { continue }
  $n
}
```

9.3.22   Der break-Befehl sorgt für den Abbruch einer Schleife

Während der *continue*-Befehl nur den aktuellen Durchlauf abbricht, bricht der *break*-Befehl die gesamte Wiederholung ab und beendet diese.

Auch das folgende Beispiel besticht nicht durch seine Praxisnähe, ist dafür aber einfach gestrickt. Durch den *break*-Befehl bricht die Ausgabe der Zahlen von 1 bis 10 bereits bei der Zahl 5 ab.

```
for ($n=0; $n-lt10; $n++)
{
  if ($n -gt 5) { break }
  $n
}
```

Es ist in diesem Zusammenhang noch einmal eine Erwähnung wert, dass sich der *break*-Befehl nicht zum Abbruch eines *Foreach-Object*-Cmdlets eignet. Die Gefahr für eine (leichte) Konfusion ist dadurch gegeben, dass das Cmdlet den Alias „foreach" besitzt und dadurch eine Situation entstehen kann, in der *break* scheinbar nicht funktioniert. Da beim *ForEach-Object*-Cmdlet die Pipeline abgearbeitet wird, kann diese nur über einen terminierenden Fehler gestoppt werden, der per *throw*-Befehl künstlich ausgelöst wird. Wird der *break*-Befehl auf der Ebene des Skripts eingesetzt, bricht er die Ausführung des Skripts ab. Dadurch kann der Eindruck entstehen, er würde innerhalb von *ForEach-Object* funktionieren.

9.3.23   Fehlerbehandlung mit dem trap-Befehl

Die Behandlung von Fehlern ist bei Skripten ein wichtiges Thema. Sie wird immer dann erforderlich, wenn ein Fehler nicht (nur) zum Anzeigen der üblichen Fehlermeldung führen soll, sondern wenn das Skript darauf mit einer eigenen Meldung oder dem Ausführen dafür vorgesehener Befehle reagieren soll. Die Fehlerbehandlung ist optional, aber praktisch. Da die Fehlerbehandlung in Kap. 12 behandelt wird, geht es im Folgenden nur um den *trap*-Befehl, der seit der Version 1.0 dabei ist und seit der Version 2.0 durch die Befehle *try* und *catch* „ersetzt" wird.

Der *trap*-Befehl legt einen Befehlsblock fest, der immer dann ausgeführt wird, wenn im folgenden Bereich ein terminierender Fehler auftritt. Im folgenden Befehl fängt der *trap*-Befehl einen Fehler ab, der beim Aufruf einer Laufzeitfunktion entsteht.

```
trap { "Fehler beim Download der Datei";continue}
$Anzahl = 0
$Inhalt = ""
$WC = New-Object -Typename System.Net.Webclient
$Inhalt = $WC.DownloadString("http://www.activetraining.de")
$Anzahl = $Inhalt.Length
"$Anzahl Bytes gelesen."
```

Der *continue*-Befehl sorgt beim *trap*-Befehl dafür, dass die Ausführung mit dem Befehl, der auf den fehlerverursachenden Befehl folgt, fortgesetzt wird. Als Alternative zu *continue* kann auch der *break*-Befehl folgen, der die Ausführung auf der Ebene abbricht. Dieser spielt daher nur dann eine Rolle, wenn es einen weiteren *trap*-Befehl gibt, der z. B. Teil einer Function ist.

Das folgende Beispiel umfasst eine Function (Kap. 10), die über den Aufruf einer Methode der .NET-Laufzeit eine Datei herunterlädt, deren URL beim Aufruf der Function übergeben wurde. Das Beispiel enthält zwei *trap*-Befehle. Der erste *trap*-Befehl kümmert sich um einen Fehler, der beim Download der Datei auftreten kann. Der zweite *trap*-Befehl steht außerhalb der Function und wird dann aktiv, wenn eine „Fehlermeldung" durch den *trap*-Befehl innerhalb der Function herausgereicht wurde.

```
function Download-File {
    param($Url)
    trap { "Fehler beim Download der Datei von $Url";break}
    $Anzahl = 0
    $Inhalt = ""
    $WC = New-Object -Typename System.Net.Webclient
    $Inhalt = $WC.Downloadstring($Url)
    $Anzahl = $Inhalt.Length
    "$Anzahl Bytes gelesen."
}
trap { "Fehler beim Aufruf von Download-File";continue}

Download-File -Url http://GibtEsNicht.123
```

9.4   Ein- und Ausgaben in einem Skript

PowerShell-Skripte müssen Eingaben entgegennehmen und geben ihre Ausgaben in der Regel in der Konsole aus. Während für Ausgaben entweder die direkte Ausgabe durch Hinschreiben der Variablen (oder allgemein dem, was ausgegeben werden soll) oder verschiedene Write-Cmdlets zur Auswahl stehen, steht für die Eingabe offiziell nur das *Read-Host*-Cmdlet zur Verfügung. Ein Pendant zur InputBox-Funktion von VBScript gibt es nicht.

9.4.1   Skripteingaben über Parameter

Der direkte Weg, einem Skript bei seiner Ausführung Werte auf den Weg mitzugeben, besteht darin, diese auf den Namen der Ps1-Datei (per Leerzeichen getrennt) folgen zu lassen. Diese Werte werden bei der Ausführung über die *$Args*-Variable abgefragt.

Im folgenden Beispiel nimmt ein Skript bei der Ausführung einen Wert entgegen, der direkt als Limit in eine Abfrage eingesetzt wird. Damit der Befehl nur ausgeführt wird, wenn ein Wert übergeben wurde, wird eine Abfrage mit dem *if*-Befehl eingebaut. Sie prüft die Anzahl der Elemente in dem Array, das durch *$Args* repräsentiert wird.

```
if ($Args.Length -gt 0)
{
   Get-ChildItem -Path $env:userprofile\Downloads -File | Where-Object
Length -gt ($Args[0] * 1MB)
}
else
{
   Write-Warning "Aufruf, z. B. GetFile.ps1 10"
}
```

Aufgerufen wird das Skript wie folgt:

```
PS C:\PSKurs> .\GetFile.ps1 50
```

Einen eingebauten Mechanismus, über den automatisch die korrekte Aufrufsyntax eines Skripts auf der Grundlage seiner Parameterdeklaration ausgegeben wird, gibt es bei der PowerShell nicht.

Die Variable *$Args* ist in erster Linie als „Brücke" für jene Anwender gedacht, die bislang mit Stapeldateien oder dem Windows Scripting Host gearbeitet hatten. Der offizielle Weg der Parameterdeklaration geht über den *param*-Befehl. Hier besteht die Möglichkeit einem Parameter einen Datentyp, eine Validierungsregel oder einen Hilfetext zuzuordnen.

Das folgende Beispiel entspricht dem letzten Beispiel, nur dass dieses Mal der *param*-Befehl verwendet wird:

```
param($LimitMB)
Get-ChildItem -Path $env:userprofile\Downloads -File | Where-Object
Length -gt ($LimitMB * 1MB)
```

Das Skript kann wahlweise mit oder ohne den Parameternamen aufgerufen werden:

```
PS C:\PsKurs> .\GetFile.ps1 50
```

oder

```
PS C:\PsKurs> .\GetFile.ps1 -LimitMB 50
```

Soll auch in diesem Fall geprüft werden, ob für den Parameter *Limit* ein Wert übergeben wurde, muss lediglich geprüft werden, ob ein entsprechender Eintrag in der (Hashtable-) Variablen *$PSBoundParameters* enthalten ist, die immer alle übergebenen Skriptparameter und ihre Werte als Schlüssel-Wert-Paare enthält (das Thema Hashtables ist in Kap. 9.6 an der Reihe). Das folgende Skript entspricht dem letzten Beispiel, nur dass dieses Mal eine Warnung ausgegeben wird, wenn für den *LimitMB*-Parameter kein Wert übergeben wurde:

```
param($LimitMB)
if ($PSBoundParameters.LimitMB)
{
  Get-ChildItem -Path $env:userprofile\Downloads -File | Where-Object
Length -gt ($LimitMB * 1MB)
}
else
{
    Write-Warning "Aufruf, z. B. GetFile.ps1 10"
}
```

9.4.2 Skripteingaben über die Pipeline

Einem Skript kann, wie einer Function und einem Cmdlet, eine Eingabe über die Pipeline übergeben werden:

```
PS C:\PsKurs> Get-ChildItem -File -Path $env:userprofile\downloads |
.\GetFile.ps1 -LimitMB 50
```

Ausgewertet wird der Pipeline-Inhalt entweder über die Variable *$Input* oder, wie bei einer Pipeline-Function, über einen *Process*-Scriptblock. Das folgende Beispiel entspricht im Wesentlichen dem letzten Beispiel, nur das dieses Mal per *Get-ChildItem*-Cmdlet Dateien übergeben werden, die innerhalb des Skripts einem Größenvergleich mit jenem Wert unterzogen werden, der auf den *LimitMB*-Parameter folgt:

```
param($LimitMB)
foreach($fi in $Input)
{
  if ($fi.Length -gt ($LimitMB * 1MB))
  {
    "$fi.Name ist mit $($fi.Length) Bytes größer als $($LimitMB * 1MB)
Bytes"
  }
  else
  {
    "$fi.Name ist mit $($fi.Length) Bytes kleiner gleich $($LimitMB *
1MB) Bytes"
  }
}
```

Aufgerufen wird das Skript wie oben beschrieben. Im Mittelpunkt steht die PowerShell-Variable *$Input*, die Pipeline-Inhalt repräsentiert. Es handelt sich aber nicht um ein Array. Die PowerShell-Entwickler haben sich für einen sog. *Enumerator* entschieden, mit dem sich Arrays und Collections zwar durchlaufen lassen, der aber nicht die leichte Handhabbarkeit eines Arrays besitzt.

9.4.3 Eingaben über das Read-Host-Cmdlet

Das offizielle Cmdlet für die Entgegennahme von Tastatureingaben ist das *Read-Host*-Cmdlet. Es besitzt zwei Parameter: *Prompt* und *AsSecureString*. Über den *Prompt*-Parameter wird ein Text angegeben, der als Teil des Eingabeprompts angezeigt wird. Die Rückgabe ist immer eine Zeichenkette (*String*-Objekt). Über den *AsSecureString*-Parameter wird die Eingabe verdeckt entgegengenommen und als *SecureString*-Objekt zurückgegeben.

Der folgende Befehl nimmt eine Eingabe entgegen und weist sie einer Variablen zu:

```
$Anzahl = Read-Host -Prompt "Anzahl?"
```

Der folgende Befehl nimmt ein Kennwort entgegen und legt es als sicheren String in einer Variablen ab:

```
$Pw = Read-Host -Prompt "Pw?" -AsSecureString
```

9.4.4 Ausgaben über eine Meldungsbox

Soll ein PowerShell-Skript eine Meldungsbox anzeigen, geht dies nur über einen Aufruf einer Funktion der .NET-Laufzeit. Die Funktion ist die *Show*-Methode der *MessageBox*-Klasse im Namespace *System.Windows.Forms*.

In der PowerShell-Konsole muss als erstes die Assembly per *Add-Type*-Cmdlet geladen werden. In der ISE ist das nicht erforderlich, da die Assembly bereits von Anfang an geladen wurde.

```
Add-Type -Assembly System.Windows.Forms
```

Damit stehen eine Vielzahl von Klassen für das Anzeigen von Fenstern mit Steuerelementen und Dialogen zur Verfügung. Der folgende Befehl zeigt eine Messagebox mit einer Ja- und einer Nein-Schaltfläche an:

```
$Antwort = [System.Windows.Forms.MessageBox]::Show("Weitermachen?",
"Bitte bestätigen", "YesNo", "Question")
```

Je nach gewähltem Button enthält die Variable *$Antwort* den Wert „Yes" oder „No". Der Methode *Show* werden insgesamt vier Argumente übergeben:

1. Der Inhalt der Mitteilungsbox.
2. Der Titel.

3. Eine Konstante, die angibt, welche der Buttons Ja, Nein und Abbrechen angezeigt werden.
4. Eine Konstante, die angibt, welches Icon (zur Auswahl stehen ein Ausrufezeichen, ein Fragezeichen und ein Fehlersymbol) angezeigt wird.

Es gibt noch weitere Parameter, die aber nur selten eine Rolle spielen.

Wenn Sie in einem Skript die Mitteilungsbox häufiger oder generell etwas einfacher anzeigen möchten, bauen Sie den Aufruf in eine Function (Kap. 10) ein:

```
function Show-Messagebox
{
  param($Msg, $Titel, $Buttons="YesNo", $Icon="Question")
  [System.Windows.Forms.MessageBox]::Show($Msg, $Titel, $Buttons, $Icon)
}
```

In dem einige Parameter einen Standardwert erhalten, wird der Aufruf vereinfacht:

```
Show-Messagebox "Weitermachen?" "Bitte bestätigen"
```

Erhält die Function noch einen Alias, wirkt sie auf einmal eventuell sehr vertraut:

```
Set-Alias -Name Msgbox -Value Show-Messagebox
```

und der Aufruf wird ein wenig kürzer:

```
Msgbox "Alles klar!" -Icon Exclamation
```

Soll die Function immer zur Verfügung stehen, muss sie entweder Teil eines Profilskripts sein oder in einem Modul (Kap. 15) enthalten sein.

▶ **Hinweis** Es ist wichtig zu verstehen, dass durch die *Show*-Methode immer ein blockierendes Fenster angezeigt wird und das Skript erst dann mit seiner Ausführung fortfahren kann, wenn das Mitteilungsfenster wieder geschlossen wurde.

9.4.5 Eine Meldungsbox mit Optionen

Eine Messagebox bietet nur drei Buttons an, die sich zudem nicht beschriften lassen. Etwas mehr Möglichkeiten bietet das Methoden-Member *PromptForChoice*, das über das Host-Objekt *($Host.UI)* zur Verfügung gestellt wird (und hostspezifisch implementiert wird). Es zeigt eine zuvor festgelegte Auswahl von *ChoiceDescription*-Objekten (aus der PowerShell-Assembly *System.Management.Automation*) an und erlaubt damit die Auswahl mehrerer Optionen. In der PoweShell ISE wird eine Meldungsbox mit einem Button pro Auswahloption angezeigt, in der PowerShell-Konsole entsprechend eine Textauswahl.

Das folgende Skript ist etwas umfangreicher, aber einfach gestrickt. Es definiert drei Auswahlpunkte, die bei der Ausführung in der PowerShell ISE in einer Meldungsbox angezeigt werden (Abb. 9.2). Bei Ausführung in der PowerShell-Konsole erscheint eine Textausgabe.

```
<#
 .Synopsis
 Auswahlmenü mit den Mitteln der PowerShell
#>

$Titel = "Dateien im Verzeichnis löschen"
$Msg = "Sollen alle Dateien in dem Verzeichnis gelöscht werden?"
$JaMsg = "Alle Dateien in dem Verzeichnis löschen"
$NeinMsg = "Alle Dateien beibehalten"
$MayBeMsg = "Ich bin mir nicht ganz sicher"

$JaOption = New-Object -TypeName
System.Management.Automation.Host.ChoiceDescription "&Ja", $JaMsg
$NeinOption = New-Object -TypeName
System.Management.Automation.Host.ChoiceDescription "&Nein", $NeinMsg
$MaybeOption = New-Object -TypeName
System.Management.Automation.Host.ChoiceDescription "&Vielleicht",
$MayBeMsg

$Optionen =
[System.Management.Automation.Host.ChoiceDescription[]]($JaOption,
$NeinOption, $MaybeOption)

$Ergebnis = $Host.UI.PromptForChoice($Titel, $Msg, $Optionen, 0)

# Auswerten der Eingabe

switch($Ergebnis)
{
  0 { Write-Warning "Alle Dateien werden gelöscht." }
  1 { Write-Verbose "Die Dateien bleiben erhalten." -Verbose }
  2 { Write-Verbose "Der User ist sich nicht ganz sicher." -Verbose }
}
```

9.5 Arrays (einfache Listen)

Ein Array ist eine Variable, die mehrere Werte (theoretisch beliebig viele, wobei es natürlich eine physikalische Obergrenze gibt) unter einem Namen zusammenfasst. Die einzelnen Elemente werden über einen Index angesprochen, der in eckige Klammern gesetzt wird. Der Index ist eine ganze Zahl, die bei 0 beginnt und bis zur Anzahl der Elemente in dem Array minus 1 reicht. Arrays kamen bei einigen Beispielen, die bei vorangegangenen Kapiteln vorgestellt wurden, bereits vor, so dass sie in diesem Abschnitt offiziell vorgestellt werden.

Die folgenden Befehle greifen auf eine Array-Variable *$Server* zu:

```
$Server = "Server1", "Server2", "Server3"
$Server[1]
Server2

$Server[0..1]
Server1
Server2
```

Der Umgang mit Arrays ist bei der PowerShell richtig flexibel. Der folgende Befehl „zieht" 6 Zufallszahlen mit dem *Get-Random*-Cmdlet im Bereich 1 bis 49 und gibt diese anschließend sortiert aus.

```
1..6 | ForEach-Object { 1..49 | Get-Random } | Sort-Object
```

Das kleine Beispiel macht deutlich, dass es für Arrays keine speziellen Befehle oder Methoden-Members geben muss, da es dafür die in Kap. 5 vorgestellten Pipeline-Cmdlets gibt.

9.5.1 Arrays deklarieren

Auch die Deklaration von Arrays ist unkompliziert. Ein Array liegt vor, sobald mehrere Werte per Komma getrennt involviert sind:

```
$Zahlen = 100, 200, 300
```

oder bei Verwendung des Bereichsoperators:

```
$Zahlen = 1..10
```

In diesem Fall erhält *$Zahlen* die Zahlen von 1 bis 10 (die Möglichkeit, eine Schrittweise oder einen Initialisierungswert festzulegen, gibt es beim Bereichsoperator nicht).
    Soll ein Array offiziell deklariert werden, geschieht dies über das @-Zeichen:

```
$Zahlen = @(100, 200, 300)
```

Der einzige Grund, warum das @-Zeichen offiziell erforderlich ist, ist, dass dadurch eine Variable von Anfang an als Array deklariert wird:

```
$Zahlen = @()
```

Wird jetzt ein Wert per +=-Operator hinzugefügt, wird dieser in das Array aufgenommen. Ohne das @-Zeichen würde die Operation als Stringverknüpfung durchgeführt werden.

9.5.2 Die Länge eines Arrays

Die Anzahl der Elemente eines Arrays liefert wahlweise die *Length*- oder die *Count*-Eigenschaft.

Der folgende Befehl liefert die Anzahl der laufenden Prozesse, da sie Teil eines Arrays sind:

```
@(Get-Process).Length
```

Das @-Zeichen zu Beginn ist optional. Auch ohne das Array-Deklarationszeichen macht die PowerShell aus der Rückgabe ein Array. Das gilt ab der PowerShell 3.0 auch für den Fall, dass in den runden Klammern kein Wert enthalten ist. Der folgende *Get-Process*-Aufruf gibt nichts und damit einen *$null*-Wert zurück (der *ErrorAction*-Parameter mit dem Wert „Ignore" verhindert, dass eine Fehlermeldung angezeigt wird). Trotzdem liefert die *Length*-Eigenschaft den Wert 0:

```
(Get-Process -Name Bla -ErrorAction Ignore).Length
```

Bei der PowerShell 2.0 entstand in diesem Fall kein Array und folglich gab es keine *Length*-Eigenschaft, so dass ein *$null*-Wert resultierte. Dies wurde von vielen PowerShell-Anwendern als inkonsistent empfunden.

> **Tipp** Möchten Sie nachvollziehen, wie sich ein Befehl oder ein Skript unter der PowerShell 2.0 verhält, starten Sie die PowerShell 4.0 im „2.0-Modus", in dem Sie *Powershell.exe* ausführen und über den *Version*-Parameter „2.0" angeben.

9.5.3 Mehrdimensionale Arrays

In der Regel besitzt ein Array nur eine Dimension. In diesem Fall umfasst das Array eine Aneinanderreihung unterschiedlicher Werte. Arrays können aber auch mehrere Dimensionen besitzen. Bei einem zweidimensionalen Array gibt es zwei Indices, über die ein Wert angesprochen wird. Ein Array mit der Dimension 8 × 10 kann z. B. 80 Werte aufnehmen. Ein Element wird in der Schreibweise [Index1, Index2] angesprochen.

Zweidimensionale Arrays sind z. B. dann praktisch bzw. notwendig, wenn mehrere Datenreihen zu verschiedenen Zeitpunkten erfasst wurden und eine Datenreihe gezielt über einen Index, der für einen Zeitpunkt steht, abrufbar sein soll. Die Syntax für die Definition mehrdimensionaler Arrays ist etwas umständlich, da dafür das *New-Objcect*-

Cmdlet verwendet werden muss, mit dem normalerweise Objekte angelegt werden (auch Arrays sind Objekte).

Das folgende Beispiel definiert ein zweidimensionales Array mit insgesamt 100 Feldern vom Typ *Byte* (in dem sich Zahlen von 0 bis 255 ablegen lassen):

```
$Feld = New-Object -Typename "Byte[,]" -ArgumentList 10,10
$Feld[0,0] = 11
$Feld[0,1] = 22
$Feld[3,3] = 33
```

Ein kleiner Nachteil von *New-Object* ist, dass das Array mit allen Feldern im Arbeitsspeicher angelegt wird. Etwas praktischer ist es, wenn nur die Felder angelegt werden, die mit Werten belegt wurden. Diese „Jagged Arrays" lassen sich auch in der PowerShell anlegen:

```
$Feld = @()
$Feld += 11
$Feld += ,(22,33,44)
$Feld[1][1]
33
```

9.5.4   Ein Array mit einem Inhalt anlegen

Soll ein Array mit einem bestimmten Wert vorbelegt werden, ist dies bei der PowerShell mit einfachen Mitteln möglich, wenngleich die Schreibweise etwas gewöhnungsbedürftig ist. Der folgende Befehl definiert ein Array mit 100 Feldern, die mit dem Wert 1 vorbelegt sind:

```
$Zahlen = @(1) * 100
```

Auch das Initialisieren mit einer Zeichenfolge ist möglich:

```
$Banner = @('*' * 64) * 10
```

9.6   Hashtables (Listen mit direktem Zugriff)

Eine Hashtable ist eine Liste von Schlüssel = Wert-Paaren. Im Unterschied zu einem Array werden nicht nur Werte gespeichert, jedem einzelnen Wert wird ein Schlüssel (engl. „key") zugeordnet, über den der Wert angesprochen wird. Der etwas ungewöhnliche Begriff „Hash" (zu deutsch „zerhacken") besitzt in der Informatik eine lange Tradition. Es ist ein (Zahlen-) Wert, der aus dem zu speichernden Wert abgeleitet wird und dazu verwendet wird, den Wert in einer internen Tabelle gezielt abrufen zu können. Dazu muss der Wert in Bezug auf die „Hash-Tabelle" eindeutig sein, was wiederum dazu führt, dass alle

Schlüssel in einer Hashtable nur einmal vorkommen dürfen. Der Wert des Schlüssels kann eine Zahl, eine Zeichenfolge oder ein beliebiges Objekt sein. Bei der PowerShell wird eine Hashtable über ein Paar geschweifter Klammern definiert, denen das At-Zeichen (@) vorausgeht. Die Schlüssel-Wert-Paare werden durch Semikolons getrennt.

Es gibt bei der PowerShell mehrere Situationen, in denen eine Hashtable als Parameterwert verwendet werden muss:

- Um beim *Select-Object*-Cmdlet neue Properties definieren zu können.
- Um beim *Format-Table*-Cmdlet neue Spalten definieren zu können.
- Um beim *New-Object*-Cmdlet die Eigenschaften des neuen Objekts anzugeben.

Es gibt zudem einige Cmdlets, z. B. *New-AdUser*, die Parameter besitzen, die eine Hashtable als Wert erwarten.

Das folgende Beispiel stammt nicht gerade aus dem Bereich der IT-Administration, macht dafür den Umgang mit Hashtables gut deutlich. Es ordnet einem Kfz-Zeichen einen Ortsnamen zu.

```
$KfzListe = @{Me="Mettmann"; Bm="Berkheim"; Wn="Waiblingen"; Er="Erding"}
# Der Schlüssel wird als Index verwendet
$KfzListe["Me"]
# Praktische Abkürzung
$KfzListe.Bm

# Feststellen, ob ein Schlüssel existiert
$KfzListe.ContainsKey("Er")
$KfzListe.ContainsKey("Pi")
```

Eine Hashtable kann natürlich auch weitere Hashtables als Werte besitzen. Im folgenden Beispiel werden in einer Hashtable *$UserDaten* Benutzerdaten in Gestalt von Hashtables abgelegt. Ein einzelner „Datensatz" umfasst einen Namen und eine E-Mail-Adresse.

```
$UserDaten = @{}
$UserDaten +=
@{u1=@{Name="Administrator";EMail="Administrator@localhost.local"}}
$UserDaten += @{u2=@{Name="Gast";EMail="Gast@localhost.local"}}
$UserDaten.u1
$UserDaten.u1.Email
```

9.6.1   Eigenschaften für ein Objekt per Select-Object hinzufügen

Das *Select-Object*-Cmdlet ermöglicht über eine Hashtable einem Objekt eine neue Eigenschaft hinzuzufügen. Für die Hashtable sind die Schlüssel bereits vordefiniert: Sie heißen „Name" für den Namen der Eigenschaft (alternativ kann auch „Label" eingesetzt werden) und „Expression" für den Wert der Eigenschaft, die immer als Scriptblock angegeben wird.

Das folgende Beispiel fügt zu allen Dateiobjekten eine weitere Eigenschaft hinzu, die für den Wochentag steht, an dem die Datei angelegt wurde:

```
Get-ChildItem -Path C:\PsKurs\*.ps1 | Select-Object -Property Name,
@{Name="Wochentag";Expression={$_.CreationTime.ToString("dddd")}} |
Format-table -AutoSize


Name                                            Wochentag
----                                            ---------
ACLAbfrageVerzeichnisse.ps1                     Donnerstag
ACLAktualisieren.ps1                            Freitag
ADODatenproviderAuflisten.ps1                   Dienstag
AnwendungDeinstallieren.ps1                     Montag
ASCIITabelle.ps1                                Freitag
```

Es ist wichtig zu verstehen, dass die neue Eigenschaft *Wochentag* eine reguläre Eigenschaft ist, die von den folgenden Cmdlets benutzt werden kann. Der folgende Befehl gibt nur jene Dateien aus, die an einem Montag entstanden sind:

```
Get-ChildItem -Path C:\PsKurs\*.ps1 | Select-Object -Property Name,
@{Name="Wochentag";Expression={$_.CreationTime.ToString("dddd")}} |
Where-Object Wochentag -eq "Montag"
```

Die Eigenschaft existiert aber nur für die Dauer der Befehlsausführung. Soll die Eigenschaft dauerhaft an den Typ (in diesem Fall *System.IO.FileInfo*) angehängt werden, muss dies im Rahmen einer Typendefinitionsdatei geschehen, die über das *Update-TypeData*-Cmdlet, das in Kap. 18 vorgestellt wird, nachgeladen wird und damit im Rahmen der aktuellen PowerShell-Sitzung zur Verfügung steht.

9.6.2 Hashtables für etwas Fortgeschrittene

Hashtables sind insgesamt sehr leistungsfähige Datenstrukturen. Auch wenn sie am Anfang etwas speziell wirken, handelt es sich doch um eine relativ einfache Angelegenheit, die bei der PowerShell eine zentrale Rolle spielt. Je eher Sie den Umgang mit Hashtables

Abb. 9.2 Eine Auswahlbox mit PromptForChoice

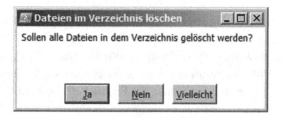

beherrschen, je eher können Sie die etwas fortgeschrittenen Eigenschaften der PowerShell verwenden.

Im folgenden Beispiel wird eine Hashtable mit allen Ps1-Dateien in einem Verzeichnis aufgebaut. Für jede Ps1-Datei wird die Anzahl der Zeilen in der Hashtable abgelegt. Diese Zahl wird über den Dateinamen als Schlüssel wieder abgerufen. Das Besondere an diesem kleinen Beispiel ist, dass der Schlüsselname auch der Wert einer Property sein kann.

```
$HFiles = @{}
Get-ChildItem -Path *.ps1 | ForEach-Object { $HFiles.($_.Name) = (Get-
Content -Path $_.FullName).Count }

$HFiles."Hallo.ps1"
27
```

Eine Besonderheit bei Hashtables war bis zur Version 3.0 der PowerShell, dass die Reihenfolge der Schlüssel intern etwas willkürlich festgelegt wurde:

```
$H = @{a=1; b=2; c=3 }
```

Auch wenn die Reihenfolge der Werte und Schlüssel eindeutig ist, gibt die PowerShell sie kurioserweise in einer anderen Reihenfolge wieder aus:

```
$H
Name                        Value
----                        -----
c                           3
b                           2
a                           1
```

Ab der Version 3.0 gibt es das Attribut *[Ordered]*, durch das die Elemente einer Hashtable sortiert ausgegeben werden:

```
$H = [Ordered]@{a=1; b=2; c=3 }

Name                        Value
----                        -----
a                           1
b                           2
c                           3
```

Aus einer Hashtable lässt sich mit Hilfe der Typangabe *[PSCustomObject]* ein Objekt machen:

```
$H = @{Name="pemo"; Email="pemo@localhost.local"}
$User = [PSCustomObject]$H
```

9.7   PowerShell-Skripte mit Parametern

Sollen einem PowerShell-Skript beim Aufruf Werte übergeben werden, müssen dafür über den *param*-Befehl Parameter definiert werden. Eine Alternative ist die Variable *$Args*, die automatisch alle Werte erhält, die auf den Namen der Ps1-Datei beim Aufruf folgen:

```
param($CSVPfad, $Anzahl)
```

Der Aufruf der Ps1-Datei mit Parameterwerten sieht genauso aus wie bei einem Cmdlet:

```
TestSkript.ps1 -CSVPfad C:\Tesdaten.csv -Anzahl 10
TestSkript.ps1 C:\Tesdaten.csv 10
```

9.8   Informationen über ein Skript abfragen

Sobald ein Skript etwas größer wird, spielen Informationen über das Skript selber eine Rolle: Welcher Befehl wird aktuell ausgeführt, in welchem Verzeichnis befindet sich das Skript usw.? Diese Informationen werden über zwei Variablen zur Verfügung gestellt: *$MyInvocation* und *$PSScriptRoot*. Während *$PSScriptRoot* einfach nur den Verzeichnispfad der Ps1-Datei enthält, enthält *$MyInvocation* als Objekt eine ganze Reihe von Angaben, die als Eigenschaften zur Verfügung gestellt werden, und die in Tab. 9.3 zusammengestellt sind. *$MyInvocation* gehört zu jenen Variablen, die beim Debuggen nicht direkt abgefragt werden können – Sie müssen den Wert einer anderen Variablen zuweisen.

Der folgende Befehl gibt den Namen der Skriptdatei, in der der Befehl ausgeführt wird, aus:

```
$MyInvocation.MyCommand.Name
```

Der Befehl kann nur in einem Skript ausgeführt werden.

Tab. 9.3 Die Eigenschaften von MyInvocation

Eigenschaft	Steht für…
BoundParameters	Die übergebenen Parameter und ihr Werte (als Hashtable)
CommandOrigin	In welchem Kontext wird der Befehl ausgeführt? (Internal oder Runspace)
HistoryID	Nummer des Befehls in der internen Befehlsliste (History) der PowerShell, die über Get-History abgerufen wird
MyCommand	Den ausführenden Befehl. Dieses Objekt besitzt zahlreiche weitere Eigenschaften, wie z. B. Name
ScriptName	Den vollständige Pfad der Ps1-Datei, aber nur innerhalb einer Function

▶ **Hinweis** Wenn Sie sich fragen, woher der Autor die Informationen aus Tab. 9.3 hat: Diese stammen nicht aus besonders gutem Draht zum PowerShell-Team bei Microsoft, sondern resultieren natürlich aus einer einfachen Suchmaschinenabfrage nach dem Typennamen *System.Management.Automation.InvocationInfo*, auf dem das Objekt basiert, das *$MyInvocation* zurückgibt. Und woher kennt der Autor diesen Typ? Ganz einfach durch einen Aufruf von *$MyCommand | Get-Member* während der Ausführung eines Skripts. Die Suchabfrage führt zu der Adresse http://msdn.microsoft.com/en-us/library/system.management.automation.invocationinfo_members(v=vs.85).aspx, unter der alle Members der Klasse *InvocationInfo* dokumentiert sind.

9.9 Zusammenfassung

Die Skriptsprache der PowerShell umfasst ca. 30 Befehlswörter. Sie ist vergleichbar mit anderen Skript- und Programmiersprachen. Die Befehlswörter werden in der Hilfe unter „about_language_keyword" beschrieben. Über Arrays und Hashtables lassen sich mehrere Werte unter einem Namen zusammenfassen.

Functions   10

Functions sind die wichtigsten Elemente eines PowerShell-Skripts. Eine Function ist ein Name, der für einen Scriptblock und damit für eine beliebige Folge von Befehlen steht. Diese werden der Reihe nach ausgeführt, wenn der Name der Function eingegeben oder als Teil eines Befehls ausgewertet wird. Functions können Werte in die Pipeline legen, die als Rückgabewerte der Function als Teil einer Befehlskette weiterverarbeitet werden. Neben Cmdlets und Workflows sind Functions die dritte „Sorte" von Commands, die bei der PowerShell fest eingebaut sind. Die Module, die mit Windows Server 2012 dazu gekommen sind, enthalten mehrheitlich Functions. Genau wie bei einem Cmdlet können auch für eine Function Parameter definiert werden, denen beim Aufruf Werte (Argumente) übergeben werden.

10.1 Functions definieren

Eine Function wird mit dem *function*-Befehl definiert. Eine Function muss in einem Skript vor ihrem ersten Aufruf definiert werden. Ein Skript kann beliebig viele Functions enthalten.

Das folgende Beispiel ist absichtlich sehr einfach gehalten. Es definiert eine Function mit dem Namen „Get-PSProzessBit", die die Anzahl an Bytes eines *IntPtr*-Datentyps zurück- und damit indirekt angibt, ob der Befehl in einem 32- oder 64-Bit-Prozess ausgeführt wird.

```
function Get-PSProzessBit
{
  [System.IntPtr]::Size
}
```

© Springer Fachmedien Wiesbaden 2014
P. Monadjemi, *PowerShell für die Windows-Administration*, X.systems.press,
DOI 10.1007/978-3-658-02964-7_10

In diesem Fall spielt die Function die Rolle eines Alias für einen etwas längeren Befehl. Da auch für Function-Namen die Verb-Hauptwort-Regel gilt, ist es üblich per *Set-Alias*-Cmdlet für eine Function einen Zweitnamen festzulegen:

```
PS C:\PsKurs> Set-Alias -Name GBit -Value Get-PSProzessBit
```

Danach kann die Function über den Alias *GBit* ausgeführt werden. Sowohl Function- als auch Alias-Definitionen gelten nur für die aktuelle PowerShell-Sitzung. Soll eine Function dauerhaft zur Verfügung stehen, muss sie entweder in einem Profilskript enthalten oder Teil eines Moduls (Kap. 14) sein.

10.2   Die Rückgabewerte einer Function

Bei PowerShell-Functions gibt es zwar einen *return*-Befehl, der die Rückgabewerte einer Function festlegt, dieser ist aber optional. Die Rückgabewerte einer Function werden innerhalb der Function aufgeführt. Sie werden dadurch in die Pipeline gelegt und werden damit zu den Rückgabewerten der Function. Eine Function kann beliebig viele Rückgabewerte besitzen. Der *return*-Befehl wird damit aber nicht überflüssig. Er wird immer dann benötigt, wenn die Function vorzeitig beendet werden soll. Dabei kann auch ein expliziter Rückgabewert festgelegt werden.

Das folgende Beispiel definiert eine Function, die per WMI (Kap. 10) ein paar Details zum lokalen Computer abfragt und diese als Objekt zurückgibt. Besitzt die Eigenschaft *Manufacturer* des Rückgabewerts der WMI-Abfrage keinen Eintrag, kehrt die Function vorzeitig zurück. Ansonsten wird auch der Wert für *Model* ausgegeben.

```
function Get-OSInfo
{
  $OS = Get-CimInstance -ClassName Win32_ComputerSystem
  $OS.Name
  $OS.Domain
  if ($OS.Manufacturer -eq $null)
  {
    return
  }
$OS.Model
}
```

10.2.1   Der return-Befehl

Der *return*-Befehl hat nicht die Bedeutung wie bei anderen Skript- und Programmiersprachen. Er ist optional und dient lediglich dazu, einen vorzeitigen Ausstiegspunkt zu definieren. Um sich die Bedeutung des *return*-Befehls vor Augen zu führen, ist es hilfreich, die

Reihenfolge zwischen Befehl und Rückgabewert zu vertauschen: Ein „return 1234" wird von der PowerShell wie ein „1234; return" ausgeführt.

10.3   Functions mit Parametern

Genau wie ein Cmdlet kann auch eine Function eine beliebige Anzahl an Parametern besitzen, denen beim Aufruf der Function Werte (Argumente genannt) übergeben werden. Genau wie bei einem Cmdlet gibt es u. a. Pflichtparameter, Positionsparameter und Parameter, die ihren Wert über die Pipeline beziehen. Erst durch Parameter werden Functions flexibel einsetzbar.

Es gibt drei Alternativen, um die Parameter einer Function festzulegen:

1. Die Variable *$Args*
2. Der *param*-Befehl
3. Runde Klammern, die unmittelbar auf den Namen der Function folgen

10.3.1   Die Variable $Args

Die Variable *$Args* steht für alle auf den Namen einer Function oder Skriptdatei folgenden Werte (Argumente). Trotz ihrer Einfachheit sollte sie nicht verwendet werden, da es z. B. keine Möglichkeit gibt, die Art des Parameters festzulegen. *$Args* existiert in erster Linie als „Brücke" für WSH-Skripte und Stapeldateien.

Das folgende Beispiel definiert eine Function mit dem Namen „Add-Numbers", die zwei Zahlen aufaddiert, die beim Aufruf der Function übergeben werden.

```
function Add-Numbers
{
  $Zahl1 = $Args[0]
  $Zahl2 = $Args[1]
  $Summe = $Zahl1 + $Zahl2
  $Summe
}
```

Aufgerufen wird die Function wie folgt:

```
PS C:\PsKurs> Add-Numbers 11 22
33
```

10.3.2   Der param-Befehl

Der *param*-Befehl ist die offizielle Art und Weise, um Parameter für Functions und Skripte festzulegen. Der *param*-Befehl folgt immer als erster Befehl innerhalb der Function (oder des Skriptes). Auf den *param*-Befehl folgen die einzelnen Parameter in Klammern.

Das folgende Beispiel definiert erneut eine Function mit dem Namen „Add-Numbers", nur dass dieses Mal die beiden Parameter *Op1* und *Op2* über den *param*-Befehl festgelegt werden. Die Variable *$Args* ist nicht mehr im Spiel.

```
function Add-Numbers
{
  param($Op1, $Op2)
  $Summe = $Op1 + $Op2
  $Summe
}
```

Beim Aufruf stehen mehrere Varianten zur Auswahl. Entweder ohne Angabe der Parameternamen

```
PS C:\PsKsurs> Add-Number 11 22
33
```

oder mit Angabe der Parameternamen:

```
PS C:\PsKsurs> Add-Number -Op1 11 -Op2 22
33
```

Werden die Parameternamen angegeben, kann natürlich auch ihre Reihenfolge vertauscht werden:

```
PS C:\PsKsurs> Add-Number -Op2 22 -Op1 11
33
```

Achten Sie darauf, dass die Namen der Parameter sowohl per [Tab]-Taste angeboten werden und in der PowerShell ISE in der Auswahlliste erscheinen (Abb. 10.1).

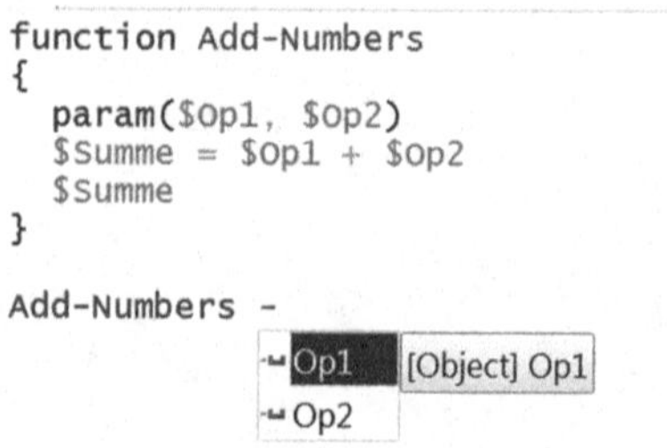

Abb. 10.1 Auch bei selbst definierten Functions werden die Parameter in einer Auswahlliste angeboten

```
function Add-Numbers
{
   param($Op1, $Op2)
   $Summe = $Op1 + $Op2
   $Summe
}

Add-Numbers -
                ᴴ Op1    [Object] Op1
                ᴴ Op2
```

Es ist üblich, beim *param*-Befehl für jeden Parameter dessen Datentyp in eckigen Klammern voranzustellen. Damit wird dem Aufrufer der Function eine Hilfestellung bezüglich der „Sorte" an Werten gegeben, die für den Parameter eingesetzt werden können. Der gebräuchlichste Typ ist *String*, der auch dann in Frage kommt, wenn Zahlenwerte übergeben werden.

Das folgende Beispiel entspricht dem letzten Beispiel, nur dass dieses Mal für die beiden Parameter *Op1* und *Op2* Datentypen angegeben werden.

```
function Add-Numbers
{
  param([String]$Op1, [String]$Op2)
  $Summe = $Op1 + $Op2
  $Summe
}
```

Am Aufruf ändert sich nichts. Doch es gibt einen kleinen „Nebeneffekt". Beim Aufruf mit den Werten 11 und 22 kommt als Ergebnis nicht 33, sondern 1122 heraus. Kein Wunder, da die beiden Werte Zeichenketten sind, werden sie durch den +-Operator verknüpft. Soll nach wie vor addiert werden, muss bei der Addition eine Typenkonvertierung (auch „Cast" genannt) durchgeführt werden, damit zwei Zahlen addiert werden:

```
$Summe = [Int]$Op1 + $Op2
```

Die Angabe *[Int]* steht für „Mach daraus einen Integer" (sofern möglich), wobei *Integer* ein anderer Name für ganze Zahlen ist. Die Typenkonvertierung beim ersten Operanden genügt, denn da die PowerShell „weiß", dass der erste Operand eine Zahl ist, passt sie den zweiten Operanden automatisch an (Abb. 10.2).

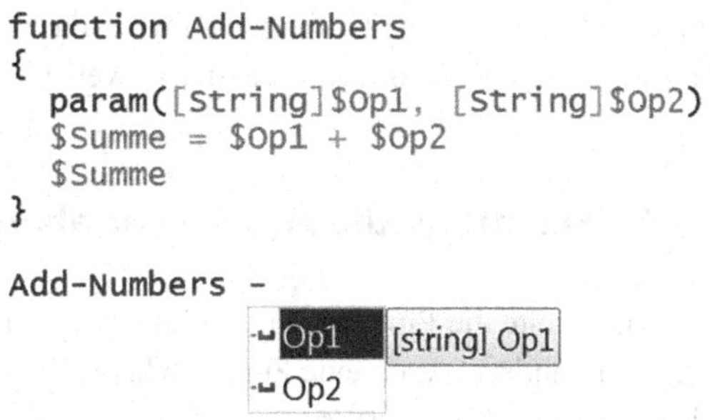

Abb. 10.2 Die beiden Parameter sind jetzt vom Typ String

```
function Add-Numbers
{
    param([string]$Op1, [string]$Op2)
    $Summe = $Op1 + $Op2
    $Summe
}

Add-Numbers -
            ⌐Op1    [string] Op1
            ⌐Op2
```

10.3.3   Runde Klammern, die auf den Function-Namen folgen

Die dritte Variante ist vor allem bei PowerShell-Anwendern beliebt, die bereits über Erfahrungen mit einer Programmiersprache verfügen. Hier folgen die Parameter unmittelbar auf den Namen der Function in runden Klammern.

```
function Add-Numbers([String]$Op1, [String]$Op2)
{
   $Summe = $Op1 + $Op2
   $Summe
}
```

Trotz der runden Klammern darf die Function nicht wie unter Programmiersprachen üblich mit runden Klammern aufgerufen werden. Der folgende Aufruf geht nicht, auch wenn er „logisch" erscheint:

```
Add-Numbers(11, 22)
```

10.3.4   Fehler beim Function-Aufruf mit Argumenten

Ein beliebter Anfängerfehler, den vor allem Anwender begehen, die bereits Programmiererfahrung besitzen, ist, die Werte, die einer Function übergeben werden sollen, per Komma zu trennen. In diesem Fall werden die Werte als ein Array übergeben. Der folgende Aufruf geht daher schief:

```
Add-Numbers 11, 22
```

Die Fehlermeldung resultiert aus dem Umstand, dass für den ersten Parameter ein Array mit den Zahlen 11 und 22 übergeben wird, das sich aber nicht in einen String konvertieren lässt. Merke: Das Komma ist bei der PowerShell kein Trennzeichen für Argumente.

10.4   Functions, die die Pipeline abarbeiten

Bislang spielte die Pipeline für den Function-Aufruf keine Rolle. Das wird sich in diesem Abschnitt ändern. Auch eine Function kann Teil einer Pipeline-Befehlskette sein. Wenn es eine Function „Set-LastWriteTime" gibt, die bei einer Datei das Datum der letzten Änderung auf einen vorgegebenen Wert setzt, soll sie auch in der Form

```
Get-ChildItem -Path *.ps1 | Set-LastWriteTime -Timestamp "1.1.2014"
```

aufrufbar sein. In diesem Fall erhält der *Path*-Parameter seinen Wert nicht über ein Argument, sondern über das Objekt, das sich in der Pipeline befindet, und eine geeignete Eigenschaft dieses Objekts.

Eine solche Pipeline-Function besitzt einen anderen Aufbau als eine „reguläre" Function:

```
function name
{
  begin { }
  process { }
  end { }
}
```

Im Mittelpunkt steht der *process*-Scriptblock, der für jedes Objekt in der Pipeline einmal ausgeführt wird. Der aktuelle Inhalt der Pipeline steht über *$_* zur Verfügung. Optional kann es einen *Begin*- und einen *End*-Block geben, die jeweils zu Beginn und am Ende der Pipeline-Verarbeitung einmal ausgeführt werden.

▶ **Hinweis** Auch ein Skript kann diesen Aufbau besitzen, wenn es den Inhalt der ihr beim Aufruf übergebenen PowerShell-Objekte abarbeiten soll.

Das folgende Beispiel setzt die Function „Set-LastWriteTime" als Pipeline-Function um.

```
<#
 .Synopsis
 Beispiel für eine Pipeline-Function
#>

function Set-LastWriteTime
{
  param([Parameter(ValueFromPipeline=$true)][String]$Path,
[String]$Timestamp)
  process
  {
    Set-ItemProperty -Path $Path -Name LastWriteTime -Value $Timestamp
    Write-Verbose "Zeitstempel wurde auf $Timestamp gesetzt" -Verbose
  }
}
```

Vor dem Aufruf wird ein Testverzeichnis mit dem Namen „TestDir" angelegt, in das 10 Dateien per *Add-Content*-Cmdlet geschrieben werden:

```
rd TestDir -Force -ErrorAction Ignore
md TestDir | Out-Null
1..10 | ForEach-Object { Add-Content -Path ("TestDir\Datei{0:000}.dat" -f
$_) -Value "blabla" }
```

Für diese Dateien soll der Zeitpunkt des letzten Zugriffs auf ein anderes Datum gesetzt werden:

```
dir -Path TestDir\*.dat | Set-LastWriteTime -Timestamp "1.1.2014"
```

Die entscheidende Frage ist natürlich, woher weiß der Parameter *Path* der Function *Set-LastWriteTime*, dass er seinen Wert aus der Pipeline holen soll? Dafür sorgt das *Parameter*-Attribut mit seiner Eigenschaft *ValueFromPipeline*, die auf *$true* gesetzt wird:

```
[Parameter(ValueFromPipeline=$true)][String]$Path
```

Die Rolle der Attribute ist im nächsten Abschnitt an der Reihe.

10.5   Spezielle Themen beim Umgang mit Functions

In diesem Abschnitt werden ein paar fortgeschrittenere Themen vorgestellt, die beim Umgang mit Functions eine Rolle spielen.

10.5.1   Parameterübergabe als Referenz

Dieser Abschnitt ist etwas spezieller, aber nicht ganz unwichtig. Ein Parameterwert, der in Gestalt einer Variablen übergeben wird, kann als Wert oder als Referenz übergeben werden. Bei der Übergabe als Wert wird der Wert der Variablen übergeben. Dies ist das Standardverhalten bei der Übergabe. Bei der Übergabe als Referenz wird ein „Zeiger" auf den Wert übergeben. Der kleine Unterschied ist, dass bei einer Zuweisung an den Parameter innerhalb der Function, auch der Wert der Variablen auf der Ebene, von der die Function aufgerufen wird, verändert wird.

Um eine Variable an eine Function als Referenz übergeben zu können, muss sowohl das Argument als auch der Übergabewert mit einem *[Ref]* ausgewiesen werden. Außerdem muss der Übergabewert in runde Klammern gesetzt und beim Zuweisen an den übergebenen Wert die *Value*-Eigenschaft verwendet werden. Es gibt daher „jede Menge" Gelegenheiten Fehler wie „Die Argumenttransformation für den Parameter „Arg1" kann nicht verarbeitet werden." zu produzieren.

Das folgende Beispiel ist sehr einfach gehalten. Da die Variable *$Zahl* als Referenz übergeben wird, hat die Verdopplung in der Function zur Folge, dass auch der Wert der übergebenen Variablen verdoppelt wird.

```
<#
 .Synopsis
 Beispiel für eine Argumentübergabe als Referenz
#>

function f1
{
  param([Ref]$Arg1)
  $Arg1.Value *= 2
}

$Zahl = 1000

f1 -Arg1 ([Ref]$Zahl)

$Zahl
```

[Ref] ist mehr als nur eine weitere Angabe, es ist ein eigener Typ mit dem Namen „PSReference", das mit *Value* eine einzige Eigenschaft besitzt, über die der eines als Referenz übergebenen Wertes abgefragt und gesetzt wird.

10.5.2   Verschachtelte Functions

Functions können beliebig verschachtelt werden. Diese Technik spielt immer dann eine Rolle, wenn eine größere Function Befehlsfolgen enthält, die durch eine Function abgekürzt werden sollen. Ein weiterer Anwendungsbereich sind Pipeline-Functions, bei denen die Befehlsfolge des *Process*-Blocks durch eine Function abgebildet wird, die innerhalb der Function definiert wird.

10.5.3   Die Rolle der Parameterattribute

Sie kennen Objekte, gegebenenfalls die Typen, auf denen sie basieren, Sie kennen den Begriff Klasse (eine Spezialform eines Typs) und Sie kennen die Members der Objekte, die durch den Typ vorgegeben sind. In diesem Abschnitt lernen Sie mit dem Attribut eine weitere Zutat der objektorientierten (Skript-) Programmierung kennen. Ein Attribut stellt eine ergänzende Information zur Verfügung. Attribute spielen bei der PowerShell vor allem bei der Parameterdefinition eine Rolle, indem sie weitere Merkmale des Parameters, z. B. ob es ein Pflichtparameter ist oder Validierungsregeln festlegen. Der große Vorteil von Attributen ist, dass sie nachträglich angehängt werden. Es ist daher theoretisch möglich, über benutzerdefinierte Attribute weitere Merkmale hinzuzufügen, ohne dass die Definition eines Parameters innerhalb der PowerShell geändert werden muss. Ein kleiner Nachteil von Attributen ist ihre etwas gewöhnungsbedürftige Schreibweise.

Der Name eines Attributs wird, wie der eines Typs, in eckige Klammern gesetzt. Damit wird aber nur das Attribut selber festgelegt. Die Merkmale, die über das Attribut gesetzt

werden, werden innerhalb der eckigen Klammern in runde Klammern geschrieben. Das
Attribut, das aus einem Parameter einen Pflichtparameter macht, sieht wie folgt aus:

```
[Parameter(Mandatory=$true)]
```

Das Attribut heißt *Parameter*, das Merkmal (die Eigenschaft) heißt „Mandatory" und erhält per Gleichheitszeichen einen Wert. Das ist aber auch noch nicht alles, denn das Attribut muss einem konkreten Parameter innerhalb des *param*-Befehls vorangestellt werden.
Die Parameterdeklaration sieht damit wie folgt aus:

```
param([Parameter(Mandatory=$true)]$Pfad)
```

oder, wenn der *Pfad*-Parameter einen Typ enthält:

```
param([Parameter(Mandatory=$true)[String]]$Pfad)
```

Damit wird die Parameterdeklaration bereits relativ lang, wobei in der Praxis noch deutlich
längere Deklarationen üblich sind. Im folgenden Beispiel wird über das *Parameter*-Attribut
festgelegt, dass der *Pfad*-Parameter seinen Wert auch über die Pipeline beziehen kann:

```
param([Parameter(Mandatory=$true, ValueFromPipeline=$true)[String]]$Pfad)
```

Tabelle 10.1 enthält alle Eigenschaften, die Teil des *Parameter*-Attributs sein können.
   Und es gibt nicht nur das *Parameter*-Attribut. Tabelle 10.2 enthält weitere Attribute,
über die z. B. eine Validierung beim Aufruf der Function durchgeführt wird. Diese werden
ebenfalls in eckige Klammern gesetzt.
   Mit *CmdletBinding* gibt es auch ein Attribut für Functions und Skripte. Es bewirkt,
dass die Function bzw. das Skript „Common Parameters" wie *Verbose* oder *WhatIf* erhält.

▶   **Tipp** In der Hilfe werden die Parameterattribute unter „about_functions_
     advanced_parameters" beschrieben.

10.5.4   Das Parameter-Attribut

Das *Parameter*-Attribut erweitert einen Parameter um zusätzliche Angaben. Dazu gehören

- Ist es ein Pflichtparameter?
- Ist es ein Positionsparameter?
- Kann der Parameter seinen Wert aus der Pipeline beziehen?
- der Name des Parametersets des Parameters
- einen Hilfetext für den Parameter

Tabelle 10.1 enthält alle Eigenschaften des *Parameter*-Attributs.

Tab. 10.1 Die Eigenschaften des Parameter-Attributs

Attribut	Legt fest
HelpMessage	Einen kurzen Hilfetext
Mandatory	Ob der Parameter ein Pflichtparameter ist
ParametersetName	Der Name des Parametersets, zu dem der Parameter gehört
Position	Die Position eines Positionsparameters
ValueFromPipeline	Ob der Parameter seinen Wert aus dem Objekt in der Pipeline beziehen kann
ValueFromPipelineByPropertyName	Dass der Parameter seinen Wert von einer gleichnamigen Eigenschaft des Objekts in der Pipeline bezieht
ValueFromRemainingArguments	Dass die restlichen Argumente diesem Parameter zugeordnet werden

Tab. 10.2 Die weiteren Attribute für einen Parameter

Attribut	Bedeutung
Alias(„Alias")	Legt einen oder mehrere Alias für den Parameter fest
AllowEmptyCollection()	Legt fest, dass seine leere Collection erlaubt ist
AllowEmptyString()	Legt fest, dass ein Leerstring erlaubt ist
AllowNull()	Legt fest, dass Null-Werte erlaubt sind
ValidateCount(min, max)	Legt die Mindestanzahl und die maximale Anzahl an Argumenten fest
ValidateLength(min, max)	Legt für einen String-Parameter eine minimale und maximale Länge fest
ValidateNotNull()	Legt fest, dass für den Parameter kein Null-Wert übergeben werden darf
ValidateNotNullOrEmpty()	Legt fest, dass für einen *String*-Parameter kein Null-Wert oder kein leerer String übergeben werden darf. Es muss ein Wert übergeben werden
ValidatePattern(„Regex-Ausdruck")	Ermöglicht die Validierung des Parameterwertes über einen regulären Ausdruck
ValidateRange(min, max)	Legt für einen Zahlenparameter einen Minimal- und einen Maximalwert fest
ValidateScript({ $_ -eq „Vergleichswert" })	Ermöglicht die Validierung eines Parameterwertes über einen Scriptblock
ValidateSet(„Eins", „Zwei", „Drei")	Legt eine Menge an Werten fest, die über einen Parameter in Frage kommen

10.5.5 Validierungsattribute

Das *Parameter*-Attribut ist nicht das einzige Attribut, mit dem eine Parameterdeklaration erweitert werden kann.

Tabelle 10.2 stellt die weiteren Attribute zusammen, die einer Parameterdeklaration vorangestellt werden können. Es sind in erster Linie Attribute, über die eine Validierung des beim Aufruf der Function übergebenen Wertes durchgeführt wird. Der große Vorteil einer Parametervalidierung ist, dass die Fehlermeldung bereits beim Aufruf der Function auftritt und die Function nicht mit einem falschen Wert startet.

10.5.6 Validieren auf einen Zahlenbereich

Soll für einen Parameter nur ein Zahlenbereich erlaubt sein, muss dieser mit dem Attribut *ValidateRange* ausgestattet sein.

In der folgenden Function (die keinen Inhalt besitzt, da es nur um die Rolle der Validierung geht) darf für den Parameter *Anzahl* nur ein Wert zwischen 1 und 10 übergeben werden.

```
function Test-Connection2
{
  param([ValidateRange(1,10)][Int]$Anzahl)
}
```

Wird ein Wert übergeben, der außerhalb des Bereichs liegt, ist beim Aufruf ein Fehler die Folge und die Function wird nicht ausgeführt.

10.5.7 Validieren auf eine Menge

Soll für einen Parameter nur eine Menge von Werten erlaubt sein, muss dieser mit dem Attribut *ValidateSet* ausgestattet sein.

In der folgenden Function (die keinen Inhalt besitzt, da es nur um die Rolle der Validierung geht) dürfen für den Parameter *Domain* nur die Werte „Dom1", „Dom2" und „Dom3" übergeben werden.

```
function Get-ADUser2
{
  param([ValidateSet("Dom1","Dom2","Dom3")][String]$Domain)

}
```

10.5.8   Validierung mit Hilfe eines regulären Ausdrucks

Eine leistungsfähige Form der Validierung basiert auf einem regulären Ausdruck, der erfüllt sein muss, damit der übergebene Wert zugelassen wird (reguläre Ausdrücke sind in Kap. 16 an der Reihe).

In der folgenden Function (die keinen Inhalt besitzt, da es nur um die Rolle der Validierung geht) wird für den Parameter *EMailAdresse* durch einen einfachen regulären Ausdruck sichergestellt, dass eine gültige E-Mail-Adresse (es werden bei weitem nicht alle Spezialfälle abgefragt) übergeben wurde.

```
function Send-Mail2
{
    param([ValidatePattern("[0-9\w-]+@[0-9\w-]+\.[a-
z]{2,3}")][String]$EMailAdresse)
    "EMail-Adresse $EMailAdresse ist ok"
}
```

10.5.9   Vorteile der Parametervalidierung

Es ist wichtig zu verstehen, worin der Sinn und Zweck einer Parametervalidierung besteht. Grundsätzlich besteht die Möglichkeit, den durch einen falschen oder unpassenden Parameterwert resultierenden Fehler per *try-/catch*-Befehlspaar abzufangen oder ihn einfach zu ignorieren. Der Vorteil der Parametervalidierung ist, dass eine Function oder ein Skript mit unpassenden Werten gar nicht erst ausgeführt wird. Das erspart zum einen eine nachträgliche Fehlerbehandlung und führt zu robusteren Skripten.

10.5.10   Feststellen, ob ein Parameter übergeben wird

Möchte man feststellen, ob für einen Parameter ein Wert übergeben wurde, geht dies mit der Variablen *$PSBoundParameters*, die alle übergebenen Parameter mit ihren Werten in Gestalt einer Hashtable enthält. Da diese Variable während des Debuggings unsichtbar ist, muss der Wert einer anderen Variablen zugewiesen werden, wenn er beim Debuggen direkt abfragbar sein soll.

Die folgende Function besitzt einen Parameter *P1*. Beim Aufruf der Function wird geprüft, ob für diesen Parameter ein Wert übergeben wurde. Sollte dies nicht der Fall sein, wird eine Meldung ausgegeben.

```
function Test-Parameter
{
  param($P1)
  if ($PSBoundParameters.P1 -eq $null)
  {
    Write-Verbose "Für P1 wurde kein Wert übergeben" -Verbose
  }
}

Test-Parameter
```

Um zu erreichen, dass ein Parameter zum Pflichtparameter wird, besitzt das *Parameter*-Attribut die Eigenschaft *Mandatory*, die auf *$true* gesetzt werden muss.

Bei der folgenden Function wird der Parameter *P1* zum Pflichtparameter gemacht:

```
function Test-Parameter
{
  param([Parameter(Mandatory=$true)]$P1, $P2)
}
```

Wird die Function ohne einen Wert aufgerufen, ist keine Fehlermeldung die Folge. Stattdessen wird der Wert für den Parameter *P1* abgefragt.

10.5.11 Das CmdletBinding-Attribut

Ein Attribut ist immer ein „Anhängsel" an einen bestimmten PowerShell-Typen. Die bisher vorgestellten Attribute bezogen sich ausschließlich auf Parameter. Das *CmdletBinding*-Attribut bezieht sich auf eine Function. Folgt dieses Attribut unmittelbar auf den *param*-Befehl, besitzt eine Function automatisch die Parameter Verbose und Debug. Dieses Attribut besitzt als einzige Eigenschaft *SupportsShouldProcess*. Erhält diese den Wert *$true*, stehen zusätzlich die Common-Parameters *WhatIf* und *Confirm* zur Verfügung. Wichtig: Der *param*-Befehl muss auch angegeben werden, wenn die Function keine Parameter besitzt. In diesem Fall bleibt die runde Klammer leer.

Das folgende Beispiel definiert eine Function, die die temporären Windows- Verzeichnisse löscht.

```
function Remove-TempFiles
{
  [CmdletBinding(SupportsShouldProcess=$true)]
  param()
  $env:Temp, $env:TMP | ForEach-Object {
    Remove-Item -Path $_
    Write-Verbose "$_ wurde gelöscht"
  }
}
```

Abb. 10.3 CmdletBinding
fügt Common Parameters zu
einer Function hinzu

```
function Remove-TmpFiles
{
    [CmdletBinding(SupportsShouldProcess=$true)]
    param()
    $env:Temp, $env:TMP | ForEach-Object {
        Remove-Item -Path $_
    }
}

Remove-TmpFiles -
```

WhatIf   [switch] WhatIf
Confirm
Verbose
Debug

Achten Sie auf das *CmdletBinding*-Attribut, das dem *param*-Befehl vorausgehen muss
(Abb. 10.3). Es legt zwei Dinge fest:

1. Die Function erhält die Parameter *Vebose* und *Debug*. Damit werden alle Meldungen
   automatisch ausgegeben, die innerhalb der Function über die Cmdlets *Write-Verbose*
   und *Write-Debug* ausgegeben werden.
2. Die Function erhält über die Eigenschaft *SupportsShouldProcess* die Parameter *Confirm* und *Whatif*. Wird die Function mit *Whatif* aufgerufen, wird das *Remove-Item*-
   Cmdlet nicht ausgeführt.

Dank dem *CmdletBinding*-Attribut erhält eine Function wichtige Funktionalitäten, die
Anwender von einem Cmdlet kennen, ohne dass diese implementiert werden muss.

10.5.12   Kommentarschlüsselwörter für die Hilfe

Jede Function sollte eine Hilfe besitzen, die über einen mehrzeiligen Kommentar hinzugefügt wird. Dazu stehen verschiedene Schlüsselwörter wie. *Synopsis* oder. *Description*
zur Verfügung.

```
<#
.Synopsis
   Kurze Beschreibung
.Description
   Etwas ausführlichere Beschreibung
.Parameter
   Beschreibung eines Parameters
.Example
  Ein Beispiel
.Notes
   Weitere Anmerkungen
.Link
   Siehe auch-Themen
.ExternalHelp
   Verweis auf eine externe Hilfe im Internet
#>
```

Alle Skripte und Functions, die in diesem Buch vorgestellt werden, beginnen mit einem
mehrzeiligen Kommentar, der das Schlüsselwort. *Synopsis* enthält, durch das das Skript
oder die Function eine Kurzbeschreibung erhält.

```
<#
.Synopsis
Scope-Beispiel
#>
```

Dieser minimale Mehraufwand führt zu zwei wichtigen Vorteilen:

1. Das Skript wird lesbarer.
2. Der auf die Kommentarschlüsselwörter folgende Text wird zum Teil der Hilfe, die per
   Get-Help bzw. *Help* abgerufen wird. Ein Skript bzw. jede einzelne Function wird auf
   diese Weise mit einer Hilfe ausgestattet.

10.5.13 Der Scope bei Function-Variablen

Übe den Scope wird der Gültigkeitsbereich einer Variablen und einer Function festgelegt.
Bei Functions spielt der Gültigkeitsbereich im Allgemeinen keine Rolle. Bei Variablen
spielt er immer dann eine Rolle, wenn eine Variable, die innerhalb einer Function definiert
wird, auch außerhalb der Function sichtbar sein soll.
   Die beiden wichtigsten Scope-Regeln für Variablen sind:

1. Eine Variable, die in einem Gültigkeitsbereich (Scope) angelegt wird, ist in diesem
   Gültigkeitsbereich und seinen Unterbereichen (Child-Scopes) sichtbar, sofern sie nicht
   explizit als „private" (Sichtbarkeit) deklariert wird.

2. Eine Variable kann nur in dem Gültigkeitsbereich geändert werden, in dem sie definiert wird, es sei denn, sie wird in einem anderen Gültigkeitsbereichs mit einem der Gültigkeitsbereichsmodifizierer *Script* oder *Global* oder einer Scope-Nummer angesprochen.

Im folgenden Beispiel erhält die Variable *Wert* sowohl innerhalb der Function *f1* als auch außerhalb einen Wert:

```
function f1
{
   $Wert = 1
}

$Wert = 0
f1
$Wert
```

Welchen Wert besitzt die Variable *Wert* am Ende? Die Antwort ist 0, da sich die Zuweisung innerhalb von *f1* auf eine andere Variable *Wert* bezieht als außerhalb der Function. Auch wenn beide Variablen denselben Namen tragen, handelt es sich um unterschiedliche Variablen, da sie in unterschiedlichen Gültigkeitsbereichen existieren. Soll sich die Zuweisung in *f1* auf die Skriptvariable *Wert* beziehen, muss der Gültigkeitsbereichsmodifizierer *Script* angegeben werden:

```
function f1
{
   $Script:Wert = 1
}

$Wert = 0
f1
$Wert
```

Jetzt resultiert der Wert 1, da sich die Zuweisung auf die Skriptvariable Wert bezieht. Die drei Gültigkeitsbereichsmodifizierer *Global*, *Script* und *Local* sind in Tab. 10.3 zusammengestellt.

Etwas verkompliziert wird das Thema Gültigkeitsbereiche bei Variablen durch den Umstand, dass die PowerShell zwischen Lese- und Schreibzugriffen unterscheidet. Bei

Tab. 10.3 Gültigkeitsbereichsmodifizierer für Variablen

Gültigkeitsbereichsmodifizierer	Bedeutung
Global	Die Variable ist im gesamten Ausführungsbereich sichtbar
Local	Die Variable ist nur in dem Scriptblock sichtbar, in dem sie deklariert wird
Script	Die Variable ist im gesamten Skript sichtbar

Lesezugriffen ist kein Gültigkeitsbereichsmodifizierer erforderlich, da sich die PowerS-
hell die nächste Variable mit dem angegebenen Namen sucht und keine Variable im aktuellen Gültigkeitsbereich anlegt (was auch logisch ist).

Im folgenden Beispiel gibt die Function *f1* den Wert der Variablen *Wert* auf der Skriptebene aus. Lediglich für die Zuweisung ist ein Gültigkeitsbereichsmodifizierer erforderlich:

```
function f1
{
  $Wert
  $Script:Wert = 1
}

$Wert = 0
f1
$Wert
$Wert = 2
f1
$Wert
```

Die Ausgabereihenfolge ist 0, 1, 2, 1.

10.5.14   Der Scope bei verschachtelten Functions

Da Functions grundsätzlich beliebig verschachtelt und von jeder Function-Ebene Variablen auf anderen Ebenen per Schreibzugriff ansprechbar sein sollen, gilt bei der PowerShell
für den Scope ein einfacher und naheliegender Mechanismus: Er wird durch eine positive,
ganze Zahl angegeben. 0 steht für die Skriptebene, 1 für die erste Verschachtelungsebene,
2 für die zweite Verschachtelungsebene usw. Dieser Scope-Level kann aber nicht direkt
angegeben werden, sondern nur indirekt über die Cmdlets *Get-Variable* und *Set-Variable*.

Das folgende kleine Skript veranschaulicht die Rolle der Scope-Nummer an einem einfachen Beispiel. Es besteht aus drei Functions *f1*, *f2* und *f3*, die sich selber aufrufen: *f1* ruft
f2 auf und *f2* ruft *f3* auf, so dass insgesamt drei Scope-Ebenen resultieren. Zur Veranschaulichung der Anwendung der Scope-Nummer gibt *f3* den Wert der Variable *$F2Wert* aus,
die in *f2* definiert wird, und *f3* setzt den Wert der Variablen *$Wert*, die auf der Skriptebene
definiert wird.

```
<#
 .Synopsis
 Scope-Beispiel
#>

function f3
{
   # Diese Zuweisung hat keine Auswirkung auf die Skriptvariable Wert
   $Wert = 1234
   # Diese Zuweisung setzt die Variable Wert auf der Skriptebene
   Set-Variable -Name Wert -Value 5678 -Scope 3
   # Diese Abfrage ruft den Wert der Variablen $F2Wert in f2 auf
   "F2Wert in f3: $((Get-Variable -Name F2Wert -Scope 1).Value)"
}

function f2
{
   $F2Wert = 2222
   f3
}

function f1
{
   f2
}

$Wert = 0
f1
$Wert
```

10.5.15   Die Sichtbarkeit von Variablen

Neben dem Gültigkeitsbereich gibt es bei Variablen eine Sichtbarkeit (engl. „visibility").
Sie bestimmt, ob die Variable in anderen Gültigkeitsbereichen sichtbar ist und damit angesprochen werden kann. Die Sichtbarkeit kann nur über die Cmdlets *New-Variable* und
Set-Variable gesetzt werden. Die beiden möglichen Werte für den *Visibility*-Parameter
sind „Private" und „Public". Die Sichtbarkeit spielt bei Variablen nur auf Skriptebene eine
Rolle. Hier lässt sich festlegen, dass eine Variable nicht sichtbar ist und damit auch nicht
von „außen" (von einem anderen Skript, das dot-sourced ausgeführt hat) geändert werden
kann.

Das folgende Beispiel definiert ein Skript mit einer privaten Variablen und einer Function:

```
Set-Variable -Name Zahl -Value 1234 -Visibility Private

function f1
{
   "Hier ist f1..."
}
```

Wird das Skript dot-sourced aufgerufen, steht die Function, aber nicht die Variable, zur Verfügung. Private Variablen sind auch nicht über das *Variable*-Laufwerk abrufbar.

10.5.16   Fehlerbehandlung in Functions

Werden Functions in einem Skript zusammengefasst, das wiederum Teil eines Moduls ist, können einzelne Functions auftretende Fehler nicht selber behandeln und z. B. Meldungen ausgeben, da dies einfach nicht gewünscht ist (insbesondere, wenn der Autor des Moduls nicht derjenige ist, der das Modul später einsetzt). In diesem Fall reicht eine Function einen Fehler über den *throw*-Befehl (Kap. 11) einfach an die aufrufende Ebene weiter. Es obliegt damit dem Skript, welches die Function über ein Modul eingebunden hat, sich um den Fehler zu kümmern, in dem die Function im Rahmen eines *try*-Befehls (Kap. 11) aufgerufen wird.

Das folgende Beispiel ist wenig praxisnah, da es nichts tut. Es soll lediglich die Art und Weise veranschaulichen, wie die Fehlerbehandlung in einer Function *f1* auf der Ebene, in der die Function *f1* aufgerufen wird, durch einen *try*-Befehl abgefangen wird.

```
<#
.Synopsis
Fehlerbehandlung in einer Function
#>

function f1
{
  try
  {
    # Dieser Befehl führt zu einem Fehler
    (New-Object -TypeName
System.Net.WebClient).DownloadString("http://localhost/Datei1.txt")
  }
  catch
  {
    # Fehler nach "oben" weitergeben
    throw $_
  }
}

try
{
  # Aufruf der Function f1
  f1
}
catch
{
  # Wird aufgerufen, wenn f1 zu einem Fehler führte
  Write-Warning "Fehler beim Aufruf von f1 ($_)"
}
```

10.5.17 Functions einer Ps1-Datei als Methoden-Members eines Objekts ansprechen

Möchte man erreichen, dass alle Functions, die über eine Skriptdatei geladen wurden, gemeinsam angesprochen werden können, geht dies, in dem die Ps1-Datei als Modul importiert und beim *Import-Module*-Cmdlet der Parameter *AsCustomObject* gesetzt wird. Das Resultat ist ein Objekt, das alle Functions des Skripts als Methoden-Members zur Verfügung stellt. Ein Beispiel dazu folgt in Kap. 14.

10.6 Zusammenfassung

Eine Function ist ein Name, der für einen Befehlsblock steht. Functions werden mit dem *function*-Befehl definiert und auf dem *Function*-Laufwerk zusammengefasst. Über Functions werden Befehlsfolgen zu einem Namen zusammengefasst, so dass die Befehlsfolge durch Eingabe des Namens ausgeführt wird. Das führt zu einer Vereinfachung bei der Eingabe, da häufig benötigte Befehle oder Befehlsfolgen durch Eingabe eines kurzen Namens ausgeführt werden. Functions werden im Allgemeinen mit Parametern definiert, denen beim Aufruf, genau wie bei einem Cmdlet, Werte (Argumente) übergeben werden. Ebenfalls genau wie bei einem Cmdlet wird jedem Parameter beim Aufruf ein Wert (Argument) zugeordnet.

WMI

11

Die *Windows Management Instrumentation* (WMI) ist seit Windows 2000 ein fester Bestandteil des Betriebssystems. Sowohl bei Windows Server als auch bei den Desktop-Versionen. Die von Microsoft vorgenommene Implementierung des *Web Based Enterprise Management Standards* (WBEM) stellt in erster Linie Konfigurationsdaten über die Hard- und Softwarekomponenten eines Windows-Netzwerks zur Verfügung. Bei der PowerShell ist WMI nahtlos integriert, so dass sich WMI-Abfragen komfortabel und mit einem minimalen Aufwand durchführen lassen.

11.1 WMI in 10 min

Die Entstehungsgeschichte von WMI reicht in die frühen 90er Jahre zurück. Damals beschlossenen führende Hard- und Softwareunternehmen einen plattformübergreifenden Standard zur Verwaltung von Arbeitsstationen und Servern im Netzwerk zu schaffen. Unter der Obhut der *Distributed Management Task Force* (DMTF), einem technischen Gremium mit Vertretern aller beteiligten Firmen, entstand das *Common Information Model*, kurz CIM. CIM ist eine umfangreiche technische Spezifikation, die u. a beschreibt, wie sich Konfigurationsdaten abfragen und Konfigurationsänderungen an beliebigen Hard- und Softwareelementen in einem Netzwerk auf eine einheitliche Art und Weise durchführen lassen. Kernstück sind Definitionen für Klassen (Datenstrukturen), die einzelne verwaltete Elemente, z. B. eine Netzwerkkarte oder eine installierte Anwendung, beschreiben. Bei einer Klasse gibt es Eigenschaften, Methoden und auch eine Vererbung, durch die eine „Unterklasse" alle Members einer „Oberklasse" übernimmt. Ein wichtiger Begriff im Zusammenhang mit CIM ist das *Schema*. Ein Schema beschreibt den Aufbau einer Klasse

© Springer Fachmedien Wiesbaden 2014   221
P. Monadjemi, *PowerShell für die Windows-Administration,* X.systems.press,
DOI 10.1007/978-3-658-02964-7_11

und damit die Struktur eines Elements, das per CIM verwaltet wird. Alle Details zu dem umfangreichen Standard stehen unter http://www.dmtf.org/standards/cim zur Verfügung[1].

WMI ist Implementierung von CIM von Microsoft für Windows. Offiziell ist es seit Windows Server 2000 und Windows XP ein fester Bestandteil des Betriebssystems. WMI-Abfragen wurden anfangs mit dem Konsolenprogramm *Wmic.exe* durchgeführt, das heutzutage immer noch eine Rolle spielt. Seit dem es die PowerShell gibt[2], werden WMI-Abfragen in der PowerShell durchgeführt, da diese mehr Komfort bietet.

Mit der PowerShell 3.0 wurde die WMI-Unterstützung umfassend erweitert. Dazu gehört ein Satz neuer Cmdlets, wie z. B. *Get-CIMInstance*, die zum einen etwas mehr Komfort bieten und Rückgabewerte liefern, die sich etwas leichter weiterverarbeiten lassen, und zum anderen auf dem Webservice-Standard Ws-Management (und nicht mehr auf DCOM) basieren. Ws-Management bietet den entscheidenden Vorteil, dass es auf Firewall-freundlichen Webservice-Aufrufen basiert und einen Port verwendet, der nicht anderweitig verwendet wird und daher gesperrt sein könnte. Für den Anwender macht sich dieser Umstand einfach dadurch bemerkbar, dass Netzwerkabfragen per WMI mit den neuen CIM-Cmdlets öfter funktionieren und sich die Rückgabewerte etwas leichter weiterverarbeiten lassen. Es wird zudem etwas weniger Wissen über einige WMI-Details benötigt. Die alte Technik steht aber 1:1 auch unter der aktuellen Version zur Verfügung.

Auch bei WMI dreht sich alles um Klassen und deren Members. Genau wie bei der. NET-Laufzeit sind auch bei WMI die Klassen in Namespaces organisiert. Es gibt ca. ein halbes Dutzend dieser Namespaces, deren Klassen für Abfragen eine Rolle spielen. Der wichtigste Namespace ist *root\cimv2* („cimv2" bedeutet CIM Version 2.0). In diesem Namespace gibt es wiederum ca. 500 Klassen. Eine davon ist *Win32_NetworkAdapterConfiguration*, welche die Konfigurationsdaten für einen Netzwerkadapter beschreibt. Möchte man die Konfigurationsdaten aller Netzwerkadapter auf dem lokalen Computer sehen, lautet der Befehl dafür

```
Get-CIMInstance -ClassName Win32_NetworkadapterConfiguration
```

Wie es der Befehlsname bereits vorgibt, holt der Befehl alle Instanzen, die sich aus den vorhandenen Netzwerkadaptern auf dem lokalen Computer ergeben. Pro Netzwerkadapter wird eine Instanz (Objekt) zurückgegeben, die auf der Klasse *Win32_Networkadapter-Configuration* basiert und einen einzelnen Netzwerkadapter repräsentiert. Soll dieselbe Abfrage gegen einen Computer im Netzwerk durchgeführt werden, muss lediglich der Name dieses Computers angegeben werden:

---

[1] Für die Praxis mit der PowerShell haben diese Details aber nur indirekt eine Bedeutung, wenngleich sie nicht unwichtig sind.

[2] Die ursprünglich einmal als Nachfolger von *Wmic* geplant war.

```
Get-CIMInstance -ClassName Win32_NetworkadapterConfiguration -
ComputerName Server1
```

Mit dem alten *Get-WMIObject*-Cmdlet sieht die Abfrage nur geringfügig anders aus:

```
Get-WMIObject -Class Win32_NetworkadapterConfiguration  -ComputerName
Server1
```

Eine Beschreibung aller WMI-Klassen finden Sie nicht in der PowerShell-Hilfe, sondern u. a. im Microsoft-Entwicklerportal unter http://msdn.microsoft.com/en-us/library/aa394572(v = vs.85).aspx.

> ▶ **Tipp** Unter http://cdn.powershell.org/wp/wp-content/uploads/2013/03/
> wmiexplorer.zip steht der WMI Explorer zur Verfügung. Dahinter steckt ein
> PowerShell-Skript, das alle WMI-Klassen in einem Fenster anzeigt.

WMI ist nicht nur für das Abfragen von Konfigurationsdaten gedacht. Es lassen sich auch Leistungsindikatoren abfragen. Ein weiterer Aspekt sind Ereignisse (engl. „events"), die vom WMI-Subsystem ausgelöst werden, z. B. wenn ein USB-Gerät angeschlossen oder ein Prozess gestartet wird. Durch diese Benachrichtigungen kann ein Skript darauf reagieren, dass im Netzwerk ein bestimmter Prozess gestartet oder beendet wurde. WMI-Ereignisse werden in Kap. 11.6.12 behandelt.

Von drei weiteren Neuerungen der PowerShell 3.0 profitieren Anwender indirekt:

1. WMI-Provider können dank eines neuen Modells sehr viel einfacher in der Programmiersprache C entwickelt werden. Damit wird es für Gerätehersteller sehr viel einfacher, einen WMI-Provider für ihre Produkte anzubieten.
2. Aus einem WMI-Provider lässt sich ein PowerShell-Modul mit Functions ableiten, über die die in dem Provider enthaltenen Klassen angesprochen werden. Dies kann auch ein Anwender ohne Entwicklerkenntnisse durchführen. Ca. 80 % aller PowerShell-Functions bei Windows Server 2012 wurden auf diese Weise umgesetzt (und sind eine Erklärung für die sprunghaft gestiegene Anzahl an Commands zwischen Windows Server 2008 R2 und Windows Server 2012).
3. Das neue WMI ist plattformunabhängig geworden, da der Kern, die *Open Management Infrastructure* (OMI), portabel ist. Microsoft bietet den Quellcode für eine(n) OMI an, den Hersteller auf ihren Geräten implementieren können. Damit können diese Geräte von einem Windows-Computer per PowerShell administriert werden. Beispiele für solche Implementierungen findet man auf einigen Highend-Routern (z. B. von *Arista*).

11.2   Ws-Man als Alternative zu DCOM

Eine wichtige Änderung wurde mit der PowerShell 3.0 eingeführt. Die neuen CIM-
Cmdlets basieren standardmäßig auf dem Webservice-Standard *Ws-Management* (Ws-
Man) und nicht mehr auf DCOM, einem „Aufsatzprotokoll" für die Anwendungserweite-
rung *COM* (*Component Object Model*), die aus den frühen 90er Jahren stammt. Ws-Management wiederum ist eine von Microsoft vor einigen Jahren implementierte Technik,
die allgemein den Datentausch und das Ausführen von Befehlen über Webservice-Aufrufe
ermöglichen soll. Es ist bemerkenswert, wie wichtig Ws-Man bei Windows Server inzwischen ist. Sowohl PowerShell-Remoting als auch die Active Directory-Abfragen über die
Cmdlets des Active Directory-Moduls basieren auf Ws-Management[3].

11.3   Die CIM-Cmdlets im Überblick

In diesem Kapitel geht es ausschließlich um die CIM-Cmdlets, da diese etwas mehr Komfort bieten und etwas flexibler für Abfragen im Netzwerk eingesetzt werden können als
ihre Vorgänger, die bei der aktuellen PowerShell-Version natürlich 1:1 zur Verfügung stehen.

Die CIM-Cmdlets bieten eine Reihe von kleineren Vorteilen:

* Die Rückgabeobjekte sind etwas „anwenderfreundlicher" was ihre Eigenschaften und
  die Formatierung angeht.
* Sie bieten eine Autovervollständigung per Tab-Taste für Klassennamen.
* Bei Datumswerten ist keine Konvertierung erforderlich (CIM verwendet ein anderes
  Datumsformat).
* Der Netzwerkzugriff ist im Rahmen einer CIM-Session komfortabler und performanter
  als bei *Get-WmiObject*.
* Per Default basiert ein Netzwerkzugriff auf Ws-Management, DCOM ist der „Fall-
  back" für den Fall, das Ws-Management nicht zur Verfügung steht.

Natürlich bieten die CIM-Cmdlets nicht nur Vorteile. Zwei kleine „Nachteile" sind der
Umstand, dass auf der Gegenseite mindestens die PowerShell 3.0 vorhanden und PowerS-
hell-Remoting aktiviert sein muss. Sollen z. B. Windows XP-Clients einbezogen werden,
kommen die CIM-Cmdlets nicht in Frage.

Das *Get-CIMInstance*-Cmdlet entspricht dem *Get-WmiObject*-Cmdlet. Beide holen
alle Instanzen einer WMI/CIM-Klasse oder führen eine WQL-Abfrage aus. Es gibt einen
wichtigen Unterschied: *Get-CIMInstance* gibt ein Objekt zurück, das keine Methoden-
Members besitzt. Diese müssen gegebenenfalls per *Get-CIMClass* abgefragt werden:

---

[3] Genauso bemerkenswert ist leider auch, dass Ws-Man bei vielen Administratoren so gut wie un-
bekannt ist.

Tab. 11.1 Die CIM-Cmdlets im Überblick

Get-CIMInstance	Führt eine WMI-Abfrage durch und holt Instanzen einer CIM-Klasse
Get-CimAssociatedInstance	Holt die mit einer Instanz assoziierten Instanzen
Get-CIMClass	Holt die Details zu einer CIM-Klasse
Invoke-CIMMethod	Ruft eine Methode einer CIM-Klasse auf
New-CIMInstance	Legt eine neue Instanz einer CIM-Klasse an
New-CIMSession	Legt eine neue CIM-Session für den Netzwerkzugriff an
New-CimSessionOption	Legt ein Objekt an, dass verschiedene Einstellungen für eine CIM-Session zusammenfasst
Register-CimIndicationEvent	Registriert ein CIM-Ereignis (WMI-Ereignis), wie z. B. den Start eines bestimmten Prozesses (das Pendant zum Register-WmiEvent-Cmdlet)
Remove-CIMInstance	Entfernt eine Instanz einer CIM-Klasse aus einer Gerätekonfiguration
Set-CIMInstance	Ändert die Werte einzelner Eigenschaften einer CIM-Instanz

```
Get-CIMCLass -ClassName Win32_Product | Select-Object -ExpandProperty
CimClassMethods
```

Trotzdem kann eine Methode über das *Invoke-CimMethod*-Cmdlet ausgeführt werden, wenn diese auf das *Get-CIMInstance*-Cmdlet folgt (Tab. 11.1):

```
Get-CimInstance -ClassName Win32_Process -Filter "Name='Calc.exe'" |
Invoke-CimMethod -MethodName Terminate
```

11.4   Die CIM-Cmdlets in der Praxis

WMI bzw. CIM sind umfangreiche Themengebiete. Abfragen auf der Basis von CIM sind, von Spezialfällen abgesehen, relativ einfach. In diesem Abschnitt werden in lockerer Reihenfolge ein paar Beispiele für CIM-Abfragen vorgestellt.

Der folgende Befehl gibt die Eckdaten zu allen vorhandenen Netzwerkadaptern zurück:

```
Get-CIMInstance -ClassName Win32_NetworkAdapterConfiguration
```

Der folgende Befehl listet alle Netzwerkadapter auf, die DHCPEnabled sind:

```
Get-CIMInstance -ClassName Win32_NetworkAdapterConfiguration| Where-
Object DHCPEnabled -eq $true
```

Tab. 11.2 WQL-Operatoren

Operator	Bedeutung
= und <>	Gleich und ungleich
<, >, <= und >=	Kleiner, Größer, kleiner gleich und größer gleich
Is Null, Is Not Null	Vergleich mit einem Null-Wert
Like	Ähnlichkeitsvergleiche mit Platzhaltern
[]	Bereichsoperator
and und or	Logische Vergleichsoperatoren

Der folgende Befehl entspricht dem letzten Befehl, verwendet aber anstelle von *Where-Object* einen WMI-Filter:

```
Get-CIMInstance -ClassName Win32_NetworkAdapterConfiguration -Filter
"DHCPEnabled = true"
```

11.4.1 Die WQL-Abfragesyntax

Für WMI gilt eine eigene Abfragesprache mit dem Namen WQL (*WMI Query Language*), die eine etwas andere Schreibweise als die PowerShell verwendet (WMI ist 10 Jahre vor der PowerShell entstanden) und gegenüber der PowerShell-Syntax bezüglich ihrer Operatoren etwas eingeschränkt ist. Die wichtigsten Merkmale von WQL sind:

* Es werden die „klassischen Operatoren" für Vergleiche verwendet (= , <, > usw.).
* Es gibt andere Platzhalter: % statt * und _ statt?.
* Abfragen auf einen Null-Wert sind möglich.
* Array-Eigenschaften können nicht auf Null geprüft werden.
* Zeichenketten werden in einfache Apostrophe gesetzt (Tab. 11.2).

WQL ist offiziell eine Untermenge der Datenbanksprache SQL, wenngleich es bezüglich der Möglichkeiten nicht mit SQL vergleichbar ist. Eine WQL-Abfrage, die alle Netzwerkadapter „holt", deren Eigenschaft *DHCPEnabled* den Wert *True* besitzt, sieht wie folgt aus:

```
Select ServiceName, Index, Description From
Win32_NetworkAdapterConfiguration Where DHCPEnabled=True
```

Wer sich mit SQL in Grundzügen auskennt, wird sofort eine gewisse Ähnlichkeit feststellen.

▶   **Hinweis** Eine Übersicht über alle Namen, die Teil einer WQL-Abfrage sein kön-
    nen, gibt es unter http://msdn.microsoft.com/en-us/library/aa394606(v=vs.85).
    aspx.

11.4.2   WQL-Abfragen in der Praxis

Möchte man eine Abfrage per WQL formulieren, gibt es dafür bei *Get-CIMInstance* die
Parameter *Query* und *Filter*. Auf *Filter* folgt lediglich jener Teil, der auf die Where-Klau-
sel der WQL-Abfrage folgt.

Der folgende Befehl verwendet den *Filter*-Parameter, um die Bedingung für eine Abfrage festzulegen:

```
$WQLFilter = "DHCPEnabled=True"
Get-CimInstance -ClassName Win32_NetworkAdapterConfiguration -Filter
$WQLFilter
```

Der folgende Befehl verwendet den *Query*-Parameter, um eine komplette WQL-Abfrage
auszuführen, die zum selben Resultat führt:

```
$WQLQuery = "Select ServiceName, Index, Description From
Win32_NetworkAdapterConfiguration Where DHCPEnabled=True"
Get-CimInstance -Query $WQLQuery
```

Beide Ansätze besitzen ihre Berechtigung. In der Regel ist das nachträgliche Filtern per
Where-Object-Cmdlet die einfachste Variante, so dass es wenig Gründe geben dürfte sich
im Jahr 2014 noch eingehender mit WQL zu beschäftigen.

Der (vermutlich) kleine Vorteil dieser Technik ist, dass die Abfrage bereits auf der
Ebene von WMI durchgeführt und damit etwas schneller ausgeführt wird. Über den optionalen *Property*-Parameter lassen sich jene Eigenschaften eingrenzen, die Teil der Ergebnismenge sein sollen. Das reduziert die Datenmenge, die über das Netzwerk übertragen
wird. Der folgende Befehl fragt lediglich die Werte von drei Eigenschaften ab:

```
$WQLFilter = "DHCPEnabled=True"
Get-CimInstance -ClassName Win32_NetworkAdapterConfiguration -Filter
$WQLFilter -Property ServiceName, Description, Index
```

11.4.3   Die Namen von CIM-Klassen herausbekommen

Oft stellt sich die Frage, wie heißt die CIM-Klasse, die für eine bestimmte Konfiguration
steht? Etwa welche CIM-Klassen haben etwas mit der Grafikkarte zu tun? Diese Frage
lässt sich über das *Get-CIMClass*-Cmdlet beantworten, in dem per *-Platzhalter für den

Name-Parameter die Namen aller Klassen geholt und diese per *Select-String*-Cmdlet nach einem Suchbegriff gefiltert werden.

Der folgende Befehl gibt die Namen aller CIM-Klassen aus, in denen das Wort „Video" enthalten ist:

```
PS C:\PSKurs> Get-CimClass -ClassName * | Select-String -SimpleMatch
"Video"

ROOT/cimv2:CIM_VideoControllerResolution
ROOT/cimv2:Win32_VideoConfiguration
ROOT/cimv2:CIM_VideoSetting
ROOT/cimv2:Win32_VideoSettings
ROOT/cimv2:CIM_VideoBIOSFeature
ROOT/cimv2:CIM_VideoController
ROOT/cimv2:CIM_PCVideoController
ROOT/cimv2:Win32_VideoController
ROOT/cimv2:CIM_VideoBIOSElement
ROOT/cimv2:CIM_VideoBIOSFeatureVideoBIOSElements
```

Wichtig sind im Allgemeinen nur jene Klassen, die mit „Win32" beginnen.

11.4.4   Beispiele für Konfigurationsdatenabfragen

Der folgende Befehl gibt ein paar Eckdaten zur Computerkonfiguration zurück:

```
Get-CIMInstance -ClassName Win32_ComputerSystem
```

Der folgende Befehl zeigt den Zeitpunkt des letzten Bootens des aktuellen Computers an:

```
Get-CIMInstance -ClassName Win32_OperatingSystem -Property LastBootupTime
| Select-Object -ExpandProperty LastBootUpTime
```

Der Parameter *ExpandProperty* von *Select-Object* sorgt dafür, dass nur der Zeitpunkt als „nackter" Wert und nicht als Objekt mit einer *LastBootupTime*-Eigenschaft zurückgegeben wird.

11.4.5   Umgang mit Drucker und Druckjobs

Der folgende Befehl legt den Standarddrucker fest:

```
Get-CimInstance -ClassName Win32_Printer | Where-Object Name -match
"Brother" | Invoke-CimMethod -MethodName SetDefaultPrinter
```

Der folgende Befehl listet alle Printjobs auf:

```
PS C:\PsKurs> Get-CIMInstance -ClassName Win32_PrintJob

Document  : http://community.visual-
basic.it/alessandroenglish/archive/2010
JobId     : 3
JobStatus : Spoolvorgang
Owner     : Administrator
Priority  : 1
Size      : 0
Name      : \\PMServerR2\Brother HL-5250DN series, 3
```

Der folgende Befehl beendet alle Printjobs:

```
$Drucker = Get-CIMInstance -ClassName Win32_Printer -Filter "Name like
'%Brother%'"
$Drucker | Invoke-CIMMethod -MethodName CancelAllJobs
```

Alternativ besteht die Möglichkeit, einfach alle Dateien in *%Systemroot%\System32\Spool\Printers* zu löschen.

11.4.6   Installierte Anwendungen auflisten

Die folgende Abfrage liefert eine Liste aller installierten Anwendungen:

```
Get-CIMInstance -ClassName Win32_Product
```

In der tabellarischen Ausgabe werden die wichtigsten Eigenschaften Name, Bezeichnung, Hersteller (Vendor) und Version ausgegeben. Weitere Details müssen per *Select-Object* mit einem * für den *Property*-Parameter und gegebenenfalls *Get-Member* abgefragt werden.

Die Abfrage ist relativ langsam. Der Grund ist, dass jedes Mal die Integrität der einzelnen Msi-Dateien geprüft wird – geht es nur darum, eine Liste der installierten Anwendungen zu erhalten, geht dies per Registry-Abfrage deutlich schneller.

11.4.7   Eine Anwendung per WMI deinstallieren

Per WMI lassen sich auch einzelne Anwendungen deinstallieren, sofern diese über den Windows Installer installiert wurden. Grundlage dafür ist ebenfalls die CIM-Klasse *Win32_Product*, die eine installierte Anwendung repräsentiert und daher auch über eine *Uninstall*-Methode verfügt.

Im ersten Schritt werden die Details zu der Anwendung geholt und einer Variablen zugewiesen:

```
$App = Get-CimInstance -ClassName Win32_Product -Filter "Name='Snagit
11'"
```

Im zweiten Schritt wird der Name der Methode abgefragt, mit der die Anwendung deinstalliert werden kann (für die Übung wird angenommen, dass dieser Name noch nicht bekannt ist). Der folgende Befehl listet die Namen aller Methoden-Members der *Win32_Product*-Klasse auf:

```
Get-CIMCLass -ClassName Win32_Product | Select-Object -ExpandProperty
CimClassMethods
```

Damit ergibt sich nach dem Ausschlussverfahren, dass der Name der zuständigen Methode „Uninstall" lautet.

Im dritten und letzten Schritt wird die *Uninstall*-Methode über das Cmdlet *Invoke-CimMethod* aufgerufen:

```
$App | Invoke-CimMethod -MethodName Uninstall
```

War die Deinstallation erfolgreich, wird ein Objekt zurückgegeben, dessen *ReturnValue*-Eigenschaft den Wert 0 besitzt. Ein anderer Wert als 0 ist ein Fehlercode, dessen Bedeutung per Webabfrage in Erfahrung gebracht werden muss.

11.4.8 WMI-Abfragen mit PowerShell-Abfragen kombinieren

WMI-Abfragen liefern in einigen Fällen Daten, die ein Cmdlet nicht liefert. Ein Beispiel ist die Klasse *Win32_Process*, die für einen Prozess die Abfrage des Besitzers über das Methoden-Member *GetOwner()* erlaubt:

```
PS C:\PSKurs> Get-CIMInstance -ClassName Win32_Process | Select-Object
@{Name="Name";Expression={$_.Name}},
@{Name="Besitzer";Expression={$Owner= $_ | Invoke-CIMMethod -Name
GetOwner;"$($Owner.Domain)\$($Owner.User)" }}

Name                            Besitzer
----                            --------
System Idle Process             \
System                          \
smss.exe                        NT-AUTORITÄT\SYSTEM
csrss.exe                       NT-AUTORITÄT\SYSTEM
```

Dieser Befehl hat es in sich, so dass Sie sich ein paar Minuten Zeit nehmen und ihn (zu-mindest gedanklich) in seine Bestandteile zerlegen sollten. Sie lernen dabei einiges über die PowerShell und die Art und Weise, wie sich per *Select-Object* Ausgaben zusammen-bauen lassen.

▶   **Hinweis**   Mit der Version 4.0 bietet *Get-Process* den *IncludeUserName*-Parame-ter, so dass die beschriebene Technik nicht mehr zwingend erforderlich ist.

Ausgangspunkt ist der Wunsch, dass zu jedem Prozess sein Name und der Name seines Besitzers in der Schreibweise „Domäne\Username" ausgegeben werden soll. Letzterer muss über das Methoden-Member *GetOwner()* abgefragt werden, dass bei einer Rück-gabe von *Get-CIMInstance* aber nur per *Invoke-CIMMethod*-Cmdlet aufgerufen werden kann. Folglich muss dieses in dem Scriptblock ausgeführt werden, der dem *Expression*-Schlüssel der zweiten Eigenschaft zugewiesen wird. Da das Methoden-Member ein Ob-jekt für den Besitzer zurückgibt, müssen dessen Members *Domain* und *UserName* in einer Zeichenkette per *$()*-Operator (Subausdruck) zusammengesetzt werden. Die Hashtable-Definition für diese Eigenschaft lautet daher wie folgt:

```
@{Name="Besitzer";Expression={$Owner= $_ | Invoke-CIMMethod -Name
GetOwner; "$($Owner.Domain)\$($Owner.User)" }}
```

Es ist gar kein Problem, beliebige Befehle in dem Scriptblock auszuführen, der den Wert einer Eigenschaft bestimmt. Wichtig ist nur, dass am Ende ein einzelner Wert resultiert.

Der folgend Befehl gruppiert die laufenden Prozesse per *Group-Object*-Cmdlet nach den Namen ihrer Besitzer:

```
PS C:\PsKurs> Get-CIMInstance -ClassName Win32_Process | Group-Object -
Property { $_ | Invoke-CIMMethod -MethodName GetOwner | Select-Object -
ExpandProperty User } -ErrorAction Ignore

Count    Name           Group
-----    ----           -----
   22    SYSTEM         {Win32_Process: smss.exe (Handle = "304"),
Win32_Process: csrss....
    9    NETZWERKDIENST {Win32_Process: svchost.exe (Handle = "804"),
Win32_Process: svc...
    9    LOKALER DIENST {Win32_Process: svchost.exe (Handle = "888"),
Win32_Process: svc
   18    Pemo13         {Win32_Process: taskhost.exe (Handle = "2516"),
Win32_Process: d
```

Auch hier kommt eine „Spezialtechnik" zum Einsatz, die darin besteht, dass bei *Group-Object* anstelle einer Eigenschaft ein Scriptblock angegeben wird, in dem wieder die Me-thode *GetOwner* aufgerufen wird. Der Befehl muss in einer Administrator-PowerShell ausgeführt werden, da ansonsten der Besitzer nur für die Prozesse abgefragt werden kann, die vom aktuellen Benutzerkonto gestartet wurden.

Ein weiteres Beispiel für eine Situation, in der WMI detailliertere Daten über einen Gegenstand liefert als ein Cmdlet, ist die Klasse *Win32_Service*, die für einen Systemdienst auch die ID des Prozesses über die Eigenschaft *ProcessID* zurückgibt, der den Dienst ausführt. Damit lässt sich in Erfahrung bringen, wie lange ein Systemdienst bereits ausführt, in dem über die *ProcessID*-Eigenschaft die Startzeit des Prozesses über *Get-Process* abgefragt wird.

Die folgenden beiden Befehle liefern die Laufzeit des Spooler-Dienstes seit seinem Start:

```
$D = Get-CIMInstance -ClassName Win32_Service -Filter "name = 'Spooler'"
"{0}" -f ((Get-Date) - (Get-Process -Id $D.Processid).StartTime)
```

Auch wenn es möglich gewesen wäre, die beiden Befehle zu kombinieren, wurden zwei Befehle daraus gemacht. Diese Variante besitzt den kleinen Vorteil, dass sie etwas einfacher nachzuvollziehen ist. Gewöhnungsbedürftig ist eventuell der f-Operator. Dieser arbeitet so, dass in die leere Zeichenkette am linken Rand für {0} der Wert der *StartTime*-Eigenschaft eingesetzt wird, den die Abfrage mit *Get-Process* mit der Prozess-ID des Dienstes liefert. Eine Formatierung findet in diesem Fall nicht statt, da der Wert kein *DateTime*-Wert, sondern ein *TimeSpan*-Wert ist, der für eine Zeitspanne steht.

11.5   WMI-Abfragen im Netzwerk

Jede WMI-Abfrage kann lokal wie gegen andere Computer im Netzwerk ausgeführt werden. Auch wenn das *Get-CIMInstance*-Cmdlet einen *ComputerName*-Parameter besitzt, über den die Namen der Computer angegeben werden, gegen die die Abfrage ausgeführt werden soll, ist es üblich, zuvor für jeden Computer über das Cmdlet *New-CIMSession* eine CIM-Session anzulegen, in der die Abfrage und weitere Abfragen ausgeführt werden. Das zurückgegebene CIM-Session-Objekt wird in einer Variablen abgelegt und beim Aufruf von *Get-CIMInstance* dem *CimSession*-Parameter übergeben. Damit sind Abfragen gegen beliebig viele Computer möglich. Voraussetzung ist allerdings, dass auf jeder „Gegenstation" mindestens die PowerShell ab Version 3.0 installiert ist und PowerShell-Remoting aktiviert wurde (ab Windows Server 2012 ist dies automatisch der Fall).

Die Authentifizierung erfolgt über ein *PSCredential*-Objekt. Mehr dazu in Kap. 13.

Der folgende Befehl fragt den Status eines Systemdienstes auf verschiedenen Computern im Netzwerk ab:

```
$CIMS1 = New-CimSession -ComputerName Server1
$CIMS2 = New-CimSession -ComputerName Server2
$CIMS3 = New-CimSession -ComputerName Server3

Get-CIMInstance -ClassName Win32_Service -Filter "Name='AudioSrv'" -
CimSession $CIMS1, $CIMs2, $CIMS3
```

Tab. 11.3 Die Cmdlets für den Umgang mit CIM-Sessions

Cmdlet	Bedeutung
Get-CIMSession	Holt vorhandene CIM-Sessionobjekte
New-CIMSession	Legt neue CIM-Sessionobjekte an
Remove-CIMSession	Entfernt CIM-Sessionobjekte

Die angelegten CIM-Session-Objekte können für jede weitere Abfrage verwendet und müssen nicht neu angelegt werden. Der folgende Befehl startet den Systemdienst auf allen drei Computern über die Methode *StopService*, die über das *Invoke-CimMethod*-Cmdlet aufgerufen wird:

```
Get-CIMInstance -ClassName Win32_Service -Filter "Name='AudioSrv'" -
CimSession $CIMS1, $CIMs2, $CIMS3 | Invoke-CimMethod -MethodName
StopService
```

Es ist praktisch, dass die Verweise auf die CIM-Sessions beim Aufruf von *Invoke-Cim-Method* nicht erneut angegeben werden müssen, da sie übe die Pipeline weitergereicht werden.

▶ **Hinweis** Grundsätzlich lassen sich alle Abfragen auch ohne WMI per PowerShell-Remoting (Kap. 13) im Netzwerk ausführen. PowerShell Remoting gilt als die deutlich schnellere Variante.

Tabelle 11.3 stellt die Cmdlets für den Umgang mit CIM-Sessions zusammen.

11.6 WMI-Spezialitäten

In diesem Abschnitt werden ein paar „Spezialitäten" im Zusammenhang mit WMI vorgestellt, die im Praxisalltag seltener eine Rolle spielen, die aber trotzdem sehr interessant sind.

11.6.1 Direkte Aufrufe über Ws-Management

Die CIM-Cmdlets geben Objekte zurück, das ist in der Regel die gewünschte Form der Rückgabe. Es ist aber auch möglich, die Rohdaten im XML-Format zurückzuerhalten, die aus einer Ws-Man-Abfrage resultieren. Konkrete Vorteile bietet diese Variante allerdings nicht. Die folgenden Beispiele sollen in erster Linie den Umgang mit dieser Technik veranschaulichen. Sie wird z. B. immer dann benötigt, wenn der WinRM-Dienst konfiguriert werden soll. Im Mittelpunkt steht das Cmdlet *Get-WsmanInstance*, das Instanzen auf der

Tab. 11.4 Die wichtigsten Parameter des Get-WsmanInstance-Cmdlets

Cmdlet	Bedeutung
Enumerate	Bewirkt, dass alle Instanzen der angegebenen Klasse zurückgegeben werden
Fragment	Wählt die Eigenschaft aus, die als XML-Fragment mit ihrem aktuellen Wert zurückgegeben werden soll
SelectorSet	Wählt über eine Hashtable und einer Key-Property die Instanz einer (WMI-) Klasse aus

Grundlage von Ressourcen bildet, die über eine URI (*Uniform Resource Identifier*) angesprochen werden. Tabelle 11.4 stellt wichtige Parameter des Cmdlets zusammen.

Das erste Beispiel ist einfach gehalten. Es fragt mit Hilfe von *Get-WsManInstance* (wieder einmal) den Status eines Systemdienstes ab:

```
Get-WsManInstance -ResourceURI wmicimv2/Win32_Service -SelectorSet
@{Name="AudioSrv"}
```

„wmicimv2" ist eine Abkürzung für den WMI-Standardnamespace, durch die WinRM weiß, dass es seine WMI-Abfrage ist. Ohne die Abkürzung wäre die URI „ein wenig" länger. Hier ist der Beweis. Auch der folgende Befehl gibt die Eckdaten zum *AudioSrv*-Dienst aus, verwendet dieses Mal die vollständige URI:

```
Get-WsManInstance -ResourceURI
http://schemas.microsoft.com/wbem/wsman/1/wmi/root/cimv2/Win32_Service -
SelectorSet @{Name="AudioSrv"}
```

Der folgende Befehl listet alle Dienste auf dem lokalen Computer auf.

```
Get-WsManinstance -ResourceURI wmicimv2/Win32_Service -Enumerate
```

Die Ausgabe unterscheidet sich grundsätzlich nicht von jener, die auch ein *Get-CIMInstanc*-Cmdlet liefert. Im Unterschied zu diesem Cmdlet, das zwar ebenfalls auf Ws-Man basiert, erhalten Sie bei *Get-WsManInstance* XML zurück, das sich z. B. über eine XSTL-Transformation weiterverarbeiten ließe. Der Befehl

```
$r= Get-WsManinstance -ResourceURI wmicimv2/Win32_Service -Enumerate
```

weist die Rückgabe einer Variablen zu, die *OuterXml*-Eigenschaft liefert das gesamte XML, das von der Abfrage zurückgegeben wurde:

```
PS C:\PsKurs> $r.OuterXml

<p:Win32_Service xmlns:xsi="http://www.w3.org/2001/XMLSchema-instance"
xmlns:p="http://schemas.microsoft.com/wbem/wsman/1/wmi/root/cimv2/Win32_S
ervice" xmlns:cim="http://schemas.dmtf.org/wbem/wscim/1/common"
xsi:type="p:Win32_Service_Type" xml:lang="de-
DE"><p:AcceptPause>false</p:AcceptPause><p:AcceptStop>true</p:AcceptStop>
<p:Caption>LDAPAdressbuch</p:Caption><p:CheckPoint>0</p:CheckPoint><p:
```

Aus Platzgründen und weil die Ausgabe selber nicht besonders informativ ist, wurde sie stark gekürzt.

Möchte man einzelne Eigenschaften sehen, ist auch bei *Get-WsManInstance* das *Select-Object*-Cmdlet ein zuverlässiger Partner. Der folgende Aufruf gibt pro Dienst Name und Status zurück:

```
Get-WsManinstance -ResourceURI wmicimv2/Win32_Service -Enumerate |
Select-Object -Property Name, StartMode
```

Per *Fragment*-Parameter kann gezielt der Wert einer einzelnen Eigenschaft geholt werden:

```
Get-WsManInstance -ResourceURI wmicimv2/Win32_Service -SelectorSet
@{Name="AudioSrv"} -Fragment State
```

Get-WsManInstance erlaubt auch das Ausführen von WQL-Abfragen:

```
Get-WSManInstance -Enumerate wmicimv2/* -Filter "Select * From
Win32_Service Where  StartMode = 'Auto' and State = 'Stopped'"
```

Per Ws-Management können dank dem *Invoke-WsManAction*-Cmdlet auch Aktionen ausgeführt werden.

Der folgende Befehl (den Sie auch in der Hilfe zu dem Cmdlet finden) beendet den Dienst *AudioSrv* auf dem lokalen Computer:

```
Invoke-WSManAction -ResourceURI wmicimv2/Win32_Service -SelectorSet
@{Name="AudioSrv"} -Action StopService
```

Da es wichtig ist noch einmal der Hinweis: Bei dem Beispiel geht es nicht darum, die komplizierteste Variante zu finden, durch die sich ein Systemdienst, den man auch einfach über den Server-Manager, das Diensteprogramm der Verwaltung oder das Cmdlet *Stop-Service* (per PowerShell-Remoting auch remote) beenden kann, beenden lässt. Es geht um eine Variante, die immer dann zum Einsatz kommen kann, wenn es keine anderen Alternativen gibt. Etwa, ein mobiles Gerät, ein Smartphone einer bekannten Marke, auf dem weder SSH oder Remote Desktop zur Verfügung stehen. Oder, wenn ein Gerät angesprochen werden soll, auf dem kein Windows läuft. In diesem Fall muss lediglich die

Tab. 11.5 Begriffe, die für Ws-Man und die Ws-Man-Konfiguration eine Rolle spielen

Begriff	Bedeutung
Client	Ist für das Versenden von Ws-Man-Anfragen zuständig
Shell	Stellt den äußeren Rahmen für eine Ws-Man-Sitzung dar. Zu den Eigenschaften der Shell gehören u. a. die Anzahl gleichzeitig zugelassener Benutzer (per Voreinstellung 10), die maximale Anzahl an Prozessen per Shell (per Voreinstellung 25) und die maximale Anzahl an Shells pro Benutzer (per Voreinstellung 30)
Listener	Ein Listener ist ein einzelner Verwaltungsdienst im Rahmen von Ws-Man, der mit einem Port und einem Protokoll (Http oder Https) verknüpft ist, um Nachrichten zu senden und zu empfangen (Listener tragen spezielle Namen, z. B. „Listener_1084132640"). Ein dir wsman:\localhost\listener listet alle Listener des lokalen Computers auf

Ws-Man-Funktionalität zur Verfügung stehen. Diese Funktionalität kann natürlich auch in Anwendungen integriert werden. Tabelle 11.5 stellt jene Begriffe zusammen, die im Zusammenhang mit Ws-Man wichtig sind.

11.6.2   Einstellungen der Ws-Man-Konfiguration

Die Hauptdaseinsberechtigung der Ws-Man-Cmdlets ist der Zugriff auf die Ws-Man-Konfiguration als Alternative zum direkten Zugriff über das WsMan-Laufwerk. Damit lassen sich Ws-Man-Konfigurationsdaten abfragen und ändern. Soll z. B. ein einzelner Listener konfiguriert werden, geht dies am einfachsten über das Cmdlet *Set-WsManInstance*.

Der folgende Befehl gibt zunächst die Eckdaten zu allen eingerichteten Listenern aus:

```
Get-WSManInstance -ResourceURI Winrm/Config/Listener -Eumerate | Select-
Object -Property Port, Transport,List
```

Der nächste Befehl deaktiviert per *Set-WsManInstance*-Cmdlet den Http-Listener:

```
Set-Wsmaninstance -Resourceuri winrm/config/listener -Selectorset
@{Address="*";Transport="http"} -Valueset @{Enabled="false"}
```

Das letzte Beispiel zum Thema Ws-Man-Konfiguration legt über das *New-WsManInstance*-Cmdlet einen neuen Listener für das Https-Protokoll an. Voraussetzung ist allerdings, dass bereits ein Zertifikat in der Zertifikatablage existiert, dessen „Thumbprint" bei *New-WsManInstance* angegeben wird. In diesem Beispiel befindet sich das Zertifikat in der Ablage *LocalMachine\My* und besitzt die Bezeichnung „CN = Localhost" (die beim Anlegen angegeben wird). Der folgende Befehl muss in einer als Administrator gestarteten PowerShell ausgeführt werden:

```
$CertThumb = (Get-Item -Path
Cert:\LocalMachine\MY\6509844563C2A0C092420DE394C6EA12C3668724).Thumbprin
t
New-WSManInstance -ResourceURI winrm/config/listener -SelectorSet
@{Address="*";Transport="HTTPS"} `
 -ValueSet @{Hostname="localhost";CertificateThumbprint=$CertThumb}
```

Ging alles gut, gibt es einen weiteren Listener, der auf dem Computer als Endpunkt für eine PowerShell-Remoting-Sitzung in Frage kommt. Dieser Listener wird über den folgenden Befehl angezeigt:

```
PS C:\PSKurs> dir -Path WSMan:\localhost\Listener

WSManConfig: Microsoft.WSMan.Management\WSMan::localhost\Listener

Type           Keys                           Name
----           ----                           ----
Container      {Transport=HTTPS, Address=*}   Listener_1305953032
Container      {Transport=HTTP, Address=*}    Listener_1084132640
```

11.6.3 Assoziationsabfragen

Bei WMI gibt es keine festen Beziehungen zwischen zwei Klassen. Besteht zwischen zwei Elementen, die per WMI verwaltet werden, eine Beziehung, wird diese über eine dritte Klasse hergestellt, die als Verbindungsstück fungiert. Diese Klassen heißen *Assoziationsklassen*. Das ist für die Nachbildung von Beziehungen zwar flexibler, da keine festen Abhängigkeiten existieren, erschwert aber Abfragen ein wenig, da die „Verbindungsklasse" Teil der Abfrage sein muss und WMI eine spezielle Syntax verwendet. Bei früheren PowerShell-Versionen bzw. beim Windows Scripting Host (WSH) wirkten Abfragen mit Assoziationsklassen relativ kompliziert. Ein Beispiel, das bereits bei der PowerShell 1.0 funktioniert hat, gibt davon einen Eindruck. Ausgangspunkt ist die Klasse *Win32_NetworkAdapter*, die allgemeine Informationen über alle Netzwerkadapter liefert:

```
Get-CimInstance -ClassName Win32_NetworkAdapter -Filter "DeviceID=7"
```

Die Abfrage liefert Details wie die maximale Übertragungsgeschwindigkeit, TPC/IP-Einstellungen wie die IP-Adressen sind nicht dabei. Diese liefert die WMI-Klasse *Win32_NetworkAdapterConfiguration*. Möchte man die Ausgaben beider Abfragen kombinieren, ist dies mit Hilfe der Pipeline-Cmdlets zwar relativ einfach möglich, es wäre aber nicht effektiv und es soll zudem ein Beispiel für eine Assoziationsklasse gezeigt werden. Die Namen aller Assoziationsklassen mit einem „Win32_Net" im Namen liefert der folgende Befehl:

```
PS C:\Pskurs> Get-CimClass -ClassName Win32_Net* -QualifierName
Association

NameSpace: ROOT/cimv2

CimClassName          CimClassMethods      CimClassProperties
------------          ---------------      ------------------
Win32_NetworkAdapterSetting  {}           {Element, Setting}
```

Die Assoziationsklasse heißt *Win32_NetworkAdapterSetting*. Bis zur PowerShell 2.0 musste eine Abfrage mit dieser Klasse das *Get-WmiObject*-Cmdlet und die WQL-Syntax benutzen:

```
$DeviceID = 7
$Wql = "Associators Of {Win32_NetworkAdapter.DeviceID='$DeviceID'} Where
ResultClass=Win32_NetworkAdapterConfiguration"
Get-WmiObject -Query $Wql
```

Die Variable *$DeviceID* enthält die Nummer des Netzwerkadapters.

Mit der PowerShell 3.0 werden Assoziationsabfragen dank des neuen *Get-CimAssociatedInstance*-Cmdlets einfacher. Das folgende Beispiel entspricht dem letzten Beispiel. Mit dem ersten Befehl wird ein Netzwerkadapter anhand seiner DeviceID geholt. Im zweiten Befehl werden die Konfigurationsdaten dieses Adapters über *Get-CimAssociatedInstance* geholt (der Umstand, dass sich die Konfigurationsdaten per *Win32_NetworkAdapterConfiguration*-Klasse auch direkt holen lassen, soll für dieses Beispiel außer Acht gelassen werden):

```
$NetAdapter = Get-CimInstance -ClassName Win32_NetworkAdapter -Filter
"DeviceID=7"
$NetAdapter | Get-CimAssociatedInstance -ResultClassName
Win32_NetworkAdapterConfiguration
```

11.6.4 WMI-Ereignisse

Ein WMI-Ereignis ist ein Mechanismus, in dem ein Programm bzw. Skript von WMI benachrichtigt wird, wenn ein zuvor festgelegtes Ereignis eintritt. Dieses Ereignis ist in der Regel ein Prozess, der gestartet oder beendet wird. WMI stellt eine begrenzte Auswahl solcher Ereignisse zur Verfügung, mit deren Hilfe ein Skript auf lokal wie im Netzwerk eintretende Veränderungen reagieren kann. WMI-Ereignisse ist ein relativ alter Mechanismus, der für einfache Zwecke aber immer noch sehr gut geeignet ist.

Die PowerShell stellt für das Reagieren auf Ereignisse gleich mehrere Cmdlets zur Verfügung, die in Kap. 18 vorgestellt werden. In diesem Abschnitt geht es ausschließlich um WMI-Ereignisse, das Cmdlet *Register-WmiEvent*, mit dem ein Event registriert wird und das *Wait-Event*-Cmdlet, das auf das Eintreten des Events wartet.

Das folgende Beispiel ist ein vollständiges Skript. Es enthält die Namen einer Reihe von „verbotenen" Apps. Wird eine dieser Anwendungen gestartet, wird eine andere Meldung angezeigt als wenn eine andere Anwendung gestartet wird. Dank einer *do*-Schleife wird die Überwachung solange wiederholt, bis auf die Abfrage am Ende ein anderer Buchstabe als ein „J" eingegeben wird. Auch wenn sich das Skript auf lokal gestartete Prozesse beschränkt, durch Angabe eines oder mehrerer Computernamen beim *Register-WmiEvent*-Cmdlet und dessen *ComputerName*-Parameter lässt sich der Start von Prozessen auch auf anderen Computern im Netzwerk überwachen.

```
<#
 .Synopsis
 Ein Beispiel für WMI-Ereignisse
#>

$ForbiddenApps = "Calc.exe, Notepad.exe, Firefox.exe"

Register-WmiEvent -Class win32_ProcessStartTrace -SourceIdentifier
CheckStart

Write-Host -Fore White -Back Yellow "Warte auf den Start einer App..."

do
{
    $ProcEvent = Wait-Event -SourceIdentifier CheckStart
    # Details zu dem Event ausgeben
    $ProcEvent.SourceEventArgs.NewEvent | Select *
    $ProcName = $ProcEvent.SourceEventArgs.NewEvent.ProcessName
    if ($ForbiddenApps -match $ProcName)
    {
        Write-Host -Fore White -Back Red "Die verbotene App $ProcName
wurde soeben gestartet."
        # Schleife verlassen
        break
    }
    else
    {
        Write-Host -Fore White -Back Green "Die erlaubte App $ProcName
wurde gestartet."
    }

    # Alle wartenden Events löschen
    Get-Event -SourceIdentifier CheckStart | Remove-Event
} until ((Read-Host -Prompt "Weiter warten? (J/N)") -ne "j")

# Alle wartenden Events löschen
Get-Event -SourceIdentifier CheckStart | Remove-Event

# Ereignis-Abo wieder entfernen
Unregister-Event -SourceIdentifier CheckStart -ErrorAction Ignore
```

Das Beispiel macht umfangreichen Gebrauch von den Events und dem Prinzip des SourceIdentifiers. Ein beliebiger Name, durch den ein Ereignis innerhalb der Befehlsausführung identifiziert wird. Mehr zu den Events in Kap. 18.

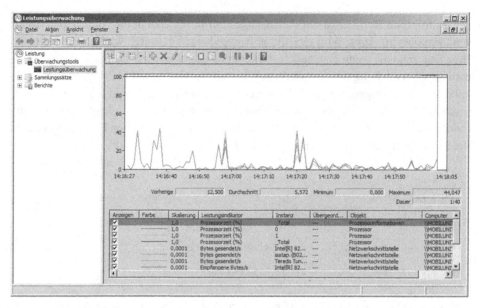

Abb. 11.1 Die Windows-Leistungsüberwachung zeigt die aktuellen Werte ausgewählter Leistungsindikatoren an

11.6.5   Abfragen von Leistungsindikatoren

Ein Leistungsindikator (engl. „performance counter") ist eine Art Sensor, der Software-und Hardwarekomponenten überwacht und auf Anfrage Daten zurückgibt, die von dem Sensor erfasst wurden. Ein Beispiel von vielen ist die aktuelle Auslastung der CPU-Kerne. Es gibt mehrere Hundert dieser Leistungsindikatoren als Teil des Betriebssystems. Jede Anwendung kann ihre eigenen Leistungsindikatoren mitbringen. Bei Windows ist die Leistungsüberwachung in der Systemsteuerung eine Anwendung, mit der sich Leistungsindikatoren auswerten lassen (Abb. 11.1).

Für das Abfragen von Leistungsindikatoren bietet die PowerShell das *Get-Counter*-Cmdlet. Es ist bezüglich seiner Anwendung sehr einfach. Die größte „Herausforderung" besteht am Anfang darin, die „richtigen" (weil an die Landessprache angepassten) Namen der abzufragenden Leistungsindikatoren zu finden (hier ist die Leistungsüberwachung hilfreich, da hier die Namen aller Indikatoren bei der Auswahl angezeigt werden).

Der folgende Befehl gibt die Daten eines Leistungsindikators zurück, der für die Prozessorzeit steht:

```
Get-Counter -Counter "\Prozessor(0)\Prozessorzeit (%)" -MaxSamples 10
```

„\Prozessor(0)\Prozessorzeit (%)" ist der (deutschsprachige) Name des Leistungsindikators. *MaxSamples* ist ein Parameter, der die Anzahl an Proben festlegt. Eine Alternative ist der *Continous*-Parameter, der dafür sorgt, dass kontinuierlich Werte geholt und ausgegeben werden.

11.7 Zusammenfassung

WMI ist bei Windows für das zur Verfügung stellen von Konfigurationsdaten zuständig. CIM ist der allgemeinere Begriff, WMI ist die Implementierung von CIM unter Windows. Bei CIM gibt es für jedes „verwaltete Element" eine eigene Klasse. Insgesamt gibt es mehrere Hundert CIM-Klassen. WMI-Abfragen werden ab der PowerShell 3.0 über das *Get-CIMInstance*-Cmdlet durchgeführt, das etwas mehr Komfort bietet als sein Vorgänger, das *Get-WMIObject*-Cmdlet. Auch für anspruchsvollere WMI-Abfragen hat die PowerShell einiges zu bieten.

Fehlerbehandlung

12

In diesem Kapitel geht es um ein etwas lästiges Thema, das beim Umgang mit technischen Systemen aber unvermeidlich ist: Die Fehler und den Umgang mit diesen. Wie Sie aus Ihren ersten Gehversuchen mit der PowerShell inzwischen gelernt haben, ist die PowerShell im Großen und Ganzen eine gutmütige Anwendung. Zwar führen Eingabefehler bei Befehlsnamen zu umfangreichen Fehlermeldungen, doch nicht jeder Eingabefehler wird sofort geahndet. Wird der Name eines Members falsch geschrieben, führt dies zu keiner Fehlermeldung, da in diesem Fall einfach ein neues Member mit diesem Namen an das Objekt angehängt wird. Dank der Tab-Erweiterung wird die Wahrscheinlichkeit den Namen eines Cmdlets, einer Function oder eines Parameters falsch zu schreiben stark reduziert. Gibt man einen Befehl trotzdem falsch ein, muss die Eingabe lediglich korrigiert und erneut ausgeführt werden.

Eine Fehlerbehandlung spielt in erster Linie in größeren Skripten eine Rolle. Hier soll im Allgemeinen das Auftreten eines Fehlers nicht zur Folge haben, dass eine Fehlermeldung ausgegeben und die Ausführung des Skripts fortgesetzt wird. Stattdessen soll das Skript auf den Fehler reagieren, indem z. B. eine aussagekräftige Meldung ausgegeben, der Fehler protokolliert, eine E-Mail verschickt oder bei einem schwerwiegenden Fehler, etwa, wenn die erforderliche Netzwerkverbindung nicht zur Verfügung steht, die Ausführung des Skripts abgebrochen wird. Das alles ist mit relativ wenig Aufwand umsetzbar.

12.1 Ein erster Überblick

Da die Thematik Fehlerbehandlung bei der PowerShell etwas technischer ist und sich viele Leser am Anfang zunächst nur einen Überblick über die notwendigen „Basics" wünschen, stellt dieser Abschnitt jene Fakten zusammen, die angehende PowerShell-Experten zum Thema Fehlerbehandlung wissen müssen.

© Springer Fachmedien Wiesbaden 2014   243
P. Monadjemi, *PowerShell für die Windows-Administration,* X.systems.press,
DOI 10.1007/978-3-658-02964-7_12

- Ob der zuletzt ausgeführte Befehl erfolgreich war oder nicht verrät immer die Variable $?. Sie besitzt den Wert *$false*, wenn dies aus irgendeinem Grund nicht der Fall war.
- Alle Details zum zuletzt aufgetretenen Fehler liefert die Variable *$Error[0]*. Sie liefert ein Objekt, dessen Eigenschaften Details zum aufgetretenen Fehler zur Verfügung stellen.
- Über den Parameter *ErrorAction* wird bei einem Cmdlet festgelegt, wie dieses auf einen Fehler reagieren soll. Soll der Fehler nur registriert, aber nicht ausgegeben werden, erhält *ErrorAction* den Wert „SilentlyContinue".
- In einem Skript werden Fehler im Allgemeinen über den *try*-Befehl abgefangen. Tritt in dem auf *try* folgenden Scriptblock ein (terminierender) Fehler auf, wird die Ausführung des Scriptblocks abgebrochen und die Ausführung mit dem folgenden *catch*-Scriptblock fortgesetzt. Dort steht der aufgetretene Fehler über die Variable *$_* zur Verfügung.

12.2 Nicht terminierende und terminierende Fehler

Bei der PowerShell gibt es zwei Sorten von Fehlern: Beendend und nicht beendend. Ein beendender Fehler („Terminating Error") bricht die (Pipeline-) Ausführung des aktuellen Cmdlets ab. Dieser Fehlertyp wird auch beim Aufruf von Funktionen der .NET-Laufzeit durch die PowerShell-Laufzeit ausgelöst. Ein nicht beendender Fehler („Non Terminating Error") führt lediglich dazu, dass der Fehler angezeigt wird, die Abarbeitung der Pipeline durch das Cmdlet wird fortgesetzt. Die meisten Fehler, die bei der Ausführung von Cmdlets auftreten, sind vom Typ „Non Terminating".

Der folgende Befehl demonstriert das Prinzip eines nicht beendenden Fehlers. Per *Get-Item*-Cmdlet werden drei Verzeichnisse und Dateien geholt. Da die mittlere Datei mit hoher Wahrscheinlichkeit nicht existieren dürfte, wird das Cmdlet einen nicht terminierenden Fehler verursachen:

```
Get-Item -Path C:\Windows, C:\GibtEsNicht, C:\Windows\Win.ini
```

Da der Fehler vom Typ „Nicht beendend" ist, wird er lediglich angezeigt und die Abarbeitung der Pipeline fortgesetzt, so dass das folgende Verzeichnis geholt wird.

Ein Fehler hat bei der PowerShell drei Auswirkungen:

1. Es wird eine Fehlermeldung in den Fehlerkanal (2) geschrieben und ausgegeben, sofern der Fehlerkanal nicht in eine Datei oder Variable umgeleitet wird.
2. Es wird ein Objekt vom Typ *ErrorRecord* angelegt, das alle Informationen über den Fehler enthält. Dieses Objekt wird in eine Collection (Typ *ArrayList*) eingetragen, die über die Variable *$Error* abgerufen wird.
3. Die Variable *$?* erhält den Wert *$false*.

Tab. 12.1 Die möglichen Werte für den ErrorAction-Parameter

Parameterwert	Wirkung
Continue	Die Ausführung des Cmdlets wird fortgesetzt (da ist die Voreinstellung)
Ignore	Wie *SilentlyContinue*, aber es wird kein *ErrorRecord*-Objekt zu *$Errors* hinzugefügt. Diese Einstellung gibt es erst seit der Version 4.0
Inquire	Der Anwender soll selber entscheiden, wie es weitergeht
SilentlyContinue	Die Ausführung des Cmdlets wird fortgesetzt, aber keine Meldung ausgegeben
Stop	Die Ausführung des Cmdlets wird abgebrochen und aus dem Fehler wird ein „Terminating"-Error

▶ **Tipp** Die Farbe der Fehlermeldungen kann über die Variable *$Host.PrivateData* eingestellt werden. Das vom Host zurückgegebene Objekt besitzt u. a. die Eigenschaften *ErrorBackgroundColor* und *ErrorForegroundColor*.

12.2.1 Der ErrorAction-Parameter

Dieser Parameter legt bei einem Cmdlet fest, wie es auf einen Fehler reagiert. Tabelle 12.1 stellt die Werte zusammen, die dem Parameter übergeben werden können. Soll keine Fehlermeldung ausgegeben werden, wird der Wert *Ignore* übergeben (der mit der Version 4.0 dazu kam). Alternativ kann der Wert *SilentlyContinue* angegeben werden. Er bewirkt, dass keine Meldung ausgegeben wird, diese aber an die Variable *$Error* angehängt wird. Eine wichtige Rolle spielt der unscheinbare Wert *Stop*. Er bewirkt, dass aus einem Non-Terminating- ein Terminating-Error wird, der per *try*-Befehl abgefangen werden kann.

▶ **Tipp** Wie jeder Parameter kann auch der Name des *ErrorAction*-Parameters solange abgekürzt werden, solange er bezogen auf die übrigen Parameter des Cmdlets eindeutig bleibt. Zusätzlich besitzt er den Alias *ea*. Da hinter den Parameterwerten nur Zahlenwerte stehen, kann der Parameter damit stark abgekürzt werden:

```
Stop-Process -ID 1234 -Ea 0
```

Diese „Profi-Schreibweise" ruft *Stop-Processs* mit dem Parameter *ErrorAction* und dem Wert „SilentlyContinue" auf.

▶ **Tipp** Leser mit einer Unix- oder Batch-Vergangenheit dürfen durch ein angehängtes 2>0 Fehlermeldungen unterdrücken und sparen sich den ganzen „neumodischen Firlefanz" mit Parametern, Alias usw.

> ▶ **Tipp** Wo findet man in der PowerShell eine Beschreibung des *ErrorAction*-Pa-
> rameters? Da dieser zu den „Common Parameters" gehört, entsprechend über
> „help about_common_parameters". Doch da jemand, der beim Erlernen der
> PowerShell noch ganz am Anfang steht, mit diesen Feinheiten noch nicht ver-
> traut ist, muss es eine einfachere Möglichkeit geben, an die gewünschte Infor-
> mation heranzukommen. Diese gibt es durch Eingabe von „help erroraction",
> das eine Suche in der Hilfe durchführt und alle Hilfethemen ausgibt, in der das
> Thema enthalten ist.

Möchte man die Hilfe selber durchsuchen, eignet sich dafür das universelle *Select-String*-
Cmdlet, das generell für das Durchsuchen von Texten mit oder ohne reguläre Ausdrücke
zuständig ist.

Der folgende Befehl durchsucht alle *about*-Themen der Hilfe nach dem Stichwort „ErrorAction" und gibt die Namen jener Themen aus, in denen es vorkommt:

```
Get-Help -Name about_* | Where-Object { Get-Help -Name $_.Name | Select-
String -SimpleMatch "ErrorAction" }
```

Vorteile bringt diese Variante gegenüber dem deutlich einfacheren direkten Aufruf von
Get-Help mit einem „Suchwort" aber nicht.

12.2.2 Fehlermeldungen umleiten

Das klassische Umleiten von Ausgaben in eine Datei (oder Variable) gibt es natürlich auch
bei der PowerShell. Der Umleitungsoperator ist entweder > oder >> (anhängen an den
vorhandenen Dateiinhalt). Dem Operator wird die Kanalnummer (2 für den Fehlerkanal)
vorangestellt.

Der folgende Befehl hängt die Fehlermeldung an die angegebene Datei an bzw. legt
diese an falls sie noch nicht existieren sollte:

```
Get-Item -Path GibtEsNicht1.txt 2>> ErrorLog.txt
```

Muss diese Umleitung an jedes Cmdlet angehängt werden? Im Prinzip Ja, eine „globale
Umleitung", die automatisch alle Fehlermeldungen umleitet, gibt es leider nicht. Auch
keinen Protokollmodus, durch den die PowerShell alle Fehlermeldungen auf eine fest-
gelegte Art und Weise protokolliert. Eine Liste aller Fehler, die während der Skriptausfüh-
rung aufgetreten sind, liefert die Variable *$Errors*. In dem diese zu Beginn über ihre *Clear*-
Methode gelöscht wird, enthält sie am Ende alle Fehler, die während der Ausführung des
Skriptes aufgetreten sind. Am Ende des Skripts wird *$Error* in eine Textdatei exportiert.
Soll das Skript während der Ausführung keine Fehlermeldungen anzeigen, wird die auto-

matische Variable *$ErrorActionPreference* auf den Wert „SilentlyContinue" gesetzt. Damit ergibt sich folgender allgemeiner Aufbau für ein Skript, in dem alle Fehler gesammelt und am Ende in einer Zusammenfassung ausgegeben werden:

```
<#
  .Synopsis
  Sammeln der Fehlermeldungen in einem Skript
#>

$Error.Clear()
$ErrorActionPreference = "SilentlyContinue"

# Fehler 1
Get-Item -Path C:\NichtVorhanden

# Fehler 2
[Byte]$KleineZahl = 300

# Fehler 3
$Datum = Get-Date -Date 31.2.2014

$AnzahlFehler = $Error.Count
Write-Warning "Es sind $AnzahlFehler Fehler aufgetreten."
$i=1
foreach($Err in $Error)
{
   "Fehler Nr. {0} - $Err" -f $i
   $i++
}
```

12.3 Fehlervariablen

Die PowerShell arbeitet mit einer Reihe von Fehlervariablen, die in Tab. 12.2 zusammengestellt sind. Die wichtigste ist *$?*, denn sie gibt an, ob der letzte Befehl fehlerfrei ausgeführt wurde oder nicht. Damit ist ein einfaches Reagieren auf einen Fehler möglich unabhängig davon, ob er durch ein Cmdlet oder eine andere Operation verursacht wurde.

12.3.1 Fehlernummern und das ErrorRecord-Objekt

Bei der PowerShell gibt es keine Fehlernummern, über die sich ein Fehler eindeutig identifizieren ließe. Das Pendant ist das *ErrorRecord*-Objekt, das eine Fülle von Details über den aufgetretenen Fehler enthält. Das, was einer Fehlernummer am nächsten kommt, ist die „Fully Qualified Error Id", die über die Eigenschaft *FullyQualifiedErrorId* zurückgegeben wird. Dahinter steht eine Zeichenfolge, die einen Fehlertyp eindeutig identifiziert (wenngleich es keine Garantie gibt, dass zwei Zeichenfolgen nicht zufällig identisch

Tab. 12.2 Die Fehlervariablen der PowerShell

Variable	Steht für…
$?	Einen $true/$false-Wert
$Error	Eine Liste der zuletzt aufgetretenen Fehler. Die Variable *$MaximumError-Count* legt die Größe der Liste fest (256 per Voreinstellung). Ein *$Error[0]* gibt den zuletzt aufgetretenen Fehler zurück
$ErrorView	Legt lediglich fest, ob Fehlermeldungen detailliert oder in einer Kurzform („CategoryView") ausgegeben werden
$LastExitCode	Dies ist keine Fehlervariable, sondern eine Variable, die den Rückgabecode einer extern gestarteten Anwendung enthält, der auch einen Fehlercode darstellen kann

Tab. 12.3 Die Eigenschaften des ErrorRecord-Objekts

Eigenschaft	Typ	Bedeutung
CategoryInfo	ErrorCategoryInfo	Gibt u. a. an, um welche „Sorte" von Fehler es sich handelt. Besitzt nur einen Wert, wenn diese Information zur Verfügung gestellt wird
ErrorDetails	ErrorDetails	Kann zusätzliche Informationen zum Fehler enthalten (besitzt häufig keinen Wert)
Exception	System.Exception	Steht für das Exception-Objekt, auf dem der Fehler basiert. Mit dem Begriff „Exceptions" werden Fehler bezeichnet, die innerhalb der.NET-Laufzeit entstanden sind. Die Message-Eigenschaft des Exception-Objekts enthält den Text der Fehlermeldung
FullyQualifiedErrorId	String	Eine Fehlerbeschreibung, die sich aus der Kurzform der Fehlermeldung und dem Typennamen des auslösenden Cmdlets zusammensetzt. Der „Nachfolger" der Fehlernummer
InvocationInfo	InvocationInfo	Umfasst zahlreiche Details über den Auslöser des Fehlers, u. a. den Pfad der Skriptdatei, die Zeilennummer und die Position innerhalb der Zeile
ScriptStackTrace	String	Enthält u. a. die Namen und Zeilennummern der aufgerufenen Functions, die vor dem fehlerverursachenden Befehl aufgerufen wurden
TargetObject	Object	Das Objekt, das zum Fehler geführt hat

sind). Tabelle 12.3 stellt die Eigenschaften des *ErrorRecord*-Objekts zusammen. Nicht alle Eigenschaften sind gleich wichtig und nicht immer muss eine Eigenschaft einen Wert besitzen. Es obliegt dem Autor des Cmdlets, ob er oder sie beim Abfangen eines internen Fehlers diese Informationen zur Verfügung stellt.

12.3.2   Die Rolle der Exception

Eine *Exception* (zu Deutsch „Ausnahme") ist im Zusammenhang mit der.NET-Laufzeit die moderne Bezeichnung für einen Fehler, der während der Programmausführung auftritt. Bei der PowerShell spielen Exceptions nur indirekt eine Rolle, da ein Fehler offiziell durch ein *ErrorRecord*-Objekt repräsentiert wird. Über den Typ der *Exception* lässt sich der Typ des Fehlers abfragen. Der folgende Befehl gibt die Namen der Exceptions aller bislang aufgetretenen Fehler aus. Da aber nicht jeder Fehler mit einer Exception verbunden ist, wird in dem Scriptblock, der dem *ForEach*-Methoden-Member eines Array übergeben wird, eine entsprechende Abfrage eingebaut:

```
PS C:\PsKurs> $Error.ForEach({ if ($_.Exception -ne $null) {
$_.Exception.GetType().Name } else { "***Keine Exception***" } })
RuntimeException
MethodInvocationException
RuntimeException
MethodInvocationException
***Keine Exception***
ADServerDownException
PingException
ItemNotFoundException
```

Die kurze Übersicht macht deutlich, dass die häufigsten Fehler vom Typ „MethodInvocationException" (der Fehler trat beim Aufruf eines Methoden-Members auf) und „RunTimeException" (ein Allgemeiner Fehler, der beim Aufruf einer Funktion der.NET-Laufzeit auftrat) sind.

12.3.3   Die Zeilennummer zu einem Fehler abfragen

Die Position (Zeilennummer und Position innerhalb der Zeile), in der ein Fehler auftrat, steht über die Eigenschaft *InvocationInfo* des *ErrorRecord*-Objekts zur Verfügung. Die Function *Get-ErrorLineNumber*, die im folgenden Beispiel vorgestellt wird, gibt beide Zahlen als Eigenschaften eines Objekts zurück, das per *New-Object*-Cmdlet gebildet wird. Damit lässt sie sich z. B. in eine Fehlermeldung einbauen, die im Rahmen des *try*-Befehls (Kap. 12.5) ausgegeben wird. Am Ende wird für die Function mit „Erl" ein Alias angelegt.

```
<#
 .Synopsis
 Zeilennummer zu einem Fehler ausgeben
#>

function Get-ErrorLineNumber
{
  New-Object -TypeName PSObject -Property
  @{Zeile=$Error[0].InvocationInfo.ScriptLineNumber;
    Spalte=$Error[0].InvocationInfo.OffsetInLine
    }
}

Set-Alias -Name Erl -Value Get-ErrorLineNumber
```

Ein Beispiel für den Aufruf der Function:

```
Get-Date ; Get-Process -Name SuperShell -ErrorAction SilentlyContinue

if (!$?)
{
  "Fehler in Zeile {0} Spalte {1}" -f (Erl).Zeile, (Erl).Spalte
}
```

12.4   Der Return-Code von externen Anwendungen

Möchte man den Rückgabewert einer externen Anwendung wie einem Konsolenprogramm abfragen, erhält man diesen über die Variable *$LastExitCode*. Das ist das Pendant
zu *ErrorLevel* bei Stapeldateien.

Im folgenden Beispiel wird das Konsolenprogramm *Ping* aufgerufen und seine Ausgabe unterdrückt. War der Host nicht erreichbar, liefert *$LastExitCode* den Wert 1, der zur
Ausgabe einer Meldung führt. In diesem Fall besitzt auch die Variable $? den Wert *$false*.

```
ping http://localhost.local | Out-Null
if ($LastExitCode)
{
    Write-Host "Host nicht erreichbar."
}
```

12.5   Fehler in Skripten abfangen

In diesem Abschnitt geht es um das Abfangen von Fehlern, die während der Ausführung
eines Skripts auftreten und z. B. durch ein Cmdlet, einen Aufruf der.NET-Laufzeit oder
das Auswerten eines Ausdrucks entstehen. Für das Abfangen von Fehlern bietet die PowerShell zwei Alternativen an: Den *trap*-Befehl, den es bereits seit der Version 1.0 gibt,

und das Befehlspaar *try* und *catch*, die mit der Version 2.0 dazu kamen. Beide Varianten besitzen auch bei der aktuellen Version ihre Berechtigung, wenngleich das Befehlspaar *try/catch* in der Praxis in den allermeisten Fällen verwendet wird.

12.5.1 Terminating Errors abfangen mit dem trap-Befehl

Der *trap*-Befehl ist bereits seit der Version 1.0 dabei. Der Befehl „überwacht" den folgenden Bereich in einem Skript. Tritt dort ein Fehler vom Typ „Terminating" auf, wird der auf *trap* unmittelbar folgende Scriptblock ausgeführt. Ein kleiner Nachteil ist, dass sich der *trap*-Befehl nicht deaktivieren lässt und eine gestartete Fehlerbehandlung während der Skriptausführung aktiv bleibt. Vermisst wird diese Funktionalität allerdings nicht, denn soll lediglich ein Bereich eines Skripts abdeckt werden, gibt es dafür den *try*-Befehl.

Das folgende Beispiel zeigt ein kleines Skript, in dem nacheinander drei Fehler ausgelöst werden, die alle durch ein und denselben *trap*-Befehl abgefangen werden. Das *ErrorRecord*-Objekt steht über die Variable *$_* zur Verfügung. Das Beispiel macht auch deutlich, dass der auf den Befehl folgende Scriptblock mehrere Befehle enthalten kann und es z. B. möglich ist, die Fehler zu zählen und in eine Textdatei umzuleiten.

```
<#
 .Synopsis
 Ein einfaches Beispiel für den trap-Befehl
#>

$Anzahl = 0
trap { $Script:Anzahl++; "Fehler Nr. $Anzahl *** $_ ***";  $_ >>
Fehlerlog.txt; continue}

# Löst eine Exception aus
[Byte]$Zahl = 300

# Löst einen Terminating Error aus
$Ob = New-Object -TypeName System.Gibt.Es.Leider.Nicht

# Löst einen Non-Terminating-Error aus, aus dem ein Terminaing Error wird
Get-Item -Path C:\GibtEsNicht.txt -ErrorAction Stop
```

Auch wenn der *trap*-Befehl im Vergleich zum etwas flexibleren *try*-Befehl etwas altmodisch wirkt, besitzt er seine Vorzüge. Anders als bei *try/catch* ist es möglich, dass die Ausführung mit dem Befehl fortgesetzt wird, der auf den fehlerverursachenden Befehl folgt. Dafür sorgt der *continue*-Befehl, der auf den Scriptblock folgt, der im Falle eines Fehlers ausgeführt wird (das Semikolon ist das bei der PowerShell verwendete Zeichen, um zwei Befehle, die sich in derselben Befehlszeile befinden, zu trennen).

Im folgenden Beispiel werden nacheinander „Befehl1", die durch den *trap*-Befehl erzeugte Fehlermeldung und „Befehl 2" ausgegeben, da die Ausführung durch den *trap*-Befehl nicht abgebrochen wird.

```
trap { "Fehler! *** $_ ***"; continue }

"Befehl 1"

# Fehler verursachen
[Byte]$Zahl = 300

"Befehl 2"
```

Das Pendant zum *continue*-Befehl ist der *break*-Befehl. Er sorgt dafür, dass die Ausführung nach Auftreten eines Fehlers nicht fortgesetzt wird. Damit er eine Wirkung zeigt, muss der Fehler innerhalb einer Function auftreten und in dieser Function auch abgefangen werden.

Das folgende Beispiel ist ein wenig „konstruiert", damit es nachvollziehbar bleibt. Es besteht aus zwei Functions *f1* und *f2* und eine Reihe von Ausgaben, die den Befehlsverlauf nachvollziehbar machen sollen. Durch den *break*-Befehl in der Function *f1* wird die Ausführung nach dem per *throw*-Befehl ausgelösten Fehler nicht fortgesetzt, die Ausgabe „Befehl 2" erfolgt daher nicht mehr. Ersetzen Sie *break* durch *continue*, wird die Ausgabe durchgeführt.

```
<#
 .Synopsis
 Trap-Beispiel mit break als Alternative zu continue
#>
 trap { "Fehler im Skript *** $_ *** "; continue }

function f1
{
  trap { "Fehler in f1 *** $_ *** "; break }
  "Befehl 1"
  throw "Fehler in der Function f1"
  "Befehl 2"
}

function f2
{
  throw "Fehler in der Function f2"
  "Befehl 4"
}

f1
"Befehl 3"
f2
"Befehl 5"
```

Auch ein *trap*-Befehl kann sich auf einen bestimmten Fehlertyp beziehen, der auf den
Befehl in eckigen Klammern folgt. Enthält ein Skript mehrere *trap*-Befehle sucht sich
die PowerShell automatisch jenen aus, dessen Typ mit dem Typ des aufgetretenen Fehlers
übereinstimmt.

Auch das letzte Beispiel zum *trap*-Befehl ist künstlich angelegt. Es enthält zwei *trap*-
Befehle, die für unterschiedliche Fehlertypen zuständig sind, die, wie es der Zufall will,
durch die ausgeführten Befehle ausgelöst werden.

```
<#
.Synopsis
Unterschiedliche trap-Befehle für unterschiedliche Fehlertypen
#>

trap { "Allgemeiner Fehler! *** $_ ***"; continue }
trap [System.InvalidOperationException]{ "Ein ganz spezieller Fehler! ***
$_"; continue}

"Befehl 1"

# Einen allgemeinen Fehler verursachen
[Byte]$Zahl = 300

"Befehl 2"

# Einen speziellen Fehler verursachen
throw New-Object -Typename InvalidOperationException

"Befehl 3"
```

12.5.2   Terminating Errors abfangen mit try, catch und finally

Die Befehle *try* und *catch* werden immer zusammen eingesetzt. Auf beide Befehle folgt
jeweils ein Scriptblock. Tritt bei einem der Befehle im *try*-Scriptblock ein Non Termin-
ating-Error auf, wird die Ausführung des Scriptblocks abgebrochen und die Ausführung
mit dem *catch*-Scriptblock fortgesetzt. Der optionale *finally*-Befehl wird in der Praxis
selten benötigt. Der auf diesen Befehl folgende Scriptblock wird immer ausgeführt.

Das folgende Beispiel legt per *New-AdUser*-Cmdlet (Kap. 13) ein Benutzerkonto im
Active Directory an. Gelingt dies nicht, wird eine allgemeine Meldung ausgegeben, in der
die Fehlermeldung enthalten ist.

```
$UserName = "UserNeu"
try
{
  New-AdUser -Name $UserName
  Write-Host "User $UserName wurde angelegt."
}
catch
{
  Write-Warning "Der User $UserName konnte nicht angelegt werden. *** $_
***"
}
```

Wie beim *trap*-Befehl steht die Variable *$_* innerhalb des *catch*-Blocks für das *Error-Record*-Objekt. Wird die Variable in eine Zeichenkette eingebaut, sorgt die überladene *ToString()*-Methode der Klasse, die beim Einsetzen in eine Zeichenkette implizit aufgerufen wird, dafür, dass die Fehlermeldung eingesetzt wird (die Sterne dienen lediglich der Verzierung).

12.5.3   Auf bestimmte Fehlertypen reagieren

Auf den *try*-Befehl können mehrere *catch*-Befehle folgen. Jeder einzelne bezieht sich auf einen bestimmten Fehlertyp, dessen Typenbezeichnung in eckige Klammern gesetzt auf den *catch*-Befehl folgt. Das hört sich leichter an, als es in der Praxis ist, denn zuerst muss man den Typennamen eines Fehlerobjekts herausbekommen. Alle Fehlertypen der.NET-Laufzeit und der PowerShell-Laufzeit leiten sich vom allgemeinen Typ *System.Exception* ab. Den Fehlertypen der PowerShell-Laufzeit geht immer der „System.Management. Automation"-Namespace voraus. Eine kleine Schwierigkeitssteigerung resultiert aus dem Umstand, dass ein Fehler, der durch die.NET-Laufzeit ausgelöst wird, auch die interne Fehlerbehandlung der PowerShell durchläuft und in Verlauf dieses Prozesses zu einer anderen Sorte von Fehler „mutiert". Dazu ein konkretes Beispiel: Kann die *DownloadString*-Methode der *WebClient*-Klasse von der beim Aufruf angegebenen URL nichts herunterladen, hat dies in der.NET-Laufzeit einen Fehler vom Typ *System.Net.WebException* zur Folge. Die PowerShell meldet diesen Fehler als einen Fehler vom allgemeinen Typ *System.Management.Automation.RuntimeException*. Diesen Typ meldet aber auch jeder andere verunglückte Aufruf eines Methoden-Members. Die Möglichkeit, per *catch*-Befehl auf bestimmte Fehlertypen zu reagieren, bezieht sich damit in erster Linie auf PowerShell-Fehlertypen.

Die generelle Frage lautet natürlich, wie sich herausfinden lässt auf welchen Typ, konkret auf welcher *Exception*-Klasse, ein bestimmter Fehler basiert. Diese Frage beantwortet wie immer das *GetType()*-Member, das es bei jedem (!) Objekt gibt. Es liefert ein *RuntimeType*-Objekt, dessen *Name*-Eigenschaft den Namen und dessen *FullName*-Eigenschaft den vollständigen Namen mit vorangestelltem Namespace liefert.

Der folgende Befehl gibt den Namen des Typs des zuletzt aufgetretenen Fehlers aus:

```
$Error[0].Exception.GetType().FullName
```

Eine weitere Schwierigkeit resultiert aus dem Umstand, dass per *try/catch* nur Fehler vom Typ „Terminating" abgefangen werden. Cmdlets lösen in der Regel aber „Non Terminating"-Fehler aus. Möchte man erreichen, dass ein Cmdlet-Fehler per *try/catch* abgefangen werden kann, muss auf das Cmdlet der *ErrorAction*-Parameter mit dem Wert „Stop" folgen. Das (kleine) Problem dabei ist, dass sich dadurch aber auch der Fehlertyp ändert. Ein solcher erzwungener Fehler ist auf einmal vom Typ *ActionPreferenceStopException*, was beim *catch*-Befehl entsprechend berücksichtigt werden muss.

Die Empfehlung des Autors ist es daher, die Fehlerbehandlung so einfach wie möglich zu halten und nicht zu viel Zeit und Energie darauf zu verwenden, bestimmte Typen von Fehlern abzufangen, um ein Skript „wasserdicht" zu machen. Wichtig ist, dass die Fehler, die während der Ausführung eines Skripts auftreten, erfasst werden, z. B. durch Umleiten des Fehlerkanals in eine Textdatei. Weiterhin ist es wichtig, Fehler gar nicht erst entstehen zu lassen, was z. B. durch eine Parametervalidierung erreicht werden kann.

12.6   Fehler weiterleiten und Skripte beenden per throw-Befehl

Der *throw*-Befehl wirft etwas, das legt sein Name bereits nahe. Er „wirft" (natürlich nur im übertragenen Sinne) eine Exception „nach oben". Nach oben ist, wenn der Fehler in einer Function ausgeführt wird, die nächst höhere Ebene (bezogen auf die Aufrufhierarchie der Functions), von der die Function aus aufgerufen wurde. Wird der Befehl auf der Ebene des Skripts ausgeführt, wirft der *throw*-Befehl einen terminierenden Fehler, der seinem Namen alle Ehre macht und die Ausführung des gesamten Skripts beendet.

Soll eine Function einen per *catch* abgefangenen Fehler nicht selber behandeln, ist es üblich, diesen per *throw*-Befehl an die aufrufende Ebene (eine weitere Function oder das Skript) zurückzugeben, so dass der Fehler auf dieser Ebene behandelt werden kann. Auf den *throw*-Befehl kann ein optionaler Wert folgen – z. B. eine Zeichenfolge, ein Exception-Objekt eines bestimmten Typs, der eine bestimmte „Fehlersorte" repräsentiert, oder ein beliebiges Objekt, das dadurch nach „oben" weitergereicht wird.

Das folgende Beispiel enthält eine Function *f1*, die durch das Abrufen einer nicht existierenden Datei von einem Webserver einen Fehler verursacht, der per *throw*-Befehl zusammen mit dem Fehlerobjekt an die nächst höhere Ebene weitergereicht und dort im Rahmen eines *try/catch* abgefangen wird.

```
<#
 .Synopsis
 Beispiel für den throw-Befehl
#>

function f1
{
  try
  {
    # Dieser Befehl führt zu einem Fehler
    (New-Object -TypeName
System.Net.WebClient).DownloadString("http://localhost/Datei1.txt")

  }
  catch
  {
    # Fehler nach "oben" weitergeben
    throw $_
  }
}

try
{
  # Aufruf der Function f1
  f1
}
catch
{
    # Wird aufgerufen, wenn f1 zu einem Fehler führte
    Write-Warning "Fehler beim Aufruf von f1 ($_)"
    # Hier ist Schluss
    Throw "Das Skript wird jetzt beendet..."
}
"*** Diese Ausgabe erfolgt nicht mehr ***"
```

Über den *throw*-Befehl kann die Programmausführung ähnlich wie mit einem „goto-Be-
fehl", den es bei der PowerShell nicht gibt, in einem Skript gesteuert werden. Die PowerS-
hell-Hilfe beschreibt den Befehl ausführlicher unter „about_throw".

12.6.1   Per throw-Befehl Pflichtparameter deklarieren

Ein Nebeneffekt des *throw*-Befehls besteht darin, einen Pflichtparameter zu deklarieren,
der einen Fehler auslöst, wenn für ihn beim Aufruf der Function oder des Skripts kein Wert
übergeben wird. In dem der Parameter einen Subausdruck als Defaultwert erhält, wird
dieser ausgeführt und damit eine Fehlermeldung generiert, wenn dem Parameter kein Wert
übergeben wird. Das folgende Beispiel demonstriert diese Technik:

```
function Get-LineCount
{
  param ($Pfad=$(throw "Fehler: Es muss ein Pfad übergeben werden."))
  (Get-Content -Path $Pfad).Length
}
```

Im Unterschied zum Parameterattribut *Mandatory* wird bei fehlendem Parameterwert dieser nicht abgefragt, sondern es wird eine Fehlermeldung ausgegeben und die Function wird nicht ausgeführt.

Der Defaultwert des Parameters ist ein Subausdruck, in dem der *throw*-Befehl ausgeführt wird, der einen Fehler erzeugt. Soll dieser Fehler von einem bestimmten Typ sein, muss per *New-Object*-Cmdlet ein bestimmtes Exception-Objekt z. B. vom Typ *ArgumentException* angelegt werden:

```
function Get-LineCount
{
  param ($Pfad=$(throw New-Object -Typename ArgumentException "Fehler: Es
muss ein Pfad übergeben werden."))
  (Get-Content -Path $Pfad).Length
}
```

Dieses Mal entsteht ein Fehler eines bestimmten Typs, der per *catch*-Befehl gezielt abgefangen werden kann:

```
try
{
  Get-LineCount
}
catch [System.ArgumentException]
{
  $_.Exception.GetType().FullName
}
catch
{
  "Allgemeiner Fehler"
}
```

Das Beispiel ist insofern ein wenig konstruiert, als dass im obigen Fall immer ein Fehler vom Typ *ArgumentException* resultiert.

12.7   Fehler protokollieren

Größere Skripte sollten Fehlerinformationen entweder in eine Textdatei umleiten oder im Windows-Ereignisprotokoll protokollieren. Der Vorteil der zweiten Variante ist, dass sich ein Ereignisprotokoll leichter und komfortabler mit dem *Get-WinEvent*-Cmdlet abfragen lässt, auch über das Netzwerk. Für das Schreiben von Einträgen stellt die PowerShell das *Write-EventLog*-Cmdlet zur Verfügung.

12.7.1   Anlegen einer Quelle

Voraussetzung, um per *Write-Eventlog*-Cmdlet einen Eintrag in ein Ereignisprotokoll schreiben zu können, ist die Angabe des Namens einer Ereignisquelle, über die die Meldung einem Verursacher zugeordnet werden kann. Auch wenn es kein Problem ist, den Namen einer bereits vorhandenen Quelle zu verwenden, empfiehlt es sich, über das *New-EventLog*-Cmdlet eine neue Quelle anzulegen. Eine kleine Einschränkung ist, dass dies nur in einer Administrator-Shell möglich ist.

Der folgende Befehl legt eine Ereignisquelle mit dem Namen „PSkurs" an:

```
New-EventLog -LogName Application -Source "PSKurs"
```

▶   **Hinweis** Die PowerShell prüft nicht, ob es das angegebene Protokoll bereits gibt. Sollten Sie sich bei „Application" vertippen, wird ein Ereignisprotokoll mit dem falsch geschriebenen Namen angelegt. Da der Name einer Quelle nur einmal vergeben werden kann, führt das erneute Ausführen des Befehls zu einem Fehler. Sie müssen zuerst die Quelle löschen, um sie anschließend erneut anzulegen. Das Löschen einer Quelle ist aber nur durch einen Aufruf eines Methoden-Members aus der.NET-Laufzeit möglich:

```
[System.Diagnostics.Eventlog]::DeleteEventSource("PsKurs")
```

Anschließend sollten Sie den Rechner neu starten. Mehr zum Aufruf der.NET-Laufzeit-Funktionen in Kap. 18.

12.7.2   Ereignisprotokolleinträge schreiben

Ein Eintrag wird über das *Write-EventLog*-Cmdlet geschrieben, das mit *LogName*, *Source*, *Message* und *EventId* gleich vier Pflichtparameter besitzt, die zudem Positionsparameter sind (aber leider nicht aufsteigender Reihenfolge, da der *EntryType*-Parameter an Position Nr. 4 dazwischensteht).

Der folgende Befehl schreibt einen Eintrag vom Typ „Error" mit der Quelle „PsKurs":

```
Write-EventLog -Logname Application -EntryType Error -EventID 1000 -
Source PsKurs -Message "Es gab da ein kleines Problem"
```

Das Schreiben von Einträgen ist auch in einer PowerShell möglich, die nicht als Administrator gestartet wurde.

Das folgende Beispiel fasst verschiedene Funktionen im Zusammenhang mit Windows-Ereignisprotokollen zusammen:

* Die Abfrage, ob eine Quelle existiert
* Das Anlegen einer neuen Quelle
* Das Löschen aller Einträge in einem Ereignisprotokoll
* Das Schreiben von Einträgen mit der Angabe einer zuvor angelegten Quelle

Die zu schreibenden Einträge vom Typ „Warning" werden per Zufallsgenerator in Gestalt des *Get-Random*-Cmdlets ausgewählt.

```
<#
 .Synopsis
 Schreiben von Ereignisprotokoll-Einträgen
#>

$SourceName = "PsKurs"

# Existiert die Quelle PSKurs?
if (![System.Diagnostics.EventLog]::SourceExists("$SourceName"))
{
  New-EventLog -LogName Application -Source $SourceName -Verbose
}
# Alle Einträge im Application-Log löschen
Clear-EventLog -LogName Application

# Ein paar Einträge schreiben
$Status = "ernst", "sehr ernst", "alles locker", "OK"
1..10 | ForEach-Object {
    Write-EventLog -LogName Application -Source $SourceName -EntryType
Warning -EventId $_  `
    -Message "Die Lage ist $($Status | Get-Random)"
}

Get-EventLog -LogName Application -Source $SourceName
```

▶   **Tipp**   Eine interessante Alternative zum lokalen Loggen ist der Cloud-Service
    Loggly (http://www.loggly.com), der auch der PowerShell-Befehl ansprechbar
    ist.

12.8   Empfehlungen für bessere Skripte

Die folgenden Empfehlungen zum Abschluss dieses Kapitels fassen noch einmal die wichtigsten „Merkregeln" zum Thema Umgang mit Fehlern zusammen:

- Die einfachste Fehlerabfrage besteht aus dem Abfragen der Variablen *$?*.
- Soll ein Cmdlet keine (nicht terminierenden) Fehler anzeigen, gibt es dafür den Parameter *ErrorAction*, dem der Wert „Ignore" oder „SilentlyContinue" übergeben wird.
- Setzen Sie „kritische" Befehlsfolgen in einen *try/catch*-Befehl.
- Löschen Sie zu Beginn alle Fehlermeldungen über ein *$Error.Clear()*.
- Das *Write-Error*-Cmdlet schreibt einen nicht terminierenden Fehler.
- Leiten Sie wichtige Fehlermeldungen in eine Textdatei um.
- Soll das Skript von anderen Skripts aufgerufen werden, sollte jede Function eine Fehlerbehandlung per *try/catch* enthalten und der Fehler im *catch*-Zweig über den *throw*-Befehl lediglich „nach oben" weitergereicht werden.

12.9   Zusammenfassung

Bei der PowerShell gibt es zwei Sorten von Fehlern: „Terminating" (terminierend) und „Non Terminating" (nicht terminierend) Die Fehler, die von Cmdlets ausgelöst werden, sind nicht terminierend. Bei allen Cmdlets gibt es den *ErrorAction*-Parameter. Für Skripte gibt es das Befehlspaar *try* und *catch*. Der *try*-Befehl fängt nur terminierende Fehler ab. Bei größeren Skripten ist es sinnvoll, entweder alle Fehlermeldungen in eine Datei umzuleiten oder diese in eine Datei oder das Ereignisprotokoll von Windows zu protokollieren.

PowerShell-Remoting

13

In diesem Kapitel wird mit PowerShell-Remoting eine der wichtigsten Eigenschaften der PowerShell vorgestellt. Die Möglichkeit, einzelne Befehle, Befehlsfolgen und ganze Skripte auf anderen Windows-Computern im Netzwerk ausführen zu können. Voraussetzung ist, dass auf dem anderen Computer die PowerShell ab Version 2.0 vorhanden ist und auf jedem Computer PowerShell-Remoting aktiviert wurde.

13.1 PowerShell-Remoting im Überblick

PowerShell-Remoting ist die Fähigkeit, dass ein PowerShell-Prozess auf einem anderen Computer im Netzwerk einen weiteren PowerShell-Prozess anlegen und in diesem Prozess Befehle ausführen kann. PowerShell-Remoting basiert auf dem Webservice-Standard *Webservices Management*, der mit Ws-Management (oder „Ws-Man" bzw. „WsMan") abgekürzt wird und dessen Funktionalität bei Windows seit einigen Versionen über den WinRM-Dienst zur Verfügung gestellt wird. Das PowerShell-Entwicklerteam hat sich bewusst für diese Variante entschieden und nicht für *SSH* (*Secure Shell*) oder eine Eigenentwicklung, da die Webservice-Spezifikation wichtige Voraussetzungen erfüllt:

- Es ist ein offener Standard, der von einem Industriegremium (DMTF) betreut wird.
- Er setzt auf anderen Web-Standards (SOAP, XML) auf, was eine Integration in Anwendungen erleichtert.
- Er ist grundsätzlich portabel, so dass die Spezifikationen auch auf anderen Plattformen implementiert werden können.

© Springer Fachmedien Wiesbaden 2014
P. Monadjemi, *PowerShell für die Windows-Administration*, X.systems.press,
DOI 10.1007/978-3-658-02964-7_13

- Er wird bei Microsoft auch in anderen Zusammenhängen eingesetzt (z. B. beim Zugriff auf das Active Directory über die Cmdlets aus dem *Active Directory*-Modul und für die Administration eines Exchange Server 2013).
- Es ist funktional reichhaltig und trotzdem nicht allzu kompliziert, so dass die Implementierung mit einem überschaubaren Aufwand verbunden ist.

Die gesamte Ws-Management-Spezifikation ist auf der Webseite der DMTF (http://www.dmtf.org/standards/wsman) dokumentiert.

13.2   Ein erstes Beispiel

Bevor es im nächsten Abschnitt um Voraussetzungen und andere theoretische Details geht, soll ein erstes Beispiel deutlich machen, dass PowerShell-Remoting gleichzeitig sehr mächtig und einfach in seiner Anwendung ist.

Das folgende kleine Skript lädt auf den Computern mit den Namen „Server1", „Server2" und „Server3" jeweils ein Programm von einer Webseite herunter, deren URL Teil des Skriptes ist, führt das heruntergeladene Programm aus und startet, sobald die Installation abgeschlossen ist, den Computer neu.

```
<#
 .Synopsis
 Ein erstes Beispiel für PowerShell-Remoting
#>

$ServerNamen = "Server1","Server","Server3"

$SB = {
  $URL = http://ef85.s5.domainkunden.de/Downloads/PatchAnwenden.exe
  $WC = New-Object -TypeName System.Net.WebClient
  $Dateipfad = Join-Path -Path $env:TEMP -ChildPath PatchAnwenden.exe
  $WC.DownloadFile($URL, $Dateipfad)
  # Befehl ausführen
  Write-Warning "Patch wird ausgeführt."
  ."$env:temp\PatchAnwenden.exe"
  Write-Warning "Computer wird neu gestartet."
  Restart-Computer -Force
}

$Pw = "pw"
$UserName = "Administrator"
$PwSec = ConvertTo-SecureString -String $Pw -AsPlainText -Force
$Cred = New-Object -TypeName PSCredential -ArgumentList $UserName, $PwSec

foreach($Server in $ServerNamen)
{
    $S = New-PSSession -ComputerName $Server -Credential $Cred
    Write-Verbose "Session für Computer $Server wurde angelegt." -Verbose
    Invoke-Command -ScriptBlock $SB -Session $S
    Write-Verbose "ScriptBlock auf Computer $Server wurde ausgeführt." -
Verbose
    $S | Remove-PSSession
}
```

Das Skript besteht aus zwei Teilen, die unabhängig voneinander ausgeführt werden. Der Hauptteil wird auf dem lokalen Computer ausgeführt. Der Scriptblock, der über die Variable *$SB* repräsentiert wird, wird per PowerShell-Remoting auf jeden der angegebenen Computer übertragen und dort ausgeführt. Damit es in der Praxis funktioniert, müssen sowohl die Namen der Computer als auch Benutzername und Kennwort für ein Administratorkonto auf jedem Computer angepasst werden. Außerdem wird angenommen, dass das Kennwort für jedes Benutzerkonto dasselbe ist, wenn es sich nicht um einen Domänenadministrator handelt. Das kleine Programm, das durch das Skript heruntergeladen und auf jedem Computer ausgeführt wird, legt lediglich einen Schlüssel mit dem Namen „PsKurs" unter *HKey_CurrentUser* und einen Eintrag mit dem Namen „StartDatum" und einen Wert an.

Natürlich müssen die Namen der Computer nicht Teil des Skriptes sein. Sie können aus einer Textdatei oder aus einer Active Directory-Abfrage über das Cmdlet *Get-ADComputer* (Kap. 12) stammen. Auch das für die Authentifizierung erforderliche Kennwort kann aus einer Textdatei eingelesen werden.

13.3 Voraussetzungen für PowerShell-Remoting

PowerShell-Remoting ist immer eine Verbindung zwischen einem Client- und einem Server-Computer. Die Begriffe „Client" und „Server" beschreiben aber nur die Rollen während einer Verbindung und sind jederzeit austauschbar. Auch muss der Server keine besonderen Voraussetzungen erfüllen. Auch ein Windows XP-Computer kommt als Server in Frage, wenn dort die PowerShell ab Version 2.0 installiert wurde. Im einfachsten Fall befinden sich Client und Server innerhalb derselben Domäne. Dann muss auf dem Server lediglich PowerShell-Remoting aktiviert worden sein. Der Client ist von Anfang an in der Lage, auf dem Server eine Remoting-Session anzulegen, um in dieser Session Befehle auf dem Server auszuführen. Da dieses Szenario aber nicht das einzige mögliche Szenario ist, werden die verschiedenen Varianten im Folgenden kurz vorgestellt.

13.3.1 Szenario: Client und Server befinden sich innerhalb derselben Domäne

Auf dem Client ist keine Vorbereitung erforderlich. Auf dem Server muss bis einschließlich Windows Server 2008 R2 PowerShell-Remoting einmalig aktiviert werden. Ab Windows Server 2012 ist dies von Anfang an der Fall. Die Authentifizierung erfolgt per Kerberos. Die Angabe von Benutzername und Kennwort ist nicht erforderlich.

13.3.2   Szenario: Der Client ist nicht Teil der Domäne

In diesem Szenario muss auch auf dem Client eine kleine Änderung durchgeführt werden. Der oder die Namen der Server-Computer, die vom Client aus ansprechbar sein sollen, müssen in der lokalen WS-Man-Konfiguration in den *TrustedHosts*-Eintrag aufgenommen werden (mehr dazu in Kürze). In der Regel wird man einen * eintragen, so dass alle Computer als Server in Frage kommen. Da sich der Client nicht an der Domäne authentifiziert hat, muss dies beim Verbindungsaufbau nachgeholt werden. In den allermeisten Fällen wird eine Authentifizierung per Benutzername und Kennwort über den *Credential*-Parameter von Cmdlets wie *Invoke-Command*, *New-PSSession* und *Enter-PSSession* durchgeführt.

13.3.3   Szenario: Client und Server sind nicht Teil der Domäne

Dieser Fall entspricht dem letzten Szenario. Auch wenn der Server nicht Teil einer Domäne ist, muss der Client den *TrustedHosts*-Eintrag setzen und sich per Benutzername und Kennwort authentifizieren.

13.3.4   Wer darf PowerShell-Remoting benutzen?

Eine Remoting-Session dürfen zu Beginn nur Mitglieder der Administratorengruppe herstellen. Diese (sinnvolle) Einschränkung wird durch den Umstand festgelegt, dass die Sicherheitseinstellungen (über einen Security Descriptor) für alle am Anfang zur Verfügung stehenden Sessionkonfigurationen nur für diese Gruppe existieren.

Es gibt mehrere Möglichkeiten, um zu erreichen, dass auch Benutzer, die nicht Mitglied der Administratorengruppe auf dem Server sind, eine Remoting-Verbindung herstellen können:

- Für das Benutzerkonto wird mit dem *Register-PSSessionConfiguration*-Cmdlet eine neue Sessionkonfiguration angelegt. Über den Parameter *RunAsCredential* werden Benutzername und das dazu gehörige Kennwort eines Administratorkontos als *PSCredential*-Objekt übergeben. Das Kennwort wird verschlüsselt in der Sessionkonfiguration des Servers gespeichert. Gibt ein Benutzer, der kein Mitglied der Administratorengruppe ist, beim Anlegen einer Remoting-Session diese Sessionkonfiguration an, wird die Session mit den Berechtigungen des Administratorkontos hergestellt. Dies ist die empfohlene Variante.
- Das Benutzerkonto wird entweder über das *Set-PSSessionConfiguration*-Cmdlet zu einer vorhandenen Sessionkonfiguration hinzugefügt oder es wird eine neue Sessionkonfiguration angelegt und ihm die erforderlichen Berechtigungen erteilt.

- Der Benutzer wird zum Mitglied der Gruppe der „Windows Remote-Users". Diese Gruppe gibt es aber erst seit Windows Server 2012.

Der Umgang mit Sessionkonfigurationen ist in Kap. 13.7.13 an der Reihe.

13.3.5   Server-Computer auf dem Client zur Liste der TrustedHosts hinzufügen

Ist der Client nicht Mitglied der Domäne bzw. ist keine Domäne im Spiel, muss auf dem Client eine Einstellung im Rahmen der WS-Man-Konfiguration geändert werden: Der Name aller Servercomputer muss in den Eintrag *TrustedHosts* der lokalen Ws-Man-Konfiguration hinzugefügt werden. Ansonsten kommt keine Verbindung zustande und eine Fehlermeldung, in der auf diesen Umstand hingewiesen wird, ist die Folge. Das Hinzufügen ist dank des *WsMan*-Laufwerks, das bei der PowerShell (ab Version 2.0) von Anfang an zur Verfügung steht, sehr einfach. Im einfachsten Fall wird anstelle einer Liste von Namen oder IP-Adressen ein * eingetragen, der als Platzhalter für alle Computer steht. Optimal ist diese Einstellung aus Sicherheitsgründen nicht, so dass Sie sie nur für Testzwecke verwenden sollten. Im späteren Praxisbetrieb wird ein IP-Adressbereich aus dem Firmennetzwerk oder eine Liste von Namen, die Platzhalter enthalten dürfen, angegeben. Die Rolle der Trusted Hosts wird in der PowerShell-Hilfe unter dem Thema „about_Remote_TroubleShooting" beschrieben.

Der folgende Befehl setzt über das *Set-Item*-Cmdlet in einer Administrator-PowerShell den Eintrag *TrustedHosts* auf den Wert „*", der als Platzhalter für alle Computer steht:

```
Set-Item -Path Wsman:\Localhost\Client\Trustedhosts -Value * -Force
```

Der *Force*-Parameter sorgt dafür, dass die Änderung nicht bestätigt werden muss. Soll der Eintrag lediglich ergänzt und nicht überschrieben werden, muss der Parameter *Concatenate* verwendet werden. Als dynamischer Parameter steht er nur dann zur Verfügung, wenn über den *Path*-Parameter das *WsMan*-Laufwerk angegeben wird (er erscheint daher auch nicht in der Syntaxbeschreibung des Cmdlets).

Der Umstand, dass der Client selber festlegen kann (bzw. muss), welchen Hosts er vertraut, wirkt am Anfang eventuell widersinnig. Es würde logischer erscheinen, dass der Server eine Liste der Clients unterhält, die eine Verbindung herstellen dürfen (was aber deutlich mehr Verwaltungsaufwand bedeuten würde). Die Idee dahinter ist, dass dadurch von Anfang an die Liste der vertrauenswürdigen Hosts eingegrenzt wird, da diesen, je nach Form der Authentifizierung, Benutzername und Kennwort übertragen werden. Der *TrustedHosts*-Eintrag erfüllt daher weniger eine Sicherheits-, sondern mehr eine (Selbst-) Schutzfunktion. Er soll verhindern, dass unbeabsichtigt Computer angesprochen werden, die aus verschiedenen Gründen (etwa, weil sie sich durch eine Technik wie DNS-Spoofing, in das Unternehmensnetzwerk eingeklinkt haben) nicht vertrauenswürdig sind.

13.4 Cmdlets für PowerShell-Remoting

Bei PowerShell-Remoting steht das *Invoke-Command*-Cmdlet im Mittelpunkt. Die übrigen Cmdlets sind für den Umgang mit Sessions zuständig. Tabelle 13.1 stellt alle Cmdlets zusammen, die bei PowerShell-Remoting eine Rolle spielen.

Es ist wichtig zu verstehen, dass ein *ComputerName*-Parameter bei einem Cmdlet alleine noch kein PowerShell-Remoting bedeutet. Einige Cmdlets, wie z. B. *Get-Service*, besitzen einen solchen Parameter. Dieser legt bei diesen Cmdlets lediglich die Computer fest, gegen die die Abfrage ausgeführt werden soll. Intern basiert die Abfrage in der Regel auf WMI. Auf einen *Credential*-Parameter und damit auf eine Möglichkeit zur Authentifizierung haben die PowerShell-Entwickler verzichtet, da diese Form des „Remotings" nur auf einfache Abfragen innerhalb einer Domäne beschränkt bleiben soll.

Der folgende Befehl gibt die Namen aller Cmdlets aus, die einen *Computername*-Parameter besitzen:

```
Get-Command -CommandType Cmdlet | Where-Object Parametersets -match
"ComputerName"
```

Tab. 13.1 Cmdlets, die bei PowerShell-Remoting eine Rolle spielen

Cmdlet	Bedeutung
Disable-PSRemoting	Deaktiviert PowerShell-Remoting auf einem Server
Enable-PSRemoting	Aktiviert PowerShell-Remoting auf einem Server
Enter-PSSession	Macht eine vorhandene Remoting-Session oder eine neu angelegte Remoting-Session zur aktuellen Session
Get-PSSession	Gibt alle auf dem Client vorhandenen Remoting-Sessions zurück
Invoke-Command	Führt einen Scriptblock oder ein Skript auf einen oder mehreren Computer aus
New-PSSession	Legt eine neue Remoting-Session an
Remove-PSSession	Entfernt eine Remoting-Session auf dem Client
Test-Wsman	Testet, ob der WinRM-Dienst auf dem angegebenen Computer auf Ws-Man-Anfragen antwortet

Der folgende Befehl beschränkt die Ausgabe auf *Get*-Commandlets:

```
PS C:\PsKurs> Get-Command -Verb Get | Where-Object Parametersets -match
"ComputerName"

CommandType     Name                    ModuleName
-----------     ----                    ----------
Cmdlet          Get-EventLog            Microsoft.PowerShell.Management
Cmdlet          Get-HotFix             Microsoft.PowerShell.Management
Cmdlet          Get-Process            Microsoft.PowerShell.Management
Cmdlet          Get-PSSession          Microsoft.PowerShell.Core
Cmdlet          Get-Service            Microsoft.PowerShell.Management
Cmdlet          Get-WmiObject          Microsoft.PowerShell.Management
Cmdlet          Get-WSManInstance      Microsoft.WSMan.Management
```

Die Übersicht macht deutlich, dass es nur wenige Get-Cmdlets gibt, die Abfragen im Netzwerk ausführen können. Bei diesen Cmdlets muss auf der Gegenseite keine PowerShell vorhanden sein. Sie funktionieren theoretisch auch mit Computern, auf denen z. B. Windows NT 4 oder eine alte Windows-Desktop-Version wie Windows 98 Me installiert ist.

13.5   PowerShell-Remoting auf dem Server einrichten

PowerShell-Remoting muss bis Windows Server 2008 R2 nur auf dem Server eingerichtet werden. Dafür gibt es mehrere Alternativen. Entweder über das Cmdlet *Enable-PSRemoting*, über ein Häkchen im Server-Manager oder (für eine auf Http basierende Verbindung) über eine Gruppenrichtlinie. Ab Windows Server 2012 ist PowerShell Remoting von Anfang an aktiv. Ab Windows Server 2012 gibt es für die Konfiguration der Remote-Verwaltung des Server Manager das Konsolenprogramm *Configure-SMRemoting.exe*, über das lediglich die Remote-Verwaltung des Server Manager ein-und ausgeschaltet wird.

Das Ausführen des Cmdlets *Enable-PSRemoting* in einer Administrator-PowerShell setzt eine Kette von Aktionen in Gang, die der Reihe nach ausgeführt werden:

• Der WinRM-Dienst wird gestartet und auf automatisch starten gesetzt.
• In der Firewall wird eine Ausnahme für den Port 5985 (Http) angelegt.
• Es wird ein sog. Listener im Rahmen der Ws-Man-Konfiguration angelegt. Dieser wacht auf Port 5985 (HTTP) auf eingehende Anfragen.
• Es werden gleich mehrere Sessionkonfigurationen angelegt. Eine Sessionkonfiguration ist Voraussetzung dafür, dass sich ein Client mit einem Endpunkt verbinden kann.

Auf einigen Webseiten wird anstelle von *Enable-PSRemoting* das Cmdlet *Set-WSMan-QuickConfig* verwendet. Dies ist keine echte Alternative zu *Enable-PSRemoting*, sondern lediglich ein Teilschritt, der sich auf die Ws-Man-Konfiguration beschränkt, die als Teil von *Enable-PSRemoting* ebenfalls ausgeführt wird. Soll Ws-Management ohne PowerShell-Remoting genutzt werden, genügt der Aufruf von *Set-WSManQuickConfig*.

Führen Sie zum Aktivieren von PowerShell-Remoting auf einem Computer mit Windows Server bis Windows Server 2008 R2 oder Windows XP/Vista/7/8 und 8.1 die folgende Schrittfolge aus:

Schritt 1: Starten der PowerShell als Administrator
Alle Änderungen im Rahmen von PowerShell-Remoting können nur in einer Administratorshell ausgeführt werden.

Schritt 2: Ausführen von *Enable-PSRemoting* (ohne den *Force*-Parameter)
Geben Sie den Befehl „Enable-PSRemoting" ein.

Auf den *Force*-Parameter wird beim ersten Aufruf verzichtet, da dadurch die einzelnen Teilschritte explizit bestätigt werden müssen. Die ersten Änderungen beziehen sich auf den WinRM-Dienst, ohne den kein PowerShell-Remoting möglich ist. Im ersten Schritt müssen Sie bestätigen, dass

- Der WinRM-Dienst gestartet bzw. neu gestartet und sein Startmodus auf „Automatisch" gesetzt wird.
- Ein HTTP-Listener angelegt wird.
- Für den Port 5985 (HTTP) eine Regel in der Firewall angelegt und aktiviert wird.

Bestätigen Sie die Änderungen mit „J".

Im zweiten Schritt werden mehrere Sessionkonfigurationen angelegt. Eine einzelne Sessionkonfiguration legt alle Einstellungen für einen Endpunkt fest, mit dem der Client später eine Verbindung herstellt. Die erste Sessionkonfiguration heißt „Microsoft. PowerShell." Die Zeichenfolge „O:NSG:BAD:P(A;;GA;;;BA)S:P(AU;FA;GA;;;WD) (AU;SA;GXGW;;;WD)" ist der Security Descriptor im SSDL-Format („Security Descriptor Definition Language"). Er legt fest, dass Mitglieder der Administratorengruppe einen Vollzugriff auf die Sessionkonfiguration erhalten und alle Cmdlets ausführen dürfen.

Die nächste Sessionkonfiguration, die durch *Enable-PSRemoting* angelegt wird, besitzt den Namen „Microsoft.Powershell.Workflow". Bestätigen Sie das Anlegen ebenfalls mit „J" (wenngleich diese nur im Zusammenhang mit Workflows eine Rolle spielt und daher optional ist).

Die nächste Sessionkonfiguration besitzt den Namen „Microsoft.Powershell32". Sie ist speziell für eine 32-Bit-PowerShell-Session zuständig und daher ebenfalls optional. Bestätigen Sie das Anlegen mit „J".

Damit sind alle Schritte durchgeführt.

Das *Test-WsMan*-Cmdlet testet, ob die Sessionkonfiguration angelegt wurde. Es wird mit dem Namen des Computers aufgerufen, auf dem die Sessionkonfiguration getestet werden soll:

Tab. 13.2 Die Bestandteile des Security Descriptors für eine Standard-Sessionkonfiguration

Bestandteil	Bedeutung
O	O = Owner (in diesem Fall der „Netzwerkdienst", daher NS)
G	G = Owner Group (in diesem Fall BuiltIn\Administrators, daher DA)
D	D = DACL, Protected (daher P), die Einträge folgen in runden Klammern (z. B. „Allow, „Generic All, BuiltIn\Administrators, daher „A;;GA;;BA)
S	S = SACL, Protected (daher P), die Einträge folgen in runden Klammern (z. B. „Audit", „Succesfull Access", „Execute", „Write", daher GXGW, und für „Everyone", daher „WD")

```
PS C:\PsKurs> Test-WsMan
wsmid         :
http://schemas.dmtf.org/wbem/wsman/identity/1/wsmanidentity.x
              Sd
ProtocolVersion : http://schemas.dmtf.org/wbem/wsman/1/wsman.xsd
ProductVendor   : Microsoft Corporation
ProductVersion  : OS: 0.0.0 SP: 0.0 Stack: 3.0
```

Das für OS ein „0.0.0" ausgegeben wird ist „normal". *Test-WsMan* testet aber nicht, ob eine Verbindung mit dem Remote-Computer möglich ist. Das lässt sich am einfachsten über ein *Invoke-Command* und das Ausführen eines „harmlosen" Befehls wie „Hostname" feststellen.

Tabelle 13.2 stellt die Bestandteile des Security Descriptors für eine Sessionkonfiguration zusammen. Weitere Informationen gibt es im MSDN-Portal, z. B. http://msdn.microsoft.com/en-us/library/cc230374.aspx.

13.5.1   PowerShell-Remoting per Gruppenrichtlinie einrichten

In diesem Abschnitt wird beschrieben, wie PowerShell-Remoting über eine Gruppenrichtlinie eingerichtet wird. Zwei Dinge müssen dabei berücksichtigt werden:

1. Die Beschreibung bezieht sich auf Windows Server 2012.
2. Es ist offenbar nicht möglich, alle erforderlichen Schritte über eine Gruppenrichtlinie abzubilden – was nicht geht ist das Einrichten einer Sessionkonfiguration.

Führen Sie die folgenden Schritte aus:

Schritt 1: Start der Gruppenrichtlinienverwaltungskonsole
Zum Beispiel in der PowerShell-Konsole durch Eingabe von „gpmc.msc".

Schritt 2: Administrative Vorlage auswählen
Wählen Sie den Richtliniencontainer aus, z. B. die Standardrichtlinien für die „Domäne", klicken Sie den Eintrag mit der rechten Maustaste an und wählen Sie „Bearbeiten".

Schritt 3: Konfiguration von WinRM

Öffnen Sie den Bereich Computerkonfiguration ->Richtlinien ->Administrative Vorlagen ->Windows-Komponenten ->Windows Remoteverwaltung (Windows Remote Management, WinRM) und dort den Eintrag „WinRM-Dienst".

Schritt 4: Auswahl einer Einstellung

Im rechten Bereich werden eine Reihe von Einstellungen (10 Stück an der Zahl) angeboten. Aktivieren Sie davon zwei Einstellungen:

1. Kompatibilitäts-HTTP-Listener aktivieren
2. Remoteserververwaltung über WinRM zulassen – tragen Sie bei IPv4- und IPv6-Filter jeweils einen „*" ein.

Dadurch werden zwei Listener angelegt.

Das war noch nicht alles. Was noch fehlt, ist den WinRM auf automatisch starten zu setzen und das Hinzufügen und Aktivieren einer Firewall-Regel für den Port 5985 für einen HTTP-Listener. Dies wird über weitere Gruppenrichtlinien erledigt.

Was sich (offenbar) nicht per Gruppenrichtlinie anlegen lässt, ist eine Sessionkonfiguration, die Voraussetzung für das Herstellen einer Verbindung über PowerShell-Remoting ist. Dies wird auf dem Server am einfachsten über eine Sessionkonfigurationsdatei erledigt, in der alle Einstellungen enthalten sind, und die beim Registrieren der Sessionkonfiguration über den *Path*-Parameter ausgewählt wird:

```
Register-PSSessionConfiguration -Name Microsoft.PowerShell -Path
\\Server1\PSRemoting\StandardPSConfigurationx.pssc -Force
```

Wird die Konfigurationsdatei auf einer Freigabe abgelegt, entfällt die Notwendigkeit, die Einstellungen über eine Gruppenrichtlinie verteilen zu müssen.

13.6   Das Invoke-Command-Cmdlet

PowerShell-Remoting-Aufrufe werden immer über das *Invoke-Command*-Cmdlet ausgeführt. Dem Cmdlet werden die auszuführenden Befehle entweder als Scriptblock (*Script-Block*-Parameter) oder als Pfad einer Skriptdatei (*File*-Parameter) übergeben. Der oder die Remote-Computer werden auf verschiedene Arten und Weisen festgelegt:

1. Durch direkte Angabe des Hostnamens oder der IP-Adresse über den *ComputerName*-Parameter.
2. Über eine zuvor angelegte Session.
3. Über die Angabe eines Computernamens.

Tab. 13.3 Die Parameter von Invoke-Command

Parameter	Bedeutung
ArgumentList	Argumente für Skript/Scriptblock
AsJob	Befehle/Skript als Job ausführen
ComputerName	Der bzw. die Name(n) des/der Remote-Computer(s)
Credential	Authentifizierung per Benutzername/Kennwort
FilePath	Der Name der auszuführenden Skriptdatei
ScriptBlock	Der auszuführende Befehlsblock
ThrottleLimit	Begrenzt die Anzahl der gleichzeitigen Verbindungen des Befehls (32 ist der Default), um auf dem Server den belegten Arbeitsplatz zu begrenzen

Tabelle 13.3 stellt die wichtigsten Parameter des *Invoke-Command*-Cmdlets zusammen.

▶ **Hinweis** Alle Beispiele in diesem Kapitel setzen voraus, dass die PowerShell als Administrator gestartet wurde. Das wird nicht bei jedem Beispiel erwähnt, da es Grundvoraussetzung für das Herstellen einer Remoting-Verbindung ist.

13.6.1 Herstellen einer Remoting-Session über das explizite Anlegen einer Session

Der offizielle Weg geht bei PowerShell-Remoting über das Anlegen einer dauerhaften Session auf dem Remote-Computer. Diese bleibt solange geöffnet bis entweder ein Timeout zum Schließen der Session führt oder diese explizit per *Remove-PSSession*-Cmdlet geschlossen wird. Der Vorteil einer explizit angelegten Session ist, dass diese auf dem Client-Computer in einer Variablen gespeichert wird, und damit vor einem Remoting-Aufruf nicht jedes Mal auf dem Server neu angelegt werden muss (auf dem Server wird für jede Session ein Prozess mit dem Namen „Wsmprovhost" gestartet). Ein Nachteil ist, dass jede Session auf dem Server Arbeitsspeicher belegt, was nicht immer erwünscht ist.

Eine Remoting-Session wird über das *New-PSSession*-Cmdlet angelegt. Dabei werden der Name des Computers und gegebenenfalls ein *PSCredential*-Objekt für die Authentifizierung übergeben.

Der folgende Fall legt eine neue Session für den Computer „Server1" an. Da es lediglich um ein Ausprobieren geht, übergibt die Anwenderin lediglich den Benutzernamen, das Kennwort wird daraufhin abgefragt.

```
$S1 = New-PSSession -ComputerName Server1 -Credential Administrator
```

Damit liegt in der Variablen *$S 1* ein *PSSession*-Objekt vor, das bei jedem Aufruf von *Invoke-Command* dem *Session*-Parameter übergeben wird. Es besitzt eine Reihe interessan-

ter Merkmale, die durch Eingabe des Variablennamens (oder per *Get-PSSession*-Cmdlet)
angezeigt werden:

```
PS C:\PsKurs> $S1
Id  Name     ComputerName    State    ConfigurationName     Availability
--  ----     ------------    -----    -----------------     -------
 1  Session1 Localhost       Opened   Microsoft.PowerShell  Available
```

Eine Session besitzt u. a. eine Id, einen Namen, einen Zustand, in diesem Fall „Opened",
und eine Angabe über ihre aktuelle Verfügbarkeit. Die wichtigste Angabe ist der Name
der Konfiguration, denn er gibt an, auf der Grundlage welcher Sessionkonfiguration die
Verbindung hergestellt wurde und welche Einstellungen in Bezug auf Berechtigungen und
andere Details damit wirksam geworden sind.

Die Session wird eingesetzt, indem die Variable, die das Session-Objekt repräsentiert,
dem *Session*-Parameter von *Invoke-Command* übergeben wird:

```
Invoke-Command -ScriptBlock { Get-Service -Name AudioSrv } -Session $S1
```

Eine Session muss nicht geschlossen werden. Lediglich, wenn sehr viele Sessions (meh-
rere Dutzend) im Einsatz sind, kann es sinnvoll sein, nicht mehr benötigte Remoting-
Sessions über das *Remove-PSSession*-Cmdlet wieder zu entfernen, damit die Ressourcen
(Arbeitsspeicher) auf dem Server freigegeben werden:

```
$S1 | Remove-PSSession
```

Wie sich eine Remoting-Session aus einer anderen PowerShell-Session erneut verwenden
lässt, wird in Kap. 12.6.9 gezeigt.

► **Tipp** Um PowerShell-Remoting, den Umgang mit Sessions und Befehle wie
Invoke-Command ausprobieren zu können, wird kein zweiter Computer benötigt. Auch mit dem lokalen Computer kann eine Remoting-Session hergestellt
werden, indem „localhost" als Computername angegeben wird. Auch in diesem Fall muss auf dem lokalen Computer PowerShell-Remoting, z. B. per *Enable-PSRemoting*, aktiviert werden und beim Aufruf ist eine Authentifizierung
erforderlich.

13.6.2   Herstellen einer Remoting-Session über den ComputerName-Parameter

Zum Kennenlernen, oder wenn wirklich nur ein einzelner Befehl oder ein einzelnes Skript ausgeführt werden soll, ist die Verwendung des *ComputerName*-Parameters, auf den der oder die Namen der Remote-Computer folgen, die einfachste Variante, um *Invoke-Command* aufzurufen. Pro Aufruf wird auf dem Server eine temporäre Session angelegt, die mit dem Beenden des Befehls wieder entfernt wird:

```
Invoke-Command -ScriptBlock { Get-Service -Name AudioSrv } -ComputerName
Localhost
```

Wundern Sie sich nicht, dass der *ComputerName*-Parameter nicht immer per [Tab]-Taste zur Auswahl angeboten wird. Die offizielle Variante besteht in der Verwendung des *Session*-Parameters, so dass die ISE diesen Parameter nicht per Autovervollständigung anbietet.

13.6.3   Erneutes Verbinden mit einer Remoting-Session

Zu den wichtigsten Neuerungen, die mit der Version 3.0 eingeführt wurden, gehört die Möglichkeit, sich mit einer vorhandenen Remoting-Session erneut verbinden zu können. Entweder in derselben PowerShell-Session zu einem späteren Zeitpunkt oder in einer neuen PowerShell-Sitzung. Dies führt zu mehr Flexibilität und einer besseren Ausnutzung der Ressourcen auf dem jeweiligen Server. Möglich wird diese Variante dadurch, dass ab der Version 3.0 der Zustand einer Remoting-Session auf dem Server gespeichert und damit vom Client unabhängig wird. Damit ein erneutes Verbinden möglich ist, muss die Session einen Namen besitzen und über das *Disconnect-PSSession*-Cmdlet unterbrochen werden. Danach kann zu einem späteren Zeitpunkt von einem beliebigen Client die Session über das *Connect-PSSession*-Cmdlet erneut konnektiert werden.

Das folgende Beispiel legt eine Session an, „betritt" diese per *Enter-PSSession*, legt dort eine Variable mit dem Namen *$Zahl* an und beendet die Session per *Disconnect-PSSession*-Cmdlet:

```
# Session 1

$Server = "Server1"
$UserName = "Admin"
$PwSec = ConvertTo-SecureString -String "P@ssw0rd" -AsPlainText -Force
$Cred = New-Object -TypeName PSCredential -ArgumentList $UserName, $PwSec
$S = New-PSSession -ComputerName $Server -Credential $Cred -Name PSKurs

Enter-PSSession -Session $S
# Anlegen einer Variablen $Zahl mit dem Wert 1234
Disconnect-PSSession -Session $S
```

Der folgende Befehl wird in einer anderen PowerShell-Konsole ausgeführt. Er verbindet sich per *Connect-PSSession*-Cmdlet mit der (hoffentlich) noch vorhandenen Session und gibt den Wert der Variablen aus:

```
$S = Connect-PSSession -ComputerName $Server -Credential $Cred -Name
PSKurs
Enter-PSSession -Session $S
$Zahl
1234
```

Ein *Get-PSSession* gibt an, ob die Session noch offen und damit für ein erneutes Verbinden verfügbar ist:

```
PS C:\PsKurs> Get-PSSession
Id Name    ComputerName    State     ConfigurationName     Availability
-- ---     ------------    -----     -----------------     ------------
 1 PSKurs pemotrain.cl...Opened      Microsoft.PowerShell     Available
```

13.6.4   Weitere Beispiele für Invoke-Command

In diesem Abschnitt werden ein paar Beispiele für das *Invoke-Command*-Cmdlet vorgestellt.

Der folgende Befehl fragt den Status eines Dienstes auf den mehreren Computern, deren Namen in der Variablen *$ComputerListe* enthalten sind, werden, ab.

```
$ComputerListe = "Server1", "Server2", "Server3"
Invoke-Command -ScriptBlock { Get-Service AudioSrv } -ComputerName
$ComputerListe
```

Wenn Sie sich die Members der zurückgegebenen Objekte per *Get-Member* anschauen, werden Sie feststellen, dass die Objekte keine Methoden-Members besitzen. Der Grund ist, dass durch die Abfrage nur Property-Members im XML-Format über die Leitung übertragen werden, aus denen auf dem Client durch eine Technik, die *Deserialisierung* heißt, wieder Objekte gemacht werden.

Der folgende Befehl führt ein Skript mit dem Namen „Dienstabfrage.ps1" aus, das sich auf dem lokalen Computer befindet. Da das Skript die Namen der abzufragenden Dienste als Argumente erwartet, wird eine Array-Variable mit diesen Namen über den *ArgumentList*-Parameter von *Invoke-Command* übergeben.

Das auszuführende Skript ist wie folgt aufgebaut:

```
<#
 .Synopsis
 Dienstabfrage
#>

param([Object]$Dienste)
$Dienste | Foreach-Object {
    Get-Service -Name $_ | Select-Object -Property Name, Status
}
```

Die folgenden Befehle führen dieses Skript auf einem anderen Computer aus:

```
$Username = "Administrator"
$PwSec = "Pw" | ConvertTo-SecureString -AsPlainText -Force
$Cred = New-Object -TypeName PSCredential -ArgumentList $Username, $PwSec

$Dienste = "WAS", "Winmgmt", "AudioSrv"
Invoke-Command -FilePath C:\PsKurs\Dienstabfrage.ps1 -ArgumentList
(,$Dienste) -ComputerName Server1 -Credential $Cred |
    Select-Object -Property PSComputerName, Name, Status
```

Die Ausgabe sieht wie folgt aus:

```
PSComputerName      Name         Status
--------------      ----         ------
Server1             WAS          Running
Server1             Winmgmt      Running
Server1             AudioSrv     Stopped
```

Es ist bemerkenswert, dass sich die Ausgabe bis auf die Spalte *PSComputerName* nicht von der Ausgabe einer lokalen Abfrage unterscheidet.

Per PowerShell-Remoting lassen sich auch profane Dinge erledigen. Der folgende Befehl fährt den Remote-Computer „Server1" herunter:

```
Invoke-Command -ScriptBlock { Stop-Computer -Force } -Computer Server1 -
Credential Admin
```

Auch Konsolenprogramme, die kein Fenster anzeigen, können per PowerShell-Remoting ausgeführt werden. Der folgende Befehl listet alle Freigaben auf einem Remote-Computer über „Net Share" auf:

```
Invoke-Command -ScriptBlock { Net Share } -ComputerName Server1
```

Versuchen Sie dagegen, Windows-Programme zu starten (ein beliebter Test ist der Windows-Rechner *Calc.exe*) funktioniert das leider nicht. Der Prozess wird zwar gestartet, aber die Session „hängt" sich danach auf – der Zustand kann per *[Strg][Pause]* wieder beendet werden.

> ► **Tipp** Möchte man unbedingt Fensterprogramme starten, ist dies im Rahmen einer SSH-Session möglich, die mit dem kommerziellen Produkt *PowerShell Server* sehr einfach hergestellt werden kann. Mehr dazu in Kap. 12.9.23.

13.6.5 Parameterübergabe an eine Remoting-Session

Sollen dem Scriptblock bzw. Skript Parameterwerte übergeben werden, geschieht dies über den Parameter *ArgumentList*. Dabei ist zu beachten, dass es keine benannten Argumente gibt. Die auf *ArgumentList* folgenden Werte werden den auf den *param*-Befehl folgenden Parameter in der Reihenfolge, in der sie aufgeführt werden, zugeordnet.

Der folgende Befehl fragt den Status eines Systemdienstes ab, der beim Aufruf von *Invoke-Command* als Parameterwert übergeben wird.

```
Invoke-Command -Computer "Server1" -ScriptBlock { param($DienstName) Get-
Service -Name $DienstName | Select-Object -ExpandProperty Status } -
ArgumentList "AudioSrv"
```

Eine kleine Besonderheit gilt es bei der Übergabe eines Arrays zu beachten. Es muss durch ein vorangestelltes Komma „aufgelöst" werden.

Das folgende Beispiel soll bewirken, dass der Status einer Reihe von Systemdiensten abgefragt wird, deren Namen als Array übergeben werden. Der folgende Aufruf funktioniert nicht:

```
<#
.Synopsis
PowerShell-Remoting - Übergabe eines Array
#>

$SB = {
param($Dienste)
Get-Service -Name $Dienste | Select-Object -Property Name, Status
}

$DiensteListe = "Winmgmt", "Netman", "Netlogon", "AudioSrv"

$Server = "localhost"

Invoke-Command -ScriptBlock $SB -ArgumentList $DiensteListe -ComputerName
$Server
```

Anders als gewünscht, wird bei diesem Aufruf nur der Status des ersten Dienstes ausgegeben. Auch das Ändern des Parameterdatentyps in ein String-Array bringt nichts:

```
param([String[]]$Dienste)
```

Das Array *$Diensteliste* wird einfach nicht als solches übergeben. Stattdessen wird nur der
erste Wert in dem Array übergeben.

Erst eine unscheinbare Änderung beim Aufruf führt zum gewünschten Resultat:

```
Invoke-Command -ScriptBlock $SB -ArgumentList (,$DiensteListe) -
ComputerName $Server
```

Das Komma vor dem Variablenname *$DiensteListe* führt dazu, dass die Elemente einzeln
übergeben werden (die runden Klammern sind erforderlich, damit der Parser der PowerS-
hell diesen Ausdruck versteht). Bei der Parameterdeklaration im Scriptblock sind keine
weiteren Angaben erforderlich. Es genügt ein „param($Dienste)".

13.7   Die Rolle der Sessions

Jeder Remote-Zugriff läuft in einer (Remoting-) Session. Die Session umfasst den auf
dem Server gestarteten PowerShell-Prozess (mit dem Namen „wsmprovhost") und eine
Reihe von Einstellungen, die in der Sessionkonfiguration zusammengefasst werden, die
mit jeder Session verbunden ist. Es gibt zwei „Sorten" von Sessions:

1. Temporäre Sessions
2. Explizite Sessions

Eine temporäre Session wird nur für die Dauer der Befehlsausführung angelegt. Ein „Invoke-Command { Get-Service AudioSrv } –Computername Server1" legt auf Computer
„Server1" eine temporäre Session an. Eine explizite Session wird über das *New-PSSession*-Cmdlet für einen einzelnen Server angelegt. Das Ergebnis ist ein *PSSession*-Objekt
(Namespace *System.Management.Automation.Runspaces*), das in allen Situationen eingesetzt werden kann, in denen ein Cmdlet einen *Session*-Parameter besitzt. Zum Beispiel
beim Aufruf von *Invoke-Command*:

```
Invoke-Command -ScriptBlock { Get-Service -Name AudioSrv} -Session $S1
```

Anstelle des Computernamens und gegebenenfalls eines *Credential*-Parameters wird lediglich die Session angegeben. Soll der Befehl in mehreren Sessions und damit auf meh-

Tab. 13.4 Die Parameter, die beim Konfigurieren einer Session eine Rolle spielen

Parameter	Bedeutung
AccessMode	Legt den Zugriffsmodus auf die Session fest. Zur Auswahl stehen Disabled, Enabled
ModulesToImport	Legt die Namen von Modulen fest, die mit dem Anlegen der Session auf dem Server importiert werden
PSVersion	Gibt die Version der PowerShell (2.0, 3.0 oder 4.0) an, die im Rahmen der Session gestartet wird
RunAsCredential	Gibt ein PSCredential-Objekt an, das wiederum ein Benutzerkonto angibt, unter dem die Session auf dem Server ausgeführt wird
ShowSecurityDescriptorUI	Zeigt ein Dialogfeld zur Einstellung von Berechtigungen an
StartupScript	Gibt den Pfad einer Ps1-Datei auf dem Server an, die beim Herstellen der Session ausgeführt wird
ThreadApartmentState	Legt fest, ob die Session im STA- oder MTA-Modus ausgeführt wird

reren Computern ausgeführt werden, folgen einfach die zuvor angelegten Sessionobjekte per Komma getrennt:

```
Invoke-Command -ScriptBlock { Get-Service -Name AudioSrv} -Session $S1,
$S2, $S3
```

Das *Get-PSSession*-Cmdlet listet alle auf dem Client vorhandenen Sessions auf. Ein *Remove-PSSession*-Cmdlet entfernt eine Session wieder. Tabelle 13.4 stellt die Parameter zusammen, die beim Zugriff auf eine Session eine Rolle spielen.

PowerShell-Challenge Der Parameter *AccessMode* ist vom Typ *PSSessionConfigurationAccessMode*. Wie lässt sich mit einem einzigen Befehl herausfinden, wie der Namespace heißt, zu dem der Typ gehört, so dass der vollständige Typenname in der eckigen Klammerschreibweise angesprochen werden kann, um seine Members aufzulisten? Eine Lösung sieht wie folgt aus:

```
PS C:\PsKurs> [AppDomain]::CurrentDomain.GetAssemblies().GetTypes() |
Where-Object Name -Match "AccessMode" | Select-Object -Property
Namespace, Name

Namespace                                  Name
---------                                  ----
System.Management.Automation               ModuleAccessMode
System.Management.Automation               VariableAccessMode
System.Management.Automation.Runspaces     PSSessionConfigurationAccessMode
```

Der folgende Befehl gibt die statischen Property-Members und damit die Werte aus, die
für den Parameter in Frage kommen:

```
[System.Management.Automation.Runspaces.PSSessionConfigurationAccessMode]
| Get-Member -Static -MemberType Properties
```

13.7.1   Interaktives Betreten einer Session

Eine Session kann auch interaktiv benutzt werden. Über das *Enter-PSSession*-Cmdlet
wird eine Session in der PowerShell-Konsole betreten. Der Prompt zeigt den Namen des
Remote-Computers in eckigen Klammern an. Alle eingegebenen Befehle werden ab jetzt
auf dem Remote-Computer ausgeführt. Über den *exit*-Befehl wird die Session wieder ver-
lassen:

```
PS C:\PsKurs> $Ps = New-PsSession -Computer Server1
PS C:\PsKurs> Enter-PsSession -Session  $Ps
[Server1] PS C:\
```

13.7.2   Die Rolle der Sessionkonfiguration

Zu einer Session gehört immer eine Liste von Einstellungen, die unter dem Begriff Sessionkonfiguration zusammengefasst und auf dem Server-Computer gespeichert werden.
Der Client wählt beim Herstellen einer Verbindung eine auf dem Server vorhandene Sessionkonfiguration aus. Ohne Sessionkonfiguration keine Verbindung. Dass die Sessionkonfiguration bei allen Beispielen scheinbar keine Rolle spielt, liegt an der Standard-Sessionkonfiguration (in der Regel „Microsoft.PowerShell"). Ihr Name ist in der automatischen
Variablen *$PSSessionConfigurationName* enthalten.

Das *Get-PSSessionConfiguration*-Cmdlet ruft die Einstellungen entweder aller Sessions oder der angegebenen Session ab.

Der folgende Befehl gibt alle Einstellungen der Standard-Sessionkonfiguration „Mi-
crosoft.PowerShell" aus:

```
Get-PSSessionConfiguration -Name Microsoft.PowerShell | Select-Object -
Property *
```

Die Sessionkonfiguration umfasst eine Fülle von Einstellungen. Die genaue Zahl ergibt
sich durch Zählen der Eigenschaften, die das Objekt, das eine Sessionkonfiguration repräsentiert, besitzt. Doch ein angehängtes *Measure-Object*-Cmdlet liefert die Zahl 1. Es gibt
also nur ein Objekt. An dieses Objekt wurden vom Typensystem der PowerShell die Einstellungen der Sessionkonfiguration als *NoteProperty*-Members angehängt. Möchte man

diese Einstellungen auflisten, muss man die Eigenschaften einzeln auflisten. An dieser Stelle kommt erneut die *PSObject*-Eigenschaft ins Spiel, die das erweiterte Objekt liefert. Der folgende Befehl zählt daher die Eigenschaften und damit die Einstellungen der Sessionkonfiguration:

```
$SC= Get-PSSessionConfiguration -Name Microsoft.PowerShell | Select-
Object -Property *
$SC.psobject.Properties.Name | Measure-Object
```

13.7.3   Anlegen einer Sessionkonfiguration

Auch wenn es dafür in der Praxis im Allgemeinen keinen zwingenden Grund gibt, soll in diesem Abschnitt, in der gebotenen Kürze, gezeigt werden, wie über das Cmdlet *Register-PSSessionConfiguration* eine neue Sessionkonfiguration auf einem Server angelegt und ein weiteres Benutzerkonto zu dieser Session hinzugefügt wird.

Schritt 1: Registrieren einer neuen Sessionkonfiguration
Geben Sie den folgenden Befehl ein, um eine neue Sessionkonfiguration mit dem Namen „PSKurs" anzulegen:

```
Register-PSSessionConfiguration -Name PSKurs -Force
```

Der *Force*-Parameter sorgt dafür, dass dies ohne eine Bestätigungsanforderung geschieht.

Schritt 2: Hinzufügen eines Benutzerkontos
Um ein Benutzerkonto hinzufügen oder die Berechtigungen für bereits vorhandene Benutzerkonten ändern zu können, gibt es den Parameter *ShowSecurityDescriptorUI* sowohl beim Cmdlet *Register-PSSessionConfiguration* als auch beim Cmdlet *Set-PSSesisonConfiguration*. Das Benutzerkonto hätte bereits beim Anlegen der Sessionkonfiguration hinzugefügt werden können. Für den nächsten Befehl wird vorausgesetzt, dass es ein Standardbenutzerkonto mit dem Namen „PSUser" gibt.
Der folgende Befehl zeigt die Sicherheitseinstellungen für die Sessionkonfiguration „PSKurs" an:

```
Set-PSSessionConfiguration -Name PSKurs -ShowSecurityDescriptorUI -Force
```

In dem Standarddialog kann ein neues Benutzerkonto hinzugefügt und es können für dieses Benutzerkonto Berechtigungen vergeben werden. Mit dem Bestätigen per *OK* werden die Einstellungen in der Sessionkonfiguration auf dem Server gespeichert (Abb. 13.1).

Abb. 13.1 Der Sicherheitsdialog für eine Sessionkonfiguration

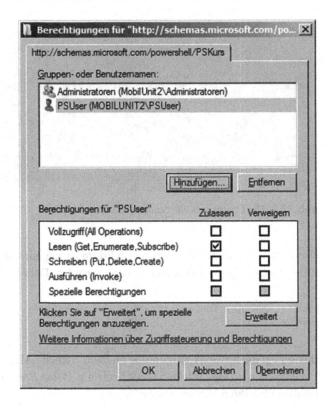

13.7.4 Anlegen einer eingeschränkten Sessionkonfiguration

Eine spezielle Option besteht darin, die Auswahl der Cmdlets einzuschränken, die im Rahmen einer Remoting-Session zur Auswahl stehen. Über einen solchen „Restricted Runspace" lässt sich z. B. festlegen, dass nur Get-Cmdlets zur Auswahl stehen und der Anwender, der die Remoting-Session hergestellt hat, nur Abfragen durchführen kann. Während dies in der Version 2.0 eher ein „Hack" als eine offizielle Technik war, ist das Einrichten eines eingeschränkten Ausführungsbereichs dank des *New-PSSessionConfigurationFile*-Cmdlets sehr einfach geworden.

Der folgende Befehl richtet eine Sitzungskonfiguration ein, in der nur die ausgewählten Active Directory-Cmdlets zur Verfügung stehen:

```
New-PSSessionConfigurationFile -Path C:\PSSessions\PSLimited.pssc -
SessionType RestrictedRemoteServer `
 -LanguageMode RestrictedLanguage `
 -ModulesToImport ActiveDirectory `
 -VisibleCmdlets "Get-ADUser", "Get-ADGroup", "Get-ADComputer"
```

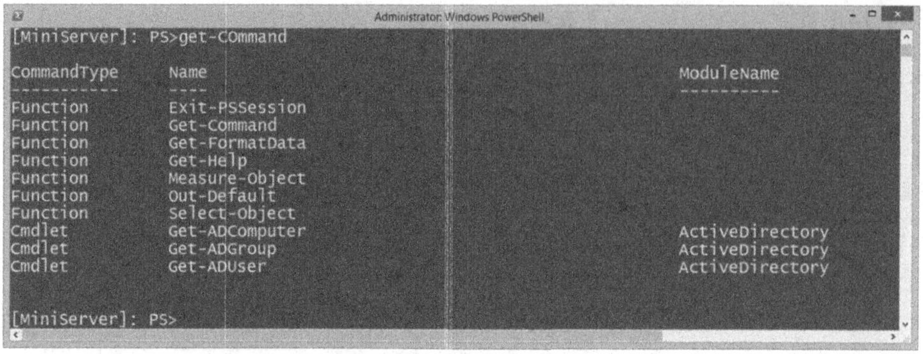

Abb. 13.2 Die Commands einer eingeschränkten Session

Damit diese Konfiguration wirksam wird, muss sie auf dem Server über das *Register-PSSessionConfiguration*-Cmdlet registriert werden. Dabei erhält sie einen Namen:

```
Register-PSSessionConfiguration -Path C:\PSSessions\PSLimited.pssc -Name
ADRestricted -Force
```

Damit liegt die Sessionkonfiguration mit dem Namen „ADRestricted" vor.

Gestartet wird eine solche Session, indem z. B. bei *Enter-PSSession* die Sessionkonfiguration über ihren Namen ausgewählt wird:

```
Enter-PSSession -ConfigurationName ADRestricted -ComputerName MiniServer
-Credential Administrator
```

Dass in dieser Session nur die festgelegten Cmdlets enthalten sind, macht ein *Get-Command* deutlich (Abb. 13.2).

13.8   Weitere Spezialthemen

In diesem Abschnitt werden ein paar speziellere Themen vorgestellt, die mit PowerShell-Remoting in einem engeren Zusammenhang stehen.

13.8.1   Die Rolle der Sessionoptionen

Neben den Einstellungen einer Sessionkonfiguration gibt es die Sessionoptionen. Sie umfassen etwas weniger wichtige Einstellungen, wie z. B. die Angabe eines Proxies, die Angabe eines Timeouts und die Festlegung, dass ein Zertifikat nicht auf einen vertrauenswürdigen Austellers überprüft wird, und können für jede Verbindung neu festgelegt werden.

Tab. 13.5 Die wichtigsten Parameter des New-SessionOption-Cmdlets

Parameter	Bedeutung
Culture	Legt die Ländereinstellung fest, die für die Remote-Session gelten soll
IdleTimeout	Legt die Zeitspanne in Millisekunden fest, nach deren Ablauf die Session geschlossen wird, wenn der Server in der Zeit kein „Lebenszeichen" vom Client erhalten hat. Der Standardwert ist 12 min
NoEncryption	Es wird keine Verschlüsselung für die Datenpakete verwendet
SkipCACheck	Es wird keine Überprüfung vorgenommen, um festzustellen, ob den Herausgeber des Zertifikats bei einer HTTPS-Verbindung auf dem Server vertraut wird
SkipCNCheck	Der für das bei einer HTTPS-Verbindung erforderliche Zertifikat verwendete Common Name (CN) muss nicht mit dem Namen des Servers übereinstimmen. Wie SkipCACheck erlaubt dieser Parameter die Verwendung selbst ausgestellter Zertifikate
UICulture	Wie Culture nur bezogen auf Eigenschaften, die etwas mit der Benutzeroberfläche zu tun haben

Sessionoptionen werden über das Cmdlet *New-PSSessionOption* angelegt. Tabelle 13.5 stellt die wichtigsten Parameter zusammen, die gleichzeitig auch die Rolle der Session-Optionen beschreiben.

Der folgende Befehl legt ein Sessionoptionen-Objekt an, das bewirkt, dass bei einer HTTPS-Verbindung das verwendete Zertifikat keine Rolle spielt:

```
$SesOpt = New-PSSessionOption -SkipCaCheck -SkipCnCheck
```

Die resultierende Variable *$SesOpt* wird z. B. beim *Invoke-Command*-Cmdlet dem Parameter *SessionOption* übergeben:

```
Invoke-Command -ScriptBlock { Get-Service -Name AudioSrv } -ComputerName
Server1 -SessionOption $SesOpt
```

13.8.2 Einbeziehen eines Proxy

Wird die Verbindung zum Netzwerk über einen Proxy hergestellt, stellt sich als nächstes die Frage, wo genau der Proxy angegeben wird. Das *Invoke-Command*-Cmdlet bietet keinen geeigneten Parameter. Das führt zur nächsten, etwas allgemeineren Frage: Welche Cmdlets besitzen einen Parameter, in dessen Namen das Wort „Proxy" enthalten ist? Diese Frage beantwortet wie immer zuverlässig das *Get-Command*-Cmdlet, das alle verfügbaren Cmdlets holt. Jedes Cmdlet besitzt eine *ParameterSet*-Eigenschaft. Ein einzelnes *ParameterSet*-Objekt besitzt wiederum eine *Parameter*-Eigenschaft, die für alle Parameter

(-Objekte) des Cmdlets steht. Danach muss nur noch die *Name*-Eigenschaft jedes Parameters, z. B. mit Hilfe des *match*-Operators, durchsucht werden.

PowerShell-Challenge Gesucht ist ein Befehl, der die Namen aller Parameter ausgibt, in
denen das Wort „Proxy" enthalten ist. Hier ist eine mögliche Lösung:

```
PS C:\PsKurs> Get-Command -CommandType Cmdlet | Select-Object -
ExpandProperty ParameterSets | Select-Object -ExpandProperty Parameters |
Where-Object Name -match "Proxy" | Select-Object -Property Name

Name
----
Proxy
ProxyCredential
ProxyUseDefaultCredentials
Proxy
ProxyCredential
usw.
```

Jetzt wäre es natürlich schön, wenn auch der Name des Cmdlets ausgegeben werden
könnte. Das Problem: Am Ende der Befehlskette steht das *CmdletInfo*-Objekt, das per
Get-Command geholt wird, und das ein einzelnes Cmdlet repräsentiert, nicht mehr zur
Verfügung. An diesem Punkt kommt wieder einmal der mit der Version 4.0 eingeführte
allgemeine Parameter *PipelineVariable* ins Spiel. Über ihn wird der aktuelle Inhalt der
Pipeline in einer Variablen zwischengespeichert, damit er zu einem späteren Zeitpunkt im
Rahmen der Pipeline-Verarbeitung über diese Variable zur Verfügung steht. Bezogen auf
das obige Beispiel ist dieser spätere Zeitpunkt das letzte *Select-Object*-Cmdlet, durch das
der Name des Cmdlets ausgegeben werden soll.

Der folgende Befehl erweitert den Befehl aus dem letzten Beispiel, indem durch das
Select-Object-Cmdlet der Name des Cmdlets als weitere Eigenschaft ausgegeben wird:

```
PS C:\PsKurs> Get-Command -CommandType Cmdlet -PipelineVariable Cmdlet |
Select-Object -ExpandProperty ParameterSets | Select-Object -
ExpandProperty Parameters | Where-Object Name -match "Proxy" | Select-
Object -Property @{Name="Cmdlet";Expression={ $Cmdlet.Name}}, Name

Cmdlet                                      Name
------                                      ----
Invoke-RestMethod                           Proxy
Invoke-RestMethod                           ProxyCredential
Invoke-RestMethod                           ProxyUseDefaultCredentials
Invoke-WebRequest                           Proxy
Invoke-WebRequest                           ProxyCredential
usw.
```

Eine kleine Änderung mit großer Wirkung.

Nachdem diese Frage (mit verhältnismäßig viel Aufwand) geklärt wurde, muss zum Schluss auch gezeigt werden, wie ein Proxy ausgewählt wird. Über das Anlegen eines neuen Sessionoptionsobjekts per *New-PSSessionOption* und dessen *ProxyAccessType*-Parameter, über den der Typ des Proxies festgelegt wird. Dabei muss beachtet werden, dass ein Proxy nur bei einer HTTPS-Verbindung angegeben werden kann.

13.8.3 Die Ws-Man-Konfiguration im Überblick

Die Ws-Man-Konfiguration umfasst viele Einstellungen (mehrere Dutzend), die in den Tiefen der Registry versteckt sind. Um den Zugang auf diese Einstellungen so einfach wie möglich zu machen, gibt es von Anfang an das *WsMan*-Laufwerk, das die Einstellungen sowohl für den lokalen Computer als auch für jeden per *Connect-WsMan*-Cmdlet nachträglich hinzugefügten Computer im Rahmen einer Container-Hierarchie zugänglich macht. Über das *WsMan*-Laufwerk wird unter anderem der *TrustedHosts*-Eintrag gesetzt. Weitere wichtige Einstellungen betreffen die Anzahl an Sessions, die gleichzeitig auf einem Server betrieben werden können, oder die verschiedenen Formen der Authentifizierung.

Wechseln Sie im ersten Schritt auf das *Wsman*-Laufwerk:

```
PS C:\PsKurs> cd wsman:
```

Ein *dir* macht deutlich, dass aktuell nur der Container *localhost* existiert, der den lokalen Computer repräsentiert:

```
PS WSMan:\> dir

   WSManConfig:

ComputerName                        Type
------------                        ----
localhost                           Container
```

Wechseln Sie per *cd* in den *localhost*-Container und geben Sie erneut *dir* ein:

```
PS WSMan:\> cd localhost
PS WSMan:\localhost> dir

   WSManConfig: Microsoft.WSMan.Management\WSMan::localhost

Type              Name                          SourceOfValue    Value
----              ----                          -------------    -----
System.String     MaxEnvelopeSizekb                              500
System.String     MaxTimeoutms                                   60000
System.String     MaxBatchItems                                  32000
System.String     MaxProviderRequests                           4294967295
Container         Client
Container         Service
Container         Shell
Container         Listener
Container         Plugin
Container         ClientCertificate
```

Die Ausgabe ist deutlich umfangreicher. Es gibt mehrere Container, u. a. *Client* (hier
werden u. a. Client-Einstellungen vorgenommen) und *Shell*. Hier werden allgemeine
Einstellungen vorgenommen, die alle Sessions betreffen, z. B. die maximale Anzahl an
Shells (Session), die ein Benutzer gleichzeitig offen halten kann (die Voreinstellung ist
30). Wie es weiter geht, hängt davon ab, ob ein Eintrag ein Container ist oder nur ein
Element. In den Container wird per *cd* gewechselt, ein Element wird mit dem *Set-Item*-
Cmdlet geändert. Soll eine unverschlüsselte Verbindung für den Client möglich sein,
wechseln Sie zuerst per „cd client" in den *Client*-Container. Setzen Sie danach die
Einstellung „AllowUnencrypted" per *Set-Item* auf *$false*:

```
PS WSMan:\localhost\Client> Set-Item -Path AllowUnencrypted -Value $false
-Force
```

Natürlich müssen Sie nicht jedes Mal in den Container wechseln, um dort eine Einstellung
ändern zu können. Durch Angabe eines absoluten Pfades kann die Änderung von jedem
Laufwerk aus durchgeführt werden.

Der folgende Befehl setzt die Einstellung „AllowUnencrypted" mit einer absoluten
Pfadangabe wieder auf *$false*:

```
Set-Item -Path Wsman:\localhost\client\AllowUnencrypted -Value $false -
Force
```

13.8.4   Einrichten einer HTTPS-Verbindung

Microsoft empfiehlt für PowerShell-Remoting nur mit HTTPS-Verbindungen zu arbeiten,
da die Datenpakete per SSL verschlüsselt übertragen werden. Es gibt zwei Gründe, warum
viele Administratoren dieser Empfehlung nur bedingt folgen:

1. Das Anlegen einer HTTPS-Verbindung besteht aus mehreren Schritten. *Enable-PSRemoting* legt nur eine HTTP-Verbindung an. Das *Set-WsManQuickConfig*-Cmdlet bietet zwar einen *UseSSL*-Parameter, doch akzeptiert dieser keine selbst ausgestellten Zertifikate.

2. Es wird ein Zertifikat benötigt und in der Regel besitzt man keines (das Zertifikat kann man sich „zur Not" aber selber ausstellen).

Die folgende Schrittfolge zeigt, wie eine PowerShell-Remoting-Session mit HTTPS-Verbindung angelegt wird:

Schritt 1: Anlegen eines Zertifikats
Für den Server wird ein Zertifikat benötigt, das idealerweise den Namen des Servers enthält. Ein Testzertifikat kann z. B. per *Makecert*.exe, *SelfSsl.exe* (IIS 6 Toolkit) oder über das neue Cmdlet *New-SelfSignedCertificate* aus dem *PKI*-Modul von Windows Server 2012 angelegt werden. Die Einschränkung bei einem Testzertifikat ist, dass dem Herausgeber des Zertifikats auf dem Server nicht vertraut wird.

Schritt 2: Zertifikat installieren
Das Zertifikat wird unter *cert:\LocalMachine\My* abgelegt.

Schritt 3: Anlegen eines HTTPS-Listeners
Es wird ein HTTPS-Listener in der Ws-Man-Konfiguration angelegt. Der Befehl wurde in Kap. 10.6.10 vorgestellt.

Schritt 4: Eine Firewall-Ausnahme für den Port 5986 anlegen
Da die Verbindung über den Port 5986 läuft, muss für diesen Port eine Firewall-Regel angelegt und aktiviert werden.

Schritt 5: Herstellen der Verbindung
Damit die Verbindung über HTTPS aufgebaut wird, muss bei *Invoke-Command* der *UseSSL*-Parameter gesetzt werden. Bei einem selbstausgestellten Zertifikat muss per **New-PSSessionOption** ein Sessionoptionsobjekt mit **-SkipCNCheck** angelegt und dem Invoke-Command-Cmdlet per **SessionOption**-Parameter übergeben werden.

13.9 Wenn es Probleme gibt

Auch wenn PowerShell Remoting eine robuste Technik und das Einrichten einer Session eine Formsache ist, die Wahrscheinlichkeit ist nicht gering, dass es am Anfang nicht auf Anhieb funktioniert. Die Ursachen sind dabei entweder ganz profan (fehlende Berechtigung, Computer im Netzwerk nicht erreichbar usw.) oder sehr speziell (z. B. zu viele Gruppenmitgliedschaften, so dass der Bereich, der in der übertragenen Nachricht für diese Information vorgesehen ist, nicht ausreicht). Die PowerShell-Hilfe gibt unter dem Titel

„about_Remote_Troubleshooting" einen Überblick über die wichtigsten Fehlerursachen. Lassen Sie diesen Text zuerst in einem eigenen Fenster anzeigen:

```
help about_remote_TroubleShooting -ShowWindow
```

Da es ein „Test-PSRemoting"-Cmdlet leider nicht gibt, muss man die Checkliste „zu Fuß" abhacken. Die folgende Function mit dem vielversprechenden Namen *Get-PSRemoting-Status* soll Ihnen dabei behilflich sein, indem es wichtige Einstellungen abfragt und die Ergebnisse übersichtlich ausgibt. Die verwendete Firewall-Abfrage funktioniert allerdings nur ab Windows Server 2012 und Windows 8 aufwärts.

```
<#
 .Synopsis
 PS-Remoting-Status ausgeben
#>

function Get-FirewallStatus
{
    $Rules = Get-NetFirewallRule -DisplayName "*Windows-
Remoteverwaltung*"
    $Rules | Select-Object -Property Name, Enabled
}

function Get-PSRemotingStatus
{
  $WinRM = Get-CIMInstance -ClassName Win32_Service `
    -Filter "Name='WinRM'"
  $HttpListener = @(Get-WSManInstance `
    -ResourceURI winrm/config/listener `
    -Selectorset @{Address="*";Transport="http"})
  $HttpsListener = @(&{try { Get-WSManInstance `
    -ResourceURI winrm/config/listener `
    -Selectorset @{Address="*";Transport="https"} } catch { } })
    $StatusObjekt = New-Object -TypeName PsObject `
    -Property @{"WinRM-Status"=$WinRM.Status;
                WinRM-Startmode"=$WinRM.StartMode;
                TrustedHosts=(Get-Item -Path
WSMan:\localhost\Client\TrustedHosts).Value;
                "HTTPListener-Count"=$HttpListener.Count;
                "HTTPSListener-Count"=$HttpsListener.Count}

  $FireWallRegeln = Get-FirewallStatus
  $Nr = 0
  foreach($Regel in $FireWallRegeln)
  {
    $Nr++
    $StatusObjekt | Add-Member -MemberType NoteProperty `
     -Name "FirewallRegel$Nr-Name" -Value $Regel.Name
    $StatusObjekt | Add-Member -MemberType NoteProperty `
     -Name "FirewallRegel$Nr-Status" -Value $Regel.Enabled
  }
  $StatusObjekt | Select-Object -Property WinRM-Status, `
    WinRM-Startmode, TrustedHosts, HttpListener-Count, `
    HttpsListener-Count, Fire*
}
Get-PSRemotingStatus | Format-List
```

13.9.1   „Access denied", was nun?

Der häufigste Fehler im Zusammenhang mit PowerShell-Remoting ist ein profanes „Access denied". Auch wenn Fehlermeldungen, die im Zusammenhang mit PowerShell-Remoting auftreten, sehr umfangreich sind, in diesem Fall verrät die PowerShell aus Sicherheitsgründen keine weiteren Details, so dass ein potentieller „Einbrecher" keine weiteren Anhaltspunkte erhält. Sie haben damit keine andere Wahl, als der Reihe nach zu prüfen, ob

- der angegebene Benutzername auf dem Server Mitglied der Administratorengruppe ist.
- das Kennwort stimmt und für das Benutzerkonto kein leeres Kennwort vergeben wurde.
- die Firewall auf dem Server für den Port 5985 (HTTP) bzw. 5986 (HTTPS) freigegeben ist.
- der Computer im Netzwerk erreichbar (auf einen Ping antwortet ein Windows Server in der Regel erst dann, wenn die Echo-Regel in der Firewall auf dem Server aktiviert wurde).
- auf dem Server PowerShell-Remoting aktiviert wurde.
- auf dem Client, sollte dieser nicht Teil der Domäne sein, der *TrustedHosts*-Eintrag gesetzt wurde.

13.9.2   Das WinRM-Ereignisprotokoll

Ein wenig versteckt ist das *WinRM*-Ereignisprotokoll, in das alle Meldungen des *WinRM*-Dienstes auf dem Server-Computer geschrieben werden. Es wird mit dem *Get-WinEvent*-Cmdlet ausgelesen:

```
Get-Winevent -ProviderName Microsoft-Windows-WinRM -MaxEvents 10 | Select
TimeCreated, Message
```

Die Meldungen sind allerdings sehr allgemein gehalten, so dass sich lediglich erkennen lässt, dass die Kommunikation fehlerfrei abgewickelt wurde.

13.9.3   Eine Ws-Man-Verbindung belauschen

Möchte man die Datenpakete sehen, die bei einer Ws-Man-Verbindung übertragen werden, benötigt man dazu entweder ein Tool, das den HTTP-Datenverkehr „belauschen" kann, oder verwendet die Hausmittel der PowerShell. Ein solches Tool ist der *HTTP Debugger Pro*, der aber nicht kostenlos ist. Mit Tools wie *Fiddler* oder *Wireshark* sollte das Abhören des von WsMan verwendeten Ports zwar möglich sein, der Autor konnte dies in der Praxis aber noch nicht erfolgreich bestätigen (es muss ein Proxy für den Internet

Explorer eingerichtet werden, der im Rahmen eines per *New-SessionOption*-Cmdlet angelegten *SessionOption*-Objekts beim Aufruf von *Invoke-Command* oder *New-PSSession* übergeben wird).

Die PowerShell bietet zwar keinen HTTP-Debugger (es ist allerdings mit Hilfe eines Moduls möglich, die Funktionalität des HTTP-Debuggers *Fiddler* zu steuern – weitere Infos gibt es unter http://www.powershell.nu/2011/03/14/fiddler), aber sie bietet eine umfangreiche Diagnosefunktionalität in Gestalt des Moduls *PSDiagnostics*, das bei der PowerShell von Anfang an dabei ist. Es enthält eine Reihe allgemeiner Diagnosefunktionen, die auch für das Troubleshooting einer PowerShell-Remoting-Verbindung genutzt werden können. Um die Inhalte der im Rahmen einer Ws-Man-Verbindung übertragenen Pakete lesen zu können, wird ein weiteres PowerShell-Skript mit dem Namen *Construct-PSRemoteDataObject.ps1* benötigt, das zwar vom PowerShell-Team bei Microsoft stammt, aber leider kein offizieller Download ist. Sie müssen es daher zunächst im Web lokalisieren und herunterladen (eine potentielle Adresse ist https://github.com/dwj7738/My-Powershell-Repository). Die weitere Vorgehensweise ist nicht kompliziert, aber etwas zu umfangreich für den Fokus dieses Buches. Sie finden eine ausführliche Beschreibung von PowerShell-Experte *Don Jones* unter der folgenden Adresse: http://windowsitpro.com/blog/tools-troubleshooting-powershell-remoting-and-winrm-part-2. Damit wird es z. B. möglich, die Ursache für einen „Access denied"-Fehler zu finden.

13.9.4 SSH als Alternative

SSH (Secure Shell) ist in der Unix-/Linux-Welt der Standard, wenn es darum geht, zu einem Computer im Netzwerk eine sichere Verbindung herzustellen und auf diesem Computer beliebige Befehle auszuführen. Offiziell spielt SSH in der Windows-Welt keine Rolle. Das Pendant zu SSH ist PowerShell-Remoting über eine HTTPS-Verbindung. Wer dennoch SSH benutzen möchte, um von einem beliebigen Client eine PowerShell-Sitzung auf einem anderen Computer starten zu können, verwendet dafür *PowerShell Server* auf dem Server und einen beliebigen SSH-Client, wie z. B. *Putty*, auf dem Client. *PowerShell Server* ist ein kommerzielles Produkt der Firma *n/Software*. Es ist für den privaten Bereich kostenlos, so dass es zum Ausprobieren einlädt. In diesem Modus ist es auf eine gleichzeitige Verbindung beschränkt. *PowerShell Server* ist aber so preiswert, dass eine Anschaffung in der Firma nicht am Kaufpreis scheitern sollte. PowerShell Server ist robust und enorm praktisch, da es die Reichweite eines Administrators vergrößert. Zum einen wird für den Client keine PowerShell vorausgesetzt, zum anderen steht eine interaktive PowerShell-Sitzung zur Verfügung, in der sich auch Windows-Programme starten lassen (Abb. 13.3). Die Downloadadresse von PowerShell Server ist http://www.powershellserver.com.

Nach dem Start wartet das Programm auf eingehende Verbindungen, die von einem Client, wie dem *Putty*-Client (Download *unter* http://putty.org) am einfachsten durch Eingabe der IP-Adresse hergestellt werden (Abb. 13.4).

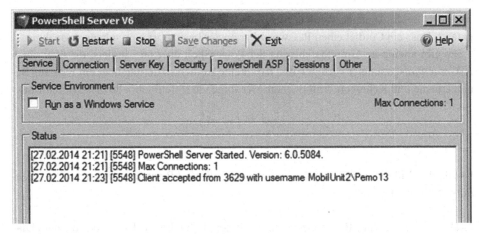

Abb. 13.3 PowerShellServer Personal Edition von n/Software in Aktion

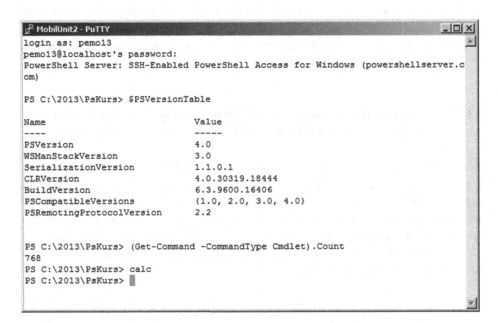

Abb. 13.4 Per Putty-Client wurde eine SSH-Verbindung zum PowerShell Server hergestellt

13.10   Der Umgang mit Credentials

Bei der PowerShell erfolgt die Authentifizierung, bis auf wenige Ausnahmen, immer über
ein Paar aus Benutzername und Kennwort. Während der Benutzername im Klartext vorliegt, wird das Kennwort immer als verschlüsselte Zeichenfolge (*SecureString*-Objekt)

abgelegt. Beide Angaben werden zu einem Objekt vom Typ *PSCredential* zusammengefasst. Dass ein Cmdlet einen Password-Parameter besitzt, ist eine seltene Ausnahme.

Es gibt alleine im Grundbefehlssatz der PowerShell über 60 Cmdlets, die über einen *PSCredential*-Parameter verfügen und damit eine Authentifizierung über ein Paar aus Benutzername und Kennwort ermöglichen. Der folgende Befehl gibt alle diese Befehle aus:

```
Get-Command -CommandType Cmdlet | Where-Object Parametersets -match
"PSCredential"
```

Es gibt drei Möglichkeiten, um das von einem *Credential*-Parameter erwartete *PSCredential*-Objekt zu erhalten:

1. Durch Angabe eines Benutzernamens. In diesem Fall wird das Kennwort in einem Dialogfeld abgefragt.
2. Durch Einfügen eines *Get-Credential*-Cmdlets als Parameterwert in runden Klammern. Auch dadurch werden vor der Ausführung des Cmdlets Benutzername und Kennwort abgefragt.
3. Durch Anlegen eines *PSCredential*-Objekts. Dieses wird einer Variablen zugewiesen und dem *Credential*-Parameter übergeben.

13.10.1 Zusammensetzen eines PSCredential-Objekts – die Cmdlets ConvertTo-SecureString und ConvertFrom-SecureString

Ein *PSCredential*-Objekt wird, wie fast jedes Objekt, mit dem *New-Object*-Cmdlet angelegt. Es werden zwei „Zutaten" benötigt, die auf den *ArgumentList*-Parameter per Komma getrennt folgen: Der Benutzername und das Kennwort als SecureString. Letzteres erhält man am einfachsten über das *Read-Host*-Cmdlet und dessen *AsSecure*-Parameter. Der Nachteil dieser Varianten ist, dass das Kennwort jedes Mal eingegeben werden muss.

Liegt das Kennwort bereits als Zeichenkette vor, wird es über das Cmdlet *ConvertTo-SecureString* in einen *SecureString* konvertiert:

```
$Pw = "Geheim"
$PwSec = ConvertTo-SecureString -String $Pw -AsPlainText -Force
```

Danach befindet sich das Passwort als *SecureString* in der Variablen *$PwSec*.

Da es bekanntlich keine „Best Practice" ist, das Kennwort im Klartext im Skript zu hinterlegen, muss der *Force*-Parameter gesetzt werden.

Im nächsten Schritt wird ein *PSCredential*-Objekt angelegt:

```
$Cred = New-Object -Type PsCredential
"Benutzername", $Kennwort
```

Wer auf Sicherheit Wert legt, und wer fühlt sich hier nicht angesprochen, speichert das verschlüsselte Kennwort in einer Textdatei. Dazu muss es über das Cmdlet *ConvertFrom-SecureString* in einen String konvertiert werden, der natürlich nach wie vor verschlüsselt vorliegt.

Der folgende Befehl speichert einen *SecureString* in eine Textdatei mit dem Namen „Pw.dat":

```
$Pw | ConvertFrom-SecureString > Pw.dat
```

Damit liegt das Kennwort halbwegs sicher in einer lokalen Textdatei vor. Diese wird bei jedem Skriptstart eingelesen und per *ConvertTo-SecureString* wieder in einen SecureString konvertiert:

```
$PwSec = Get-Content -Path Pw.dat | ConvertTo-SecureString
```

Wichtig SecureStrings werden immer benutzer- und maschinenbezogen verschlüsselt. Offiziell kann ein SecureString nur von dem Benutzer auf jenem Computer verwendet werden, der ihn verschlüsselt hat und auf dem die Verschlüsselung erfolgt ist. Wie sooft gibt es auch hier ein kleines Schlupfloch[1]. Es besteht darin, dem *ConvertTo-SecureString*-Parameter über seinen *SecureKey*-Parameter einen allgemeinen Schlüssel unterzuschieben, der auch wieder für die Entschlüsselung verwendet wird. Weitere Infos gibt es unter http://get-powershell.com/post/2008/12/14/Encrypting-and-Decrypting-Strings-with-a-Key-in-PowerShell.aspx.

13.11 Zusammenfassung

PowerShell-Remoting ist eine leistungsfähige Technik, die seit der Version 2.0 zur Verfügung steht, und die die Reichweite eines Administrators mit der PowerShell auf das gesamte Netzwerk ausdehnt. Per PowerShell-Remoting können einzelne Befehle, Skripte und Konsolenprogramme auf einer theoretisch beliebigen Anzahl an Computern im Netzwerk ausgeführt werden. Voraussetzung ist lediglich, dass auf jedem einzelnen Zielcomputer PowerShell-Remoting einmalig aktiviert wurde.

---

[1] Natürlich „by design".

Zugriff auf das Active Directory **14**

Der Zugriff auf ein Active Directory-Verzeichnis ist im Jahr 2014 eine der wichtigsten Einsatzgebiete für die PowerShell. Zum einen gibt es eine klar definierte Liste von Anforderungen, die täglich in den IT-Abteilungen dieser Welt umgesetzt werden müssen (u. a. Benutzerkonten anlegen, Änderungen an Benutzerkonten vornehmen, Reports anfertigen, Gruppenzugehörigkeiten festlegen usw.), zum anderen bietet die PowerShell mit ihren Cmdlets so viel Komfort, dass keine Wünsche offen bleiben sollten. Wer einmal erlebt hat, wie einfach und elegant sich Abfragen gegen ein Active Directory durchführen lassen und an diesem Themengebiet beruflich interessiert ist, wird die PowerShell nicht mehr gegen ein anderes Werkzeug eintauschen (wenngleich es natürlich attraktive Alternativen gibt, die sich aber in der Regel in anderen Preisregionen bewegen).

14.1 Eingebaute Zugriffsmöglichkeiten

Das *Active Directory-Modul*, das in diesem Kapitel im Mittelpunkt steht, gibt es nur für Windows Server ab Version 2008 R2, sowie im Rahmen des *Remote Server Adminstration Toolkits* (RSAT) ab Windows 7. Administriert werden können Winows Server ab Version 2003 aufwärts, sofern dort ein kleines Update mit dem Namen *AD Management Gateway Service* (ADWGS) installiert wurde. Dieses Update ist nur einige Hundert KB (Sie haben sich nicht verlesen) und besteht lediglich aus einem Systemdienst, der die über den WinRM-Dienst auf Ws-Management basierenden eingehenden Anfragen beantwortet. Um die Stabilität und Sicherheit ihrer Domänenkontroller besorgte Administratoren müssen daher nicht befürchten, dass nach der Installation der Server nicht mehr funktioniert. Wer das *Active Directory-Modul* aus irgendeinem Grund (noch) nicht nutzen kann, muss sich mit den eingebauten Mitteln der PowerShell behelfen. Auch mit diesen lassen sich die

© Springer Fachmedien Wiesbaden 2014

P. Monadjemi, *PowerShell für die Windows-Administration,* X.systems.press,
DOI 10.1007/978-3-658-02964-7_14

grundlegenden Aufgaben erledigen, aber mit deutlich weniger Komfort, denn es gibt keine Cmdlets und damit nicht den Komfort, der mit Cmdlets einhergeht.

14.1.1   Zugriffe über [ADSI] und [ADSISearcher]

[ADSI] und *[ADSISearcher]* sind Typenabkürzungen (im Original „Type Accelerator"). Der etwas ungewöhnliche Namen rührt von dem Umstand, dass sie eine längere Typenbezeichnung abkürzen. Die PowerShell verwendet mehrere Dutzend dieser Typenabkürzungen. Während *[ADSI]* für den Typ *System.Management.DirectoryServices.DirectoryEntry* steht, steht *[ADSISearcher]* für den Typ *System.Management.DirectoryServices.DirectorySearcher* (im Grunde also wieder einmal ganz logisch und naheliegend). *ADSI* ist eine Abkürzung, die für „Active Directory Service Interface" und für einen umfangreichen Satz an Schnittstellen mit Funktionalitäten steht, durch die Skript- und Programmiersprachen unter Windows auf jeden Verzeichnisdienst zugreifen können, für den ein Provider existiert. Der Name *ADSI* wurde bei der PowerShell aus zwei Gründen gewählt. Zum einen, um Anwendern, die bereits VBScript verwendet haben, einen vertrauten Begriff anzubieten. Zum anderen, weil die PowerShell über *[ADSI]* auf Klassen der .NET-Laufzeit zugreift, die wiederum die ADSI-COM-Schnittstellen verwenden.

Neben *LDAP* gibt es mit *WinNT* einen zweiten Provider für die Verwaltung lokaler Benutzerkonten. Der folgende Befehl gibt mit Hilfe des *WinNT*-Providers alle lokalen Benutzerkonten zurück:

```
([ADSI]"WinNT://.").Children | Where-Object SchemaClassname -eq "User"
```

[ADSI] ist bei der PowerShell aber nicht nur eine Typenabkürzung, damit geht auch eine Typenpassung durch das *Adaptable Type System* der PowerShell einher. Das über *[ADSI]* gelieferte Objekt unterscheidet sich von einem „Rohobjekt" (*DirectoryEntry*), das außerhalb der PowerShell (z. B. in einer Anwendung) entstehen würde, durch eine Reihe von internen Anpassungen. Unter anderem werden die wichtigsten LDAP-Attribute als Eigenschaften an das Objekt gehängt und zu einem bestimmten Active Directory-Typ nicht passende Members werden nicht zur Verfügung gestellt. Sollten Sie aus irgendeinem Grund das Rohobjekt ansprechen müssen, gibt es dafür die Eigenschaft *psbase*.

▶   **Hinweis**   In diesem Kapitel wird häufig der Begriff *LDAP* verwendet. Das *Lightweight Directory Access Protocol* ist ein plattform- und herstellerübergreifender Standard, der den hierarchischen Aufbau eines (im Grunde beliebigen) Verzeichnisses definiert und eine Abfragesprache umfasst, über die sich im Verzeichnis abgelegte Elemente lokalisieren lassen. Die wichtigste Eigenschaft von LDAP ist, dass Elemente über einen Pfad angesprochen werden, der mit dem untersten Element beginnt. Eine gute Übersicht zum Thema LDAP im Zusammenhang mit Windows Server gibt die (allerdings nicht mehr ganz aktuelle) Webseite http://selfadsi.de.

[ADSI] steht zwar nur für einen Typen, durch die interne Typenanpassung wird durch *[ADSI]* ein neues *DirectoryEntry*-Objekt angelegt, das jenes AD-Element repräsentiert, das durch den obligatorischen LDAP-Pfad ausgewählt wird.

► **Hinweis** Alle Beispiele in diesem Kapitel gehen von der Domäne mit der Bezeichnung „pskurs.local" aus.

Der erste Befehl geht davon aus, dass der Anwender bereits an der Domäne angemeldet ist:

```
[ADSI] ""
```

Dies ist die allereinfachste Form, die lediglich ein Objekt holt, das die Spitze des Verzeichnisses repräsentiert (aber nicht RootDSE ist). Die Domäne kann auch explizit über ihren LDAP-Pfad angesprochen werden:

```
PS C:\PSKurs> [ADSI] "LDAP:\\DC=Pskurs,DC=local"
distinguishedName : {DC=pskurs,DC=local}
Path              :
```

Sollte dieser Befehl einen „unbekannten Fehler" zur Folge haben, dürfte es daran liegen, dass der Name des ADSI-Providers „LDAP" nicht groß geschrieben wurde. Für den LDAP-Pfad spielt die Groß und Kleinschreibung dagegen keine Rolle.

► **Hinweis** Wer *[ADSI]* bereits von der PowerShell 1.0 kennt, wird erfreut zur Kenntnis nehmen, dass zwischen *[ADSI]* und der Zeichenkette Leerzeichen erlaubt sind, und dass die Eigenschaft *psbase* nicht mehr angegeben werden muss.

Der folgende Befehl holt alle Elemente des Containers *CN = Users:*

```
$ADUsers = [ADSI] "LDAP://CN=Users,DC=pskurs,DC=local"
```

Die Rückgabe ist unspektakulär, denn es wird lediglich das resultierende Objekt (vom Typ *DirectoryEntry*) mit seinen Eigenschaften *DistinguishedName* und *Path* ausgegeben.
Um den Inhalt des Containers zu sehen, muss die *Children*-Eigenschaft verwendet werden:

```
$ADUsers.Children
```

Oder

```
$ADUsers.Children.cn
```

Das von *Children* gelieferte Objekt besitzt eine *Find*-Methode, über die sich Elemente in dem Container lokalisieren lassen, z. B. den Administrator:

```
PS C:\> $ADUSers.Children.Find("CN=Administrator")

distinguishedName : {CN=Administrator,CN=Users,DC=pskurs,DC=local}
Path              : LDAP://CN=Administrator,CN=Users,DC=pskurs,DC=local
```

Per *[ADSI]* lassen sich natürlich auch neue Elemente anlegen, z. B. neue Benutzerkonten. Der folgende Befehl fügt zur Spitze des Verzeichnisses eine weitere OU (*Orgazinationa-lUnit*, eine logische Unterteilung innerhalb des Verzeichnisses) mit dem Namen „Kurs1" und zu dieser eine Reihe von Benutzerkonten hinzu.

```
# Anlegen einer OU
$ADUsers = [ADSI]"LDAP://CN=Users,DC=pskurs,DC=local"
$AD = [ADSI]"LDAP://DC=pskurs,DC=local"

$OU = $AD.Children.Add("OU=Kurs1","organizationalUnit")
$OU.CommitChanges()
$OU.Description = "PS-Kurs-Teilnehmer"
$OU.CommitChanges()
"Die OU wurde angelegt."

# Jetzt ein paar Users zur OU hinzufügen
$Anzahl = 0
$Users = "TN1", "TN2", "TN3"
foreach($User in $Users)
{
  $Anzahl++
  $ADUser = $OU.Children.Add("CN=$User","user")
  $ADUser.CommitChanges()
  $ADUser.Description = "Teilnehmer Nr. $Anzahl"
  $ADUser.CommitChanges()
  Write-Verbose "AD-User $User wurde angelegt." -Verbose
}
```

Die angelegten Konten sind noch nicht aktiv und besitzen auch kein Kennwort, so dass sie für eine Anmeldung nicht verwendet werden können. Auch wenn dies per *[ADSI]* mit wenig Aufwand möglich ist, wird das Beispiel nicht in diese Richtung erweitert, da das Anlegen und Aktivieren von Benutzerkonten mit den Cmdlets aus dem *Active Directory-Modul* deutlich einfacher umgesetzt wird.

14.1.2 Anmelden an eine Domäne mit [ADSI]

Ist eine Anmeldung an die Domäne erforderlich, kann *[ADSI]* nicht verwendet werden. Das *DirectoryEntry*-Objekt muss in diesem Fall mit dem *New-Object*-Cmdlet angelegt werden, Benutzername und Kennwort (als Zeichenkette) folgen auf den *ArgumentList*-Parameter. Als Typenname wird „ADSI" als Abkürzung für „System.DirectoryServices.DirectoryEntry" übergeben.

Das folgende Beispiel lokalisiert erneut ein Benutzerkonto im *Users*-Container, nur dass dieses Mal die Anmeldung an die Domäne explizit durchgeführt wird:

```
$ADUsers = New-Object -Typename ADSI
"LDAP://Server1/CN=Users,DC=pskurs,DC=local", "Benutzername", "Kennwort"
$ADUsers.Children.Find("CN=UserName")
```

14.1.3 Den RootDSE ansprechen

Soll per *[ADSI]* aus irgendeinem Grund der RootDSE der Domäne angesprochen werden, ist dies natürlich möglich. Die folgenden Befehle zeigen wie es geht:

```
$Root = [ADSI]"LDAP://RootDSE"
$Root.get("configurationNamingContext")
CN=Configuration,DC=pskurs,DC=local
```

Ist der Distinguished Name des für die Konfigurationsdaten zuständigen Namenskontext bekannt, kann dieser dazu benutzt werden, konkrete Informationen abzurufen:

```
PS PSKurs> ([ADSI]"LDAP://CN=Configuration,DC=pskurs,DC=local").Children
distinguishedName :
{CN=DisplaySpecifiers,CN=Configuration,DC=pskurs,DC=local}
Path              :
LDAP://CN=DisplaySpecifiers,CN=Configuration,DC=pskurs,DC=local
distinguishedName : {CN=Extended-
Rights,CN=Configuration,DC=pskurs,DC=local}
Path              : LDAP://CN=Extended-
Rights,CN=Configuration,DC=pskurs,DC=local
usw.
```

Betrachten Sie dieses Beispiel ebenfalls unter dem Blickwinkel, dass es nur dann eine Rolle spielt, wenn das *Active Directory-Modul* aus irgendeinem Grund nicht verwendet werden kann. Ansonsten wird der RootDSE ganz einfach per *Get-ADRootDSE*-Cmdlet geholt.

14.1.4 Suchen im Active Directory mit [ADSISearcher]

Für die Suche in einem Active Directory gibt es die Typenabkürzung *[ADSISearcher]*. Sie steht für ein Objekt vom Typ *System.DirectoryServices.DirectorySearcher*. Es wird mit einem LDAP-Suchfilter angelegt. Die zu durchsuchende Domäne wird über die *SearchRoot*-Eigenschaft festgelegt.

Das folgende Beispiel durchsucht eine OU mit dem Namen „Kurs1" (sie wurde in einem der vorherigen Beispiele angelegt) und gibt für jedes Benutzerkonto ein paar Eckdaten (*Name*, *Distinguished*Name und *Description*) aus.

```
# Benutzerkonten auflisten per [ADSISearcher]

$ADS = [ADSISearcher]"(objectClass=user)"
$ADS.SearchRoot = "LDAP://OU=PsKurs,DC=pskurs,DC=local"
$OU_Users = $ADS.FindAll()
foreach($User in $OU_Users)
{
    New-Object -TypeName PSObject -Property
@{Name=$User.Properties.cn[0];
  DN=$User.Properties.distinguishedname[0];
  Description=$User.Properties.description[0]
  }
}
```

Die Rückgabe der *FindAll()*-Methode ist ein Objekt vom Typ *SearchResultCollection*, das aus einer Reihe von *SearchResult*-Objekten besteht. Jedes einzelne Objekt stellt die Attribute des gefundenen Objekts über die *Properties*-Eigenschaft zur Verfügung, die selber wieder eine Collection ist (vom Typ *ResultPropertyCollection*). Es ist daher alles ein wenig komplizierter, als es sein müsste. Die „Krönung" ist der Umstand, dass es dieses eine Mal bei der PowerShell auf die Groß und Kleinschreibung ankommt. Ein „CN" ist nicht dasselbe wie ein „cn" oder ein „Cn" und richtig ist nur „cn".

Ist an die Domäne eine Anmeldung erforderlich, muss an die *SearchRoot*-Eigenschaft ein fertiges ADSI-Objekt übergeben werden:

```
$AD = New-Object -TypeName ADSI -ArgumentList
"LDAP://Server1/OU=PsKurs,DC=pskurs,DC=local","Administrator","geheim"
$ADS.SearchRoot = $AD
```

Auf weitere Beispiele zum Thema *[ADSI]* und *[ADISEarcher]* wird verzichtet, da 90 % aller PowerShell-User im Jahre 2014 mit den Cmdlets des Active Directory-Moduls arbeiten.

14.2   Das Active Directory-Modul

Für den Rest des Kapitels geht es ausschließlich um das *Active Directory-Modul* mit seinen Cmdlets, deren Zahl von 73 bei Windows Server 2008 R2 inzwischen auf 143 bei Windows Server 2012 R2 angestiegen ist. Das Modul steht automatisch zur Verfügung, wenn die *Active Directory Domain Services* (ADDS) als Feature hinzugefügt wurden. Mit seiner Hilfe kann jeder Domänenkontroller angesprochen werden, der unter Windows Server ab Version 2003 läuft. Es ist also nicht so, dass dafür die neueste Version von Windows Server benötigt wird. Das *Active Directory-Modul* gibt es nicht als eigenen Download, es steht im Rahmen der *Remote Server Administration Tools* (RSAT) für Windows-Desktop ab Windows 7 SP1 zur Verfügung.

14.2.1   Voraussetzungen bei Windows Server 2003/2008

Bei Windows Server 2003 und Windows Server 2008 muss ein kleines Update mit dem Namen *Active Directory-Verwaltungsgatewaydienst* installiert werden, das im Microsoft-Downloadportal unter   http://www.microsoft.com/de-de/download/details.aspx?id=2852 zur Verfügung steht. Achten Sie auf die Systemanforderungen und die Installationsdetails. Die Installation des kleinen Update ist grundsätzlich sehr einfach, scheitert aber oft daran, dass der Anwender das „Kleingedruckte" nicht gelesen hat.

14.2.2   Das Active Directory-Modul bei Windows 7/8/8.1

Für Windows 7, 8 und 8.1 steht das *Active Directory-Modul* im Rahmen der *Remote Server Administration Tools* (RSAT) zur Verfügung, die für die jeweilige Windows-Version und Plattform (32 und 64 Bit) heruntergeladen und installiert werden müssen (Abb. 14.1).
Bei Windows 7 muss das Modul nachträglich über *Programme und Funktionen* in der Systemsteuerung hinzugefügt werden (beim ersten Mal werden Sie unter Umständen ein wenig suchen müssen). Sie finden den Eintrag unter *Remoteserver-Verwaltungstools -> Rollenverwaltungstools -> AD-DS/-LDS Tools*.

14.2.3   Das Active Directory-Modul im Überblick

Das *Active Directory-Modul* umfasst in der Version 2012 R2 143 Cmdlets. Außerdem ist ein Provider dabei, der ein Laufwerk mit dem Namen *AD* zur Verfügung stellt, über das sich ein Verzeichnis mit den Item-Cmdlets aus Kap. 6 ansprechen lässt. Mehr dazu in Kap. 14.7.12 (Tab. 14.1).

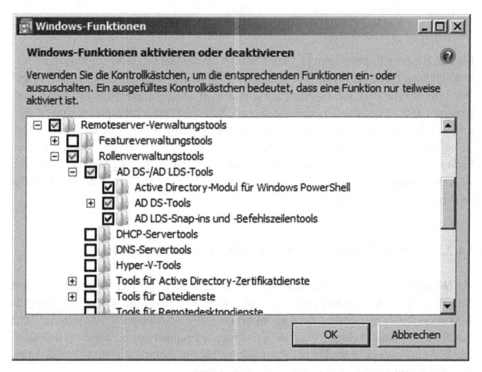

Abb. 14.1 Das Active Directory-Modul steht für Windows 7 als Teil der RSAT zur Verfügung

Tab. 14.1 Einige der wichtigsten Cmdlets aus dem Active Directory-Modul

Cmdlet	Bedeutung
Get-AdComputer	Holt einen oder mehrere Computerkonten
Get-AdUser	Holt ein oder mehrere Benutzer
New-AdUser	Legt ein neues Benutzerkonto an
Search-AdAccount	Sucht Benutzerkonten nach allgemeinen Kriterien wie „Konto ist abgelaufen", „Kennwort wird ablaufen" oder „Benutzer hat sich ausgesperrt"

14.3   Active Directory-Abfragen

Für Abfragen in einem Active Directory stehen zahlreiche Get-Cmdlets zur Auswahl, die grundsätzlich selbsterklärend sind. Ein *Get-AdUser* holt alle oder bestimmte Benutzerkonten, ein *Get-AdComputer* entsprechend Computerkonten und ein *Get-AdGroup* Gruppen. Alle diese Cmdlets führen eine Suche in der Domäne (bzw. in einem Domänenverbund, einem „Forest") durch. Da man im Allgemeinen nicht alle Objekte einer Domäne erhalten möchte, gibt es mehrere Alternativen, um die Auswahl einzugrenzen:

Tab. 14.2 Die wichtigsten Parameter von Get-AdUser

Parameter	Bedeutung
Filter	Definiert den Abfragefilter mit PowerShell-Operatoren
ResultSetSize	Begrenzt die Anzahl der zurückgegebenen Elemente oder setzt den Wert hoch (der Standardwert ist 5000)
SearchBase	Legt über den Distinguished Name fest, auf welcher Verzeichnisebene die Suche beginnt
SearchScope	Legt die Suchtiefe fest (zur Auswahl stehen Base, OneLevel und SubTree)

- Über den *Identity*-Parameter. Dieser wählt genau ein Objekt aus.
- Über den *Filter*-Parameter. Auf ihn folgt ein Filter, der mit PowerShell-Elementen formuliert wird.
- Über den *LdapFilter*-Parameter. Der Filterausdruck wird in der Original LDAP-Syntax angegeben.

Natürlich kann man auch alle Objekte holen und nachträglich per *Where-Object*-Cmdlet filtern, allerdings ist diese Vorgehensweise nur bei kleinen Verzeichnissen optimal.

Der folgende Befehl holt alle Benutzerkonten, deren Name mit einem „A" beginnt.

```
Get-AdUser -Filter { Name -like "A*" }
```

Der Filterausdruck kann in geschweifte Klammern oder Anführungsstriche gesetzt werden. Ein *$_* kommt nicht vor (da auch die Pipeline nicht involviert ist). Tabelle 14.2 stellt die wichtigsten Parameter des Get-AdUser-Cmdlets zusammen.

Der folgende Befehl holt über den *Identity*-Parameter einen einzelnen Benutzer:

```
Get-AdUser -Identity "CN=Administrator,CN=Users,DC=pmtrain,DC=local"
```

Ist eine Anmeldung an die Domäne erforderlich, werden die Angaben Servername und Benutzername über die Parameter *Server* und *Credential* übergeben. Letzterer erwartet auch hier ein Objekt vom Typ *PSCredential*. Wird nur der Benutzername übergeben, wird das Kennwort abgefragt. Diese Vorgehensweise ist bei allen AD-Cmdlets identisch, so dass sie bei den folgenden Beispielen nicht mehr separat erwähnt wird.

Auch bei den *Active Directory*-Cmdlets gibt jedes Get-Cmdlet eine bestimmte „Sorte" von Objekt zurück. Ein *Get-ADUser* gibt ein *ADUser*-Objekt zurück, ein *Get-ADGroup* ein *ADGroup*-Objekt und ein *Get-ADOrganizationalUnit* gibt ein *ADOrganizationalUnit*-Objekt zurück. Das Besondere an diesen Objekten ist, dass zwischen ihnen (genauer gesagt, den zugrundeliegenden Typen) eine Beziehung besteht. Alle AD-Objekte leiten sich vom allgemeinen Typ *ADEntity* ab und übernehmen alle Members dieses Typs. Dadurch steht bei allen davon abgeleiteten Typen dieser Satz an Members zur Verfügung. Das erleichtert die Weiterverarbeitung dieser Objekte, da stets dieselben Membernamen im Spiel sind.

14.3.1 Die PowerShell-Filtersyntax

Die etwas sperrige LDAP-Abfragesyntax spielt beim *Active Directory-Modul* keine Rolle mehr (wenngleich sie verwendet werden kann). Die PowerShell bietet eine eigene Filtersyntax, die sich an die vertraute Abfragesyntax der PowerShell anlehnt, mit dieser aber nicht identisch ist. Es gibt fast alle vertrauten Operatoren, allerdings verbunden mit kleineren Einschränkungen. Eine Einschränkung betrifft die Abfrage auf *$null*, die nicht möglich ist. Bei zusammengesetzten Attributen, z. B. DistinguishedName, ist kein *-Platzhalter erlaubt.

Der folgende Befehl soll alle Benutzerkonten zurückgeben, die aktuell eine E-Mail-Adresse besitzen, deren *mail*-Attribut, das über die Eigenschaft *EMailAddress* angesprochen werden kann, einen Wert besitzt. Der folgende Befehl funktioniert nicht:

```
Get-AdUser -Filter { EMailAddress -ne $null }
```

Die richtige Variante besteht darin, mit dem *Like*-Operator auf Werte zu prüfen, die gleich dem Platzhalter * sind und damit irgendeinen Wert besitzen:

```
Get-AdUser -Filter { EMailAddress -like "*" }
```

Der Grund dafür, dass die Email-Adresse bei den zurückgegebenen Objekten nicht auftaucht ist, dass aus Gründen der besseren Effektivität nur die Werte einiger Standardattribute zurückgegeben werden. Alle weiteren Attribute müssen über den *Properties*-Parameter gezielt angefordert werden:

```
Get-Aduser -Filter { EMailAddress -like "*" } -Properties EMailAddress
```

Oder

```
Get-Aduser -Filter { EMailAddress -like "*" } -Properties mail
```

Das Weglassen des *Properties*-Parameters ist ein beliebter Anfängerfehler. Möchte man alle Attribute mit ihren Werten sehen, muss auf den *Properties*-Parameter ein * als Platzhalter für alle Namen folgen:

```
Get-Aduser -Filter * -Properties *
```

Der folgende Befehl gibt die Namen aller Benutzerkonten aus, die aktuell keine E-Mail-Adresse besitzen:

```
Get-Aduser -Filter { EMailAddress -notlike "*" } -Properties EMailAddress
| Select-Object -Property Name
```

Seine Stärken spielt die PowerShell-Syntax bei Abfragen aus, die per LDAP-Syntax richtig kompliziert werden, wie z. B. Vergleiche mit einem Datumswert.

Der folgende Befehl führt per *Get-ADUser* eine Abfrage durch, die alle Benutzerkonten holt, deren Name mit einem „A" beginnt, und die sich nach einem bestimmten Datum das letzte Mal angemeldet haben:

```
Get-AdUser -Filter { Name -like "A*" -and LastLogonDate -lt "1.1.2014" }
```

Nicht nur, dass das Vergleichsdatum direkt in den Vergleich eingebaut werden kann, dank des „Pseudoattributs" *LastLogonDate* kann der Vergleich mit einem *DateTime*-Wert durchgeführt werden und die Umwandlung des LDAP-Datumsformats entfällt.

▶   **Hinweis**   Die PowerShell-Syntax („PowerShell Expression Language") wird in der Hilfe unter „about_ActiveDirectory_Filter" beschrieben.

14.4   Spezielle Abfragen mit Benutzerkonten

Geht es beim Abfragen von Benutzerkonten in erster Linie darum, Attribute abzufragen, die mit dem Aspekt der Anmeldung etwas zu tun haben, ist das *Get-AdUser*-Cmdlet auf die Dauer etwas umständlich. Dafür gibt es das *Search-AdAccount*-Cmdlet, das für die wichtigsten Attribute wie *Enabled*, *PasswordExpired* oder *Lockedout* eigene Parameter besitzt (Tab. 14.3). Das *Search-ADAccount*-Cmdlet sucht nach Benutzer-, Dienst- und Computerkonten mit bestimmten Besonderheiten.

Der folgende Befehl gibt alle nicht aktiven Benutzerkonten zurück:

```
Search-ADAccount -AccountDisabled
```

Tab. 14.3 Interessante Parameter des Search-ADAccount-Cmdlets

Parameter	Was wird geholt?
AccountDisabled	Nicht aktive Benutzerkonten
AccountExpired	Abgelaufene Benutzerkonten
AccountExpiring	Benutzerkonten, die in einer angegebenen Zeitspanne ablaufen werden
ComputersOnly	Nur Computerkonten
LockedOut	Benutzerkonten, deren Inhaber sich durch mehrmalige falsche Eingabe des Kennworts ausgesperrt haben
PasswordExpired	Benutzerkonten, deren Kennwort abgelaufen ist
PasswordNeverExpires	Benutzerkonten, deren Kennwort nie abläuft

Der folgende Befehl gibt alle abgelaufenen Benutzerkonten zurück:

```
Search-ADAccount -AccountExpired
```

Der folgende Befehl gibt alle Benutzerkonten zurück, die in 14 Tagen ablaufen werden:

```
Search-ADAccount -AccountExpiring -TimeSpan "14"
```

Die „14" wird als Initialisierungswert für das *TimeSpan*-Objekt verwendet, das dem gleichnamigen Parameter zugeordnet wird, und als Anzahl von Tagen interpretiert.

Mit einem LDAP-Filter wäre alles „ein wenig" komplizierter

```
Get-Aduser -LDAPFilter
"(&(objectCategory=User)(userAccountControl:1.2.840.113556.1.4.803:=2))"
```

14.5   Computerkonten auflisten

Ein *Get-AdComputer* gibt alle Computerkonten der Domäne zurück. Der folgende Befehl holt alle Computerkonten und gibt dank dem *Properties*-Parameter alle Attribute aus:

```
Get-AdComputer -Filter * -Properties *
```

Interessant sind Attribute wie *OperatingSystem*, *OperatingSystemVersion* und *Operating-SystemServicePack*.

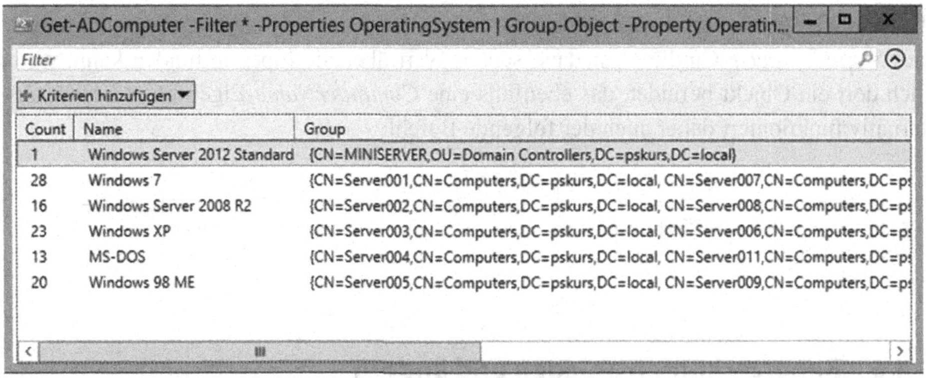

Abb. 14.2 Das Ergebnis einer „Betriebssystem-Erhebung"

Der folgende Befehl fasst alle Computerkonten der Domäne zusammen und gruppiert sie nach der Bezeichnung des Betriebssystems:

```
Get-AdComputer -Filter * -Properties OperatingSystem | Group-Object -
Property OperatingSystem
```

Damit die Abfrage funktioniert, muss auch bei *Get-AdComputer* der *Properties*-Parameter bemüht werden.

Um die Ausgabe optisch etwas attraktiver zu gestalten, muss lediglich das *Out-Grid-View*-Cmdlet angehängt werden:

```
Get-AdComputer -Filter * -Properties OperatingSystem | Group-Object -
Property OperatingSystem | Out-GridView
```

Abbildung 14.2 zeigt das Ergebnis einer Abfrage an, die in einem eigenen Fenster ausgegeben wird.

Das *Out-GridView*-Cmdlet ist auch sehr praktisch, um eine Vorauswahl von Computern zu treffen, mit denen eine Aktion ausgeführt werden soll.

Der folgende Befehl holt die Namen aller Computerkonten und fährt anschließend jene Computer per *Stop-Computer*-Cmdlet herunter, deren Namen in dem Fenster ausgewählt wurden[1]:

```
Get-AdComputer -Filter * | Out-GridView -PassThru | ForEach-Object {
Stop-Computer -ComputerName $_.Name -WhatIf }
```

---

[1] Führen Sie den Befehl bitte nur dann aus, wenn Sie keine negativen Konsequenzen befürchten müssen oder verwenden Sie bei *Stop-Computer* den *WhatIf*-Parameter.

Der Umweg über ein *Foreach-Object* ist erforderlich, da der *ComputerName*-Parameter des *Stop-Computer*-Cmdlets nur dann seinen Wert über die Pipeline binden kann, wenn sich dort ein Objekt befindet, das ebenfalls eine *ComputerName*-Eigenschaft besitzt. Alternativ funktioniert daher auch der folgende Befehl:

```
Get-AdComputer -Filter * | Out-GridView -PassThru | Select-Object -
Property @{Name="Computername";Expression={$_.Name}} | Stop-Computer -
WhatIf
```

14.6 Benutzerkonten anlegen und ändern

Ein Benutzerkonto wird mit dem *New-ADUser*-Cmdlet angelegt. Im einfachsten Fall wird nur der Name des Kontos angegeben, die restlichen Parameter sind optional.

Für den Namen eines Benutzerskontos gelten gewisse Einschränkungen sowohl was die Länge als auch die Verwendung von Sonderzeichen (es ist kein Unterstrich erlaubt) angeht. Dafür darf der Name Leerzeichen enthalten.

Der folgende Befehl legt per *New-AdUser* ein neues Benutzerkonto an und verleiht diesem eine E-Mail-Adresse:

```
New-AdUser -Name TN1 -EMailAddress TN1@localhost.local
```

Soll die Adresse oder ein anderes Attribut später geändert werden, kommt das *Set-ADUser*-Cmdlet zum Einsatz. Entweder erhält es seinen Input über die Pipeline oder das Benutzerkonto wird über den *Identity*-Parameter ausgewählt.

Das folgende Beispiel gibt allen Benutzerkonten, deren Name mit „TN" beginnt, eine neue E-Mail-Adresse. Da es bei *Get-ADUser* keinen PipelineVariable-Parameter gibt, muss das *ForEach-Object*-Cmdlet als Ersatz einspringen:

```
Get-ADuser -Filter { Name -like "TN*" } | Foreach-Object {
    $_ | Set-AdUser -EmailAddress "$($_.Name).Localhost2.local"
}
```

Der folgende Befehl gibt die geänderten E-Mail-Adressen aus:

```
Get-ADUser -Filter { Name -like "TN*" } -Properties EMailAddress
```

Der folgende Befehl legt einen Benutzer an und ordnet diesen einer OU zu:

Tab. 14.4 Wichtige Parameter beim New-ADUser-Cmdlet

Parameter	Bedeutung
Name	Der Name des Benutzerkontos.
OtherAttributes	Beliebige Attribute, vor allem jene, für die es keinen Parameter gibt, werden als Hashtable übergeben (z. B. @{Attributname1=Wert1;Attributname2=Wert2})
Path	Der Verzeichnispfad innerhalb der Domäne
SamAccountName	Der bei NT 4-Domänen obligatorische „interne" Name
Server	Der Name des Servers, auf dem der Domänenkontroller läuft
UserPrincipalName	Der Anmeldename

```
New-ADUser -Name "UserNeu" -Path "OU=PsKurs,DC=pmtrain,DC=local"
```

Der folgende Befehl legt einen neuen Benutzer an und verwendet den *OtherAttributes*-Parameter, um weitere Attribute zusammenzufassen:

```
New-ADUser -Name PSTrainer -SamAccountName PSTrainer -OtherAttributes
@{UserPrincipalName="PSTrainer";Mail="pstrainer@pemotrain.local"}
```

14.6.1   Benutzerkonten mit einer Vorlage anlegen

Über den *Instance*-Parameter von *New-ADUser* kann ein bereits vorhandenes *ADUser*-Objekt angegeben werden, dessen Eigenschaften für das neue Objekt übernommen werden. Damit lassen sich Vorlagen festlegen (Tab. 14.4).

14.6.2   Benutzerkonten nach dem Anlegen aktivieren

Die bisher angelegten Benutzer(-konten) konnten noch nicht für eine Anmeldung in der Domäne verwendet werden, denn sie waren nicht aktiv. Damit das *Enable-AdAccount*-Cmdlet wirksam werden kann, gibt es die Parameter *Enabled* und *AccountPassword*. Das Kennwort muss hier als SecureString-Wert übergeben werden. Alternativ kann das per *New-AdUser* angelegte Benutzerkontoobjekt per *PassThru*-Parameter an das nächste Cmdlet weitergereicht werden, das das Kennwort setzt. Danach wird das Objekt, ebenfalls per *PassThru*, an das *Enable-AdAccount*-Cmdlet weitergereicht.

Der folgende Befehl aktiviert per *Enable-ADAccount* alle Benutzerkonten, die mit der Silbe „TN" beginnen und weist ihnen per *Set-ADAccountPassword* ein Einheitskennwort zu, das den Kennwortrichtlinien entspricht, und das mit der ersten Anmeldung geändert werden muss:

```
<#
 .Synopsis
 Benutzerkonten aktivieren
#>
$PwSec = "demo+123" | ConvertTo-SecureString -AsPlainText -Force

Get-ADUser -Filter { Name -like "TN*" } |
 Set-ADAccountPassword -Reset -NewPassword $PwSec -PassThru |
, Enable-ADAccount -PassThru | Set-ADUser -ChangePasswordAtLogon:$true

Get-ADUser -Filter { Name -like "TN*" } -Properties PasswordExpired |
Select-Object -Property Name, Enabled, PasswordExpired | Format-Table -
AutoSize
```

Eine wichtige Rolle spielt der *PassThru*-Parameter. Er sorgt dafür, dass das von *Set-AdAccountPassword* verarbeitete Benutzerkonto-Objekt an *Enable-AdAccount* weitergereicht wird. Auch dieses Cmdlet reicht seinen Input an das folgende *Set-AdUser*-Cmdlet weiter, um das Attribut *ChangePasswordAtLogon* auf *$true* zu setzen.

14.6.3   Attribute von Benutzerkonten ändern

Das Ändern von Attributen eines Benutzerkontos übernimmt das *Set-AdUser*-Cmdlet. Es besitzt für das Setzen der Standard-Attribute entsprechende Parameter.

Der folgende Befehl weist dem Administratorkonto eine E-Mail-Adresse zu:

```
Set-ADUser -Identity Administrator -EmailAddress admin@localhost.local
```

Für das Ändern von Multi-Value-Attributen gibt es die Parameter *Add*, *Clear*, *Remove* und *Replace*. Der folgende Befehl fügt zum Attribut *otherMobile* einen Wert hinzu:

```
Set-ADUser -Identity Administrator -Add @{OtherMobile="01577-1234"}
```

Der folgende Befehl tauscht per *Replace*-Parameter den Wert für das Attribut *otherMobile*:

```
Set-ADUser -Identity Administrator -Replace @{OtherMobile="0163-1234"}
```

Der folgende Befehl entfernt einen Wert des Attributs *otherMobile*:

```
Set-ADUser -Identity Administrator -Remove @{OtherMobile="0163-1234"}
```

Abb. 14.3 Der Attribut-Editor als Teil der Active Directory Benutzer und Computer-Konsole

Der folgende Befehl entfernt alle Werte des Attributs *otherMobile*:

```
Set-ADUser -Identity Administrator -Clear OtherMobile
```

Es ist offenbar nicht möglich, per *Replace*-Operator einen einzelnen Wert gegen einen anderen Wert auszutauschen.

▶   **Tipp** Eine gute Übersicht über die Attribute eines AD-Objekts bietet das Ver-
    waltungsprogramm „Active Directory Benutzer und Computer". Wird im *Ansicht*-
    Menü der Eintrag „Erweiterte Features" gewählt, steht in den Eigenschaften
    eines Benutzerkontos das Register *Attribut-Editor* zur Verfügung (Abb. 14.3).

14.6.4   Benutzerkonten entfernen

Das Entfernen eines Benutzerkontos übernimmt das *Remove-ADUser*-Cmdlet. Soll das Entfernen nicht bestätigt werden müssen, folgt auf den *Confirm*-Parameter ein *$false*. Der folgende Befehl entfernt alle Benutzerkonten, deren Name mit einem „TN" beginnt, ohne dass das Löschen explizit bestätigt werden muss:

```
Get-ADUser -Filter { Name -like "TN*" } | Remove-ADUser -Confirm:$false
```

Wurde der mit Windows Server 2008 R2 eingeführte Papierkorb aktiviert (was per Po-werShell über das Cmdlet *Enable-ADOptionalFeature* durchgeführt wird), lassen sich gelöschte Benutzerkonten mit Hilfe des Cmdlets Recover-AdUser relativ einfach wieder-herstellen.

14.7   Umgang mit Gruppen

Es ist vor allem der Umgang mit Gruppen, der beim *Active Directory-Modul* regelrecht Spaß macht. Vor allem dann, wenn man in der Vergangenheit z. B. das Hinzufügen von Benutzerkonten zu einer Gruppe oder die Abfrage einer Gruppenmitgliedschaft per VBScript erledigen musste.

Die folgende Befehlsfolge legt über das *New-AdGroup*-Cmdlet eine neue Gruppe mit dem Namen „PsKurs1" an und fügt über das *Add-AdGroupMember*-Cmdlet eine Reihe von Benutzerkonten hinzu:

```
# Umgang mit Gruppen

New-ADGroup -Name PSKurs1 -GroupScope DomainLocal -GroupCategory Security

# Ein paar Mitglieder hinzufügen

Add-ADGroupMember -Identity PSKurs1 -Members
"CN=TN1,CN=Users,DC=pskurs,DC=local",

"CN=TN2,CN=Users,DC=pskurs,DC=local",

"CN=TN3,CN=Users,DC=pskurs,DC=local"
```

Das *Get-AdGroupMember*-Cmdlet listet die Mitglieder einer Gruppe auf:

```
Get-ADGroupMember -Identity PSKurs1
```

Möchte man die Gruppen sehen, in denen ein Benutzer Mitglied ist, erhält man diese z. B. über das *MemberOf*-Attribut des Benutzerobjekts:

```
Get-ADUser -Filter { Name -eq "TN1" } -Properties MemberOf | Select-
Object -ExpandProperty MemberOf
```

Bei der Ausgabe muss berücksichtigt werden, dass die Standardgruppen nicht dabei sind. Eine vollständige Liste liefert das *Get-ADPrincipalGroupMembership*-Cmdlet:

```
Get-ADPrincipalGroupMembership -Identity
"CN=TN1,CN=Users,DC=pskurs,DC=local" | Select-Object -ExpandProperty Name
```

Der folgende Befehl entfernt mit Hilfe des *Remove-AdGroupMember*-Cmdlets einen Benutzer aus einer Gruppe ohne eine Bestätigungsanforderung:

```
Remove-AdGroupMember -Identity PsKurs1 -Members
"CN=TN1,CN=Users,DC=pskurs,DC=local" Confirm:$False
```

14.8   Spezialitäten beim Active Directory-Modul

Das Thema Active Directory-Verwaltung ist ein umfangreiches Thema, das beweist alleine die relativ große Anzahl an Cmdlets, die ab Windows Server 2012 für diese Aufgabe zur Verfügung stehen. Aus Platzgründen und weil dies nicht der Fokus des Buches ist, kann das Kapitel das Thema nur anreißen. In diesem Abschnitt werden ein paar etwas speziellere Themen zusammengefasst.

14.8.1   Das AD-Laufwerk

Mit dem *Active Directory-Modul* wird ein Laufwerk mit dem Namen „AD" hinzugefügt, über das sich der Inhalt eines Active Directory mit Cmdlets wie *Get-ChildItem* (Dir) ansprechen lässt. Der folgende Befehl wechselt auf das neue Verzeichnis:

```
cd AD:
```

Ein „dir" gibt den Inhalt des obersten Containers aus:

```
Name                 ObjectClass        DistinguishedName
----                 -----------        -----------------
pskurs               domainDNS          DC=pskurs,DC=local
Configuration        configuration      CN=Configuration,DC=pskurs,DC=local
Schema               dMD                CN=Schema,CN=Configuration,
                                            DC=pskurs,DC=local
DomainDnsZones       domainDNS          DC=DomainDnsZones,DC=pskurs,DC=local
ForestDnsZones       domainDNS          DC=ForestDnsZones,DC=pskurs,DC=local
```

Beim Wechseln in einen Untercontainer muss immer der Distinguished Name als Name angegeben werden, z. B.

```
cd "CN=Users,DC=pskurs,DC=local"
```

Theoretisch lassen sich per *Remove-Item*-Cmdlet Benutzerkonten löschen:

```
Remove-Item -Path CN=TN1 -Force
```

und neu anlegen

```
New-Item -Path "CN=TN1" -ItemType User
```

Theoretisch deswegen, weil die AD-Cmdlets dafür deutlich besser geeignet sind. Interessant ist das *AD*-Laufwerk, um andere Bereiche des Active Directory (etwa die Schemainformationen) anzusprechen, für die es keine Cmdlets gibt.

▶ **Hinweis** Eine gute Übersicht zum Thema „AD-Laufwerk" gibt ein Artikel von Windows-Experten *Wolfgang Sommergut* auf www.windowspro.de unter http://www.windowspro.de/wolfgang-sommergut/active-directory-powershell-als-laufwerk-mounten-objekte-bearbeiten.

14.8.2   Aktivieren des Papierkorbs

Der mit Windows Server 2008 R2 eingeführte Papierkorb für die einfache und vor allem vollständige Wiederherstellung gelöschter AD-Objekte konnte in dieser Version nur per PowerShell-Cmdlet *Enable-ADOptionalFeature* aktiviert werden. Ab Windows Server 2012 steht diese Funktionalität auch im Rahmen des *Active Directory-Verwaltungscenters* zur Verfügung. Das folgende Skript aktiviert den Active Directory-Papierkorb für die angegebene Domäne. Wie es die Warnung ausführlich hervorhebt, kann die Aktivierung nicht rückgängig gemacht werden.

```
<#
.Synopsis
 AD-Papierkorb aktivieren
#>

$DomainName = "pskurs.local"
$DomainDN = "DC=pskurs,DC=local"

try
{
    $PapierkorbID =  "CN=Recycle Bin Feature,"
    $PapierkorbID += "CN=Optional Features,"
    $PapierkorbID += "CN=Directory Service,"
    $PapierkorbID += "CN=Windows NT,"
    $PapierkorbID += "CN=Services,"
    $PapierkorbID += "CN=Configuration,$DomainDN"

    Enable-ADOptionalFeature -Identity $PapierkorbID -Scope
ForestOrConfigurationSet -Target $DomainName
    Write-Verbose "Der AD-Papierkorb wurde aktiviert." -Verbose
}
catch
{
    Write-Warning "Fehler beim Aktivieren des AD-Papierkorbs ($_)"
}

Get-ADOptionalFeature -Filter *
```

14.8.3   Suchen nach anderen AD-Objekten

Für die allgemeine Suche nach Objekten, die sich in einem Active Directory-Verzeichnis befinden, gibt es das *Get-ADObject*-Cmdlet. Der Typ des zu suchenden Objekts wird indirekt über den Filter angegeben. Der folgende Befehl sucht nach dem Standort eines bestimmten Druckers:

```
Get-ADObject -Filter "Name -like '*brother*'" -Properties Location
```

Voraussetzung ist natürlich, dass das *Location*-Attribut einen Wert besitzt.
Der folgende Befehl sucht nach einem *Group Policy Container* (GPO):

```
Get-ADObject -SearchBase "CN=Policies,CN=System,DC=Pskurs,DC=local" ` -
Filter "ObjectClass -eq 'GroupPolicyContainer'" -Properties Flags |
Select-Object -Property Name, Flags
```

14.8.4   Cmdlets für die Domänenverwaltung

Das *Active Directory-Modul* umfasst nicht nur Cmdlets für den Umgang mit den Inhalten eines Verzeichnisses, sondern auch Cmdlets für den Umgang mit dem Verzeichnisdienst selber. Dazu gehören Cmdlets wie *Get-AdDomain* und *Get-ADDomainController*. Tab. 14.5 stellt einige dieser Cmdlets zusammen.

14.8.5   Das Active Directory Verwaltungscenter als Alternative zur PowerShell

Das *Active Directory-Verwaltungscenter* wurde mit Windows Server 2008 R2 als eine Alternative zur Active Directory Benutzer und Computer-Verwaltungskonsole eingeführt, aber auch zur Eingabe von PowerShell-Befehlen in einer Konsole. Das Besondere an der

Tab. 14.5 Cmdlets für den Umgang mit der Infrastruktur eines Active Directory

Cmdlet	Was holt es?
Get-ADDomain	Informationen über eine Domäne
Get-ADDomainController	Informationen über den Domänenkontroller
Get-ADForest	Informationen über die Gesamtstruktur, zu denen auch die globalen Kataloge gehören
Get-ADRootDSE	Holt die „virtuelle Spitze" des Verzeichnisses, über die man u. a. eine Liste aller Namenskontexte erhält

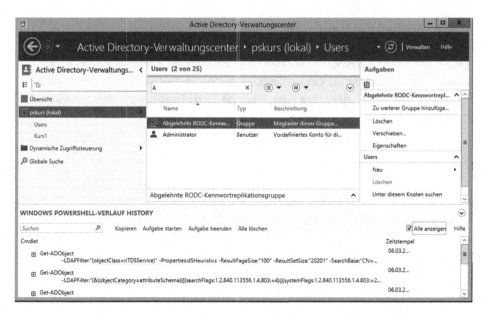

Abb. 14.4 Das Active Directory-Verwaltungscenter zeigt bei Windows Server 2012 auch die PowerShell-Cmdlets an, die durch eine GUI-Aktion ausgeführt werden

Anwendung ist, dass sie intern auf PowerShell-Cmdlets basiert, die durch eine Aktion, die in der Anwendung durchgeführt wird, ausgeführt werden. Bei Windows Server 2012 werden die ausgeführten Cmdlets in der Befehlshistorie angezeigt, was das Erlernen der Cmdlets deutlich erleichtert (Abb. 14.4). Das *Active Directory-Verwaltungscenter* spielt damit die Rolle eines „Makrorekorders" für das Active Directory.

14.9   Zusammenfassung

Das *Active Directory-Modul* ist eine durchdachte Sammlung von „PowerShell-Befehlen" (Cmdlets), durch die sich alle wichtigen Aktivitäten im Zusammenhang mit einem Active Directory komfortabel, konsistent und mit wenig Aufwand erledigen lassen. Es steht ab Windows Server 2008 R2 zur Verfügung und wurde bislang mit jeder neuen Version von Windows Server erweitert. Im Zusammenspiel mit den allgemeinen Cmdlets gibt es viele Möglichkeiten, Abfragen und Abläufe zu automatisieren.

Module und Snapins

15

Module stehen bei der PowerShell von Anfang an im Mittelpunkt. Ein Modul basiert in der Regel auf einem regulären Verzeichnis, das aus Ps1-Dateien, Assemblydateien (Dateien mit der Erweiterung.*Dll*, die Cmdletdefinitionen enthalten) und weiteren Dateien, die für die Dateien des Moduls eine Bedeutung besitzen, besteht. Wo sich das Verzeichnis befindet, spielt grundsätzlich keine Rolle. Die PowerShell arbeitet mit bevorzugten Verzeichnispfaden, die in der Umgebungsvariablen *PSModulePath* enthalten sind. Die PowerShell kann aber auch aus einer einzigen Datei ein Modul machen. Diese Datei ist entweder eine Assembly-Datei mit Cmdlet-Definitionen, eine allgemeine Assembly-Datei mit öffentlichen Klassen oder eine Definitionsdatei für einen Workflow. Seit der Version 3.0 befinden sich alle Cmdlets, Function-Definitionen, Alias und Typeninformationsdateien der PowerShell in Modulverzeichnissen.

15.1 Die Idee der Module

Module wurden erst mit der Version 2.0 eingeführt. Bei der Version 1.0 gab es lediglich die Snap-Ins, die auch in der aktuellen Version zur Verfügung stehen, in der Praxis jedoch, von wenigen Ausnahmen abgesehen, keine Rolle mehr spielen. Ein Modul fasst eine Funktionalität bestehend aus Skriptdateien, Cmdlets, Typen- und Formatdefinitionen und weiteren Dateien zusammen, die mit dem Laden des Moduls in der PowerShell-Sitzung zur Verfügung stehen. Module besitzen (gegenüber Snapins) ein paar kleinere Vorteile:

- Module lassen sich sehr einfach erstellen.
- Module lassen sich einfach weitergeben (dazu muss lediglich das Verzeichnis kopiert werden).
- Es ist keine Installation erforderlich.

© Springer Fachmedien Wiesbaden 2014   317
P. Monadjemi, *PowerShell für die Windows-Administration,* X.systems.press,
DOI 10.1007/978-3-658-02964-7_15

Tab. 15.1 Wichtige Parameter bei Import-Module

Parameter	Bedeutung
Assembly	Es werden die Cmdletdefinitionen aus der über den *Path*-Parameter angegebenen Assembly-Datei importiert
DisableNameChecking	Die Überprüfung auf nicht „autorisierte Verben" (z. B. „Touch") wird abgeschaltet. Es kommt daher nicht zu Warnungen, wenn ein Verb gegen diese Regeln verstößt
Function	Es werden nur die angegebenen Functions importiert
Global	Das bzw. die Module werden so geladen, dass ihre Inhalte (z. B. Functions) in der gesamten Session zur Verfügung stehen
MinimumVersion	Ein Modul wird nur importiert, wenn seine Versionsnummer gleich oder größer der angegebenen Versionsnummer ist
NoClobber	Commands, deren Namen mit bereits vorhandenen Commands übereinstimmt, werden nicht importiert
Prefix	Den Hauptwörtern aller Commands wird der angegebene Präfix vorangestellt, um Namensüberschneidungen zu vermeiden
RequiredVersion	Ein Modul wird nur importiert, wenn seine Versionsnummer gleich der angegebenen Versionsnummer ist

- Ein Modul-Verzeichnis kann im Netzwerk freigegeben werden.

Ein Modul kann Cmdlets, Functions, Alias, Variablen, allgemeine.NET-Assemblydateien, Typendefinitionsdateien, Formatdefinitionsdateien und PowerShell-Skriptdateien umfassen, die alle mit dem Laden des Moduls in die aktuelle PowerShell-Sitzung geladen werden. Im einfachsten Fall enthält ein Modul lediglich eine einzelne Skriptdatei (die die Erweiterung.*Psm1* trägt) mit einer Reihe von Function-Definitionen, die anschließend zur Verfügung stehen.

15.1.1 Implizites Laden von Modulen

Seit der Version 3.0 werden Module in der Regel implizit geladen. Das *Import-Module*-Cmdlet, das ein Modul explizit lädt, muss nur in Ausnahmefällen verwendet werden. Wird ein Befehl eingegeben, den die PowerShell nicht zuordnen kann, durchsucht sie alle in der Umgebungsvariablen *$PSModulePath* enthaltenen Verzeichnisse und die darin enthaltenen Modulverzeichnisse nach diesem Befehl. Wird der Befehl gefunden, wird das Modul automatisch von der PowerShell geladen. Das *Import-Module*-Cmdlet wird daher nur für jene Situationen benötigt, in denen sich das Modulverzeichnis nicht in einem Verzeichnis befindet, das in *PSModulePath* enthalten ist, eine bestimmte Version eines Moduls angefordert oder z. B. allen Namen von Cmdlets und Functions ein Namenspräfix vorangestellt werden soll. Tabelle 15.1 stellt die wichtigsten Parameter von *Import-Module* zusammen. Per *Import-Module* werden auch Assembly-Dateien geladen, die Cmdlet-Definitionen enthalten (Kap. 25), allgemeine Assembly-Bibliotheken und Workflow-Definitionen (Kap. 17).

15.2   Die Anatomie eines Moduls

Ein Modul basiert auf einem Verzeichnis, das in der Regel eine Reihe von Dateien enthält, die für die PowerShell eine Bedeutung besitzen. Damit ein Verzeichnis von der PowerShell als Modulverzeichnis erkannt wird, muss es eine von zwei Voraussetzungen erfüllen:

- Es muss eine Psm1-Datei enthalten.
- Es muss eine Psd1-Datei enthalten.

Während die Psm1-Datei eine reguläre Skriptdatei ist, deren Inhalt mit dem Laden des Moduls ausgeführt wird (die einzige Ausnahme ist der Umstand, dass das *Export-ModuleMember*-Cmdlet nur in einer Psm1-Datei enthalten sein darf), ist die Psd1-Datei eine Textdatei, die aus einer Hashtable besteht, deren Schlüssel den Namen von Einstellungen entsprechen, die beim Laden des Moduls ausgewertet werden. Darüber hinaus gibt es keine Vorgaben was den Aufbau eines Modulverzeichnisses betrifft.

▶   **Tipp**   Das (alte) *Tree*-Kommando von Windows eignet sich gut, die Verzeichnisstruktur eines Modulverzeichnisses sichtbar zu machen. Geben Sie z. B. „tree $env:userprofile\documents\windowspowershell\modules" ein und lassen Sie sich angenehm überraschen.

15.3   Ein Überblick über die vorhandenen Module

Windows wird in den aktuellen Versionen mit einer umfangreichen „Erstausstattung" an PowerShell-Modulen ausgeliefert. Durch das Hinzufügen eines Features kommen oft weitere Module hinzu. Die Server-Module werden in Kap. 16 vorgestellt. In diesem Kapitel geht es um die hinter einem Modul stehende Technik.

Eine Übersicht über alle verfügbaren Module liefert das *Get-Module*-Cmdlet mit seinem *ListAvailable*-Parameter:

```
Get-Module -ListAvailable
```

Sind Sie an Modulen mit einer bestimmten Funktionalität interessiert, kommt der *Name*-Parameter und ein Platzhalter ins Spiel. Der folgende Befehl listet nur jene Module auf, in denen das Wort „DNS" enthalten ist:

```
Get-Module -ListAvailable -Name *DNS*
```

Der Befehl liefert unter Windows Server 2012 mit „DnsClient" und „DnsServer" zwei Module und ist damit ein erster Schritt, etwas Übersicht in die reichhaltige Auswahl an Modulen zu bringen.

15.3.1   Die Umgebungsvariable PSModulePath

Die PowerShell arbeitet von Anfang an mit zwei (bzw. drei) Modulverzeichnissen, die automatisch implizit bei der Eingabe eines Befehls oder explizit per *Import-Module* durchsucht werden:

- (A) C:\Windows\System32\WindowsPowerShell\v1.0\Modules
- (B) %userprofile%\documents\WindowsPowerShell\Modules
- (C) C:\Windows\SysWow64\WindowsPowerShell\v1.0\Modules

Verzeichnis (A) enthält die Modulverzeichnisse, die allen Benutzern zur Verfügung stehen. Verzeichnis (B) entsprechend die Modulverzeichnisse für den aktuellen Benutzer. Dieses Verzeichnis gibt es nach der Installation der PowerShell noch nicht. Auf einem 64-Bit-Windows gibt es zusätzlich das Verzeichnis (C), in dem sich die Module für 32-Bit-PowerShell-Hosts befinden.

Die Modulverzeichnisse sind in der Umgebungsvariablen *PSModulePath* enthalten, die sich, wie jede Umgebungsvariable, erweitern lässt:

```
$env:PSModulePath += ";\\Server1\MeineModule"
```

Der folgende Befehl soll die Modulverzeichnisse in allen Verzeichnissen auflisten, deren Pfade in *$env:PSModulePath* enthalten sind. Der folgende Befehl funktioniert nicht:

```
Get-ChildItem -Path $env:PSModulePath
```

So einfach geht es leider nicht, auch wenn der Befehl grundsätzlich logisch erscheint. Der Grund ist (natürlich), dass die Umgebungsvariable eine Zeichenkette liefert, in der die einzelnen Pfade per Semikolon getrennt sind. Für diesen Fall hält die PowerShell den *split*-Operator in ihrem „Befehlsköcher". Doch auch der folgende Befehl führt nicht zum gewünschten Ergebnis:

```
Get-ChildItem -Path $env:PSModulePath -split ";"
```

Dieses Mal liegt es an der Schreibweise. Der Parser interpretiert den *split*-Operator als Parameter von *Get-ChildItem*, was natürlich nicht gehen kann. Die Lösung sind wie immer runde Klammern. Sie sorgen dafür, dass erst zerlegt und das resultierende Array dem *Path*-Parameter als Wert übergeben wird:

```
Get-ChildItem -Path ($env:PSModulePath -split ";")
```

Tab. 15.2 Die PowerShell-Cmdlets für den Umgang mit Modulen

Cmdlet	Bedeutung
Get-Module	Holt alle geladenen Module
Import-Module	Lädt ein oder mehrere Module
New-Module	Legt ein dynamisches Modul an
New-ModuleManifest	Legt eine Modulmanifestdatei für ein Modul an
Remove-Module	Entfernt ein oder mehrere Module wieder
Test-ModuleManifest	Prüft, ob eine Modulmanifestdatei den richtigen Aufbau besitzt

15.3.2 Cmdlets für den Umgang mit Modulen

Es gibt insgesamt sieben Cmdlets für den Umgang mit Modulen (Tab. 15.2), die aber alle optional sind, da Module im Allgemeinen implizit geladen werden. Der Name des *New-Module*-Cmdlets ist etwas irreführend, denn es legt kein neues Modulverzeichnis an, sondern lediglich ein dynamisches Modul im Arbeitsspeicher, das nur sehr selten eine Rolle spielt.

15.4 Modultypen

Es gibt insgesamt vier Modultypen:

- Skriptmodule
- Manifestmodule
- Binärmodule
- Dynamische Module

Während Skript- und Manifestmodule jeweils auf einem Verzeichnis basieren, steckt hinter einem Binärmodul nur eine Datei (oder auch mehrere). Da mit dem Laden (Importieren) eines Moduls weitere Module nachgeladen werden können, ist es möglich, mit einem *Import-Module*-Aufruf mehrere Module zu laden.

15.4.1 Skriptmodule

Ein Skriptmodul ist der einfachste Modultyp. Im einfachsten Fall enthält das Modulverzeichnis lediglich eine Textdatei mit der Erweiterung.*Psm1*, die den Namen des Modulverzeichnisses tragen muss. Die Psm1-Datei enthält in der Regel die Pfade der Ps1-Dateien, die Teil des Moduls sind, und dot-sourced über das Modul geladen werden. Die Psm1-Datei kann aber auch Function-Definitionen und allgemeine Befehle enthalten.

Das Anlegen eines Skriptmoduls besteht aus drei einfachen Schritten:

Schritt 1: Anlegen eines Modulverzeichnisses
Ein Skriptmodul basiert auf einem Verzeichnis. Dieses befindet sich in der Regel in einem der beiden Modulverzeichnisse, die durch die Umgebungsvariable *PSModulePath* festgelegt sind. Im ersten Schritt wird ein neues Verzeichnis in einem der beiden Modulverzeichnisse, in der Regel *%userprofile%\documents\windowspowershell\modules*, angelegt. Da es am Anfang weder die Verzeichnisse *WindowsPowerShell* noch das Unterverzeichnis *Modules* gibt, müssen beide zuvor angelegt werden. Der Name des Modulverzeichnisses spielt dabei keine Rolle.

Schritt 2: Anlegen einer Psm1-Datei
Damit das Verzeichnis als Skriptmodulverzeichnis erkannt wird, muss es eine Textdatei mit dem Namen des Modulverzeichnisses, das wird am Anfang oft übersehen, und der Erweiterung *.Psm1* enthalten. Was diese Datei enthält, spielt grundsätzlich keine Rolle. Es sind einfach jene Befehle, die mit dem Laden des Moduls ausgeführt werden sollen.

Schritt 3: Kopieren der Ps1-Dateien in das Modulverzeichnis
Dieser Schritt ist optional. In diesem Schritt werden die Ps1-Dateien, die über das Laden des Moduls ausgeführt werden sollen, in das Verzeichnis kopiert. Die Ps1-Dateien enthalten in der Regel Function-Definitionen.

Damit ist das Modul fertig und wird per *Get-Module –ListAvailable* aufgelistet (im oberen Teil der Ausgabe). Ein Neustart der PowerShell ist nicht erforderlich.

Die Variable *$PSScriptRoot* steht in einer Psm1-Datei für den Verzeichnispfad des Modulverzeichnisses. Eine Besonderheit gilt es bei Alias zu beachten. Sie werden nicht automatisch importiert, sondern müssen über das *Export-ModuleMember*-Cmdlet explizit importiert werden. Wird dieses Cmdlet in der Psm1-Datei verwendet, müssen aber auch alle Functions explizit angegeben werden (am einfachsten über einen * als Platzhalter):

```
Export-ModuleMember -Alias * -Function *
```

15.4.2 Ein Beispiel für ein Skriptmodul für Zip-Funktionen

Das folgende Beispiel schlägt die sprichwörtlichen zwei Fliegen mit einer Klappe, in dem es zum einen ein Beispiel für ein Skriptmodul ist, das nur aus einer einzigen Psm1-Datei besteht. Zum anderen zeigt es anschaulich, wie sich Zip-Dateien mit den Mitteln des Windows Explorers anlegen, auflisten und sich Dateien zu dem Zip-Archiv hinzufügen lassen. Die Psm1-Datei ist wie folgt aufgebaut:

```
<#
 .Synopsis
 Zip-Funktionen mit Hilfe der Explorer-Funktionalität
#>

<#
 .Synopsis
 Anlegen einer Zip-Datei
#>
function New-Zip
{
  param([String]$Path)
  if ([System.IO.Path]::GetExtension($Path) -ne ".zip")
  {
    $Path = [System.IO.Path]::ChangeExtension($Path, "zip")
  }
  Set-Content  -Path $Path -Value ("PK" + [Char]5 + [Char]6 +
([String][Char]0) * 18)
}

<#
 .Synopsis
 Auslesen einer Zip-Datei
#>
function Get-ZipFile
{
  param([String]$Path)
  if (Test-Path -Path $Path)
  {
      $Shell = New-Object -ComObject Shell.Application
      $Folder = $Shell.NameSpace($Path)
      $Folder.Items() | ForEach-Object {
        $_.Path
      }
  }
}

<#
 .Synopsis
 Hinzufügen einer Zip-Datei
#>
function Add-ZipFile
{
  param([String]$Path, [String[]]$ZipDatei)
  if (!(Test-Path -Path $Path))
  {
    New-Zip -Path $Path
  }
  $Shell = New-Object -ComObject Shell.Application
  $Folder = $Shell.NameSpace($Path)
  $ZipDatei | Foreach-Object {
    if (Test-Path -Path $_)
    {
        $Folder.CopyHere($_)
        Write-Verbose "$_ wurde hinzugefügt." -Verbose
    }
  }
}
```

Befindet sich die Datei in einem Verzeichnis mit dem Namen „ZipModul" z. B. unter %userprofile%\documents\windowspowershell\modules wird es per *Import-Module* wie folgt geladen:

```
Import-Module ZipModul
```

Ein *Get-Modul* zeigt in der Spalte „ExportedCommands" die drei Functions „Add-ZipFile", „Get-ZipFile" und „New-ZipFile" an. Der folgende Befehl legt eine neue Zip-Datei an:

```
New-Zip -Path C:\PSKurs\Test.zip
```

Der folgende Befehl fügt Dateien zu dieser Zip-Datei hinzu:

```
Add-ZipFile -Path C:\PSKurs\Test.zip -ZipDatei C:\Windows\Win.ini,
C:\Windows\system.ini
```

Der folgende Befehl listet den Inhalt der Zip-Datei auf:

```
Get-ZipFile -Path $ZipPfad
```

In der aktuellen Version listet *Get-ZipFile* den Inhalt einer Zip-Datei nur auf. Es sei dem Leser als kleine Übung überlassen, die Function so zu erweitern, dass eine Datei in ein anderes Verzeichnis kopiert wird.

Es sei aber vorangestellt, dass es bessere Methoden für den Umgang mit Zip-Archiven gibt. Zum Beispiel die Cmdlets *Write-Zip* bzw. *Write-GZip* und *Read-Archive* und *Expand-Archive* aus den *PowerShell Community Extensions* (PSCX). Die vorgestellte Methode ist nur dann zu empfehlen, wenn aus irgendeinem Grund keine Abhängigkeiten zu weiteren Modulen bestehen sollen.

15.4.3 Manifestmodule

Ein Manifestmodul ist ein Modul, dessen Inhalt durch eine Manifestdatei beschrieben wird. Eine Manifestdatei ist eine Textdatei mit der Erweiterung.*Psd1*, die sich im Modulverzeichnis befindet, und in der in Gestalt einer Hashtable neben verschiedenen (optionalen) Metadaten, wie dem Namen des Autors, der Versionsnummer des Moduls, die Bestandteile des Moduls namentlich aufgeführt sind. Der Vorteil eines Manifestmoduls gegenüber einem binären Modul ist, dass neben einer Dll-Datei mit Cmdlets, auch Typen- und Formatdefinitionsdateien (Erweiterung.*Ps1xml*) geladen werden, in denen z. B. weitere Members und Tabellenformate für die Ausgabe definiert werden. Ein Manifestmodul kann auch Ps1-Dateien enthalten, die mit dem Laden des Moduls ausgeführt werden.

▶ **Tipp** Wer mehr über den Aufbau eines Manifestmoduls lernen möchte, sollte sich die Inhalte der zahlreichen Manifestmodule anschauen, die bei Windows Server 2012 und Windows 8.1 von Anfang an dabei sind.

Eine Manifestdatei wird entweder mit einem Editor oder mit dem *New-ModuleManifest-*Cmdlet erstellt. Letzteres ist am Anfang praktisch, da der Aufruf mit dem Namen einer Psd1-Datei, die dem *Path*-Parameter zugeordnet wird, eine Vorlage erstellt, in der alle Einträge mit Standardwerten enthalten sind. Zum Kennenlernen des allgemeinen Aufbaus ist das Ergebnis ideal:

```
New-ModuleManifest -Path Test.psd1
```

Alternativ werden die benötigten Parameter einzeln angegeben. Im einfachsten Fall wird über den Eintrag ModuleToProcess der Name der Assemblydatei angegeben, die die Cmdlets enthält, die über das Modul geladen werden sollen. Der folgende Befehl legt eine solche Manifestdatei an:

```
New-ModuleManifest -Path PSMessdaten.psd1 -ModuleToProcess
MesswertCmdlets.dll
```

Ein kleiner Nachteil ist, dass die Manifestdatei alle Einträge enthält, auch wenn nur ein Eintrag benötigt wird.

15.4.4 Die Umsetzung einer Moduldatei Schritt für Schritt

In der folgenden Übung wird ein umfangreicheres Manifestmodul mit dem Namen „PS-Messdaten" erstellt. Es besteht aus folgenden Bestandteilen:

- MesswertCmdlets.dll – einer Assembly-Datei mit vier Cmdlets: Start-Server, Stop-Server, Get-Messdaten und Get-Serverstatus.
- Messwerte.dll – einer allgemeinen Assembly-Datei, die eine Reihe von Klassen definiert, die von den Cmdlets verwendet werden. Die Klassen sind Messdaten mit den Eigenschaften Wert und TimeStamp und DatenServer mit den Eigenschaften Status und Messwerte und den Methoden Start() und Stop().
- PSMessdaten.Format.ps1xml einer Formatdefinitionsdatei. Sie definiert eine Tabellenansicht mit dem Namen „Wert", die von Format-Table verwendet werden kann, um zu erreichen, dass der Double-Wert mit nur zwei Nachkommastellen ausgegeben wird.
- PSMessdaten.Types.ps1xml – eine Typendefinitionsdatei. Sie fügt zum Typ Messdaten ein Member mit dem Namen „Wochentag" hinzu, das den Wochentag angibt, an dem ein Messwert erfasst wurde.
- HelperFunctions.ps1– eine Skriptdatei, die eine Function „Test-DatenServer" enthält, die den Datenserver startet und die in einer Zeitspanne von 30s erfassten Daten ausgibt.

Damit sind alle Dateien zusammen, die sich im Verzeichnis „PSMessdaten" befinden, und die über das Laden des Moduls geladen werden müssen. Die Manifestdatei, die alle diese Dateien beschreibt heißt „PSMessdaten.psd1" und ist wie folgt aufgebaut:

```
@{
  ModuleVersion="1.0"
  Author="Pemo"
  RequiredAssemblies=@("Messwerte.dll")
  ModuleToProcess=@("MesswertCmdlets.dll")
  ScriptsToProcess=@("HelperFunctions.ps1")
  Description="Cmdlets für eine Messwert-Simulation"
  FunctionsToExport="*"
  AliasesToExport="*"
  FormatsToProcess=@("PSMessdaten.Format.ps1xml")
  TypesToProcess=@("PSMessdaten.Types.ps1xml")
}
```

Sie wird entweder mit einem Editor oder über das *New-ModulManifest*-Cmdlet angelegt. Im Folgenden werden die weiteren Dateien kurz vorgestellt.

Die Datei *PSMessdaten.Format.ps1xml* ist wie folgt aufgebaut:

```
<Configuration>
  <ViewDefinitions>
    <View>
      <Name>Wert</Name>
      <ViewSelectedBy>
        <TypeName>Datenstation.Messdaten</TypeName>
      </ViewSelectedBy>
      <TableControl>
        <TableHeaders>
          <TableColumnHeader>
            <Label>Wert</Label>
          </TableColumnHeader>
          <TableColumnHeader>
            <Label>Zeitpunkt</Label>
          </TableColumnHeader>
        </TableHeaders>
        <TableRowEntries>
         <TableRowEntry>
          <TableColumnItems>
            <TableColumnItem>
              <PropertyName>Wert</PropertyName>
              <FormatString>{0:n2}</FormatString>
            </TableColumnItem>
            <TableColumnItem>
              <ScriptBlock>$_.TimeStamp.ToString("dd/MM/yy
HH:mm")</ScriptBlock>
            </TableColumnItem>
          </TableColumnItems>
         </TableRowEntry>
        </TableRowEntries>
      </TableControl>
    </View>
  </ViewDefinitions>
</Configuration>
```

Es ist eine lupenreine XML-Datei mit *Configuration* als Stammelement. Sie definiert eine Tabellenansicht mit dem Namen „Wert", die bei *Format-Table* automatisch angewendet wird, wenn sich Objekte vom Typ *Datenstation.Messdaten* in der Pipeline befinden. Der Spalteninhalt der Spalte „Wert" wird durch folgende Definition festgelegt:

```
<TableColumnItem>
    <ScriptBlock>$_.TimeStamp.ToString("dd/MM/yy HH:mm")</ScriptBlock>
</TableColumnItem>
```

▶ **Hinweis** Microsoft hat das zugrundeliegende XML-Schema der Formatdefinitionsdatei zwar nicht offiziell benannt, aber es immerhin dokumentiert: http://msdn.microsoft.com/en-us/library/gg581019(v = vs.85).aspx.

Die Datei *PSMessdaten.Types.ps1xml* ist wie folgt aufgebaut:

```
<Types>
 <Type>
    <Name>Datenstation.Messdaten</Name>
    <Members>
      <ScriptProperty>
       <Name>Wochentag</Name>
       <GetScriptBlock>
         "{0:dddd}" -f $this.TimeStamp
       </GetScriptBlock>
      </ScriptProperty>
    </Members>
 </Type>
</Types>
```

Auch die Typendefinitionsdatei ist eine lupenreine XML-Datei und relativ einfach aufgebaut, da sie exakt jene Elemente verwendet, die allgemein einen Typ definieren. Sie erweitert den Typ *Datenstation.Messdaten* um eine Scriptproperty mit dem Namen „Wochentag":

```
<GetScriptBlock>
  "{0:dddd}" -f $this.TimeStamp
</GetScriptBlock>
```

Anders als in der Formatdefinitionsdatei wird das Objekt über *$this* und nicht über *$_* angesprochen, da es nicht im Rahmen der Pipeline-Verarbeitung verwendet wird.

15.4.5 Binäre Module

Ein binäres Modul enthält Definitionen für Cmdlets (und gegebenenfalls auch Provider). Die Grundlage ist immer eine Assembly, die als Datei mit der Erweiterung.*Dll* vorliegt.

Der folgende Befehl lädt eine Assembly, die sich im aktuellen Verzeichnis befindet, per *Import-Module*:

```
Import-Module -Name .\PSRZSimulation.dll
```

Die Datei *PSRZSimulation.dll* wird in Kapitel 24 vorgestellt und steht über die Webseite des Buches (siehe Einleitung) zur Verfügung.

15.4.6   Dynamische Module

Dynamische Module sind eine etwas seltsame Randerscheinung bei der PowerShell, da es für sie keinen echten Nutzen gibt. Ein dynamisches Modul besteht aus einem Scriptblock, der dem *New-Module*-Cmdlet beim Aufruf übergeben wird. Anschließend können die Functions, die in dem Scriptblock definiert sind, als Methoden-Members des entstandenen Objekts aufgerufen werden:

```
$ModulInhalt = @"
  function f1()
  {
    "Function f1…"
  }
  function f2()
  {
    "Function f2…"
  }
"@

$SB = [Scriptblock]::Create($ModulInhalt)
$M = New-Module -ScriptBlock $SB -AsCustomObject
$M.f1()
$M.f2()
```

Dynamische Module werden nicht per *Get-Module* aufgelistet. Ist dies aus irgendeinem Grund erwünscht, muss die Rückgabe von *New-Module* dem *Import-Module*-Cmdlet über die Pipeline übergeben werden:

```
$M = New-Module -ScriptBlock $SB  -AsCustomObject | Import-Module -
PassThru
```

Aus dem dynamischen Modul wird dadurch ein Scriptmodul. Der *AsCustomObject*-Parameter darf in diesem Fall nicht gesetzt werden.

15.5 Module aus dem Internet laden

Die PowerShell ist inzwischen seit vielen Jahren im Einsatz. In dieser Zeit sind in der PowerShell-Community zahlreiche Module entstanden, die in der Regel kostenlos und unverbindlich angeboten werden. Eine gute Übersicht über beliebte PowerShell-Module gibt ein Technet-Artikel unter der folgenden Adresse:

```
http://social.technet.microsoft.com/wiki/contents/articles/4308.popular-
powershell-modules.aspx
```

Der schnellste Weg, um an ein Modul heranzukommen, besteht bei der PowerShell 4.0 in der Erweiterung *ScriptBrowser* für die PowerShell ISE, die einen Suchendialog umfasst, in dem sich die TechNet-Gallery komfortabel durchsuchen lässt.

▶ **Hinweis** Stellen binäre Module ein Sicherheitsrisiko dar? Im Prinzip ja, denn grundsätzlich kann man zunächst nicht wissen, welche internen Funktionen durch ein Cmdlet ausgeführt werden. Die praktische Wahrscheinlichkeit, sich über das Ausführen eines Cmdlets eines in der Regel unbekannten Autors Probleme einzuhandeln ist aber sehr gering. Sollte ein Cmdlet als Teil eines Moduls tatsächlich Schadcode enthalten, würde dies sehr schnell bekannt und das Modul nicht mehr im Rahmen des Portals angeboten werden. Dies gilt besonders für große Portale wie Poshcode.org oder die TechNet-Gallery.

Ein Modul wird im Allgemeinen als Zip-Archiv angeboten, das den Inhalt des Modulverzeichnisses enthält. Das Anlegen eines Moduls besteht aus drei Schritten:

Schritt 1: Entsperren der Zip-Datei
Dateien, die unter Windows über den Browser heruntergeladen werden, werden im Allgemeinen mit einem „Zone.Identifier" markiert. Dieser muss vor dem Auspacken des Zip-Archivs im Eigenschaftendialog der Datei durch einen Klick auf den *Zulassen*-Button entfernt werden. Gibt es den Button nicht, gibt es auch keinen Eintrag, der entfernt werden könnte.

Schritt 2: Anlegen eines Verzeichnisses mit dem Namen des Moduls im PowerShell-Modulverzeichnis
Für das Modul muss ein Unterverzeichnis im Ordner *%userprofile%\documents\windowspowershell\modules* angelegt werden. Der Name des Verzeichnisses muss mit dem Namen der Psd1- oder Psm1-Datei im Zip-Archiv übereinstimmen. Gibt es den *Modules*-Ordner noch nicht, muss er ebenfalls angelegt werden. Module in diesem Verzeichnis stehen nur dem aktuellen Benutzer zur Verfügung. Soll ein Modul allen Benutzern zur Verfügung stehen, muss der Ordner in *$PSHome\Modules* angelegt werden.

Schritt 3: Kopieren des Zip-Archivs in den angelegten Ordner
Im dritten Schritt wird der Inhalt des Zip-Archivs in den neu angelegten Ordner kopiert.

Mehr ist nicht zu tun. Das Modul kann anschließend per *Import-Module* und der Angabe des Namens des Modulverzeichnisses geladen werden, wenngleich dies nicht erforderlich ist.

Probieren Sie diese Schrittfolge am Beispiel des sehr praktischen Moduls *Local Account Management Module 2.1*, das Sie in der TechNet-Gallery finden (http://gallery.technet.microsoft.com/Local-Account-Management-a777191b).

15.5.1 Module direkt laden

Was bei Skriptsprachen wie Perl schon „ewig" möglich ist, ist bei der PowerShell in der aktuellen Version 4.0 offiziell noch kein Thema: Das Laden von Modulen direkt aus dem Internet. Es spricht technisch nichts dagegen, dass ein

Install-Module Pscx dazu führt, dass die PowerShell Community Extensions installiert werden. Da dies technisch keine allzu große Herausforderung ist, gibt es natürlich bereits solche Alternativen, sowohl aus der Community als auch von Microsoft. Da es die Microsoft-Variante erst ab der Version 5.0 gibt, ist die Community-Variante solange eine Alternative, bis diese Version überall eingesetzt werden kann. Ausgangspunkt ist die Webseite http://psget.net/directory. Dort werden alle Module zusammengefasst, die sich per *Install-Module* aus dem Internet laden lassen. Die Function *Install-Module* ist nicht Teil der PowerShell, sie muss einmalig von der Webseite heruntergeladen werden. Um das klassische „Henne, Ei-Problem" zu lösen, wird dazu eine Funktion der.NET-Laufzeit bemüht.

Geben Sie den folgenden Befehl ein:

```
(new-object
Net.WebClient).DownloadString("http://psget.net/GetPsGet.ps1") | iex
```

Die Ausgabe sollte lauten:

```
Downloading PsGet from
https://github.com/psget/psget/raw/master/PsGet/PsGet.psm1
PsGet is installed and ready to use
USAGE:
    PS> import-module PsGet
    PS> install-module PsUrl
```

Der Befehl lädt eine Folge von PowerShell-Befehlen aus einem *GitHub*-Verzeichnis herunter und führt sie per *Invoke-Expression*-Cmdlet (*Iex*-Alias) aus. Ging alles gut, steht anschließend die Function *Install-Module* zur Verfügung. Von jetzt an können alle jene

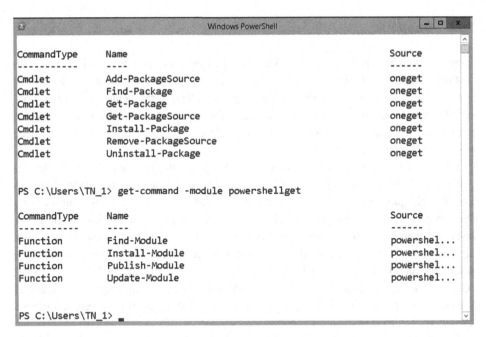

Abb. 15.1 Mit der Version 5.0 wird das Hinzufügen beliebiger Anwendungen und Module sehr einfach möglich

Module, die über die Webseite *psget.net* angeboten werden, sehr einfach hinzugefügt werden. Der folgende Befehl lädt die *PowerShell Community Extensions* (PSCX):

```
Install-Module pscx
```

Ab der Version 5.0 der PowerShell ist die direkte Installation von Modulen ein fester Bestandteil der PowerShell. Das Modul *PowerShellGet* enthält ebenfalls eine *Install-Module*-Function, mit der das Hinzufügen von Modulen aus einem Repository, das auch im lokalen Netzwerk angelegt werden kann, sehr einfach wird (Abb. 15.1). Ein

```
Install-Module PowerShellCookbook
```

fügt das Modul aus dem Buch „PowerShell Cookbook" hinzu, das alle Beispielprogramme des Buches enthält[1].

---

[1] Ich werde die Beispiele dieses Buches ebenfalls auf diese Weise zur Verfügung stellen. Weitere Informationen dazu finden Sie in meinem Blog www.powershell-knowhow.de.

15.6 Snapins

Snapins waren bei der PowerShell 1.0 die einzige Form der Erweiterung. Einige wichtige PowerShell-Erweiterungen, wie das CLI-Cmdlet von *VMWare*, wurden (bzw. werden nach wie vor) als Snapins zur Verfügung gestellt. Ein Snapin fasst eine oder mehrere Assembly-Dateien zusammen, in denen Cmdlet-Definitionen enthalten sind. Ein *Get-PSSnapin*-Cmdlet listet alle vorhandenen Snapins auf. Der Parameter *Registered* gibt nur jene aus, die nachträglich hinzugefügt wurden.

Ein Nachteil von Snapins ist, dass für jedes Snapin in der Registry ein Eintrag hinzugefügt werden muss. Da dies unter *HKey_Local_Machine* geschieht, sind dafür Administratorberechtigungen erforderlich, was die Weitergabe erschwert. Ein PowerShell-Skript, das Cmdlets aus einem Snapin verwendet, kann nur ausführen, wenn das Snapin zuvor installiert wurde. Snapins können außerdem nur von Entwicklern erstellt werden. Alle diese Gründe führten dazu, dass sich Microsoft mit der Version 2.0 mit den Modulen eine Alternative überlegte, die deutlich flexibler ist. Snapins spielen daher für die PowerShell heutzutage keine Rolle mehr, wenngleich sie natürlich weiterhin unterstützt werden und es Szenarien geben kann, in denen sie gegenüber einem Modul die etwas bessere Alternative darstellen.

Über das *Export-Console*-Cmdlet können die aktuell geladenen Snapins in eine *.Pscl*-Textdatei exportiert werden, die beim nächsten Start von *Powershell.exe* über den Schalter *PSConsoleFile* angegeben wird, um die Snapins erneut zu laden

15.7 Zusammenfassung

Module sind der offizielle Mechanismus zur Erweiterung einer PowerShell-Sitzung um Cmdlets und Functions. Ein Modul basiert auf einem regulären Verzeichnis. Im einfachsten Fall enthält ein Modulverzeichnis eine oder mehrere Ps1-Dateien und eine Psm1-Datei, durch die die Ps1-Datei beim Laden des Moduls dotsourced ausgeführt wird, so dass ihre Inhalte danach zur Verfügung stehen. Eine attraktive Alternative zum direkten Download von Modulen bietet das Community-Portal http://psget.net. Die hier angebotenen Module können direkt per *Install-Module* (diese Function muss einmalig über die Webseite geladen werden) hinzugefügt werden.

Windows Server-Module und Web Access 16

Dieses Kapitel stellt einige der wichtigsten Module vor, die ab Windows Server 2012 und Windows 8 ein fester Bestandteil des Betriebssystems sind und die dadurch der PowerShell eine größere Bedeutung verleihen, in dem sie zu fast allen Konsolenprogrammen eine Alternative darstellen. Mit Windows Server 2012 R2 und Windows 8.1 kamen weitere Module hinzu. Am Ende des Kapitels wird mit PowerShell WebAccess eine Möglichkeit vorgestellt, durch die sich eine PowerShell-Session unter Windows Server 2012 im Browser ausführen lässt. Damit kann ein Windows Server von jedem Endgerät administriert werden.

16.1 Ein erster Überblick

Um einen Überblick über die reichhaltige Funktionalität zu erhalten, die ab Windows Server 2012 zur Verfügung steht, muss das *Get-Module*-Cmdlet mit dem Parameter *ListAvailable* ausgeführt werden. Der folgende Befehl gibt die Namen aller verfügbaren Module aus:

```
Get-Module -ListAvailable
```

Insgesamt stehen unter Windows Server 2012 R2 und Windows 8.1, wenn alle Features installiert sind, über 140 Module zur Verfügung. Tabelle 16.1 stellt die wichtigsten Module zusammen. Um einen Überblick über die Commands zu erhalten, die ein Modul umfasst, verwenden Sie den *Module*-Parameter von *Get-Command*. Der folgende Befehl gibt alle Commands im *PKI*-Modul aus:

```
PS C:\PsKurs> Get-Command -Module PKI
```

© Springer Fachmedien Wiesbaden 2014
P. Monadjemi, *PowerShell für die Windows-Administration*, X.systems.press,
DOI 10.1007/978-3-658-02964-7_16

Tab. 16.1 Die wichtigsten Module bei Windows Server 2012

Modul	Umfasst…
ActiveDirectory	135 Cmdlets (147 bei Windows Server 2012 R2) für die Verwaltung eines Active Directory mit seinen diversen Bestandteilen (Kap. 14)
BranchCache	32 Functions für die Verwaltung von BranchCache als Alternative zur NetSh-Shell. Branche ist ein Windows Server-Dienst, der in einem Unternehmensnetzwerk mit mehreren Filialen Dateien, die auf einem zentralen Dateiserver liegen, auf Filialserver zwischenspeichert, damit sie schneller, vor allem bei geringen Bandbreiten, zur Verfügung gestellt werden können
DirectAccessClient-Components	11 Functions für die Konfiguration eines DirectAccess-Clients. DirectAccess ist seit Windows Server 2008 R2 und Windows 7 eine Alternative zu VPN, um von Unterwegs auf den Firmencomputer zugreifen zu können
Dism	26 Cmdlets (34 bei Windows Server 2012 R2) für den Umgang mit Windows Image-Dateien
DnsClient	17 Functions für die DSN-Client-Konfiguration
DnsServer	100 Functions für die DNS-Server-Konfiguration
GroupPolicy	28 Cmdlets für den Umgang mit GPOs (Group Policy Container)
NetAdapter	64 Functions für die Konfiguration von Netzwerkkarten
NetConnection	64 Functions für die Konfiguration von Netzwerkadaptern
NetSecurity	84 Functions und Cmdlets für die Konfiguration der Firewall und IPSec
NetTcpIp	31 Functions für den Umgang mit IPv4- und IPv6-Adressen und anderen IP- und TCP-Einstellungen
PKI	17 Cmdlets für den Umgang mit Zertifikaten (u. a. gibt es ein *New-SelfSignedCertificate*-Cmdlet für das unkomplizierte Anlegen eines Testzertifikats für eine SSL-Verbindung mit einem Server)
RemoteDesktop	73 Functions für die Remote-Desktop-Konfiguration
ScheduledTasks	19 Functions für den Umgang mit geplanten Aufgaben
SecureBoot	5 Cmdlets für das Abfragen von Secure-Boot-Einstellungen
ServerManager	3 Cmdlets für das Hinzufügen und Entfernen von Features
SmbShare	28 Functions für das Anlegen von Freigaben
Storage	84 Cmdlets (102 bei Windows Server 2012 R2) für die Verwaltung von Laufwerken, Volumes und Partitionen

Um die Hilfe zu den einzelnen Modulen zu erhalten, muss die Hilfe per *Update-Help*-Cmdlet aktualisiert werden. Eine Gesamtübersicht über alle Module gibt es im TechNet-Portal unter *http://technet.microsoft.com/de-de/library/hh801904.aspx*.

16.1.1 Windows Server-Module unter älteren Windows-Versionen benutzen

Es ist nicht möglich, die Module von Windows Server 2012 bzw. Windows 8 auf eine ältere Version zu übertragen. Es ist aber möglich, die Cmdlets im Rahmen einer Remote-Session zu importieren. Sie werden dadurch aber nicht lokal, sondern auf dem Server ausgeführt, von dem sie importiert wurden.

Führen Sie für das Importieren eines Moduls im Rahmen einer Remoting-Session die folgenden Schritte aus.

Schritt 1: Anlegen einer Session auf dem Remote-Computer

```
$S = New-PSSession -ComputerName MiniServer -Credential Administrator
```

Schritt 2: Importieren eines Moduls aus dieser Session

```
Import-Module -PSSession $S -Name Storage
```

Schritt 3: Anzeigen des Moduls und seiner Functions
Dieser Schritt ist natürlich optional. Ein *Get-Module* zeigt das importierte Modul an. Der folgende Befehl listet alle importierten Commands auf:

```
Get-Command -Module Storage
```

Die Liste macht deutlich, dass durch den Import aus den Cmdlets Functions wurden. Damit steht das *Storage*-Modul aus Windows Server 2012 auch unter Windows 7 zur Verfügung. Allerdings, und das ist ein relativ großes Allerdings, die Functions liegen zwar lokal vor, es sind aber nur Platzhalter (Proxies) für die Cmdlets auf dem Server. Durch Eingabe eines Functionnamens wird das gekapselte Cmdlet per PowerShell-Remoting auf dem Server ausgeführt. Ein *Get-Partition* gibt die Eckdaten zu den Partitionen des Servers aus, nicht des Client-Computers. Der kleine Vorteil gegenüber einem Aufruf von *Invoke-Command* besteht darin, dass der Befehl direkt ausgeführt werden kann.

16.2   Das Storage-Modul als Nachfolger von Diskpart

Mit dem Cmdlet des *Storage*-Moduls lassen sich Partitionen, Laufwerke und Volumes nicht nur auflisten, sondern auch ändern und neu anlegen. Lokal und im Rahmen einer CIM-Session auch im Netzwerk. Dies wird aber weniger für die Verwaltung von „echten" Partitionen benötigt, sondern in erster Linie für das Anlegen von Partitionen auf einem virtuellen Laufwerk.

Der folgende Befehl gibt zur Einstimmung die Eckdaten der vorhandenen Partitionen aus:

```
Get-Partition
```

Führen Sie zum Kennenlernen auch die Cmdlets *Get-DiskDrive* und *Get-Volume* aus.

16.2.1   Initialisieren einer Vhd-Datei

In diesem Abschnitt lernen Sie eine nützliche Function kennen, die eine Vhd-Datei neu
anlegt und dabei auch partitioniert, so dass sie anschließend z. B. für die Installation eines
Betriebssystems verwendet werden kann. Die Function wird mit dem Pfad der zu erstel-
lenden Vhd-Datei, einer Größe in MB einem Laufwerksbuchstaben oder dem Parameter
AssignDriveLetter aufgerufen, wenn der Laufwerksbuchstabe automatisch zugewiesen
werden soll. Schauen Sie sich daher auch an, auf welche Weise die Parameter dank der
Verwendung von Attributen auf verschiedene Parametersets verteilt werden.

```
<#
 .Synopsis
 Vhd einrichten
#>

function Init-Vhd
{
  [CmdletBinding()]
  param([String]$VhdPfad,
   [Long]$VhdSizeMB=10,
   [Parameter(ParametersetName="Standard")][String]$DriveLetter,
   [Parameter(ParametersetName="Driveletter")][Switch]$AssignDriveLetter)
     New-VHD -Path $VhdPfad -SizeBytes ($VhdSizeMB * 1MB) -Verbose | Out-
Null
     Mount-VHD -Path $VhdPfad
     $DiskNumber = @(Get-Disk | Where-Object PartitionStyle -eq
"RAW")[0].Number
     Initialize-Disk -Number $DiskNumber -PartitionStyle MBR
     if ($PSBoundParameters.ContainsKey("DriveLetter"))
     {
       $Part = New-Partition -DiskNumber $DiskNumber -UseMaximumSize
        -DriveLetter $DriveLetter
     }
     else
     {
       $Part = New-Partition -DiskNumber $DiskNumber -UseMaximumSize `
        -AssignDriveLetter
       $DriveLetter = $Part.DriveLetter
     }
     Format-Volume -DriveLetter $DriveLetter -FileSystem NTFS `
     -NewFileSystemLabel VhdVol -Confirm:$False
     Dismount-VHD -DiskNumber $DiskNumber
}
```

Aufgerufen wird die nützliche Function wie folgt:

```
Init-Vhd -VhdPfad Test1.vhd -DriveLetter N
```

Oder

```
Init-Vhd -VhdPfad Test2.vhd -AssignDriveLetter
```

16.3 Geplante Aufgaben

Die Aufgabenverwaltung („Scheduled Tasks") gibt es bereits seit den Tagen von Windows NT 4. Mit ihrer Hilfe werden beliebige Programme zu einem festgelegten Zeitpunkt und/ oder in festgelegten Intervallen gestartet. Zu den zahlreichen Einstellungen einer geplanten Aufgabe gehört u. a. der Name eines Benutzerkontos. Da hier auch die Namen von Systemkonten eingesetzt werden können, stellt eine geplante Aufgabe eine Möglichkeit dar, Programme, z. B. unmittelbar mit der Anmeldung, unter einem Systemkonto auszuführen. In den Anfangsjahren wurden geplante Aufgaben auf der Befehlszeile mit dem *At*-Kommando angelegt, das später durch das Befehlszeilentool *Schtasks.exe* abgelöst wurde. Dieses Tool gibt es auch bei aktuellen Windows-Versionen. Der Umgang mit diesem Tool ist einfach und komfortabel, so dass PowerShell-Commands nicht unbedingt erforderlich sind. Diese sind z. B. immer dann praktisch, wenn mehrere Aufgaben angelegt werden sollen, in diesem Fall muss der Trigger, der festlegt, wann und unter welchen Bedingungen eine Aufgabe gestartet wird, nur einmal angelegt werden. Außerdem bieten Commands den üblichen Komfort bestehend aus Namensvervollständigung, konsistenten Namen und Beispielen als Teil der Hilfe.

Für den Umgang mit geplanten Aufgaben bietet die PowerShell zwei Module:

1. ScheduledTasks
2. PSScheduledJob

Das *ScheduledTasks*-Modul gibt es nur ab Windows Server 2012 und Windows 8. Es umfasst 19 Functions, mit deren Hilfe sich geplante Aufgaben anlegen und vorhandene Aufgaben ansprechen lassen. Das *PSScheduledJob*-Modul ist dagegen Bestandteil der PowerShell ab Version 3.0 und wird mit dieser installiert. Es steht mit seinen 16 Cmdlets daher auch unter Windows Server 2008 R2 und Windows 7 zur Verfügung. Beide Module (Tab. 16.2) ermöglichen das Anlegen neuer Aufgaben und das Verändern bereits vorhandener Aufgaben. Der Unterschied besteht darin, dass sich mit den *PSScheduledJob*-Cmdlets nur Scriptblocks und PowerShell-Skripte als geplante Aufgabe anlegen lassen, keine allgemeinen Aufgaben. Doch da ein Scriptblock natürlich beliebige externe Anwendungen starten kann, ist dies keine echte Einschränkung.

Tab. 16.2 Die Commands aus den Modulen PSScheduledJob und ScheduledTasks im Vergleich

	PSScheduledJob	ScheduledTasks
Befehl festlegen	Execute-Parameter bei Register-ScheduledJob	New-ScheduledTaskAction
Task ändern	Set-ScheduledJob	Set-ScheduledTask
Task anlegen	Register-ScheduledJob	Register-ScheduledTask
Task löschen	Unregister-ScheduledJob	Unregister-ScheduledTask
Trigger anlegen	New-JobTrigger	New-ScheduledTaskTrigger

Im Mittelpunkt des *ScheduledTasks*-Modul steht die Function *Register-ScheduledTask*, die eine neue Aufgabe registriert. Anders als bei *Schtasks.exe* können bei *Register-ScheduledTask* nicht alle Angaben zusammen angegeben werden. Die auszuführende Aktion muss über die *New-ScheduledTaskAction*- und der Zeitpunkt als Trigger (zu deutsch „Schalter“) über die *New-ScheduledTaskTrigger*-Function angelegt werden.

Das folgende Beispiel startet das Konsolenprogramm *Netstat* mit dem Schalter *-oa* und leitet die Ausgabe in eine Textdatei im Dokumente-Verzeichnis um. An diesem Beispiel wird auch deutlich, wie Argumente an das zu startende Programm übergeben werden.

```
<#
 .Synopis
 Ein einfaches ScheduledTasks-Beispiel
#>

Import-Module -Name ScheduledTasks

# Schritt 1: Task-Aktion anlegen
$ProgArgs = "cmd"
$TAction = New-ScheduledTaskAction -Id 1 -Execute $ProgArgs -Argument "/c
Netstat -oa > Netstat.txt" -WorkingDirectory
C:\Users\Administrator\Documents

# Schritt 2: Trigger anlegen
$Trig = New-ScheduledTaskTrigger -At (Get-Date).AddMinutes(1) -Once

# Schritt 3: Geplante Aufgaben registrieren
Register-ScheduledTask -TaskName Netstat -TaskPath PowerShellTasks -
Action $TAction -Trigger $Trig
```

Der Task wird in diesem Beispiel im internen Ordner *PowerShellTasks* der Aufgabenplanung abgelegt, der damit gleichzeitig angelegt wird (grundsätzlich spielt es aber keine Rolle, in welchem Ordner ein Task angelegt wird).

Eine Aufgabe wird über die *Unregister-ScheduledTask*-Function wieder entfernt:

```
Unregister-ScheduledTask -TaskName RechnerTask -Confirm:$False
```

Unter Windows 7 und Windows Server 2008 R2 steht das *ScheduledTask*-Modul leider nicht zur Verfügung. Hier muss eine Anwendung mit den Cmdlets im *PSScheduledJob*-Modul als Job ausgeführt werden. Das Ergebnis ist ebenfalls eine geplante Aufgabe, nur dass durch sie *Powershell.exe* gestartet und die Befehle im angegebenen Scriptblock bzw. Skript dadurch ausgeführt werden. Was innerhalb des Skripts passiert, spielt keine Rolle, so dass sich auch reguläre Programme über einen „Scheduled Job“ zeitgesteuert starten lassen. Lediglich der Zugriff auf die allgemeinen geplanten Aufgaben ist nicht möglich.

Auch die folgende Befehlsfolge startet *Netstat* mit einem Befehlszeilenschalter, dieses Mal unter Verwendung des Cmdlets *Register-ScheduledJob*.

```
<#
 .Synopis
 Ein einfaches PSScheduledJob-Beispiel
#>

Import-Module -Name PSScheduledJob

# Schritt 1: ScriptBlock festlegen
$SB = {
   $CmdLine = cmd /c Netstat -oa > $env:userprofile\documents\Netstat2.txt
   Invoke-Expression -Command $CmdLine
}

# Schritt 2: Trigger anlegen
$Trig = New-JobTrigger -At (Get-Date).AddMinutes(1) -Once

# Schritt 3: Geplante Aufgaben registrieren
Register-ScheduledJob -ScriptBlock $Sb -Name PSNetstat -Trigger $Trig
```

Die Aufgabe wird im Ordner *Microsoft\Windows\PowerShell\ScheduledJobs* angelegt und über das *Unregister-ScheduleJob*-Cmdlet wieder entfernt:

```
Unregister-ScheduledJob -Name PSNetstat -Confirm:$False
```

Eine Alternative zu den PowerShell-Commands ist es, *Schtasks.exe* direkt auszuführen, was oft nur einen minimalen Mehraufwand bedeutet. Im einfachsten Fall wird *Schtasks. exe* mit dem Schalter */Create*, einem Namen für den Task (*/TN*), einer Intervallangabe (*/SC*) und einem Programmpfad (*/TR*) aufgerufen:

```
schtasks /Create /TN Test /SC EINMAL /ST 13:54 /TR "Calc.exe"
```

Dieser Aufruf kann 1:1 in die PowerShell-Konsole eingegeben werden.

Das folgende kleine PowerShell-Skript ist etwas umfangreicher, aber trotzdem sehr einfach. Es legt als erstes ein aus einem einzigen Befehl bestehendes Skript an, das zwei Zahlen addiert, die beim Aufruf übergeben werden, und das Ergebnis in die Datei schreibt, deren Pfad ebenfalls beim Aufruf übergeben wird. Dieses Skript soll über eine Aufgabe gestartet werden, die per *Schtasks.exe* angelegt wird. Dazu muss im Rahmen der Aufgabe *Powershell.exe* mit dem Namen eines Skripts gestartet und beim Aufruf drei Werte übergeben werden: Die beiden zu addierenden Zahlen und der Pfad einer Textdatei, in die das Ergebnis geschrieben wird. Am Ende wird die zusammengesetzte Befehlszeile über das *Invoke-Expression*-Cmdlet aufgerufen.

```
<#
 .Synopsis
 Einfaches Schtasks-Beispiel
#>
# Kleines PowerShell-Skript als Here-String
$PS1Code = @'
  param([Int]$Op1, [Int]$Op2, $ErgebnisPfad)
  $Op1 + $OP2 > $ErgebnisPfad
'@

$Ps1Pfad = Join-Path -Path $env:Temp -ChildPath Test.ps1
$PS1Code > $Ps1Pfad
$Arg1 = 111
$Arg2 = 222
$ErgebnisPfad = "$env:userprofile\Documents\Ergebnis.txt"
$StartZeit = "{0:HH:mm}" -f (Get-Date).AddMinutes(1)
$TaskName = "PSAdditionsTask"

$CmdLine = "Schtasks /Create /TN $TaskName /TR 'PowerShell -NoProfile -
File $Ps1Pfad $Arg1 $Arg2 $ErgebnisPfad' /ST $StartZeit /SC Einmal"

Invoke-Expression -Command $CmdLine
```

▶   **Hinweis** Allen Beispielen ist gemeinsam, dass eine geplante Aufgabe nur mit
     einem Administratorbenutzerkonto angelegt und geändert werden kann.

16.3.1   Das DNS-Client-Modul

Mit seinen insgesamt 17 Functions ist das DnsClient-Modul überschaubar. Die wichtigsten Functions des Moduls sind in Tab. 16.3 zusammengestellt. Eine der wichtigsten Functions ist *Set-DnsClientServerAddress*. Mit ihrer Hilfe werden die DNS-Serveradressen für
einen Netzwerkadapter gesetzt. Wie bei allen neuen Functions, die mit Netzwerkadaptern
arbeiten, ist auch bei den DnsClient- Functions der Umstand praktisch, dass ein Netzwerk-

Tab. 16.3 Die wichtigsten Funktionen aus dem *DNSClient*-Modul

Function	Bedeutung
Get-DnsClient	Gibt allgemeine DNS-Client-Einstellungen für die angegebe-nen Netzwerkadapter zurück
Get-DnsClientServerAddress	Die wichtigste Function aus dem DNSClient-Modul. Sie gibt zu den angegebenen Netzwerkadaptern die Adressen der ein-getragenen DNS-Server zurück
Register-DnsClient	Aktualisiert alle IP-Adressen des Computers bei den konfigu-rierten DNS-Servern (entspricht einem ipconfig /registerdns). Die Function wird für alle Netzwerkadapter durchgeführt
Resolve-DsnName	Führt eine Namensauflösung durch
Set-DnsClientServerAddress	Legt die Adresse der DNS-Server für einen Netzwerkadapter zurück

adapter dank des *InterfaceAlias*-Parameters über einen Kurznamen angesprochen werden kann und weder der Index (DeviceID) noch die vollständige Bezeichnung des Adapters bekannt sein müssen.

Der folgende Befehl gibt mit Hilfe der Function *Get-DnsClient* die allgemeinen Einstellungen des DNS-Clients für einen Netzwerkadapter aus:

```
Get-DnsClient -InterfaceAlias Ethernet
```

Die Adresse der DNS-Server, die für die Namensauflösung herangezogen werden, ist noch nicht dabei. Diese liefert die Function *Get-DnsClientServerAddress*:

```
Get-DnsClientServerAddress -InterfaceAlias Ethernet -AddressFamily IPv4
```

Für DNS-Abfragen auf der Basis der mit Windows Server 2008 R2 und Windows 7 eingeführten *Name Resolution Policy Table* (NRPT), mit deren Hilfe die Namenauflösung auf der Grundlage von Richtlinien durchgeführt wird, so dass einzelne Bestandteile eines DNS-Namespace regelbasiert behandelt werden, stehen im *DNSClient*-Modul sieben Functions zur Verfügung. Eine Beschreibung von NRPT gibt es u. a. im TechNet-Portal:

```
http://technet.microsoft.com/de-de/library/ee649207%28v=ws.10%29.aspx
```

Die praktische Funktion *Get-DnsClientServerAddress* ruft die DNS-Server-Adressen für den angegebenen Netzwerkadapter ab. Gesetzt werden sie entsprechend über die Function *Set-DnsClientServerAddress*:

Der folgende Befehl gibt die konfigurierten IPv4-DNS-Adressen für den Netzwerkadapter mit dem Alias „Ethernet" aus.

```
Get-DnsClientServerAddress -InterfaceAlias Ethernet -AddressFamily IPv4 |
Select-Object -ExpandProperty ServerAddresses
```

Der folgende Befehl setzt die DNS-Serveradressen für den ersten und zweiten DNS-Server für den angegebenen Netzwerkadapter auf die per *ServerAddresses*-Parameter angegebenen Adressen:

```
Get-DnsCLient -InterfaceAlias Ethernet | Set-DnsClientServerAddress -
ServerAddresses "192.168.2.100","192.168.2.101"
```

16.3.2 DNS-Namensauflösung

Über die Funktion *Resolve-DNSName* wird ein Hostname aufgelöst. Die Funktion entspricht der Grundfunktionalität des Befehlszeilentools *Nslookup*. Über den *Server*-Parameter wird ein DNS-Server explizit angegeben. Über den *Type*-Parameter wird festgelegt, welche Sorte von Einträgen abgefragt werden sollen. Wird ein A-Record-Eintrag für einen Hostnamen abgefragt, besteht die Rückgabe aus einem *DnsRecord_A*-Objekt (Namespace *Microsoft.DnsClient.Commands*) mit den Properties *Address, IPAddress, Section* und *TTL*.

Der folgende Befehl löst einen Servernamen im lokalen Netzwerk auf.

```
Resolve-DnsName -Name Server1 -Type A | Format-Table -AutoSize
```

Was bei *Nslookup* „etwas" schwierig ist, ist das Abfragen einer größeren Anzahl an Adressen. Noch schwieriger ist es, die Ausgaben so auszuwerten, dass z. B. eine Auswertung nach Providernamen möglich ist.

Die folgende Befehlsfolge führt per *Resolve-DNSName* mit einer Liste von Hostnamen eine Namensauflösung durch und gruppiert die Ausgabe nach dem Namen des Servers.

```
<#
.Synopsis
DNS-Namensauflösung am laufenden Band
#>

$HostListe = "powershell.de", "powershell.com",
"powershell.org","powershell-praxis.de", "powershell-knowhow.de",
"powershell.it","powershell.co.uk", "powershell.ca", "powershell-ag.de",
"pscommunity.de", "power-shell.de",  "powershell.fr", "powershell.dk",
"powershell.nl"

$HostListe | ForEach-Object {
                            Resolve-DnsName -Name $_ -Type CNAME -
DnsOnly
                } | Group-Object -Property PrimaryServer |
                    Sort-Object -Property Count -Descending
```

16.4   Umgang mit Freigaben

Bis Windows Server 2012 mussten Freigaben mit dem *Net Share*-Kommando angelegt werden. Eine Technik, die in der Vergangenheit durchaus funktioniert hat:

Der folgende Befehl legt eine Freigabe ab und gibt dem Benutzerkonto *PSUser* Leseberechtigungen:

```
cmd /c net share PsKurs=C:\PsKurs "/Grant:PsUser,Read"
```

Da ein *Net Share* die Eckdaten der Freigaben lediglich als Text ausgibt, muss eine WMI-Abfrage bemüht werden, wenn die Freigaben als Objekte zurückgegeben werden sollen:

```
Get-CIMInstance -ClassName Win32_Share
```

Mit den Cmdlets aus dem *SmbShare*-Modul wird der Umgang mit Freigaben, vor allem das Anlegen von Freigaben, deutlich einfacher.

Ein *Get-SmbShare* gibt alle Freigaben aus. Ein *New-SmbShare* legt entsprechend eine neue Freigabe an. Der folgende Befehl legt eine Freigabe an und vergibt dabei eine Leseberechtigung für den Benutzer *PSUser*:

```
New-SmbShare -Name PSKurs -Path C:\PsKurs -ReadAccess PSUser
```

16.5   Netzwerkkonfiguration

Für die Konfiguration von Netzwerkadaptern gibt es zwei Module: *NetAdapter* und *NetT-CPIP*. Während *NetAdapter* Functions für die Abfrage von Hardwareeinstellungen enthält, kümmern sich die Functions aus dem *NetTCPIP*-Modul um die Einstellungen in Bezug auf das TCP/IP-Protokoll[1].

Der folgende Befehl listet alle Netzwerkadapter auf:

```
Get-NetAdapter
```

Der folgende Befehl listet den Namen und die MAC-Adresse aller Netzwerkadapter auf:

```
Get-NetAdapter | Select-Object -Property Name, MacAddress
```

Der folgende Befehl gibt die IP-Adressen aller Netzwerkadapter aus:

```
Get-NetIPAddress | Where-Object IPAddress -ne $null | Select-Object -
Property InterfaceAlias, IPAddress
```

Ein wirklich praktisches Cmdlet aus dem *NetworkConnection*-Modul kann schnell übersehen werden: Mit *Set-NetConnectionProfile* setzen Sie das Profil eines Netzwerkadapters von „Öffentlich" auf „Privat" und umgekehrt. Mit dem *Get-NetConnectionProfile*-Cmdlet wird es abgefragt. Leider gibt es das Cmdlet nur ab Windows Server 2012 bzw. Windows 8 aufwärts (für Windows 7 kann bei *Enable-PSRemoting* der Parameter *SkipNetworkProfileCheck* gesetzt werden).

---

[1] Dies ist leider aber auch eines jener Beispiele, bei denen die Namensgebung von Modulen eher zu einer leichten Verwirrung beitragen kann (aber natürlich nicht muss).

16.6   Features hinzufügen und entfernen

Das Modul mit dem vielversprechenden Namen *ServerManager* gab es bereits bei Windows Server 2008 R2. Es enthält mit *Get-WindowsFeature, Install-WindowsFeature* und *Uninstall-WindowsFeature* drei Functions für das Auflisten, Hinzufügen und Entfernen von Features zu einem Windows Server. Die Cmdlets besitzen einen *ComputerName*- und einen *Credential*-Parameter, so dass sich auch Features auf Servern im Netzwerk ansprechen lassen.

Der folgende Befehl listet die Namen aller installierten Features auf:

```
Get-WindowsFeature | Where-Object Installed | Select-Object -Property
Name
```

Der folgende Befehl installiert ein Feature auf einem Remote-Computer:

```
Install-WindowsFeature -Name XPS-Viewer -ComputerName
pemotrain.cloudapp.net -Credential Pemo
```

In diesem Beispiel ist der Remote-Computer eine virtuelle Maschine, die unter der Microsoft Cloud-Plattform *Azure* läuft. Dort muss ein Endpunkt für HTTPS eingerichtet sein. Auf dem lokalen Computer muss der *TrustedHosts*-Eintrag entweder einen * oder den Namen oder die IP-Adresse des Remote Computers enthalten. Ansonsten ist ein „Access denied" die Folge.

16.7   PowerShell Web Access

PowerShell Web Access ist ein Feature, das erst ab Windows Server 2012 zur Verfügung steht. Es ermöglicht das Herstellen einer PowerShell-Session in einem Browser, so dass sich von einem beliebigen Endgerät, das auch ein Smartphone sein kann, ein Windows Server (und alle über diesen Server im Netzwerk erreichbaren Server) im Rahmen einer PowerShell-Session administrieren lässt. Der Server mit PowerShell Web Access spielt damit die Rolle eines Administrationsgateways.

Die Sicherheit des Gateways wird auf zwei Ebenen gewährleistet. Die Verbindung kann nur per HTTPS hergestellt werden, so dass auf der Serverseite ein Zertifikat für die Verschlüsselung der übertragenen Daten benötigt wird (dies kann ein für den Server selbst ausgestelltes Zertifikat sein, wenngleich diese Variante natürlich nicht empfohlen wird). Die Session kann nur mit einem Administratorkonto und dem dazu gehörigen Kennwort hergestellt werden. Beide Einschränkungen sollen sicherstellen, dass ein PowerShell Web Access bei einem Windows Server nicht zu einem Sicherheitsrisiko wird.

PowerShell Web Access muss einmalig eingerichtet werden. Das Einrichten umfasst mehrere Schritte und besteht nicht aus ein paar Mausklicks, sondern dauert etwas länger, da auch PowerShell-Commands involviert sind.

Schritt 1: PowerShell Web Access wird als Feature hinzugefügt
Der erste Schritt besteht darin, PowerShell Web Access als Feature hinzuzufügen. Sie finden es ein wenig versteckt unter „Windows PowerShell (installiert)". Lassen Sie sich nicht von dem Umstand irritieren, dass der Auswahlpunkt abgeblendet angezeigt wird.

Wie jedes Feature kann PowerShell Web Access über das *Install-WindowsFeature*-Cmdlet hinzugefügt werden. Der folgende Befehl fügt es zum lokalen Computer hinzu:

```
Install-WindowsFeature -Name WindowsPowerShellWebAccess -ComputerName
(Hostname) -IncludeManagementTool
```

Ein Neustart ist nicht erforderlich.

Schritt 2: Konfigurieren des Gateways
Das Gateway wird über das Cmdlet *Install-PswaWebApplication* konfiguriert. Der Parameter *UseTestCertificate* ist etwas heikel, da er den Anwender von der Notwendigkeit entbindet, sich ein „echtes" Zertifikat zu besorgen, dass von einer vertrauenswürdigen Zertifizierungsstelle ausgestellt wurde. Alternativ besteht die Möglichkeit, über das *New-SelfSignCertificate* ein Zertifikat mit dem Servernamen als „Subject" auszustellen, das aber ebenfalls das Manko besitzt, dass es nicht von einer Instanz ausgestellt wurde, dem auf der Clientseite vertraut wird (so dass u. a. beim Hersteller der Verbindung im Browser eine Warnung erscheint).

Im Folgenden wird trotz aller Bedenken diese Variante gewählt. Geben Sie auf dem Server den folgenden Befehl ein:

```
Install-PswaWebApplication -UseTestCertificate
```

Das Cmdlet weist daraufhin, dass von der Verwendung eines Testzertifikats abgeraten wird. Außerdem ist es nur 90 Tage gültig.

Das Gateway ist eine IIS-Webanwendung mit folgenden Einstellungen:

- Path: /pswa
- ApplicationPool: pswa_pool
- EnabledProtocols: http
- PhysicalPath: %windir%/Web/PowerShellWebAccess/wwwroot

Diese Einstellungen können über das *Get-WebApplication*-Cmdlet aus dem *WebAdministration*-Modul abgefragt werden:

```
Get-WebApplication -Name pswa
```

Schritt 3: Hinzufügen von Autorisierungsregeln

Im letzten Schritt wird es etwas kniffliger, denn es muss theoretisch für jedes Benutzerkonto, das über PowerShell Web Access einen Zugriff auf den Server erhalten soll, eine
Autorisierungsregel angelegt werden. Das gilt auch für das Administratorkonto. Das Hinzufügen einer Autorisierungsregel übernimmt das *Add-PswaAuthorizationRule*-Cmdlet
aus dem *PowerShellWebAccess*-Modul. Es erwartet den Namen eines Benutzerkontos und
den eines Computers in der Domäne oder den einer Gruppe mit Computerkonten, die
Zugang zu dem Server erhalten soll. Alternativ gibt es die Möglichkeit, für den Benutzer-
und Computernamen einen * als Platzhalter einzusetzen.

Der folgende Befehl fügt mit Hilfe des * eine Autorisierungsregel für alle Benutzerkonten und alle Computernamen hinzu:

```
Add-PswaAuthorizationRule -UserName * -ComputerName * -ConfigurationName
Microsoft.PowerShell
```

Auch hier gilt, dass eine solche großzügige Konfiguration nur im Testbetrieb verwendet werden kann. Der Platzhalter * muss auch dann verwendet werden, wenn sich der
Client-Computer, der einen Zugriff erhalten soll, nicht innerhalb einer Domäne befindet. Der *ConfigurationName*-Parameter kann entfallen. In diesem Fall wird die Standard-
sessionkonfiguration verwendet, die in der Regel „Microsoft.Powershell" ist. Über das
Get-PswaAuthorizationRule-Cmdlet werden alle angelegten Regeln aufgelistet, über das
Remove-PswaAuthorizationRule-Cmdlet wird eine Regel (ohne Anforderung einer Bestä-
tigung) entfernt.

▶   **Hinweis** Alle Regeln werden in einer XML-Datei unter *$Env:windir\Web\Powers-
    hellWebAccess\data\AuthorizationRules.xml* gespeichert.

Im letzten Schritt wird die Webanwendung im Browser über den Namen des Computers
oder seiner IP-Adresse aufgerufen. Heißt der Computer „Server1", lautet die Adresse entsprechend *https://server1/pswa*. Wurde für das Einrichten von Powershell Web Access ein
Testzertifikat verwendet, erscheint im Browser als erstes ein entsprechender Sicherheitshinweis (Abb. 16.1).

Danach erscheint ein Anmeldedialog, in den Benutzername, Kennwort und der Name
des Computers, auf dem der Webserver läuft, eingegeben werden (Abb. 16.2).

Konnte die Anmeldung durchgeführt werden, steht im Browserfenster eine PowerS-
hell-Konsole zur Verfügung, in der PowerShell-Commands und Konsolenanwendungen
wie *Ipconfig* oder *Netstat* ausgeführt werden können. Die Konsole ist gegenüber einer
PowerShell-Konsole etwas eingeschränkt. Insbesondere was allgemeine Host-Einstellun-
gen (z. B. Farben) angeht. Wie in der ISE-Konsole können keine interaktiven Konsolenprogramme, etwa *Netsh*, ausgeführt werden. Der Zustand einer Session kann bei Windows
Server 2012 nicht gesichert werden. Mit jeder Anmeldung wird eine neue Session gestartet. Ein Benutzer kann maximal 3 Sessions anlegen. Diese Zahl ist in der *Web.config*-Datei

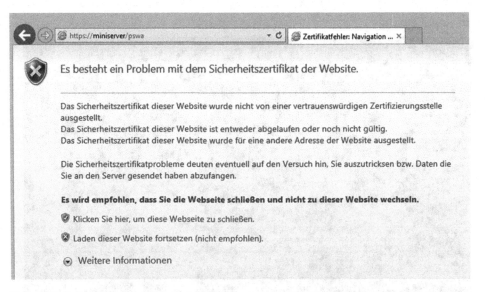

Abb. 16.1 Bei Verwendung eines Testzertifikats erscheint ein Sicherheitshinweis

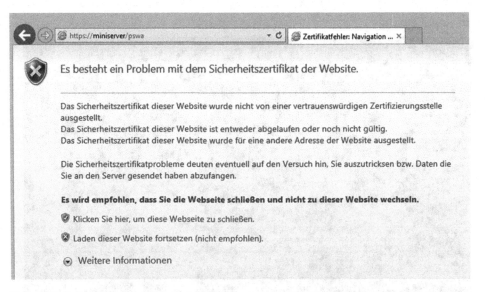

Abb. 16.2 Die Anmeldung am Server über PowerShell Web Access

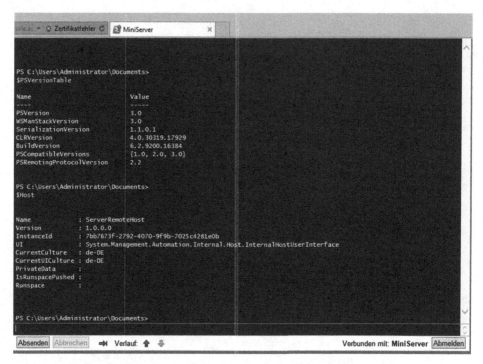

Abb. 16.3 Eine PowerShell-Sitzung im Browser-Fenster

im Eintrag *appSettings* unter *maxSessionsAllowedPerUser* festgelegt. Der Pfad der Datei ist *$Env:Windir\Web\PowerShellWebAccess\wwwroot\Web.config*.

Mit Windows Server 2012 R2 wurden bei PowerShell Web Access eine Reihe erfreulicher Verbesserungen eingeführt wird. Dazu gehört u. a. der Umstand, dass sich eine Session sichern und zu einem späteren Zeitpunkt wiederherstellen lässt, und dass in einem Browser mehrere Sessions in unterschiedlichen Registern betrieben werden können (Abb. 16.3).

16.8 Zusammenfassung

Mit Windows Server 2012 hat Microsoft die PowerShell zur alternativen Administratoren-schnittstelle aufgewertet. Mit dieser Version wurde die Anzahl der Module so stark erhöht, dass sich jede wichtige Funktionalität, die bislang nur innerhalb der Benutzeroberfläche angeboten wurde (mit Ausnahme des Datei Explorers, da dieser lediglich eine Anwendung ist), per PowerShell-Command ansprechen lässt. Mit Windows Server 2012 R2 wurde die Funktionalität weiter ausgebaut. Es ist davon auszugehen, dass mit der nächsten Version von Windows Server weitere Module hinzukommen werden und sich Abläufe auf einer höheren Ebene (konkret Server-Konfiguration über *Desired State Configuration*) automatisieren lassen werden.

Umgang mit Text

17

In diesem Kapitel geht es um die Verarbeitung von Texteingaben, um reguläre Ausdrücke, um das Verarbeiten von Textdaten im XML-Format und um die allgemeine Frage, warum Objekte im Allgemeinen die bessere Form der Ausgabe sind, so dass (Text-) Ausgaben wann immer möglich per *New-Object*-Cmdlet in Objekte konvertiert werden sollten.

17.1 Zeichenketten (Strings)

Eine Zeichenkette wird bei der PowerShell durch Anführungszeichen oder einfache Apostrophe begrenzt. Der Unterschied ist subtil aber wichtig: Bei Apostrophen werden Variablen nicht durch ihren Wert substituiert. Ein

```
$Zahl = 1234
'$Zahl = $Zahl'
```

führt zur Ausgabe

```
$Zahl = $Zahl
```

Ein

```
"$Zahl = $Zahl"
```

entsprechend zu

```
1234 = 1234
```

© Springer Fachmedien Wiesbaden 2014
P. Monadjemi, *PowerShell für die Windows-Administration,* X.systems.press,
DOI 10.1007/978-3-658-02964-7_17

Tab. 17.1 Die wichtigsten Methoden der String-Klasse

Methode	Was macht sie?
IndexOf	Gibt die Position des Zeichens zurück, das beim Aufruf übergeben wird
LastIndexOf	Gibt die letzte Position des Zeichens zurück, das beim Aufruf übergeben wurde
SubString	Trennt eine Zeichenfolge ab der übergebenen Position und in der übergebenen Länge aus einer anderen Zeichenfolge heraus
ToLower	Wandelt alle Buchstaben in Kleinbuchstaben um
ToUpper	Wandelt alle Buchstaben in Großbuchstaben um

Soll das erste $-Zeichen nicht als Variablenkennzeichner interpretiert werden, muss es mit dem Escape-Zeichen „escaped" werden. Dadurch wird seine Bedeutung aufgehoben. Das Escape-Zeichen ist der umgedrehte Apostroph, der sich links von der [Backspace]-Taste befindet und zusammen mit der [Umschalt]-Taste eingegeben wird. Die Eingabe von

```
"`$Zahl = $Zahl"
```

führt zu

```
$Zahl = 1234
```

17.2 String-Verarbeitung

Eine Zeichenkette (engl. „string") wird bei der PowerShell durch ein *String*-Objekt repräsentiert. Mit den zahlreichen Methoden der *String*-Klasse ist eine komfortable String-Verarbeitung möglich. Tabelle 17.1 gibt eine Übersicht über die wichtigsten Methoden-Members. Eine Übersicht liefert der Befehl

```
"" | Get-Member -MemberType Method
```

Der folgende Befehl trennt aus einer Pfadangabe den Laufwerksnamen heraus:

```
$Pfad = "C:\Windows\System.ini"
$Laufwerk = $Pfad.Substring(0,2)
```

Die Zahl 0 steht für die Position, die Zahl 2 für die Anzahl an Zeichen. Wird bei *SubString* nur ein Wert übergeben, werden alle Zeichen ab dieser Position geholt. Ist die Zeichenkette nicht groß genug, ist ein Fehler die Folge.

Der folgende Befehl kombiniert die Members *SubString* und *LastIndexOf*, um aus einem Pfad den Dateinamen zu extrahieren:

```
$Datei = $Pfad.Substring($Pfad.LastIndexOf("\")+1)
```

	Zeichen	Bedeutung
Tab. 17.2 Die Escape-Zeichen der PowerShell	`a	Beep
	`b	Backspace-Zeichen
	`n	Zeilenumbruch
	`t	Tabulator

Speziell für das Zerlegen von Pfaden ist das *Split-Path*-Command besser geeignet. Auch der folgende Befehl liefert den Dateinamen:

```
$Datei = Split-Path -Path $Pfad -Leaf
```

17.3 Here-Strings

Ein *Here-String* ist eine Zeichenkette, bei der Anführungszeichen und Apostrophen als Begrenzer keine Rolle spielen. Ein Here-String wird durch jeweils ein @-Zeichen eingerahmt, auf das entweder Apostrophe oder Anführungszeichen folgen:

```
$XMLDaten = @'
  <?Xml version="1.0 ?>
  <Intenvetur>
  </Inventur>
'@
```

Es gibt zwei Einschränkungen, die sich oft eher per Zufall herausstellen (wenn die ISE einen Fehler anzeigt). Auf die erste Zeile muss unmittelbar ein Zeilenumbruch folgen, die abschließende Zeile muss am linken Rand beginnen. Here-Strings sind immer dann praktisch, wenn eine Zeichenkette Apostrophe und Anführungszeichen enthält, wie es z. B. bei XML der Fall ist.

17.3.1 Zeilenumbrüche und andere Spezialitäten

Soll eine Zeichenkette einen Zeilenumbruch- oder ein Tabzeichen enthalten, wird dieses durch einen Kleinbuchstaben repräsentiert, dem das „schiefe" Apostroph-Zeichen, das Escape-Zeichen der PowerShell, vorausgeht. Das Einfügen von `a ist z. B. der einfachste Weg, bei einer Ausgabe einen Piepton zu erzeugen (Tab. 17.2).

17.4 Textdateien lesen und schreiben

Für das Lesen und Schreiben von Textdateien bietet die PowerShell eine Reihe von Content-Cmdlets, die in Tab. 17.3 zusammengestellt sind. Das *Get-Content*-Cmdlet liest den Inhalt einer Textdatei ein:

Tab. 17.3 Cmdlets für den Umgang mit Textdateien

Cmdlet	Was macht es?
Add-Content	Fügt an eine Textdatei weitere Zeilen an. Gibt es die Datei nicht, wird sie erstellt
Clear-Content	Löscht den Inhalt einer Datei
Get-Content	Liest eine oder mehrere Zeilen aus einer Textdatei oder Bytes aus einer Binärdatei ein. Über den Encoding-Parameter wird der Zeichensatztyp ausgewählt
Set-Content	Schreibt Textzeilen oder Bytes in eine Datei

```
Get-Content -Path C:\Windows\Win.ini
```

Die Rückgabe ist ein Array von String-Objekten. Jedes String-Objekt steht für eine Zeile. Sollen nur die ersten Zeilen gelesen werden, kommt der *TotalCount*-Parameter ins Spiel. Der folgende Befehl liest nur die ersten 10 Zeilen einer Datei:

```
Get-Content -Path C:\Windows\Win.ini -TotalCount 10
```

Soll eine bestimmte Anzahl an Zeilen vom Ende der Datei gelesen werden, gibt es dafür den Parameter *Tail*. Dieser Parameter ist aus einem weiteren Grund praktisch. Im Zusammenspiel mit dem *Wait*-Parameter wartet das Cmdlet und zeigt in dieser Zeit automatisch alle Zeilen in der Konsole an, die von anderen Prozessen an diese Datei gehängt werden. Das ist vor allem für das Überwachen von (Webserver-) Logdateien sehr praktisch. Der folgende Befehl gibt laufend die letzten drei Zeilen der Datei *PSLog. log* aus:

```
Get-Content -Path PSLog.log -Tail 3 -Wait
```

Der Wartemodus wird per [Strg]+[C] abgebrochen.

17.4.1 Binärdateien lesen

Ein Get-Binary-Cmdlet gibt es nicht, denn mit *Get-Content* lassen sich auch Binärdateien bzw. allgemein Dateien byteweise einlesen. Dazu muss auf den *Encoding*-Parameter, der den Zeichensatz festlegt, der Wert „Byte" folgen. Der folgende Befehl gibt von allen Bilddateien im Bilderordner die ersten zwei Bytes aus:

```
Get-ChildItem -Path $env:\userprofile\pictures\* -Include *.bmp, *.jpg,
*.png -Recurse | Select-Object -Property Name,
@{Name="Kennung";Expression={Get-Content -Path $_.FullName -Encoding Byte
-TotalCount 2 }}
```

Bei diesem Befehl ist der *Include*-Parameter von *Get-ChildItem* praktisch, auf den alle Erweiterungen folgen, die in die Ergebnismenge eingeschlossen werden sollen.

▶   **Tipp** Ein *[Char]* macht aus einem ASCII-Code das entsprechende Zeichen (ein *[Char]65* liefert ein „A"), ein *[Int][Char]* liefert zu einem Zeichen den ASCII-Code (z. B. *[Int][Char]"A"*).

Die folgende Befehlsfolge gibt die obligatorische ASCII-Tabelle aus[1]:

```
$Zeichen = 0
33..255 | Foreach-Object {
    $Zeichen++
    if($Zeichen -gt 10) { "`n"
      $Zeichen=0 }
    Write-Host  ("{0,3} ({1})" -f [Char]$_ ,$_) -NoNewline
}
```

17.4.2   Streams als Alternative

Die Cmdlets *Get-Content* und *Set-Content* besitzen einen kleinen Nachteil: Sie sind relativ langsam, was sich vor allem bei großen (Text-) Dateien ungünstig bemerkbar macht. Eine Alternative ist es, die Datei über einen sog. Stream anzusprechen und ihren Inhalt entweder zeilenweise oder byteweise einzulesen. Ein Stream ist dabei nur eine Folge von Bytes, die sequentiell gelesen und geschrieben werden. Dank einiger Klassen der .NET-Laufzeit im Namespace *System.IO* ist der Umgang mit Streams sehr einfach.

Das folgende Beispiel ist etwas umfangreicher. Es liest eine binäre Datei, die ca. 260 MByte groß ist, auf zwei verschiedene Arten und Weisen ein: Einmal über das *Get-Content*-Cmdlet und einmal über einen Stream in Gestalt des *FileStream*-Objekts und seiner *Read*-Methode. Die Ausführungszeit wird über das *Measure-Command*-Cmdlet gemessen, das einen Scriptblock ausführt und die Ausführungsdauer als *TimeSpan*-Objekt (Zeitspanne) zurückgibt. Der Unterschied ist drastisch. Während die Variante mit *Get-Content* mehrere Minuten benötigt und dabei die PowerShell ISE zeitweise lahm legt (die Arbeitsspeicherauslastung steigt dabei auf mehrere GByte an) und sogar die Stabilität von Windows gefährden kann, wenn der Festplattenspeicher zu knapp werden sollte, führt die *Stream*-Variante das Einlesen derselben Datei in ein zuvor angelegtes Array in wenigen Sekunden durch.

---

[1] Die in keinem Buch, das auch nur im Entferntesten mit Programmierung zu tun hat, fehlen darf.

```
<#
 .Synopsis
 Dateien als Streams ansprechen
#>

$Pfad = "$env:userprofile\pictures\Bruce Capetown\MVI_1778.MOV"

# Einlesen über Get-Content
$Dauer = Measure-Command -Expression {
 $Daten = Get-Content -Path $Pfad -Encoding Byte
 }

"{0} Bytes in {1:n2}s eingelesen." -f $Daten.Length, $Dauer.TotalSeconds

# Einlesen als Stream
$Dauer = Measure-Command -Expression {
  $FS = New-Object -TypeName System.IO.FileStream -ArgumentList $Pfad,
"Open"
  $Daten = New-Object -TypeName Byte[] -ArgumentList $FS.Length
  $FS.Read($Daten, 0, $Daten.Length)
  $FS.Close()
}
"{0:n0} MB in {1:n2}s eingelesen." -f ($Daten.Length/1MB),
$Dauer.TotalSeconds
```

▶   **Tipp** Sollte sich eine Datei nicht ansprechen lassen, da ein anderer Prozess auf
    sie zugreift, zeigt das Tool *Handle* aus den *Sysinternals*-Tool (http://www.sysin-
    ternals.com) den „Übeltäter" an. Der Aufruf ist sehr einfach: Auf *Handle* folgt der
    Pfad der Datei, auf die aktuell kein Zugriff möglich ist. Legen Sie *Handle.exe* in
    einem Verzeichnis, z. B. *C:\Tools*, ab und fügen Sie diesen Pfad im Profilskript
    zur *Path*-Umgebungsvariablen hinzu (über *$env:path* += *";C:\Tools"*), so dass das
    Tool immer zur Verfügung steht.

17.5   XML-Daten lesen und schreiben

Textdaten im XML-Format spielen im IT-Umfeld eine wichtige Rolle[2]. Im administrativen Bereich kommen XML-Daten indirekt vor, in dem einige Anwendungen, z. B. die
Windows-Ereignisprotokolle, einen Export in das XML-Format ermöglichen. XML ist
immer dann sehr praktisch, wenn strukturierte Daten im Textformat abgelegt werden sollen. Über verwandte Standards wie *XSLT* (*XML Transformation*) kann ein XML-Format
in ein anderes Format, z. B. HTML, konvertiert werden. Über *XPath* steht eine einfache
Abfragesprache zur Verfügung, mit der sich einzelne Elemente in einem XML-Dokument
ansprechen lassen.

Bei der PowerShell kommt XML an mehreren Stellen vor:

---

[2] Auch wenn XML sicher nicht die Erwartungen erfüllt, die noch Ende der 90er Jahre an den damals
noch jungen Standard gestellt wurden – eine „lingua de franca", also eine universelle Sprache des
Internets ist es sicher nicht.

1. Objekte lassen sich über das Cmdlet *Export-CliXml* im XML-Format speichern und über das *Import-CliXml*-Cmdlet wieder einlesen.
2. Die Cmdlet-Hilfe basiert auf dem XML-Dialekt *MAML* (*Microsoft Application Markup Language*).
3. Windows Workflows werden im XML-Dialekt *XAML* (*Extensible Application Markup Language*) definiert und über das *Import-Module*-Cmdlet eingelesen.
4. Fenster mit Bedienelementen werden ebenfalls über XAML definiert. Die XAML-Datei wird geladen und das Ergebnis in einem Fenster angezeigt.

Weitere Berührungspunkte zwischen der PowerShell und XML gibt es nicht. Über die aufgezählten Bereiche hinaus gibt es drei Anwendungsbereiche, in denen die PowerShell ihre Vorteile ausspielen kann:

1. Verarbeiten von beschreibenden Daten (z. B. Inventardaten), die im XML-Format vorliegen.
2. Einlesen und Erstellen von Microsoft Office-Dokumenten, die im OpenXml-Format vorliegen.
3. Verarbeiten von sog. RSS-Feeds, die von zahlreichen Webseiten zur Verfügung gestellt werden. In der Regel werden „Nachrichtenticker" im Atom-Format dargestellt. Wer z. B. über die Blog-Einträge des PowerShell-Teams bei Microsoft auf dem Laufenden bleiben möchte, muss dazu lediglich den RSS-Feed mit einem Newsreader oder mit einer PowerShell-Function abonnieren (ein Beispiel wird in diesem Kapitel vorgestellt).

Es gibt kein Read- oder Import-Xml-Cmdlet, aber es gibt eine einfache Technik, durch die ein per *Get-Content* gelesener Textinhalt einer XML-Datei in ein Objekt konvertiert wird, dessen Eigenschaften die Struktur des XML-Dokuments wiedergeben. Die Technik besteht aus dem Type Accelerator *[XML]*, der den eingelesenen Text in ein *XmlDocument*-Objekt (Namespace *System.Xml*) konvertiert. Die interne Typenanpassung der PowerShell („Adaptable Type System") sorgt dafür, dass alle Elemente und Attribute eines XML-Elements an das Objekt gehängt werden, das dieses Element repräsentiert. Dadurch lassen sich die Inhalte eines XML-Dokuments powershell-typisch einfach ansprechen und gegebenenfalls auch ändern.

Das folgende Beispiel geht von einer einfachen XML-Datei aus, die wie folgt aufgebaut ist:

```
<Inventar>
   <Geraet Id="1000">
      <Kategorie>Drucker</Kategorie>
      <Name>HP Laserjet II</Name>
      <Preis>150</Preis>
   </Geraet>
   <Geraet Id="1001">
      <Kategorie>Monitor</Kategorie>
      <Name>Eizo 3D 16 Zoll</Name>
      <Preis>49.59</Preis>
      <Anmerkung>Flimmert etwas</Anmerkung>
   </Geraet>
   <Geraet Id="2001">
      <Kategorie>DFÜ</Kategorie>
      <Name>Zyxel Model</Name>
      <Preis>19.95</Preis>
   </Geraet>
</Inventar>
```

In der Praxis würde eine solche Datei mehrere Tausend $<Geraet>$-Elemente umfassen. XML-Daten besitzen einen einfachen, allgemeinen Aufbau:

- Alle Elementnamen werden in spitze Klammern gesetzt. Die Namen selber spielen keine Rolle, es kommt bei den Namen aber auf die Groß und Kleinschreibung an.
- Zu jedem öffnenden Element muss es ein schließendes Element geben.
- Es gibt nur ein Stammelement (bezogen auf das Beispiel <Inventar>).
- Elemente dürfen sich nicht überkreuzen. Folgt auf <Geraet> z. B. <Kategorie>, darf darauf nicht </Geraet> vor einem </Kategorie> folgen. Das innere Element muss immer vor dem äußeren Element geschlossen werden.
- Die Werte von Attributen (die Namen in den spitzen Klammern, die auf den Elementnamen folgen), müssen immer in Anführungszeichen gesetzt werden. Ein Element kann beliebig viele Attribute besitzen.
- Leerzeichen (die sog. „white spaces") und die daraus resultierenden Einrückungen spielen keine Rolle. Sie dienen im obigen Beispiel lediglich der besseren Lesbarkeit.
- Eine formale Xml-Deklaration (über ein <?xml version="1.0" ?>) ist nicht obligatorisch, damit ein XML-Text bei der PowerShell eingelesen werden kann.

Für die folgenden Beispiele wird der XML-Text als Here-String der Variablen *$Bestand* zugewiesen.

Der folgende Befehl wandelt den XML-Text in ein Objekt um:

```
$Bestand = [Xml]$XMLDaten
```

Der folgende Befehl gibt alle Geräte aus:

```
$Bestand.Inventar.Geraet
```

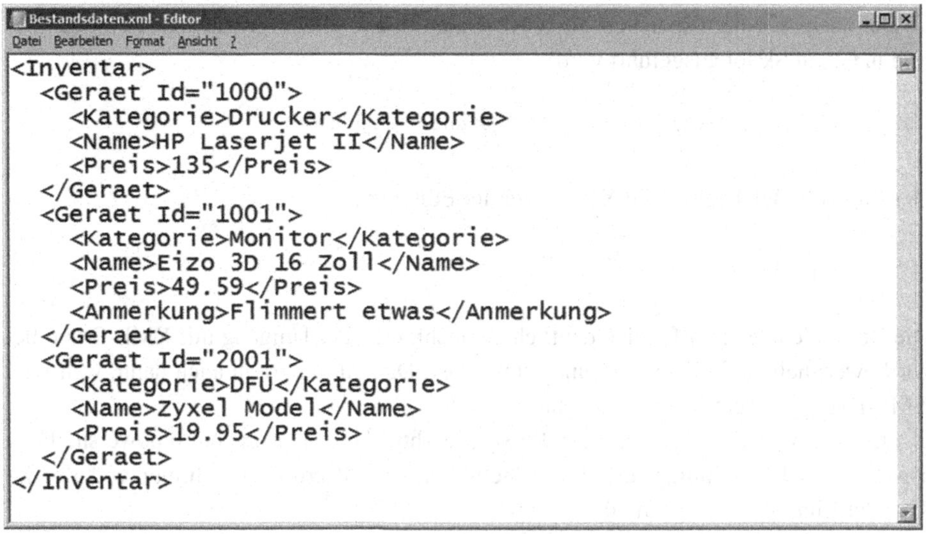

```
Bestandsdaten.xml - Editor                                              _ |□| x|
Datei  Bearbeiten  Format  Ansicht  ?
<Inventar>
  <Geraet Id="1000">
    <Kategorie>Drucker</Kategorie>
    <Name>HP Laserjet II</Name>
    <Preis>135</Preis>
  </Geraet>
  <Geraet Id="1001">
    <Kategorie>Monitor</Kategorie>
    <Name>Eizo 3D 16 Zoll</Name>
    <Preis>49.59</Preis>
    <Anmerkung>Flimmert etwas</Anmerkung>
  </Geraet>
  <Geraet Id="2001">
    <Kategorie>DFÜ</Kategorie>
    <Name>Zyxel Model</Name>
    <Preis>19.95</Preis>
  </Geraet>
</Inventar>
```

Abb. 17.1 Die XML-Daten nach der Preisreduzierung für alle Drucker

Der folgende Befehl gibt alle Drucker aus dem Bestand aus:

```
$Bestand.Inventar.Geraet | Where-Object Kategorie -eq "Drucker"
```

Der folgende Befehl gibt mit Hilfe von *Measure-Object* und seinem *Sum*-Parameter den Gesamtpreis aller Geräte aus dem Bestand aus:

```
$Summe = $Bestand.Inventar.Geraet | Measure-Object -Property Preis -Sum |
Select-Object -ExpandProperty Sum
"{0:C}" -f $Summe
```

Dass die XML-Daten auch geändert und danach wieder in die bzw. eine XML-Datei geschrieben werden können, macht das letzte Beispiel deutlich, dass die Preise für alle Drucker um 10 % reduziert (Abb. 17.1):

```
# Daten ändern
$Bestand.Inventar.Geraet | Where-Object Kategorie -eq "Drucker" |
ForEach-Object {
  $_.Preis = "$([Double]$_.Preis * 0.9)"
}
$Bestand.Inventar.Geraet
```

Für die Umrechnung des Preises muss der String vorübergehend in einen *Double*-Wert konvertiert und danach wieder in einen String umgewandelt werden, da dem XML-Knoten nur ein String-Wert zugewiesen werden kann.

Der nächste Befehl speichert die XML-Datei im aktuellen Verzeichnis (wenn der Befehl in einem Skript ausgeführt wird):

```
$Bestand.Save($PSScriptroot + "\Bestandsdaten.xml")
```

Der folgende Befehl zeigt die XML-Datei im Editor an:

```
notepad \Bestandsdaten.xml
```

Die Beispiele haben hoffentlich deutlich gemacht, dass der Umgang mit XML-Daten bei der PowerShell einfach, elegant und effektiv ist. Das gilt natürlich auch dann, wenn die XML-Daten aus dem Internet stammen.

Das folgende Beispiel liest den RSS-Feed (http://blogs.msdn.com/b/powershell/rss. aspx), der die Blog-Einträge des PowerShell-Teams bei Microsoft beschreibt, und gibt die Titel der Einträge der letzten 30 Tage aus:

```
<#
 .Synopsis
 PowerShell-Teamblog auswerten
#>

$RSSURL = http://blogs.msdn.com/b/powershell/rss.aspx

$FeedRSS = (New-Object -TypeName
System.Net.WebClient).DownloadString($RSSURL)

$FeedXML = [XML]$FeedRSS
$FeedXML.rss.channel.item | Where-Object { [DateTime]$_.PubDate -gt (Get-
Date).AddDays(-30) } | Select-Object -Property Title, PubDate
```

Die Konvertierung des RSS-Datums in einen *DateTime*-Wert wird vom Type Accelerator *[DateTime]* erledigt. Die Ausgabe besteht, dank *Select-Object*, aus Objekten mit den Eigenschaften *Title* und *PubDate*:

```
title                                               pubDate
-----                                               -------
Want to Automatically Configure Your Machines Using DS... Fri, 28 Feb
2014 18:36:00 GMT
Reusing Existing Configuration Scripts in PowerShell D... Wed, 26 Feb
2014 05:33:00 GMT
Configuring a SQL High Availability Group with DSC    Thu, 13 Feb
2014 21:27:00 GMT
DSC Diagnostics Moduleâ€" Analyze DSC Logs instantly now! Tue, 11 Feb
2014 19:59:00 GMT
Need more DSC Resources?  Announcing DSC Resource Kit ... Fri, 07 Feb
2014 23:54:00 GMT
```

Wer experimentierfreudig ist (und seine Kollegen beeindrucken möchte) baut diese Befehle (als Function) in das Profilskript ein, so dass nach dem Start der PowerShell die neuesten Meldungen aus der PowerShell-Welt in der Konsole erscheinen.

17.5.1   XML-Daten auswerten per Select-Xml

Das *Select-Xml*-Cmdlet ermöglicht das gezielte Ansprechen von XML-Elementen über einen XPath-Ausdruck. *XPath* ist ein weiterer Standard der XML-Familie und besteht aus einer einfachen „Abfragesprache", durch die XML-Elemente über ihre Namen und ihre relative Position lokalisiert werden. *Select-Xml* ist keine direkte Alternative zum *[Xml]*-Type Accelerator. Das Cmdlet wird vor allem beim Auslesen von Elementen in tief verschachtelten XML-Dateien verwendet.

Das folgende Beispiel durchsucht die Typendefinitionsdatei *Types.ps1xml* im PowerShell-Verzeichnis nach dem Element, das den Typ *System.Diagnostics.Process* repräsentiert. Der XPath-Ausdruck lautet

```
"//Type[Name='System.Diagnostics.Process']/Members"
```

Wurde das Element gefunden, werden die für diesen Typ durch das „Extensible Type System" der PowerShell hinzugefügten Members, die durch dieses Element definiert werden, ausgegeben.

```
<#
. .Synopsis
 Select-Xml-Beispiel
#>

$TypesDateipfad =
"C:\Windows\System32\WindowsPowerShell\v1.0\types.ps1xml"

$XPfad = "//Type[Name='System.Diagnostics.Process']/Members"
Select-Xml -Path $TypesDateipfad -XPath $XPfad | Select-Object -
ExpandProperty Node | ForEach-Object {
    "`nAlias-Properties:"
    $_ | Select-Object -ExpandProperty AliasProperty
    "`nScript-Properties:"
    $_ | Select-Object -ExpandProperty ScriptProperty
    "`nNote-Properties:"
    $_ | Select-Object -ExpandProperty NoteProperty
}
```

17.6   Reguläre Ausdrücke

Für das Zerlegen von Texten auf der Grundlage von Mustern (engl. „patterns") bieten viele Skriptsprachen, Editoren und Textprogramme[3] reguläre Ausdrücke (engl. „regular expressions"), die oft mit „Regex" abgekürzt werden. Die PowerShell verwendet die „Regex-Engine" der .NET-Laufzeit, deren Syntax sich an den Schreibregeln des durch die Skriptsprache Perl vorgegebene „Quasi-Standard" orientiert, wenngleich es natürlich keine 100 % Übereinstimmung, sondern stattdessen eine grundsätzliche Übereinstimmung bei der Schreibweise mit vielen kleinen Unterschieden gibt.

Reguläre Ausdrücke wirken bei oberflächlicher Betrachtung eventuell sehr kompliziert (und sind es teilweise auch). Man muss aber kein Experte in diesem Bereich sein und vor allem zu keinem werden, um in Alltagssituationen Texte mit Hilfe eines einfachen regulären Ausdrucks zerlegen zu können. Mathematische Vorkenntnisse (reguläre Ausdrücke stellen eine sog. „formale Sprache" dar, die ein zentraler Themenbereich der theoretischen Informatik ist) sind daher nicht erforderlich. Sie werden anhand der vorgestellten kleinen Beispiele feststellen, dass sich mit einer Prise „regulärer Ausdrücke" das Umwandeln von nahezu beliebigen Texten einfach bewerkstelligen lässt. Reguläre Ausdrücke werden im administrativen Alltag in zwei Bereichen benötigt:

1. Validierung von Textdaten (das klassische Beispiel ist die E-Mail-Adresse).
2. Auswerten von Textdaten und das Umwandeln einzelner Informationen, die in den Textdaten enthalten sind, in Objekte.

Logdateien sind für das Auswerten mit Hilfe regulärer Ausdrücke prädestiniert, da sie eine feste Struktur besitzen. Aber auch die Inhalte von HTML-Dateien oder Ini-Dateien lassen sich auf diese Weise auswerten, da es in beiden Fällen darum geht, Textinhalte in einem regelmäßig aufgebauten Textgerüst zu lokalisieren.

Bei allen Übungen, die in diesem Abschnitt vorgestellt werden, geht es um ein fundamentales Konzept: Das Umwandeln von Text in Objekte, um die Informationen, die durch den Text repräsentiert werden, mit den Pipeline-Cmdlets weiterverarbeiten zu können.

17.6.1   Reguläre Ausdrücke in 10 min

Die wichtigste Merkregel für den Anfang ist: Es gibt bei einem regulären Ausdruck keine Platzhalter. Kommt in einem Ausdruck ein * vor, ist dies kein Platzhalter für ein beliebiges Zeichen. Ein * gibt vielmehr an, dass das links von dem Stern aufgeführte Zeichen oder die Zeichengruppe in dem untersuchten Text mehrfach vorkommen kann, aber nicht muss, damit eine Übereinstimmung (auch „Match" genannt) resultiert. Der * steht daher für die Mengenangaben 0, 1 oder n. Das Zeichen, das in einem regulären Ausdruck für ein belie-

---

[3] Z. B. Microsoft Word, hier wird lediglich der Begriff „Platzhalterzeichen" verwendet.

Tab. 17.4 Die wichtigsten Zeichen bei regulären Ausdrücken

Zeichen	Bedeutung
$	Vergleich bis Satzende (je nach MultiLine-Einstellung)
( )	Bildet eine Gruppe
(<Name>)	Bildet eine Gruppe, die über einen Namen angesprochen werden kann
*	Mengenangabe. Ordnet das vorausgehende Zeichen 0, 1 oder n Mal zu
?	Mengenangabe. Ordnet das vorausgehende Zeichen 0 oder 1 Mal zu
[ ]	Gruppe von Zeichen
[0-9]	Ziffern von 0 bis 9
[a-z]	Buchstaben von a bis z
\	Escape-Zeichen (z. B. [\[], um eine öffnende geschweifte Klammer zu prüfen)
\d	Steht für eine einzelne Ziffer (entspricht [0-9])
\w	Steht für einen Buchstaben, Ziffer oder einen Unterstrich
^	Hat zwei Bedeutungen. Außerhalb einer Gruppe vergleicht es ab Satzanfang (je nach MultiLine-Einstellung). Innerhalb einer Gruppe spielt es die Rolle von „Nicht enthalten" (ein [^0-9] bedeutet, die Ziffern von 0 bis 9 dürfen an der Stelle nicht vorkommen)
{n, m}	Mengenangabe. Ordnet das vorausgehende Zeichen mindestens n, maximal m Mal zu
+	Mengenangabe. Ordnet das vorausgehende Zeichen mindestens ein Mal zu
.	Steht für ein beliebiges Zeichen
\	Spielt die Rolle des Escape-Zeichens, das die Bedeutung des folgenden Zeichens aufhebt
\b	Legt eine Wortgrenze fest. Ein „WindowsServer" -match "\bServer\b" ergibt ein *$false*, da „Server" kein eigenes Wort ist

biges Zeichen steht, ist ein unscheinbarer Punkt. Ein regulärer Ausdruck besteht aus einem oder mehreren „Spezialzeichen", die entweder für ein Zeichen stehen, das an dieser Stelle vorkommen muss, oder eine Anweisung an den Interpreter darstellen, der den Text durchsucht. Es gibt eine Reihe vordefinierter Zeichengruppen, die durch einen Buchstaben definiert werden, dem ein Backslash vorausgeht. Ein \w steht für Groß- und Kleinbuchstaben, Ziffern und den Unterstrich, aber nicht den Bindestrich. Bei den Buchstaben kommt es auf die Groß und Kleinschreibung an. Ein \W bedeutet, dass weder Buchstaben, noch Ziffern oder der Unterstrich vorkommen dürfen. Tabelle 17.4 stellt die wichtigsten Sonderzeichen zusammen, die bei einem regulären Ausdruck verwendet werden.

▶ **Tipp** In der PowerShell-Hilfe wird in der Umgang mit regulären Ausdrücken unter „about_regular_expressions" anschaulich beschrieben. Wer sich diesen Hilfetext ausdruckt und durchliest, weiß anschließend alles was für einen Einstieg in das Thema reguläre Ausdrücke erforderlich ist.

Im Folgenden soll der grundsätzlich Umgang mit regulären Ausdrücken an einem sehr einfachen Beispiel veranschaulicht werden. Der Ausgangspunkt ist eine Liste von Servernamen, die nach einem einfachen Schema aufgebaut sind: Der erste Teil des Namens gibt den Namen des Servers an, der zweite Teil gibt den Standort als Ziffernfolge an. Soweit ist alles noch einfach. Etwas erschwert wird die Ausgangssituation durch den Umstand, dass Name und Standortkennziffer entweder durch einen Bindestrich oder einen Unterstrich getrennt sind. Außerdem kann es Namen geben, die keine Standardortbezeichnung enthalten. Die Aufgabe, die es zu lösen gilt, besteht darin, dass Servername und Standort getrennt und die Namen z. B. nach dem Standort gruppiert werden sollen. Auch wenn sich die Aufgabe mit etwas String-Verarbeitung lösen ließe (Kap. 17.2), einfacher geht es mit einem regulären Ausdruck und dem *Match*-Operator.

Ein

```
"Servername_123" -match "Server"
```

liefert ein *$true*, da der Name „Server" in „Servername_123" enthalten ist. Doch da nicht jeder Servername das Wort „Server" enthält, muss der Name durch ein Zeichen ersetzt werden, das allgemein für einen Buchstaben steht. Dieses Zeichen ist bei einem regulären Ausdruck \w:

```
"Servername_123" -match "\w"
```

Auch dieser Vergleich liefert ein *$true*, doch die Variable *$Matches*, die das Ergebnis des Vergleichs enthält, macht deutlich, dass nur der Buchstabe „S" gefunden wurde. Auf \w muss daher noch eine Mengenangabe folgen, die festlegt, dass ein Treffer alle Buchstaben bis zum nächsten Zeichen umfassen soll, das kein Buchstabe ist. Diese Mengenangabe wird durch das +-Zeichen festgelegt. Der Vergleich

```
"Servername_123" -match "\w+"
```

führt dazu, dass wieder der komplette Name gefunden wird. Offenbar umfasst \w nicht nur Buchstaben, sondern auch Ziffern und den Unterstrich. Möchte man die Zeichengruppe eingrenzen, kommt eine explizite Zeichengruppe ins Spiel, die bei einem regulären Ausdruck immer in eckige Klammern gesetzt wird. Ein

```
"Servername_123" -match "[a-z]+"
```

führt dazu, dass jetzt nur „Servername" als Treffer resultiert. Doch was ist, wenn der Name Ziffern enthält, wie im folgenden Beispiel?

```
"Servername7_123" -match "[a-z]+"
```

Der *Match*-Operator liefert zwar einen *$true*-Wert, der Treffer umfasst aber nur „Server-name", die 7 wurde nicht gefunden, da sie nicht Teil der Zeichengruppe ist. Das lässt sich leicht nachholen:

```
"Servername7_123" -match "[a-z0-9]+"
```

Mit dem neuen Ausdruck wird „Servername7" gefunden. Enthält der Name weitere Ziffern vor dem Bindestrich, ist das kein Problem:
    Gefunden wird „Servername789". Im nächsten Schritt muss auch der Standort berücksichtigt werden, der vom Servernamen entweder durch einen Bindestrich oder einen Unterstrich getrennt ist. Beide Zeichen werden wieder in einer Zeichengruppe zusammengefasst:

```
"Servername7_123" -match "[a-z0-9]+[-_]"
```

Dieser Ausdruck führt zu einem Treffer, gefunden wird „Servername7_". Im nächsten Schritt kommt die Standortbezeichnung ins Spiel. Da diese nur aus Ziffern besteht, genügt eine einfache Zeichengruppe:

```
"Servername7_123" -match "[a-z0-9]+[-_][0-9]+"
```

Dieser Vergleich liefert *$true*, gefunden wird „Servername7_123". Immerhin, doch ist das wirklich etwas gewonnen? Servername und Standort sollen doch getrennt werden. An diesem Punkt kommen die Gruppierungen ins Spiel, die sich in einem regulären Ausdruck einrichten lassen. Sie ermöglichen es, dass Teilbereiche getrennt abgefragt werden können. Eine Gruppe wird durch ein Paar runder Klammern gebildet:

```
"Servername7_123" -match "([a-z0-9]+)[-_]([0-9]+)"
```

In diesem Ausdruck gibt es zwei Gruppen. Die erste gruppiert den Servernamen, die zweite den Standort. Der Ausdruck liefert wieder ein *$true*, die gefundenen Gruppen sind in der Variablen *$Matches* enthalten:

```
PS C:\PsKurs> $Matches

Name                      Value
----                      -----
2                         123
1                         Servername7
0                         Servername7_123
```

Die erste Gruppe (Index 0) steht für den gesamten Treffer, die zweite Gruppe (Index 1) für den Servernamen, die dritte Gruppe (Index 2) für die Standortbezeichnung. Damit liefert ein *$Matches[1]* den Servernamen. Da *$Matches* für eine Hashtable steht, kann der Index direkt auf den Namen der Variablen folgen. Auch ein *$Matches.1* liefert den Servernamen. Noch etwas mehr Komfort erhält man, wenn die Gruppen Namen erhalten. Eine solche benannte Gruppe besteht aus einem ? und einem Namen, der in spitze Klammern gesetzt wird:

```
"Servername7_123" -match "(?<Server>[a-z0-9]+)[-_](?<Standort>[0-9]+)"
```

Anstatt über Indices kann ein Treffer über den Namen der Gruppe angesprochen werden:

```
PS C:\PsKurs> $Matches

Name                          Value
----                          -----
Server                        Servername7
Standort                      123
0                             Servername7_123
```

Das folgende Beispiel fasst die Schritte aus den letzten Beispielen noch einmal zusammen und bildet aus den Werten der Gruppen ein neues Objekt, so dass sich die Servernamen nach ihren Bestandteilen Name und Standortbezeichnung z. B. mit *Where-Object* filtern und mit *Group-Object* gruppieren lassen.

```
<#
.Synopis
Ein einfaches Regex-Beispiel mit dem Match-Operator
#>

$ServerNamen = @"
ServerA_123
PMX24
EDV9A_373
ServerB_123
Server1
EDV9X-373
"@

# Namensregel Servername-Standort oder Servername_Standort

$Muster = "(?<Server>[a-z0-9]+)[-_]?(?<Standort>[0-9]*)"

$ServerNamen -split "`n" | Foreach-Object {
  $_ -match $Muster | Out-Null
  foreach($m in $Matches)
  {
     New-Object -Type PSObject -Property @{Server=$m.Server;
                                  Standort=$m.Standort
                                  }
  }
}
```

Wird an die letzte geschweifte Klammer ein | *Group-Object –Property Standort –NoElement* angehängt, werden die Namen nach ihrer Standortbezeichnung gruppiert:

```
Count Name
----- ----
    2 123
    2
    2 373
```

17.6.2 Reguläre Ausdrücke bei der PowerShell

Es gibt bei der PowerShell drei Gelegenheiten, um reguläre Ausdrücke anzuwenden:

1. Die Operatoren *match, notmatch* usw.
2. Das *Select-String*-Cmdlet
3. Der *[Regex]*-Type Accelerator

17.6.3 Operatoren für reguläre Ausdrücke

Die PowerShell bietet nicht nur einen, sondern gleich eine ganze „Kleinfamilie" von Operatoren, die eine Zeichenkette mit Hilfe eines regulären Ausdrucks prüfen. Die einzelnen Operatoren unterscheiden sich nur in Nuancen, konkret durch die Frage, ob zwischen Groß- und Kleinschreibung unterschieden wird. Der wichtigste Operator ist *Match*. Der folgende Befehl prüft mit Hilfe eines sehr einfachen regulären Ausdrucks, ob eine Zeichenkette eine „reguläre" E-Mail-Adresse darstellt:

```
"pm@activetraining.de" -match "\w+@\w+[-]*\w+\.\w+"
```

Der *Match*-Operator gibt lediglich einen *$true/$false*-Wert zurück. Die Treffer werden in der Variablen *$Matches* abgelegt. Hat ein *Match*-Operator keine Übereinstimmung gefunden, bleibt der alte Wert erhalten. *$Matches* enthält keinen einfachen Wert, sondern eine Hashtable mit *MatchInfo*-Objekten. Ein *$Matches.Count* gibt daher die Anzahl an Treffern zurück. Interessant wird es immer, wenn der reguläre Ausdruck in Gruppen unterteilt ist. Im nächsten Beispiel wird der Name der Toplevel-Domäne durch eine Gruppe getrennt:

```
"pm@activetraining.de" -match "\w+@\w+[-]*\w+\.(\w+)"
```

$Matches.Count liefert jetzt die Zahl 2 und enthält zwei *MatchInfo*-Objekte:

```
C:\PsKurs> $Matches

Name                              Value
----                              -----
1                                 de
0                                 pm@activetraining.de
```

Eine einzelne Gruppe wird über ihren Index angesprochen. Ein *$Matches[1]* liefert die Toplevel-Domäne. Noch etwas komfortabler wird es, wenn der reguläre Ausdruck eine benannte Gruppe enthält:

```
"pm@activetraining.de" -match "\w+@\w+[-]*\w+\.(?<dom>\w+)"
```

Dank der Hashtable liefert ein *$Matches.dom* die Toplevel-Domäne.

17.6.4   Der Replace-Operator

Der unscheinbare *Replace*-Operator ist leistungsfähiger als es den Anschein haben könnte, so dass ihm nicht nur aus diesem Grund ein eigener Abschnitt gewidmet ist. Seine Hauptaufgabe ist der Austausch von Fragmenten innerhalb eines Textes. Der folgende Befehl tauscht bei einer CSV-Datei alle Kommas durch Semikolons aus und schreibt das Ergebnis in die Datei zurück:

```
(Get-Content -Path ADUserDaten.csv) -Replace ",", ";" | Out-File -
FilePath ADUserDaten.csv
```

Richtig leistungsfähig wird der *Replace*-Operator, wenn ein regulärer Ausdruck ins Spiel kommt. Der folgende Befehl gruppiert eine Zeichenfolge, die ein Datum mit Jahr, Tag und Monat darstellt, mit Hilfe eines einfachen regulären Ausdrucks so um, dass es im Format „Tag/Monat/Jahr" zurückgegeben wird:

```
"20140307" -Replace "(\d\d\d\d)(\d\d)(\d\d)",'$3/$2/$1'
07/03/2014
```

Die Platzhalter *$1*, *$2* und *$3* müssen in Apostrophe gesetzt werden, da sie ansonsten als Variablen interpretiert werden würden.

Der Umstand, dass der Replace-Operator immer mit regulären Ausdrücken arbeitet, kann zu „seltsamen" Fehlermeldungen führen. Der folgende Befehl, der in einem Dateipfad lediglich ein „\"- durch ein „/"-Zeichen austauschen soll, funktioniert nicht:

```
"C:\Folder1\Datei1.txt" -replace "\","/"
```

Tab. 17.5 Die wichtigsten Parameter des Select-String-Cmdlets

Parameter	Bedeutung
AllMatches	Es werden alle Übereinstimmungen ausgegeben
Context	Schließt die angegebene Anzahl an Zeilen in der Nachbarschaft des Treffers ein
List	Beschränkt beim Durchsuchen von Dateiinhalten die Ausgabe auf den ersten Treffer pro Datei
NotMatch	Es werden die Zeilen ausgegeben, die nicht mit dem regulären Ausdruck übereinstimmen
Pattern	Legt das Muster als regulären Ausdruck fest
SimpleMatch	Wird über einen reinen Textvergleich ohne einen regulären Ausdruck verwendet

Die Fehlermeldung „Das Muster für den regulären Ausdruck "\" ist ungültig." deutet die Ursache bereits dezent an. Das „\"-Zeichen besitzt in einem regulären Ausdruck eine eigene Bedeutung und muss daher durch ein weiteres „\"-Zeichen escaped werden:

```
"C:\Folder1\Datei1.txt" -replace "\\","/"
```

17.6.5 Das Select-String-Cmdlet

Das *Select-String*-Cmdlet ist das offizielle Cmdlet für die Verarbeitung von Texten mit Hilfe regulärer Ausdrücke (Tab. 17.5). Es ist das Pendant zum Unix-Tool *Grep*, wobei *Select-String* durch den Umstand, dass es für jeden Treffer ein Objekt zurückgibt, die Weiterverarbeitung der Ergebnisse relativ einfach macht, und insgesamt sehr einfach in seiner Anwendung ist, da es keine „Spezialfälle" gibt.

Auch das folgende Skript versucht sich wieder mit Hilfe von *Select-String* an dem Prüfen eines Textes auf E-Mail-Adressen. Dieses Mal ist der Text eine HTML-Seite, die über die *WebClient*-Klasse der .NET-Laufzeit geladen und auf im Seitentext enthaltene E-Mail-Adressen geprüft wird.

```
<#
 .Synopsis
 HTML-Datei auf E-Mail-Adressen prüfen
#>

$Url = http://www.heise.de
$WC = New-Object -TypeName System.Net.WebClient
$HTMLText = $WC.DownloadString($Url)
$Muster = "(?<EMail>[a-z0-9._%]+@[a-z0-9.-]+\.[a-z]{2,4})"
$Result = $HTMLText | Select-String -Pattern $Muster -AllMatches
if ($Result)
{
  New-Object -TypeName PSObject -Property
@{EMail=$Result.Matches[0].Groups["EMail"].Value}
}
else
{
  Write-Warning "Keine E-Mail-Adressen gefunden."
}
```

Pro Übereinstimmung wird durch *Select-String* ein *MatchInfo*-Objekt in die Pipeline gelegt, das einen einzelnen Treffer symbolisiert (der allerdings mehrere Übereinstimmungen umfassen kann). Interessante Eigenschaften sind *FileName*, *Line*, *LineNumber* und *Matches*. Letztere Eigenschaft ist eine Array von *Match*-Objekten, die eine einzelne Übereinstimmung repräsentieren.

17.6.6   Der [Regex]-Type Accelerator

Die dritte Variante für die Verarbeitung von Text mit Hilfe regulärer Ausdrücke ist der *[Regex]*-Type Accelerator. Es ist oft die einfachste Methode, um Texte zu zerlegen. Er liefert entweder eine *Match*-Collection mit *MatchInfo*-Objekten, die alle Übereinstimmungen enthält, oder die erste bzw. nächste Übereinstimmung als *MatchInfo*-Objekt. Im Unterschied zum *Match*-Operator, der nur die erste Übereinstimmung findet, findet ein *[Regex]::Matches()* alle Übereinstimmungen.

Die folgende Befehlsfolge fischt aus allen Dateien mit der Erweiterung *.Log* im aktuellen Verzeichnis die IP-Adressen heraus. Der reguläre Ausdruck lautet

```
[0-9]{2,3}\.[0-9]{2,3}\.[0-9]{1,3}\.[0-9]{1,3}
```

Der Ausdruck prüft auf vier Zifferngruppen, die jeweils durch einen Punkt getrennt sind. Die erste und zweite Zifferngruppe soll aus zwei oder drei Ziffern, die dritte und vierte Gruppe aus ein, zwei oder drei Ziffern bestehen. Damit der Punkt als Literal erkannt wird, muss er per \ escaped werden, damit er nicht für ein beliebiges Zeichen steht.

```
$Muster = "[0-9]{2,3}\.[0-9]{2,3}\.[0-9]{1,3}\.[0-9]{1,3}"
$Zeilen = Get-Content *.log
$Result = [Regex]::Matches($Zeilen, $Muster)
$Result | Select @{Name="IP";Expression={$_.Groups[0].Value }}
```

▶   **Hinweis** Ein wichtiger Unterschied zwischen *[Regex]*, dem *Match*-Operator
     und dem *Select-String*-Cmdlet besteht darin, dass es bei *[Regex]* auf die Groß
     und Kleinschreibung ankommt. Ist dies nicht erwünscht, muss beim *Matches*-
     Methoden-Member der Parameter „IgnoreCase" übergeben werden:

```
[Regex]::Matches($ServerNamen, $Muster, "IgnoreCase")
```

17.7   Aus Texten Objekte machen

Soll die Textausgabe von Konsolenprogrammen wie *Netstat* per PowerShell-Cmdlets wie *Where-Object* weiterverarbeitet werden, ist dies mit einer Prise regulärer Ausdrücke und dem *New-Object*-Cmdlet relativ einfach möglich.

Im Folgenden soll der Output von *Netstat* mit dem Schalter *–oa* so verarbeitet werden, dass sich die Ausgabe nach den Bestandteilen einer Zeile, wie dem Protokoll, der IP-Adresse des lokalen Computers oder der Prozess-ID sortieren, filtern und gruppieren lässt. Außerdem soll auf Wunsch die Startzeit des Prozesses angegeben werden, der auf einen Port zugreift. Klingt eventuell kompliziert, doch mit einem (relativ) einfachen regulären Ausdruck ist die Aufgabe mit vertretbarem Aufwand lösbar.

Der reguläre Ausdruck ist:

```
"(?<Protokoll>TCP|UDP)\s+(?<LokaleAdresse>[\[\]\w:]+)\s+(?<RemoteAdresse>
[\w:]+)\s+(?<Status>.+)\s+(?<PID>\w+)"
```

Lassen Sie ihn eventuell ein paar Minuten auf sich wirken und lesen Sie bitte weiter, denn das Beispiel ist sehr wichtig.

Der reguläre Ausdruck ist deswegen umfangreicher, weil alle Gruppen, die die einzelnen Bestandteile der Ausgabe von *Netstat* repräsentieren, einen Namen erhalten, so dass sich die Treffer über die Inhalte etwas leichter ansprechen lassen.

Der folgende Befehl hat nichts mit regulären Ausdrücken zu tun, er gibt lediglich die ersten drei Zeilen der *Netstat*-Ausgabe aus:

```
((netstat -ao) -split "´n") | Select-Object -Skip 3 -First 3
```

Der folgende Befehl zerlegt die Ausgabe von *Netstat* in ihre Bestandteile und macht daraus ein Objekt, dessen Eigenschaften die einzelnen Bestandteile repräsentieren:

```
netstat -ao | Select-String -Pattern $Muster | Select-Object -Property
@{Name="Protokoll";Expression={$_.Matches[0].Groups["Protokoll"].Value}},
@{Name="LokaleAdresse";Expression={$_.Matches[0].Groups["LokaleAdresse"].
Value}},
@{Name="RemoteAdresse";Expression={$_.Matches[0].Groups["RemoteAdresse"].
Value}},
@{Name="Status";Expression={$_.Matches[0].Groups["Status"].Value}},
@{Name="PID";Expression={$_.Matches[0].Groups["PID"].Value}}
```

Auf den ersten Blick unterscheidet sich die Ausgabe nicht besonders deutlich von einer Textausgabe. Die Vorteile kommen ins Spiel, sobald die Ausgabe gefiltert werden soll. Der folgende Befehl gruppiert alle Verbindungen nach dem Wert der Prozess-ID, was einen guten Überblick über die aktuellen Prozesse und die von ihnen unterhaltenen Verbindungen liefert:

```
$Connections | Group-Object -Property PID
```

Soll auch die Startzeit eines Prozesses in der Ausgabe erscheinen, muss lediglich eine weitere Eigenschaft hinzugefügt werden, die mit der Prozess-ID die Startzeit des Prozesses ermittelt:

```
@{Name="Startzeit";Expression={(Get-Process -ID
([Int]$_.Matches[0].Groups["PID"].Value)).StartTime}}
```

Dies ist eine sehr leistungsfähige Technik (auch wenn die Ausgabe durch den Aufruf von *Get-Process* pro Zeile etwas länger dauert).

▶   **Hinweis** Gruppierungen per *Group-Object* mit einer größeren Anzahl von Objekten dauern bei der PowerShell leider sehr lange und verbrauchen sehr viel CPU-Leistung.

17.8   Zusammenfassung

Die Verarbeitung von Text hört sich unspektakulär an, ist aber ein sehr wichtiges Thema im IT-Alltag, denn oft liegen Daten, die von der PowerShell weiterverarbeitet oder aufbereitet werden sollen, als Rohtext vor. Dieser wird mit Hilfe eines regulären Ausdrucks und dem *Select-String*-Cmdlet in seine Bestandteile zerlegt, die per *New-Object*-Cmdlet wieder zu Objekten werden. Der Vorteil dieser Vorgehensweise ist, dass sich die Textinhalte dadurch mit den Standard-Cmdlets wie *Where-Object* oder *Group-Object* weiterverarbeiten und in andere Formate konvertieren lassen.

Die PowerShell für etwas Fortgeschrittene

18

In diesem Kapitel werden in loser Reihenfolge Themen vorgestellt, die bereits in die Kategorie der etwas fortgeschrittenen Themen fallen. Den meisten Themen ist etwas gemeinsam, da sie auf jenen Grundlagen basieren, die in den ersten Kapiteln des Buches vorgestellt wurden.

18.1 Erweiterungen für die PowerShell

Bei aller Euphorie über die Möglichkeiten der PowerShell und dem, was sich unter der Oberfläche an weiteren Funktionalitäten verbirgt, und die in zahlreichen Blogs von den PowerShell-Gurus beschrieben werden, darf eines nicht vergessen werden: Sinn und Zweck der PowerShell ist es in erster Linie, dem Administrator Zeit zu sparen und Möglichkeiten zu eröffnen, die sich mit vertretbarem Aufwand umsetzen lassen, ohne dabei zum Experten werden zu müssen. Man sollte sich daher zunächst die Frage stellen, ob es für eine Anforderung nicht bereits eine Lösung in Gestalt eines Cmdlets oder einer Function gibt, bevor man selber aktiv wird und sich die Zutaten im Internet zusammensucht. Der Vorteil von Cmdlets und Functions ist, dass diese getestet wurden und daher in der Regel sehr gut funktionieren. Tabelle 18.1 stellt einige der populären PowerShell-Erweiterungen zusammen. Da heutzutage ein Name genügt, um den Download zu lokalisieren, wird auf den Abdruck von langen URLs verzichtet.

© Springer Fachmedien Wiesbaden 2014
P. Monadjemi, *PowerShell für die Windows-Administration,* X.systems.press,
DOI 10.1007/978-3-658-02964-7_18

Tab. 18.1 Nützliche Erweiterungen für die PowerShell

Erweiterung	Was bietet sie?	Download
Carbon	Wie die PSCX ein umfangreiches Modul von Aaron Jensen mit sehr vielen Functions (wie PSCX ein Open Source-Projekt, was bei einem Script-Modul auch nicht anders geht)	http://pshdo.com/
Local Account Management Module	Erleichtert den Umgang mit lokalen Benutzerkonten	Microsoft Script Center
PowerShell Community Extensions	Umfasst aktuell 88 Cmdlets, 33 Functions und sogar 4 Provider für RSS-Feeds, den Assembly-Cache, Verzeichnisdienste und allgemeine Einstellungen	http://pscx.codeplex.com/
PowerShell Pack	Eine sehr umfangreiche und leider auch sehr unübersichtliche Sammlung an Functions, die von Microsoft als Teil des Windows 7 Ressource Kits veröffentlicht, danach aber nicht weiter entwickelt wurde. Bis auf einige spezielle Functions uninteressant	Über das MSDN Archive-Portal
PowerShellAccessControl	Enthält 12 Functions, die den Umgang mit Zugriffsberechtigungen auf Dateien und Verzeichnisse vereinfachen	Microsoft Script Center
ShowGUI	Eine umfangreiche Sammlung an Functions für das Anzeigen von Benutzeroberflächen auf der Basis von WPF	https://showui.codeplex.com/

18.2   Verbesserter Umgang mit Objekten innerhalb eines Array (oder einer Collection)

Eine kleine Herausforderung für alle, die über die ersten Gehversuche mit der PowerShell hinaus gekommen sind und die PowerShell nicht nur anwenden, sondern auch verstehen wollen, besteht darin, dass aus Abfragen immer mehrere Objekte resultieren, die in einem Array oder in einer Collection (ein Objekt, das mehrere Objekte zusammenfasst) zusammengefasst werden. Auch viele Eigenschaften besitzen nicht einen, sondern mehrere Werte, die ebenfalls, je nach Typ der Eigenschaft, über ein Array oder einer Collection zur Verfügung gestellt werden. Bei näherer Betrachtung ergibt sich ein nicht überraschendes Bild: Fast alles kommt bei der PowerShell mehrfach vor. Es gibt mehrere Cmdlets, ein Cmdlet besitzt immer mehrere Parameter, die in der Regel auf mehrere Parametersätze verteilt sind, ein Parameter besitzt mehrere Attribute, Cmdlets geben in der Regel mehrere Objekte zurück, die immer mehrere Members besitzen usw. Auch bei den Metadaten kommt entsprechend alles mehrfach vor.

Bis zur Version 2.0 war der Umgang mit Arrays und Collections zu umständlich für die meisten PowerShell-Anwender. Mit der Version 3.0 wurde eine unscheinbare Verbesserung eingeführt, die den Umgang mit Objekten, die Teil eines Arrays oder einer Collection sind, deutlich vereinfacht. Befindet sich ein Objekt in einem Array oder in einer

Collection, werden Member dieses Objekts direkt über das Array oder die Collection angesprochen. Die Vereinfachung besteht darin, dass nicht wie bei der Version 2.0 zuerst
ein einzelnes Objekt, z. B. über einen Index, angesprochen werden muss, um danach ein
Member dieses Objekts ansprechen zu können. Das Member kann, wie beschrieben, auch
direkt über das Array (oder die Collection) angesprochen werden.

Der folgende Befehl listet die Namen aller aktuell geladenen Assemblies auf:

```
[System.AppDomain]::CurrentDomain.GetAssemblies().FullName
```

Die erwähnte Vereinfachung besteht darin, dass obwohl *GetAssemblies* ein Array mit
Assembly-Objekten liefert, die Eigenschaft *FullName* auf das Array angewendet werden
kann. Bei der PowerShell 2.0 hätte die *FullName*-Eigenschaft in einem Scriptblock angesprochen werden müssen, der auf ein *ForEach-Object*-Cmdlet folgt, der für jedes von
GetAssemblies() zurückgegebene Assembly-Objekt wiederholt wird:

```
[System.AppDomain]::CurrentDomain.GetAssemblies() | ForEach-Object {
$_.FullName }
```

Nicht nur, dass dies etwas mehr Tipparbeit wäre, vor allem der Zugriff auf weitere Objekte, die ebenfalls Teil eines Arrays oder einer Collection sind, wäre sehr umständlich. Der
folgende Befehl musste bei der Version 2.0 verwendet werden, um die in jeder Assembly
enthaltenen öffentlichen Klassen auszugeben:

```
[System.AppDomain]::CurrentDomain.GetAssemblies() | Foreach-Object {
$_.GetTypes() | Where-Object { $_.IsClass -and $_.IsPublic }} | Select-
Object -Property Name | Sort-Object
```

Ab der PowerShell 3.0 wird eine solche Abfrage deutlich einfacher, da sie ohne *ForEach-
Object* auskommt:

```
[System.AppDomain]::CurrentDomain.GetAssemblies().GetTypes() | Where-
Object { $_.IsClass -and $_.Namespace -like
"System.Management.Automation.*"}).Name | Sort-Object
```

18.3   Ein Blick hinter die Kulissen mit den Metadaten

Metadaten spielen bei der PowerShell eine zentrale Rolle. Metadaten sind allgemein beschreibende Daten. Bei der PowerShell beschreiben Metadaten die Beschaffenheit von
Objekten und dem Typ, auf dem jedes Objekt basiert. Weiterhin stellen sie detaillierte
Informationen über das „Innenleben" eines Objekts zur Verfügung. Da bei der PowerShell
grundsätzlich „alles" ein Objekt ist, lassen sich über diese Metadaten z. B. Details zu
einem Cmdlet abfragen, wie die Namen seiner Parameter und deren Attribute. Ein Cmdlet

ist bei der PowerShell nicht einfach nur ein Name, der für einen Scriptblock steht. Ein Cmdlet basiert auf einem Objekt vom Typ *CmdletInfo*. Dieses stellt über seine Eigenschaften eine Fülle an Detailinformationen zur Verfügung, die das Cmdlet beschreiben.

18.3.1   Informationen über die Parameter eines Cmdlets abfragen

Ein Cmdlet wird durch ein Objekt vom Typ *CmdletInfo* repräsentiert. Es umfasst eine Reihe von Metadaten in Gestalt von Eigenschaften, die die Beschaffenheit des Cmdlets, etwa was seine Parameter betrifft, enthalten. Im Folgenden werden eine Reihe von Befehlen vorgestellt, mit deren Hilfe sich alle Details über die Parameter eines Cmdlets in Erfahrung bringen lassen.

Als erstes wird ein beliebiges Cmdlet-Objekt per *Get-Command*-Cmdlet einer Variablen zugewiesen:

```
$Cmd = Get-Command -Name Get-Random
```

Mit *Get-Random* wurde ein Cmdlet gewählt, das relativ wenige Parameter verteilt auf zwei bzw. drei (wenn der Default-Parameterset „__AllParameterSet" mitgezählt wird) Parametersets besitzt.

Jene Eigenschaften, in denen das Wort „Parameter" enthalten ist, liefert der folgende Aufruf:

```
PS C:\PsKurs> $Cmd | Get-Member -MemberType Property -Name *para* |
Select-Object -Property name

Name
----
DefaultParameterSet
Parameters
ParameterSets
```

Es gibt drei Eigenschaften, von denen im Folgenden die Eigenschaft „ParameterSets" näher untersucht wird. Mit ihrer Mitwirkung lassen sich alle Details zu den Parametern eines Cmdlets in Erfahrung bringen. Die *ParameterSets*-Eigenschaft umfasst alle Parametersätze des Cmdlets in Gestalt von *ParameterSet*-Objekten (ohne das Mehrzahl „s"). Ihr Wert ist aber keine Hashtable, sondern eine einfache (ReadOnly-) Collection. Man erhält einen einzelnen Parameterset daher über einen Zahlenindex:

```
$Cmd.ParameterSets[0].Parameters | Select-Object -Property Name
```

Jedes *ParameterSet*-Objekt besitzt eine *Parameters*-Eigenschaft, die die Metadaten der einzelnen Parameter enthält. Ein

```
$Cmd.ParameterSets.Parameters
```

listet eine Fülle von Details zu jedem einzelnen Parameter auf. Ein

```
$Cmd.ParameterSets.Parameters.Name
```

listet die Namen aller Parameter auf. Ein

```
$Cmd.ParameterSets.Parameters.IsMandatory
```

entsprechend, ob es sich um einen Pflichtparameter handelt oder nicht.

Die große Frage für einen „PowerShell-Anfänger" besteht immer darin, wie lassen sich diese Details in einer Ausgabe kombinieren? Antwort: Ganz einfach über die Pipeline-Cmdlets wie *Select-Object* und *Where-Object*. Der folgende Befehl gibt die Eigenschaften *Name* und *IsMandatory* aller Parameter aus:

```
$Cmd.ParameterSets.Parameters | Select-Object -Property Name, IsMandatory
```

Einen Befehl zu finden, der nur die Namen der Pflichtparameter des *Get-Random*-Cmdlets ausgibt, ist daher nicht mehr allzu schwierig:

```
PS C:\PsKurs> $Cmd.ParameterSets.Parameters | Where-Object IsMandatory |
Select-Object -Property Name

Name
----
InputObject
```

Bislang wurden immer alle Parameternamen geholt, wie komme ich an einen einzelnen Parameter heran? Am einfachsten über ein *Where-Object*-Cmdlet, doch mit der *Where*-Methode bietet die PowerShell für Arrays eine attraktive Abkürzung an. Der folgende Befehl gibt den (bzw. die) *SetSeed*-Parameter des *Get-Random*-Cmdlets aus:

```
$Cmd.ParameterSets.Parameters.Where({$_.Name -eq "SetSeed"})
```

Warum wird der Parameter zwei Mal ausgegeben? Weil er in zwei Parametersets enthalten ist.

Zum Abschluss des hoffentlich interessanten Themenblocks „Mehr über die Parameter eines Cmdlets erfahren" sollen Ihnen zwei kleine Übungsaufgaben noch einmal die Gelegenheit geben, mit Hilfe der Metadaten mehr über die Beschaffenheit eines Cmdlets in Erfahrung zu bringen. Die beiden Aufgaben sind:

1. Wie lautet der Befehl, der alle Cmdlets ausgibt, die einen bestimmten Parameter, z. B. „Credential" besitzen?
2. Wie lautet der Befehl, der die Namen der Positionsparameter eines Cmdlets mit ihren Positionsnummern ausgibt?

Die Umsetzung der Aufgabe 1

Für diese Aufgabe gibt es mehrere Lösungen, da die Parameter eines Cmdlets wahlweise über die Eigenschaften *Parameters* und *ParameterSets* angesprochen werden. Für die Lösung wird erneut *ParameterSets* verwendet, das alle Parametersätze als *ParameterSet*-Objekte enthält. Jedes *ParameterSet*-Objekt besitzt eine *Parameters*-Eigenschaft, die alle Parameter des Sets umfasst. Jeder Parameter besitzt eine *Name*-Eigenschaft. Damit wird die Abfrage, wenn man das Prinzip verstanden hat, sehr einfach. Der folgende Befehl gibt die Namen aller Cmdlets aus, die einen *Credential*-Parameter besitzen:

```
Get-Command -CommandType Cmdlet | Where-Object {
$_.ParameterSets.Parameters.Name -eq "Credential" } | Select-Object -
Property Name
```

Der „Trick" besteht ganz einfach darin zu wissen, dass ab Version 3.0 die Eigenschaften der Objekte per Punkt getrennt aneinandergereiht werden dürfen.

Die folgende Function verpackt den Befehl in eine aufrufbare Form. Sie gibt zu einem Cmdlet, dessen Name beim Aufruf übergeben wird, die Namen der Pflichtparameter aus.

```
<#
 .Synopsis
 Auflisten der Pflichtparameter eines Cmdlets
 .Notes
 Immer Parametersets verwenden, nicht Parameters
#>

function Get-MandatoryParameter
{
  [CmdletBinding()]

param([Parameter(ValueFromPipeline=$true)][Alias("Name")][String]$Cmdlet)
    process
      {
        Write-Verbose "Pflichtparameter für $Cmdlet"
        Get-Command -Name $Cmdlet |
        Select-Object -ExpandProperty ParameterSets |
        Select-Object -ExpandProperty Parameters |
        Where-Object IsMandatory | Select-Object -Property Name -Unique
      }
}
```

Umsetzung der Aufgabe 2

Wenn Sie die letzte Aufgabe gelöst bzw. umgesetzt haben, ist auch die Umsetzung dieser Aufgabe nicht allzu schwierig. Auch diese Umsetzung geht über die *ParameterSets*-Eigenschaft eines Cmdlets. Diese wird zuerst per *Select-Object* „expandiert", was eine Folge von *ParameterSet*-Objekten ergibt, deren *Parameters*-Eigenschaft ebenfalls per *Select-Object* erweitert wird, um die einzelnen *Parameter*-Objekte zu erhalten, deren *Position*-Eigenschaft auf größer gleich 0 geprüft wird. Von den resultierenden *Parameter*-Objekten werden durch ein weiteres *Select-Object* der Name und die Position ausgegeben. Der folgende Befehl gibt die Positionsparameter des *Write-EventLog*-Cmdlets aus:

```
PS C:\PsKurs> Get-Command -Name Write-EventLog | Select-Object -
ExpandProperty ParameterSets | Select-Object -ExpandProperty Parameters |
Where-Object Position -ge 0 | Select-Object -Property Name, Position

Name                                                     Position
----                                                     --------
LogName                                                  0
Source                                                   1
EntryType                                                3
EventID                                                  2
Message                                                  4
```

Der Befehl verrät, dass das *Write-EventLog*-Cmdlet insgesamt 5 Positionsparameter besitzt, was für ein Cmdlet bereits sehr viel ist – die meisten besitzen nur 1 oder 2 Positionsparameter. Wenn das nicht spannend ist.

Eines muss bei diesen Beispielen immer vorangestellt werden: Damit beschäftigt sich kein „normaler" PowerShell-Anwender. Bei diesen Beispielen und Übungen geht es in erster Linie darum, mehr über die PowerShell und ihre Cmdlets in Erfahrung zu bringen – und das mit den Mitteln der PowerShell. Die meisten Informationen findet man natürlich auch in der Hilfe, aber mit den vorgestellten Beispielen lernt man gleichzeitig etwas über die interne Struktur der PowerShell und ihrer Cmdlets und wird immer wieder an den Umstand erinnert, dass eben alles ein Objekt ist.

18.4   Die Metadaten eines Objekts Teil 1 – das universelle RuntimeType-Objekt

Im Mittelpunkt jener Metadaten, die mehr über die Beschaffenheit eines Objekts verraten, steht das *RuntimeType*-Objekt, das in diesem Buch bereits mehrfach an der Reihe war. Das *RuntimeType*-Objekt enthält die Metadaten eines Objekts, die dessen Typ beschreiben. Dazu gehören in erster Linie die Memberdefinitionen des Objekts. Ein *RuntimeType*-Objekt liefert die *GetType*-Methode, über die jedes Objekt verfügt.

Der folgende Befehl gibt über das *RuntimeType* -Objekt die Namen aller Members des *DateTime*-Objekts aus:

```
(Get-Date).GetType().GetMembers().Name
```

Diese Information erhalten Sie im Allgemeinen etwas einfacher über das *Get-Member*-Cmdlet, das intern ein *RuntimeType*-Objekt verwendet. In beiden Fällen muss aber ein Objekt vorliegen, wie es im letzten Beispiel durch das *Get-Date*-Cmdlet geliefert wird. Was aber ist, wenn kein Objekt vorliegt und man ganz allgemein in Erfahrung bringen möchte, welche Members ein Typ besitzt? Für diesen Fall bietet die PowerShell die bereits mehrfach in diesem Buch verwendete Typenschreibweise, bei der eine in eckige Klammern gesetzte Typenbezeichnung das den Typ beschreibende *RuntimeType*-Objekt liefert. Auch der folgende Befehl gibt die Members des *DateTime*-Typs aus:

```
[DateTime].GetMembers().Name
```

Dank dieser praktischen Abkürzung erhalten Sie zu jedem Typ eine Übersicht über seine Members. Hier ein weiteres Beispiel, das dieses Mal die Members des Typs *PSCredential* ausgibt:

```
[PSCredential].GetMembers().Name
```

Viele Namen sind natürlich sehr speziell und besitzen auch für PowerShell-Profis keine Bedeutung (insbesondere Namen, die mit einem Kleinbuchstaben beginnen, können Sie im Allgemeinen ignorieren).

Achten Sie auf ein kleines Detail, das man leicht übersehen kann. Das Methoden-Member *GetMembers* liefert ein Array mit Objekten vom Typ *MemberInfo*. Ein solches Objekt fasst alle Details zu einem Member zusammen und besitzt u. a. eine *Name*-Eigenschaft. Die Schreibweise „GetMembers().Name" greift auf die *Name*-Eigenschaft eines einzelnen *MemberInfo*-Objekts zurück. Was selbstverständlich klingt, war es nicht immer, denn diese Vereinfachung wurde, wie Kap. 18.2 beschrieben, erst mit der Version 3.0 eingeführt. Wenn Sie die PowerShell mit dem Schalter *–Version 2.0* als PowerShell 2.0 starten, wird der obige Befehl nicht funktionieren. In dieser Version interpretiert die PowerShell den Ausdruck so als ginge es darum, die *Name*-Eigenschaft von dem *MemberInfo*-Array abzufragen, das alle *MemberInfo*-Objekte umfasst, und nicht von einem einzelnen *MemberInfo*-Objekt. Bis zur PowerShell 2.0 musste man die Abfrage daher etwas umständlicher formulieren:

```
(Get-Date).GetType().GetMembers() | Select-Object -ExpandProperty Name
```

Nicht nur, dass diese Abfrage umständlicher ist, auch alle darauf aufbauenden Abfragen werden umständlicher. Die Möglichkeit, Eigenschaften von Objekten, die Teil eines Arrays oder einer Collection sind, über das Array bzw. die Collection ansprechen zu können, ist daher eine der wichtigsten Verbesserungen der PowerShell 3.0.

Doch zurück zum *RuntimeType*-Objekt und seinen Members. Eine Information, die das *Get-Member*-Cmdlet nicht liefert, sind Informationen über die Konstruktoren, die eine Klasse besitzen muss, damit aus ihr per *New-Object* ein neues Objekt gemacht werden kann. Die Konstruktoren eines Typs, der eine Klasse repräsentiert, werden über das *GetConstructors()*-Member des zugrundeliegenden *RuntimeType*-Objekts aufgelistet:

```
[DateTime].GetConstructors()
```

Sie erhalten eine Fülle an Detailinformationen. Der folgende Befehl gibt nur die Namen der Konstruktoren aus:

```
PS C:\PsKurs> [DateTime].GetConstructors().Name
.ctor
.ctor
.ctor
.ctor
.ctor
.ctor
.ctor
.ctor
.ctor
.ctor
```

Das war wohl nichts, denn alle Konstruktoren heißen bei der .NET-Laufzeit definitionsgemäß „.ctor". Deutlich interessanter sind die Parameter, die einem einzelnen Konstruktor übergegeben werden. Es sind jene Werte, die beim *New-Object*-Cmdlet auf den *ArgumentList*-Parameter folgen.

Das folgende Beispiel gibt Namen und Typ aller Konstruktorparameter für die *DateTime*-Klasse aus:

```
<#
 .Synopsis
 Ausgabe aller Konstruktor-Parameter
#>

[DateTime].GetConstructors() | ForEach-Object -Begin { $Nr = 0} -Process
{
   $Nr++
   "*** Konstruktor Nr. $Nr"
   $_.GetParameters() | Select-Object -Property Name, ParameterType
}
```

Der *Begin*-Parameter von *ForEach-Object* erhält einen Scriptblock, der nur einmal zu Beginn ausgeführt wird und die Variable *$Nr* auf 0 setzt.

18.5   Die Metadaten eines Objekts Teil 2 – die PsObject-Eigenschaft

Jedes PowerShell-Objekt besitzt eine *PsObject*-Eigenschaft. Sie liefert ein spezielles Objekt, das jenes Objekt beschreibt, das vom PowerShell-Typensystem angelegt wurde. Per *PsObject* erfahren Sie u. a. welche Members ein Objekt besitzt. Im Unterschied zu *GetMember*s werden auch die „internen" Members angezeigt (z. B. die Eventhandler die für die Events der Klasse, auf der das Objekt basiert, hinzugefügt wurden). Der folgende Befehl gibt die Namen aller Eigenschaften eines Cmdlet-Objekts aus:

```
(Get-Command -Name Get-Random).psobject.Properties.Name
```

Grundsätzlich ist dies natürlich nichts Neues mehr, aber es ist interessant, dass *PsObject* zusätzliche Informationen über die Beschaffenheit eines Objekts zur Verfügung stellt. Insbesondere zu jenen Members von Typen der .NET-Laufzeit, die das Typensystem der PowerShell nachträglich angehängt hat.

18.5.1   Die Objektstruktur sichtbar machen (Teil 1)

Bei der PowerShell besitzen unscheinbare Cmdlets manchmal interessante, wenn nicht sogar überraschende Eigenschaften. Ein Beispiel ist das Cmdlet *Format-Custom*, für das es im Praxisalltag nur selten eine Verwendung gibt. Aber es ist in der Lage, die Struktur eines Objekts übersichtlich darzustellen. Der folgende Befehl gibt die komplette Struktur eines *Process*-Objekts aus:

```
Get-Process -ID $PID | Format-Custom -Property *
```

18.5.2   Die Objektstruktur sichtbar machen (Teil 2)

Wer die Struktur eines Objekts sichtbar machen möchte, dem sei als Ergänzung zu *Format-Custom* das Skript *Show-Object.ps1* aus dem (sehr) empfehlenswerten „PowerShell Cookbook" von *Lee Holmes* empfohlen, das auch im Web zur Verfügung steht (z. B. unter http://www.powershellcookbook.com/recipe/bpqU/program-interactively-view-and-explore-objects). Dem Skript wird das zu untersuchende Objekt über die Pipeline übergeben, das daraufhin in einer Baumansicht in einem eigenen Fenster angezeigt wird (Abb. 18.1).

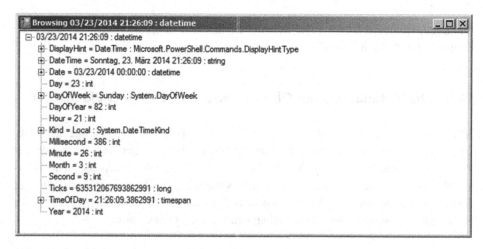

Abb. 18.1 ShowObject.ps1 zeigt die Struktur eines Objekts an

18.6 Externe Prozesse starten

Der Start einer Anwendung beschränkt sich bei der PowerShell im Allgemeinen darauf, den Namen der Anwendung einzugeben, dem gegebenenfalls der Verzeichnispfad vorangestellt wird. Auf diese Weise werden Konsolenprogramme wie *Ipconfig* oder *Netstat* gestartet, die auch bei der PowerShell häufig eingesetzt werden. Soll der Prozess mit Argumenten gestartet werden, wie ein Dateiname, folgen diese einfach auf den Namen der Programmdatei. Die Erweiterung *.Exe* muss nicht angegeben werden.

18.6.1 Die Rolle der Path-Umgebungsvariablen

Nicht immer führt der Eingabe des Programmnamens zum Start des Programms. Dass die Eingabe von „IExplore" oder „Firefox" nicht den jeweiligen Browser startet, liegt ganz einfach daran, dass der Verzeichnispfad dieser Anwendungen nicht Teil der *Path*-Umgebungsvariablen ist und, z. B. in einem Profilskript, hinzugefügt werden muss.

Der folgende Befehl erweitert die *Path*-Variable unter einem 64-Bit-Windows um den Verzeichnispfad des Internet Explorers:

```
$env:path += ";C:\Program Files (x86)\Internet Explorer"
```

Anschließend führt die Eingabe von „iexplore" dazu, dass die aktuellste Version des beliebten Microsoft-Browsers gestartet wird.

Die PowerShell kann natürlich noch einiges mehr, z. B. nach dem Verzeichnispfad einer Programmdatei suchen, der sich z. B. bei einem 32- und einem 64-Bit-Windows unterscheiden kann.

Der folgende Befehl sucht per *Get-ChildItem* und seinem *Recurse*-Parameter nach dem Verzeichnis, in dem sich die Datei *Firefox.exe* befindet, und gibt den ersten Verzeichnispfad, der aus der Suche resultiert, zurück:

```
Get-ChildItem -Path Env:ProgramF* | ForEach-Object { Get-ChildItem -Path
"$($_.Value)\iexplore.exe" -Recurse -ErrorAction SilentlyContinue } |
Select-Object -ExpandProperty DirectoryName -First 1
```

Oder etwas kürzer, indem Alias für die beteiligten Cmdlets und deren Parameter verwendet bzw. diese ganz weggelassen werden:

```
dir env:ProgramF* | % { dir "$($_.Value)\iexplore.exe" -rec -ea 0 } |
Select-Object -ExpandProperty DirectoryName -First 1
```

Die Frage ist natürlich, wie der zurückgegebene Pfad mit einem vorangestellten Semikolon an die *Path*-Umgebungsvariable angehängt wird? Am einfachsten, indem alles in eine

Zeichenkette gesetzt und der auszuführende Befehl durch Setzen in runde Klammern als
Subausdruck eingesetzt wird:

```
$env:path = ";$(dir env:ProgramF* | % { dir "$($_.Value)\iexplore.exe" -
rec -ea 0 } | Select-Object -ExpandProperty DirectoryName -First 1)"
```

Betrachten Sie dieses Beispiel bitte als ein „so würde es theoretisch gehen"-Beispiel. In
der Regel kennt man den Verzeichnispfad und trägt ihn direkt in die *Path*-Variable ein
(oder erledigt das Ganze in der Systemsteuerung). Außerdem dauert die kleine Abfrage zu
lange, als dass es sinnvoll wäre, sie in ein Profilskript aufzunehmen.

▶   **Tipp** Eine Umgebungsvariable wird am einfachsten über das *Setx*-Kommando
    für einen Benutzer gesetzt.

18.6.2   Prozesse starten mit dem Start-Process-Cmdlet

Soll ein Prozess auf eine bestimmte Art und Weise gestartet werden, kommt dafür das
Start-Process-Cmdlet zum Einsatz. Es ermöglicht u. a., dass

- ein Prozess mit administrativen Berechtigungen gestartet wird (*Verb*-Parameter).
- ein Prozess unter einem anderen Benutzerkonto gestartet wird (*Credential*-Parameter).
- ein Prozess den PowerShell-Prozess blockieren kann bis er beendet wird (*Wait*-Para-
  meter).
- die Standard- und Fehlerausgaben des Prozesses in Dateien umgeleitet werden (z. B.
  RedirectStandardOutput-Parameter).
- die Fenstergröße des Fensters zwischen maximale Größe, als Symbol verkleinert und
  nicht sichtbar festgelegt werden kann (*WindowStyle*-Parameter).

Der folgende Befehl startet die PowerShell mit Administratorberechtigungen:

```
Start-Process -FilePath PowerShell -Verb runas
```

Ist der aktuelle Benutzer kein Administrator, müssen Benutzername und Kennwort für ein
Administratorkonto in einer Anmeldedialogbox eingegeben werden.

Soll ein Prozess unter einem anderen Benutzerkonto gestartet werden, wird dieses über
den *Credential*-Parameter des Cmdlets festgelegt. Wie immer gibt es bei diesem Parameter zwei Möglichkeiten: Wird nur der Name des Benutzerkontos übergeben, wird das
Kennwort in einer Anmeldedialogbox abgefragt. Wird ein *PSCredential*-Objekt übergeben, wird der Prozess ohne Eingabeaufforderung mit diesem Benutzerkonto gestartet.

Der folgende Befehl startet den PowerShell-Prozess explizit unter dem Administrator-
Konto:

```
Start-Process -FilePath PowerShell -Credential Administrator
```

18.6.3 Ausgaben für Konsolenprogramme umleiten

Über die Parameter *RedirectStandardInput*, *RedirectStandardOutput* und *RedirectStandardError* werden die Standard Ein- und Ausgabekanäle eines Prozesses in eine Datei umgeleitet. Dies ist immer dann interessant, wenn die Ausgabe nicht in der PowerShell-Konsole ausgegeben wird oder direkt in eine Datei umgeleitet werden soll. Interessant ist auch das Umleiten von Fehlermeldungen in eine Textdatei, da sich auf diese Weise die Fehlermeldungen extern gestarteter Prozesse sammeln lassen.

Der folgende Befehl startet eine Stapeldatei über *Cmd.exe* und leitet ihre Ausgaben in eine Textdatei um. Die Stapeldatei mit dem Namen „Pingtest.cmd" ist wie folgt aufgebaut:

```
@Echo Off
REM Abfrage mehrerer Hosts mit Textdatei und Ausgabe
For /F %%i in (%1) Do (
   ping -n 1 %%i > Nul && Echo %%i UP || Echo %%i DOWN
)
```

Eine Textdatei mit dem Namen „Hostnamen.txt" enthält die Namen aller Computer, die über das *Ping*-Kommando angepingt werden sollen. Der folgende Aufruf startet die Stapeldatei über den Aufruf von *Cmd.exe* mit dem Schalter */C*, übergibt den Namen der Textdatei mit den Hostnamen und leitet die Ausgabe in die Datei „Pingoutput.txt" um:

```
$CmdPfad = "Pingtest.cmd"
$HostsPfad = "Hostnamen.txt"
Start-Process -FilePath "cmd" -ArgumentList "/c $CmdPfad $HostsPfad" -
RedirectStandardError Errors.txt -RedirectStandardOutput PingOutput.txt
```

▶ **Tipp** Falls Sie im Rahmen eines PowerShell-Skripts, das in der ISE ausgeführt wird, jemals eine (Stapel-) Datei erstellen, müssen Sie berücksichtigen, dass der Umleitungsoperator den Unicode-Zeichensatz verwendet, was die Ausführung in *Cmd.exe* verhindert. Verwenden Sie anstelle von > das *Out-File*-Cmdlet und geben Sie über den *Encoding*-Parameter den Wert „Default" an.

18.7 Webservice-Funktionen aufrufen

Ein Webservice stellt verschiedene aufrufbare Funktionen zur Verfügung, die über eine URI (*Uniform Resource Identifier*) aufgerufen werden. Die PowerShell bietet für den Aufruf einer Webservice-Funktion das *New-WebserviceProxy*-Cmdlet. Das folgende Beispiel ruft über einen Webservice den Aktienkurs einer bekannten Softwarefirma ab. Das von der Function *GetQuote()* zurückgegebene XML wird per *[Xml]* konvertiert, um an den Wert der *Last*-Eigenschaft heranzukommen, die den aktuellen Aktienkurs enthält:

```
<#
  .Synopsis
  Aufruf eines Webservice
#>
$WS = New-WebServiceProxy -Uri
http://www.webservicex.net/stockquote.asmx?WSDL
([XML]$WS.GetQuote("MSFT")).StockQuotes.Stock | Where-Object Symbol -eq
"MSFT" | Select-Object -ExpandProperty Last
```

Ging alles gut, sehen Sie kurz danach eine Zahl, die für den aktuellen Aktienkurs steht. Voraussetzung ist natürlich, dass unter der angegebenen Adresse noch ein Webservice existiert.

So nett das Beispiel auch sein mag, messen Sie ihm nicht allzu viel Bedeutung bei. Diese Variante der Webservices, die auf dem SOAP-Protokoll basieren („Simple Object Access Protocol") spielen im Jahre 2014 keine Rolle mehr[1]. Das Web hat sich weiterentwickelt. Heutzutage basieren Webservices auf dem REST-Protokoll („Represential State Transfer Protocol"), durch das Datenquellen mit HTTP-Kommandos wie *Get*, *Put* und *Delete* nicht nur abgerufen, sondern auch aktualisiert werden[2].

Für REST-Aufrufe bietet die PowerShell das *Invoke-RestMethod*-Cmdlet, das im Folgenden an einem sehr einfachen Beispiel vorgestellt wird. Der folgende Befehl gibt die Titel aller Videos des Videoportals YouTube zum Thema „PowerShell" aus:

```
Invoke-RestMethod -Uri
"https://gdata.youtube.com/feeds/api/videos?v=2&q=PowerShell" |
 Select-Object -Property Title, Published
```

Eine Kleinigkeit, die das *Invoke-RestMethod*-Cmdlet hinter den Kulissen regelt, ist der Umstand, dass die Rückgabewerte vom JSON-Format („Java Script Object Notation") automatisch in ein *XmlElement*-Objekt konvertiert werden.

Möchte man die Ergebnisse in einem eigenen Fenster sehen, muss lediglich ein *Out-GridView* angehängt werden. Damit ist mit minimalem Aufwand ein kleines Abfragetool für Webdaten entstanden. Generell ist der Aufruf von REST- oder WCF-Webservice-Funktionen ein komplexes Thema.

18.8   .NET-Laufzeitfunktionen aufrufen

Die PowerShell besteht aus mehreren .NET-Assemblies, die von der .NET-Laufzeit geladen und ausgeführt werden. Diese wiederum umfasst mehrere Dutzend eigener Assemblies, deren Klassen und Members ebenfalls im Rahmen des PowerShell-Hosts verwendet werden können. Wurde eine Assembly (-Datei) bereits mit dem Start des PowerShell-

---

[1] Trotzdem basiert der Ws-Management-Standard, der u. a. für PowerShell-Remoting zuständig ist, auf diesem Protokoll.

[2] Weitere Informationen zu diesem Thema gibt es u. a. unter http://en.wikipedia.org/wiki/Representational_state_transfer.

Hosts geladen, stehen alle in der Assembly enthaltenen Klassen zur Verfügung. Auf welche Weise eine einzelne Klasse benutzt wird, hängt davon ab, ob ein Instanzen-Member oder ein statisches Member der Klasse aufgerufen werden soll.

18.8.1   Instanzen-Member einer Klasse aufrufen

Instanzen-Member können nur über eine Instanz (ein anderer Begriff für Objekt) der Klasse aufgerufen werden, die zuvor per *New-Object*-Cmdlet angelegt wurde. Der folgende Befehl legt eine Instanz der Klasse *WebClient* an, die in diesem Buch bereits ein paar Mal verwendet wurde:

```
$WC = New-Object -TypeName System.Net.WebClient
```

System.Net.WebClient ist die vollständige Typenbezeichnung der Klasse. Bei einigen Klassen müssen mit der Instanziierung eine oder mehrere Werte angegeben werden – die sog. Konstruktor-Argumente. Ein Beispiel ist die Klasse *PSCredential*, über die ein *PSCredential*-Objekt für die Authentifizierung angelegt wird. Der folgende Befehl funktioniert nicht:

```
$PSCred= New-Object -TypeName PSCredential
```

Die Fehlermeldung ist eindeutig: „Es kann kein geeigneter Konstruktor für den Typ "PSCredential" gefunden werden." Mit anderen Worten, es gibt keinen Konstruktor (eine interne Methode der Klasse, die automatisch mit der Instanziierung aufgerufen wird), die ohne Parameterwerte aufgerufen werden kann. Der Konstruktor erwartet nicht nur einen, sondern gleich zwei Parameterwerte: Den Benutzernamen als String und das verschlüsselte Kennwort als *SecureString*. Der folgende Aufruf funktioniert:

```
$PSCred= New-Object -TypeName PSCredential -ArgumentList $Username, $Cred
```

Doch auch die Anzahl der Argumente ist noch keine Garantie, dass aus der Klasse eine Instanz gemacht werden kann. Es kommt auch auf die Typen der Argumente an. Der folgende Befehl funktioniert wieder nicht:

```
$PSCred= New-Object -TypeName PSCredential -ArgumentList $Cred, $Username
```

Es gibt keinen Konstruktor bei *PSCredential*, der als ersten Wert einen *SecureString* und als zweiten Wert einen String akzeptiert. Eine kleine Verbesserung für eine kommende Version könnte darin bestehen, dass für *ArgumentList* eine Hashtable übergebe werden kann[3].

---

[3] Verbesserungsvorschläge zur PowerShell nimmt Microsoft jederzeit entgegen unter https://connect.microsoft.com/PowerShell.

18.8.2   Statische Member einer Klasse aufrufen

Ein statisches Member wird direkt über die Klasse aufgerufen. Ein Beispiel für eine Klasse mit statischen Members ist *DateTime*. Soll das *Get-Member*-Cmdlet nur die statischen Member auflisten, muss der Parameter *Static* gesetzt werden. Anstelle eines Objekts wird der Typenname, der wie immer in eckige Klammern gesetzt wird, dem *Get-Member*-Cmdlet vorangestellt:

```
[DateTime] | Get-Member -Static
```

In der folgenden Ausgabe sind nur die wichtigen statischen Member enthalten:

```
Name               MemberType Definition
----               ---------- ----------
Compare            Method     static int Compare(datetime t1, datetime t2)
DaysInMonth        Method     static int DaysInMonth(int year, int month)
FromBinary         Method     static datetime FromBinary(long dateData)
FromFileTime       Method     static datetime FromFileTime(long fileTime)
FromFileTimeUtc    Method     static datetime FromFileTimeUtc(long fileTime)
FromOADate         Method     static datetime FromOADate(double d)
IsLeapYear         Method     static bool IsLeapYear(int year)
Parse              Method     static datetime Parse(string s), static
datetime Parse(string s, System.IFormatProvi
ParseExact         Method     static datetime ParseExact(string s, string
format, System.IFormatProvider provider)
Now                Property   datetime Now {get;}
Today              Property   datetime Today {get;}
UtcNow             Property   datetime UtcNow {get;}
```

Statische Member werden über den Typennamen in eckige Klammern und den ::-Operator aufgerufen. Der folgende Befehl gibt an, ob 2014 ein Schaltjahr ist:

```
[DateTime]::IsLeapYear(2014)
```

Der folgende Befehl gibt zu allen Monaten ihren Namen und die Anzahl an Tagen aus:

```
1..12 | Select-Object -Property @{Name="Monat";Expression={ "{0:MMMM}" -f
(Get-Date -Month $_)}},@{Name="Anzahl
Tage";Expression={[DateTime]::DaysInMonth(2014, $_)}}

Monat              Anzahl Tage
-----              -----------
Januar                  31
Februar                 28
usw.
```

18.8.3   .NET-Assemblies laden

.NET-Assemblies werden über das vielseitige *Add-Type*-Cmdlet geladen. Befindet sich die Assembly im GAC-Verzeichnis (*Global Assembly Cache*), genügt der einfache Name. Ansonsten wird über den *Path*-Parameter der Pfad der Dll-Datei angegeben.

Der folgende Befehl lädt die populäre Dotnet-Zip-Library (Download http://dotnetzip. codeplex.com) in Gestalt der Datei *Ionic.Zip.dll*, die sich im aktuellen Skriptverzeichnis befindet:

```
$DotNetZipPath = Join-Path -Path $Ps1ScriptPath -ChildPath Ionic.Zip.dll
Add-Type -Path $DotNetZipPath
```

In vielen Foren und Blogs wird eine andere Methode zum Laden einer Assembly verwendet:

```
[System.Assembly]::LoadWithPartialName("System.Windows.Forms")
```

Diese Technik war bei der Version 1.0 der einzige Weg, um eine Assembly zu laden. Auch wenn sie unter der Version 4.0 funktioniert, ist sie aus mehreren Gründen nicht optimal:

- Sie setzt voraus, dass die Assembly im GAC enthalten ist. Der in Klammern übergebene Name ist der einfache Name der Assembly.
- Gibt es die Assembly im GAC mehrfach, kann es passieren, dass die falsche Version geladen wird.
- Aus dem zuletzt genannten Grund gilt die Methode offiziell als veraltet.
- Sie ist relativ umständlich.

Das *Add-Type*-Cmdlet ist seit der Version 2.0 der offizielle Weg, um eine Assembly zu laden. Befindet sich die Assembly im GAC, wird sie über den *AssemblyName*-Parameter ausgewählt:

```
Add-Type -AssemblyName System.Windows.Forms
```

„System.Windows.Forms" ist der einfache Name der Assembly (die Dateierweiterung spielt in diesem Zusammenhang keine Rolle). Befindet sie sich nicht im GAC, wird sie, wie bereits gezeigt, über ihren Pfad und den *Path*-Parameter geladen.

18.8.4   Zip-Funktionen benutzen

Ab .NET 4.5, das ab der PowerShell 4.0 verwendet wird, gibt es mit *System.IO.Compression.FileSystem.ZipFile* einen neuen Namespace, mit dessen Klassen das Verpacken und

Entpacken von Zip-Archiven sehr einfach wird. Wie die Klassen in der Praxis eingesetzt werden, beschreibt der folgende Blog-Eintrag:

http://huddledmasses.org/a-new-way-to-zip-and-unzip-in-powershell-3-and-net-4-5/

18.9   COM-Komponenten ansprechen

Eine COM-Komponente ist eine Windows-Anwendung, die ihre internen Funktionen über COM-Schnittstellen anbietet, so dass andere Anwendungen und Skripte diese benutzen können. Das Konzept entstand bereits Anfang der 90er Jahre. COM-Schnittstellen spielen in der Windows-Welt immer noch eine Rolle. Vor allem der Windows Explorer kann ausschließlich über COM-Schnittstellen automatisiert werden. Eine COM-Schnittstelle steht vereinfacht für einen Satz von Member-Funktionen, die eine Anwendung für andere Anwendungen zur Verfügung stellt[4]. COM ist in erster Linie auf Microsoft-Anwendungen beschränkt. Anwendungen, die per COM-Schnittstellen ansprechbar sind, sind u. a. Microsoft Word, Microsoft Excel, Microsoft Outlook, der Internet Explorer und der Windows Explorer. Es gibt mehrere nützliche Anwendungsfälle für COM-Schnittstellen:

* Steuern des Internet Explorer.
* Steuern einer Microsoft-Office-Anwendung.
* Aufruf von Shell-Funktionalitäten, wie z. B. der Zugriff auf die erweiterten Eigenschaften, das Anlegen einer Zip-Datei oder das Anlegen einer Verknüpfung.

18.9.1   Auf die erweiterten Eigenschaften einer Datei zugreifen

Neben ihren „Eckdaten" wie Name, Zeitpunkt des letzten Zugriffs oder ihre Attribute besitzen Dateien unter Windows viele weitere Eigenschaften, die vom Explorer im Details-Register angezeigt werden. Dazu gehören bei Bilddateien z. B. die Auflösung, die Belichtungsstärke oder das Kameramodell. Diese Eigenschaften müssen über das Shell-Objekt abgerufen werden, das über den Explorer zur Verfügung gestellt wird.

Die folgende Function *Get-ImageDetails* ist etwas umfangreicher, aber in mehrfacher Hinsicht interessant. Zum einen zeigt sie sehr schön, wie eine Function mehrere Parametersets einrichtet und ihren Input aus der Pipeline beziehen kann, zum anderen ist sie sehr nützlich.

---

[4] Die fällige Abkürzung entfällt, denn COM ist eine typische Microsoft-Abkürzung, die in den frühen 90er Jahren entstand, so dass die ursprüngliche Bedeutung der drei Buchstaben, ähnlich wie bei UNIX oder SQL, heute keine Rolle mehr spielt. Die erste Bezeichnung für COM lautete übrigens OLE 2.

```
<#
.Synopsis
Erweiterte Eigenschaften von Bilddateien abfragen
#>

function Get-ImageDetails
{
    param([Parameter(Mandatory=$true,
                     ValueFromPipelineByPropertyName=$true)]
                [Alias("FullName")][String]$Path,
          [Parameter(ParameterSetname="Property")][String]$Property,
          [Parameter(ParameterSetname="All")][Switch]$All)
    begin
    {
        $PropIndexLimit = 287
        $Shell = New-Object -ComObject Shell.Application
    }
    process
    {
        $FolderPath = Split-Path -Path $Path
        $Folder = $Shell.Namespace($FolderPath)
        if ($All)
        {
            for($i=0;$i -lt $PropIndexLimit; $i++)
            {
                New-Object -TypeName PSObject -Property
@{Index=$i;Name=$Folder.GetDetailsOf($null, $i)}

            }
        }
        else
        {
            $FileName = Split-Path -Path $Path -Leaf
            $FolderItem = $Folder.ParseName($FileName)
            # Alternativ:
            # $FolderItem = $Folder.Items().Item($FileName)
            for($i=0;$i -lt $PropIndexLimit; $i++)
            {
              if ($Folder.GetDetailsOf($null, $i) -eq $Property)
              {
                New-Object -TypeName PSObject -Property @{Name=$Property;
                             Wert=$Folder.GetDetailsOf($FolderItem, $i)
                             }
                break
              }
            }
        }
    }
}
```

Der folgende Aufruf gibt zu einer Jpeg-Datei alle erweiterten Eigenschaften mit ihren Indexen aus:

```
Get-ImageDetails -Path 'C:\Users\Pemo13\Pictures\Bruce
Capetown\IMG_1733.JPG' -All
```

Der folgende Befehl gruppiert alle Dateien in einem Verzeichnis nach dem Kameramodell, das für die Aufnahme verwendet wurde:

```
dir -Path 'C:\Users\Pemo13\Pictures | Get-ImageDetails -Property
Kameramodell
```

18.9.2   Excel fernsteuern

Microsoft Excel verfügt (seit der Version 5.0) über eine umfangreiche COM-Schnittstelle, durch die Excel von anderen Programmen und Skripten ferngesteuert werden kann. Voraussetzung ist, dass Microsoft Excel lokal installiert ist. Der Schlüssel ist die sog. „Prog ID", die bei Excel „Excel.Application" lautet. Wird sie dem *ComObject*-Parameter von *New-Object* übergeben, wird Excel gestartet und eine Referenz auf das *Application*-Objekt der Anwendung zurückgegeben. Dies erledigt der folgende Befehl

```
$ExApp = New-Object -ComObject Excel.Application
```

Das folgende Beispiel startet Excel, legt eine neue Arbeitsmappe an und trägt den Namen und den Status aller lokalen Systemdienste in das erste Tabellenblatt ein. Am Ende wird die Arbeitsmappe gespeichert und Excel wieder beendet.

```
<#
 .Synopsis
 Excel fernsteuern per COM-Schnittstelle
#>

$ExApp = New-Object -ComObject Excel.Application
$ExApp.Workbooks.Add() | Out-Null
$ExApp.Worksheets.Item(1).Delete()
$ExApp.Worksheets.Item(2).Delete()
$ExApp.Worksheets.Item(1).Name = "Dienste"
$ExApp.Visible = $true
$RowNr = 1
$ColNr = 1
$ExApp.ActiveSheet.Cells.Item($RowNr, $ColNr) = "Dienstname"
$ExApp.ActiveSheet.Cells.Item($RowNr, $ColNr+1) = "Status"
$RowNr++
Get-Service | ForEach-Object {
   $ExApp.ActiveSheet.Cells.Item($RowNr, $ColNr) = $_.Name
   $ExApp.ActiveSheet.Cells.Item($RowNr, $ColNr+1) = $_.Status
   $RowNr++
}
$XlsPfad = Join-Path -Path $PSScriptRoot -ChildPath "Dienststatus.xlsx"
$ExApp.ActiveWorkbook.SaveAs($XlsPfad)
Write-Verbose "Excel-Mappe $XlsPfad wurde gespeichert." -Verbose
$ExApp.Quit()
```

Es ist beeindruckend, wie nahtlos die COM-Schnittstellen in die PowerShell integriert sind. Nicht minder beeindruckend ist, dass die PowerShell ISE auch für COM-Objekte, die keine .NET-Objekte mit Metadaten, die Typinformationen enthalten, sind, Auswahllisten anbietet. Auf dieselbe Weise werden auch die Microsoft Office-Anwendungen Word, Outlook und PowerPoint automatisiert. Sie finden im Web viele Blogs, die sich ausführlich mit dem Thema beschäftigen. Geht es nur darum, dass PowerShell-Daten so aufbereitet werden, das sie anschließend in Excel bearbeitet werden können, ist das Importieren der Ausgabe in das CSV-Format die deutlich einfachere Alternative.

18.10   Jobs

Ein Job ist bei der PowerShell ein Scriptblock, der von der PowerShell „im Hintergrund" ausgeführt wird und damit die Eingabe weiterer Befehle nicht blockiert. Jobs sind immer dann praktisch, wenn länger dauernde Vorgänge so ausgeführt werden, dass sie den PowerShell-Host nicht blockieren. Über die Cmdlets im Modul *PSScheduledJob* kann ein Job über die Windows-Aufgabenplanung auch zeitgesteuert ausgeführt werden (Kap. 16).

Der Umgang mit Jobs ist grundsätzlich sehr einfach, wenngleich es ein paar wichtige Unterschiede gegenüber der regulären Ausführung eines Scriptblocks gibt. Ein Job wird mit dem *Start-Job*-Cmdlet gestartet, dem der auszuführende Scriptblock übergeben wird. Besitzt der Scriptblock Parameter, werden die Argumente über den *ArgumentList*-Parameter übergeben.

Der folgende Befehl durchsucht das gesamte Laufwerk C: nach Ps1-Dateien und gibt ihre Pfade, ihre Größe und das Datum der letzten Änderung zurück:

```
$SB = {
  Get-ChildItem -Path C:\*.ps1 -ErrorAction Ignore -Recurse |
    Select-Object -Property FullName, Length, CreationTime
}

Start-Job -ScriptBlock $SB

Id    Name    PSJobTypeName    State     HasMoreData    Location
--    ----    -------------    -----     -----------    --------
2     Job2    BackgroundJob    Running   True           localhost
```

Nach der Ausführung des Befehls werden Sie feststellen, dass die PowerShell ein neues Objekt (vom Typ *PSRemotingJob*) anlegt und dessen Eckdaten ausgibt. Anschließend ist der Host bereit für weitere Eingaben, während der Scriptblock im Hintergrund weiter ausgeführt wird. Weiter passiert nichts. Der aktuelle Status des Jobs wird über das *Get-Job*-Cmdlet abgefragt. Wurden mehrere Jobs angelegt, kommt die *State*-Eigenschaft ins Spiel. Der folgende Befehl ruft nur die Jobs mit dem Status „Completed" auf:

```
Get-Job | Where-Object State -eq "Completed"
```

Ein Scriptblock, der als Job ausgeführt wird, kann keine Ausgaben direkt ausgeben. Die Ausgaben, die der Job in die Pipeline gelegt hat, müssen über das Cmdlet *Receive-Job* abgeholt werden. Dies ist der einzige (offizielle) Weg, um an diese Daten heranzukommen. Mit dem Abrufen werden die Objekte aus der Job-Pipeline genommen. Ist dies nicht erwünscht, muss der *Keep*-Parameter gesetzt werden.

Der folgende Befehl ruft die gefundenen Dateien ab:

```
Receive-Job -Id 2
```

Die 2 ist die ID des zuvor gestarteten Jobs, die auch per *Get-Job* abgefragt werden kann.

Da die Ausgabe aufgrund der Listenformatierung und des Umstandes, dass die *RunspaceID*-Eigenschaft mitausgegeben wird, etwas unübersichtlich erscheint, muss ein *Select-Object* angehängt werden:

```
Receive-Job -Id 2 | Select-Object -Property FullName, Length,
CreationTime
```

Doch dieses Mal bleibt der Ausgabebereich leer. Der Grund ist, dass beim ersten *Receive-Job*-Aufruf der *Keep*-Parameter nicht angegeben wurde. Um erneut eine Ausgabe zu erhalten, muss der Job neu gestartet werden.

Damit beendete Jobs nicht den Arbeitsspeicher belegen, werden sie über das *Remove-Job*-Cmdlet wieder entfernt:

```
Get-Job | Remove-Job -Force
```

Der *Force*-Parameter sorgt dafür, dass auch noch aktive Jobs (und deren Kind-Jobs) entfernt werden.

▶   **Tipp** Ein Job ist ein Objekt vom Typ *PSRemotingJob* und besitzt u. a. die Eigenschaften *PSBeginTime* und *PSEndTime*. Damit lässt sich die Ausführungsdauer „berechnen". Der folgende Befehl gibt die Laufzeiten aller Jobs aus:

```
Get-Job | Select-Object -Property ID, @{Name="Laufzeit(s)";
                             Expression= { ($_.PSEndTime -
                             $_.PSBeginTime).TotalSeconds}
                         }
```

18.10.1 Auf die Beendigung eines Jobs reagieren

Die spannende Frage ist natürlich, wie lässt sich feststellen, dass ein Job fertig ist. Es gibt drei Alternativen:

1. Über das *Wait-Job*-Cmdlet. Es wartet darauf, dass der angegebene Job fertig ist. Damit wird allerdings der Vorteil von Jobs, dass sie die weitere Ausführung nicht blockieren, wieder aufgehoben.
2. Über den Event-Mechanismus der PowerShell und den Umstand, dass ein Job ein *StateChanged*-Ereignis auslöst, wenn er mit der Ausführung fertig ist. Mehr dazu in Kürze.
3. Man wartet einfach eine Weile oder ruft regelmäßig das *Get-Job*- bzw. gleich das *Receive-Job*-Cmdlet auf.

18.10.2 Job ist fertig – Benachrichtigung per Event

Ein Event ist ein interner Benachrichtigungsmechanismus, der durch eine Zustandsänderung ausgelöst wird, und den Aufruf einer zuvor festgelegten Befehlsfolge zur Folge hat. Bei der PowerShell gibt es einige Situationen im Praxisalltag, in denen Events sehr praktisch sind. Soll z. B. mit dem Beenden der PowerShell etwas passieren, ist das per Event einfach realisierbar. Events sind in Kap. 18.8 an der Reihe. Im Folgenden soll es lediglich um das *StateChanged*-Ereignis gehen, das automatisch ausgelöst wird, wenn ein Job seinen Ausführungszustand ändert.

Das folgende Skript startet einen Job, der nicht viel macht außer eine Schleife eine bestimmte Anzahl oft zu wiederholen und bei jeder Wiederholung eine Zahl aufzuaddieren. Ist der Job fertig, soll das Ergebnis in der Konsole ausgegeben werden. Damit überhaupt ein Effekt sichtbar ist, wird nach dem Start des Jobs eine Endlosausgabe gestartet, die durch die Job-Meldung unterbrochen wird (und jederzeit durch Eingabe eines „Q" abgebrochen werden kann – allerdings nicht in der ISE, da dieser Host keine Konsolenanwendung ist).

```
<#
 .Synopsis
 Auf das Ende eines Jobs per Event reagieren
#>

# Diese Variable nimmt das Resultat des Jobs auf
$Global:JobResultat = 0

# Dieser Scriptblock soll als Job ausgeführt werden
$SB = {
     param([int]$Anzahl)
     $Summe = 0
     0..$Anzahl | ForEach-Object {
        $Summe += $_
        Start-Sleep -Seconds 2
        Write-Host "Bin im Job..."
     }
     $Summe
}

$SBFertig = {
    $ID = $Event.Sender.Id
    # Nur direkte Ausgabe in die Konsole möglich
    Write-Host -ForegroundColor Green "*** Der Job mit der ID $ID ist
fertig..."
    $JobDaten = Receive-Job -Id $ID
    # Ergebnis in eine globale Variable schreiben
    $Global:JobResultat = $JobDaten
    # Nur direkte Ausgabe in die Konsole möglich
    Write-Host  -ForegroundColor Yellow "*** Job-Ergebnis: $JobDaten"
}

# Den Scriptblock als Job ausführen mit einem Argument
$J = Start-Job -ScriptBlock $SB -ArgumentList 10
$J

# Ein Event registrieren
Register-ObjectEvent -InputObject $J -EventName StateChanged -
SourceIdentifier JobEvent -Action $SBFertig | Out-Null

# Jetzt eine Endlosschleife starten
while($true)
{
  "Warten auf den Job..."
  Start-Sleep -Seconds 3
  # Wurde eine Taste gedrückt?
  if ([System.Console]::KeyAvailable)
  {
    # Ist es ein Q?
    if ([System.Console]::ReadKey().Key -eq "q")
    {
      break
    }
  }
}
```

Nach dem Start produziert das Skript eine Reihe von Ausgaben, die zwischendurch durch die Ausgabe des Jobs unterbrochen werden. Spätestens zu diesem Zeitpunkt können Sie das Skript durch Eingabe eines „Q" beenden.

18.10.3 Ereignisse wieder deregistrieren

Damit die Source-ID, über die ein Ereignis identifiziert wird, erneut verwendet werden kann, muss das Ereignis über das *Unregister-Event*-Cmdlet „deregistriert", also aus der Event-Liste der PowerShell-Sitzung entfernt werden:

```
Unregister-Event -SourceIdentifier JobEvent
```

oder, um alle Ereignisse zu entfernen:

```
Unregister-Event -SourceIdentifier *
```

18.11 Ereignisse

Von den Ereignissen (engl. „events") war bereits im Zusammenhang mit Jobs die Rede. Ein Event ist ein allgemeiner Benachrichtigungsmechanismus, über den eine bei der Definition des Events festgelegte Befehlsfolge, bei der PowerShell ist dies immer ein Scriptblock, ausgeführt wird. Events werden nicht frei definiert, sondern gehören immer zu einer Klasse, durch die festgelegt wird, unter welchen Umständen ein Event eintritt[5]. Events werden im PowerShell-Praxisalltag nur selten benötigt, was aber nicht bedeutet, dass sie überflüssig sind. Möchte man in einem PowerShell-Skript auf bestimmte Ereignisse, etwa das „Herunterfahren" des PowerShell-Hosts, das Starten eines Prozesses (auch im Netzwerk), das Anschließen eines USB-Laufwerks oder eines Stromkabels an einen mobilen Computer oder den Ablauf eines Timers reagieren, geht dies nur über das dafür zuständige Event.

Damit ein Event wirksam werden kann, muss es registriert werden. Die PowerShell bietet dazu gleich drei Cmdlets:

* *Register-ObjectEvent*
* *Register-EngineEvent*
* *Register-WMIEvent*

---

[5] Das New-Event-Cmdlet der PowerShell ermöglicht es nicht, neue Events zu definieren, sondern vereinfacht lediglich den Umgang mit Events, die von WMI oder der .NET-Laufzeit ausgelöst werden.

Ergänzt werden die drei Cmdlets durch weitere Cmdlets, die in Tab 18.2 zusammengestellt
sind. Für die Events allgemeiner (.NET-) Objekte wird das *Register-ObjectEvent*-Cmdlet
verwendet. Generell wird durch das Registrieren eines Events im Rahmen der aktuellen
PowerShell-Sitzung ein „Abonnement" (engl. „subscriber")[6] eingerichtet, das von jetzt an
für das Empfangen von Events bereit ist. Tritt das Event ein, wird der beim Registrieren
über den *Action*-Parameter festgelegte Scriptblock ausgeführt.

Wichtig Wie bei per Job gestarteter Scriptblock kann auch ein Scriptblock, der als Reak-
tion auf das Eintreten eines Events ausgelöst wird, keine Ausgaben über die Pipeline,
sondern nur per *Write-Host* durchführen. Zu den weiteren Einschränkungen gehören, dass
Fehler nicht gemeldet werden und keine Haltepunkte gesetzt werden können.

18.11.1   Regelmäßige Wiederholungen über ein Timer-Ereignis

Soll ein Skript in regelmäßigen Abständen eine Befehlsfolge ausführen, wird dies über
einen Timer realisiert. Die .NET-Laufzeit bietet mehrere Timer-Klassen, für das folgende
Beispiel wird die Klasse *Timer* im Namespace *System.Timers* verwendet.
    Das folgende Beispiel gibt in regelmäßigen Abständen eine Meldung im Hostfenster
aus, auch nachdem das Skript beendet wurde. Es benutzt dazu die *Timer*-Klasse im Namespace *System.Timers* der .NET-Laufzeit und deren *Elapsed*-Event, das in über die Eigenschaft *Interval* festgelegten Abständen ausgelöst wird, nachdem der Timer über die
Start()-Methode gestartet wurde.

```
<#
 .Synopsis
 Beispiel für ein Event - Timer-Event
#>

$T = New-Object -TypeName System.Timers.Timer -ArgumentList 1000
$T.Start()
$T | Get-Member -MemberType Event

$Job = Register-ObjectEvent
                -InputObject $T `
                -EventName Elapsed `
                -SourceIdentifier TimerTest `
                -Action {
                    $Anzahl++
                    Write-Host "Timer-Event Nr. $Anzahl..."
                }
```

Wurde der Timer gestartet, erscheinen die Ausgaben auch dann noch, wenn das Skript
wieder zu Ende ist. Um den Timer zu stoppen, müssen Sie lediglich ein *$T.Stop()* aufrufen.
Dazu ein kleiner Tipp: Geben Sie die Zeile in der ISE am Ende ein und kommentieren Sie

---

[6] Ohne Kosten und Kündigungsfristen.

Tab. 18.2 Cmdlets für den Umgang mit Events

Cmdlet	Bedeutung
Get-Event	Holt alle ausgelösten Events
Get-EventSubscriber	Holt alle über ein Register-Cmdlet eingerichteten „Abonnenten" eines Events
Register-EngineEvent	Registriert ein Event, das von der PowerShell ausgelöst wird
Register-ObjectEvent	Registriert ein Event einer allgemeinen (.NET-) Klasse
Register-WMIEvent	Registriert ein WMI-Event
Remove-Event	Entfernt ein Event aus der Warteschlange der aktuellen PowerShell-Sitzung
Unregister-Event	Entfernt ein Event aus der Liste der registrierten Events

sie aus. Um sie auszuführen, müssen Sie lediglich die Textmarke in die Zeile setzen und [F8] drücken.

Der Befehl

```
Unregister-Event -SourceIdentifier TimerTest
```

entfernt das Ereignis aus der Liste der Abonnenten der PowerShell-Sitzung.

18.11.2   Auf das Beenden des PowerShell-Hosts reagieren

Es gibt zwar keine Skripte, die automatisch beim Beenden des PowerShell-Hosts ausgeführt werden, aber es gibt einen Mechanismus, über den sich mit dem Beenden des PowerShell-Hosts ein Scriptblock ausführen lässt. Über diese kann z. B. die History-Liste in eine Datei gespeichert werden, so dass sie im Rahmen des Profilskriptes beim nächsten Start erneut geladen werden kann. Dieser Mechanismus ist der Event-Mechanismus der PowerShell-Engine, die den Kern des PowerShell-Hosts bildet. Ein Event wird über den *SourceIdentifier*-Parameter namentlich ausgewählt (z. B. „PowerShell.Exiting" für jenes Event, das beim Beenden des PowerShell-Hosts ausgelöst wird).

Das folgende Beispiel verknüpft einen Scriptblock mit dem *PowerShell.Exiting*-Ereignis, das immer dann ausgelöst wird, wenn der PowerShell-Prozess, z. B. durch Schließen des Anwendungsfensters, beendet wird.

```
Register-EngineEvent -SourceIdentifier PowerShell.Exiting `
                     -Action {

[System.Windows.Forms.MessageBox]::Show("PowerShell sagt bye, bye...")
                     "PowerShell-Sitzung wird um $(Get-Date -
Format t) beendet." | Add-Content -Path
$env:userprofile\documents\PowerShellLog.txt
                     } | Out-Null
```

Tritt das Event ein, passieren zwei Dinge:

1. Es wird eine Mitteilungsbox angezeigt (das setzt aber voraus, dass in der Konsole die *System.Windows.Forms*-Assembly per *Add-Type* geladen wurde – ansonsten passiert nichts).
2. Es wird eine Meldung in die Datei *PowershellLog.txt* mit der Uhrzeit geschrieben, zu der der Prozess beendet wurde.

Soll das Ereignis nicht in der Liste der registrierten Empfänger erscheinen, muss der Parameter *SupportEvent* verwendet werden.

18.11.3   Die PowerShell-Sitzung per Tastenshortcut beenden

Dieses Thema hat nichts mit Events zu tun. Soll die PowerShell-Konsole über eine Tastenkombination beendet werden können, muss lediglich eine Function definiert werden, deren Name dieser Tastenkombination entspricht. Damit dieser ungewöhnliche Name als solcher akzeptiert wird, muss der Skripttext, der die Function definiert, per *Invoke-Expression*-Cmdlet ausgeführt werden.

Der folgende Befehl definiert eine Function mit dem Namen „[Strg]+D", die die PowerShell-Sitzung über den *exit*-Befehl beendet:

```
Invoke-Expression -Command "function $([char]4) { exit }"
```

Das Drücken von [Strg]+[D] hat aber zunächst nur die Folge, dass der Name in der Befehlszeile erscheint. Erst durch Drücken der [Eingabe]-Taste wird die Function ausgeführt.

18.11.4   Event-Parameter

Dem Scriptblock, der über den *Action*-Parameter eines Register-Event-Cmdlets aufgerufen wird, werden automatisch mehrere Parameter übergeben, darunter *Sender* und *Event*. Während *$Sender* den Absender des Ereignisses, also jenes Objekt, das das Ereignis ausgelöst hat (und in der Regel nicht wichtig ist), repräsentiert, enthält die Variable *$Event* alle Details, die die PowerShellüber das Ereignis zur Verfügung stellt.

Da in dem Scriptblock kein Haltepunkt gesetzt werden kann, ist es nicht ganz so einfach, sich die Members der *$Event*-Variablen anzuschauen. Erschwerend kommt hinzu, dass für Ausgaben nur das *Write-Host-Cmdlet* zur Verfügung steht. Ein „$Event | Get-Member" alleine führt zu keiner Ausgabe. Ein Trick besteht darin, die Ausgabe von *Get-Member* (oder einem anderen Cmdlet) in eine Zeichenkette zu konvertieren, die per *Write-Host* ausgegeben wird. Der folgende Befehl gibt die Namen der Members aus:

```
Write-Host ($Event | Get-Member| Select-Object -ExpandProperty Name)
```

Zu den Eigenschaften, die das Event beschreiben, gehören:

- ComputerName
- EventIdentifier
- MessageData
- RunspaceId
- Sender
- SourceArgs
- SourceEventArgs
- SourceIdentifier
- TimeGenerated

18.12 Internationale Skripts

Soll ein Skript „mehrsprachig" sein, bedeutet dies, dass alle Meldungen in der jeweiligen Landessprache ausgegeben werden. Grundlage dafür ist bei der PowerShell die „Culture" (ein Begriff, der sich mit „Kultur" nicht übersetzen lässt), dem modernen Nachfolger der „Locale ID" (LCID), über die unter Windows die Kombination aus Land und Region über eine Zahl angegeben wird (z. B. 1031 für deutsche Sprache und Deutschland als Region). Die aktuelle Culture wird über das *Get-Culture*-Cmdlet geholt, das je nach Host entweder ein Objekt vom allgemeinen Typ *System.Globalization.CultureInfo* oder ein hostspezifisches Objekt, z. B. *Microsoft.Windows.PowerShell.Gui.Internal.ISECultureInfo* bei der ISE liefert. Für Deutschland liefert *Get-Culture* ein „de-DE" als Sammelbezeichnung für alle Einstellungen, die mit der Culture zusammenhängen (es sind sehr viele). Für Österreich entsprechend „de-AT" und für die deutschsprachige Schweiz „de-CH".

Damit sich ein PowerShell-Skript automatisch auf die aktuelle Culture einstellen kann, müssen zwei Voraussetzungen erfüllt sein:

1. Im Verzeichnis, in dem sich die Ps1-Datei befindet, muss es für jede Culture ein Unterverzeichnis mit der Culture-Bezeichnung als Namen geben. Dieses Verzeichnis enthält eine Textdatei mit der Erweiterung *.Psd1*, in der die Texte in der jeweiligen Landessprache enthalten sind.
2. Die Texte müssen über das Cmdlet *Import-LocalizedData* an eine Variable gebunden werden, über die alle Meldungen mit ihrem Namen abgerufen werden.

Ausgangspunkt für das folgende Beispiel ist ein Verzeichnis mit dem Namen „International" (der Name ist beliebig), das die Unterverzeichnisse „de-DE", „fr-FR" und „en-GB" enthält. Jedes der drei Verzeichnisse enthält eine Datei mit dem Namen *International.psd1*. Die Datei im Verzeichnis *de-DE* ist wie folgt aufgebaut:

```
ConvertFrom-StringData -StringData @"
  Msg1 = "Hallo und Willkommen bei PemoSkript"
  Msg2 = "Fehler!"
  Msg3 = "Auf Wiedersehen"
"@
```

Sie besteht aus dem Cmdlet *ConvertFrom-StringData* und einer Schlüssel-Wert-Liste. Im Unterverzeichnis *en-GB* besitzt die Datei *International.psd1* den folgenden Aufbau:

```
ConvertFrom-StringData -StringData @"
  Msg1 = "Hello and Welcome to PemoSkript"
  Msg2 = "Error, sorry!"
  Msg3 = "Good, bye"
"@
```

Die übrigen Psd1-Dateien sind genauso aufgebaut.

Bei der Ausführung des Skripts kommt das Cmdlet *Import-LocalizedData* ins Spiel. Es bindet die Schlüssel aus der jeweiligen Psd1-Datei, die in Abhängigkeit der aktuellen Culture von der PowerShell automatisch geladen wird, an eine Variable:

```
Import-LocalizedData -BindingVariable SkriptMessages
```

Über die Variable *$SkriptMessages* (auch dieser Name ist beliebig), werden die Texte abgerufen, die in der Psd1-Datei den jeweiligen Schlüsseln zugeordnet sind:

```
$SkriptMessages.Msg1
```

Soll *Import-LocalizedData* eine bestimmte Psd1-Datei laden, wird dies über den *UICulture*-Parameter festgelegt. Der folgende Befehl lädt die französische Psd1-Datei im Verzeichnis *fr-Fr*:

```
Import-LocalizedData -BindingVariable SkriptMessages -UICulture
$NewCulture
```

Ist ein bestimmtes Unterverzeichnis nicht vorhanden, kommt die „Fallback Culture" ins Spiel. Sie wird immer dann verwendet, wenn die angeforderte Culture nicht vorhanden ist:

```
$NewCulture = "fr-FR"
$FallBackCulture = "en-GB"

try
{
   Import-LocalizedData -BindingVariable SkriptMessages -UICulture
$NewCulture -ErrorAction Stop
}
catch
{
   Import-LocalizedData -BindingVariable SkriptMessages -UICulture
$FallBackCulture
}

$SkriptMessages.Msg1
$SkriptMessages.Msg2
$SkriptMessages.Msg3
```

18.13   Neue Objekte mit den New-Object-Cmdlet anlegen

Das *New-Object*-Cmdlet kam in diesem Buch bereits mehrfach vor, wurde aber noch nicht offiziell vorgestellt. Das wird in diesem Abschnitt nachgeholt. Per *New-Object* werden, der Name suggeriert es bereits ganz dezent, neue Objekte angelegt. Die Grundlage dafür ist immer ein Typ (Klasse), der in der Regel in der PowerShell- oder der .NET-Laufzeit enthalten ist. Benötigt wird ein neues Objekt z. B. bei der Authentifizierung, wenn ein *PSCredential*-Objekt benötigt wird.

Der Umgang mit *New-Object* ist grundsätzlich sehr einfach. Auf den *TypeName*-Parameter folgt lediglich der Name des Typs, dem gegebenenfalls der Namespacename vorangestellt wird.

Der folgende Befehl legt ein *StreamReader*-Objekt an, mit dem sich vor allem große Textdateien effektiv einlesen lassen:

```
$Sr = New-Object -TypeName System.IO.StreamReader $PSHome\types.ps1xml
```

Da es für den *StreamReader*-Typ keine Typenabkürzung gibt, muss der Namespacename „System.IO" vorangestellt werden.

Das *New-Object*-Cmdlet besitzt wenige Parameter, die in Tab. 18.3 zusammengestellt sind.

18.14   Umgang mit Type Acceleratoren

Ein Type Accelerator ist eine Abkürzung für eine Typenbezeichnung, die ein Objekt vom Typ *RuntimeType* liefert, das diesen Typen beschreibt. Die Bezeichnung wurde nicht ganz optimal gewählt, denn es wird natürlich nichts beschleunigt. Ein Type Accelerator ist vielmehr eine Abkürzung für die offizielle Typenbezeichnung, die aber auch eine Typenan-

Tab. 18.3 Die Parameter des New-Object-Cmdlets

Parameter	Bedeutung
ArgumentList	Erlaubt das Festlegen von Konstruktorargumenten
ComObject	Gibt die ProgID des zu erstellenden COM-Objekts an
Property	Legt die Werte einzelner Eigenschaften als Hashtable fest
Strict	Spielt beim COMObject-Parameter eine Rolle und bewirkt, dass nur „echte" COM-Klassen verwendet werden können und keine .NET-Klassen, die lediglich eine COM-Schnittstelle besitzen
TypeName	Der Name des Typs, der instanziiert werden soll, damit ein neues Objekt entsteht

passung und eine Typenerweiterung umfassen kann. Typenabkürzungen wurden in diesem Buch bereits an vielen Stellen verwendet. Beispiele sind *[ADSI]* als Abkürzung für *System.DirectoryServices.DirectoryEntry* und *[PSCredential]* als Abkürzung für *System. Management.Automation.PSCredential*. Aber auch für die profanen Standarddatentypen wie *Int* oder *DateTime* gibt es Typenabkürzungen. Eine Liste aller Typenabkürzungen zu erhalten ist nicht so einfach wie es sein könnte, denn aus irgendwelchen Gründen hat sich das PowerShell-Team dazu entschlossen, sie etwas unter Verschluss zu halten. Da sie ein Teil der PowerShell-Laufzeit sind, lassen sie sich natürlich auch auflisten. Das erledigt der folgende Befehl

```
[PSObject].Assembly.GetType("System.Management.Automation.TyeAccelerators
")::Get
```

Der Umweg über das *RuntimeType*-Objekt ist erforderlich, da *TypeAccelerators* eine private Klasse ist. Die Ausgabe macht deutlich, dass es bei der PowerShell 4.0 sehr viele Typenabkürzungen gibt (insgesamt 81).

Wer möchte kann sich eigene Typenabkürzungen definieren. Das ist immer dann sinnvoll, wenn ein Typ (Klasse) mit einer langen Typenbezeichnung häufiger in einem Skript verwendet werden soll. Der folgende Befehl definiert eine Typenabkürzung mit dem Namen „da" für den Typ *System.Data.SqlClient.SqlDataAdapter*, der in Kap. 21 beim Thema Datenbankzugriff zum Einsatz kommt:

```
[PSObject].Assembly.GetType('System.Management.Automation.TypeAccelerator
s')::add("da","System.Data.SqlClient.SqlDataAdapter")
```

Damit kann „da" als Typenname (ohne eckige Klammern) für den *TypeName*-Parameter von *New-Object* eingesetzt werden.

18.15   Das PowerShell-Typensystem erweitern

Das PowerShell-Typensystem ist die Grundlage dafür, wie Cmdlets mit Objekten umgehen und Cmdlets wie *Format-Table* Objekte ausgeben. Die Stärke des Typensystems ist seine Flexibilität, der Umstand, dass es unsichtbar hinter den Kulissen aktiv ist und vor allem erweiterbar ist. Die Grundlage für die Erweiterbarkeit sind Typendefinitionsdateien im XML-Format, die auch von der PowerShell verwendet werden. Die PowerShell legt diese Dateien im *$PSHome*-Verzeichnis (Erweiterung .Ps1xml) ab, wo sie sich aufhalten spielt aber keine Rolle. Während ambitionierte Anwender bis zur PowerShell 2.0 das Typensystem nur über eine eigene Typendefinitionsdatei erweitern konnten, die dem *Update-TypeData*-Cmdlet übergeben wurde, wurde das Cmdlet mit der Version 3.0 erheblich erweitert. Ab dieser Version kann die Typenerweiterung über die Parameter des Cmdlets festgelegt werden. Die Frage ist natürlich, wann eine solche Typenerweiterung überhaupt benötigt wird. Die Antwort: Immer dann, wenn ein Standardtyp über zusätzliche Eigenschaften verfügen soll.

Das folgende Beispiel holt zwangsläufig etwas weiter aus. Es erweitert den Typ *System.IO.FileInfo*, der eine einzelne Datei repräsentiert, um ein Methoden-Member mit dem Namen „ReadBytes", durch das es möglich wird, eine Datei byteweise einzulesen.

```
<#
 .Synopsis
 Typenerweiterung mit einer Methode
#>

$SB = {
  param([Int]$Anzahl)
  if ($Anzahl -gt 0)
  {
    $Buf = New-Object -TypeName Byte[] -ArgumentList $Anzahl
    $this.OpenRead().Read($Buf, 0,  $Anzahl) | Out-Null
    $Buf | % { $Out += [Char]$_ } -End { $Out }
  }
  else {
     throw "Parameterwert muss größer 0 sein."
  }
}
# Anhängen eines Methoden-Members mit dem Namen ReadBytes an FileInfo

Update-TypeData -MemberType ScriptMethod -Value $SB -MemberName ReadBytes
-TypeName System.IO.FileInfo
```

Zuerst wird die Methode als Scriptblock definiert, dann wird sie dem Typ *System.IO.FileInfo* per *Update-TypeData*-Cmdlet angehängt.

Wie wird die neue Methode aufgerufen? Ganz einfach über ein *FileInfo*-Objekt, wie es z. B. durch ein *Get-Item*-Cmdlet geliefert wird. Die folgende Befehlsfolge liest 100 Bytes aus einer Datei:

```
$Fi = Get-Item -Path C:\Windows\Win.ini
$Fi.ReadBytes(100)
```

Der kleine Vorteil der Typenerweiterung ist, dass *ReadBytes()* direkt über das Objekt aufgerufen wird.

18.16   Umgang mit Privilegien

Ein Privileg ist im Zusammenhang mit Windows eine mit einem Benutzer-, Gruppen- oder Systemkonto assoziierte Erlaubnis einen bestimmten Vorgang durchführen zu können. Die Liste der Vorgänge reicht von profanen Dingen wie dem Ändern der Zeitzone (*SeTimeZonePrivilege*), dem Herunterfahren des Betriebssystems (*seShutdownPrivilege*) bis zu sehr speziellen Dingen, wie dem Zuordnen eines Sicherheitstokens beim Aufruf eines Subprozesses (*SeAssignPrimaryTokenPrivilege*)[7]. Privilegien werden einem Benutzerkonto mit der Anmeldung zugewiesen. Eine Liste der Privilegien für den aktuellen Benutzer liefert die Eingabe von „whoami /priv". Es kommt selten vor, dass ein Privileg nachträglich hinzugefügt werden muss. Entsprechende Cmdlets bietet die PowerShell auch unter Windows Server 2012 nicht. Eine Lösung bieten die *PowerShell Community Extensions* (PSCX) mit ihren Cmdlets *Get-Privilege* und *Set-Privilege*. Eine weitere interessante Alternativ ist das ebenfalls sehr vielseitige *Carbon*-Modul (Download unter http://get-carbon.org) mit seinem *Grant-Privilege*-Cmdlet.

18.17   Weitere Themen

In diesem Abschnitt werden ein paar „Spezialthemen" zusammengestellt, die thematisch in keines der übrigen Kapitel des Buches passen.

18.17.1   Parameterübergabe per Splat-Operator

Der Splat-Operator[8] erlaubt es, mehrere Argumente für eine Function oder ein Cmdlet in einer Hashtable zusammenzufassen und diese als Ganzes zu übergeben. Das vereinfacht den Aufruf ein wenig, da einer Function ein Satz an Argumenten übergeben werden kann, der im Skript nur einmal zusammengestellt und nicht jedes Mal erneut Argument für Argument aufgeführt werden muss. Man muss lediglich daran denken, dass die Variable, die alle Parameter-Argument-Paare zusammenfasst, mit einem @ anstelle eines $ übergeben werden muss.

---

[7] Eine Liste aller Privilegien gibt es unter http://msdn.microsoft.com/en-us/library/windows/desktop/bb530716(v=vs.85).aspx.

[8] Auf eine Übersetzung wird auf Rücksicht auf Vegetarier und andere zartbesaitete Gemüter verzichtet.

Das folgende Beispiel geht von einer Function *f1* aus, die drei Parameter besitzt: *P1*, *P2* und *P3*:

```
<#
 .Synopsis
 Beispiel für den Splat-Operator
#>

function f1
{
  param([Int]$P1, [Int]$P2, [Int]$P3)
  "P1 in f1=$P1 P2 in f1=$P2 P3 in f1=$P3"
}
```

Der folgende Befehl definiert eine Hashtable-Variable, bei der die Schlüsselnamen den Namen der Parameter entsprechen:

```
$PH = @{P1=111;P2=222;P3=333}
```

Beim Function-Aufruf werden mit der Hashtable-Variablen alle drei Werte auf einmal übergeben:

```
f1 @PH
```

18.17.2   Aufsplitten von Eigenschaften

In diesem Abschnitt geht es um eine andere Art des „Aufsplittens". Ein *PSCustomObject* besitzt eine Reihe von Eigenschaften, die von der PowerShell durch das Extended Type System angehängt werden. Die folgende Function trennt die Eigenschaften eines *PSCustomObject*-Objekts ab und gibt die Namen und den Wert der einzelnen Eigenschaften aus. Sie benutzt dazu die enorm praktische Eigenschaft *PsObject*, über die jedes Objekt verfügt, und die ein Objekt zurückgibt, dass alles Members des Objekts als Eigenschaften umfasst und damit die Struktur des Objekts komplett beschreibt.

```
<#
 .Synopsis
 Aufsplitten eines PSCustomObject-Objekts in seine Members
#>

function Split-CustomObject
{
    param([Parameter(ValueFromPipeline)][Object]$InputObject)
      $InputObject.psobject.Properties | ForEach-Object {
        New-Object -TypeName PSObject -Property @{Name=$_.Name;
                                        Wert=$_.Value}
    }
}
```

Damit lassen sich (endlich) die „PS-Eigenschaften" wie *PSPath* oder *PSProvider* filtern, die ein *Get-ItemProperty*-Cmdlet von einem Registry-Schlüssel zurückgibt:

```
Get-Itemproperty -Path
HKCU:\Software\Microsoft\Windows\CurrentVersion\run | Split-CustomObject
| Where-Object Name -NotLike "PS*"
```

Interessant ist bei *PsObject* auch die Eigenschaft *TypeNames*, denn sie gibt die Namen aller Typen zurück, von denen sich das Objekt ableitet. Ein

```
(Get-Item -Path C:\Windows).psobject.Typenames
System.IO.DirectoryInfo
System.IO.FileSystemInfo
System.MarshalByRefObject
System.Object
```

gibt die Namen der Typen aus, auf denen das Objekt basiert, das von *Get-Item* mit einer Dateisystempfadangabe geholt wird.

Entsprechend gibt der folgende Aufruf von einem Objekt nur die Eigenschaften mit ihren Werten zurück, die einen Wert besitzen:

```
Get-Process | Split-CustomObject | Where-Object Wert -ne $null
```

18.17.3   Members über Variablen ansprechen

Die PowerShell ist was die Art und Weise betrifft, wie ein Membername angegeben werden kann, sehr flexibel. Bei dem Befehl *(Get-Process).WS* wird eine Eigenschaft direkt angesprochen. Alternativ kann der Membername auch durch eine Variable ersetzt werden. Der folgende Befehl gibt vier Eigenschaften des Prozessobjekts aus, deren Namen in einem Array abgelegt sind. Im ersten Schritt wird das Array mit vier Namen angelegt:

```
$PProps = "WS","StartTime", "ID", "CPU"
```

Im zweiten Schritt holt *Get-Process* ein *Process*-Objekt und weist es einer Variablen zu:

```
$P = Get-Process -Name Calc
```

Im letzten Schritt wird mit dem Array-Member *ForEach* ein Scriptblock für jedes Element des Array einmal ausgeführt und in diesem das Prozessobjekt mit der Eigenschaft kombiniert:

```
$PProps.ForEach({$P.$_})
```

Bei jedem Durchlauf steht *$_* für den einen anderen Namen einer Eigenschaft. Das kleine Beispiel zeigt sehr schön, wie flexibel die PowerShell in einigen Bereichen ist und es an „Eleganz" (wenngleich dieser Begriff immer relativ ist) mit der Mutter aller Skriptsprachen, der Sprache *Perl*, aufnehmen kann. Noch eine Kostprobe gefällig?

Der folgende Befehl fügt die Namen der Eigenschaften eines *Process*-Objekts zu einer durch Kommas getrennten Zeichenkette zusammen:

```
(Get-Process)[0].psobject.Properties().Name -join ","
```

Auch die Namen von Methoden-Members können über eine Variable angegeben werden (im Vergleich zur PowerShell 2.0 wurde mit der Version 3.0 die Syntax vereinfacht).

Die folgende Befehlsfolge ruft mit dem *Process*-Objekt in der Variablen *$P* dessen *Kill*-Methode auf:

```
$MName = "Kill"
$P.$MName()
```

18.17.4 Eine Invoke-Method-Function

Der Umstand, dass Methoden-Members immer auf das in Klammern gesetzte Objekt folgen müssen, ist nicht immer nicht praktisch. Ein Beispiel ist das *GetType*()-Member, das das zu einem Objekt gehörende *RuntimeType*-Objekt liefert. Der Aufruf erfolgt in der Form *(Get-Process).GetType()*. Oft stellt man beim Eintippen einer Befehlszeile fest, dass man gerne das *RuntimeType*-Objekt sehen möchte, hat die Befehlszeile aber bereits zur Hälfte eingetippt und möchte jetzt nicht wieder zurück an den Anfang und danach an das Ende der Zeile gehen, nur um das Klammerpaar zu setzen. Praktischer wäre ein

```
Get-Process | Invoke-Method -Name GetType
```

Das ermöglicht die Function *Get-Type*, die wie folgt aufgebaut ist:

```
<#
 .Synopsis
 Aufruf einer Methode mit dem Pipeline-Objekt
#>
function Invoke-Method
{
param([Parameter(Mandatory=$true,ValueFromPipeline=$true)][Object]$Input,
        [String]$Name)
  process
  {
    $_.$Name()
  }
}
```

Damit kann sowohl zu einem einzelnen Objekt als auch, dank der Pipeline-Bindung des Parameters *InputObject*, zu einer ganzen Liste von Objekten der jeweilige Typ ausgegeben werden:

```
Dir | Invoke-Method -Name GetType
```

18.17.5   E-Mails versenden

Für das Versenden von beliebigen Daten und Dateien per E-Mail ist das *Send-MailMessage*-Cmdlet zuständig. Es benötigt die Adresse eines SMTP-Servers. Ist eine Authentifizierung erforderlich, geschieht dies per *Credential*-Parameter. In der Regel muss der Parameter *UseSSL* gesetzt werden. Über den *Port*-Parameter kann die Portnummer ausgewählt werden.

Der folgende Befehl sammelt die Namen aller nicht laufenden Dienste, speichert diese in einer CSV-Datei und verschickt diese per Mail:

```
<#
 .Synopsis
 Versenden einer E-Mail mit Anhang
#>

$SMTPServer = "smtp.live.com"

$UserName = "E-Mail-Adresse"
$Pw = "Kennwort"
# Kennwort in SecureString konvertieren
$PWSec = $Pw | ConvertTo-SecureString -AsPlainText -Force

$Cred = New-Object -Type PSCredential -ArgumentList $UserName, $PwSec

$HTMLPfad = Join-Path -Path $PSScriptRoot -ChildPath DienstStatus.html
Get-Service | Where-Object Status -ne "Running" | ConvertTo-Html -
Property Name, Status -Title "Dienstatus-Report" > $HTMLPfad
try
{
  Send-MailMessage -To pmonadjemi@live.de -Subject "Dienstatus-Report" -
From "admin@powershell-kurs.local" `
    -Attachments $HTMLPfad -Body "Der gewünschte Report fyi, mfg und
schönes WE" -SmtpServer $SMTPServer `
    -Credential $Cred -Enconding "Default" -UseSsl -Port 587
  Write-Verbose ("EMail wurde um {0:HH:mm} versendet." -f (Get-Date)) -
Verbose
}
catch
{
  Write-Warning "Fehler beim Versenden der E-Mail ($_)"
}
```

Ob das Versenden erfolgreich ist oder nicht, hängt davon ab, ob der E-Mail-Server die verwendete Form der Authentifizierung unterstützt. Sollte dies nicht der Fall sein, kommt das *Send-MailMessage*-Cmdlet nicht in Frage. Sie finden im Web viele Beispiele, die die .NET-Basisklassen (im Namespace *System.Net.Mail*) verwenden. Diese Varianten werden (höchstwahrscheinlich) ebenfalls nicht funktionieren (intern verwendet *Send-MailMessage* die Klasse *SmtpClient* aus dem *System.Net.Mail*-Namespace).

▶ **Tipp** Das kleine Freeware-Tool *Smtp4Dev* ist ideal dazu geeignet, um das Versenden von E-Mails per *Send-MailMessage* zu testen. Es läuft als lokale Anwendung und wartet auf Port 25 (oder einen anderen Port) auf eintreffende Nachrichten, die an „localhost" geschickt werden. Download unter http://smtp4dev.codeplex.com.

18.18 Skripte signieren

Ein PowerShell-Skript kann mit einem Zertifikat signiert werden. Dies bringt Vorteile, aber auch Nachteile. Zunächst die Vorteile:

- Wird die Ausführungsrichtlinie auf „AllSigned" gesetzt, dürfen nur noch signierte Skripte ausführen.
- Es können keine Änderungen mehr an einem Skript vorgenommen werden, da es ansonsten nicht mehr ausgeführt wird.

Einen echten Schutz vor „bösartigen" Skripten stellt die Ausführungsrichtlinie „AllSigned" jedoch nicht dar. Für den unwahrscheinlichen Fall, dass eine Person mit der Absicht Schadcode auf einem Server auszuführen die PowerShell verwenden sollte, gibt es die Möglichkeit diese Befehle unabhängig von der Ausführungsrichtlinie auszuführen. Dazu müssen diese Befehle lediglich per Pipe-Operator *Powershell.exe* übergeben werden und auf den Command-*Parameter* muss ein Bindestrich folgen[9].

Die Eingabe des folgenden Befehls über *Cmd.exe* führt (natürlich) auch bei der Einstellung „Restricted" dazu, dass die Befehle ausgeführt werden:

```
echo invoke-expression "Get-Date;Write-Host -F White -B Red 'You are
hacked'" | powershell.exe -noprofile -C -
```

Kurz, es ist nicht möglich zu verhindern, dass die PowerShell Befehle ausführt, die ihr beim Aufruf übergeben werden, auch wenn sie nicht als Administrator gestartet wurde.

---

[9] Dies ist kein „Insider-Hack", sondern Teil der Hilfe, die bei Powershell.exe über -? Ausgegeben wird.

Die Ausführungsrichtlinie „AllSigned" verbessert aber trotzdem die Sicherheit, indem sich nicht mehr jedes beliebige Skript ausführen lässt und bei Skripten, die mit einem Zertifikat signiert wurden, dessen Herausgeberzertifikat auf dem Computer nicht vertraut wird, vor jedem Ausführen eine Warnung angezeigt wird und der Anwender das Ausführen, zumindest beim ersten Mal, explizit bestätigen muss. Außerdem lässt sich ausschließen, dass das Skript nach der Signierung geändert wurde. Die Signierung bringt aber nicht nur Vorteile. Der Autor des Skriptes muss sein Skript nach jeder Änderung erneut signieren oder das Signieren auf jenen Zeitpunkt verschieben, an dem feststeht, dass es keine Änderungen mehr geben wird.

Der größte Nachteil ist, dass nicht nur die im Rahmen der PowerShell-Sitzung gestarteten Skripts signiert sein müssen, sondern auch alle Profilskripte und, das ist die größte Einschränkung, alle Skripte, die durch das Laden von Modulen ausgeführt werden, die beim Laden Skripte ausführen. Das bedeutet in der Konsequenz, sämtliche Ps1-, Psm1- und auch Ps1xml-Dateien zu signieren, die beim Laden eines Moduls ausgeführt werden. Und da dies in der Praxis nicht machbar ist, bedeutet es, dass die Einstellung „AllSigned" nicht praxistauglich ist[10].

Das bedeutet aber nicht, dass PowerShell-Skripte nicht signiert werden sollten. Ist ein Skript signiert, hat dies bei allen Einstellungen außer „AllSigned" keine Auswirkung auf seine Ausführung. Auch Änderungen sind möglich, ohne dass das Skript erneut signiert werden muss. Das Skript besitzt in diesem Fall einfach eine am Ende der Datei platzierte Signatur.

Im Folgenden wird in der gebotenen Kürze beschrieben, wie ein PowerShell-Skript signiert wird. Voraussetzung für die Signierung ist ein Zertifikat, das für die Codesignierung geeignet ist. Es ist wichtig zu verstehen, dass dies nicht so „gefährlich" ist, wie es an einigen Stellen suggeriert wird. Ein Zertifikat hat in erster Linie die Aufgabe, die Verschlüsselung von Daten abzusichern und nicht die Echtheit einer Person oder Organisation zu bestätigen.

Leider hat Microsoft vor das Ausstellen eines Testzertifikats eine kleine Hürde errichtet. Das dafür erforderliche Tool *Makecert.exe* ist weder Teil der PowerShell noch ein eigenständiger Download. Sie erhalten es z. B. über das .NET Framework SDK 2.0 oder das Windows SDK. Auch bei einer Visual Studio-Installation ist es mit dabei.

Der folgende Befehl

```
dir 'C:\Program Files\Makecert.exe', 'C:\Program Files
(x86)\Makecert.exe' -Recurse -ErrorAction Ignore
```

lokalisiert *Makecert.exe* auf einem 64-Bit-Windows (auf einem 32-Bit-Windows entfällt der zweite Pfad). Ein möglicher Aufenthaltsort unter einem 64-Bit-Windows 7 ist *C:\Program Files (x86)\Microsoft SDKs\Windows\v7.1A\Bin*.

---

[10] Oder etwas akademischer formuliert: Diese Gründe führen die Verwendung der Einstellung „AllSigned" ad absurdum.

Das Thema Signieren von Skripten wird in der PowerShell-Hilfe unter „about_Signing" ausführlich beschrieben. Dort werden zwei Befehle gezeigt, die Sie 1:1 ausführen können. Der erste Aufruf von *Makecert* legt im Zertifikatspeicher ein Stammzertifikat an. Der zweite Aufruf legt ein weiteres Zertifikat unter *CurrentUser\My* an, das mit dem zuvor erstellten Stammzertifikat signiert wurde. Sie erhalten damit ein Zertifikat, dessen Herausgeber, auf dem Computer, zu dessen Zertifikatablage es hinzugefügt wurde, vertraut wird, so dass mit dem Start des signierten Skripts später keine Warnung ausgegeben wird.

Wenn Sie nicht den ganzen Hilfetext lesen möchten, der folgende Befehl zeigt die betreffenden Zeilen an:

```
help about_signing | Select-String -SimpleMatch "Makecert" -Context 3
```

Der *Content*-Parameter ist wichtig, da ansonsten die *Makecert*-Aufrufe nicht vollständig angezeigt werden.

▶ **Tipp** Wenn Sie *Makecert* durch Eingabe eines Namens ausführen wollen, wird es höchstwahrscheinlich eine Fehlermeldung geben, da die *Path*-Umgebungsvariable noch keinen Verzeichnispfad mit einem *Makecert.exe* enthält. Der folgende Befehl holt dies nach:

```
$env:path += ";C:\Program Files (x86)\Microsoft SDKs\Windows\v7.1A\Bin"
```

Führen Sie anschließend die beiden folgenden Befehle aus der Hilfe in einer als Administrator gestarteten PowerShell aus:

```
makecert -n "CN=PowerShell Local Certificate Root" -a sha1 `
    -eku 1.3.6.1.5.5.7.3.3 -r -sv root.pvk root.cer `
    -ss Root -sr localMachine
```

und

```
makecert -pe -n "CN=PowerShell User" -ss MY -a sha1 `
    -eku 1.3.6.1.5.5.7.3.3 -iv root.pvk -ic root.cer
```

Sie müssen insgesamt drei Mal ein Kennwort eingeben. Beim ersten Mal legen Sie ein Kennwort fest, durch das der private Schlüssel des Stammzertifikats geschützt wird, und bestätigen es. Anschließend müssen Sie es noch einmal für die Signierung des zweiten Zertifikats eingeben.

Keine Sorge, auch wenn die beiden Befehlszeilen sehr kryptisch erscheinen, alle Parameter besitzen eine relativ einfache Bedeutung (und werden in der Hilfe zu *Makecert* gut beschrieben).

Damit liegt ein Zertifikat in der Zertifikatablage unter *CurrentUser\My* („Eigene Zertifikate") vor, das Sie einer Variablen zuweisen können, um diese für eine Skriptzertifizierung zu verwenden. Der folgende Befehl weist dieses Zertifikat der Variablen *$Cert* zu:

```
$Cert = dir Cert:\CurrentUser\my | Where-Object Subject -eq
"CN=PowerShell User"
```

Sollte *$Cert* anschließend mehrere Zertifikate umfassen, gibt es mehrere Zertifikate mit der angegebenen CN und Sie müssen im Zertifikatmanager (*Certmgr.msc*) entweder alle bis auf eines löschen oder über *$Cert* eines auswählen (z. B über ein *$Cert[0]*). Sie können auch alle Zertifikate löschen und den zweiten *Makecert*-Aufruf erneut durchführen.

Damit liegt ein Zertifikat vor, mit dem eine Ps1-Datei signiert werden kann. Die Signierung übernimmt das Cmdlet *Set-AuthenticodeSignature*. Der folgende Befehl signiert die Datei „Test.ps1" im aktuellen Verzeichnis:

```
$Cert = dir Cert:\CurrentUser\my | Where-Object Subject -eq
"CN=PowerShell User"
```

Ging alles gut, erscheint die folgende Ausgabe mit dem „Thumbprint" des verwendeten Zertifikats:

```
SignerCertificate                            Status        Path
-----------------                            ------        ----
CDCF0D2CFEB1C2C853E9036862F0D879ED0F5BA6     Valid         Test.ps1
```

Die Datei ist damit signiert. Wenn Sie die Ausführungsrichtlinie auf „AllSigned"umstellen, sollte es nach wie vor ausgeführt werden.

Zum Abschluss wird eine Function vorgestellt, die den beschriebenen Ablauf zusammenfasst. Damit beschränkt sich das Anlegen des Stammzertifikats und des Zertifikats, mit dem später PowerShell-Skripte signiert werden, auf einen einfachen Aufruf, bei dem lediglich der CN-Wert übergeben werden muss.

```
<#
 .Synopsis
 Stammzertifikat und Zertifikat anlegen
#>

function Make-SelfSignCert
{
  param([String]$CN)
  # Für die Zwischenspeicherung des Stammzertifikats
  $PkvFile="Root.pkv"
  $CerFile="Root.cer"

  # Gibt es MakeCert überhaupt?
  $MakeCertPfad = "C:\Program Files (x86)\Microsoft
SDKs\Windows\v7.0A\Bin\MakeCert.exe"
  if (!(Test-Path -Path $MakeCertPfad))
  {

    # Terminierenden Fehler werfen
      throw "Makecert.exe wurde unter $(Split-Path -Path $MakeCertPfad)
nicht gefunden."
  }
  # Root.pkv und Root.cer löschen
  Remove-Item -Path $PkvFile, $CerFile -ErrorAction Ignore

  # Stammzertifikat anlagen
  $eku = "1.3.6.1.5.5.7.3.3"
  .$MakeCertPfad -n "CN=PowerShell Local Certificate Root" -a sha1 `
    -eku $eku -r -sv $PkvFile $CerFile -ss Root -sr localMachine
  # Jetzt das Zertifikat für das Signieren anlegen
  $eku = "1.3.6.1.5.5.7.3.3"
  .$MakeCertPfad -pe -n $CN -ss My -sr LocalMachine -a Sha1 `
 -eku $eku -iv $PkvFile -ic $CerFile
  if ($?)
  {
    Write-Host -Fore White -Back Green "Zertifikat wurde angelegt."
  }
  else
  {
    Write-Host -Fore White -Back Red "Fehler beim Anlegen des
Zertifikats."
  }
}
```

Damit es funktioniert, muss der Pfad für *Makecert.exe* angepasst werden. Ist dies geschehen, kann die Function wie folgt aufgerufen werden:

```
Make-SelfSignCert -CN "CN=PSUser"
```

18.18.1   PowerShell und OpenSSL-Zertifikate

Wie sich per OpenSSL Zertifikate für die Signierung von PowerShell-Skripten ausstellen lassen, wird unter

http://huddledmasses.org/code-signing-with-openssl-and-powershell/

Die PowerShell für etwas Fortgeschrittene

beschrieben.

Wie sich per PowerShell ein SSL-Zertifikat für einen Server auf der Basis von *OpenSSL* erstellen lässt, zeigt ein PowerShell-Skript unter

https://github.com/cdhunt/ScriptLibrary/blob/master/Functions-SSL.ps1

Interessant ist in diesem Zusammenhang auch die „Bouncy Castle-API":

http://paulstovell.com/blog/x509certificate2

Ein Befehlszeilentool nutzt die *Bouncy Castle API* für das Verschlüsseln von Dateien:

https://code.google.com/p/kpbe/downloads/detail?name=kpbe-setup-1.0.0.zip

18.19   Zusammenfassung

Der Einsatz der PowerShell im administrativen Alltag ist ein weites Feld mit vielen Themenbereichen und Techniken, von denen in diesem Kapitel aus Platzgründen nur einige hervorgehoben werden konnten. Wer Know-how zu anderen Themengebieten sucht, wird schnell in den Weiten des Internets fündig, wobei immer wieder die in diesem Kapitel vorgestellten Techniken, etwa was den Aufruf von Funktionen der .NET-Laufzeit angeht, zur Anwendung kommen.

Workflows 19

In diesem Kapitel geht es mit den Workflows um eine der fortgeschritteneren Möglichkeiten der PowerShell. Zum einen, weil das Thema Workflow deutlich komplexer ist als die Themen, die in den vorausgegangenen Kapiteln vorgestellt wurden. Zum anderen, weil Administratoren von Fall zu Fall entscheiden müssen, ob für eine bestimmte Anforderung ein Workflow die beste Lösung ist, oder ob ein reguläres Skript nicht vollkommen ausreichend ist. Betrachten Sie daher dieses Kapitel, das aus Platzgründen das Thema nur oberflächlich behandeln kann, in erster Linie als einen ersten Überblick über die Thematik und als Grundlage dafür, eine solche Entscheidung treffen zu können.

Verwechseln Sie die PowerShell-Workflows, um die es in diesem Kapitel ausschließlich geht, nicht mit den SharePoint-Workflows, die ebenfalls per PowerShell-Cmdlets konfiguriert werden können. Beide haben lediglich gemeinsam, dass sie (bei SharePoint erst ab Version 2013) von der Windows Workflow Engine (WF) ausgeführt werden.

19.1 Ein erster Überblick

Der Begriff Workflow ist ein allgemeiner Begriff aus der modernen Arbeitswelt. Er beschreibt eine Folge von Schritten, die zu einem zuvor festgelegten Ziel führen. Im Kontext der PowerShell ist ein Workflow eine Folge von PowerShell-Befehlen, die nicht von der PowerShell, sondern von der „Workflow-Engine" ausgeführt werden, die ein fester Bestandteil der .NET-Laufzeit und damit des Betriebssystems ist. Dadurch ergeben sich zahlreiche kleinere Unterschiede zu einem PowerShell-Skript, die im weiteren Verlauf des Kapitels vorgestellt werden.

Der technische Umgang mit Workflows ist relativ einfach. Die wichtigste Frage im Zusammenhang mit Workflows ist vielmehr, wann sie wirklich benötigt werden. Die Antwort in Kurzform: Relativ selten. Entweder wird im Unternehmen ein für die Aufgabe, für

© Springer Fachmedien Wiesbaden 2014
P. Monadjemi, *PowerShell für die Windows-Administration,* X.systems.press,
DOI 10.1007/978-3-658-02964-7_19

die ein Workflow als Alternative in Frage kommt, spezialisiertes Tool eingesetzt, oder es
genügt ein PowerShell-Skript, das z. B. automatisch mit jedem Windows-Start gestartet
wird. Workflows spielen immer dann ihre Vorteile aus, wenn die folgenden Anforderungen eine Rolle spielen:

- Es soll ein über einen längeren Zeitraum (mehrere Stunden bis mehrere Tage) laufender
  Prozess abgebildet werden.
- Der Prozess soll in der Lage sein, seinen aktuellen Zustand zu speichern, so dass dieser
  zu einem späteren Zeitpunkt fortgesetzt werden kann.
- Es kommt bei der Ausführung auf die Robustheit an (anders als ein PowerShell-Skript
  kann ein Workflow nicht einfach durch „Abschießen" eines Prozesses beendet wer-
  den).
- Der Ablauf soll bei der Ausführung auf anderen Computern im Netzwerk automatisch
  nach einem Neustart des Computers fortgesetzt werden.
- Es soll die parallele Ausführung von Befehlen auf den Kernen der CPU möglich sein.
  Ein Workflow ist bei der PowerShell 4.0 der einzige Bereich, in dem eine parallele
  Ausführung von Befehlen möglich ist.
- An der Umsetzung des Ablaufs sind mehrere Personen bzw. Fachabteilungen beteiligt.
  Nicht jeder der beteiligten Personen kann bzw. möchte mit der PowerShell arbeiten. In
  diesem Fall kann der Workflow mit anderen Tools erstellt werden. Mit anderen Worten:
  Ein Workflow kann von einer Mitarbeiterin einer Fachabteilung erstellt oder festgelegt
  werden, die nichts von oder über die PowerShell wissen muss. Das Ergebnis ist eine
  Workflow-Definition als Textdatei, die von der PowerShell per *Import-Module*-Cmdlet
  geladen wird. Daraus resultiert ein *WorkflowInfo*-Objekt, das anschließend ausgeführt
  werden kann.
- Der Ablauf wird von einem Entwickler umgesetzt und soll von der PowerShell lediglich ausgeführt werden. Auch hier ist das Ergebnis eine Workflow-Definitionsdatei, die
  von der PowerShell geladen und ausgeführt wird.

Die Aufstellung macht deutlich, dass es durchaus Anforderungen gibt, die nur mit einem
PowerShell-Workflow umgesetzt werden können. Aber diese treten in der Praxis relativ
selten auf.

19.2   Ein erstes Beispiel

Die Entwickler der PowerShell haben sich alle Mühe gegeben, die Umsetzung eines
Workflows so einfach wie möglich zu gestalten. Die Anwender sollen keine neuen Befehle lernen oder bereits beim Betrachten von Workflow-Beispielen den Eindruck gewinnen,
sich mit einer komplexen Materie beschäftigen zu müssen.

Eine Workflow-Definition wird durch den Befehl *workflow* eingeleitet, auf den, wie bei einer Function, der Name und ein Scriptblock folgen. Das Resultat ist ein weiteres Command, das intern als WorkflowInfo-Objekt vorliegt. Der klassische „Hallo, Welt"-Workflow, der in diesem Fall lediglich den Namen des Computers ausgibt, sieht damit wie folgt aus:

```
workflow wTest
{
   Hostname
}
```

Ausgeführt wird der Workflow durch Eingabe eines Namens „wTest". Bereits die Ausgabe während der Umsetzung des kleinen Beispiels macht deutlich, dass hinter den Kulissen einiges passiert. Es dauert daher beim ersten Aufruf ein paar Sekunden, bis eine Ausgabe erfolgt.

19.2.1   Workflow mit Parametern

Soll ein Workflow mit Werten arbeiten, werden diese, ebenfalls genau wie bei einer Function, per *param*-Befehl als Parameter definiert. Beim Aufruf des Workflow werden genau wie bei einem Function-Aufruf für jeden Parameter Argumentwerte übergeben. Beim folgenden Beispiel wird die Anzahl der Ausgaben über einen Parameter festgelegt:

```
workflow wTest
{
  param($Anzahl)
  for($i=0;$i-lt$Anzahl;$i++)
  {
   Hostname
  }
}

wTest -Anzahl 3
```

19.2.2   Die Rückgabewerte eines Workflows festlegen

Workflows werden intern als Jobs ausgeführt. Eine interaktive PowerShell steht während ihrer Ausführung nicht zur Verfügung. Direkte Ein- und Ausgaben per *Read-Host* und *Write-Host* sind daher in einem Workflow nicht möglich. Soll ein Workflow etwas aus- bzw. zurückgeben, wird diese Ausgabe wie bei einer Function in die Pipeline gelegt.

Das folgende Beispiel zeigt einen Workflow, der prüft, ob ein bestimmter Hotfix installiert ist, dessen ID als Parameterwert übergeben wird. Der Rückgabewert (*$true* oder *$false*) wird in die Pipeline gelegt.

```
workflow wCheck-Hotfix
{
   param([String]$HotfixID)
   (Get-Hotfix -ID $HotfixID -ErrorAction SilentlyContinue) -ne $null
}
wCheck-Hotfix -HotfixID KB98630
```

19.2.3   Eingabehilfen in der PowerShell ISE

Die Eingabeüberprüfung der PowerShell ISE macht sich vor allem bei der Eingabe einer
Workflow-Definition positiv bemerkbar. Neben der üblichen Fehlerüberprüfung prüft die
ISE auch, ob ein Befehl innerhalb der Workflow-Definition überhaupt zulässig ist. Wie
es in Kap. 19.4.8 beschrieben wird, gibt es zahlreiche Einschränkungen bei einem Workflow, die zur Folge haben, dass einige Befehle, wie z. B. der *switch*-Befehl, und Cmdlets,
wie z. B. *Start-Transcript*, nicht zulässig sind. Ein solches Konstrukt wird bei der ISE als
Fehler angezeigt (Abb. 19.1). Oft gibt es aber einen „Workaround". Beim *switch*-Befehl
besteht dieser darin, den Parameter *–CaseSensitive* folgen zu lassen, so dass beim Vergleich die Groß und Kleinschreibung eine Rolle spielt.

19.2.4   Die allgemeinen Workflow-Parameter

Wie ein *Get-Command* verrät, besitzt ein Workflow von Anfang an eine Vielzahl von
Parametern. Neben den allgemeinen Parametern wie *Verbose*, die es bei jedem Cmdlet
gibt, sind es spezielle Workflow-Parameter wie *PSComputername*, *PSConnectionURI*,
PSCredential und *PSPersist*, die andeuten, welche generellen Möglichkeiten ein Work-

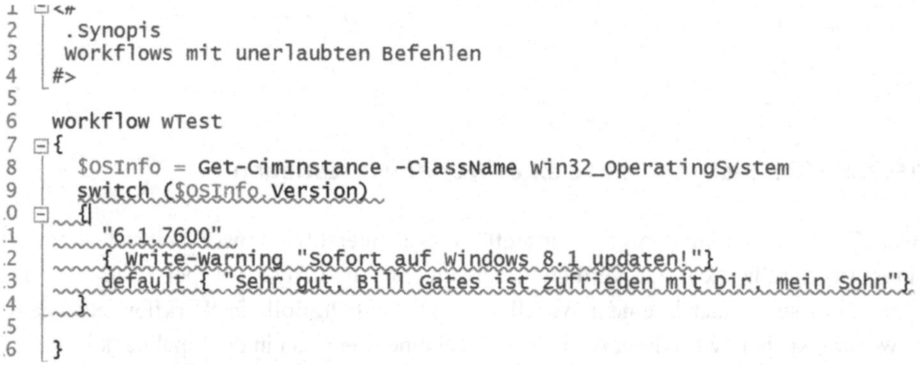

```
1  <#
2   .Synopis
3   Workflows mit unerlaubten Befehlen
4  #>
5
6  workflow wTest
7  {
8     $OSInfo = Get-CimInstance -ClassName Win32_OperatingSystem
9     switch ($OSInfo.Version)
0     {
1        "6.1.7600"
2        { Write-Warning "Sofort auf Windows 8.1 updaten!"}
3        default { "Sehr gut, Bill Gates ist zufrieden mit Dir, mein Sohn"}
4     }
5
6  }
```

Abb. 19.1 Die PowerShell ISE zeigt auch unerlaubte Konstrukte innerhalb einer Workflow-Definition an

flow bietet. Eine Übersicht über diese Parameter liefert die Hilfe unter dem Thema „about_WorkflowCommonParameters" (die zugrundeliegende Datei befindet sich im Verzeichnis *$PSHome\Modules\PSWorkflow\en-US*).

▶ **Tipp** Wer Spaß am Ausprobieren längerer PowerShell-Befehle hat, kann sich
    mit dem folgenden Befehl die Namen der Parameter aus der Hilfedatei mit Hilfe
    eines sehr einfachen regulären Ausdrucks extrahieren. Die folgenden beiden
    Befehle geben die Namen der Parameter eines Workflows aus:

```
$HelpPfad = "$PShome\Modules\PSWorkflow\en-
US\about_WorkflowCommonParameters.help.txt"

Select-String -Path $HelpPfad -Pattern "-(?<Para>PS[\w]+)\s+" | Select-
Object -Property
@{Name="Parameter";Expression={$_.Matches[0].Groups["Para"].Value}}
```

19.2.5   Workflows im Netzwerk ausführen

Ein Anreiz in der Verwendung von PowerShell-Workflows ist, dass sie mit minimalem Aufwand auf mehreren Computern im Netzwerk ausführen können, und die Umsetzung ein wenig „natürlicher" ist als bei PowerShell-Remoting (auf dem die Ausführung des Workflows basiert) und bei WMI im Rahmen einer CIM-Session.

Das folgende Beispiel definiert einen Workflow, der eine einfache WMI-Abfrage auf mehreren Computern durchführt.

```
<#
 .Synopsis
 Einen Workflow im Netzwerk ausführen
#>

workflow wGet-Info
{
   $OSInfo = Get-CimInstance -ClassName Win32_OperatingSystem
   $Info = New-Object -TypeName PSObject -Property @{Name=$OSInfo.Caption;
                                            Version=$OSInfo.Version;
                                            SP=$OSInfo.CSDVersion
                                            }
   $Info
}
```

Aufgerufen wird der Workflow wie folgt:

```
wGet-Info -PSComputerName Server1, Server2, Server3
```

Bei dem kleinen Beispiel kommt eine der kleineren Einschränkungen bei Workflows zum Tragen: Das per *New-Object* angelegte Objekt kann nicht direkt in die Pipeline gelegt, sondern muss einer Variablen zugewiesen werden.

Auf den Zielcomputern müssen folgende Voraussetzungen erfüllt sein:

- PowerShell ab Version 3.0, da die PowerShell-Aktivitäten auf dem Zielcomputer vorhanden sein müssen.
- PowerShell-Remoting muss aktiviert sein. In diesem Zusammenhang werden mehrere Session-Konfigurationen angelegt, die für die Ausführung von Workflows ausgelegt sind.

19.2.6 Workflows debuggen

Ab der Version 4.0 ist es in der PowerShell-Konsole (also nicht in der ISE) möglich, in einem Workflow per *PS-SetbreakPoint*-Cmdlet einen Haltepunkt zu setzen, so dass mit dem Start der Ps1-Datei, die den Haltepunkt enthält, der Workflow Schritt für Schritt durchlaufen werden kann, und bei jedem Zwischenschritt z. B. eine Anzeige der aktuellen Variablen mit ihren Werten möglich ist.

19.3 Workflow = Aktivitäten

Bislang war alles sehr einfach. Hinter einem Workflow steckt natürlich eine umfangreiche Technik, die man als PowerShell-Anwender zum Glück aber nicht im Detail kennen muss. Ein Workflow ist eine Aneinanderreihung von Aktivitäten (engl. „activities"). Eine Aktivität ist ein atomarer Baustein, der von der Workflow-Engine als Einheit betrachtet und als Ganzes ausgeführt wird.

Die Windows Workflow-Engine umfasst von Anfang an eine Vielzahl von allgemeinen Aktivitäten, mit denen sich z. B. Entscheidungen, Wiederholungen und Ein- und Ausgaben abbilden lassen. Das PowerShell-Team bei Microsoft hat im Rahmen der Entwicklung der Version 3.0 für die meisten Cmdlets entsprechende Aktivitäten definiert (diese werden als Assemblies mit der PowerShell installiert und in das Global Assembly Cache-Verzeichnis, kurz GAC, kopiert). Umfasst eine Workflow-Definition z. B. das Cmdlet *Get-Process,* wird dieses in die entsprechende Aktivität umgesetzt. Cmdlets, für die es keine Aktivität gibt, können als „inlinescript" in der allgemeinen PowerShell-Aktivität ausgeführt werden.

▶   **Tipp**   Der folgende Befehl gibt den Verzeichnispfad aller bereits geladenen Assemblies mit Workflow-Definitionen aus:

```
[AppDomain]::CurrentDomain.GetAssemblies() | Where-Object Location -match
"PowerShell.*Activities" | Select-Object -ExpandProperty Location
```

Der folgende Befehl listet die Pfade der Assembly-Dateien mit Workflow-Definitionen aus dem GAC auf:

```
$GACPfad =
"C:\Windows\Microsoft.Net\assembly\GAC_MSIL\*PowerShell*Activities*.dll"
dir $GACPfad -Recurse | Where-Object Name -notmatch "Resources" | Select-
Object Name
```

Der folgende (bereits etwas umfangreichere) Befehl durchsucht die bereits geladenen Assemblies nach Klassen, die Workflow-Aktivitäten definieren:

```
[AppDomain]::CurrentDomain.GetAssemblies() |
 Where-Object Location -like "*Microsoft.PowerShell.*.Activities.dll" |
ForEach-Object {
 $_.GetTypes() | Where-Object { $_.IsClass -and $_.IsPublic } |
  Select-Object -Property @{Name="Name";Expression= {
   $UpperChars = $_.Name.ToCharArray().Where({[Int]$_ -gt 64 -and
[Int]$_ -lt 91})
    if($_.Name -Notmatch '`' -and $UpperChars.Count -gt 1)
    {
     $2ndUpperCharPos = $_.Name.IndexOf($UpperChars[1], 1)
     $_.Name.Insert($2ndUpperCharPos, "-")
    }
  }
 }
} | Sort-Object -Property Name
```

Es sei dem Leser als kleine Übungsaufgabe überlassen, diese Liste mit der Namensliste der vorhandenen Cmdlets, die per *Get-Command* abgerufen werden kann, zu vergleichen, um auf diese Weise jene Cmdlets auszugeben, für die es offensichtlich keine Workflow-Aktivität gibt.

Die Umsetzung von PowerShell-Befehlen auf Workflow-Aktivitäten basiert auf einer wichtigen Veränderung, die mit der Version 3.0 eingeführt wurde. Seit dieser Version wird jede Befehlszeile und jede Eingabe nach Drücken der [Eingabe]-Taste in ihre Bestandteile zerlegt. Das Ergebnis ist ein „Abstract Syntax Tree" (AST), der die eingegebene Befehlszeile darstellt.

Liegt die Workflow-Definition vor, kann sie in eine textuelle Darstellung exportiert werden. Microsoft verwendet einen XML-Dialekt mit dem Namen XAML (*Extensible Application Markup Language*), der auch für die Definition von Benutzeroberflächen zum Einsatz kommt. Die XAML-Definition eines Workflows können Sie sich jederzeit betrachten.

Der folgende Befehl holt den im ersten Abschnitt definierten Workflow als *WorkflowInfo*-Objekt und gibt die XAML-Definition aus:

```
Get-Command -Name wTest | Select-Object -ExpandProperty XamlDefinition
```

Auch wenn die Ausgabe etwas „textlastig" ist, der Aufbau einer Workflow-Definition ist bei Weitem nicht so kompliziert, wie es die Textausgabe suggerieren könnte.

19.3.1 Neue Befehlswörter und Variablen

Im Zusammenhang mit den Workflows kommen eine Reihe neuer „Namen" ins Spiel, bei denen es sich um Befehle, Workflow-Aktivitäten, die wie Befehle erscheinen, und Variablen handelt (Tab. 19.1). Cmdlets für den Umgang mit Workflows gibt es allerdings nicht. Da die PowerShell-Entwickler bei einigen Aktivitäten die allgemeine Verb-Hauptwort-Regel nicht befolgen, ist es nicht immer ganz einfach zu erkennen, welchen Ursprung ein Name wie z. B. *Checkpoint-Workflow* besitzt.

Tab. 19.1 Befehlsnamen, die im Zusammenhang mit Workflows eine Rolle spielen

Name	Kategorie	Bedeutung
Checkpoint-Workflow	Aktivität	Sichert den aktuellen Zustand des Workflows in einer Datei (im Benutzerprofilverzeichnis)
Inlinescript	Aktivität	Leitet eine Aktivität ein, die später von einem PowerShell-Prozess ausgeführt wird
Invoke-AsWorkflow	Function	Führt ein Command oder einen Ausdruck als Workflow aus
Sequence	Aktivität	Leitet eine Aktivität ein, in der alle enthaltenen Aktivitäten der Reihe nach ausgeführt werden
Suspend-Workflow	Aktivität	Hält den Job und damit den Workflow an, der den aktuellen Workflow ausführt
Using	Befehlswort	Erweitert eine Variable innerhalb eines Workflows, so dass diese von einer in dem Workflow enthaltenen *inline*-Aktivität lesend angesprochen werden kann,
Workflow	Befehlswort	Wird innerhalb einer Workflow-Definition für Variablen verwendet, damit diese innerhalb einer *sequence*-Aktivität schreibend angesprochen werden können
Workflow	Befehlswort	Leitet die Definition eines Workflows ein

19.4 Speziellere Themen

In diesem Abschnitt werden ein paar speziellere Themen vorgestellt, die immer dann eine Rolle spielen, wenn PowerShell-Workflows in der Praxis umgesetzt werden sollen.

19.4.1 Unterschiede zwischen einem Workflow und einem PowerShell-Skript

Zwischen einem Workflow und einem Skript gibt es zahlreiche kleinere Unterschiede, die in der Dokumentation im Rahmen des TechNet-Portals dokumentiert sind:

```
http://technet.microsoft.com/en-us/library/jj574194%28d=printer%29.aspx
```

Die folgende Aufzählung fasst die wichtigsten Unterschiede zusammen.

- Ein Workflow kann keine Cmdlets enthalten, die direkt auf den Host zugreifen, wie z. B. *Read-Host*, *Write-Host* oder *Start-Transcript*.
- Bei Cmdlets sind keine Positionsparameter erlaubt. Jedem Parameterwert muss daher sein Name vorausgehen.
- Ein Workflow darf keinen *Begin-*, *Process-* und *End*-Bereich enthalten.
- Ein Parameter kann nicht mit dem Attributwert *ValueFromPipeline* versehen werden. Einem Workflow können daher keine Werte über die Pipeline übergeben werden.
- Direkte Methodenaufrufe (ohne Argumente) sind nicht erlaubt.

Viele dieser Einschränkungen lassen sich umgehen, indem der oder die Befehle in eine *Inlinescript*-Aktivität gesetzt werden.

19.4.2 „Problemfälle" behandeln mit der InlineScript-Aktivität

Nicht jedes PowerShell-Konstrukt lässt sich in eine Aktivität umsetzen. Für diese „Problemfälle" gibt es die *Inlinescript*-Aktivität. Sie sorgt dafür, dass der folgende Befehlsblock später von einem PowerShell-Prozess ausgeführt wird, der dazu während der Workflow-Ausführung gestartet wird.

Das folgende Beispiel ist ein wenig konstruiert, da es den Problemfall „Aufruf eines Methoden-Members" an einem Beispiel veranschaulicht, für das es ein PowerShell-Cmdlet als Alternative gibt, so dass der Methodenaufruf nicht zwingend erforderlich ist.

Die folgende Workflow-Definition beendet einen Prozess über die *Kill*-Methode des Process-Objekts, das zuvor per *Get-Process* geholt wird. Da ein Methodenaufruf innerhalb eines Workflows nicht möglich ist, wird er über die *Inlinescript*-Aktivität ausgelagert.

```
workflow wKill-Process
{
  param([String]$ProzessName)

  inlinescript {
      $P = Get-Process -Name $Using:ProzessName
      $P.Kill()
  }
}
```

19.4.3   Der Gültigkeitsbereich von Variablen – workflow und using

Die größten Unterschiede zwischen einem PowerShell-Workflow und einem Skript bzw.
einer Function gibt es beim Umgang mit Variablen. Workflows werden von der PowerS-
hell als Jobs ausgeführt. Es gelten daher dieselben Einschränkungen wie bei einem Back-
groundjob. Ein Workflow kann grundsätzlich nicht auf Variablen zugreifen, die außerhalb
des Workflows definiert werden. Rückgabewerte werden in die Pipeline gelegt. Genau wie
bei einem Job besteht über eine Umgebungsvariable die Möglichkeit, dass zwei Workflows Daten austauschen.

Im Zusammenhang mit Workflows gibt es mit *using* und *workflow* zwei neue Gültigkeitsbereichsmodifizierer:

using – wird innerhalb eines *Inlinescript*-Bereichs verwendet

workflow – wie *using* nur für einen Schreibzugriff auf die Variable

Das folgende Beispiel veranschaulicht den Umgang mit dem *workflow*-Modifizierer.
Es muss einen weiteren Gültigkeitsbereich enthalten, der in diesem Fall als *Sequence*-
Aktivität eingerichtet wird (im Rahmen einer Sequenz werden die einzelnen Aktivitäten
immer sequentiell abgearbeitet). Die folgende Befehlsfolge kann (noch) nicht ausgeführt
werden:

```
workflow wTest
{
  $Anzahl = 1
  sequence {
  $Anzahl
  $Anzahl++
  $Anzahl
  }
}
```

Der Grund ist, dass durch den Schreibzugriff über den ++-Operator eine Variable mit dem
Namen „Anzahl" definiert werden würde, was aber nicht geht, da es in dem Workflow
bereits eine Variable mit diesem Namen gibt. Soll die bereits vorhandene Variable *$Anzahl*
erhöht werden, muss diese über das Schlüsselwort *workflow* angesprochen werden:

```
workflow wTest
{
  $Anzahl = 1
  sequence {
  $Anzahl  .
  $workflow:Anzahl++
  $Anzahl
  }
}
```

Das folgende Beispiel veranschaulicht den Umgang mit dem *using*-Modifizierer. Dieser kommt immer dann zum Einsatz, wenn eine *Inlinescript*-Aktivität im Spiel ist. In dieser Aktivität werden Workflow-Variablen lesend über das Befehlswort *using* und schreibend, wie bereits gezeigt, über das Befehlswort *workflow* angesprochen.

Das folgende Beispiel ist etwas umfangreicher. Es durchsucht die ersten zwei Zeilen aller Ps1-Dateien in einem vorgegebenen Verzeichnis auf das Vorhandensein des Kommentarzeichens „#". Am Ende wird die Anzahl der gefundenen Zeilen ausgegeben. Die Anzahl der pro Datei zu untersuchenden Zeilen wird über die Variable *$AnzahlZeilen* festgelegt. Damit diese Variable innerhalb des *Inlinescript*-Bereichs angesprochen werden kann, wird das Befehlswort *using* verwendet.

Der erste Workflow wird zwar fehlerfrei ausgeführt, er liefert aber nicht das gewünschte Ergebnis:

```
workflow wUsing1
{
  $AnzahlZeilenLesen = 2
  $AnzahlTreffer = 0
  inlinescript {
    Get-ChildItem -Path $PsHome\*.ps1 -Recurse | Foreach-Object {
      Write-Verbose "Prüfe $($_.Fullname)"
      if ((Get-Content -Path $_.FullName -TotalCount
$Using:AnzahlZeilenLesen |
      Out-String -Stream) -like "*#*")
      { $AnzahlTreffer++ }
    }
  }
  "$AnzahlTreffer Kommentarzeilen gefunden"
}

wUsing1 -Verbose
```

Das *using*-Schlüsselwort sorgt dafür, dass das *Get-Content*-Cmdlet innerhalb der *inlinescript*-Aktivität auf die Variable *$AnzahlZeilenLesen* zugreifen kann, um ihren Wert abzufragen. Dass am Ende die Ausgabe „0 Kommentarzeilen gefunden" lautet und damit die Variable *$AnzahlTreffer* den Wert 0 besitzt, liegt daran, dass innerhalb der *Inlinescript*-Aktivität kein Schreibzugriff auf Variablen möglich ist, die außerhalb der Aktivität definiert sind (auch nicht per *workflow*-Schlüsselwort). Die Lösung besteht ganz einfach darin, dass die *Inlinescript*-Aktivität die Anzahl der gefundenen Zeilen in die Pipeline legt und dieser Wert der Variablen *$AnzahlTreffer* zugewiesen wird. Diese Variante wird in der folgenden Workflow-Definition *wUsing2* umgesetzt:

```
workflow wUsing2
{
  $AnzahlZeilenLesen = 2
  $AnzahlTreffer = inlinescript {
    Get-ChildItem -Path $PsHome\*.ps1 -Recurse | Foreach-Object {
      Write-Verbose "Prüfe $($_.Fullname)"
      if ((Get-Content -Path $_.FullName -TotalCount
$using:AnzahlZeilenLesen |
      Out-String -Stream) -like "*#*")
      { $AnzahlZeilen++ }
    }
    $AnzahlZeilen
  }
  "$AnzahlTreffer Kommentarzeilen gefunden"
}

wUsing2 -Verbose
```

19.4.4 Verschachtelte Workflows

Genau wie Functions können auch Workflows verschachtelt werden. In diesem Fall wird der innere Workflow als Teil des äußeren Workflows ausgeführt. Jeder Workflow bildet eine eigene Aktivität und damit auch einen eigenen Gültigkeitsbereich für Variablen und Functions. Eine Function, die im äußeren Workflow definiert ist, existiert für einen inneren Workflow daher nicht.

Das folgende Beispiel ist absichtlich sehr einfach gehalten. Es definiert innerhalb des Workflows *wAussen1* einen weiteren Workflow *wInnen*, der innerhalb von *wAussen1* aufgerufen wird:

```
workflow wAussen1
{
  $ID = 1..10 | Get-Random
  "wAussen wird ausgeführt..."

  workflow wInnen
  {
   "wInnen wird ausgeführt - der Wert von ID: $ID"
  }

  wInnen
}
```

Der Wert der Variablen *$ID* wird im Workflow *wAussen* nicht ausgegeben, da die Variable in diesem Workflow nicht sichtbar ist. Er muss daher dem Workflow *wInnen* als Parameter übergeben werden, wie es das folgende Beispiel zeigt:

```
workflow wAussen2
{
  $ID = 1..10 | Get-Random
  "wInnen wird ausgeführt..."


  workflow wInnen
  {
   param($PSID)
   "wInnen wird ausgeführt - der Wert von ID: $PSID"
  }


  wInnen -PSID $ID
}
```

19.4.5 Parallele Aktivitäten

Mit Workflows kommt bei der PowerShell zum ersten Mal eine parallele Ausführung (verteilt auf die Kerne der CPU) ins Spiel. Es gibt dazu zwei Gelegenheiten: Über die *parallel*-Aktivität und den Parameter – *parallel* beim vertrauten *foreach*-Befehl. Der Parameter steht aber innerhalb einer Workflow-Definition zur Verfügung.

Das folgende Beispiel besticht nicht gerade durch seine Praxisnähe, ist dafür aber anschaulich und überschaubar. Es soll den Unterschied zwischen paralleler und nicht paralleler Ausführung veranschaulichen.

```
<#
 .Synopsis
 Parallele Ausführung in einem Workflow
#>

workflow Count-Parallel
{
    foreach -parallel ($i in 1..10)
    {
        $ThreadID =
[System.Threading.Thread]::CurrentThread.ManagedThreadId
        "Aktivität $($i): Laufe auf Thread-Nr. $ThreadID"
        Start-Sleep -Milliseconds 500
    }
}

Count-Parallel
```

Nach dem Start des Workflows *Count-Parallel* werden die Zahlen von 1 bis 10 bedingt durch die parallele Ausführung in ungeordneter Reihenfolge ausgegeben. Nehmen Sie den Zusatz „-parallel" heraus, werden die Zahlen in der vorgegebenen Reihenfolge ausgegeben, da die Befehle im *foreach*-Block der Reihe nach ausgeführt werden. Die Ausgabe der Thread-ID soll lediglich andeuten, dass das Betriebssystem die Aktivität bei sequentieller Ausführung deutlich öfter auf eigene Threads verteilt als bei paralleler Ausführung (ein „Thread" ist ein „Ausführungsfaden" innerhalb eines Prozesses – es können pro Prozess sehr viele Ausführungsfäden „parallel" ausführen). Die kurze Verzögerung per *Start-Sleep*-Cmdlet hat keine echte Funktion und soll lediglich die Ausgabe etwas verlangsamen.

19.4.6   Workflows unterbrechen und fortsetzen

Workflows können jederzeit unterbrochen und zu einem späteren Zeitpunkt fortgesetzt werden. Das erledigt die Aktivität *Suspend-Workflow* (auch wenn es der Name suggeriert, ist es kein Cmdlet). Sie bewirkt, dass der Job, durch den der Workflow ausgeführt wird, unterbrochen wird. Entsprechend muss der Workflow über das reguläre *Resume-Job*-Cmdlet fortgesetzt werden. Die Details werden in der PowerShell-Hilfe unter dem Stichwort „about_suspend-workflow" beschrieben.

Das folgende Beispiel ist sehr einfach gehalten, da es lediglich darum geht, das Prinzip der Unterbrechung und anschließenden Fortsetzung eines Workflows zu veranschaulichen. Der Workflow *wTest* unterbricht seine Ausführung. Anschließend muss sie in einem separaten Schritt vom Anwender über das *Resume-Job*-Cmdlet fortgesetzt werden (Jobs werden in Kap. 19 vorgestellt).

```
<#
 .Synopis
 Workflows unterbrechen und fortsetzen
#>

workflow wTest
{
  "Workflow startet..."
  $Zeit = Get-Date
  # Aktivität Suspend-Workflow ausführen
  Suspend-Workflow
  "Der Workflow wird nach {0:n2}s fortgesetzt." -f ((Get-Date)-
$Zeit).TotalSeconds
}
wTest
```

Sobald die *Suspend-Workflow*-Aktivität ausgeführt wird, wird der Workflow angehalten und es werden die Eckdaten des zugrundeliegenden Jobs ausgegeben. Über das *Resume-Job*-Cmdlet wird der Job mit der angegebenen ID zu einem späteren Zeitpunkt fortgesetzt (allerdings nur im Rahmen der aktuellen PowerShell-Sitzung). Die Ausgabe, die die Dauer der Unterbrechung in Sekunden enthält, muss über das *Receive-Job*-Cmdlet abgeholt werden.

Der folgende Befehl geht davon aus, dass die ID des Workflow-Jobs 42 ist:

```
PS C:\PsKurs> Receive-Job -Id 42
Der Workflow wird nach 20,07s fortgesetzt.
```

19.4.7 Den Zustand eines Workflows speichern („Persistenz")

Ein Workflow kann jederzeit seinen Zustand speichern („Persistenz"). Dies ist eine der wichtigsten Merkmale, die ein Workflow von einem Skript unterscheidet. Bei einem Skript müsste für eine Persistenz der Wert aller Variablen, die für die Fortsetzung eine Rolle spielen, gespeichert und zu Beginn bei einem Neustart wieder eingelesen werden. Dies ist in der Praxis nicht realisierbar.

Die Grundlage für die Persistenz sind „Sicherungspunkte" (im Original „Check points"), die bei der Ausführung eines Workflows nach allen Aktivitäten automatisch gesetzt werden, die einen Zustand verändern. Über die Aktivität *Checkpoint-Workflow* geschieht dies explizit. Wird der Workflow mit dem Parameter *PSPersist:$true* gestartet, wird nach jeder Aktivität ein Sicherungspunkt gesetzt.

Das folgende Beispiel bezieht sich auf einen Workflow, der auf anderen Computern im Netzwerk ausgeführt wird. Durch Setzen einer Variablen wird ein sehr einfacher Zustand generiert. Anschließend wird der Zustand gesichert und der Computer per *Restart-Computer*-Cmdlet neu gestartet. Nach dem Neustart wird der gesicherte Zustand in Gestalt der Variablen ausgegeben.

```
workflow wTest
{
    # Zustand generieren
    $Zahl = 1234
    # Zustand explizit sichern
    Checkpoint-Workflow
    # Computer neu starten
    Restart-Computer -Force -Wait
    # Gesicherten Zustand ausgeben
    $Zahl
}
```

Aufgerufen wird der Workflow wie folgt:

```
$UserName="Administrator"

$PwSec="demo+123" | ConvertTo-SecureString -AsPlainText -Force
$Cred = New-Object -TypeName PSCredential -ArgumentList $UserName, $PwSec

wTest -PSComputerName MiniServer -PSCredential $Cred
```

▶ **Hinweis** Ein PowerShell-Workflow speichert den Zustand der beteiligten
   Aktivitäten im Dateisystem (im Benutzerprofil unter *%LocalAppData%\Micro-*
   soft\Windows\PowerShell\WF, wobei die Aktivität im XML-Format persistiert
   wird). Alternativ kann der Zustand auch in einer SQL Server-Datenbank gespeichert werden.

19.4.8 Workflows in Visual Studio erstellen

Ein Workflow kann auch direkt in XAML mit Hilfe eines Texteditors oder, deutlich komfortabler, in Visual Studio mit Hilfe eines Designers definiert werden. Diese Sorte von
Workflow heißt „XAML-Workflow". Funktional gibt es keine Unterschiede zu einem
Skript-Workflow. Der einzige Unterschied besteht in dem Umstand, dass die Aktivitäten
des Workflows mit Hilfe eines Designers zusammengestellt werden und mit dem Abspei-
chern der Datei Visual Studio den XAML-Code generieren. Aus Platzgründen kann die
Umsetzung eines Workflows nur allgemein beschrieben werden.

Voraussetzung ist Visual Studio ab Version 2010 in der Professional Edition. Mit den
kostenlosen Express Editionen ist die Umsetzung nicht möglich. Bei der Umsetzung ist
keine Programmierung im Spiel. Für das Festlegen von Ausdrücken, über die die Parameter von Cmdlet-Aktivitäten festgelegt werden, sind aber gewisse Grundkenntnisse in
den Programmiersprachen C# oder Visual Basic Voraussetzung. Wer keine Programmierkenntnisse besitzt, muss sich daher ein wenig mit der Art und Weise beschäftigen, wie in
einer der beiden Programmiersprachen Variablen, Arrays und Collections angesprochen
werden.

Schritt 1: Start von Visual Studio
Schritt 2: Auswahl des Projekttyps
   Dieser lautet „Konsolenanwendung für Workflows" in der Kategorie „Workflow" (lin-
ker Rand) in der gewählten Programmiersprache.

Schritt 3: Hinzufügen der Assemblies mit den PowerShell-Aktivitäten
Dieser Schritt ist etwas lästig, denn es müssen mehrere Assembly-Dateien mit PowerShell-
Activities-Klassen aus dem GAC zum Werkzeugkasten hinzugefügt werden (Abb. 19.2).
Erst dann werden diese zur Auswahl angeboten.

Das allgemeine Verzeichnis, in dem alle Activity-Assemblies abgelegt werden, ist C:\
Windows\Microsoft.NET\assembly\GAC_MSIL. Für jede Assembly gibt es ein Unterverzeichnis, das den Kurznamen der Assembly trägt (z. B. „Microsoft.PowerShell.Activi-
ties"). Dieses Verzeichnis besitzt ein weiteres Verzeichnis mit einem langen Namen (dem
restlichen Assembly-Namen), in dem sich die Assemblydatei mit der Erweiterung *.Dll*
befindet. Folgende Dateien werden benötigt:

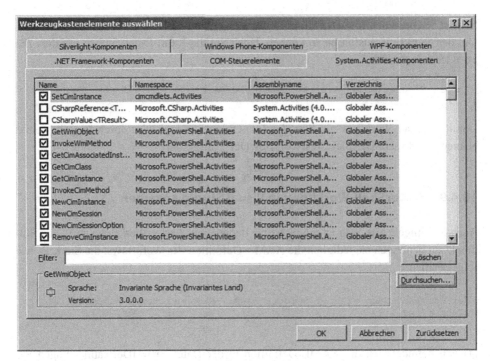

Abb. 19.2 Die PowerShell-Acitivities-Klassen werden zum Visual Studio-Werkzeugkasten hinzugefügt.

- *Microsoft.PowerShell.Activities.dll*
- *Microsoft.PowerShell.Commands.Diagnostics.dll*
- *Microsoft.Powershell.Commands.Management.dll*
- *Microsoft.Powershell.Commands.Utility*

Schritt 4: Zusammenstellen der Aktivitäten im Designer
Platzieren Sie eine Cmdlet-Activity auf die Designerfläche.

Einzelne Parameter müssen ihre Werte erhalten. Z. B. der *ClassName*-Parameter bei der Activity *GetCIMInstace*. Das klingt einfacher als es in der Praxis ist, denn viele Parameter erwarten eine Collection von Objekten, die in der Syntax der jeweiligen Programmiersprache eingegeben werden muss. Da viele Cmdlet-Parameter mehrere Werte entgegennehmen können, muss auch dann ein Array übergegeben werden, wenn nur ein Wert übergeben wird.

Fehler, die aufgrund fehlender oder vom Typ nicht passender Parameterwerte resultieren, werden in der Visual Studio-Fehlerliste angezeigt. Ist die Definition fehlerfrei, entsteht durch das Speichern der Definitionsdatei (*Speichern*-Button) die Xaml-Datei mit der Workflow-Definition. Sie finden die Xaml-Datei im Projektverzeichnis.

Schritt 5: Die Workflow-Definition in der PowerShell laden
Um den Workflow ausführen zu können, laden Sie die Xaml-Datei einfach mit dem *Import-Module*-Cmdlet:

```
Import-Module -Name .\TestWorkflowDef.xaml
```

Damit liegt der Workflow als *WorkflowInfo*-Objekt vor und wird durch Eingabe seines Namens (in diesem Beispiel „TestWorkflowDef") ausgeführt.

19.4.9   PowerShell-Workflows in Visual Studio anzeigen

Auch der umgekehrte Weg ist möglich, das Laden eines Script-Workflows in Visual Studio. Dazu benötigen sie lediglich die XAML-Definition des Workflows, die Sie z. B. wie folgt erhalten:

```
Get-Command -Name wTest | Select-Object -ExpandProperty XamlDefinition >
wTestDef.xaml
```

Danach befindet sich die XAML-Definition in der Datei „wTestDef.xaml". Fügen Sie diese Datei zu einem vorhandenen Visual Studio-Workflow-Projekt hinzu und sie wird im Designer mit allen ihren Elementen angezeigt (Sie werden feststellen, dass selbst ein harmloser, weil nur aus wenigen Befehlen bestehender, Workflow einige zusätzliche Aktivitäten enthält, die bei der Ausführung eine Rolle spielen).

19.5   Zusammenfassung

Ein Workflow fasst eine Folge von Schritten (Befehle) als Aktivitäten (Activities) zusammen. Ein Workflow wird von der Workflow Engine der .NET-Laufzeit ausgeführt. Ab der Version 3.0 stehen für die meisten Cmdlets Activities zur Verfügung, die durch die Installation der PowerShell automatisch hinzugefügt werden. Die Definition eines Workflows könnte einfacher nicht sein, da ein Workflow wie eine Function definiert wird, nur dass anstelle des *function*- der *workflow*-Befehl zum Einsatz kommt. Die eingegebenen Befehle und Cmdlets werden automatisch in die entsprechenden Activities umgesetzt. Cmdlets, für die es keine Activitity gibt, werden über die *Inlinescript*-Acitivity durch den PowerShell-Prozess ausgeführt. Ein Workflow kann lokal und im Netzwerk auf der Grundlage von PowerShell-Remoting ausführen. Neben den meisten PowerShell-Aktivitäten enthält die .NET-Laufzeit zahlreiche weitere Aktivitäten (z. B. für die Ablaufsteuerung, für das Entgegennehmen von mehreren Parametern usw.). Workflows sind für das Abbilden von Abläufen gedacht, die robust, über einen längeren Zeitraum und performant (parallele Ausführung von Aktivitäten) durchgeführt werden sollen. Im Praxisalltag eines Administrators dürfte es für Workflows aktuell nur wenige echte Anwendungen geben.

Desired State Configuration (DSC)

20

In diesem Kapitel geht es mit der *Desired State Configuration* (kurz DSC) nicht nur um die wichtigste Neuerung der Version 4.0, sondern auch um einen Bereich, der die Art und Weise wie Windows Server konfiguriert werden, in den nächsten Jahren grundlegend wandeln und auf eine neue Grundlage stellen könnte. Was bei Linux-Systemen durch Managementframeworks wie *Puppet* und *Chef* schon seit vielen Jahren möglich ist, gibt es dank der PowerShell auch ab Windows Server 2012 R2.

20.1 Desired State Configuration in 10 Min.

Die *Desired State Configuration*, im Folgenden einfach DSC, verfolgt einen einfachen, aber im Vergleich zu unter Windows bisher üblichen Methoden, radikal anderen Ansatz. Anstatt einen gewünschten Konfigurationszustand durch eine Folge von Befehlen zu erreichen, die durch ein Skript der Reihe nach abgearbeitet werden, wird der gewünschte Konfigurationszustand beschrieben. Die Sprachelemente sind keine allgemeinen „Befehle", sondern an die zu konfigurierenden „Gegenstände" angelehnte Sprachelemente, wie z. B. „WindowsFeaure", um ein Windows Feature zu beschreiben.

Dieser Ansatz bietet gleich mehrere Vorteile:

- Die deklarative Beschreibung setzt keine Kenntnisse einer Skriptsprache voraus und ist grundsätzlich plattformneutral.
- Die Beschreibung ist sehr „untechnisch" und damit nicht nur leicht zu erstellen, sondern auch leicht zu lesen.
- Die Beschreibung ist im Vergleich zu einem Skript deutlich weniger fehleranfällig. Da sie jeder sofort nachvollziehen kann, kann auch jeder, der in dem Projekt involviert ist, Fehler entdecken oder Änderungen durchführen.

© Springer Fachmedien Wiesbaden 2014
P. Monadjemi, *PowerShell für die Windows-Administration,* X.systems.press,
DOI 10.1007/978-3-658-02964-7_20

- Eine deklarative Beschreibung ist leichter anpassbar.
- Eine deklarative Beschreibung kann sehr einfach maschinell erstellt und verarbeitet werden.

Natürlich sollen die Anwender bei DSC keine neue Beschreibungssprache erlernen müssen. Dem PowerShell-Team war es wichtig, die neuen Beschreibungselemente mit den vorhandenen Sprachelementen zu kombinieren. Wie bei den Workflows werden die vorhandenen PowerShell-Syntaxelemente einbezogen.

Das folgende Deklarationsskript beschreibt die Konfiguration eines IIS-Webservers mit den Syntaxelementen der PowerShell 4.0:

```
configuration IISWebsite {

  node Server1 {

    WindowsFeature IIS
    {
      Ensure = "Present"
      Name = "Web-Server"
    }

    WindowsFeature ASP
    {
      Ensure = "Present"

      Name = "Web-Asp-Net45"
    }
  }
}
```

Auch wenn es aufgrund der am Anfang ungewohnten Schreibweise eventuell nicht den Anschein haben mag, diese Deklaration kann von der PowerShell 4.0 umgesetzt und auf einen Server mit Windows Server 2012 R2 angewendet werden. Im Mittelpunkt steht mit Configuration ein neues Befehlswort der PowerShell 4.0, das die Definition einer Gruppe von Ressourcen einleitet. Der Name der Definition ist „IISWebsite". Über das ebenfalls neue Befehlswort node wird die Konfiguration für einen einzelnen „Knoten" (Server) definiert. Es folgen eine Reihe von Ressourcendefinitionen. Für jeden Typ von Ressource gibt es bei der PowerShell 4.0 ein eigenes Schlüsselwort: *WindowsFeature*, File, Registry, Package usw. Hinter einer Ressource steht immer ein PowerShell-Modul.

▶   **Hinweis**   Eine Liste aller Ressourcenwörter werden im Script Center beschrieben: http://technet.microsoft.com/en-us/library/dn249921.aspx. Es ist auch möglich, eigene Ressourcenwörter zu definieren. Das PowerShell-Team hat dazu bereits eine Reihe von Hilfestellungen veröffentlicht.

Da das obige Beispiel ein reguläres PowerShell-Skript ist, muss es ausgeführt werden, damit etwas passiert. Das Ergebnis ist eine Textdatei mit dem Namen „Server1.mof"

(„Server1" ist der Name des Knoten), in der die deklarativ beschriebenen Konfigurationsänderungen enthalten sind. Wer sich mit WMI etwas näher beschäftigt hat, dem wird die
Erweiterung .*Mof* bekannt vorkommen. Die guten, alten „Management Object Format"-
Dateien, durch die bei WMI z. B. Klassen definiert werden, wurden bei DSC wieder reaktiviert.

Jetzt muss das Ganze nur noch an den Server geschickt werden, auf dem die Konfigurationsänderung durchgeführt werden soll. Das übernimmt das neue Cmdlet Start-
DscConfiguration:

```
Start-DscConfiguration -Computername Server1 -Path IISWebsite -Wait -
Verbose -Credential Administrator
```

Einen Augenblick später wurde der IIS auf dem angegebenen Server installiert. Die Details spielen für die Umsetzung keine Rolle. Technisch basiert DSC (natürlich) auf WMI,
CIM und PowerShell-Remoting, das auf dem Zielcomputer aktiviert sein muss.

20.2   Ressourcen statt Cmdlets

Deklarativ bedeutet, dass die gewünschte Konfiguration einer Ressource beschrieben wird
und keine Befehle ausgeführt werden, die auf die Ressource zugreifen. Mit DSC gehen
daher eine Fülle von neuen Ressourcenwörtern einher. Die Ressource *Windows Feature*
wird wie folgt deklariert:

```
WindowsFeature IIS {
    Ensure = "Present"
    Name = "Web-Server"
}
```

Diese Beschreibung gibt an, dass auf dem Zielsystem das Feature „Web-Server" vorhanden sein soll. Ein Registry-Eintrag wird sehr ähnlich beschrieben:

```
Registry AppKey {
  Ensure = "Present"
  Key = "HKey_Local_Machine\Software\AppSoft\App"
  ValueName = "InstallDate"
  ValueData = "1.4.2014"
}
```

Auch diese Definition ist selbsterklärend. Bereits die wenigen Beispiele haben deutlich
gemacht, dass bei DSC das domänenspezifische Know-how (etwa über die Konfiguration
eines IIS) im Vordergrund steht und nicht das Detailwissen über die PowerShell und ihre
Cmdlets.

20.3   Ein Hallo Welt-Beispiel für DSC

Trotzdem ist DSC ein komplexes Thema. Weniger durch seine technischen Details, sondern in der erster Linie durch die Rahmenbedingungen, die durch eine moderne Server-Landschaft in einem Unternehmen vorgegeben ist. In diesem Buch kann das Thema aus Platzgründen nur angerissen werden. Sie finden im TechNet-Portal von Microsoft aber „jede Menge" weiterer Informationen. Auch das PowerShell Team bei Microsoft gibt sich sehr viel Mühe, das Thema durch Blog-Einträge und Ressource Kits so anschaulich und praxisnah wie möglich zu präsentieren.

Die folgende kleine Übung soll eine einfache Konfigurationsänderung auf mehreren Windows Servern durchführen, auf denen Windows Server 2012 R2 vorausgesetzt wird. Das Ziel ist es, das Feature „XPS-Viewer" auf den angegebenen Servern zu installieren.

Schritt 1: Festlegen der Konfiguration
Im ersten Schritt wird die Konfiguration über den *Configuration*-Befehl beschrieben. Der Name des Servers (Node) wird über eine Variable eingesetzt.

```
Configuration FeatureInstall
{
    Node $NodeName
    {
     WindowsFeature XPSViewer
     {
        Ensure="Present"`
        Name = "XPS-Viewer"
     }
    }
}

FeatureInstall
```

Schritt 2: Ausführen des Skriptes
Mit dem Ausführen der Ps1-Datei wird die Mof-Datei im Unterverzeichnis *FeatureInstall* angelegt.

Schritt 3: Ausführen der Mof-Datei
Im dritten und letzten Schritt muss die Mof-Datei auf dem Zielsystem angewendet werden. Das übernimmt das *Start-DscConfiguration*-Cmdlet:

```
$MofPfad =
"C:\Users\Administrator\documents\windowspowershell\FeatureInstall"
Start-DscConfiguration -ComputerName $RemoteHost -Credential $Cred -Path
$MofPfad
```

Auf den *Path*-Parameter folgt der Verzeichnispfad, nicht der Pfad einer Mof-Datei, da es auch mehrere Mof-Dateien geben kann. Die Variablen *$RemoteHost* und *$Cred* müssen zuvor mit den entsprechenden Werten belegt worden sein. Wenn PowerShell Remoting mit dem Server möglich ist, funktioniert auch DSC. Durch *Start-DSCConfiguration* wird ein Job gestartet. Sobald dieser „Completed" ist, wurde das Feature auf dem Server installiert.

▶ **Tipp**   Microsoft hat zu DSC ein „Hands on Lab" (HOL) veröffentlicht, in dem Schritt für Schritt die Anwendung von Konfigurationsänderungen auf mehrere Server beschrieben wird. Die Downloadadresse der Zip-Datei ist http://channel9. msdn.com/Events/TechEd/NorthAmerica/2013/MDC-H310#fbid=9Ij04Tjn-bt.

20.4   Zusammenfassung

Die *Desired State Configuration* (DSC) ist nicht weniger als die Zukunft der Windows Server-Administration in jenen Bereichen, in denen eine vorgegebene Software-Konfiguration auf eine größere Anzahl an Servern übertragen werden soll. Insbesondere in virtuellen Server-Umgebungen kann diese Technik zu einer spürbaren Arbeitserleichterung führen. In einigen Situationen kann DSC sogar die Aufgabe eines Microsoft System Center Servers übernehmen, sofern dieser nur für die Konfigurationsverteilung eingesetzt wird. Gleichzeitig ist es möglich, System Center Management Packs per DSC zu verteilen. Microsoft hat daher DSC nicht als Konkurrenz, sondern als sinnvolle Ergänzung zum System Center 2012 positioniert. Genau wie die mit der Version 3.0 eingeführte Unterstützung für Workflows ist auch die *Desired State Configuration* dank neuer Sprachelemente nahtlos in die PowerShell 4.0 integriert.

Datenbankzugriffe mit der PowerShell

21

In diesem Kapitel geht es um die vielfältigen Möglichkeiten, die sich aus dem Zusammenspiel der PowerShell mit einem Microsoft SQL Server und allgemein Datenbanken anderer Hersteller ergeben. Dank der Datenbankschnittstelle der.NET-Laufzeit kann die PowerShell nahezu jeden Typ von DBMS (Datenbankmanagementsystem) ansprechen. Dazu zählen neben Oracle SQL Server und MySQL auch kleine dateibasierte Datenbanken wie SQLite, Postgre SQL und Microsoft SQL Server Compact Edition. Auch Datenbanken, die über einen ODBC-Treiber angesprochen werden, kommen grundsätzlich in Frage. Da die Ergebnisse einer Datenbankabfrage als Objekte geliefert werden, lassen sie sich mit den Standard-Cmdlets weiterverarbeiten, in andere Textformate konvertieren und mit dem *Out-GridView*-Cmdlet in einem Fenster anzeigen. Selbst ein „HTML-Reporting" ist auf diese Weise möglich (mit den in Kap. 7 gezeigten Techniken).

21.1   Ein erster Überblick

Das Thema Datenbanken ist traditionell ein umfangreiches Thema. Daher ist es wichtig die Rolle und die Möglichkeiten der PowerShell in diesem Bereich zu kennen (Abb. 21.1). Microsoft bietet PowerShell-Funktionalität auf drei Ebenen an:

1. Durch einen PowerShell-Host, der mit einem Microsoft SQL Server installiert wird, und direkt durch Eingabe von *Sqlps.exe* oder über das SQL Server Management Studio aufgerufen wird.
2. Durch ein Modul mit dem Namen *SQLPS*, in dessen Mittelpunkt das *Invoke-SqlCmd*-Cmdlet steht, mit dem sich SQL-Kommandos an einen SQL Server schicken lassen. Das Cmdlet ist eine Alternative zum Befehlszeilentool *Sqlcmd.exe*.

© Springer Fachmedien Wiesbaden 2014   439
P. Monadjemi, *PowerShell für die Windows-Administration,* X.systems.press,
DOI 10.1007/978-3-658-02964-7_21

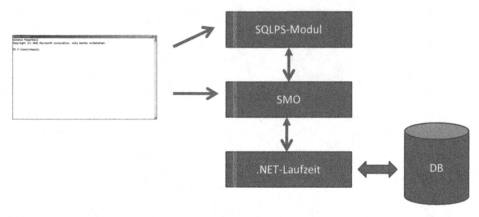

Abb. 21.1 Das Zusammenspiel der PowerShell mit Datenbanken

3. Durch ein Laufwerk mit dem Namen „SqlServer", das durch das *SQLPS*-Modul automatisch hinzugefügt wird, und über das sich die Objekte eines SQL Servers mit Cmdlets
wie *Get-ChildItem*, *Get-Item* und *Remove-Item* ansprechen lassen.

Für den klassischen Datenbankadministrator sind der PowerShell-Host und das *Invoke-
SqlCmd*-Cmdlet als Alternativen, aber keinesfalls als Ersatz für die bisher eingesetzten
Werkzeuge gedacht. Wer als Datenbankadministrator mit der PowerShell arbeitet, soll
natürlich auch einen SQL Server komfortabel ansprechen können und nicht auf die üb-
lichen Konsolenprogramme angewiesen sein. Im direkten Vergleich zu T-SQL bietet die
PowerShell ein paar attraktive Eigenschaften. Dazu gehören u. a.:

- Die Leichtigkeit, mit der sich Daten aus unterschiedlichen Datenquellen, auch platt-
  form- und herstellerübergreifend, verknüpfen lassen.
- Die Leichtigkeit, mit der sich Rückgaben, sofern sie als Objekte vorliegen, in andere
  Formate umwandeln lassen.
- Die reichhaltige Funktionalität der.NET-Laufzeit.
- Die Interaktivität der PowerShell.

In diesem Kapitel geht es in erster Linie um das Ausführen von SQL-Kommandos in einem PowerShell-Skript. Das Thema SQL Server- und Datenbankadministration wird nur
am Rande behandelt.

►   **Hinweis** Als weitere Option steht bei der PowerShell natürlich auch der Aufruf
des Befehlszeilentools *Sqlcmd.exe* zur Verfügung. Diese Variante wird in diesem
Kapitel aber nicht behandelt, da das *Invoke-SqlCmd*-Cmdlet aus dem *SQLPS*-
Modul in den meisten Fällen die komfortablere Alternative darstellt.

Tab. 21.1 Wichtige Begriffe im Zusammenhang mit dem Zugriff auf SQL Server-Datenbanken per PowerShell

Begriff	Bedeutung
SMO	Die *Shared Management Objects* sind eine Assembly, die aus einer umfangreichen Sammlung von Klassen besteht, über die sich alle Funktionalitäten eines Microsoft SQL Servers ansprechen lassen. Das SQL Server Management Studio basiert auf den SMO
SQLPS	Der Name des Moduls, das eine Reihe von Cmdlets für den Zugriff auf einen SQL Server mitbringt. Die meisten Cmdlets sind sehr speziell. Eine allgemeine Bedeutung besitzt nur das *Invoke-SqlCmd*-Cmdlet, mit dem beliebige SQL-Anweisungen ausgeführt werden
SQLPSX	Ein älteres Modul, das nicht von Microsoft stammt, und das die Funktionalität der SMO über zahlreiche Module und Functions zur Verfügung stellt
Sqlps.exe	Der Programmname des PowerShell-Hosts des Microsoft SQL Servers

21.1.1 Erforderliche Komponenten

Für die Administration eines Microsoft SQL Servers per PowerShell werden gleich mehrere Komponenten benötigt, die Sie sich von der Microsoft-Webseite als Teil des *SQL Server 2012 Feature Pac*ks herunterladen können. Im Einzelnen sind es:

• *Microsoft Server 2012 Shared Management Objects*. Die Msi-Datei ist für jene Situationen von Bedeutung, in denen ein PowerShell-Skript, das die SMO benutzt, auf einem Computer ausgeführt werden soll, auf dem die SMO noch nicht installiert sind.
• *Microsoft Windows PowerShell Extensions for Microsoft SQL Server 2012*. Die Msi-Datei installiert das wichtige PowerShell-Modul SQLPS.
• *Microsoft System CLR Types for Microsoft SQL Server 2012*. Dieses Paket ist Voraussetzung, um das PowerShell- Modul *SQLPS* installieren zu können.

Auch wenn es zunächst nicht den Anschein hat, lassen sich die Komponenten auf der Microsoft-Webseite einzeln auswählen. Lassen Sie sich zudem nicht durch die Versionsangabe 2012 irritieren. Komponenten wie die SMO oder die PowerShell-Unterstützung funktionieren auch mit älteren Versionen des SQL Servers.

Für Leser, die sich zum ersten Mal mit der Thematik PowerShell und Datenbanken beschäftigen, stellt Tab. 21.1 die wichtigsten Begriffe zusammen.

21.2 Läuft der SQL Server?

Der erste Schritt ist profan, aber nicht unwichtig. Er besteht darin festzustellen, ob überhaupt ein SQL Server lokal oder im Netzwerk erreichbar ist. Grundlage ist der SQL Server-Dienst, der über das *Get-Service*-Cmdlet geholt wird. Der folgende Befehl prüft, ob lokal ein SQL Server Express verfügbar ist:

```
PS C:\PsKurs> Get-Service -Name MSSQL*

Status    Name              DisplayName
------    ----              -----------
Running   MSSQL$SQLEXPRESS  SQL Server (SQLEXPRESS)
```

Der SQL Server-Dienst läuft, der Name der Instanz ist „SQLEXPRESS". Der folgende
Befehl spricht mit Hilfe des *Invoke-SqlCmd*-Cmdlet aus dem *SQLPS*-Modul die *Master*-
Datenbank an und gibt die Namen aller Datenbanken über eine Abfrage der Tabelle „sys.
databases" aus:

```
Invoke-Sqlcmd -Database Master  -ServerInstance .\SQLEXPRESS  -Query
"Select Name from Sys.databases"
```

Da kein Benutzername angegeben wurde, wird automatisch die Windows-Authentifizierung verwendet.

21.3   Das SQLPS-Modul

Zur PowerShell-Unterstützung für den SQL Server gehört das Modul *SQLPS*. Im Mittelpunkt dieses Moduls steht das universelle *Invoke-SqlCmd*-Cmdlet, mit dem sich beliebige
T-SQL-Kommandos oder T-SQL-Skripte an einen SQL Server schicken lassen. Gibt ein
SQL-Kommando Datensätze zurück, werden diese als (angepasste) Objekte vom Typ *DataRow* zurückgegeben.

Der folgende Befehl listet mit Hilfe von Invoke-SqlCmd die Datensätze der Tabelle Logins der Datenbank LoginDB auf dem SQL Server.\SQLEXPRESS auf. Diese Datenbank
wird in Kap. 21.3.3 durch ein kleines PowerShell-Skript angelegt.

```
$SqlQuery= "Select * From Logins"
Invoke-SqlCmd -ServerInstance .\SQLEXPRESS -Database LoginDB -Query
$SqlQuery
```

Der folgende Befehl führt ein T-SQL-Skript mit dem Namen „Instnwnd.sql" aus, das die
beliebte Microsoft-Demodatenbank „Northwind" auf dem angegebenen SQL Server installiert (das Skript wird von Microsoft im Rahmen der „SQL Server 2000 Sample Databases" als Download zur Verfügung gestellt):

```
Invoke-Sqlcmd -InputFile 'C:\SQL Server 2000 Sample
Databases\Instnwnd.sql' -ServerInstance .\SQLEXPRESS
```

Tab. 21.2 Die wichtigsten Parameter beim Invoke-SqlCmd-Parameter

Parameter	Bedeutung
Database	Name der Datenbank, die Gegenstand des SQL-Kommandos ist
InputFile	Name einer Textdatei mit T-SQL-Befehlen, die ausgeführt werden sollen
Query	Legt den Text der SQL-Abfrage fest
ServerInstance	Der Name der SQL Server-Instanz, über die die Abfrage ausgeführt werden soll

Bei SQL Server 2012 erscheint eine Fehlermeldung aufgrund der nicht mehr vorhandenen gespeicherten Prozedur „sp_dboption". Die Datenbank wird trotzdem hinzugefügt, so dass der folgende Aufruf die Namen und den Wohnort aller Angestellten des Feinkostversands aus Seattle ausgibt:

```
Invoke-Sqlcmd -ServerInstance .\SQLEXPRESS -Database Northwind -Query
"Select LastName, City From Employees"
```

21.3.1   Das Invoke-SqlCmd-Cmdlet

Invoke-SqlCmd ist das zentrale Cmdlet im *SQLPS*-Modul und oft das einzige Cmdlet, das benötigt wird. Es umfasst nur einen Parameterset und ist daher einfach in der Anwendung. Tabelle 21.2 stellt die wichtigsten Parameter des Cmdlets zusammen.

21.3.2   Datenbanken anlegen

Datenbanken und ihre Tabellen werden über das SQL-Kommando *Create* angelegt, auf das der Name der Datenbank bzw. die einer Tabelle zusammen mit Felddefinitionen folgt. Die PowerShell reicht das SQL-Kommando über eine zuvor geöffnete Verbindung an die Datenbank weiter.

Das folgende PowerShell-Skript legt per *Invoke-Sqlcmd*-Cmdlet auf einem lokalen SQL Server eine Datenbank mit dem Namen „LoginDB" an, die aus den Tabellen „Users" und „Logins" besteht. Beide Tabellen erhalten ein paar Felder, von denen das ID-Feld ein Auto-Inkrementfeld ist, dessen Inhalt mit jedem Datensatz automatisch um eins erhöht wird. Damit das Beispiel funktioniert, muss der Name der SQL Server-Instanz gegebenenfalls angepasst werden.

```
<#
 .Synopsis
 SQL Server-Datenbank mit Invoke-SqlCmd anlegen
#>

$SqlCmd1 = @'
 if exists (select * from sys.databases where name = 'LoginDB')
  drop database LoginDB;
  create Database LoginDB
'@

$SqlCmd2 = @'
 use LoginDB;
 Create Table Logins
  (
   LoginID int IDENTITY(1,1) PRIMARY KEY,
   UserID int,
   TimeStamp datetime
   )
'@

$SqlCmd3 = @'
 use LoginDB;
 Create Table Users
  (
   UserID int IDENTITY(1,1) PRIMARY KEY,
   Name varchar(255),
   EMail varchar(64)
  )
'@


$InstanzName = ".\SQLEXPRESS"

# Datenbank anlegen
try
{
    Invoke-Sqlcmd -ServerInstance $InstanzName -Query $SqlCmd1
    Write-Verbose "Datenbank LoginDB wurde angelegt." -Verbose
}
catch
{
    Write-Warning "Datenbank LoginDB konnte nicht angelegt werden ($_)"
}

# Tabelle Logins anlegen
try
{
    Invoke-Sqlcmd -ServerInstance $InstanzName -Query $SqlCmd2
    Write-Verbose "Tabelle Logins wurde angelegt." -Verbose
}
catch
{
    Write-Warning "Tabelle Logins konnte nicht angelegt werden ($_)"
}

# Tabelle User anlegen
try
{
    Invoke-Sqlcmd -ServerInstance $InstanzName -Query $SqlCmd3
    Write-Verbose "Tabelle Users wurde angelegt." -Verbose
}
catch
{
    Write-Warning "Tabelle User konnte nicht angelegt werden ($_)"
}
```

21.3.3   Datensätze einfügen

Datensätze werden mit dem SQL-Kommando *Insert Into* in eine Tabelle eingefügt. Das folgende Skript fügt Datensätze in die *Users*-Tabelle ein:

```
$InstanzName = ".\SQLEXPRESS"

$Users = @{"M. Meier"="m.meier@localhost.local";
          "K. Schulte"="k.schulte@localhost.local";
          "P. Monadjemi"="pmonadjemi@localhost.local";
          "K. Kugelschmidt"=k.kugelschmidt@localhost.local
          }

# Neue Datensätze in Users einfügen
foreach($k in $Users.Keys)
{
    $UserName = $k
    $UserEMail = $Users.$k
    $SqlCmd = "Insert Into Users Values('$UserName', '$UserEMail')"
    try
    {
      Invoke-SqlCmd -ServerInstance $InstanzName -Query $SqlCmd -Database
LoginDB
      Write-Verbose "Datensatz wurde zu Users hinzugefügt." -Verbose
    }
    catch
    {
      Write-Warning "Fehler beim Einfügen eines Datensatzes zu Users
($_)"
    }
}
```

Das folgende Skript fügt Datensätze in die Tabelle *Logins* ein:

```
# Neue Datensätze in Logins einfügen
1..100 | ForEach-Object {

    $UserID = 0..$Users.Count | Get-Random
    $Monat = 1..12 | Get-Random
    $Tage = 1..$([System.DateTime]::DaysInMonth(2014, $Monat)) | Get-
Random
    $Stunde = 1..12 | Get-Random
    $Minute = 1..59 | Get-Random
    $Timestamp = Get-Date -Year 2014 -Month $Monat -Day $Tage -Hour
$Stunde -Minute $Minute
    $Timestamp = $Timestamp.ToString("dd/MM/yyyy hh:mm")
    $SqlCmd = "Insert Into Logins Values($UserID, '$Timestamp')"
    try
    {
      Invoke-SqlCmd -ServerInstance $InstanzName -Query $SqlCmd -Database
LoginDB
      Write-Verbose "Datensatz wurde zu Logins hinzugefügt." -Verbose
    }
    catch
    {
      Write-Warning "Fehler beim Einfügen eines Datensatzes zu Logins
($_)."
    }
}
```

21.3.4   Datensätze aktualisieren

Für das Ändern von Datensätzen ist das SQL-Kommando *Update* zuständig. Der folgende
Befehl ändert das Feld *Email* eines Datensatzes aus der *Users*-Tabelle, die über die *Where*-
Klausel ausgewählt wird.

```
$SqlCmd = "Update Users Set EMail='pmonadjemi@powershellknow-how.de'
where EMail='pmonadjemi@localhost.local'"
Invoke-SqlCmd -ServerInstance $InstanzName -Query $SqlCmd -Database
LoginDB -ErrorAction Stop
```

21.3.5   Datensätze löschen – Anzahl der Datensätze abfragen

Für das Löschen von Datensätzen ist das SQL-Kommando *Delete* zuständig. Der folgende
Befehl löscht Datensätze, die über eine *Where*-Klausel ausgewählt werden. Um die An-
zahl der Datensätze zu erhalten, wird mit „Select @@RowCount As Anzahl" eine zweite
SQL-Abfrage angehängt, die die Anzahl der gelöschten Zeilen zurückgibt, so dass diese
Eigenschaft über das resultierende *DataRow*-Objekt als Eigenschaft zur Verfügung steht.

```
$SqlCmd = "Delete From Users Where EMail like '%localhost.local%';Select
@@ROWCOUNT As Anzahl"
$ret = Invoke-SqlCmd -ServerInstance $InstanzName -Query $SqlCmd -
Database LoginDB -ErrorAction Stop
Write-Verbose "$($ret.Anzahl) Datensätze wurden gelöscht." -Verbose
```

Wie bei den letzten Beispielen sorgt auch hier ein *ErrorAction Stop* dafür, dass aus dem
„Non Terminating Error" ein „Terminating Error" wird, der über ein *try/catch* abgefangen
werden kann.

21.4   Der PowerShell-Host Sqlps.exe

Zu einem Microsoft SQL Server gehört seit der Version 2008 ein eigener PowerShell-
Host, der entweder direkt oder über das SQL Server Management Studio aufgerufen wird.
Es ist ein regulärer PowerShell-Host, der sich von anderen PowerShell-Hosts nur dadurch
unterscheidet, das mit dem Start zwei Module geladen werden:

• SQLASCMDLETS
• SQLPS

Während das Modul *SQLASCMDLETS* 11 spezielle Cmdlets für Aktivitäten rund um
die „Analysis Services" enthält, umfasst das Modul SQLPS 30 ebenfalls recht spezielle
Cmdlets, die allgemeine Aufgaben wie das Sichern und Wiederherstellen einer Datenbank

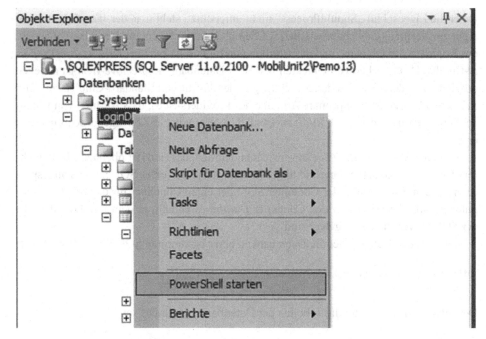

Abb. 21.2 Der PowerShell-Host Sqlps.exe wird z. B. im Rahmen des SQL Server Management-studios gestartet

oder die Aktivierung des neuen Hochverfügbarkeitsfeatures (z. B. „Always on") übernehmen.

Die SQL Server-PowerShell ist eine Anwendung mit dem Namen *Sqlps.exe* (im Verzeichnis im Binn-Verzeichnis der SQL Server-Installation – z. B. C:\Programme\Microsoft SQL Server\110\Tools\Binn). Sie wird entweder direkt durch Eingabe von „Sqlps" oder im Rahmen vom SQL Server Management Studio gestartet. Dort befindet sich im Kontextmenü verschiedener Datenbankobjekte der Eintrag „PowerShell starten" (Abb. 21.2).

▶   **Hinweis** Zu Zeiten der PowerShell 1.0 gab es die SQL Server-PowerShell als
    „Mini-Shell". Diese unterschied sich von einer regulären PowerShell dadurch,
    dass sie nicht über Snapins erweiterbar war. Mit der Version 2.0 wurde das Konzept einer reduzierten PowerShell wieder zu den Akten gelegt.

21.5   Das SQLServer-Laufwerk

Mit dem Laden des *SQLPS*-Moduls wird ein Provider mit dem Namen „SQLServer" geladen, der das gleichnamige Laufwerk zur Verfügung stellt. Damit lassen sich Datenbanken und andere Inhalte einer SQL Server-Datenbank mit dem *Get-ChildItem*-Cmdlet ansprechen. Der *SqlServer*-Provider ist im Vergleich zu anderen Providern stark eingeschränkt.

Da er die Eigenschaft „ShouldProcess" nicht unterstützt, steht u. a. der *WhatIf*-Parameter nicht zur Verfügung. Nicht unterstützt werden u. a. das Anlegen von Datenbankobjekten, das Kopieren von Objekten und das Abrufen von Eigenschaften über das *Get-ItemProperty*-Cmdlet. Das Löschen von Objekten wie einer Datenbank per *Remove-Item* ist dagegen möglich. Wundern Sie sich daher nicht, wenn der Aufruf von Standard-Cmdlets zu einer Fehlermeldung führt. Die primäre Aufgabe des Providers ist es, dass Abrufen von Datenbankobjekten über das *Get-ChildItem*-Cmdlet zu ermöglichen. Zwingend benötigt wird er nicht.

Ein *Get-ChildItem –Path SqlServer:* macht deutlich, dass auf der obersten Ebene mehrere Container existieren, über die die einzelnen „Objekte" eines SQL Servers angesprochen werden. Dazu gehört der Container SQL, der einen Container für den lokalen Computer enthält, der wiederum den Container *Databases* enthält, in dem alle Datenbanken der SQL Server-Instanz abgelegt sind.

Der folgende Befehl listet die Datenbanken einer bestimmten SQL Server-Instanz auf:

```
dir sql\server1\sqlexpress\Databases
```

Der folgende Befehl listet die Tabellen der Datenbank „LoginDB" auf:

```
Get-ChildItem -Path sqlserver:\sql\server1\sqlexpress\Databases\LoginDB
```

Soll eine Tabelle direkt per *Get-Item* angesprochen werden, muss der allgemeine Bezeichner „dbo" vorangestellt werden:

```
Get-Item -Path dbo.Logins
```

Wird das Präfix „dbo" weggelassen, resultiert eine relativ spezielle Fehlermeldung, die besagt, dass die dynamischen Parameter nicht abgerufen werden können.

Der Zugriff auf die Datensätze einer Tabelle ist nicht möglich. Über das *Get-ChildItem*-Cmdlet lassen sich zwar die Tabellen und Felder einer Datenbank auflisten, nicht aber ihre Inhalte. Dazu wird das *Invoke-SqlCmd*-Cmdlet benötigt, mit dem sich beliebige SQL-Kommandos an einen SQL Server schicken lassen.

21.5.1   Löschen von Tabellen

Regelrecht „gefährlich" ist das Löschen von Tabellen, denn es stehen weder der *Confirm*- noch der *WhatIf*-Parameter zur Verfügung, wenngleich sie angeboten werden. Der Befehl

```
Get-Item -Path dbo.Logins | Remove-Item -Confirm -Whatif
```

löscht die komplette Tabelle *Logins* mit allen Datensätzen, ohne dass diese Aktion noch einmal explizit bestätigt werden muss.

21.6   Datenbanken direkt ansprechen

In diesem Abschnitt wird gezeigt, wie sich eine SQL Server-Datenbank mit den Bordmitteln der PowerShell ansprechen lässt (in Kap. 21.9 geht es um eine MySQL-Datenbank). Das *SQLPS*-Modul ist in diesem Abschnitt nicht beteiligt. Es sei aber vorangestellt, dass es im Allgemeinen keinen Grund gibt auf dieses Modul zu verzichten.

Im Mittelpunkt des direkten Zugriffs auf eine SQL Server-Datenbank stehen drei Klassen im Namespace *System.Data.SqlClient*:

* SqlClientConnection
* SqlClientCommand
* SqlClientDataReader

Sollen die Daten aus einer Abfrage als Objekte zurückgegeben werden, kommen zusätzlich die Klasse *SqlDataAdapter* und *DataTable* im Namespace *System.Data* ins Spiel. Alle „SqlClient"-Klassen sind spezifisch für den SQL Server. Soll ein anderer Datenbanktyp verwendet werden, werden lediglich andere Klassennamen verwendet. Am Prinzip des Zugriffs ändert sich nichts.

Alle Beispiele beziehen sich auf eine Datenbank mit dem Namen „LoginDB", die in Kap. 21.3.3 angelegt wurde.

21.6.1   Die Rolle der Verbindungszeichenfolge

Beim direkten Zugriff über die.NET-Klassen wird immer eine Verbindungszeichenfolge (engl. „connectionstring") benötigt. Sie enthält alle Angaben, die für das Ansprechen der Datenbank erforderlich sind. Unter anderem den Namen des Servers, gegebenenfalls seine physikalische Adresse, den Namen der Datenbank und weitere Informationen wie die Art der Authentifizierung.

▶ **Tipp**   Eine gute Adresse im Web ist, seit vielen Jahren, die Webseite www.connectionstrings.com, die alle in Frage kommenden Verbindungszeichenfolgen umfasst.

21.6.2   SQL-Abfragen ausführen

Datenabfragen werden per SQL-Kommandos ausgeführt. Die Vorgehensweise ist dabei immer dieselbe:

1. Festlegen eines SQL-Kommandos für das Abrufen der Datensätze (z. B. ein „Select * From Logins".
2. Festlegen der Verbindungszeichenfolge.

3. Anlegen eines *SqlDataAdapter*-Objekts, dem sowohl das Kommando als auch die Verbindungszeichenfolge übergeben werden.

4. Anlegen eines *DataTable*-Objekts per *New-Object*.

5. Füllen des *DataTable*-Objekts mit den Datensätzen, die über das SQL-Kommando abgerufen werden.

Das folgende Beispiel führt eine einfache Join-Abfrage mit den beiden Tabellen Users und Logins durch:

```
$InstanzName = ".\SQLEXPRESS"
$SqlCmd = "Select Name, EMail, TimeStamp From Logins
           Inner Join Users On Logins.UserID = Users.UserId"
$ConStr = "Server=$InstanzName;Initial
Catalog=LoginDB;Trusted_Connection=yes"
$Da = New-Object -TypeName System.Data.SqlClient.SqlDataAdapter -
ArgumentList $SqlCmd, $ConStr
$Ta = New-Object -TypeName System.Data.DataTable
$Da.Fill($Ta)
$Ta
```

Dieselbe Abfrage wird durch *Invoke-SqlCmd* deutlich einfacher:

```
Invoke-SqlCmd -ServerInstance $InstanzName -Database LoginDB -Query
$SqlCmd
```

Da in beiden Fällen (*DataRow*-) Objekte zurückgegeben werden, lässt sich die Rückgabe mit den üblichen Cmdlets weiterverarbeiten. Der folgende Befehl gruppiert das Ergebnis der Abfrage nach dem Namen der User (Abb. 21.3):

```
Invoke-SqlCmd -ServerInstance $InstanzName -Database LoginDB -Query
$SqlCmd | Group-Object -Property Name
```

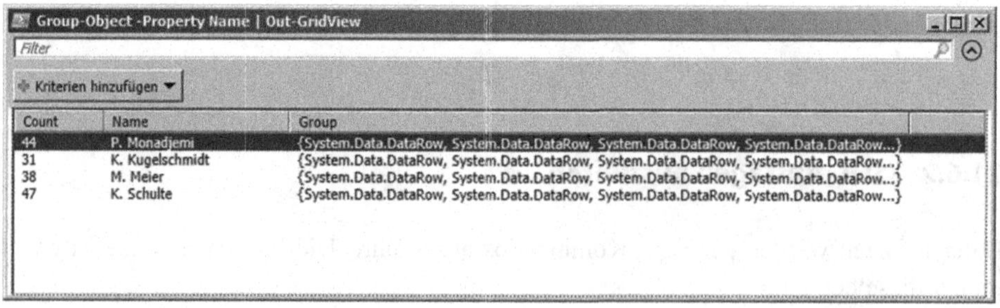

Abb. 21.3 Das Ergebnis einer Datenabfrage wird per Out-GridView-Cmdlet angezeigt

21.6.3   Bilddaten einfügen

Das Einfügen und Abrufen von Bilddaten in eine SQL Server-Datenbank ist etwas aufwändiger, da die Bilddaten als Byte-Folge übergeben werden müssen. Hier empfiehlt sich
ein parametrisiertes SQL-Kommando, da für den Parameter der Datentyp *Image* explizit
festgelegt werden kann.

Schreiben einer Image-Datei in eine SQL Server-Datenbank Das folgende Skript
schreibt eine Bitmap-Datei in die Tabelle Users der *LoginDB*-Datenbank, die dazu um ein
Image-Feld mit dem Namen „Foto" erweitert wurde.

```
<#
 .Synopsis
 Images in einer SQL Server-Datenbank speichern
#>

$ImgPfad = "C:\Bahamas.png"

$InstanzName = ".\SQLEXPRESS"
$SqlCmd = "Insert Into Users Values(@Name, @EMail, @Picture)"
$ConStr = "Server=$InstanzName;Initial Catalog=LoginDB;Integrated
Security=SSPI"
$Cn = New-Object -TypeName System.Data.SqlClient.SqlConnection -
ArgumentList $ConStr
try
{
    $Cn.Open()
    $Cmd = $Cn.CreateCommand()
    $Cmd.CommandText = $SqlCmd
    $Cmd.Parameters.Add("Name", "P.Monadjemi") | Out-Null
    $Cmd.Parameters.Add("EMail", "pmonadjemi@localhost.local") |
Out-Null
    # Es ist sehr praktisch, wie einfach der Felddatentyp festgelegt
werden kann
    $ImgBytes = [System.IO.File]::ReadAllBytes($ImgPfad)

    $P = $Cmd.Parameters.Add("Foto", "Image")
    $P.Value = $ImgBytes
    $Anzahl = $Cmd.ExecuteNonQuery()
    Write-Verbose "$($ImgBytes.Count) Bytes in Image-Feld geschrieben..."
-Verbose
    $Cn.Close()
    Write-Verbose "Datensatz wurde angelegt..." -Verbose
}
catch
{
    Write-Warning "Fehler beim Schreiben des Datensatzes... ($_)"
}
```

Lesen eines Image-Feldes Das folgende Skript liest den Wert eines *Image*-Feldes einer SQL Server-Datenbank und speichert ihn in einer Datei, die anschließend angezeigt wird.

```
<#
 .Synopsis
 Images aus einer SQL-Datenbank einlesen
#>

$ImgPfad = "C:\Bahamas2.png"

$InstanzName = ".\SQLEXPRESS"
$SqlCmd = "Select * From Users Where UserID = 5"
$Record = Invoke-Sqlcmd -ServerInstance $InstanzName -Database LoginDB -
Query $SqlCmd

$ImgBytes = $Record.Foto

[System.IO.File]::WriteAllBytes($ImgPfad, $ImgBytes)

.$ImgPfad
```

21.7   Andere DBMS-Typen ansprechen

In der Einleitung zu diesem Kapitel wurde es bereits angedeutet. Die PowerShell ist grundsätzlich agnostisch was DBMS-Typen angeht. Ob die Datensätze einer SQL Server-, einer Oracle Server- oder einer MySql Server-Datenbank abgerufen werden sollen, spielt grundsätzlich keine Rolle. Bis auf die Verbindungszeichenfolge und die Namen der verwendeten Klassen umfasst ein PowerShell-Skript immer dieselben Befehle.

Voraussetzung ist lediglich, dass der erforderliche Datenbanktreiber (auch Provider genannt, wenngleich dieser Provider nichts mit jenen der PowerShell zu tun hat) installiert wurde, da ansonsten die erforderlichen Klassen nicht zur Verfügung stehen.

Der folgende Befehl listet alle registrierten.NET-Datenprovider auf:

```
[System.Data.Common.DbProviderFactories]::GetFactoryClasses()
```

Ist der Provider für die gewünschte Datenbank dabei, kann er auch per PowerShell angesprochen werden.

Es gibt eine Besonderheit zu beachten. Die zuständige Assembly muss zuvor per *Add-Type*-Cmdlet geladen werden. Der folgende Befehl lädt die für den Zugriff auf eine *MySql*-Datenbank erforderliche Assembly:

```
Add-Type -Path "C:\Program Files (x86)\MySQL\MySQL Connector Net
6.8.3\Assemblies\v4.5\MySql.Data.dll"
```

21.7.1   Datensätze von einer MySQL-Datenbank abrufen

Der Zugriff auf eine MySql-Datenbank ist nicht per *Invoke-SqlCmd*-Cmdlet möglich. Zur
Auswahl stehen entweder die Klassen der.NET-Laufzeit oder die *Invoke-Query*- bzw. *In-
voke-Sql*-Functions aus dem *SQLPSX*-Modul. Im Folgenden wird die erste Variante vorgestellt. Der Abruf von Datensätzen aus einer *MySql*-Datenbank unterscheidet sich nur in
Details von dem Abruf von Datensätzen aus einer SQL Server-Datenbank. Das folgende
Skript ruft die Datensätze aus der Datenbank „MyLoginDB" mit dem Benutzernamen
„root" ohne ein Kennwort ab.

```
<#
 .Synopsis
 MySql-Datenbankabfrage
#>

Add-Type -Path "C:\Program Files (x86)\MySQL\MySQL Connector Net
6.8.3\Assemblies\v4.5\MySql.Data.dll"

$CnStr = "Server=127.0.0.1;Database=MyLoginDB;UID=root;Password="
$Cn = New-Object -TypeName MySql.Data.MySqlClient.MySqlConnection -
ArgumentList $CnStr
try
{
  $Cn.Open()
  Write-verbose "Verbindung steht..." -Verbose
  $SqlCmd = "Select * From Logins"
  $Da = New-Object -TypeName MySql.Data.MySqlClient.MySqlDataAdapter -
ArgumentList $SqlCmd, $CnStr
  $Ta = New-Object -TypeName System.Data.DataTable
  $Da.Fill($Ta)
  $Ta
}
catch
{
  Write-Warning "Fehler beim Herstellen der Verbindung. ($_)"
}
```

21.8   Datenbanken per SMO ansprechen

In diesem Abschnitt wird der direkte Umgang mit den *Shared Management Objects*
(SMO) vorgestellt. Wenn Sie einen anderen PowerShell-Host als die SQL Server-PowerS-
hell starten, müssen die SMO zuerst mit dem *Add-Type*-Cmdlet geladen werden. Der folgende Befehl ist etwas umfangreicher, da die Assembly über ihren vollständigen Namen
angesprochen werden muss, der nicht nur den „Kurznamen", sondern auch die Versionsnummer, eine Kulturangabe und den Public Key Token umfasst:

```
Add-Type -AssemblyName "Microsoft.SqlServer.Smo, Version=11.0.0.0,
Culture=neutral, PublicKeyToken=89845dcd8080cc91"
```

Beim Laden des *SQLPS*-Moduls werden die SMO automatisch geladen.

Möchte man feststellen, ob die SMO geladen sind, muss dazu lediglich die Liste der bereits geladenen Assemblies durchsucht werden:

```
[System.AppDomain]::CurrentDomain.GetAssemblies() -match "SMO"
```

21.8.1 Die SMO kennenlernen

Zum Kennenlernen der SMO listet der folgende Befehl die Namen aller Datenbanken auf dem angegebenen SQL Server auf:

```
$InstanzName = ".\SQLEXPRESS"
$Server = New-Object -TypeName Microsoft.SqlServer.Management.Smo.Server
-ArgumentList $InstanzName
$Server.Databases | Select-Object -ExpandProperty Name
```

Der Namespace aller SMO-Klassen ist „Microsoft.SqlServer.Management.Smo". Dieser Name muss jedem Typennamen, der auf den *TypeName*-Parameter von *New-Object* folgt, vorangestellt werden. In Kap. 18.14 wird gezeigt, wie sich für lange Typennamen eine Abkürzung anlegen lässt.

21.8.2 Anmelden an einen SQL Server

Das Beispiel im letzten Abschnitt ging von einer Windows-Authentifizierung beim SQL Server aus. Ist diese nicht möglich, müssen Benutzername und Kennwort separat angegeben werden. Diese werden zuvor mit dem *Get-Credential*-Cmdlet abgefragt.

Das folgende Beispiel listet ebenfalls die Namen aller Datenbanken einer SQL Server-Instanz auf, nur dass dieses Mal die Anmeldung am SQL Server über das *sa*-Konto mit einem Kennwort erfolgt. Dazu muss der SQL Server gegebenenfalls auf gemischte Authentifizierung umgestellt und das *sa*-Benutzerkonto aktiviert werden. Auch der Name der SQL Server-Instanz muss gegebenenfalls angepasst werden.

```
Import-Module SQLPS -DisableNameChecking

$InstanzName = ".\SQLEXPRESS"
$Server = New-Object -TypeName Microsoft.SqlServer.Management.Smo.Server
-ArgumentList $InstanzName
$Server.ConnectionContext.Set_LoginSecure($false)
$Cred = Get-Credential -UserName sa -Message "Kennwort für SQL-Server
eingeben"
$UserName = $Cred.Username -replace "\\", "\"
$Pw = $Cred.Password
$Server.ConnectionContext.Set_Login($UserName)
$Server.ConnectionContext.Set_SecurePassword($Pw)
$Server.ConnectionString
$Server.Databases | Select-Object -ExpandProperty Name
```

Tab. 21.3 Die Module des SQLPSX-Moduls im Überblick

Modul	Inhalt
Adolib	Umfasst 6 Funktionen für den direkten Zugriff auf eine Datenbank (z. B. über In-voke-Query)
Agent	Umfasst 14 Funktionen für die Ansteuerung des SQL Server-Agenten, über den geplante Aufgaben, wie z. B. das Sichern einer Datenbank, durchgeführt werden
Repl	Umfasst 20 Funktionen für die Steuerung einer SQL Server-Replikation
Showmbrs	Umfasst 4 Funktionen für den Umgang mit lokalen Gruppen und Active Directory-Gruppen
SQLISE	Erweitert die PowerShell ISE 2.0 um die Möglichkeit, SQL-Kommandos direkt in der ISE ausführen zu können. Das Modul funktioniert leider nur unter der PowerShell ISE 2.0
SQLmaint	Bietet mit *Invoke-DBMaint* eine Funktion zur Ausführung eines Wartungsvorgangs
SQLParser	Umfasst die Funktionen Out-SqlScript und Test-SqlScript, durch die ein T-SQL-Skript formatiert ausgegeben und auf seine syntaktische Gültigkeit geprüft wird
SQLServer	Umfasst 76 Funktionen, die die SMO-Funktionalität zur Verfügung stellen
SSIS	Umfasst 15 Funktionen für die Verwaltung der SQL Server-Paketierung im Rahmen der SQL Server Integration Services, mit denen z. B. ein Import aus einer externen Datenquelle durchgeführt wird

Da die Benutzeranmeldung über das *Get-Credential*-Cmdlet entgegengenommen wird, wird beim Benutzernamen der Schrägstrich, der immer dann vorangestellt wird, wenn kein Domänenname existiert, wieder entfernt.

21.9 SQLPSX als Alternative zum direkten Zugriff per SMO und ADO. NET

SQLPSX ist ein umfangreiches PowerShell-Modul. Es wurde von Chad Miller im Jahr 2007 begonnen und stammt damit aus einer Ära, in der es von Microsoft noch keine PowerShell-Funktionalitäten für den SQL Server gab. Inzwischen bietet Microsoft eine PowerShell-Erweiterung in Gestalt des *SQLPS*-Moduls an, die zwar funktional nicht so reichhaltig ist wie das *SQLPSX*-Modul, mit dem sich aber wichtigen Anforderungen umsetzen lassen. Im Jahr 2014 gibt es daher nur noch wenige Gründe, das Modul für neue Skripte zu verwenden, die auf eine SQL Server-Datenbank zugreifen, so dass es in erster Linie der Vollständigkeit halber vorgestellt wird[1].

SQLPSX hat ein einfaches Ziel: Den Umgang mit den SMO aus der Perspektive eines PowerShell-Anwenders so einfach und komfortabel wie möglich zu gestalten. Darüber hinaus erlaubt es das Anbinden anderer DBMS-Typen, wie MySQL, über das universelle AdoLib-Modul. SQLPSX ist der Sammelname für insgesamt neun Module (Tab. 21.3),

---

[1] Zumal Sie bei der Suche im Web unweigerlich auf dieses Modul treffen werden, das leicht mit dem SQLPS-Modul von Microsoft verwechselt werden kann.

die durch das Importieren von SQLPSX der Reihe nach geladen werden. Das wichtigste Modul ist SQLServer, da es mit seinen insgesamt 76 Functions die Kernfunktionalität der SMO zur Verfügung stellt.

▶   **Hinweis** Das Modul SQLISE, das SQL-Abfragen direkt aus der PowerShell ISE heraus ermöglicht, funktioniert leider nur in der PowerShell ISE 2.0.

▶   **Hinweis** SQLPX setzt das.NET Framework ab Version 3.5 SP1 voraus. Dieses Modul muss sowohl unter Windows XP als auch unter Windows Server 2012 bzw. Windows 8.1 nachinstalliert werden.

21.10   Zusammenfassung

Der Zugriff auf Datenbanken ist mit der PowerShell im Allgemeinen problemlos und mit vertretbarem Aufwand möglich. Das betrifft sowohl das Durchführen einfacher Abfragen wie umfangreichere Operationen. Im Mittelpunkt steht das *SQLPS*-Modul, das Microsoft im Rahmen des Feature Packs für den SQL Server 2012 kostenlos zur Verfügung stellt, und das für alle SQL Server-Versionen ab Version 2008 aufwärts in Frage kommt. Kann das Modul aus irgendeinem Grund nicht genutzt werden, gibt es zwei Alternativen: Das *SQLPSX*-Modul oder der direkte Zugriff auf die Datenbank über Klassen der.NET-Laufzeit. Auf dieser Ebene spielt es keine Rolle, welcher Typ von DBMS angesprochen werden soll.

Windows Azure per PowerShell konfigurieren

22

In diesem Kapitel geht es um das Thema Cloud, das seit Jahren die IT-Abteilungen vieler Unternehmen in zwei Lager spaltet: Befürworter und Skeptiker. Unternehmen wie IBM, Amazon und Microsoft investieren Milliarden in die eigene Infrastruktur und wollen, damit sich diese Investitionen auszahlen, dass die Unternehmen ihre IT in die Cloud verlagern. Viele Verantwortliche können sich mit dem Gedanken nicht so recht anfreunden, da es auf wichtige Fragen (Datenschutz, Kosten-Nutzen-Relation) aktuell (Stand: Frühjahr 2014) keine befriedigenden Antworten gibt, und ein grundlegender Wandel, der mit dem Auslagern einer IT-Infrastruktur (und einem möglichen Verlust von Arbeitsplätzen) einhergeht, einfach Zeit braucht bzw. abgelehnt wird. Dennoch dürfte die Zukunft der IT auch für viele Unternehmen und Organisationen in Deutschland, Österreich und der Schweiz in der Cloud liegen. In diesem kurzen Kapitel soll es aber nicht um die Vor- und Nachteile eines weltweiten Verbunds von Rechenzentren, die mit dem Begriff „Datenwolke" plakativ umschrieben werden, gehen, sondern lediglich um die Frage, wie sich einige der Angebote, die Microsoft unter dem Namen „Azure" zusammenfasst, per PowerShell-Cmdlets konfigurieren lassen. Konkret geht es um den Umgang mit virtuellen Maschinen und dem Herstellen einer Remoting-Session mit einer Azure-VM.

22.1 Die Azure-Cmdlets

Microsoft stellt für den Zugriff auf die Azure-Funktionalitäten einen Satz von Cmdlets zur Verfügung, die zunächst heruntergeladen und installiert werden müssen (Abb. 22.1). Die allgemeine Downloadadresse ist

```
http://www.windowsazure.com/de-de/downloads/
```

© Springer Fachmedien Wiesbaden 2014
P. Monadjemi, *PowerShell für die Windows-Administration,* X.systems.press,
DOI 10.1007/978-3-658-02964-7_22

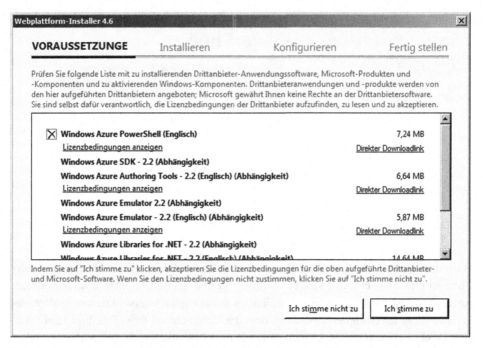

Abb. 22.1 Die PowerShell-Cmdlets für Azure müssen separat installiert werden

Den Downloadlink finden Sie im unteren Bereich der Webseite in der Kategorie „Befehls-zeilentools". Die Downloaddatei heißt z. B. *WindowsAzurePowerShell.3f.3f.3fnew.exe*. Diese startet aber nicht die Installation der Cmdlets, sondern lediglich den Webplattform Installer, über den der Download ausgeführt wird. Mit dabei ist auch das *Azure SDK*, das sich gleichermaßen an Administratoren und Entwickler richtet und laufend aktualisiert wird (die Beispiele in diesem Kapitel beziehen sich auf die SDK-Version 2.2).

Eine Übersicht über die Azure-Cmdlets gibt es auf der Downloadwebseite (http://www. windowsazure.com/en-us/documentation/articles/install-configure-powershell) und als Teil der Hilfe zu den einzelnen Cmdlets. Eine Übersicht über alle Cmdlets gibt der Befehl

```
Get-Command -Module Azure
```

Die Zahl von 402 (Version 0.8.7.1) macht eindrucksvoll deutlich, dass das *Azure*-Modul inzwischen eines der umfangreichsten Module ist, die Microsoft als Ergänzung zur Po-werShell zur Verfügung stellt. Tabelle 22.1 stellt daher nur ein paar „Appetithäppchen" aus der umfangreichen Sammlung an Cmdlets zusammen.

Tab. 22.1 Einige der interessantesten Cmdles aus dem Azure-Module

Cmdlet	Bedeutung
Add-AzureVhd	Lädt eine Vhd-Datei in die Azure-Umgebung
Export-AzureVM	Exportiert die Konfigurationsdaten einer VM in eine Datei
Get-AzureDeployment	Holt die Details zu einer bestimmten Bereitstellung
Get-AzureEndpoint	Holt die konfigurierten Endpunkte für eine VM auf
Get-AzureOSVersion	Gibt die Versionen der zur Verfügung stehenden Betriebssysteme und die Version des Azure-Client OS zurück
Get-AzurePublishSettingsFile	Lädt eine Datei mit den Einstellungen eines Azure-Kontos herunter
Get-AzureRole	Holt die zu einem Konto gehörenden Rollen
Get-AzureService	Holt alle Dienste, die einem Benutzerkonto zugeordnet sind
Get-AzureStorageAccount	Holt die Speicherdienste, die einem Konto zugeordnet sind
Get-AzureSubscription	Holt verschiedene technische Informationen über ein Benutzerkonto
Get-AzureVM	Holt alle VMs, die einem Konto zuordnet sind
New-AzureQuickVM	Ermöglicht das Anlegen einer VM mit einem einzigen Aufruf
Remove-AzureVM	Entfernt eine VM
Set-AzureVMSize	Setzt die Größe einer VM auf einen der zur Auswahl stehenden Werte (wie „Small", „ExtraSmall" oder „A7"). Eine Änderung wirkt sich sofort auf den in Rechnung gestellten Nutzungstarif aus
Show-AzurePortal	Ruft die Webseite des Azure-Portals auf
Start-AzureEmulator	Startet den „Azure-Emulator", um einen bestimmten Azure-Dienst lokal ausführen zu können. Dieser ist Teil des Azure SDKs und ist für Entwickler gedacht, die eine App zunächst lokal in einer Azure-Umgebung testen möchten
Start-AzureVM	Startet eine Azure-VM
Stop-AzureVM	Beendet eine Azure-VM (das „Verbrauchstaxometer" läuft trotzdem weiter – damit sie nichts mehr kostet, muss sie allerdings entfernt werden)

22.2 Voraussetzungen

Die (einzige) Voraussetzung, um die Azure-Cmdlets nutzen zu können, ist ein Benutzerkonto für die Azure-Plattform, das im Rahmen einer Testphase kostenlos ist, so dass einem unverbindlichen Kennenlernen grundsätzlich nichts im Weg stehen sollte. Auf der Client-Seite müssen lediglich die Azure-Cmdlets vorhanden sein. Sie werden in wenigen Minuten über den Web Plattform Installer installiert.

22.3   Die ersten Schritte

Der erste Schritt beim Umgang mit den Azure-Cmdlets besteht stets darin, die Konfigurationsdatei mit allen Einstellungen für den eigenen Tarif aus dem Azure-Portal herunterzuladen. Dazu genügt der Aufruf von

```
Get-AzurePublishSettingsFile
```

Das Cmdlet ruft die Azure-Portalseite auf, über die Sie sich im Azure-Portal anmelden müssen. Anschließend erhalten Sie die Gelegenheit, die Konfigurationsdatei herunterzuladen. Um diese nutzen zu können, ist lediglich ein Aufruf des *Import-AzurePublishSettingsFile*-Cmdlets erforderlich.

Die folgende Befehlsfolge importiert eine Konfigurationsdatei für einen (fiktiven) Azure-Tarif:

```
$SettingsPfad = "C:\PsKurs\MeinTarif-1-11-2013-
Credentials.publishsettings"
Import-AzurePublishSettingsFile -PublishSettingsFile $SettingsPfad
```

Alle weiteren Aufrufe der Azure-Cmdlets beziehen sich auf die Einstellungen der Konfigurationsdatei. Eine erneute Authentifizierung ist daher nicht erforderlich.

22.4   Der Umgang mit virtuellen Maschinen

Dieser Abschnitt ist für Administratoren gedacht, die unter Azure auf Hyper-V basierende virtuelle Maschinen einrichten, konfigurieren und starten möchten. Auf den folgenden Seiten wird das Anlegen, Starten und Entfernen einer Azure-VM vorgestellt. Der Umgang mit virtuellen VMs ist grundsätzlich sehr einfach.

22.4.1   Anlegen einer neuen VM

Das Anlegen einer VM ist ein geradliniger Vorgang, der sich nur geringfügig vom Anlegen einer Hyper-V-VM „on premises" (also auf den eigenen Servern) unterscheidet.

Die folgende Befehlsfolge legt eine neue Azure-VM mit einem vorbereiteten Windows Server 2012 Datacenter Image an. Sie ist etwas umfangreicher als es für ein Minimalbeispiel erforderlich wäre, da nicht nur eine neue VM angelegt, sondern das erforderliche Laufwerk mit einem vorbereiteten Image zugeordnet wird. Die VM kann daher im Anschluss an die Konfiguration gestartet werden.

Damit die Befehlsfolge funktioniert, müssen natürlich alle persönlichen Angaben angepasst werden.

```
# Persönliche Angaben
$Pw = "Password"
$UserName = "PSTestAdmin"
$ServiceName = "pmtrain"
$StorageName = "portalvhds1s1q1h058p4g5"
$SettingsPfad = "C:\PsKurs\Verbrauchstarif-5-22-2013-
credentials.publishsettings"

# Azure-Konten-Informationen laden
Import-AzurePublishSettingsFile -PublishSettingsFile $SettingsPfad

# Vorbereitetes Image holen
VMImage = Get-AzureVMImage -ImageName
"a699494373c04fc0bc8f2bb1389d6106__Windows-Server-2012-Datacenter-
201305.01-en.us-127GB.vhd"

# Storage muss in derselben "Location" sein wie VM
Set-AzureSubscription -SubscriptionName Verbrauchstarif -
CurrentStorageAccount $StorageName

# Azure-VM einrichten
New-AzureVMConfig -ImageName $VMImage.ImageName -InstanceSize
'ExtraSmall' -Name PMTest|Add-AzureProvisioningConfig -Windows -
Password $Pw -AdminUsername $UserName -EnableWinRMHttp |Add-
AzureDataDisk -CreateNew -DiskSizeInGB 40 -DiskLabel Standard -LUN 0 |
New-AzureVM -ServiceName $ServiceName -Location "West Europe" -
WaitForBoot -Verbose
```

Schritt 1: Holen eines vorbereiteten Image

Das Cmdlet *Get-AzureVMImage* holt ein vorbereites Image anhand seiner *ImageName*-Eigenschaft. Neben Windows Server 2012 R2 stellt Microsoft z. B. auch Windows Server 2008 R2 und verschiedene Linux-Distributionen wie Ubuntu und Suse zur Auswahl (die Liste wird laufend erweitert).

Ein

```
Get-AzureVMImage | Select-Object -Property ImageName
```

listet alle verfügbaren Images auf[1].

Schritt 2: Zuordnen des Speicherkontos

Dies ist ein wichtiger Schritt, denn eine VM muss einem Speicherkonto (Storage Account) zugeordnet werden. Dies übernimmt das Cmdlet *Set-AzureSubscription*, dem der Name des Tarifs und der eines Speicherkontos übergeben werden. Die Liste aller verfügbaren Speicherkonten liefert das *Get-AzureStorageAccount*-Cmdlet.

Der folgende Befehl legt ein bestimmtes Speicherkonto fest:

```
Set-AzureSubscription -SubscriptionName Verbrauchstarif -
CurrentStorageAccount $StorageName
```

---

[1] Stand Mai 2013 standen 59 Images zur Auswahl.

Schritt 3: Anlegen einer Konfiguration

Das Anlegen einer Konfiguration übernimmt das New-AzureVMConfig-Cmdlet. Es umfasst die Angabe der Instanzgröße (z. B. „Small", die gleichzeitig auch die Kosten bestimmt), die Auswahl eines Image und eines Namens für die VM. Das Resultat wird dem Add-AzureProvisioningConfig-Cmdlet weitergereicht.

Schritt 4: Provisionierung

Im Rahmen der „Provisionierung" (Bereitstellung) werden die Konfigurationsdaten des Dienstes festgelegt. Dazu gehören u. a. die Auswahl des Betriebssystems und das Festlegen der Anmeldedaten. Das Ergebnis wird dem Add-AzureDataDisk-Cmdlet weitergereicht.

Schritt 5: Zuordnen einer Festplatte

Im letzten Schritt wird eine Festplatte ausgewählt bzw. neu angelegt.

Schritt 6: Anlegen der VM

Damit sind alle Eckdaten vorhanden und die VM kann per New-AzureVM-Cmdlet angelegt werden:

```
New-AzureVM -ServiceName PMTest -VMs $VMConfig -WaitForBoot  -Location
"West Europe"
```

Der optionale (und sehr praktische) Parameter *WaitForBoot* sorgt dafür, dass es erst weitergeht, wenn die VM gebootet hat. Ein separates Starten per *Start-AzureVM* ist damit nicht erforderlich. Der Servicename darf noch nicht verwendet worden sein. Ansonsten erscheint die etwas irreführende Fehlermeldung, die besagt, dass der DNS-Name bereits existiert. Ging alles gut, steht die VM innerhalb einer Minute zur Verfügung und kann anschließend per PowerShell-Remoting oder RDP angesprochen werden.

▶   **Tipp** Möchte man die einzelnen Schritte während der Bereitstellung verfolgen, ist der *Verbose*-Parameter praktisch.

22.4.2   Starten einer VM

Das Starten einer VM besteht lediglich auf dem Aufruf des *Start-AzureVM*-Cmdlets.

22.4.3   Entfernen einer VM

Damit der Betrieb einer Azure-VM nicht mehr durch Microsoft in Rechnung gestellt wird, muss sie entfernt werden (die virtuelle Festplatte im Storage Account bleibt erhalten, so dass sie später wieder reaktiviert werden kann). Das übernimmt das Cmdlet *Remove-AzureVM*. Für das Entfernen ist lediglich ein Servicename und, wenn darunter mehrere VMs laufen, der Name der VM erforderlich.

Der folgende Befehl entfernt eine Azure-VM wieder.

```
Get-AzureVM -ServiceName PMTest | Remove-AzureVM
```

Das Entfernen dauert weniger als eine Minute. Ein explizites Bestätigen ist nicht erforderlich. Die VM wird auch im laufenden Betrieb entfernt.

22.4.4   Tipps für eine Fehlersuche

Da jeder Aufruf über ein Cmdlet intern auf einem Webservice-Aufruf basiert, sind Fehlermeldungen oft etwas kryptisch. Der folgende kleine „Trick" zeigt, wie man eine etwas ausführlichere Fehlermeldung erhält. Voraussetzung ist, dass die beiden Befehle unmittelbar nach dem fehlgeschlagenen Azure-Aufruf ausgeführt werden, denn sie setzen voraus, dass sich das Fehlerobjekt in *$Error[0]* befindet.

```
$Sr = New-Object -Typename Sys-
tem.IO.StreamReader($Error[0].Exception.InnerException.Response.GetRespon
seStream())
$Sr.ReadToEnd()
```

22.5   Herstellen einer PowerShell-Remoting-Session

Mit einer Azure-VM kann (natürlich) auf die gleiche Weise eine Remoting-Session hergestellt werden wie mit einem physikalischen Server im lokalen Netzwerk. Je nach Windows-Server-Version muss in der Azure-VM PowerShell-Remoting aktiviert werden. Soll eine Verbindung über HTTP hergestellt werden, muss im Azure-Portal für die VM für den Port 5985 ein Endpunkt eingerichtet werden.

Sehr praktisch ist das Cmdlet *Get-AzurreWinRMUri*, denn es holt die für das Herstellen der Verbindung erforderliche URI. Der folgende Befehl holt die für PowerShell-Remoting erforderliche URI einer VM:

```
Get-AzureVM -Name PmTrainVM-ServiceName PmTrain| Get-AzureWinRMUri
```

Die folgende Befehlsfolge führt einen Befehl im Rahmen einer Remoting-Session aus, die mit einer Azure-VM hergestellt wurde.

```
$Uri = "http://pmtrain.cloudapp.net:55239"
New-PSSession -ConnectionUri $Uri -Credential $Cred
```

Die URI ist z. B: „https://pmtrain.cloudapp.net:55238/". Wie sich damit eine Remoting-Sitzung herstellen lässt, zeigt das folgende Beispiel. Anstelle einer Https-Verbindung, die ein eingerichtetes Zertifikat der Azure-VM voraussetzt, wird eine Http-Verbindung verwendet (das Get-AzureCertificate listet alle mit einem Tarif verbundenen Zertifikate auf). Das Beispiel, das lediglich den Hostnamen der Remote-VM ausgibt, macht sehr schön deutlich, dass sich eine Remoting-Verbindung mit einer Azure-VM nur durch den Hostnamen unterscheidet.

```
<#
 .Synposis
 PowerShell-Remoting mit einer Azure-VM
#>

$UserName = "Administrator"
$Pw = "demo+123"
$PSRemoteHost = "pemotrain.cloudapp.net"
$PwSec = $Pw | ConvertTo-SecureString -AsPlainText -Force
$Cred = New-Object -TypeName PSCredential -ArgumentList $UserName, $PwSec

$AzureS = New-PSSession -ComputerName $PSRemoteHost -Credential $Cred

Invoke-Command { Hostname } -Session $AzureS

Remove-PSSession -Session $AzureS
```

22.6   Zusammenfassung

Für viele Administratoren mag das Thema Cloud und speziell der Umgang mit der Microsoft Cloud-Plattform *Azure* noch in weiter Ferne liegen, doch die Wahrscheinlichkeit ist groß, dass die Administration eines Cloud-Angebots in ein paar Jahren ein fester Bestandteil des Arbeitsalltags sein wird. Wer sich für *Azure* entscheidet, erhält von Microsoft einen Satz an Befehlszeilentools, mit dessen Hilfe die verschiedenen Angebote (u. a. Storage, Websites und virtuelle Maschinen) konfiguriert werden können. Zu den Tools gehört ein umfangreicher Satz an Cmdlets, mit deren Hilfe die Konfiguration von *Azure*-Funktionalität sehr einfach wird. In Kombination mit den Standard-Cmdlets ergeben sich vielfältige Möglichkeiten, die Cloud-Funktionalität vom Arbeitsplatz zu konfigurieren und z. B. Reports anzulegen.

Benutzeroberflächen für PowerShell-Skripte

23

PowerShell-Skripte müssen sich nicht mit den bescheidenen Möglichkeiten des Konsolenfensters begnügen. Sie können ein Fenster anzeigen, das alle Bedienelemente besitzen kann, die auch einer modernen Windows-Anwendung zur Verfügung stehen. Damit kann der Autor eines PowerShell-Skripts mit relativ wenig Aufwand sein Skript mit einer Benutzeroberfläche ausstatten. Diese Möglichkeiten sind bei der PowerShell dank der. NET-Laufzeit fest eingebaut. Der Aufwand für die Umsetzung einer Oberfläche hält sich in Grenzen.

23.1 Qual der Wahl

Ambitionierte PowerShell-User haben gleich zwei „GUI-Pakete" zur Auswahl, die beide fester Bestandteil der.NET-Laufzeit sind:

* Windows Forms
* WPF (Windows Presentation Foundation)

Beide GUI-Pakete sind bezüglich ihrer Möglichkeiten vergleichbar. Auch bezüglich des Umsetzungsaufwands gibt es keine großen Unterschiede. Für das ältere Windows Forms spricht, dass mit *PowerShell Studio 2012* von der Softwarefirma *Sapien* bzw. der kostenlosen Community Edition des Produkts ein komfortables Werkzeug zur Verfügung steht, mit dessen Hilfe sich theoretisch (ein wenig Übung vorausgesetzt) in wenigen Minuten eine kleine Benutzeroberfläche „zusammenklicken" lässt. Für WPF spricht, dass es etwas moderner ist und die Benutzeroberfläche in einem XML-Dialekt (XAML) definiert wird, so dass der Definitionscode eines Fensters einfach nur eingetippt werden muss bzw. sich die Umsetzung automatisieren lässt. WPF-Anwendungen spielen in der Windows-Soft-

© Springer Fachmedien Wiesbaden 2014
P. Monadjemi, *PowerShell für die Windows-Administration,* X.systems.press,
DOI 10.1007/978-3-658-02964-7_23

ware-Entwicklung eine wichtige Rolle und XAML ist auch die Grundlage für Windows Store-Anwendungen für Windows 8. In diesem Kapitel werden die meisten Beispiele mit WPF umgesetzt. Die Windows Forms-Variante wird im Zusammenhang mit der *Primal Forms Community Edition* vorgestellt. Ein wichtiger Hinweis vorweg: Man benötigt keinerlei Entwicklerkenntnisse, um für sein PowerShell-Skript eine (einfache) Benutzeroberfläche zu erstellen, wenngleich solche Kenntnisse natürlich hilfreich sind.

23.2   Voraussetzungen

Zwar sind die Windows Forms- und WPF-Klassen Teil der .NET-Laufzeit, in der PowerShell-Konsole müssen aber eine Reihe von Assemblies über das *Add-Type*-Cmdlet nachgeladen werden. Für eine Windows Forms-Anwendung sind es zwei Assemblies, die der folgende Befehl lädt:

```
Add-Type -AssemblyName System.Windows.Forms, System.Drawing
```

Für eine WPF-Anwendung müssen gleich drei Assemblies per *Add-Type* geladen werden:

- WindowsBase
- PresentationCore
- PresentationFramework

Alle Beispiele dieses Kapitel setzen voraus, dass diese Assemblies geladen wurden.

23.3   Die Rolle der Ereignisse

Ereignisse (Events) sind das Bindeglied zwischen einem Element der Benutzeroberfläche und einem PowerShell-Scriptblock, der z. B. immer dann ausgeführt werden soll, wenn der Benutzer einen Button anklickt. Das Konzept der Ereignisse wurde in Kap. 18 vorgestellt. Sowohl bei Windows Forms als auch bei WPF besitzen alle Klassen, die Fenster und Steuerelemente repräsentieren, eine Vielzahl von Event-Members.

Der folgende Befehl gibt alle Event-Members der Klasse *Form* aus, die bei Windows Forms ein Fenster repräsentiert:

```
[System.Windows.Forms.Form].GetEvents().Name
```

Die Namen selber spielen in diesem Zusammenhang keine Rolle. Als Lerneffekt soll lediglich der Umstand deutlich geworden sein, dass es sehr viele Events sind.

Damit ein Event mit einem Scriptblock verknüpft werden kann, bietet das Typensystem der PowerShell eine Hilfestellung an. Es fügt für jedes Event-Member ein Methoden-

Member hinzu, dem ein Scriptblock als Argument übergeben wird. Der Name beginnt immer mit „add_", auf dem der Name des Events folgt. Tritt das Ereignis später ein, wird dieser Scriptblock aufgerufen (diese angehängten Methoden-Members werden per *Get-Member* nur mit dem Force-Parameter angezeigt).

Der folgende Befehl verknüpft bei einem Button über die *Add_Click*-Methode das *Click*-Ereignis mit einem Befehl:

```
$B.Add_Click({ Write-Host "Vielen Dank!"})
```

Das folgende Beispiel zeigt ein Windows Forms-Fenster mit einem Button an, der nach Anklicken mit der Maus eine Ausgabe in das Host-Fenster schreibt. Das Ergebnis ist optisch noch nicht besonders ansprechend, doch das wird in Kürze nachgeholt.

```
<#
 .Synopsis
 Button-Event-Beispiel
#>

Add-Type -AssemblyName System.Windows.Forms, System.Drawing
$F = New-Object -TypeName System.windows.Forms.Form
$B = New-Object -TypeName System.Windows.Forms.Button
$B.Text = "Bitte klicken"
$B.add_click({ Write-Host "Vielen Dank!"})
$F.Controls.Add($B)
[System.Windows.Forms.Application]::Run($F)
```

23.4   Die Umsetzung bei Windows Forms

Die Umsetzung einer Benutzeroberfläche besteht bei Windows Forms aus folgenden Schritten:

- Laden der Assemblies über das *Add-Type*-Cmdlet.
- Anlegen eines Fensters auf der Grundlage der Klasse *System.Windows.Forms* per *New-Object*-Cmdlet.
- Anlegen von Steuerelementen per *New-Object*-Cmdlet.
- Hinzufügen der Objekte, die einzelne Steuerelemente repräsentieren, zur *Controls*-Eigenschaft des *Form*-Objekts.
- Hinzufügen von Scriptblocks über die verschiedenen *Add*-Methoden.

Diese Schrittfolge wird im Folgenden am Beispiel eines PowerShell-Skriptes umgesetzt, das die Namen aller nicht laufenden Dienste anzeigt.

Schritt 1: Laden der Assemblies

Dieser Befehl ist zwar nicht erforderlich, wenn das Skript in der ISE ausgeführt wird, doch sollte er immer ausgeführt werden, damit das Skript von jedem PowerShell-Host ausgeführt werden kann.

```
Add-Type -AssemblyName System.Windows.Forms, System.Drawing
```

Schritt 2: Anlegen des Form-Objekts

Das *Form*-Objekt repräsentiert bei Windows Forms ein Fenster.

```
$F = New-Object -TypeName System.windows.Forms.Form
```

Schritt 3: Festlegen von Größe, Position und anderen Attributen

Jede *Form*-Klasse besitzt eine Fülle von Eigenschaften, um Größe, Position und andere Eigenschaften eines Fensters oder Steuerelements festlegen zu können. Da Größe, Position und die Schrifteigenschaften über eigene Klassen (*Size*, *Location* und *Font* aus der *Drawing*-Asssembly) festgelegt werden, sind hier wieder eigene Objekte im Spiel. Die folgenden Befehle geben dem Fenster eine Größe, eine Schriftart mit Größe und eine Überschrift:

```
$F.Text = "Dienstestatus"
$F.Font = New-Object -TypeName System.Drawing.Font -ArgumentList "Arial",
12
# Festlegen der Größe
$F.Size = New-Object -TypeName System.Drawing.Size -ArgumentList 400,480
```

Schritt 4: Hinzufügen einer ListBox

Das erste Steuerelement, das zu dem Fenster hinzugefügt wird, ist ein Listensteuerelement, das auf der *ListBox*-Klasse basiert. Es wird per *New-Object* angelegt und der *Controls*-Eigenschaft des *Form*-Objekts hinzugefügt. Die folgenden Befehle legen eine ListBox an, geben ihr eine Position und eine Größe und fügen sie zur *Controls*-Liste des Fensters hinzu.

```
$DiensteListBox = New-Object -TypeName System.windows.Forms.Listbox
$DiensteListBox.Size = New-Object -TypeName System.Drawing.Size -
ArgumentList 240,360
$DiensteListBox.Location = New-Object -TypeName System.Drawing.Point -
ArgumentList 80,20
$F.Controls.Add($DiensteListBox)
```

Schritt 5: Hinzufügen eines Buttons

Nach demselben Schema wird ein Button hinzugefügt. Die folgenden Befehle positionieren den Button unterhalb der ListBox:

```
$B = New-Object -TypeName System.Windows.Forms.Button
$B.Text = "&Start"
$B.Size = New-Object -TypeName System.Drawing.Size -ArgumentList 240,40
$B.Location = New-Object -TypeName System.Drawing.Point -ArgumentList
80,380
$F.Controls.Add($B)
```

Schritt 6: Hinzufügen eines Ereignis-Scriptblocks

Das Fenster ist fertig, jetzt muss noch dafür gesorgt werden, dass mit dem Anklicken des Buttons etwas passiert. Das übernimmt der folgende Scriptblock:

```
$SB = {
    $DiensteListBox.Items.Clear()
    Get-Service | Where-Object Status -ne "Running" | ForEach-Object {
        $DiensteListBox.Items.Add($_.Name)
    }
}
```

Damit der Scriptblock ausgeführt wird, wird er über die *Add_Click*-Methode des Buttons mit dessen *Click*-Event verknüpft:

```
$B.Add_Click($SB)
```

Damit ist ein PowerShell-Skript fertig, das die Namen aller aktuell nicht laufenden Dienste in einer Listenausgabe anzeigt.

Das vollständige Skript ist wie folgt aufgebaut:

```
<#
.Synopsis
Windows Forms Beispiel Nr. 1 - Anzeigen der nicht laufenden Dienste
#>

$SB = {
    $DiensteListBox.Items.Clear()
    Get-Service | Where-Object Status -ne "Running" | ForEach-Object {
      $DiensteListBox.Items.Add($_.Name)
      }
}

# Laden der Assemblies
Add-Type -AssemblyName System.Windows.Forms, System.Drawing
# Anlegen des Form-Objekts
$F = New-Object -TypeName System.windows.Forms.Form
$F.Text = "Dienstestatus"
$F.Font = New-Object -TypeName System.Drawing.Font -ArgumentList "Arial",
12
# Festlegen der Größe
$F.Size = New-Object -TypeName System.Drawing.Size -ArgumentList 400,480
# Anlegen einer ListBox
$DiensteListBox = New-Object -TypeName System.windows.Forms.Listbox
# Festlegen der Größe
$DiensteListBox.Size = New-Object -TypeName System.Drawing.Size -
ArgumentList 240,360
# Festlegen der Position
$DiensteListBox.Location = New-Object -TypeName System.Drawing.Point -
ArgumentList 80,20
# Anlegen des Buttons
$B = New-Object -TypeName System.Windows.Forms.Button
$B.Text = "&Start"
# Festlegen von Größe und Position
$B.Size = New-Object -TypeName System.Drawing.Size -ArgumentList 240, 40
$B.Location = New-Object -TypeName System.Drawing.Point -ArgumentList
80,380
$B.Add_Click($SB)

# Controls zum Fenster hinzufügen
$F.Controls.Add($DiensteListBox)
$F.Controls.Add($B)

[System.Windows.Forms.Application]::Run($F)
```

Abbildung 23.1 zeigt das Skript nach seiner Ausführung. Das Ergebnis ist passabel, wenngleich der Aufwand zur Umsetzung verhältnismäßig hoch war.

23.5   Primal Forms Community Edition

Der letzte Abschnitt hat deutlich gemacht, dass PowerShell-Skripte und Benutzeroberflächen kein Widerspruch sind, sondern sogar sehr gut harmonieren. Allerdings ist der Umsetzungsaufwand für ein Fenster verhältnismäßig hoch. Wer häufiger Windows Forms-Benutzeroberflächen für PowerShell-Skripte umsetzen möchte, sollte dafür ein Werkzeug von der Firma *Sapien* verwenden, das es in zwei „Geschmacksrichtungen" gibt:

Abb. 23.1 Ein PowerShell-
Skript mit Benutzeroberfläche

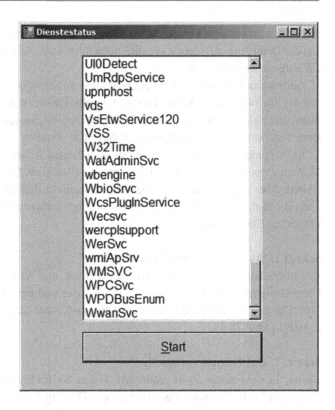

- PowerShell Studio 2012
- Primal Forms Community Edition

PowerShell Studio 2012 ist bereits eine richtige Entwicklungsumgebung für PowerShell-
Skripte, die sehr viel mehr Komfort bietet als die PowerShell ISE. Unter anderem ist es
möglich, PowerShell-Skripte in eine Exe-Datei einzubetten und mit einem Kennwort zu
schützen. Mit dabei ist ein komfortabler Designer für Windows Forms-Oberflächen. *Primal Forms Community Edition* (*Primal Forms CE*) ist eine kleine Anwendung, die aus
einem Designer besteht, mit dessen Hilfe sich Steuerelemente auf einer Fläche platzieren
lassen, die ein Forms-Fenster darstellt. Die Werte der Eigenschaften werden in einem weiteren Fenster festgelegt. Das Ergebnis ist ein PowerShell-Skript, das über die Zwischenablage in die PowerShell ISE eingefügt werden kann, damit es dort weiterbearbeitet und
ausgeführt werden kann. *Primal Forms CE* erzeugt damit jene PowerShell-Befehle, die
im letzten Abschnitt noch „zu Fuß" umgesetzt wurden. Es ist wichtig zu verstehen, dass
Primal Forms CE keine Abhängigkeiten erzeugt. Das generierte Skript kann von jedem
PowerShell-Host (ab Version 1.0) ausgeführt werden.
    Die Downloadadresse ist

```
http://www.sapien.com/software/communitytools#PrimalFormsCE
```

Allerdings ist vor dem Download eine Registrierung erforderlich. Der Download besteht aus der Datei *PrimalFormsce.exe*, die ausgeführt wird. Anschließend kann *Primal Forms CE* aufgerufen werden.

Auch wenn *Primal Forms CE* ein paar kleinere Schwächen besitzt und die Anwendung seit der Freigabe der 1.0 Version nicht mehr überarbeitet wurde, bietet es eine enorme Arbeits- und Zeitersparnis bzw. ermöglicht es wenig erfahrenen Anwendern überhaupt eine Benutzeroberfläche für ein PowerShell-Skript zu erstellen.

Im Folgenden wird das Beispiel aus dem letzten Abschnitt erneut umgesetzt, dieses Mal mit *Primal Forms CE* und dabei um eine Checkbox für die Auswahlmöglichkeit erweitert, über die entweder alle oder nur die nicht laufenden Dienste angezeigt werden, und ein Label, das die Anzahl der Dienste anzeigt. Außerdem erhalten alle Steuerelemente Labels zur Beschriftung.

Schritt 1: Starten von Primal Forms CE
Die überschaubare Benutzeroberfläche umfasst die Werkzeugsammlung (links), den Form-Designer (Mitte), das Eigenschaftenfenster und eine Toolbar am oberen Fensterrand. Der erste Schritt besteht aus dem Klick auf „New". Dadurch wird ein neues Projekt angelegt (Abb. 23.2).

Schritt 2: Das Fenster vorbereiten
Ziehen Sie das Fenster etwas größer auf. Tragen Sie im Eigenschaftenfenster bei der *Text*-Eigenschaft z. B. „Dienststatus-Abfrage" ein. Das Eigenschaftenfenster lässt sich in seiner Breite verändern. Die Eigenschaften werden wahlweise nach Kategorien oder alphabetisch sortiert angezeigt. Tragen Sie bei der *Font*-Eigenschaft eine andere Schrift ein, z. B. „Arial, 12 Punkt, halbfett", damit die Beschriftung etwas besser lesbar ist (Abb. 23.3).

Schritt 3: Platzieren eines Labels
Das Anordnen von Steuerelementen auf dem Form-Fenster läuft immer gleich ab. Suchen Sie sich in der Werkzeugsammlung am linken Rand ein Steuerelement, z. B. einen Button aus, und platzieren Sie diesen durch Ziehen bei gedrückter linker Maustaste auf die Fläche des Form-Fensters (ein Doppelklick tut es auch) und verändern Sie anschließend Größe und Position. Anschließend können die Werte aller Eigenschaften des (selektierten) Steuerelements im Eigenschaftenfenster am rechten Rand geändert werden, wenngleich dieser Schritt optional ist.

Platzieren Sie als erstes ein Label auf das Form-Fenster und tragen Sie für die *Text*-Eigenschaft „Dienste" ein (Abb. 23.4).

Schritt 4: Platzieren einer ListBox
Platzieren Sie unterhalb des Labels eine ListBox (Abb. 23.5).

Schritt 5: Platzieren einer CheckBox

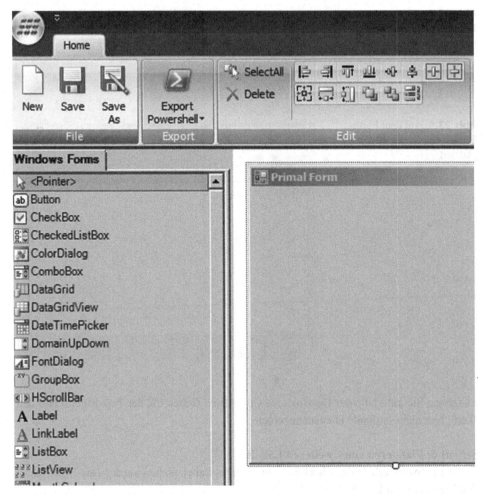

Abb. 23.2 Die Steuerelemente werden in der Toolbox am linken Rand angeboten

ShowIcon	True
ShowInTaskbar	True
⊞ Size	**412; 434**
SizeGripStyle	Auto
StartPosition	WindowsDefaultLocation
Tag	
Text	**Dienststatus-Abfrage**
TopMost	False
TransparencyKey	

Abb. 23.3 Das Form-Fenster erhält eine andere Überschrift

Abb. 23.4 Auf dem Form-
Fenster wurde ein Label
platziert

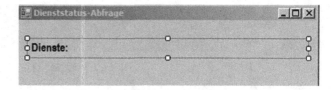

Abb. 23.5 Auf dem Form-
Fenster wurde eine ListBox
platziert

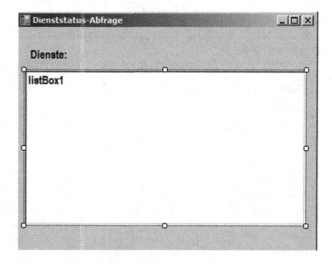

Platzieren Sie unterhalb der ListBox eine CheckBox. Geben Sie der *Text*-Eigenschaft den
Wert „Nur nicht laufende Dienste anzeigen".

Schritt 6: Platzieren eines weiteren Labels
Platzieren Sie unterhalb der CheckBox ein weiteres Label. Geben Sie der *Text*-Eigenschaft
den Wert „Anzahl Dienste:".

Schritt 7: Platzieren eines weiteren Labels
Platzieren Sie unterhalb des Labels noch ein Label. In diesem Label wird die Anzahl der
Dienste angezeigt. Damit dieses Label leichter angesprochen werden kann, geben Sie ihm
den Namen „DiensteAnzahlLabel" (der Name selber spielt keine Rolle – *Primal Forms
CE* gibt jedem Steuerelement automatisch einen Namen) (Abb. 23.6).

Schritt 8: Platzieren eines Buttons
Platzieren Sie unterhalb des zweiten Labels einen Button. Geben Sie der Text-Eigenschaft
den Wert „&Start". Damit ist die Benutzeroberfläche fertig (Abb. 23.7).

Schritt 8: Auswahl der Ereignisvariablen für das Click-Ereignis des Buttons
Eine Kleinigkeit fehlt noch. Diese Kleinigkeit ist der Name einer Variablen, die für den
Scriptblock steht, der ausgeführt wird, wenn der Button geklickt wird. Wechseln Sie

Locked	False
⊞ Margin	3; 0; 3; 0
⊞ MaximumSize	0; 0
⊞ MinimumSize	0; 0
Name	**AnzahlDiensteLabel**
⊞ Padding	0; 0; 0; 0
RightToLeft	No
⊞ Size	**381; 23**

Abb. 23.6 Das dritte Label erhält einen anderen Namen

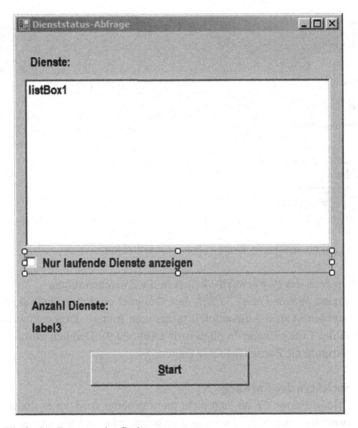

Abb. 23.7 Die fertige Benutzeroberfläche

dazu im Eigenschaftenfester in das *Ereignisse*-Register (der Button mit dem Blitzsymbol) und klicken Sie den Eintrag „Click" doppelt an. Dadurch wird ein Name eingefügt, aus dem später eine Variable wird (den Namen können Sie an dieser Stelle auch ändern) (Abb. 23.8).

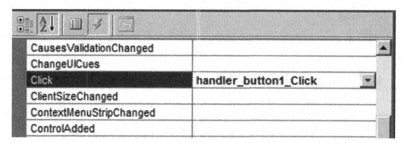

Abb. 23.8 Die Variable für den Click-Ereignis-Scriptblock wird festgelegt

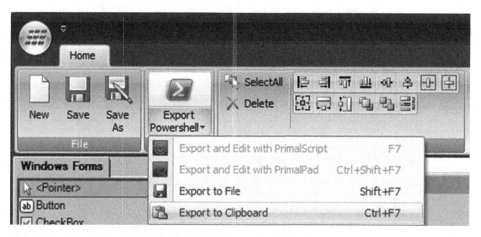

Abb. 23.9 Aus der Fensteroberfläche wird ein PowerShell-Skript

Schritt 9: Kopieren des PowerShell-Skripts in die Zwischenablage

Zum Schluss muss *Primal Forms CE* aus dem Designer ein PowerShell-Skript machen. Klicken Sie auf den kleinen Auswahlpfeil rechts vom Button „Export-PowerShell" und wählen Sie in der Liste „Export to clipboard" (Abb. 23.9). Dadurch wird das erzeugte PowerShell-Skript in die Zwischenablage kopiert.

Schritt 10: Speichern des Entwurfs

Auch wenn *Primal Forms CE* ab jetzt nicht mehr benötigt wird, ist es üblich und sinnvoll, den Entwurf über den *Save*-Button in der Toolbar zu speichern, so dass er zu einem späteren Zeitpunkt angepasst und erweitert werden kann. *Primal Forms* verwendet ein eigenes XML-Format (die Datei mit der Erweiterung *.pff* wird im *Dokumente*-Ordner unter Sapiens/Forms abgelegt)[1].

---

[1] Wer viel Zeit hat und Spaß am Ausprobieren von PowerShell-Techniken hat, kann sich durch Auswerten der XML-Datei eine

Schritt 11: Nachbearbeiten des generierten Skripts

Fügen Sie das Skript aus der Zwischenablage z. B. in die PowerShell ISE ein. Ganz optimal ist der generierte Skriptcode zwar nicht, die vielen Kommentare lassen ihn etwas unübersichtlich erscheinen (ca. 20 % der Befehle ließen sich zudem durch eine Nachbearbeitung herauskürzen), aber er erfüllt seinen Zweck und er besteht zu 100 % aus PowerShell-Skriptbefehlen, die in erster Linie, wie in Kap. 23.4 gezeigt, per *New-Object*-Cmdlet aus Windows Forms-Klassen Objekte machen. Wenn Sie das Skript starten, wird das Fenster mit seinen Bedienelementen angezeigt.

Schritt 12: Einfügen der Befehle

Zum Schluss müssen die Befehle eingefügt werden, die beim Klick auf den Button ausgeführt werden sollen. Diese Befehle dürfen nicht irgendwo eingefügt werden, sondern müssen in dem Scriptblock eingefügt werden, der der Variable *$handler_button1_Click* zugewiesen wird. Damit Sie diese Stelle schnell finden, hat *Primal Forms CE* hier einen „TODO-Kommentar" eingefügt:

```
#Provide Custom Code for events specified in PrimalForms.
$handler_button1_Click=
{
#TODO: Place custom script here

}
```

Die wichtigste Kleinigkeit bei dem von *Primal Forms CE* generierten Skript ist, dass für jedes Steuerelement eine Variable angelegt wird, deren Name in der Regel automatisch vergeben wird, sofern dem Steuerelement im Eigenschaftenfenster des Designers kein eigener Name vergeben wurde. Der Button heißt *$Button1*, die ListBox *$ListBox1*, ein Label z. B. *$Label1*, die CheckBox *$CheckBox1* usw. Diese Namen werden in den Skriptbefehlen verwendet. Kennt man sich dann noch ein wenig mit den Windows Forms-Steuerelementen aus (im *Primal Forms CE*-Installationsverzeichnis finden Sie neben Beispielen auch eine PDF-Datei mit dem Namen *GettingStartedwithPrimalForms.pdf*, die eine gute Einführung enthält), ist der Rest reine Formsache.

Geben Sie in den Skriptblock die folgenden Befehle ein:

```
$handler_button1_Click=
{
    if ($Checkbox1.Checked -eq $true)
    {
        $Dienste = Get-Service | Where-Object Status -eq "Running"
    }
    else
    {
        $Dienste = Get-Service
    }
    $ListBox1.Items.Clear()
    $Dienste | ForEach-Object {
        $ListBox1.Items.Add($_.Name)
    }
    $AnzahlDiensteLabel.Text = ("{0} Dienste." -f $ListBox1.Items.Count)
}
```

Wenn Sie das Skript starten, sollte eine Fensteroberfläche wie in Abb. 23.10 zu sehen sein.

23.6   WPF als Alternative zu Windows Forms

Bei WPF (*Windows Presentation Foundation*) wird die Oberfläche in einem XML-Dialekt mit dem Namen XAML (*Extensible Application Markup Language*) definiert. Das bedeutet, dass Sie das XML z. B. mit einem Texteditor, einem (kostenlosen) Tool wie *Kaazaml* oder direkt in der PowerShell ISE eintippen und damit kein Entwicklungswerkzeug verwenden müssen. Durch die XML-Definition wird die Benutzeroberfläche vollständig von der „Programmlogik" des Skriptes getrennt. Der deklarative XML-Ansatz verkürzt die Umsetzungszeit, da Sie sich nicht mit WPF-Klassen und ihren Details beschäftigen müssen.

Das folgende XML definiert ein sehr einfaches Fenster mit einem Button:

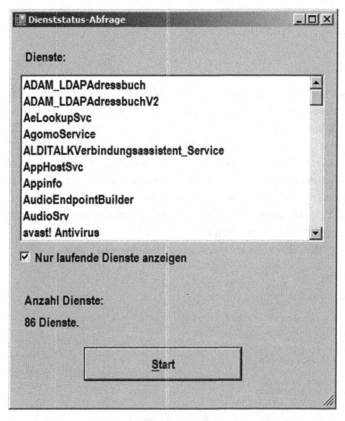

Abb. 23.10 Das PowerShell-Skript zur Dienststatus-Abfrage besitzt eine eigene Benutzeroberfläche

```
<Window
  xmlns=http://schemas.microsoft.com/winfx/2006/xaml/presentation
  xmlns:x=http://schemas.microsoft.com/winfx/2006/xaml
  x:Name="MainWindow"
  Title="WPF-Beispiel"
  WindowStartupLocation="CenterScreen"
  FontFamily="Verdana"
  FontSize="12"
  Width="400"
  Height="200"
>
  <Button
   x:Name="StartButton"
   Height="32"
   Width="120"
   Margin="10"
   Content="Bitte klicken"
  />
</Window>
```

Wer sich mit XML in Grundzügen auskennt, hat mit dieser Definition sicher keine Probleme. Das Stammelement ist *<Window>* die Definition wird daher mit einem *</Window>* -Element abgeschlossen. Damit wird das Fenster als Ganzes festgelegt. Das *Window*-Element ist in einem XML-Schema definiert. Das Schema wird über eine Namespace-Deklaration für den Default-Namespace festgelegt:

```
xmlns=http://schemas.microsoft.com/winfx/2006/xaml/presentation
```

Würden Sie diesen Teil weglassen, wäre die.NET-Laufzeit nicht in der Lage, das XML in ein Fenster umzusetzen. Das gilt auch für die zweite Namespace-Deklaration:

```
xmlns:x=http://schemas.microsoft.com/winfx/2006/xaml
```

Damit wird das Präfix „x" bekannt gemacht, über das die Elemente, die allgemein zu XAML gehören (und nichts mit WPF zu tun haben), wie z. B. „x:Name", deklariert werden. Auch diese Deklaration ist obligatorisch, denn ohne sie wäre es z. B. nicht möglich, XAML-Elementen einen Namen zu geben, um sie damit per PowerShell-Befehl ansprechen zu können.

Damit wäre dieser Teil geklärt. Die Frage ist, wie die PowerShell verstehen soll, was es mit dem Ganzen X(A)ML anfangen soll? Auch das ist zum Glück sehr einfach, denn es gibt in der.NET-Laufzeit eine Klasse mit dem Namen XamlReader, die aus der XML-Definition ein Objekt macht, das nur noch über seine ShowDialog-Methode als Dialogfenster angezeigt werden muss.

Damit sieht die allgemeine Umsetzung einer WPF-Oberfläche wie folgt aus:

- Die X(A)ML-Definition wird im Skript als Here-String abgelegt.
- Der Here-String wird der statischen *Parse*-Methode der *XamlReader*-Klasse übergeben. Daraus resultiert ein Objekt, welches das Fenster repräsentiert.
- Das Fenster wird über die Methode *ShowDialog()* angezeigt.

Das folgende Beispiel setzt diese Schrittfolge um (die XAML-Definition wird nicht noch einmal abgebildet).

```
$XAML = @'
<Window
  xmlns=http://schemas.microsoft.com/winfx/2006/xaml/presentation
  xmlns:x=http://schemas.microsoft.com/winfx/2006/xaml
>

</Window>
$MainWin = [System.Windows.Markup.XamlReader]::Parse($XAML)
$MainWin.ShowDialog()
```

Natürlich ist es mit einem Button alleine noch nicht getan. Es soll auch etwas passieren, wenn der Button geklickt wird. Auch bei WPF spielen Events eine zentrale Rolle und bilden das Bindeglied zwischen GUI-Element und einem Scriptblock. Allerdings gilt es noch eine Hürde zu überwinden. Da die WPF-Objekte dieses Mal nicht per *New-Object* angelegt wurden, war das Typensystem der PowerShell bislang nicht im Spiel und konnte keine Event-Methoden anhängen. Die Lösung besteht darin, das WPF-Element im XAML-Code zu lokalisieren. Das Ergebnis ist ein Objekt, bei dem alle Events über Methoden-Members zur Verfügung gestellt werden. Die folgende Befehlsfolge führt dies mit dem Button durch, der in der XAML-Definition den Namen „StartButton" erhalten hat:

```
$StartButton = $MainWin.FindName("StartButton")
$StartButton.Add_Click($SB_Button)
```

$SB_Button ist der Scriptblock, der mit dem Klick des Buttons ausgeführt wird. Das folgende Beispiel ist etwas umfangreicher, da es aus zwei TextBoxen für die Eingabe, zwei Labels zur Beschriftung und einem Button zum Bestätigen der Eingabe besteht. Die in die Textboxen eingegebenen Werte werden als Eigenschaften eines per *New-Object* gebildeten Objekts ausgegeben (Abb. 23.11).

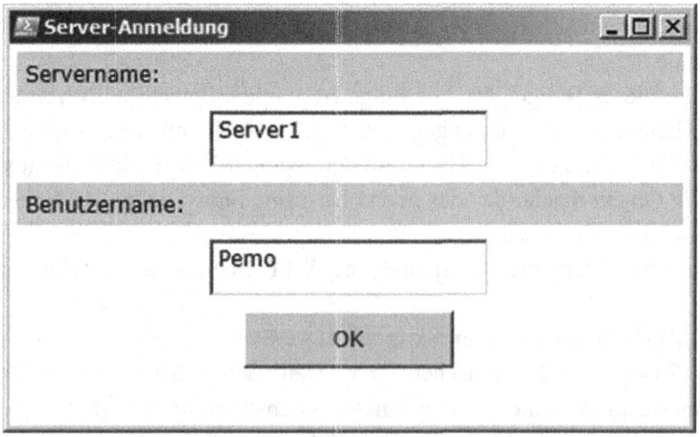

Abb. 23.11 Eine Dialogbox in WPF

```
<#
 .Synopsis
 Eine WPF-Dialogbox mit zwei TextBoxen
#>

Add-Type -AssemblyName WindowsBase, PresentationCore,
PresentationFramework

$XAML = @"
    <Window
        xmlns=http://schemas.microsoft.com/winfx/2006/xaml/presentation
        xmlns:x=http://schemas.microsoft.com/winfx/2006/xaml
        x:Name="MainWindow"
        Title="Server-Anmeldung"
        WindowStartupLocation="CenterScreen"
        FontFamily="Verdana"
        FontSize="12"
        Width="400"
        Height="240"
    >

    <StackPanel>
     <Label
        Content="Servername:"
        Margin="4"
        Background="LightGray"
     />
     <TextBox
        x:Name="ServerNameTextBox"
        Margin="4"
        Height="32"
        Width="160"
     />
     <Label
        Content="Benutzername:"
        Margin="4"
        Background="LightGray"
     />
     <TextBox
        x:Name="UserNameTextBox"
        Margin="4"
        Height="32"
        Width="160"
     />
     <Button
        x:Name="OKButton"
        Content="OK"
        Margin="4"
        Height="32"
        Width="120"
     />
    </StackPanel>
   </Window>
"@

# Schließt das Fenster
$SB = {
    $MainWin.Close()
}

$MainWin = [System.Windows.Markup.XamlReader]::Parse($XAML)
$OKButton = $MainWin.FindName("OKButton")
$OKButton.Add_Click($SB)
$MainWin.ShowDialog() | Out-Null
$Server = $MainWin.FindName("ServerNameTextBox").Text
$User = $MainWin.FindName("UserNameTextBox").Text
New-Object -Type PSObject -Property @{Server=$Server; $User=$User}
```

23.6.1   ShowUI – WPF ohne XAML

Wer Benutzeroberflächen auf der Basis von WPF erstellen, sich aber nicht mit XAML beschäftigen möchte, sollte sich das PowerShell-Modul *ShowUI* anschauen, das die Funktionalität von WPF in über 400 Cmdlets kapselt. Die Downloadadresse des Moduls ist https://showui.codeplex.com. Die aktuelle Version ist 1.4. Der Download besteht aus der Datei *ShowUI.1.4.zip*. Diese wird zuerst „entsperrt" (über den *Zulassen*-Button im Eigenschaftendialog) und anschließend wird ihr Inhalt in das PowerShell-Modules-Verzeichnis kopiert (z. B. unter *$env:userprofile\documents\windowspowershell\modules* – alternativ kann auch die beigefügte Stapeldatei ausgeführt werden). Ein

```
Get-Command -Module ShowUI
```

listet den Inhalt des Moduls auf (beim ersten Aufruf wird eine umfangreiche Codegenerierung gestartet, die eine Weile dauert, da *ShowUI* ein sehr umfangreiches Modul ist). Leider besitzt *ShowUI* einen eklatanten Nachteil, es wird nicht mehr aktiv weiterentwickelt, sondern nur noch gepflegt. Wer auf einen der kleineren Bugs stößt, muss entweder selber auf einen Workaround kommen, im Diskussionsforum auf der Codeplex-Webseite nach Hilfe suchen oder damit leben. Dafür ist der Umgang mit *ShowUI* teilweise genial, da weder XAML noch andere WPF-Formalitäten eine Rolle spielen und jedes WPF-Steuerelement direkt über das zuständige Cmdlet in einem eigenen Fenster angezeigt werden kann. Der folgende Befehl zeigt die Namen aller nicht laufenden Dienste in einer ListBox an:

```
$Dienste = Get-Service | Where-Object Status -ne "Running"
New-ListBox -Width 320 -Height 400 -ItemsSource $Dienste -
DisplayMemberPath Name -Show
```

Die Dienste werden der *ItemsSource*-Eigenschaft der ListBox zugeordnet, über *DisplayMemberPath* wird angegeben, dass der Dienstname angezeigt wird. Der *Show*-Parameter zeigt das Control in einem Fenster an. Einfacher kann die Integration von GUI-Elementen nicht mehr werden.

23.6.2   Ein einfaches Beispiel zur Einstimmung

Das erste Beispiel besteht nur aus einem einzigen Befehl, der ein Fenster mit einem Button anzeigt (Abb. 23.12). Wird der Button angeklickt, wird der Ordner mit den Windows-Netzwerkverbindungen angezeigt.

```
Button -Content "Netzwerkverbindungen" -Width 160 -Height 40 -Margin 8 -
On_Click {
    control.exe netconnections
} -Show
```

Abb. 23.12 Eine WPF-Oberfläche bestehend aus einem
Button

Es ist die Philosophie von *ShowUI*, dass sich alle Fenster mit einem einzigen Befehl anzeigen lassen, wobei dieser eine Befehl durchaus eine Vielzahl anderer Befehle umfassen
kann.

23.6.3   Eine Dialogbox für die Eingabe von Benutzerkonten

Das folgende Beispiel zeigt eine sehr einfach gehaltene Dialogbox, die für das Anlegen
eines Benutzerkontos verwendet werden könnte (Abb. 23.13). Vor allem zeigt sie ein paar
kleine „PowerShell-Tricks", die den Umsetzungsaufwand gering halten.

```
<#
 .Synopsis
 Ein Eingabedialog mit ShowUI
 #>
Import-Module ShowUI

function New-User
{
  param([String]$Nachname, [String]$Vorname)
  "User $Vorname $Nachname wurde angelegt."
}

$Grid = New-UniformGrid -Name NewUser -Width 400 -Height 200 -Rows 3 -
Columns 2 `
 -Children {
    New-Label -Content "Vorname:"  -Width 100 -Height 24 -Row 0
    New-TextBox -Name Vorname -Width 100 -Height 24 -Row 0 -Column 1
    New-Label -Content "Nachname:" -Width 100 -Height 24 -Row 1
    New-TextBox -Name Nachname -Width 100 -Height 24 -Row 1 -Column 1
    New-Button -Content "OK" -Row 2 -Width 100 -Height 32 -On_Click {
       Get-ParentControl | Set-UIValue -passThru | Close-Control
    }
 }
} -Show
New-User @Grid
```

23.6.4   Eine Benutzeroberfläche für Cmdlets

Dass ein WPF-Dialog auch eine „Benutzeroberfläche" für ein Cmdlet sein kann, macht
das nächste Beispiel sehr schön deutlich. Es bietet eine Datumsauswahl für jenes Datum
an, das beim *Get-EventLog*-Cmdlet dem *After*-Parameter übergeben wird (Abb. 23.14).
Außerdem kann das abzufragende Protokoll aus einer Auswahlliste ausgewählt werden.

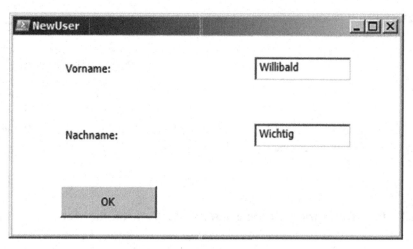

Abb. 23.13 Ein WPF-Eingabedialog für ein Benutzerkonto

Abb. 23.14 Eine kleine
Benutzeroberfläche für das
Get-EventLog-Cmdlet

```
<#
.Synopsis
 Show-UI für Get-EventLog
#>

Import-Module ShowUI

$GetEventLogArgs = StackPanel -ControlName "Get-EventLog-Input" -Width
320 -Children {
    New-Label -Content "Logname:"
    New-ComboBox -IsEditable:$False -SelectedIndex 0 -Name LogName
     -Items @("Application", "Security", "System", "Setup") -Margin 5
    New-Label -Content "After-Parameter:"
    New-Calendar -On_SelectedDatesChanged { $this.Tag =
$this.SelectedDates[0] } -Name After
    New-Button -Content "Get Events" -Height 32 -Margin 5 -On_Click {
     Get-ParentControl | Set-UIValue -PassThru | Close-Control }
} -Show

Get-EventLog -LogName $GetEventLogArgs.LogName -After
$GetEventLogArgs.After
```

Damit es funktioniert, muss auch das voreingestellte Datum selektiert werden, da der Wert ansonsten nicht übernommen wird.

23.7 Zusammenfassung

Ein PowerShell-Skript mit einer Benutzeroberfläche auszustatten ist kein Ding der Unmöglichkeit, sondern in erster Linie etwas Fleißarbeit. Zur Auswahl stehen Windows Forms und WPF, die beide ihre kleineren Stärken und Schwächen besitzen. Windows Forms-Oberflächen lassen sich mit dem Tool *Primal Forms CE* sehr einfach umsetzen. WPF bietet den Vorteil, dass die Oberfläche in einem XML-Dialekt definiert wird, was Teil des PowerShell-Skripts sein kann.

Spaß mit der PowerShell

24

In diesem Kapitel geht es um ein paar PowerShell-Themen, die nur indirekt etwas mit dem Thema Systemadministration zu tun haben, die aber jedem Spaß machen dürften, für den EDV und IT etwas mehr als nur ein Beruf ist.

24.1 Töne und Melodien

Für das Erzeugen von Tönen hat die PowerShell auf den ersten Blick nichts zu bieten. Dabei kann ein akustisches Signal, etwa, wenn ein Skript fertig ist oder eine besondere Situation eingetreten ist, auch im beruflichen Kontext eine sinnvolle Erweiterung sein. Zum Beispiel dann, wenn mehrere Skripte in mehreren Konsolenfenstern parallel ausführen, und der Administrator nicht alle Fenster im Auge behalten kann. Für das Erzeugen von Tönen gibt es in der .NET-Laufzeit die statische Methode *Beep* der *Console*-Klasse, mit der sich einiges anfangen lässt. Wie die Eingabe des Methodennamens ohne ein rundes Klammerpaar am Ende zeigt, kann die Methode auf zwei Arten und Weisen aufgerufen werden:

```
C:\PSKurs> [System.Console]::Beep

OverloadDefinitions
-------------------
static void Beep()
static void Beep(int frequency, int duration)
```

Ohne ein Argument und mit zwei Argumenten. In der ersten Variante wird ein „Standardton" ausgegeben, in der zweiten Varianten werden Frequenz und Dauer des Tones festgelegt. Das eröffnet zahlreiche Möglichkeiten für das Abspielen bekannter Tonfolgen. Die folgende Befehlsfolge gibt eine Tonfolge aus, die Fans von SciFi-Kinoklassikern (hoffentlich) bekannt vorkommen dürfte:

© Springer Fachmedien Wiesbaden 2014   487
P. Monadjemi, *PowerShell für die Windows-Administration*, X.systems.press,
DOI 10.1007/978-3-658-02964-7_24

```
<#
 .Synopsis
 Abspielen einer Tonfolge
#>

# Unh. Begeg. d. 3ten A.
$Toene = (800,400), (1000,400), (900,400), (400,400), (600,1600)

foreach($t in $Toene)
{
    [System.Console]::Beep($t[0], $t[1])
}
```

Die Grundlage für die Tonfolge ist ein zweidimensionales Array, das Tonhöhe und Dauer in Millisekunden für jeden *Beep* enthält. Wie wäre es mit der Erkennungsmelodie für einen Kinoerfolg aus den 80er Jahren?

```
# Axel F
$Toene = (659,460), (784,340), (659,230), (660, 110), (880, 230),
         (660,230), (580, 230),(660,460),(988,340), (660,230),
         (660,110), (1047,230), (988,230), (784,230), (660,230),
         (988,230), (1320,230), (660,110), (590,230), (590,230),
         (494,230), (740,230), (660,460)
```

24.1.1   PowerShell-Musik

Musikstücke werden bekanntlich durch Noten beschrieben, nicht durch Frequenzangaben. Im *Technet Scriptcenter* steht unter der Adresse

```
http://gallery.technet.microsoft.com/scriptcenter/Start-Song-Play-a-song-
0b7c8228
```

ein Skript mit dem Namen *Start-Song.ps1* zur Verfügung, das eine Function mit dem Namen *Start-Song* enthält, die nicht nur Notenbezeichnungen aus einer Csv-Datei einliest, sondern auch die dazu gehörige Textzeilen. Das mitgelieferte Beispiel passt zwar nur zu einer bestimmten Jahreszeit, ist aber ein schönes Beispiel dafür, was mit „etwas" Zeit und viel Spaß am Ausprobieren von Techniken, die nichts mit Systemadministration zu tun haben, mit der PowerShell möglich ist.

24.1.2   Wave-Dateien abspielen

Für das Abspielen von Sounddateien im Wave-Format gibt es die Klasse *SystemSounds* im Namespace *System.Media* der .NET-Laufzeit. Über ihre *Play*-Methode wird eine Wave-Datei abgespielt, deren Pfad beim Instanziieren der Klasse übergeben wurde.

Die folgende Befehlsfolge spielt alle Wave-Dateien im *Windows\Media*-Verzeichnis der Reihe nach ab:

```
<#
 .Synopsis
 Wave-Dateien abspielen
#>

$WavDateien = Get-ChildItem -Path C:\Windows\Media\*.wav
$Anzahl = 0
Foreach($Wav in $WavDateien )
{
   $Anzahl++

$($Wav.Name)" `
   -PercentComplete (($Anzahl / $WavDateien.Count) * 100)
   $Player = New-Object -TypeName System.Media.SoundPlayer -ArgumentList
$Wav.FullName
   $Player.PlaySync()
}
```

Es ist wichtig, dass die Sounddateien über die Methode *PlaySync()* synchron abgespielt werden. Würden Sie stattdessen die etwas naheliegendere *Play()*-Methode verwenden, würde sich ein interessantes Phänomen ergeben: Der per *Write-Progress* angezeigte Fortschrittsbalken würde „durchrauschen", einige Sounddateien würden zeitverzögert abgespielt werden und kurz danach wäre alles wieder vorbei. Der Grund für dieses Verhalten ist, dass *Play()* asynchron funktioniert und die Ausführung des Befehls fortgesetzt wird während die erste Sounddatei geladen wird. Kurz danach ist die Schleife fertig, die Ausführung des Skripts endet und damit auch die Lebensdauer des *SoundPlayer*-Objekts.

24.1.3   Systemsounds abspielen

Für das Abspielen der über die Systemsteuerung von Windows festgelegten Systemsounds bietet die.NET-Laufzeit die *SystemSounds*-Klasse. Sie bietet wiederum eine Reihe statischer Eigenschaften, die jeweils für ein *SystemSound*-Objekt stehen, über dessen *Play*-Methode die Wave-Datei abgespielt wird (Abb. 24.1):

```
PS C:\PSKurs> [System.Media.SystemSounds]::Exclamation.Play()
```

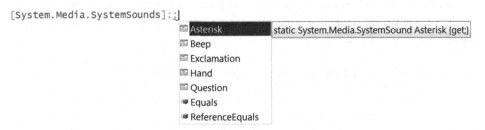

Abb. 24.1 Die PowerShell ISE zeigt die statischen Eigenschaften der SystemSounds-Klasse an

24.1.4 Die sprechende PowerShell

Wenn Sie unbedingt möchten, spricht die PowerShell alles, was ihr an Textfolgen übergeben wird. Sie verwendet dabei die Sprachausgabe von Windows, die über die COM-
Komponente *SAPI.SpVoice* angesprochen wird. Der Aufruf könnte einfacher nicht sein.
Die folgende Befehlsfolge spricht einen Text mit der angenehm klingenden Stimme „Microsoft Hedda Desktop":

```
$SprachText = "Gehen Sie direkt ins Gefängnis, gehen Sie nicht über Los."
$SPVoice = New-Object -ComObject SAPI.SpVoice
# Mit der Standardsprache ausgeben
$SPVoice.Speak($SprachText)
```

Möchte man eine andere Sprache verwenden, muss man sich zunächst einen Überblick
über die vorhandenen Sprachen verschaffen:

```
$SPVoice.GetVoices() | ForEach-Object { $_.GetDescription() }
```

Anschließend wird die Stimme nach dem Muster „Name = Bezeichnung" geholt. Die
folgende Befehlsfolge gibt einen kurzen Text mit der englischen Stimme „Microsoft Zira
Desktop" aus:

```
# The English Voice holen
$USVoice = $SPVoice.GetVoices() | Where-Object { $_.GetDescription() -
match "English" }
$USVoiceName = $USVoice.GetDescription()
$USVoiceName = $USVoiceName.Substring(0, $USVoiceName.IndexOf("-") -1)
$USVoice  = $SpVoice.GetVoices("Name=" + $USVoiceName).Item(0)
$SPVoice.Voice = $USVoice
$SprachText = "The NSA knows you very good"
$SPVoice.Speak($SprachText)
```

24.1.5 Die singende PowerShell

Wer Sinn für Humor und kein Problem mit einem bekannten englischen Schlagerlied aus
den 80er Jahren hat, findet unter der folgenden Adresse eine Version dieses Liedes, in
dessen Umsetzung jemand sehr viel Zeit und Mühe investiert hat. Sie können die URL
nicht direkt aufrufen, sondern müssen den Inhalt per *WebClient*-Download laden und per
Invoke-Expression-Cmdlet ausführen:

iex (New-Object Net.WebClient).DownloadString("http://bit.ly/e0Mw9w")

```
Windows PowerShell                                                  – □ ×
PS C:\2013\PowerShell\Allgemein> . .\Write-Banner.ps1
PS C:\2013\PowerShell\Allgemein> Write-Banner -Object "Cyber 176" -ForegroundCol
or Black -BackgroundColor White
    CCCC   y     y   b                               1    7777777   6666
   c   c  y     y   b                               11    7     7   6
  c        y     y   b                              1 1          7   6
  c        y     y   b bbb     eeee   r rrr          1          7   6
  c        y    yy  bb    b  e     e  rr    r        1          7   6 6666
  c       yyy  y   b       b eeeeee   r              1          7   66   6
  c        y     y   b     b e        r              1          7   6     6
   c   c  y     y   bb    b  e     e  r              1          7   6     6
    CCCC   yyyy    b bbb     eeee     r           11111          7      66666
PS C:\2013\PowerShell\Allgemein>
```

Abb. 24.2 Die gute, alte Zeit der Rechenzentren wird durch eine Banner-Ausgabe wieder für einen Augenblick lebendig

24.2 Banner-Ausgaben

Wer Spaß an den großvolumigen Banner-Ausgaben hat, die früher die Ausdrucke des Rechenzentrumdruckers zierten, wird auch Spaß an dem Skript *Write-Banner.ps1* von *Oscar Virot* haben, das im *Technet Script Center* zur Verfügung steht, und in dem sehr viel Fleißarbeit steckt (Abb. 24.2):

```
http://gallery.technet.microsoft.com/scriptcenter/Write-Banner-A-simple-
ca6cc719
```

Nach dem Download wird die Ps1-Datei „entsperrt" und anschließend dot-sourced ausgeführt. Das Banner wird über die Function *Write-Banner* ausgegeben:

```
PS C:\PSKurs> Write-Banner -Object "Cyber 176" -ForegroundColor Black -
BackgroundColor White
```

24.3 Wo ist die ISS?

Die *Internationale Raumstation* (ISS) ist seit vielen Jahren der erste und zurzeit leider auch letzte Vorposten der Menschheit auf dem Weg in die unendlichen Weiten des Weltraums. Viele Webseiten und Apps zeigen die aktuelle Position der ISS auf einer Weltkarte an. Wer die aktuellen Koordinaten aus irgendeinem Grund in einem PowerShell-Skript ausgeben lassen möchte, kann einen einfachen Webservice benutzen, den eine Gruppe von ISS-Fans seit vielen Jahren anbietet:

```
http://www.issfanclub.com/modules/iss_tracking/get-
pass.php?lat=$Lat&lon=$Lon&visibleonly=n&start=0"
```

Das folgende PowerShell-Skript ruft den Webservice mit dem Längen- und Breitengrad eines Ortes (in diesem Beispiel das schöne Esslingen am Neckar) auf, wertet das zurückgegebene XML aus und gibt die Zeiten mit den dazugehörigen Koordinaten aus, an denen die ISS die Region in ca. 400 km Höhe überfliegt.

```
<#
.Synopsis
ISS Flyby-Koordinaten in Echtzeit
#>

# My own location (Esslingen,DE)
$Lat = 48.73333
$Lon = 9.31667
$Url =http://www.issfanclub.com/modules/iss_tracking/get-
pass.php?lat=$Lat&lon=$Lon&visibleonly=n&start=0
$WC = New-Object -Typename System.Net.WebClient
$ISSDaten = $WC.DownloadString($Url)
if ($ISSDaten -match "lon not ok:")
{
    Write-Warning "Fehler bei der Datenübergabe."
    exit
}
else
{
    $ISSDaten = [Xml]$ISSDaten
    [Double]$LonCurrent = $ISSDaten.tracking.lon
    [Double]$LatCurrent = $ISSDaten.tracking.lat
    $Visible = $ISSDaten.tracking.visible
    "Current Position:  Lon: {0:n4} Lat: {1:n4} Visible:$Visible" -f
$LonCurrent, $LatCurrent
    $ISSDaten.tracking.row | Where-Object { $_.Latitude -gt $Lat -5 -and
$_.Latitude -lt $Lat + 5} | Select-Object -Property Time, Latitude,
Longitude
}
```

24.4   Urlaubsfotos sortieren

Wer früher aus einem Urlaub zurückkam, musste die geknipsten Filme im Fotoladen abgeben, Tage, wenn nicht Wochen, warten, und hoffen, dass das Fotolabor bei den Abzügen die Farben halbwegs originalgetreu getroffen hatte. Heute steckt man die SD-Karte in das Lesegerät des Computers, sofern die Kamera die hochaufgelösten Bilder nicht bereits per Bluetooth oder WLAN dort hin übertragen hat und schon kann man sich durch die Erinnerungen an den gerade beendeten Urlaub hindurchklicken. Doch natürlich ist auch heute nicht alles perfekt. Anstatt 3–4 Filmrollen mit jeweils 36 Bildern bringt man aus dem Urlaub einige Hundert, wenn nicht Tausend Schnappschüsse mit. Die Bilddateien müssen als Erstes sortiert werden. Wenn die Kamera die Bilder nicht auf Tagesordner verteilt hat, liegt am Ende ein Verzeichnis mit ein paar Tausend Jpeg-Dateien mit sehr ähnlich lautenden Namen vor.

Das folgende PowerShell-Skript kopiert Jpeg-Dateien von einem angeschlossenen USB-Laufwerk in ein vorgegebenes Verzeichnis und verteilt sie dort auf Ordner, die dem Datum des Bildes entsprechen. Da das Skript nicht nur das USB-Laufwerk automatisch erkennt, sondern auch jene Bilddateien nicht kopiert, von denen im Zielordner bereits eine aktuellere Version vorliegt, ist es etwas umfangreicher.

```
<#
 .Synopsis
 Urlaubsbilder auf Ordner verteilen
#>

# Variablen müssen einen Wert besitzen, damit sie verwendet werden können
Set-StrictMode -Version 2.0

$AnzahlKopiert = 0
$AnzahlNichtKopiert = 0
$AnzahlOrdner = 0
$Datenmenge = 0
$ZielPfad = "$env:userprofile\pictures\urlaubsbilder"

$StartZeit = Get-Date

# USB-Laufwerke holen
$DriveID = (Get-CimInstance -ClassName Win32_LogicalDisk | Where-Object
DriveType -eq 2).DeviceID

# Gibt es mehr als ein USB-Laufwerk?
if ($DriveID.Count -gt 1)
{
   # Auswahlmenü mit allen gefundenen Laufwerken
   Write-Host "Es wurden mehrere Laufwerke gefunden."
   $i = 1
   foreach($Id in $DriveID)
   {
     Write-Host ("{0} Laufwerk $ID" -f $i)
     $i++
   }
   $IDInput = Read-Host -Prompt "Laufwerksbuchstabe?"
   # Fehlt ein :?
   if ($IDInput.Length -gt 2)
   {
      Write-Warning "Eingabe kann nicht ausgewertet werden - Skript wird
beendet."
      exit -1
   }
   if ($IDInput.Length -eq 1)
   {
      $IDInput += ":"
   }
   if ($ID -notcontains $IDInput)
   {
      Write-Warning "Das Laufwerk ist nicht in der Auswahlliste enthalten
- Skript wird beendet."
      exit -1
   }
   $DriveID = $IDInput
}
Write-Verbose "Bilddateien werden gezählt - bitte etwas Geduld." -Verbose
$AnzahlGesamt = (dir -path $DriveID\*.jpg -Recurse).Count
Write-Verbose "$AnzahlGesamt Bilddateien gefunden." -Verbose
# Gibt es das Zielverzeichnis?
if (!(Test-Path -Path $ZielPfad))
{
    # Nein, dann anlegen
    md -Path $ZielPfad | Out-Null
}

# Dateien kopieren
dir -path $DriveID\*.jpg -Recurse | ForEach-Object {
    $OrdnerName = "{0:dddd}_{0:dd}_{0:MM}" -f ($_.LastWriteTime)
    $OrdnerPfad = (Join-Path -Path $ZielPfad -ChildPath $OrdnerName)
    if (!(Test-Path -Path $OrdnerPfad))
    {
        md -Path $OrdnerPfad | Out-Null
        $AnzahlOrdner++
    }
```

```
    $Zieldateipfad = Join-Path -Path $OrdnerPfad -ChildPath $_.Name
    # Gibt es die Zieldatei bereits und ist sie älter?
    $QuelldateiLastChange = (Get-Item -Path $_.FullName).LastAccessTime
    if (!(Test-Path $Zieldateipfad -OlderThan $QuelldateiLastChange))
    {
        Copy-Item -Path $_.FullName -Destination $Zieldateipfad
        $Datenmenge += $_.Length
        Write-Progress -Activity "Kopiere Jpegs" -Status "Kopiere
$($_.FullName) nach $Zieldateipfad." `
            -PercentComplete (($AnzahlKopiert / $AnzahlGesamt) * 100) -Id 1
        $AnzahlKopiert++
    }
    else
    {
        Write-Progress -Activity "Kopiere Jpegs" -Status "Datei
$($_.FullName) wird ausgelassen." `
            -PercentComplete (($AnzahlKopiert / $AnzahlGesamt) * 100) -Id 1
        $AnzahlNichtKopiert++
    }
}

# Am Ende eine Zusammenfassung ausgeben
Write-Verbose ("$AnzahlKopiert Jpegs ({1:n2} MB) auf $AnzahlOrdner Ordner
verteilt in {0:n2}s" -f ((Get-Date)-$StartZeit).TotalSeconds,
($Datenmenge/1MB)) -Verbose
Write-Verbose "Anzahl Dateien, die nicht kopiert wurden:
$AnzahlNichtKopiert" -Verbose
```

24.5   Ein Spielhallen-Klassiker

Zum Schluss ein Link auf ein PowerShell-Skript, das den Spielhallen-Klassiker *Space Invaders* zu neuem Leben erweckt (Abb. 24.3):

```
http://ps1.soapyfrog.com/2007/01/02/space-invaders
```

Abb. 24.3 Space Invaders mit der PowerShell

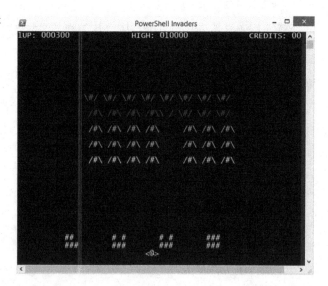

Ein großes Kompliment an die Autoren des Skriptes.

Unter der folgenden Adresse beschreibt ein Microsoft-Mitarbeiter, wie sich ein richtiges Quiz-Programm mit „Clippy, der Klammer" in der Hauptrolle mit PowerShell umsetzen lässt:

http://blogs.technet.com/b/mspfe/archive/2012/09/10/how-to-create-video-games-using-powershell.aspx

24.6 Zusammenfassung

Es gibt viele Situationen, in denen die PowerShell sich auch im Alltag als nützliches Werkzeug erweist. Der Fantasie sind wie sooft kaum Grenzen gesetzt.

Die PowerShell für Entwickler

In diesem Kapitel geht es um Themen, die (Software-) Entwickler im Zusammenhang mit der PowerShell interessieren könnten. Aus Platzgründen beschränkt sich das Kapitel auf drei Bereiche: Das *Add-Type*-Cmdlet, mit dem sich nicht nur beliebige Assemblies laden, sondern auch in C# oder Visual Basic definierte Klassen einbinden lassen, die Definition von Cmdlets und die Ausführung von PowerShell-Befehlen in Visual Studio.

25.1 Erweiterungen für die PowerShell

Es gibt im Wesentlichen drei „Sorten" von Erweiterungen, die (Software-) Entwickler für die PowerShell entwickeln können:

1. Cmdlets
2. Provider
3. Einen eigenen PowerShell-Host

Programmiert werden diese Erweiterungen in einer der beiden Programmiersprachen C# oder Visual Basic (theoretisch kommt jede.NET-Programmiersprache in Frage, deren Compiler eine Klassenbibliothek erstellen kann). Als Entwicklungswerkzeug wird Visual Studio empfohlen (eine Alternative ist die Open Source-IDE *SharpDevelop*). Alle drei Erweiterungen basieren im Kern auf Klassenbibliotheken, so dass Microsoft keine Vorlagen für Visual Studio zur Verfügung stellt[1]. Mehrere Dutzend Beispiele in Gestalt von Visual Studio-Projekten für die Umsetzung dieser Erweiterungen hat Microsoft im *PowerShell 3.0 SDK Sample Pack* zusammengestellt. Es ist der Nachfolger des *PowerShell 2.0 SDK*

---

[1] Im Web kursieren noch Vorlagen für Visual Studio 2008, die aber nicht mehr verwendet werden sollten, da sie auf Snapins ausgelegt sind, die bei der PowerShell keine Rolle mehr spielen.

© Springer Fachmedien Wiesbaden 2014
P. Monadjemi, *PowerShell für die Windows-Administration*, X.systems.press,
DOI 10.1007/978-3-658-02964-7_25

(*Software Development Kit*) und unterscheidet sich von diesem lediglich durch zusätzliche Beispiele. Weitere Informationen dazu gibt es auf dem Windows PowerShell Blog
unter http://blogs.msdn.com/b/powershell/archive/2013/03/17/windows-powershell-3-0-
sample-pack.aspx.

25.2   Die Rolle der Assemblies

Die PowerShell ist keine homogene Anwendung, sondern besteht aus einer Host-Anwendung, die die verschiedenen PowerShell-Funktionsbibliotheken nach dem Start der Reihe
nach lädt. Der Konsolenhost lädt nach dem Start insgesamt 23 Assemblies, bei der PowerShell ISE sind es mit 50 Assemblies deutlich mehr.

Assembly(-Dateien) sind Dateien mit der Erweiterung.*Dll* (für „Dynamic Link Li-
brary"). Eine Assembly ist damit lediglich ein anderer Name für eine Programmdatei
(Erweiterung.*Exe*) und Programmbibliothek (.*Dll*). Der Name wurde mit der Einführung
der.NET-Laufzeit im Jahr 2002 von Microsoft gewählt, weil eine Assemblydatei durch
ihre Metadaten etwas mehr ist als nur eine Programmdatei bzw. Programmbibliothek. Ein
weiterer Grund ist, dass eine Assembly nicht auf eine physikalische Datei beschränkt ist,
sondern auch aus mehreren Dateien bestehen kann, die von der.NET-Laufzeit als eine
logische Einheit betrachtet werden. Dies ist aber ein Aspekt, der für die PowerShell keine
Rolle spielt. In diesem Zusammenhang ist eine Assembly lediglich eine Datei mit der
Erweiterung.*Dll*, die eine oder mehrere Typdefinitionen enthält, und die entweder automatisch mit dem Start der PowerShell, nachträglich über ein Modul oder explizit über das
Add-Type-Cmdlet geladen wird.

25.2.1   Aktuell geladene Assemblies anzeigen

Eine Liste der aktuell geladenen Assemblies liefert der folgende Befehl

```
[System.AppDomain]::CurrentDomain.GetAssemblies().FullName
```

Er zeigt den vollständigen Namen jeder Assembly an, der neben dem Kurznamen auch die
Versionsnummer, eine Kulturinfo (z. B. „neutral" oder „de") und den Public Key Token
enthält. Eine Name-Eigenschaft, die lediglich den Kurznamen liefert, gibt es nicht. Dieser
muss mit der *GetName()*-Methode abgeholt werden, die ein *AssemblyName*-Objekt liefert,
das eine *Name*-Eigenschaft besitzt. Seit der Version 3.0 können solche „verschachtelten"
Abfragen relativ einfach geschrieben werden. Der folgende Aufruf gibt nur die Kurznamen der geladenen Assemblies aus:

```
[System.AppDomain]::CurrentDomain.GetAssemblies().GetName().Name
```

Im Mittelpunkt der letzten beiden Befehle steht das Konzept der Anwendungsdomäne (engl. „AppDomain"), die den logischen Rahmen für ein Programm bildet, das von der. NET-Laufzeit geladen wurde. Die Anwendungsdomäne wird durch die Klasse *AppDomain* repräsentiert, deren statisches Member *CurrentDomain* die aktuelle Anwendungsdomäne als *AppDomain*-Objekt holt. Dessen (nicht statisches) Member *GetAssemblies()* holt die aktuell geladenen Assemblies als *Assembly*-Objekte.

25.2.2   Die Inhalte einer Assembly anzeigen

Die Namen der Assemblies sind relativ uninteressant, interessant ist ihr Innenleben. Das heißt konkret, ihre Klassen, da aus diesen per *New-Object*-Cmdlet Objekte gemacht werden, deren Methoden-Members interessante Funktionalitäten zur Verfügung stellen. Im Mittelpunkt der geladenen Assemblies steht die Assembly *System.Management.Automation*, die einen großen Teil der PowerShell-Funktionalität in Gestalt von Klassen und Konstanten enthält. Um ihre Klassen anzeigen zu können, muss sie zunächst einer Variablen zugewiesen werden. Es gibt mehrere Wege, um an diese eine Assembly heranzukommen. Eine „Abkürzung", die von PowerShell-Experten gerne verwendet wird, besteht darin, das *RuntimeType*-Objekt eines PowerShell-Objekts zu holen. Dieses besitzt eine *Assembly*-Eigenschaft, die für die Assembly steht, in der der Typ des Objekts definiert ist. Und was ist bei der PowerShell der kürzeste Weg, um an ein solches *RuntimeType*-Objekt zu kommen? Über einen „Type Accelerator" wie z. B. *[PSObject]*. Der folgende Befehl gibt die Namen aller Typen der PowerShell-Assembly aus:

```
[PSObject].Assembly.GetTypes().Name
```

Das sind sehr viele Namen. Möchte man nur die Namen aller öffentlichen Klassen sehen, kommt ein *Where-Object*-Cmdlet ins Spiel, das die Eigenschaften *IsClass* und *IsPublic* prüft. Der folgende Befehl gibt die Namen aller öffentlichen Klassen sortiert aus:

```
([PSObject].Assembly.GetTypes() | Where-Object { $_.IsClass -and
$_.IsPublic }).Name | Sort-Object
```

► **Tipp** Wer *System.Management.Automation.dll* in einem C#-Programm explizit laden möchte, muss nicht in den Tiefen der GAC-Verzeichnishierarchie nach der Datei suchen. Die Datei findet man z. B. im Programme-Verzeichnis unter C:\ Program Files (x86)\Reference Assemblies\Microsoft\WindowsPowerShell\3.0.

25.2.3   Ein Röntgenblick in eine Assembly

Möchte man einen ungefilterten Blick in eine Assembly werfen, gibt es dafür verschiedene sog. Reflector-Tools. Auch wenn diese in erster Linie von Entwicklern genutzt werden, auch als „normaler" Anwender ohne Entwicklerhintergrund, der sich lediglich einen Überblick verschaffen möchte, kann ein solcher Einblick interessant sein. Ein geeignetes Tool ist der *IL Spy*, der unter der folgenden Adresse zum Download steht: http://ilspy.net.

Entweder wird beim Aufruf von *Ilspy.exe* der Pfad der Dll-Datei übergeben, oder sie wird nachträglich geladen. Im Unterschied zu den Informationen, die ein *RuntimeType*-Objekt liefert, zeigt ein solcher Reflector auch „versteckte" Details an, und es besteht die Möglichkeit, den IL-Code (Intermediate Language) in C#- oder Visual Basic-Programmcode zu übersetzen.

25.3   Assemblies laden mit dem Add-Type-Cmdlet

Die Aufgabe des universellen *Add-Type*-Cmdlets ist es, neue Typen zur PowerShell-Sitzung hinzuzufügen. Diese Typen können aus einer vorhandenen Assembly-Datei stammen, sie können aber auch auf einer Typendefinition basieren, die im PowerShell-Skript per C#- oder Visual Basic-Programmcode festgelegt wird. Eine Assembly-Datei muss sich, damit sie per *Add-Type* geladen werden kann, nicht im GAC befinden. Sie kann sich in jedem Verzeichnis befinden (theoretisch kann sie auch über das Web geladen werden).

25.3.1   Externe Assemblies per Add-Type laden

Die folgende kleine Übung verwendet die Open Source-Bibliothek *Dotnetzip*. Der Download unter http://dotnetzip.codeplex.com umfasst eine Vielzahl von Assemblies, Beispielen und eine Hilfedatei im Chm-Format, in der alle Klassen dokumentiert sind. Für die folgende Übung geht es lediglich um die Datei *Ionic.Zip.dll*.

Im ersten Schritt wird sie per *Add-Type*-Cmdlet geladen:

```
Add-Type -Path C:\Assemblies\Dotnetzip\Ionic.zip.dll
```

Der auf den *Path*-Parameter folgende Pfad muss natürlich stimmen. Die Assembly ist geladen, doch wie erfährt man, welche Inhalte (Klassen) sie enthält? Dazu wird das *Assembly*-Objekt benötigt. Dieses erhält man nur indirekt über eine Abfrage aller geladenen Assemblies und ihrer *Location*-Eigenschaft, in dem ihr Pfad enthalten ist:

```
$Ass = [AppDomain]::CurrentDomain.GetAssemblies() | Where-Object Location
-Match "Ionic.zip.dll"
```

Damit steht die Variable *$Ass* für die frisch geladene Assembly-Bibliothek. Der folgende Befehl gibt die sortierten Namen aller öffentlichen Klassen (nur aus diesen lassen sich Objekte machen) mit ihrem Namespacenamen aus:

```
$Ass.GetTypes() | Where-Object { $_.IsClass -and $_.IsPublic } | Select-
Object -Property Name, Namespace | Sort-Object -Property Name
```

Von den aufgelisteten Klassennamen klingt vor allem „Zipfile" interessant. Der folgende Befehl gibt die Members dieses Typs mit ihren Namen aus:

```
$Ass.GetType("Ionic.Zip.ZipFile").GetMembers() | Select-Object -Property
Name, MemberType
```

Anstelle von *GetTypes()* holt *GetType()* dieses Mal nur einen bestimmten Typ. Interessant sind auch die Konstruktoren mit ihren Parametern, denn sie bestimmen, auf welche Weise ein Objekt vom Typ *ZipFile* angelegt wird:

```
$Ass.GetType("Ionic.Zip.ZipFile").GetConstructors() | Foreach-Object {
"`nKonstruktor:"; $_.GetParameters() | Foreach-Object {
"Parameter=$($_.Name) Typ=$($_.ParameterType)" }}
```

Damit die Ausgabe übersichtlich bleibt, werden Name und Typ eines Parameters in einer Zeichenfolge zusammengefasst[2]

Die Ausgabe macht deutlich, dass es einen Konstruktor gibt (der dritte in der Ausgabeliste), der ohne Argumente aufgerufen wird. Damit kann ein Objekt vom Typ *ZipFile* wie folgt angelegt werden:

```
$ZipFile = New-Object -TypeName Ionic.Zip.ZipFile
```

Die Groß- und Kleinschreibung spielt auch hier keine Rolle[3].

Der Rest ist Formsache. Das *AddEntry*-Member fügt eine Datei mit einer Beschreibung hinzu:

```
$ZipFile.AddEntry("C:\Windows\Win.ini", "Win.ini")
```

Das *Save()*-Member speichert die Zip-Datei:

```
$ZipFile.Save("C:\PsKurs\Test.zip")
```

---

[2] was unter PowerShell-Profis im Allgemeinen als „uncool" gilt.

[3] Lassen Sie sich nicht von dem Umstand irritieren, dass die Variable $ZipFile scheinbar nichts enthält und ein Get-Member zu einer Fehlermeldung führt.

Ein *Invoke-Item* zeigt die erstellte Zip-Datei im Explorer an:

```
$ZipFile.Save("C:\PsKurs\Test.zip")
```

Damit ist der kurze Ausflug durch die Gefilde einer Assembly beendet. Beim konkreten Beispiel der *Ionic*-Assembly finden Sie alle Informationen auch in der Hilfedatei, die sogar PowerShell-Beispiele enthält. Die vorgestellte Technik ist immer dann nützlich, wenn keine Hilfedatei oder Beispielprogramme zur Verfügung stehen.

25.4   C#-Programmcode per Add-Type-Cmdlet einbinden

Das unscheinbare *Add-Type*-Cmdlet kann eine ganze Menge:

- Über den *Path*-Parameter eine beliebige Assembly-Datei laden.
- Über den *AssemblyName*-Parameter eine Assembly aus dem GAC laden.
- Über den *TypeDefinition*-Parameter eine komplette Typendefinition (in C# oder Visual Basic) kompilieren. Die Typendefinition kann ein „komplettes" C#- oder Visual Basic-Programm sein.
- Über den *MemberDefinition*-Parameter eine oder mehrere Member-Definitionen (ebenfalls in C# oder Visual Basic) zu einem Typ zusammenfassen, der kompiliert wird.

Falls gewünscht, macht *Add-Type* aus einer Typendefinition auch eine Assembly-Datei, die unabhängig von der PowerShell verwendet werden kann.

25.4.1   Einbinden von Methoden-Definitionen

Geht es lediglich darum, dass eine Reihe von Member-Definitionen in C# oder Visual Basic definiert werden sollen, die anschließend über einen benutzerdefinierten Typ zur Verfügung stehen, müssen lediglich die einzelnen Memberdefinitionen dem *MemberDefinition*-Parameter übergeben werden. Der Name des Typs und gegebenenfalls auch ein Namespace werden über separate Parameter angegeben, so dass am Ende ein vollständiger Typ resultiert.

   Das folgende Beispiel bezieht sich auf einen Klassiker der Windows-Konfiguration: Die Ini-Dateien. Eine Ini-Datei ist eine Textdatei, die aus einer Reihe von Sektionsnamen in eckigen Klammern besteht. Auf einen Sektionsnamen folgt eine Reihe von Name = Wert-Einträgen:

```
[Sektion1]
Eintrag1 = 1000
Eintrag2 = 1001
Eintrag3 = 1002

[Sektion2]
Eintrag1 = 2000
Eintrag2 = 2001
```

Ini-Dateien stammen aus den Anfangsjahren von Windows (Windows 3.1) und wurden mit Windows 95 durch die Registry abgelöst. Offiziell spielen sie keine Rolle mehr, doch aufgrund ihres einfachen Aufbaus können sie nach wie vor als Konfigurationsdateien eingesetzt werden, die eine Anwendung aber auch ein PowerShell-Skript begleiten.

Auch wenn es mit wenig Aufwand möglich ist, eine Ini-Datei Zeile für Zeile einzulesen und ihren Inhalt zu zerlegen, gibt es dafür mit GetPrivateProfileString eine Funktion des Betriebssystems als Teil der Win32-API.

Das folgende Beispiel fügt per *Add-Type* insgesamt drei Member-Definitionen hinzu, mit deren Hilfe sich in einer Ini-Datei die Namen aller Sektionen, die Namen aller Einträge einer Sektion und der Wert einer Sektion lesen lassen. Dabei gilt es eine subtile Besonderheit zu kennen: Bei der PowerShell ist es nur über einen „Workaround" möglich, *$null*-Werte an eine API-Funktion zu übergeben. Dieser Workaround besteht in der folgenden Definition:

```
$PSNull = [System.Management.Automation.Language.NullString]::Value
```

Die drei Member-Definitionen sehen als Here-String wie folgt aus:

```
$MemberDef = @"
    [DllImport("Kernel32.dll", CharSet=CharSet.Auto, SetLastError=true,
EntryPoint="GetPrivateProfileString")]
        public static extern uint ReadIniSections(
            string lpAppName, string lpKeyName, string lpDefault,
            string lpReturnedString, uint nSize, string lpFileName);

    [DllImport("Kernel32.dll", CharSet=CharSet.Auto, SetLastError=true,
EntryPoint="GetPrivateProfileString")]
        public static extern uint ReadIniSectionNames(
            string lpAppName, string lpKeyName, string lpDefault,
            string lpReturnedString,  uint nSize, string lpFileName);

    [DllImport("Kernel32.dll", CharSet=CharSet.Auto, SetLastError=true,
EntryPoint="GetPrivateProfileString")]
        public static extern uint ReadIni(
            string lpAppName, string lpKeyName, string lpDefault,
            StringBuilder lpReturnedString, uint nSize, string lpFileName);
"@
```

Der folgende Befehl fügt diese Member-Definitionen als Here-String hinzu:

```
Add-Type -MemberDefinition $MemberDef -Name IniHelper -Namespace PSEX -
UsingNamespace System.Text
```

Die folgende Befehlsfolge listet die Namen der Sektionen der angegebenen Ini-Datei ein:

```
$IniPfad = "C:\PsKurs\PSTest.ini"
# Vorsicht: $null kann nicht direkt übergeben werden
$PSNull = [System.Management.Automation.Language.NullString]::Value
$StringBuf = New-Object -TypeName String -ArgumentList " ", 1024
$Anzahl = [PSEX.IniHelper]::ReadIniSections($PSNull, $PSNull, "",
$StringBuf, $StringBuf.Length, $IniPfad)
$Sektionen = $StringBuf.Replace([Char]0, " ").Trim().Split(" ")
$Sektionen
```

Die folgende Befehlsfolge liest die Namen der Einträge einer Sektion ein:

```
$StringBuf = New-Object -TypeName String -ArgumentList " ", 1024
$Anzahl = [PSEX.IniHelper]::ReadIniSectionNames("Sektion1", $PSNull, "",
$StringBuf, $StringBuf.Length, $IniPfad)
$EintragsNamen = $StringBuf.Replace([Char]0, " ").Trim().Split(" ")
$EintragsNamen
```

Die folgende Befehlsfolge liest den Wert eines Eintrags einer Sektion ein:

```
$StringB = New-Object -TypeName System.Text.StringBuilder -ArgumentList
1024
$Anzahl = [PSEX.IniHelper]::ReadIni("Sektion1", "Eintrag1", "", $StringB,
[UInt32]$StringB.Capacity, $IniPfad)
$StringB.ToString()
```

25.4.2   Einbinden einer vollständigen Typdefinition

Sind mehrere Klassen im Spiel, muss dem *Add-Type*-Cmdlet über seinen *TypeDefinition*-Parameter der Quellcode eines vollständigen C#-Programms übergeben werden. Das folgende Beispiel definiert eine Klasse *EMailEx*, die aus zwei Eigenschaften besteht: „Adresse" und „IsValid". Letztere gibt einen *$true*-Wert zurück, wenn es sich um eine gültige E-Mail-Adresse handelt.

```
<#
 .Synopsis
 Typendefinition mit C#
#>

$TypeDef = @"
    using System.Text.RegularExpressions;

    public class EMailEx
    {
      private string _EMailAdresse;

      public EMailEx(string EMailAdresse)
      {
         _EMailAdresse = EMailAdresse;
      }
      public EMailEx()
      { }

      public string EMailAdresse
      {
        get { return _EMailAdresse; }
        set { _EMailAdresse = value; }
      }

      public bool IsValid()
      {
        string Muster = @"^[\w-.]+@[\w-.]+\.(?<Dom>\w{2,6})";
        return Regex.IsMatch(_EMailAdresse, Muster);
      }
    }
"@
```

Das *Add-Type*-Cmdlet macht aus der Typendefinition einen Typen:

```
Add-Type -TypeDefinition $TypeDef
```

Die folgende Befehlsfolge legt drei E-Mail-Adressen an, die anschließend im Rahmen eines *ForEach-Object*-Cmdlets mit vereinfachter Schreibweise validiert werden:

```
$EMail1 = New-Object -TypeName EMailEx -Property
@{EMailAdresse="admin@localhost.de"}
$EMail2 = New-Object -TypeName EMailEx -Property
@{EMailAdresse="dr.alfons_meier@localhost.de"}
$EMail3 = New-Object -TypeName EMailEx -Property
@{EMailAdresse="susi@localhost"}
$EMail1, $EMail2, $EMail3 | ForEach-Object IsValid
```

25.5   Umgang mit Fenstern

Zu den wenigen Gründen aus einem PowerShell-Skript heraus Funktionen des Betriebssystems, der Win32-API, direkt aufzurufen, gehört der Wunsch, Anwendungsfenster direkt manipulieren zu wollen. Dazu gehört z. B. das Verschieben oder das Schließen eines
beliebigen Anwendungsfensters. Auch wenn sich diese Aufrufe kochrezeptartig umsetzen
lassen, ist die Umsetzung eines solchen Aufrufs relativ viel Aufwand. Die größte Herausforderung ist es, unter den zahlreichen in Frage kommenden Funktionen die passenden
und für jede Funktion die passenden Datentypen zu finden. Eine große Arbeitserleichterung bietet ein kleines Modul mit dem Namen *Win32Window*, das unter der folgenden
Adresse zur Verfügung steht:

```
http://huddledmasses.org/downloads/Win32.Window%20for%20PowerShell.7z
```

Die Zip-Datei im 7z-Format (die z. B. mit 7Zip geöffnet wird) enthält den C#-Quell-
code. Im Verzeichnis *PowerShell\Win32Window\bin\Release* befindet sich aber auch die
Assemblydatei mit dem Namen *Win32Window.dll*, die Sie in ein zuvor angelegtes Modul-
verzeichnis mit dem Namen „Win32Window" kopieren (wobei der exakte Name keine
Rolle spielt). Sie können die Assembly über das *Import-Module*-Cmdlet direkt als binäres
Modul laden:

```
Import-Module -Name Win32Window
```

In dem Modul sind die Cmdlets *Get-Window*, *Move-Window* und *Remove-Window* für das
Verschieben von Fenstern enthalten.

Auch wenn es nicht erforderlich ist, ist es doch guter Stil, das Modul mit einer Modul-
manifestdatei zu erweitern. Diese befindet sich im Modulverzeichnis, heißt „Win32Win-
dow.psd1" und besitzt den folgenden Inhalt:

```
@{

ModuleToProcess = 'Win32Window.dll'
Guid = '4b1caba5-8746-4f4b-8083-65c205114722'
ModuleVersion = '1.0'
Author = Joel Bennett'
CompanyName = 'HuddledMasses.org'
}
```

25.5.1   Fenster per Tastendruck steuern

Eine nützliche Kleinigkeit ist die SendKeys-Funktion von VBScript, die das Senden von
Tastatureingaben an ein Fenster erlaubt. Ein Pendant gibt es bei der PowerShell nicht,
da diese nicht fensterorientiert ist. Wer die Funktionalität benötigt, muss eine Assembly der.NET-Laufzeit laden. Die Bedeutung der einzelnen Tastenzeichen ist z. B. unter

http://social.technet.microsoft.com/wiki/contents/articles/5169.vbscript-sendkeys-method.aspx beschrieben. Das folgende Beispiel startet den Windows-Rechner, führt eine Addition durch Senden der Tastatureingaben an das Fenster durch, überträgt das Ergebnis in die Zwischenablage und gibt es anschließend aus.

```
<#
 .Synopsis
 SendKeys
#>

Add-Type -AssemblyName Microsoft.VisualBasic, System.Windows.Forms

$CalcID = (Start-Process -FilePath Calc -PassThru).ID
Start-Sleep -Seconds 1
[Microsoft.VisualBasic.Interaction]::AppActivate("Rechner")

[System.Windows.Forms.SendKeys]::SendWait("1111")
[System.Windows.Forms.SendKeys]::SendWait("{Enter}")
[System.Windows.Forms.SendKeys]::SendWait("{+}")
[System.Windows.Forms.SendKeys]::SendWait("{Enter}")
[System.Windows.Forms.SendKeys]::SendWait("2222")
[System.Windows.Forms.SendKeys]::SendWait("=")
[System.Windows.Forms.SendKeys]::SendWait("^C")

Start-Sleep -Seconds 1
Stop-Process -ID $CalcID
$Ergebnis = [System.Windows.Forms.Clipboard]::GetText()
"Das Ergebnis ist: $Ergebnis"
```

25.5.2   Das Icon des Konsolenfensters ändern

Wer das Icon des Konsolenfensters ändern möchte, benötigt dazu klassische Win32-API-Funktionen. Wie sich das per PowerShell realisieren lässt, zeigt ein Skript von *Aaron Lerch*, das im *TechNet ScriptCenter* zur Verfügung steht:

```
http://gallery.technet.microsoft.com/ScriptCenter/9d476461-899f-4c98-
9d63-03b99596c2c3
```

Das Skript, das einen etwas unnötig komplizierten Weg wählt, muss in dem Konsolenfenster mit dem Pfad einer Ico-Datei aufgerufen werden[4].

---

[4] Wer Spaß am Ausprobieren von „Hacks" und die erforderliche Zeit hat, kann z. B. im Profilskript das Icon austauschen, wenn die Konsole als Administrator gestartet wurde. Ein rotes PowerShell-Icon gibt es z. B. unter der folgenden Adresse: http://www.woodwardweb.com/images/admin_shell.ico.

25.6   Cmdlets erstellen

Ein Cmdlet basiert auf einer Klasse, die sich von der Klasse *Cmdlet* (oder *PSCmdlet*) im Namespace *System.Management.Automation* ableitet. Ein Cmdlet wird daher im einfachsten Fall in Visual Studio durch ein Projekt vom Typ „Klassenbibliothek" erstellt, das eine öffentliche Klasse enthält, die sich von der *Cmdlet*-Klasse ableitet. Die Parameter des Cmdlets sind Eigenschaften, die mit dem *[Parameter]*-Attribut (C#) ausgezeichnet werden. Das Schreiben von Werten in die Pipeline erfolgt über die *WriteObject*-Methode in der überschriebenen Cmdlet-Methode *ProcessRecord*. Für die Umsetzung genügen bereits die kostenlosen Express Editionen von Visual Studio (ab Version 2008, wenngleich nichts dagegen spricht, die aktuellere Version 2012 zu verwenden, die auch unter Windows 7 installiert werden kann). Die Umsetzung eines Cmdlets ist daher theoretisch relativ einfach. Theoretisch aus drei Gründen:

1. Gegenüber einer Function bietet eine Cmdlet keine funktionalen Vorteile. Der Hauptgrund Cmdlets (und nicht Functions) zu erstellen ist, dass es für Entwickler einfach die naheliegendere Alternative ist und mit Visual Studio eine komfortablere Entwicklungsumgebung zur Verfügung steht.
2. Cmdlets sind Binärdateien. Soll der Quelltext nicht einsichtig und änderbar sein, ist dies der Weg, um das Ziel zu erreichen.
3. Auch wenn die Umsetzung eines kleinen Cmdlets sehr einfach ist, sobald ein Cmdlet etwas umfangreichere Aufgaben erfüllen soll, wird die Entwicklung zeitaufwändig und setzt eine entsprechende Erfahrung voraus.

25.6.1   Ein Hallo Welt-Cmdlet

In diesem Abschnitt wird ein kleines Cmdlet vorgestellt. Anstelle von Visual Studio wird es direkt in der PowerShell ISE mit dem *Add-Type*-Cmdlet umgesetzt. Diese Technik eignet sich natürlich nicht in der Praxis, da die ISE z. B. keinen Debugger für C#-Code bietet. Die Aufgabe des Cmdlets mit dem Namen *Get-OSInfo* ist bescheiden. Es gibt einige Eckdaten zur installierten Windows-Version zurück. Auf Wunsch über den *Switch*-Parameter *AsString* als Zeichenkette, wodurch ein Parameter zum Einsatz kommt.

> ▶   **Tipp**   Wer sowohl mit der PowerShell als auch mit Visual Studio arbeitet, dem
> seien die Visual Studio PowerShell Tools von *Adam Driscoll* empfohlen (mehr
> dazu in Kap. 25.9.12).

Der folgende PowerShell-Skript ist „All I", indem es ein Cmdlet in C# definiert (Visual Basic wäre dazu genauso gut geeignet), aus dem Quellcode per *Add-Type*-Cmdlet eine Assembly macht, diese anschließend per *Add-Type*-Cmdlet lädt und das Cmdlet anschließend aufruft.

```
<#
 .Synopsis
 Ein Mini-Cmdlet im Selbstbau
#>

$TypeDef = @"
  using System;
  using System.Management;
  using System.Management.Automation;

  public class Info
  {
    public string OSVersion { get; set; }
    public string Name { get; set; }
    public string Build { get; set; }
  }

  [Cmdlet(VerbsCommon.Get,"OSInfo")]
  public class PSInfo : Cmdlet
  {
    private bool _AsString;

    [Parameter()]
    public SwitchParameter AsString
    {
      get { return _AsString; }
        set
        {
          _AsString = value;
        }
    }

    protected override void ProcessRecord()
    {
      ManagementClass mc = new ManagementClass("Win32_OperatingSystem");
      ManagementObjectCollection moCol = mc.GetInstances();
      foreach(ManagementObject mo in moCol)
      {
          base.WriteVerbose("Hole Instanzdaten");
          Info info = new Info();
          info.OSVersion = mo.Properties["Version"].Value.ToString();
          info.Name = mo.Properties["Caption"].Value.ToString();
          info.Build = mo.Properties["BuildNumber"].Value.ToString();
          if (_AsString)
          {
            string infoText =
String.Format("OSVersion={0},Name={1},BuildNummer={2}",
              info.OSVersion, info.Name, info.Build);
            base.WriteObject(infoText);
          }
          else
          {
            base.WriteObject(info);
          }
      }
      base.ProcessRecord();
    }
  }
"@

Add-Type -TypeDefinition $TypeDef -Language CSharp -OutputAssembly
PSInfoCmdlet.dll -OutputType Library `
```

```
 -ReferencedAssemblies System.Management

Import-Module -Name .\PSInfoCmdlet.dll

Get-OSInfo

Get-OSInfo -AsString
```

25.7   PowerShell-Skripte in einem C#-Programm ausführen

Das Ausführen von PowerShell-Befehlen und Skripten ist grundsätzlich relativ einfach. Die Vorgehensweise besteht darin, einen Verweis auf *System.Management.Automation* einzubinden, eine Pipeline anzulegen, zu dieser Befehle oder ein ganzes Skript hinzuzufügen und dieses auszuführen. Die Rückgabe besteht aus einer Collection von *PSObject*-Objekten, die beliebig weiterverarbeitet werden. Soll der Runspace auf einem anderen Computer angelegt werden, ist dies auf der Grundlage von Ws-Management ebenfalls mit verhältnismäßig wenig Aufwand möglich.

Der folgende C#-Programmcode stammt aus einer kleinen WPF-Anwendung (die zu den Beispielprogrammen dieses Buches gehört). Es führt die in einer TextBox eingegebenen PowerShell-Befehle aus und gibt den Pipeline-Inhalt als Zeichenketten in einer zweiten TextBox aus (Abb. 25.1).

```
using (PowerShell ps  = PowerShell.Create())
{
  using(Pipeline pl = ps.Runspace.CreatePipeline())
  {
    pl.Commands.AddScript(PSEingabe.Text);
    pl.Commands.Add("Out-String");
    PSAusgabe.Text = "";
    Collection<PSObject> result = pl.Invoke();
    foreach(PSObject r in result)
    {
        PSAusgabe.Text += r.ToString();
    }
  }
 }
```

Die WPF-Anwendung ist allerdings kein echter PowerShell-Host, so dass z. B. ein *Write-Host*-Cmdlet keine Wirkung besitzt. Wer einen eigenen PowerShell-Host implementieren möchte, findet im erwähnten *PowerShell 3.0 Sample Pack*, das Microsoft zum Download zur Verfügung stellt, ein vollständiges Beispiel.

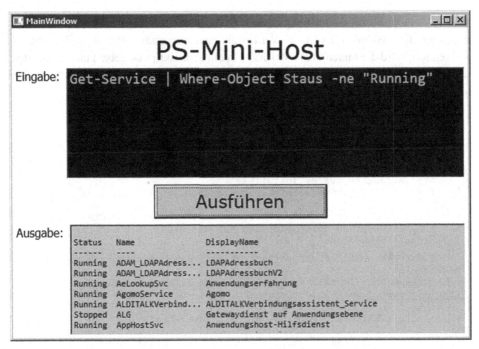

Abb. 25.1 Eine kleine WPF-Anwendung führt einen PowerShell-Befehl aus

25.8   Weitere Themen

In diesem Abschnitt geht es um ein paar weitere Themen, die für Entwickler interessant sein dürften.

25.8.1   VSVars32.bat einbinden

Für einen Entwickler ist es etwas frustrierend, wenn nach dem Start der PowerShell die Eingabe von *Csc.exe* oder einem anderen.NET-Konsolenprogramm lediglich zu einer Fehlermeldung führt. Die Ursache ist klar, die entsprechenden Pfade sind nicht Teil der *Path*-Umgebungsvariablen. Auch bei Visual Studio 2013 basiert die „Visual Studio-Eingabeaufforderung" noch auf *Cmd* und nicht auf der PowerShell. Die Lösung besteht darin, die entscheidenden Befehle aus der Stapeldatei *Vsvars32.bat* (auf einem 64-Bit-Windows im Verzeichnis C:\Program Files (x86)\Microsoft Visual Studio 12.0\Common7\Tools), die durch die Verknüpfung gestartet wird, in das Profilskript zu übernehmen.

Das folgende Skript ist eine Art „Vsvars32.bat"-Ersatz, da es sich darauf beschränkt, die wichtigsten Pfade zur *Path*-Umgebungsvariable hinzuzufügen und sowohl bezüglich der.NET-Laufzeitversionsnummer als auch der Verzeichnispfade der verschiedenen Windows SDKs flexibel ist. Die Function fügt eine Reihe von Pfaden zunächst zur *$Tool-*

sPfade-Variable hinzu, deren Inhalt danach an *$env:path* gehängt wird, sofern der Pfad dort noch nicht enthalten ist (dabei werden ein paar interessante PowerShell-Techniken verwendet). Wird die Function *Set-VsVars32* in ein Profilskript eingebaut und aufgerufen, dauert der PowerShell-Start zwar jedes Mal ein paar Sekunden länger, doch dafür können alle.NET-Tools aufgerufen werden.

```
function Set-VsVars32
{
    $ToolsPfade = @()
    $Pfad = "HKCU:Software\Microsoft\VisualStudio\12.0_Config"
    $VsKey = Get-ItemProperty -Path $Pfad
    $ToolsPfade += $VsKey.InstallDir
    $CLRVersion = $PSVersionTable.CLRVersion.ToString().Split(".")[0..2]
-join "."
    $ToolsPfade += "C:\Windows\Microsoft.Net\Framework\v$CLRVersion"
    # Alle SDK-Pfade durchgehen und nur das aktuellste mit bin-
Verzeichnis verwenden
    # foreach anstelle von ForEach-Object, damit ein Abbruch per dir
möglich ist
    foreach($dir in (dir -path "C:\Program Files (x86)\Microsoft
SDKs\Windows" | Sort-Object -Property Name -Descending))
    {
        if (Test-Path -Path "$($dir.FullName)\bin")
        {
            # Gibt es in dem Verzeichnis z. B. ildasm.exe?
            if (($IldasmPfad = dir -Path
"$($dir.FullName)\bin\ildasm.exe" -Recurse))
            {
                # Verzeichnis hinzufügen und Schleife verlassen
                $ToolsPfade += $IldasmPfad[0].DirectoryName
                break
            }
        }
    }
    # Makecert.exe finden
    if ($MakeCertPfade = (dir -path "C:\Program Files (x86)\Microsoft
SDKs\Windows\Makecert.exe" -Recurse))
    {
        $ToolsPfade += $MakeCertPfade[0].DirectoryName
    }
    # Alle Pfade zur Path-Variablen hinzufügen
    foreach($Pfad in $ToolsPfade)
    {
        if ($env:path.Split(";") -notcontains $Pfad)
        {
            $env:path += ";$Pfad"
        }
    }
}

Set-VsVars32
```

25.9   Generische Collections

Eine generische Collection ist eine Collection, die nur Elemente eines Typs aufnehmen kann, der mit dem Anlegen der Collection festgelegt wird. Generische Collections kommen in der PowerShell-Assembly an einigen Stellen vor. Wirklich gebraucht werden sie in PowerShell-Skripten z. B. dann, wenn eine Methode einer Klasse aufgerufen werden soll, die explizit eine solche Collection erwartet. Zum Glück ist das Anlegen einer generischen Collection dank einer undokumentierten Eigenschaft des *New-Object*-Cmdlets bereits seit der Version 2.0 sehr einfach. Der folgende Befehl definiert eine Collection, die über ihre *Add*-Methode nur *Process*-Objekte aufnehmen kann:

```
$ProzessListe = New-Object -TypeName
System.Collections.Generic.List[System.Diagnostics.Process]
```

Der folgende Befehl funktioniert:

```
$PListe.Add((Get-Process -ID $PID))
```

Der folgende Befehl funktioniert nicht, denn eine Zahl ist kein Process-Objekt:

```
$PListe.Add(1234)
```

Wird aus irgendeinem Grund ein generischer Typ benötigt, muss man die spezielle Schreibweise für generische Typen kennen. Der Typ der generischen *List*-Klasse lautet wie folgt:

```
[System.Collections.Generic.List``1]
```

25.9.1   Zugriff auf Visual Studio-Projektdateien

Eine Visual Studio-Projektdatei (Erweiterung.*Csproj* oder.*Vbproj*) ist eine XML-Datei. Soll eine größere Zahl an Projektdateien geändert werden, liegt es nahe, dafür die PowerShell zu verwenden.

Der folgende Befehl gibt die Namen jener Projektdateien in einem vorgegebenen Verzeichnis aus, deren *StartupType*-Eigenschaft den Wert „WinExe" besitzt.

```
$Pfad = "C:\2014\Projekte\WpfApplicationFramework"
Get-ChilItem -Path $Pfad\*.csproj -Recurse | ForEach-Object {
    $Projekt = [Xml](Get-Content -Path $_.FullName)
    New-Object -Typename PSObject -Property @{Name=$_.Name;
      Projekttyp=$Projekt.Project.PropertyGroup.OutputType[0]
                                         }
} | Where-Object Projekttyp -eq "WinExe"
```

25.9.2   MsBuild-Aktionen durch PowerShell-Skripte erweitern

Seit.NET 4.0 besteht die Möglichkeit, auf der Grundlage von „Custom Task Factories"
Befehle einer Programmier- oder Skriptsprache direkt in eine MsBuild-Datei einzubauen,
so dass die Befehle als Teil des Build-Prozesses ausgeführt werden. Das erspart das Erstellen einer separaten Assembly. Voraussetzung ist das „MsBuild Expansion Pack", das
unter https://msbuildextensionpack.codeplex.com zur Verfügung steht, und das u. a. eine
PowerShellTaskFactory-Klasse enthält. Aus Platzgründen muss auf ein Beispiel verzichtet werden. Die Umsetzung ist aber nicht besonders aufwändig. Der Prozess wird unter
*http://blogs.msdn.com/b/visualstudio/archive/2010/02/20/msbuild-task-factories-guest-
starring-windows-powershell.aspx beschrieben.*

25.10   PowerShell-Unterstützung für Visual Studio

Wer als Entwickler mit Visual Studio arbeitet, möchte auch PowerShell-Skripte in der
IDE eingeben und debuggen können. Microsoft bietet leider keine Erweiterung an, aber
es gibt zwei unabhängige Erweiterungen vom selben Entwickler (*Adam Discoll*). *Power-
GUI VSX* und *PowerShell Tools for Visual Studio*. Die erste Variante setzt *PowerGUI 3.2*
voraus und funktioniert nur mit Visual Studio 2010. Die „offizielle" Visual Studio-Er-
weiterung ist daher die zweite Variante, die in der *Visual Studio Gallery* unter der Adresse

```
http://visualstudiogallery.msdn.microsoft.com/c9eb3ba8-0c59-4944-9a62-
6eee37294597
```

als *Vsix*-Datei zum Download bereit steht. Voraussetzung ist VS 2012 oder die aktuelle
Version. Außerdem muss die PowerShell ab Version 3.0 installiert sein.

Nach der Installation steht eine neue Vorlage für ein „PowerShell Script Project" zur
Verfügung. Die Vorlage enthält bereits eine Ps1-Datei, in die PowerShell-Befehle eingegeben werden können (Abb. 25.2).

Die *Visual Studio PowerShell Tools* bieten natürlich eine Unterstützung für den Debugger, so dass sich per [F9]-Taste Haltepunkte setzen lassen und während einer Unterbrechung die Werte der Variablen im Lokalfenster angezeigt werden (Abb. 25.3). Auch
wenn das Projekt noch im Beta-Stadium ist (Stand: April 2014), bietet es bereits eine
beeindruckende Funktionalität. Dem Autor gebührt daher das Lob, die PowerShell für
Entwickler im Rahmen von Visual Studio zugänglich gemacht und damit die Reichweite
der PowerShell erweitert zu haben.

25.10.1   Der Paketmanager-PowerShell-Host

Nicht jeder Entwickler dürfte wissen, dass bei Visual Studio seit der Version 2012 ein
PowerShell-Host in die Entwicklungsumgebung integriert ist. Er wird über den Eintrag

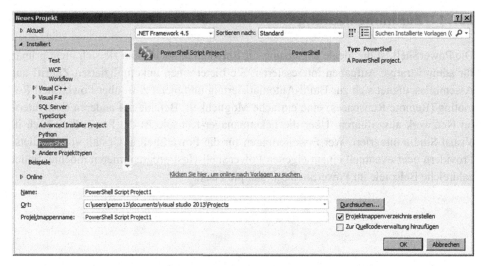

Abb. 25.2 Die Visual Studio PowerShell Shell Tools umfassen eine Projektvorlage für Ps1-Dateien

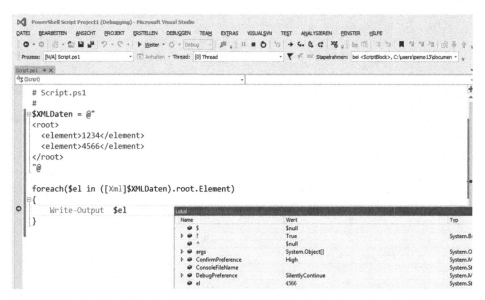

Abb. 25.3 Zu den Visual Studio PowerShell Tools gehört auch eine Integration des Debuggers in Visual Studio

Paket-Manager-Konsole im *Extras*-Menü unter *Bibliotheks-Manager* aufgerufen. Seine primäre Daseinsberechtigung besteht darin, Projekterweiterungen in Gestalt von Paketen hinzuzufügen. Er kann aber auch beliebige PowerShell-Befehle und -Skripte ausführen.

25.11   Zusammenfassung

Die PowerShell ist die ideale Ergänzung für Entwickler, auch wenn sie sich nicht primär für administrative Aufgaben interessieren. Sie bietet einen unkomplizierten Zugriff auf Assemblies, eignet sich zur Build-Automatisierung und bietet z. B. über PowerShell-Remoting (Remote Runspaces) eine einfache Möglichkeit, Befehle auf anderen Computern im Netzwerk auszuführen. Über die Paketmanager-Konsole ist die PowerShell auch in Visual Studio integriert. Wer Erweiterungen für die PowerShell in Gestalt von Cmdlets, Providern oder eventuell einem eigenen PowerShell-Host programmieren möchte, findet zahlreiche Beispiele im PowerShell 3.0 Sample Pack.

Sachverzeichnis

© Springer Fachmedien Wiesbaden 2014

517

P. Monadjemi, *PowerShell für die Windows-Administration*, X.systems.press,
DOI 10.1007/978-3-658-02964-7

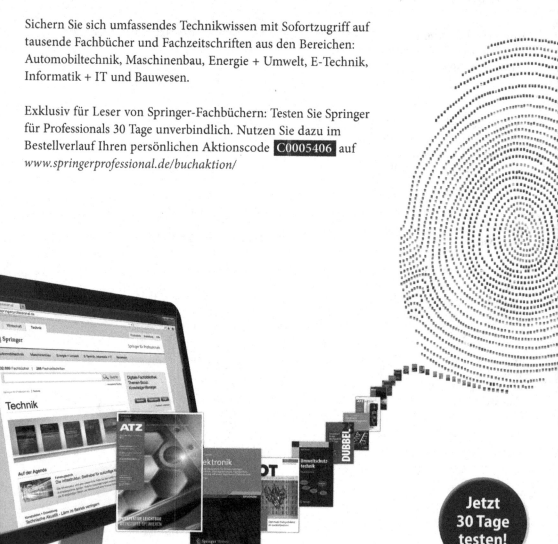